Auxiliando a humanidade a encontrar a Verdade

A Ascensão do Espírito de A a Z
Aprendendo com Ramatís

© 2011 — Conhecimento Editorial Ltda

A Ascensão do Espírito de A a Z
Aprendendo com Ramatís

Coletânea de textos psicografados por
Hercílio Maes
Organizado por Sidnei Carvalho

Todos os direitos desta edição
reservados à
CONHECIMENTO EDITORIAL LTDA.
Rua Prof. Paulo Chaves, 276 - Vila Teixeira Marques
CEP 13480-970 — Limeira — SP
Fone/Fax: 19 3451-5440
www.edconhecimento.com.br
vendas@edconhecimento.com.br

Nos termos da lei que resguarda os direitos autorais, é proibida a reprodução total ou parcial, de qualquer forma ou por qualquer meio — eletrônico ou mecânico, inclusive por processos xerográficos, de fotocópia e de gravação —, sem permissão, por escrito, do editor.

Organização: Sidnei Carvalho
Edição de texto: Margareth Rose Fonseca Carvalho
Projeto gráfico: Sérgio Carvalho
Ilustração da capa: Banco de imagens

ISBN 978-85-7618-248-1 — 1ª Edição - 2011
• Impresso no Brasil • Presita en Brazilo

Produzido no departamento gráfico da
CONHECIMENTO EDITORIAL LTDA
Fone: 19 3451-5440
e-mail: conhecimento@edconhecimento.com.br

Dados Internacionais de Catalogação na Publicação (CIP)
(Câmara Brasileira do Livro, SP, Brasil)

Ramatís (Espírito)
A Ascensão do Espírito de A a Z – Aprendendo com Ramatís / coletânea de textos psicografados por Hercílio Maes; organizado por Sidnei Carvalho – Limeira, SP: Editora do Conhecimento, 2011.

ISBN 978-85-7618-248-1

1. Espiritismo 2. Evolução espiritual 3. Mediunidade 4. Psicografia 5. Ramatís (espírito) 6. Reencarnação I. Maes, Hercílio, 1913-1993. II Carvalho, Sidnei. III Título.

11-11218   CDD – 133.93

Índice para catálogo sistemático:
1. Mensagens psicografadas : Espiritismo 133.93

A Ascensão do Espírito de A a Z
Aprendendo com Ramatís

Coletânea de textos psicografados por
Hercílio Maes

Organizado por Sidnei Carvalho

Editora do Conhecimento
Obras de Ramatís:
Obras psicografadas por
HERCÍLIO MAES
• A Vida no Planeta Marte e os Discos Voadores – 1955
• Mensagens do Astral – 1956
• A Vida Além da Sepultura – 1957
• A Sobrevivência do Espírito – 1958
• Fisiologia da Alma – 1959
• Mediunismo – 1960
• Mediunidade de Cura – 1963
• O Sublime Peregrino – 1964
• Elucidações do Além – 1964
• Semeando e Colhendo – 1965
• A Missão do Espiritismo – 1967
• Magia de Redenção – 1967
• A Vida Humana e o Espírito Imortal – 1970
• O Evangelho à Luz do Cosmo – 1974
• Sob a Luz do Espiritismo (Obra póstuma) – 1999

Obras psicografadas por
MARIA MARGARIDA LIGUORI
• O Homem e o Planeta Terra – 1999
• O Despertar da Consciência – 2000
• Jornada de Luz – 2001
• Em Busca da Luz Interior – 2001

Obra psicografada por
AMÉRICA PAOLIELLO MARQUES
• Mensagens do Grande Coração – 1962

Obras psicografadas por
NORBERTO PEIXOTO
• Chama Crística – 2001
• Samadhi – 2002
• Evolução no Planeta Azul – 2003
• Jardim dos Orixás – 2004
• Vozes de Aruanda – 2005
• A Missão da Umbanda – 2006
• Umbanda Pé no Chão – 2008
• Diário Mediúnico – 2009
• Mediunidade e Sacerdócio – 2010
• O Triunfo do Mestre – 2011

Obs: A data após o título se refere à nossa primeira edição.

Agradeço ao amado Mestre Jesus por ter mudado a minha vida e a de tantos irmãos encarnados e desencarnados com o seu infinito amor.

A Ramatís, amigo e irmão que tem guiado meus passos nos caminhos do amor, ensinando-me a vivenciar os ensinamentos do Evangelho no dia a dia.

A José Carlos Zanarotti, que me colocou em contato com a obra de Ramatís, iluminando meu ser e trazendo alegria e esperança à minha caminhada de vida.

À minha esposa e meus filhos, que sempre me apóiam e me fortalecem nas tarefas espirituais; e ao meu amigo e irmão Sergio Carvalho, sempre presente e atuante na divulgação das obras de Ramatís.

Sidnei Carvalho

Sumário

Algumas palavras............................ 25
Prefácio.. 30
Aborto e programa cármico 33
Aborto – retardamento da evolução 33
Abreviações – caminho para
a telepatia 34
Aceleração evolutiva terráquea – Jesus..35
Aceleramento perispirítico do médium..35
Aceleramento perispirítico do
médium II 35
Adesão ao amor – eliminação do
sofrimento 36
Administração Sideral e Astrologia 37
Afinidade – espiritismo e Evangelho ...37
A grande descida – macro no micro....38
Álcool – separação do joio e do trigo ... 38
Álcoolismo – varrido na
Nova Jerusalém............................... 39
Alegria – espíritos de luz................. 40
"Alfândega" do Além e
rótulos religiosos............................. 40
Alimentação do terrícola e evolução....41
Alimentação – eliminação da carne.....41
Alimentação – libertação de
desejos materiais 42
Alimento como medicamento 42
Allan Kardec – avançado
mestre iniciático 42

Allan Kardec e os luminares
do Senhor... 43
Alma angélica e família
desregrada – proteção 43
Alma e evolução – concepção espírita....44
Alma humana – exilado compulsório....44
Alma santificada e vegetarianismo .. 45
Alma viciada – drenagem perispiritual..45
Alopatia e karma 46
Altares – função saneadora 46
A luz do mundo e a cruz vazia........ 47
Amigo fiel e generoso –
Jesus de Nazaré............................... 47
Amor aos filhos 48
Amor do Cristo – latente – imanente... 48
Amor-fraternidade – ideal supremo.....49
Amuletos e talismãs – fundamento
científico... 49
"Angelus" – amor e sabedoria 50
"Angelus" – binômio cérebro/coração..50
Animais e doenças........................... 51
Animais e evolução anímica 51
Animais e evolução anímica II 52
Animais e Lei Kármica 53
Animais – evolução 53
Animismo – base do mediunismo.... 54
Animismo – sensibilidade psíquica.. 54
Anjo e arcanjo.................................. 54

Anjo e sábio – Jesus 55
Anjo exilado do Céu – Jesus 55
Anjo – postura de alegria 55
Anjos planetários – descida vibratória ... 56
Antúlio e Jesuelo – Jesus e
João Evangelista na Atlântida 56
Antúlio de Maha-Ethel –
instrutor atlante 57
Aperfeiçoamento alimentar
dos espíritas – vegetarianismo 58
Aperfeiçoamento psicofísico e
mediunidade na História 58
Apocalipse – energia oculta 59
Apocalipse – visão ideoplástica 59
Apoio – viciados no Além 60
Apressamento angélico e
mediunidade de prova 60
Aprimoramento da alimentação –
necessidade atual 61
Aprimoramento mediúnico –
longas experimentações 61
Aquisição do porte de espírito –
angelitude 62
Arcanjo foi homem – homem
será arcanjo 62
Arcanjo – Logos – Cristo 63
Arcanjo Solar – corpo astrofísico 64
Arcanjos – contínua ascensão 64
Arcanjos – escalonada sideral 65
Arcanjos planetários –
intermediários divinos 65
Arcanjos siderais – intermediários
divinos 66
Arcanjos siderais – Logos Solar 66
Arma de dois gumes – o pensamento ...67
Ascese angélica e as revelações
progressivas 67
Aspirador magnético planetário –
"Chupão" 68
A semente – símbolo evolutivo 68
Astralização da bruxaria 69
Astro intruso – trágico convite 70
Astrologia e ciência 70
Astrologia – espírito da Astronomia 71
Astrologia e evolução espiral cíclica 71

Atividade redentora – o trabalho 72
Atlantes e o câncer 73
"Átomo-semente" – registro
da evolução 73
Átomos luminosos e evolução 74
"Aum" – expressão trifásica 75
Aum-bandhã e despertamento angélico. 75
Aum-bandhã e sensibilização psíquica .. 76
"Aum" – "Om" – poderoso mantra 77
Aura futura da Terra e
atividade angélica 77
Aura humana – cor básica 78
Auras – fuga vibratória 78
Auras radioativas, etéricas e astrais 78
Auto-conhecimento 79
"Auto labor" – vários planos 79
Auto-realização – direito aos
planos paradisíacos 80
Aval da mediunidade – oportunidade
de ressarcimento 80
Avatares – técnica transcendental
para nascimentos 81
"Bandeirante" do mentalismo –
o espiritismo 82
Batalha – homem espírito x
homem animal 82
"Batei e a porta abrir-se-vos-á" 83
Batismo – fundamento esotérico 83
Beleza física e espiritual 84
Benção – invocação divina 85
Benzedores – transformadores vivos.... 85
Benzimento – projeção etéreo-astral....86
Berço ao túmulo – ano letivo 86
Bíblia – a Gênese e o Manvantara ... 87
Bíblia e vegetarianismo 87
Bíblia – espiritismo e mediunidade...... 87
Bíblia – matriz da revelação divina 88
Blindagem fluídica – evangelização 89
Boa-nova – código universal –
denominador comum 89
Boa-nova – mensagem espiritual
do Cristo 90
Bondade divina e ensejos de renovação. 90
Bondade – Prolongamento do amor ...91
Bons espíritos – fazem o bem pelo bem. 91

Brasil – avançado celeiro de almas.. 92
Brasil – coração do mundo,
pátria do Evangelho 92
Brasil – coração do mundo,
pátria do Evangelho II 92
Brasil – farol espiritual da humanidade. 93
Brasil – oásis espiritual da
humanidade 93
Brasil – terra onde correrá
"leite" e "mel" 94
Brasileiro – amálgama das três raças 94
Busca de Deus – impulso latente 95
"Buscai e achareis" – ação e trabalho 95
"Buscai e achareis" e Lei do Progresso..96
Bússola de segurança biológica e
psíquica – a dor 96
Bússola de segurança espiritual –
sentimento religioso 97
"Cabala" – estudos de Jesus 98
Caminhar para Deus 98
Caminho da salvação – ação no bem.....99
Caminho para Deus – o
amor absoluto 99
Caminho – Verdade – Vida – o Cristo.. 100
Canais cósmicos – música 100
Câncer – karma do prejuízo
ao semelhante 101
Candidato a médium – elevação
do tom psíquico 101
"Caneco" vivo – vampirismo 102
"Canecos" vivos – proteção dos
obsessores 102
Canto e música 103
Capilaridade e evolução 103
Carnívoro evangelizado e
vegetariano anticrístico 104
"Cascões perispirituais" – atuação
na umbanda 105
Castidade – sublimação de forças.... 105
Castidade – última porta a fechar-se... 106
"Castigo de Deus" – perturbação
das leis benfeitoras 106
Catalisador angélico – Jesus
de Nazaré 106
Causa e efeito – saldo espiritual 107

"Cavalo selvagem" – corpo físico.... 108
Ceifadores cósmicos e
ovelhas perdidas 108
Cemitério vivo – estômago humano ... 109
Centelha cósmica – encarna;
não nasce 109
Cérebro material e perispiritual –
sintonia 110
Cérebro perispiritual e evolução 110
Cerimonial exterior –
detonador psíquico 111
Ceticismo científico e evolução 111
Céticos – esclarecimento espiritual..... 112
Chakras e clarividência 113
Charcos astralinos e
limpeza perispiritual 113
Charcos astralinos e limpeza
perispiritual II 114
Charcos do Astral e purgação
perispiritual 114
Charcos do Astral – recurso
terapêutico e profilático 115
Chegada de Jesus e o "Grande Plano".. 115
Chegada do Avatar – preparação ... 116
Ciclo das reencarnações –
terapêutica divina 116
Ciência de curar – profilaxia
evangélica 117
Ciência do Evangelho 117
Ciência do futuro e física
transcendental 117
Ciência transcendental e o futuro....... 118
Cientista cósmico – Jesus de Nazaré... 118
"Coagulação" de energias
primárias no perispírito 119
Coagulação "etéreo-astral" –
ondas mentais 119
Codificação espírita e
aperfeiçoamento mediúnico 120
Código sideral definitivo –
identidade do ser espiritual 120
Código superior do espírito –
o Evangelho 121
Coloração perispiritual 121
Combustível sublimado –

A Ascensão do Espírito de A a Z 9

bons pensamentos 122	Corpo de carne e apressamento
Compromissos reencarnatórios –	angélico 135
traições 122	Corpo espiritual – espelho divino 136
Comunhão com Deus – vivência	Corpo físico – "mata-borrão" vivo 137
de serviço e amor 122	Corpo físico – produto de
Conceito de família universal 123	trilhões de anos 137
Condensação das leis cósmicas –	Corpo humano – vaso de
o Evangelho 123	energias milenárias 137
Confraria dos essênios e o esoterismo .. 124	Corpos celestes – exaustão e fim.... 138
Consciência cósmica –	Crescei-vos e multiplicai-vos 139
desenvolvimento 124	Crescei-vos e multiplicai-vos II 139
Consciência cósmica e religião 125	Crescimento angélico e dor 140
Consciência e atividade crística 125	Criação incessante e idade sideral 140
Consciência espiritual e	Criatura – luminescente
idéia de Deus 126	centelha espiritual 140
Consciência espiritual e	Cristianização e felicidade 141
Mente espiritual 126	Crístico e cristão – diferença 141
Consciência experimentada –	Crístico e cristão – diferença II 142
Arcanjo planetário 127	Cristificação – segurança e
Consciência grupo e evolução 127	defesa contra feitiços 143
Consciência humana e	Cristo cósmico 143
consciência espiritual 128	Cristo solar – condensador da
Consciência – palco de lutas 129	luz cósmica 144
Consciência psíquica nos	Cristos planetários –
reinos inferiores 129	transformadores arcangélicos 145
Consciência total de Deus –	Cromosofia astral 145
convite ao homem 130	Cromosofia e reforma pedagógica 145
Consolador – conjunto de	"Cunho permanente" – perispírito 146
espíritos sábios 130	Curas de Jesus e médiuns atuais.... 146
"Consolador prometido" –	Curas espíritas e despertamento
o espiritismo 131	de almas 147
Contaminação astral 132	Curso espiritual – mineral/vegetal/
Continência sexual e evolução 132	animal/homem 147
Continência sexual e otimização	Curso para consciência angélica 148
da mediunidade 132	Cursos nas trevas e detonadores
Conversão bilateral – obsessor e	psíquicos 148
obsidiado 133	Decantação da personalidade –
Conversões santificadas –	sumidades do passado 149
decisões heróicas 133	Decantação da personalidade –
Coorte do Senhor e Autor da Vida 134	sumidades do passado II 150
Copo de água límpida –	Defesas perispirituais – investidas
codificação espírita 134	maléficas 150
Corpo astral – corpo dos desejos ... 135	Defesas psíquicas e enfeitiçados 150
Corpo carnal – prolongamento	"Deixar pai e mãe" 151
do espírito 135	Departamentos diretores no invisível.. 151

Descida vibratória do mestre Jesus.... 152
Descida vibratória – espírito
virginal... 153
Descida vibratória – espírito
virginal II 153
Desencarnação e carnivorismo 154
Desequilíbrio psíquico
interatômico – a dor........................ 154
Desejo central – almas de escol 155
Desejo central – mola propulsora...... 155
Desencarnação e reencarnação –
coordenação dos mentores.............. 156
Desenvolvimento da vontade e
libertação do espírito....................... 156
Desligamento – coisas/desejos/vícios... 156
Desocupados do Além e
a mistificação................................... 157
Despertamento consciencial e prana.... 158
Déspotas, sanguinários – estágio
para "anjo"....................................... 158
Destino, acaso e Lei Kármica 159
Destino – causa e efeito.................. 159
Destino do suicida – serviço benfeitor.. 159
Deus e a consciência do homem 160
"Deus te abençoe" – mantra vigoroso... 160
Deus – único criador 161
Devas maiores e devas menores..... 161
Devorador de animais 161
"Deus-espírito" e "Deus-matéria".... 162
Diabo x anjo – combate luz e treva ... 162
Diabolismo – estado provisório 163
Diagnóstico homeopata –
psicossomático 164
Dialetos linguistas do plano espiritual.. 164
Diamante bruto – ser humano........ 164
Dinamismo divino – trabalho......... 165
Dinamização eletroetérica e........... 165
operação no perispírito – futuro 165
Direita do Cristo – padrão vibratório... 166
Discernimento do bem e do mal.... 166
Discos voadores............................... 167
Dissenções sectaristas – inexistem
no espaço 167
Dissociação de "formas-pensamento" –
a oração 167

Divina porta – morte física............ 168
Divórcio – adia; não resolve 168
Doenças – causas ocultas 169
Doenças – válvulas de
segurança espiritual........................ 169
Dogmatismo religioso e
atividade científica.......................... 170
"Donos diabólicos" – descaso
com o Evangelho............................. 170
Dor – desequilíbrio eletromagnético ... 171
Dor e aprimoramento espiritual 171
Dor e sofrimento – despertar
da consciência................................. 172
Dor – moldura viva de "santos"..... 172
Dor – recurso eficiente contra
dogmatismo..................................... 173
Doutrina espírita e "abertura das
portas dos templos"........................ 173
Doutrina otimista – espiritismo..... 174
Doutrinação espiritual –
cooperação humana 174
Drama evolutivo e modificação
da Terra.. 175
Drogas – Fugas para o Astral......... 175
Drogas inebriantes – portas
para o Astral.................................... 176
Dualismo e evolução espiritual...... 176
Duplo etérico – barreira protetora..... 177
Duplo etérico e influências ocultas 177
Duplo etérico e medicina do futuro ... 178
Eclosão da luz crística – processo
endógeno.. 179
Efervescência evolutiva e pensamento.. 179
Ego superior x ego inferior e
sentimento religioso........................ 180
Egocentrismo de casta e
família universal.............................. 180
Egoísmo – cimento do amor.......... 181
Egoísmo – despertar da
consciência individual 181
Egoísmo – gestação do anjo 182
Elemental primitivo e câncer......... 182
Elevação humana e sintonia superior .. 183
Elevação moral do médium –
mais transparência 183

A Ascensão do Espírito de A a Z　　　　　　　11

Emancipação do instinto animal ... 184
e compreensão de Deus 184
Encarnações passadas –
estudos atuais 184
Enfeitiçamento verbal e
Lei do Karma 185
Enfraquecimento das trevas 185
Engenheiros Siderais 185
Engenheiros Siderais – características..186
Engenheiros Siderais – elos divinos.... 186
Engenheiros Siderais e
planificação cósmica 187
Engrenagem kármica – causa
e efeito 188
Engrenagem kármica – causa
e efeito II 188
Era do espírito e mediunidade 189
Escada sideral – privilégios 189
Escadaria infinita – homem x
arcanjo galático 190
Escafandrista – espírito na carne... 190
Escalonada angélica –
problema íntimo 191
Escolha das provas e
renovação espiritual 191
Esferas dos Amadores –
almas excelsas 191
Esferas espirituais – estados
vibratórios 192
Esforço pesssoal e evolução 193
Esmeril da dor – lapidário
do tempo 194
Esperanto e Evangelho – afinidades.... 194
Esperanto e Evangelho –
semelhanças 195
Esperanto e os "direitistas" 195
Esperanto – idioma mântrico
do futuro 196
Esperanto – mensagem iniciática 196
Esperanto – missão sobre a Terra 197
Esperanto – sinal dos tempos 197
Esperanto – sonho de concórdia.... 197
Espiritismo – abriu comportas
do mundo oculto 198
Espiritismo x cristianismo primitivo... 198

Espiritismo e religação 199
Espiritismo – religião no
sentido filosófico 200
Espiritismo – ensejo de renovação 200
Espiritismo – incompatibilidade
com carnivorismo 201
Espiritismo – prolongamento
da filosofia oriental 201
Espiritismo – recurso de última hora...202
Espiritismo – roteiro para a ascensão..202
Espiritismo – severo exame final ... 202
Espírito diabólico 203
Espírito do Esperanto 203
Espírito puro – senhor da
própria vontade 204
Espírito superior – descida à
carne e retorno angélico 204
Espíritos de escol e dificuldades
financeiras 205
Espíritos evoluídos – pouso rápido 205
Esposo - esposa e exercícios crísticos...206
Esquecimento do passado – benção... 206
Esquecimento do passado –
piedade divina 207
Esquerdistas – evolução 207
Essência de Deus – sem culpas
ou méritos 208
Essênios e os velhos profetas 208
Estabilidade orgânica e oração 209
Estado de "erro" – combustível
primário 209
Estatura e configurações humanas 210
nos diversos mundos 210
Etapa final do curso do espírito –
o Anjo 210
Éter cósmico 211
Etereoterapia – futuro da medicina 211
Eternamente infeliz –
impossibilidade real 212
Etiquetas religiosas e técnica sideral 212
Evangelho – cimento da
codificação espírita 213
Evangelho das línguas – Esperanto.... 213
Evangelho do Cristo – antídoto
contra feitiços 214

Evangelho – não julgamento, nem condenação.......................... 214
Evangelho no lar – balsamiza o ambiente 215
Evangelho – síntese global de todas as épocas 215
Evangelização do espírito enfermiço .. 216
Evolução da consciência e música 216
Evolução da mediunidade e ciência do futuro 217
Evolução do trabalho 217
Evolução espiral e descobertas futuras.. 218
Evolução – impulso interno........... 218
Evolução terráquea – Adão e Eva e outros povos 219
Evolução terráquea e das criaturas...219
Exêmplo pessoal e renúncia do mestre Jesus 220
Exilados da Terra – alunos relapsos ... 220
Exilados de Júpiter e a Gênese mosaica 221
Exílio compulsório e lixa perispiritual.221
Êxito espiritual – aproveitamento das lições....................................... 221
Êxito evolutivo – do centro para a periferia..................................... 222
Êxito mediúnico – estudo e moralização................................... 222
Experiências transitórias – as religiões 223
Face humana – espelho da alma.... 224
Faculdade mediúnica – corolário do desenvolvimento espiritual 224
Faculdade mediúnica – ensejo de renovação..................................... 225
Faculdade mediúnica – ensejo evolutivo............................... 225
Faísca divina – fogo renovador 226
Falanges das sombras – libertação e consciência 226
Falanges de umbanda – tarefas...... 226
"Falar sozinho" – treino mediúnico....227
Família – resultado de estudos laboriosos 227

Fardo kármico e medicina 228
Fardo kármico e mediunidade 228
Fatalismo – felicidade do porvir..... 228
Fé – detonador psíquico 229
Fé e intuição – a voz do silêncio.... 230
Feitiço contra o feiticeiro – rebote......230
Feitiço e evolução anímica............. 231
Feitiço – mecanismo oculto........... 231
Felicidade – equilíbrio entre o ser e o meio................................ 232
Felicidade – supremo alvo 232
Fenômenos post-mortem – realidades perispirituais 232
"Fila" hipotética para a reencarnação 233
Filho pródigo – desejo de ser"anjo"...234
"Filho sideral" – segunda pessoa da trindade 234
"Filhos de Deus" – Adão e Eva capelinos 235
Fim do mundo – injustiça?............ 236
Fim dos tempos – características ... 236
Fim dos tempos e evangelização.... 236
"Fio da navalha" e o homem novo 237
Fisionomia humana – marcianos mais evoluídos............................... 237
Fluido mórbido específico e evolução....................................... 238
Força mental – poder ilimitado...... 238
Forças curativas e benzimento....... 239
Forças genéticas – necessidade de controle 240
Forças propulsoras da alma........... 240
Forma perfeita de ascensão – o Evangelho 240
Formação da consciência e a dor... 241
Formas-pensamento – aura da Terra...................................... 241
Fórmula psicoquímica para o homem superior – Evangelho 242
Fracasso dos médiuns e médicos – Lei Kármica................. 242
Fragmento de Deus – o homem 243
Fragmento do Espírito Cósmico – o homem 243

A Ascensão do Espírito de A a Z   13

Francisco de Assis e a mediunidade ... 244
Francisco de Assis –
libertação kármica ... 244
Freio fisiológico – ferramenta
educativa ... 245
Frequência vibratória superior ... 246
Freud e o karma ... 246
Fronteira entre o homem e
o anjo, e carnivorismo ... 247
Frutas – profilaxia e terapêutica ... 247
Fruto de inspiração divina –
o Evangelho ... 248
Fumantes mulheres – aviltamento . 248
Fumo e libertação mental ... 249
Função da dor – processo
de evolução ... 250
Função da dor – tecer o Arcanjo ... 250
Função dos pais – domar
a animalidade ... 251
Fundamento do espiritismo –
o Evangelho ... 251
Futebol – função espiritual ... 252
Futebol – terapêutica ocupacional ... 252
Futebol – válvula de contenção
para o povo brasileiro ... 253
Futuras moradas ... 254
Futuro da humanidade – uma
só família ... 254
Garantia contra feitiço –
conduta superior ... 255
Gênese bíblica – períodos
geológicos ... 255
Gênesis – descida do pensamento
do Onipotente ... 256
Gênios da música e ressonância
espiritual ... 257
Gênios do submundo e fascinação ... 257
Governador planetário – Jesus ... 258
Governo da mente – chave
do progresso ... 258
Governo do Universo – "seres
brilhantes" (Devas) ... 259
Governo oculto e esquema
evolutivo planetário ... 259
Governos – escolha pela

administração sideral ... 260
Graduação angélica e "milagres" ... 260
Grande plano e Apocalipse ... 260
Grande plano e
recuperação ascencional ... 261
Grande plano mental e cósmico ... 261
Grande revolução – o
advento do Cristo ... 262
Grandes transformações –
controle dos mestres ... 263
Grau de compreensão e
livre-arbítrio ... 263
Guia espiritual –
acompanhamento amoroso ... 264
Guia espiritual e
"sereia das sombras" ... 264
Guia espiritual – substituição ... 265
Guia espiritual e reabilitação
espiritual do médium ... 265
Guias espirituais e
programação reencarnatória ... 266
Guias espirituais e recursos
que se utilizam ... 266
Guias espirituais e recursos
que se utilizam II ... 266
"Guiísmo" – fanatismo e obsessão ... 267
Halo de pureza e lealdade
do menino Jesus ... 268
Harmonização e desarmonização –
saúde e doença ... 269
Herói sideral e gigante indestrutível –
homem evangelizado ... 269
Heróicas almas e a família terrena ... 270
Hierarquia divina –
Cristos planetários ... 270
Hierarquia cósmica – assistência
amorosa ... 271
Hipersensibilização perispiritual ... 271
e mediunidade de prova ... 271
História da bruxaria e
bonecos enfeitiçados ... 272
História da humanidade e
mediunidade ... 272
Homem – autor de sua
conscientização ... 273

Homem espírito – verdadeira morada 273
Homem evangelizado – atitudes 273
Homem – ser ilimitado 274
Homem velho x homem novo 274
Homem velho x homem novo II 274
Homeopatia e doses infinitesimais 275
Homeopatia – etapa medicinal avançada 275
Hora profética e triste desterro 276
Hordas satanizadas – futuros anjos ... 277
Humanidade futura – mundo melhor 277
Humanidades superiores – totalmente vegetarianas 278
Humildade e desprendimento – libertação 278
Idade sideral e consciência espiritual 279
Idade sideral e mediunidade 279
Idéia da Divindade e evolução 280
Idéia de Deus – inata no homem 281
Ideoplastia – imagens diabólicas do Astral inferior 281
Igreja – influência psíquica 281
Ilusão da dualidade cósmica – maya 282
Ilusão de separatividade e evolução ... 282
Imantação psicométrica – advertência do Mestre 283
Imantação psicométrica – advertência do Mestre II 283
Impactos pré-reencarnatórios 284
Impulso ascensional biológico 284
Inferno – sofrimento astral 285
Influências magnéticas 285
Iniciação à luz do dia – fora dos templos I 286
Iniciação à luz do dia – fora dos templos II 286
Iniciação à luz do dia e o mestre moderno 287
Iniciação à luz do dia e voz interna 287
Iniciação à luz do dia – proposta de Jesus 288

Iniciação espiritual e espiritismo ... 288
Injustiças – causa e efeito 289
Instinto sexual – força criativa 289
Instrumento de redenção – corpo físico 290
Instrutores espirituais e libertação das formas 290
Integração ao Evangelho – defesa contra vampirismo 291
Integração ao Cristo e livre-arbítrio 291
Intelecto – despertar da consciência 291
Intelecto e ascensão espiritual 292
Inteligência x sabedoria 292
Intercâmbio mediúnico e progresso espiritual 292
Intercâmbio migratório entre os mundos 293
Interdependência – a si só basta Deus 293
Interferência anímica e necessidade de estudo 294
Intuição 294
Intuição – II 295
Intuição – reflexo do Absoluto 295
Intuição pura – elan que une a alma a Deus 296
Intuição pura – linguagem do Eu Superior 296
Instrutores da humanidade 297
Instrutores da humanidade – características 297
Irmãos transviados e o nosso dever ... 298
"Janela viva" do Cristo – Jesus de Nazaré 299
Jejum 299
Jejum – drenação tóxica 300
Jejum – recurso libertador 300
Jejum – técnica de aceleração psíquica 301
Jejum – técnica transcendental 301
Jesus e o "amor espiritual" universalista 302
Jesus e o caminho para a felicidade ... 302
Jesus e o fim dos tempos 303

A Ascensão do Espírito de A a Z   15

Jesus e os Essênios 303
Jesus e seu curso espiritual
evolutivo 304
Jesus já foi um pecador 305
Jesus – médico das almas e
instrutor moral 305
Jesus mito e Jesus real 306
Jesus – o Anjo planetário 306
Jesus – o maior profeta 306
Jesus, o mito – fora da realidade 307
Jesus – turbilhão de
pensamentos criadores 307
Jesus x João Batista 308
João Batista – alavanca para Jesus 309
Jogatina e vampirismo 309
Jóias – conceito de beleza real 310
Juízo final e semeadura 310
Justiça divina – lei benfeitora 311
Kardec e a ascensão do espírito 312
Kardec e o código moral espírita ...312
Kardec e o "Véu de Ísis" 313
Kardec e sua
contribuição evolutiva 313
Kardec e sua tarefa redentora 314
Kardec – trajetória iniciática 314
Karma atlante – câncer 315
Karma cósmico – galáxias
e sistemas 316
Karma da Terra – libertação 316
Karma e felicidade 317
Karma e fim dos tempos 317
Karma e procriação 317
Karma e refratores etéricos 318
Karma e retificação espiritual 319
Karma – homeopatia espiritual 319
Karma – justiça e amor 320
Karma terráqueo e livre-arbítrio ... 321
Karma – significado cósmico 321
Karma – visão holística 322
Krishnamurti e o encontro
com a divindade 322
Labor evolutivo –
Técnicos Siderais 324
Laboratório experimental –
mundo material 325

Lâmpada divina – convite à
angelitude 325
Lâmpada e luz – espiritismo
e Evangelho 326
Lar – curso para a
família universal 326
Lar terreno – algozes e vítimas 327
Lar terreno – miniatura da
família universal 327
"Lava-pés" – significado
ascencional 328
"Lavanderia moral e
espiritual" – Terra 328
Leis da Justiça, do Amor e
do Dever 329
Lei do Karma – ajusta não castiga 329
Lei do Karma – baliza o caminho 330
Lei do Karma e relatividade 330
Lei do Karma e "veio" do coração 331
Lei do Karma – moral não penal 331
Lembranças de encarnações e
programação evolutiva 331
Lembranças de encarnações
passadas 332
Libertação de Maya –
extinção dos desejos 332
Libertação do karma da Terra 333
Libertação do passado –
velhas fórmulas 333
Libertação espiritual 334
Libertação sexual e
valores definitivos 335
Licantropia reencarnatória –
queda vibratória 335
Limitação de filhos e evolução
do espírito 336
Limitação de filhos – redução
de oportunidades 336
Limpeza da Terra –
aura corrompida 336
Língua internacional e
sexta raça mãe 337
Linguagem humana e evolução 337
Livre-arbítrio e consciência 338
Livre-arbítrio e libertação

16   Ramatís

pela verdade 338
Lobisomem e licantropia 339
Logos – miniatura dos
atributos de Deus 339
Logos planetário – alimento
das almas 340
Logos solar – governador
do sistema 341
Logos solar – Logos planetários 341
Logos solar ou Deva maior 342
Longa escravidão e
destino luminoso 342
Luminares e estatutos evolutivos 342
Luminosidade humana e
caráter espiritual 343
Luz – cor – perfume – som e
duplo etérico 343
Luz crística para a humanidade –
chegada de Jesus 344
Luz do Cristo – defesa eficiente 344
Luz eterna – interior 345
Luz interna – elo entre a
criatura e o Criador 346
Luz interna – inextinguível 346
Luz no coração do homem –
o Evangelho 347
Luz polarizada – aura de Marte 347
Madalena e o mestre Jesus 349
Madalena – símbolo da
sublimação feminina 350
Magia: ciência cósmica 350
Magia de redenção 351
Magia de redenção II 352
Magia de redenção III 352
Magia negra e câncer 352
Magnanimidade divina com
todos os filhos 353
Magnetismo etérico – energia
em Marte 353
Magos do passado – velaram o
processo mágico 354
Mal – condição transitória do anjo ... 354
Mal – expressão transitória 355
Mal e purificação do "pecador" 356
Maledicência – feitiço verbal 356

Mamon – meio; não fim 357
Mandato mediúnico e
hipersensibilização perispiritual 357
Mandato mediúnico e
serviço à coletividade 358
Mantras – chaves
energéticas verbais 358
Mantras – força espiritual 359
Mantras – peças
idiomáticas sagradas 359
Marcha do espiritismo e evolução 359
Maria e sua missão na Terra 360
Maria – mãe ideal para Jesus 360
Marte – morada futura 361
Mastigação e êxito nutritivo 361
Matadores de animais – karma 362
Matéria-corpo – restrição
ao espírito 362
Mau olhado – carga
fluídica violenta 362
Mau olhado e campo
eletromagnético 363
Maya – realidade transitória 363
Medicina do futuro e homeopatia 364
Medicina e evolução 364
Medicina psicoterápica – futuro 365
Médicos do futuro – receitar preces ... 365
Médium – aprimoramento
no trato cotidiano 366
Médium carnívoro – prejuízos 366
Médium e redenção espiritual 367
Mediunidade e espiritismo 367
Mediunidade e evolução 368
Mediunidade e sexualidade 368
Mediunidade de prova e
débitos kármicos 369
Mediunidade de prova e
desenvolvimento do médium 369
Mediunidade de prova e
recuperação espiritual 370
Mediunidade – redução do carma ... 370
Mediunidade – roteiro progressista ... 371
Médiuns do futuro –
conhecimentos científicos 371
"Médiuns oficiais" e

A Ascensão do Espírito de A a Z   17

obrigação evolutiva 371
Medo do inferno –
desequilíbrio/desencarnantes 372
Mefistófeles – curso pré-angelical 372
Melhoria psicofísica no
Terceiro Milênio e vegetarianismo 372
Memória astral e lucidez 373
Memória etéreo-astral 373
Memória pregressa –
despertamento 374
Memória sideral – preexistente e
sobrevivente 374
Mens sana in corpore sano 375
Mensageiro do Senhor – êxito
na semeadura 375
Mensagem espírita – esperança
aos desencarnados 376
Mensagem espírita – racionalismo
sensato 376
Mensagem universalista –
doutrina espírita 376
Mentalismo – atributo do Logos 377
Mentalismo iniciático –
curso evolutivo 377
Mente divina – sabedoria absoluta ... 378
Mente espiritual –
conteúdo angélico 378
Mente espiritual e chacra coronário ... 379
Mente humana – subdivisões 379
Mente instintiva x Mente espiritual ... 380
Mente – usina da inteligência e
do progresso 380
Messias – avançado
cientista cósmico 381
Mestres espirituais – administração ... 381
Metamorfose angélica –
consciência cósmica 382
Metamorfose do homem em
anjo – o Evangelho 382
"Meu reino não é desse mundo" 383
Milênio do mentalismo –
seleção necessária 383
Missa católica – chamamento
ao espírito 384
Missas – treinamento espiritual 384

Mistificação e Lei do Carma 385
Mistificação e mediunidade 385
Mistificação mediúnica e
conduta moral 386
Moisés – Jesus – Kardec 386
Momento psicológico – atuação de
Jesus e seus discípulos 386
Momentos de animalidade –
momentos de angelitude 387
Moral e evolução 387
Morbo psíquico e cura definitiva 388
Morte física e conscientização 388
Morte física – jubilosa
"porta aberta" 388
Morte – processo técnico justo
e inteligente 389
"Mundo de César" e karma 389
Mundo de César x Mundo
do Cristo 390
Mundo de Mamon –
catapulta evolutiva 390
Mundo mental – leis científicas 391
Mundo profano – escola de
desenvolvimento do amor 391
Mundos físicos – escolas de almas ... 391
Música – linguagem universal 392
Música sacra – música celeste 392
Nação brasileira – laboratório
do Alto 393
Nascimento do espírito –
individualização 393
Nascimento e desencarnação – atos ... 394
comuns na vida do espírito 394
Nascimentos miraculosos –
lendas irreais 394
Natureza – obreiros do Senhor 395
Negligência evolutiva e
ventura angélica 395
Nomes e formas dos espíritos –
rótulos provisórios 396
Nova Jerusalém – mundo de paz ... 397
Número 666 – diapasão vibratório ... 397
Número 666 e manômetro sideral ... 398
Nutrição carnívora –
deslize psíquico 398

Nutrição carnívora –
vício de Mamon.................................. 399
Nutrição por puro magnetismo..... 399
Oásis no deserto da
vida – o Evangelho............................ 400
Objetivo da encarnação –
integração angélica........................... 400
Objetivo do espiritismo –
cura da alma....................................... 401
Obra de Jesus e inspiração essênia....401
Obsessão – círculo vicioso............... 402
Obsessão – clichê mental................. 402
Obsessões e alienações..................... 403
O "cálice da amargura" – rito
iniciático e ocultista.......................... 403
Ódio, amor, felicidade e
subida evolutiva................................. 404
Ódio – amor enfermo....................... 404
Ódio e reconciliação......................... 405
O Evangelho Segundo o
Espiritismo – moral crística............ 405
O homem é o que pensa................... 406
"Olho por olho, dente por dente"... 406
O Messias e as almas afins.............. 407
Onisciência e onipresença humanas..407
Onisciência e onipresença
humanas II.. 408
"Operação angelitude" –
sofrimento e dor................................ 409
Operação de magia negra – feitiço.....409
Oportunidade de progresso –
mediunidade....................................... 409
Oração – detonador psíquico.......... 410
Oração e ascensão............................. 410
Oração – estado de
"fuga vibratória"................................ 411
Oração fervorosa – recurso
balsâmico.. 411
Oratória de Jesus – fascinava
multidões.. 411
Orbe terráqueo – missão cósmica.. 412
Orbes inferiores e depuração
espiritual... 413
Orbes – material escolar.................. 413
Organismo físico – tela

cinematográfica................................. 414
Organograma divino –
o Evangelho.. 414
Oriente – celeiro de novos
corpos (haréns).................................. 415
Otimismo e alegria – espíritos
de luz... 415
Otimismo e esperança –
mensagem espírita............................ 416
Otimismo, pessimismo e doenças... 416
Otimismo, pessimismo e doenças II..417
"Pais de segredo" – "pais de
mironga".. 418
Paixão de Jesus – verdadeiro
significado.. 419
Paixão de Jesus – verdadeiro
significado II...................................... 419
Palavra – força oculta....................... 420
Palavra – manifestação do
mundo oculto..................................... 420
Pano de fundo das consciências –
Deus... 420
Parábolas de Jesus –
símbolos cósmicos............................ 421
Parábolas de Jesus – ensino eterno....421
Passes magnéticos – transfusões
energéticas... 421
"Pecado" – válvula perigosa............ 422
"Pecado" – ofensa a si mesmo........ 422
"Pecados" do mundo – fases
transitórias... 423
"Pecados" e "virtudes" –
combustível oculto........................... 423
Pedagogia sideral e
aprimoramento angélico................. 424
"Pedir" – decisão interna................. 424
Pensamento e prana – intensidade....425
Pensamento – vibração da mente......425
Pensamentos elevados e
equilíbrio espiritual.......................... 426
Pensamentos sublimes –
adubam a evolução........................... 426
Percepção da realidade cósmica –
a intuição.. 426
Peregrinos do sacrifício................... 427

A Ascensão do Espírito de A a Z

Perfil do mestre Jesus..................... 427
Perispírito – conjunto de corpos.... 428
Perispírito – descida vibratória...... 428
Perispírito – identificador evolutivo ...429
Perispírito – mecanismo de atrofias ...429
Perispírito – revela a realidade
do ser... 430
Perispírito – síntese evolutiva........ 430
Personalidade humana –
casca/invólucro............................. 431
Piedade angélica e auxílio à
retaguarda..................................... 431
Piteiras vivas – tabaco................... 432
Planetas – leis de progresso........... 433
Plano divino – redenção
do "pecador".................................. 433
Plantas – magnetismo vitalizante......434
Poder mental – modelar destinos......434
Política e cristianização completa.....435
Ponte vital e degradação humana.....435
Ponto de equilíbrio magnético
e o passe espírita.......................... 436
Pontos cósmicos – chackras
cósmicos....................................... 436
Potencial cósmico da luz – vida
fruto da luz................................... 437
Porta estreita e ascese espiritual.... 437
Portal do templo – espiritismo...... 438
"Pralayas" – raças raízes............... 438
Prana – causa, não efeito............... 439
Prana e o processo evolutivo......... 439
Prana – o "sopro da vida"............... 440
Práticas "a luz do dia" e espiritismo...440
Prazo para ascese espiritual e
grande plano................................. 441
Prece – dinamiza potencial oculto 441
Prece e o corpo carnal................... 442
Prece nas refeições....................... 442
Precursores do mestre Nazareno ... 442
Prepostos de Deus e
idioma universal........................... 443
Presença do Cristo – permanente .. 443
Pressa para evoluir – do homem
não de Deus.................................. 444
Princípio espiritual x
tendências inferiores..................... 444
Problemas insolúveis – não
há no Cosmo................................. 445
Processo ascensional planetário.... 445
Processo científico do karma......... 446
Processo de limpeza – a dor.......... 447
Processo reencarnatório –
programado por mentores............. 447
Procriação de filhos – fuga
deliberada – efeitos....................... 448
Profecia e simbologia.................... 448
Profecia – mecanismos.................. 449
Profecia – segredos do Cosmo....... 449
Profecias – chances de retificação.....450
Profetas e chakras......................... 450
Profetas israelitas.......................... 451
Profetas – valor espiritual............. 451
Progresso – corpo físico e
vegetarianismo.............................. 452
Progresso do médium e o
guia espiritual............................... 452
Progresso do médium – o
mais importante............................ 453
Progresso espiritual e alimentação....453
Progresso sideral e
médium intuitivo........................... 454
Propósitos benfeitores e
expansão luminosa....................... 454
Próxima humanidade –
direita do Cristo............................ 455
Psicoorganismo evolutivo –
o perispírito.................................. 456
Psicossomática e mundo oculto..... 456
Psiquismo diretor e alma-grupo.... 457
Psiquismo do brasileiro – as
três raças...................................... 457
Purgatório – benefício evolutivo.... 458
Purgatório e espiritismo................ 458
Purificação cromosófica – auras.... 459
Purificação das humanidades........ 459
Quadros de vidas pregressas –
hipersensibilização....................... 461
Quatro reinos da natureza –
elementais.................................... 461
Quebranto – anemia etérica.......... 462

Quebranto e benzimento –
ciência transcendental 462
Queda angélica e
evolução espiritual 463
Queda e descida angélica 464
Queima de pólvora –
limpeza etéreo-astral 465
"Queimar" karma – limpeza
perispiritual 466
Química, botânica – luz vegetal 466
Química espiritual de Jesus 467
"Quimiofluídica" perispiritual e
efeitos enfermiços 467
Quirólogos em Marte 468
Raças e povos – ensejo educativo 469
Realidade absoluta – Deus 469
Realidade de Deus 470
Realização espiritual – trabalho
incessante 470
Reconstrução planetária 471
Recurso de aperfeiçoamento –
o trabalho 471
Recurso de emergência –
mediunidade 471
Recurso terapêutico – a prece 472
Recursos patológicos –
canais drenadores 472
Redução do linguajar – evolução ... 473
Reencarnação – lei de
renovação cósmica 473
Reencarnações – necessidade 474
Reencarnante – ligação com
o pai biológico 474
Reforma íntima e desobsessão 475
Regiões de miséria e
procriação intensa 475
Regiões de miséria e
quitações kármicas 476
Reinado de Satanás e da Besta 476
Reino de Deus – reino definitivo ... 477
Reino do Senhor e seu Cristo 478
Reis magos – avançados astrólogos ... 478
Reis magos – chegada do
Avatar Divino 479
Reis magos e suas obras 480

Relações espírito-matéria 480
"Religare" e o Esperanto 481
"Religare" e o espiritismo 482
Religião – ampliação e divinização
da consciência 482
Religião – evolução do entendimento
da Divindade 483
Religião – objetivo evolutivo 484
Religiosidade – sentimento inato ... 484
Reparação kármica 485
Repastos vivos 485
Ressureição cósmica – manvantara ... 485
Ressureição cósmica –
manvantara II 486
Retificações no Espaço e
idéia de Inferno 486
Retrogradação do espírito –
impossibilidade 487
Revelação gradativa e compatível .. 487
Revelações espirituais e a Bíblia 488
Riqueza, pobreza e
desenvolvimento espiritual 489
Riqueza, pobreza e
serviço ao próximo 489
Ritmo setenário e ciclos criadores ... 490
Rituais – exaltação da vontade 490
Ritual de enfeitiçamento e
desmanche 490
Rompimento das algemas
da matéria – dor 491
Saga do espírito imortal 492
"Salvação" e o Evangelho 492
Samadhi ou êxtase 493
Samadhi ou êxtase II 493
"Sangue vital" – o prana 494
Sanidade definitiva – terapêutica
da alma 495
Sanidade espiritual coletiva –
recursos purificadores 495
"Santíssima trindade" – três
aspectos de Deus 496
"Santo" de hoje – "diabo" de ontem ... 496
Santo devocional – "Pau
para toda obra" 497
Satã, inferno – pavor nos

A Ascensão do Espírito de A a Z   21

desencarnados 497
Satanás e Deus 498
Satanás e o Arcanjo Miguel 499
Satanás – misto de divindade
e animalidade 499
Satanismo e regeneração 200
Satanismo – formação da
consciência 500
Saturação fluídica – objetos 501
Saúde do espírito e
essência perfeita 502
Saúde e doença – harmonia
ou desarmonia da alma 502
Saúde moral e médicos do futuro 503
Seara espírita e reabilitação
da alma 503
Sede da enfermidade – o psiquismo ... 504
Segredo para a felicidade –
ajuda ao próximo 504
Seguidores de Jesus e suas
"vestes nupciais" 505
Segunda vinda do Cristo –
caminho da dor 505
Segunda vinda do Cristo –
via interna 506
Segunda vinda do Cristo –
via interna II 506
Segunda vinda do Cristo –
refinamento vibratório 507
Segurança e harmonia
cósmica – karma 507
Segurança mediúnica – Evangelho 508
Segurança mediúnica –
O Livro dos Médiuns 508
Selvagem – projeto do Arcanjo 509
Semeadores do bem – alegria
de evangelizar 509
Sensações da matéria e
morte física 510
Sensibilidade intuitiva 510
Sentimento de religiosidade –
ansiedade por Deus 510
Ser Arcanjo – determinismo divino ... 511
Ser crístico – adepto do
Amor Universal 511

Serviço mediúnico e evolução
do medianeiro 512
Sessão espírita – 24 horas 512
Sete – número sagrado 513
Sexo – evolução da concepção 513
Sexo – função técnica
importantíssima 514
"Sexos" – estados íntimos da alma ...514
Signo de Aquário – Nova Era 515
Signo de Peixes – características ... 516
Simpatia – movimentação
energética 517
Síntese da Lei Divina –
o Evangelho 517
Sintonia com comando
angélico – médium natural 517
Socorro às criaturas e
despertamento angélico 518
Sofrimento e dor – sublimação
angélica 518
Sonhos e perispírito 519
Sonhos – recordações em vigília 519
Sono em palestras e
trabalhos espirituais 520
Subconsciente – porão da
individualidade 520
Sublime peregrinação –
forja de Arcanjos 521
Sucesso mediúnico – mediunidade
com Cristo 521
Suicidas – reeducação
kármica (deficientes) 522
Suicídio – atraso evolutivo 522
Suicídio – perturba o progresso 523
Super homem – o evangelizado 523
Super homem – o evangelizado II 524
Supremo arquiteto – seu
amor por nós 524
Tabagismo – delito contra si 525
Talismã milagroso – Evangelho 525
Tara alcoólica e hereditariedade 526
Tatismo magnético 526
Técnica curadora do mestre Jesus 527
Técnica evolutiva e homeopatia 527
Técnica sideral para evolução 528

Telepatia no Astral – conquista 528
Temor da morte e espiritismo 529
Templos – funções iniciáticas 529
Tempos chegados 530
Tensão orgânica e medo 530
Teosofia – conhecimento
da verdade 530
Teosofia e evolução anímica 531
Terapêutica do câncer
e evolução humana 531
Terapêutica espírita e
verdadeira cura 532
Terapêutica homeopática – de
dentro para fora 532
Terapêutica severa – decorrência
psicomagnética 533
Terapia da reencarnação 534
Terceiro Milênio – contínuo labor 534
Terceiro Milênio e cristianização 535
Terceiro Milênio – esforço heróico 535
Terra – consolidação biológica 536
Terra – edificação da nova escola 536
Terra – mãe extremosa 537
Terra – magneto condensador 537
Terra – Marte – Júpiter – Saturno 538
Terra – nova raça 538
Tiranos e fazedores de guerras 538
Tom específico humano e
mediunidade 539
Trabalho – ativar potencial divino 539
Trabalho – despertamento angélico ... 540
Trabalho – edificação do anjo 540
Trabalho – "espírito grupo" 541
Trabalho – espiritualidade criadora ... 541
Trabalho evolutivo 542
Trabalho – expansão consciencial 543
Trabalho – meio de
desenvolvimento 543
Trabalho – missão educativa 543
Trabalho no bem e mediunidade ... 544
Trajeto do espírito até a carne
e irradiações ocultas 544
Transe angélico – artista 545
Transe etílico – emersão
no passado 546

Transformação moral – morte
e espiritismo 546
Transformadores siderais e
Psiquismo Cósmico 547
Transfusão de amor – desobsessão ... 547
Tratado cósmico – o Evangelho 548
Tratado de saúde cósmica –
o Evangelho 548
Treinamento do amor – Mamon 549
Treino mediúnico e confiança
dos "guias" 549
Treino para o homem espírito –
jejum 550
Três princípios cósmicos –
emanações do Absoluto 550
Três revelações divinas 551
Três revelações – ligação do
passado com o futuro 551
"Trevas exteriores" e senda interna ... 552
Túnica nupcial e a dor 552
Túnica nupcial – perispírito
purificado 553
"Tutores" das sombras 553
UFOs – contato com a
humanidade da Terra 554
UFOs – contato com a
humanidade da Terra II 554
Última chance – o juízo 555
União conjugal e ascensão 555
União conjugal e
prévia combinação 556
Único sistema criativo para
os filhos de Deus 556
Unidade e consciência humana 557
Universalidade dos ensinamentos
dos espíritos 558
Universalismo – conquista
paulatina 558
Universalismo e Esperanto 558
Universalismo e espiritismo 559
Universalismo e espiritismo II 559
Universalista – crístico – cristão 560
Universo – macrocosmo x
microcosmo 560
Universo – oceano de prana 561

A Ascensão do Espírito de A a Z 23

Universo – produto da
Inteligência Criadora............ 561
Uno e inconfundível – o
espírito imortal................ 562
Urgência evolutiva e
laboratórios planetários.............. 562
Usina criadora – o ser humano...... 563
Usina de força – mente humana
e o câncer........................ 563
Usina viva – benzimentos
e passes 564
Vaidade – cegueira espiritual......... 565
Vanguardeiros cósmicos.............. 566
Variação da nutrição e evolução.... 566
Vencedor da morte – desperto
para a vida imortal..................... 567
Ventura espiritual – exilados.......... 567
Verdadeira felicidade –
mundos superiores...................... 567
Verticalização do eixo da Terra...... 568
Verticalização do espírito e o meio....568
Veste indestrutível – o perispírito........569
Vibrações dos lares –
construção familiar...................... 569
Vício do álcool e vampirismo......... 570
Vícios e libertação..................... 571
Vida animal – marcha consciencial...571
Vida física – correções na
contextura espiritual..................... 572
Vida em outro orbes.................... 572
Vida na carne – ativar amor
e sabedoria........................... 573
Vida na carne – polir arestas.......... 573
Vida pura e energias de alto teor......574
Vidro colorido – médium intuitivo....574
Vingança Além-túmulo e
amor do Alto........................ 575
"Virtudes", "pecados" e karma....... 575
Virtudes – terapêutica para a
cura da alma........................ 576
Vitória do espírito e o
sangue do "Cordeiro"................. 576
Viver por um ideal x Morrer
por um ideal........................ 577
Voar nas asas da prece................ 577

Voz de Deus................ 578
Voz silenciosa – sem som............ 578
Vulnerabilidade obsessiva – tema
fundamental................ 579
Xifopagia – recurso compulsório... 580
Xifópagos – produto de
ódio mútuo................ 580
Yogues e a Intuição............ 582
Zamenhof e o Esperanto............ 583
Zoantropia – deformação perispiritual.583
Zonas infernais – lembranças........ 584

Algumas palavras

Com a finalidade de elucidar todos os que têm acompanhado nossa labuta junto aos iluminados irmãos da Fraternidade da Cruz e do Triângulo, capitaneada por Ramatís, em particular e mais diretamente em relação ao mandado mediúnico que nos foi outorgado, gostaríamos de deixar claro que nossa sensibilidade mediúnica manifesta-se exclusivamente no plano mental. Trabalhamos no campo da intuição, recepcionando ininterruptamente os conselhos, as instruções e orientações dos amigos que amparam os seres humanos nesta hora profética da transformação planetária. Esclarecemos que ainda não desenvolvemos a faculdade da clarividência, tampouco a clariaudiência, mas nos sentimos muito à vontade no transcorrer das comunicações mediúnicas, uma vez que a intuição supre, até com certa vantagem, a falta dessas outras faculdades.

Certa feita, o espírito Navarana, coordenador do Projeto Bandeirantes da Luz, nos explicou que nossa mediunidade poderia ser definida como de "telepatia consciente à distância", ou seja, estaríamos lincados aos amigos da Fraternidade da Cruz e do Triângulo, que de longe poderiam ativar essa parceria, como de fato já ocorreu por diversas vezes. É claro que a disciplina mediúnica é fundamental nesse processo, principalmente quando se está em permanente contato com a dimensão etérea, sendo nossa a responsabilidade de reservar tempo para a família, o trabalho, o lazer, o descanso etc, sob pena de nos desequilibrarmos e não conseguirmos cumprir a tarefa que foi delineada antes de descermos à vida carnal.

Na recepção dos ditados mediúnicos, tendo em vista nosso contato mental totalmente consciente, escrevemos diretamente no computador, quando o temos à mão, e apenas utilizamos a psicografia tradicional quando não temos acesso a esse recurso, já que assim evitamos o trabalho de psicografar e depois ter de digitar as mensagens. Parodiando nosso saudoso Hercílio Maes, que dizia utilizar-se da "psicodactilografia", costumamos dizer que utilizamos a "psicodigitação".

Agora que levamos a lume essa terceira coletânea de textos, nos sentimos na obrigação de trazer à tona esta singela explicação sobre a forma como se dá a elaboração da luminosa tarefa da qual somos os maiores beneficiados, a fim de que o trabalho que realizamos na seara espírita e espiritualista possa ser melhor compreendido, pois o médium não atua somente nos momentos em que comparece à sessão programada. Aquele que se coloca à disposição do plano maior tem oportunidade de servir onde estiver, em qualquer lugar, desde que encare a mediunidade como um sacerdócio e se coloque à disposição de nosso Pai para amparar seus companheiros de caminhada. Já tivemos oportunidade de perceber isso nitidamente no trabalho, na rua, em casa; enfim, em diversas situações nas quais percebemos claramente a atuação dos amigos espirituais utilizando nosso campo energético na obra do bem.

Em verdade, tudo começou conosco quando, há cerca de três anos, tivemos a intuição de elaborar uma apostila para os médiuns do Centro Espírita Francisco de Assis, onde trabalhamos, baseada nos livros psicografados por Divaldo Pereira Franco, transmitidos pelo espírito Manoel Philomeno de Miranda. Ocorre que, ao iniciar a pesquisa, percebemos que a "apostila" não era bem o objetivo da tarefa, e que aquele trabalho tinha uma característica muito mais abrangente. Percebemos que o espírito Manoel Philomeno de Miranda nos acompanhava, direcionando a obra, quando então nos comunicou que aquele estudo deveria ser editado como um compêndio para todos que desejassem estudar e entender melhor a obsessão, grande mal da humanidade. Dessa forma, surgiu a obra *Obsessão e Desobsessão de A a Z - Aprendendo com Manoel Philomeno de Miranda*, publicada pela Editora do Conhecimento.

Mas a tarefa não parou por aí. Quando terminávamos a elaboração dessa primeira coletânea, sentimos a amorosa presença de André Luiz inspirando-nos a realizar um trabalho similar, com base nos livros ditados ao médium Francisco Cândido Xavier, em que mostra aos encarnados a vida do mundo espiritual. Nossa alegria foi grandiosa, uma vez que tais obras haviam servido de base para nosso desenvolvimento, quando, há mais de 21 anos, engatinhávamos no conhecimento do espiritismo. Dessa parceria surgiu *A Vida do Espírito de A a Z - Aprendendo com André Luiz*, recém-lançada.

Como é de conhecimento de todos, os espíritos benfeitores transmitem grandes ensinamentos com simplicidade e alegria; muitas vezes até com certa dose de descontração. Foi assim que em pleno seminário realizado na Fraternidade Espírita Ramatís, em São Paulo, de repente senti em meu mundo interior alguém que, de forma muito amorosa, me soprava ao ouvido:

– Você elaborou duas coletâneas: uma com o irmão Manoel Philomeno de Miranda, outra com André Luiz. E Ramatís? Justo você, que trabalha com a obra desse amigo, que tanto estuda os seus ensinamentos, esqueceu desse irmão? Casa de ferreiro, espeto de pau?!

Naquele momento, confessamos que ficamos envergonhados diante da espiritualidade, apesar de não sabermos por quem a mensagem havia sido transmitida, pois a entidade não se identificou. E, embora a comunicação tenha sido transmitida em tom de brincadeira, imediatamente sentimos a seriedade e importância do trabalho que nos estava sendo recomendado. Então, abrimos o canal da intuição e começamos a elaborar mentalmente o esquema dessa nova missão. E, como sempre acontece, a intuição começou a fluir como uma verdadeira cascata de luz a delinear a obra de forma muito interessante.

A primeira dificuldade que surgiu foi a escolha da temática, já que Ramatís é holístico e aborda uma gama variada de linhas de ensinamentos, tais como universalismo, espiritismo, vegetarianismo e carnivorismo, homeopatia, medicina natural, evolução, religiões comparadas, magia, e muitos outros temas objeto de estudo de sua tarefa luminosa. Mais uma vez, como sempre fazemos, recorremos à oração e reflexão e o trabalho começou a delinear-se no sentido de que seria importante demonstrar aos terrícolas, neste momento em que vive o planeta, a subida evolutiva do espírito, a sublime peregrinação do princípio inteligente através do Cosmo, como forma de levar esperança e alegria a todos que entrassem em contato com a obra. Dessa forma, surgiu a idéia de abordar a ascese espiritual das criaturas com base nas obras de Ramatís. Assim, iniciamos o trabalho de pesquisa e seleção de textos nas 14 obras psicografadas por Hercílio Maes, primeiro médium a recepcionar as mensagens desse mentor sideral.

Agora temos a oportunidade de dividir com o leitor uma experiência gratificante em relação às coletâneas: a princípio, entendíamos a tarefa como um trabalho de pesquisa humana, já que apenas copiávamos aquilo que outros médiuns haviam recepcionado. Porém, com o desenvolvimento das atividades, percebemos que, apesar de os livros não terem sido psicografados por nós, o trabalho era totalmente mediúnico, pois os amigos espirituais estavam sempre ao nosso lado, inclusive transmitindo mensagens à guisa de prefácio em todas as obras.

É muito interessante a maneira como os instrutores espirituais participam da consecução do trabalho. São eles quem verdadeiramente direcionam toda a pesquisa, mostrando-nos os trechos mais importantes, nos intuindo sobre os títulos a ser utilizados, de forma a deixar claro ao leitor o objetivo de cada transcrição. Essa participação ficou muito clara para nós, pois às vezes passávamos as páginas e não selecionávamos nenhum texto. Quando isso acontecia, uma espécie de incômodo interno nos fazia voltar às páginas anteriores do livro. Então percebíamos o ensinamento que havíamos deixado para trás. Era a intuição fluindo, obviamente direcionada por esses luminosos companheiros.

Foi uma experiência única o convívio com esses grandes amigos. Foi muito bom senti-los tão próximos em todos os instantes, conversando conosco por meio da "voz silenciosa", trocando impressões de forma não audível e, principalmente, sentir o contato com seu campo energético nos trazendo paz e alegria, apesar de a energia que nos envolveu no início ter sido portentosa, dando-nos a impressão de que éramos uma verdadeira "panela de pressão", tal a força e o amor que vertiam para o nosso campo mediúnico. Além de nos brindar com enorme sentimento de felicidade por estar sendo úteis à vida, essa oportunidade nos serviu de incentivo para continuar buscando o aperfeiçoamento e o trabalhando voltado cada vez mais para a Seara do Mestre.

Rogamos a Deus, a Jesus de Nazaré, a Maria Santíssima e a plêiade de espíritos de luz e de amigos cósmicos que auxiliam a Terra neste momento, que nos amparem, nos protejam e nos orientem, a fim de que todos possamos dar continuidade à nossa tarefa redentora, incansavelmente, em prol de nossa ascese espiritual e de nossos companheiros de peregrinação cósmica.

Sidnei Carvalho
13 de agosto de 2011

Prefácio

Trazendo esta coletânea a lume, temos como único escopo facilitar o entendimento do ser humano em relação ao infinito amor de nosso Pai, demonstrando de forma simples e objetiva as mais diversas nuances que permeiam a ascensão do espírito imortal, ao galgar planos cada vez mais sutis e luminosos, entendendo cada vez mais a si próprio e ao Criador, até tornar-se um co-criador a planar pelo Infinito a serviço da luz.

Na verdade, a saga do espírito imortal constitui-se numa verdadeira história de amor, um romance infindável entre a criatura e o Criador que tudo faz e disponibiliza para que seus filhos galguem a arcangelitude, cortando os liames que muitas vezes atam os seres ainda imaturos, nos primeiros degraus da evolução, à roda de *samsara*, ou seja, às encarnações nos mundos primitivos de sofrimento e dor.

É muito emocionante acompanhar essa "escada de Jacó", ou melhor, a peregrinação do princípio inteligente desde sua descida dos mundos virginais, seus estágios nos mundos inferiores, partindo do reino mineral, onde firma suas bases de sustentação energética em uma espécie de catapulta para o desenvolvimento dos primeiros bruxuleios de consciência, trabalhando de forma humilde e amorosa na estruturação planetária, no sentido de doar aos reinos superiores as condições geológicas para o seu desenvolvimento.

Desde esse momento já se nota a condição divina trazida em seu bojo, na demonstração da característica de servir, doar, amparar, isto é, a característica mor herdada do Criador que é o serviço ao semelhante, pois nesse estágio, a energia advinda do Pai, mesmo ao iniciar seu caminho rumo aos páramos da luz, já trabalha em prol de seus irmãos, garantindo a sustentação da vida na composição das formas planetárias, na formação das terras, mares, ares, rochas, cristais e toda a gama de minerais, fundamentais para o desenvolvimento dos próximos degraus evolutivos. Segue essa energia, que há de plasmar o futuro anjo, adentrando o reino vegetal, ensaiando timidamente uma tomada de atitude ao buscar os nutrientes no seio da terra e os raios solares no fenômeno do fototropismo. Já no reino vegetal, o princípio inteligente começa a demonstrar mais ainda as suas características divinas, embelezando o planeta com flores multicoloridas e plantas maravilhosas que fazem de sua superfície um verdadeiro caleidoscópio de cores e formas. E mais, trabalha ainda na captação e distribuição do *prana*, energia da vida, oferecendo aos habitantes dos reinos superiores o sagrado alimento para o desenvolvimento de seus corpos, comprovando a sua divina origem, na distribuição de amor, ao trabalhar em prol das espécies que estão à sua frente dentro do processo evolutivo.

Eis que, mercê da bondade e da sabedoria Divina, chega o momento de um grande salto, e então prepara-se o princípio inteligente, a futura alma humana e arcangélica, para galgar mais um luminoso degrau em sua busca da consciência cósmica. Então, o reino animal se abre para uma nova tomada de posição e vivência de novas experiências que o levarão a um grau de desenvolvimento importante como auxiliar do Pai na obra de desenvolvimento do Cosmo. E o amor e a sabedoria Divina abrem ao peregrino cósmico um mundo novo, em que os primeiros bruxuleios do sentimento começam a brotar na formação do seu "corpo astral", as primeiras indicações da inteligência, que vêm à tona, principalmente nos animais superiores que já demonstram, embora embrionariamente, algo daquilo que é apanágio de todas as criaturas do Universo, o "Reino de Deus" que habita no âmago de tudo e de todos.

Agora animais, nossos irmãos em evolução cumprem maravilhosamente seu papel na Criação, coadjuvando o progresso dos seres humanos e preparando-se para a nova etapa, em que, em mundos de transição, se burilam para o momento mais importante e emocionante de sua caminhada cósmica – a individualização, a conquista do diadema da razão e, consequentemente, o livre-arbítrio, e com ele a chegada da responsabilidade e do mérito.

Instante mágico, divino, tão esperado pelas hostes angélicas e arcangélicas que, por milênios infindáveis, velaram pelo sucesso dessa peregrinação. Momento único, em que todo o potencial do macro se revela no micro: desabrocha o ser para a sua escalada no reino hominal, e desde os primeiros momentos demonstra a sua origem divina, dominando o meio em que passa a viver, desenvolvendo passo a passo a sua inteligência e apurando cada vez mais a sua sensibilidade psíquica.

Por estar ligado à fonte de todo conhecimento e amor – Deus – desenvolve o sentimento de adoração, busca entender suas origens e ansiosamente enceta o caminho de volta aos braços do Pai, criando as religiões, as seitas, as ordens iniciáticas e, assim, cumprindo o roteiro delineado pelo Sublime Peregrino das Estrelas, Jesus de Nazaré, na parábola do Filho Pródigo. Desenvolve a ciência, lança-se ao espaço sideral, conquista as estrelas e se aproxima cada dia mais do seu destino determinístico: tornar-se um arcanjo sideral, medianeiro do Pai, cuidando daqueles que vêm atrás nesta luminosa saga da criatura em busca do Criador.

Falar dessa sublime peregrinação, demonstrar os caminhos, os métodos divinos, as oportunidades, as dificuldades, as formas de superação dos desafios, as importantes lições em cada situação vivenciada durante a jornada cósmica, por mais simples que possa parecer, é um sagrado dever de todo aquele que já compreendeu a dinâmica da Criação e a beleza do processo evolutivo engendrado pelo Criador para a felicidade de seus filhos.

A felicidade de poder colaborar com nossos irmãos que habitam este planeta azul é que nos emula a trazer à luz mais esta humilde obra, em que procuramos deixar delineado todo o esquema de amor que encontramos todos nós, indistintamente, em nossa caminhada por esse Universo rico em oportunidades de crescimento e felicidade.

Como outrora asseverou brilhante estudioso da doutrina espírita, cumprimos todos uma luminosa sina que é a de evoluir amorosamente "do átomo ao arcanjo", de maneira que será para nós uma enorme alegria viajar juntos nas páginas da presente obra, por essa estrada luminosa, e nos fortalecer cada vez mais neste momento vivido pela humanidade terrícola, com a chegada da transição planetária e a separação do joio e do trigo, que fará da Terra o planeta de regeneração tão aguardado por todos.

Queira Deus, essa pequena migalha do conhecimento universal possa alavancar nosso crescimento rumo às estrelas e, como sublimes peregrinos do Cosmo, possamos nos sentir incentivados a galgar o próximo degrau planetário como habitantes da Nova Jerusalém, da tão sonhada Canaã, onde, segundo a previsão bíblica, "gotejará leite e mel" e a humanidade viverá uma era de paz, fraternidade e solidariedade.

Ramatís
14 de agosto de 2011

A

Aborto e programa cármico

O aborto é, no código penal da espiritualidade, crime infamante, porque destrói um organismo indefeso, e já servindo a um espírito em descenso reencarnatório. Toda gestação, aí na Terra, é vinculada no Espaço a um programa cármico coletivo, desenvolvido através de séculos e séculos, reajustando e redimindo adversários dominados pelo ódio, pela vingança e por faltas recíprocas. Em consequência, o aborto é um "imprevisto", alterando todo o programa de um grupo, pois, além de expulsar do organismo físico, o espírito enquadrado num plano redentor na carne, também frustra o trabalho de centenas de almas submetidas ao mesmo processo encarnatório. (Obra: *Sob a Luz do Espiritismo*, 3ª edição, p. 116)

Aborto – retardamento da evolução

Não obstante as mais diversas opiniões humanas, favoráveis ou desfavoráveis ao aborto, considerando-o ora um crime passível de punição, ora, apenas, uma prática oficializada pela legislação comum, sem as considerações da realidade espiritual, a verdade indiscutível e isenta de quaisquer sofismas é que todo nascimento no Planeta significa um ensejo de progresso, redenção e ventura para um espírito lograr a sua melhoria espiritual, enquanto o aborto é, justamente, a ação impeditiva dessa graça salvadora. Assim, as criaturas que se recusam a procriar organismos físicos para outros companheiros desencarnados também se candidatam às mesmas condições desagradáveis e aflitivas, no futuro, cabendo-lhes enfrentar a simbólica "fila" dos candidatos vezeiros em frustrar o curso vital das existências carnais.

O aborto pode ser justificado de diversas maneiras pelos homens, porém, diante da espiritualidade, haverá sempre um agravo na evolução de espíritos mutuamente comprometidos. (Obra: *Sob a Luz do Espiritismo*, 3ª edição, p. 131)

Abreviações – caminho para a telepatia

É claro que, se reduzis paulatinamente a quantidade de vocábulos para se enunciarem muitos pensamentos, é porque o homem atual compreende fácil e inteligentemente, através dessas abreviaturas ou chaves verbais sintéticas, aquilo que antes precisaria ser dito em longa transmissão verbal ou escrita. Evidentemente, isso se deve à natural sensibilidade intuitiva e telepática da humanidade do século atômico, cujo desenvolvimento mental, sob os métodos da pedagogia moderna, já substitui com êxito o antigo processo de se memorizar e repetir exaustivamente grande quantidade de palavras. O vocabulário humano tende, portanto, a diminuir em quantidade para ganhar em qualidade, enriquecendo-se sob esse salutar processo de se comporem interessantes códigos verbais, que melhor atendem ao incessante dinamismo evolutivo da vida moderna, em lugar de se exigir, para transmissão do pensamento, um número de palavras cada vez maior, o que conduziria a linguagem terrícola a inevitável saturação e balbúrdia.

O desenvolvimento da mente humana a caminho da telepatia já se comprova, realmente, nessa redução do palavreado ou do falar excessivo, de vez que o homem já percebeu que a mente criadora melhor se desenvolve no silêncio da alma, pois à medida que se reduz a turbulência mental, tão própria dos atos irritados e insatisfeitos do homem comum, também diminui a quantidade de palavras de que ele necessita para se expressar e, portanto, se torna menos supérfluo e mais exato. Então ele pensará e refletirá, antes de falar, e só exporá em síntese as conclusões que elaborou na mente, servindo-se de menor quantidade de palavras para se fazer entendível. (Obra: *A Sobrevivência do Espírito*, 8ª edição, pp. 197/198)

Aceleração evolutiva terráquea – Jesus

Em verdade, Jesus é o Espírito mais excelso e genial da Terra, da qual é o seu Governador Espiritual. Foi também o mais sublime, heróico e inconfundível Instrutor entre todos os mensageiros espirituais da vossa humanidade. A sua encarnação messiânica e a sua paixão sacrificial tiveram como objetivo acelerar, tanto quanto possível, o ritmo da evolução espiritual dos terrícolas, a fim de proporcionar a redenção do maior número possível de almas, durante a "separação do joio e do trigo, dos lobos e das ovelhas", no profético Juízo Final já em consecução no século atual. (Obra: *O Sublime Peregrino*, 17ª edição, p. 18)

Aceleramento perispirítico do médium

Pobre ou rico, imprevidente ou cauteloso, inteligente ou analfabeto, com saúde ou enfermo, o médium em prova é sempre o espírito que, ao se encarnar, submete-se, no Espaço, a um processo de hipersensibilização perispiritual.

Contudo, não pode eximir-se do serviço mediúnico redentor, mesmo quando se vê em apuros para exercer a sua tarefa espiritual. A sua situação caótica, porque é pobre ou doente, e ainda médium, só se resolverá com a sua desencarnação, uma vez que não pode eliminar de si o "aceleramento perispirítico" que lhe é absolutamente indispensável para redenção de sua própria alma. (Obra: *Mediunidade de Cura*, 12ª edição, p. 215)

Aceleramento perispirítico do médium II

O médium de prova é um espírito que antes de descer à carne recebe um "impulso" de aceleração perispiritual mais violento do que o metabolismo do homem comum, a fim de se tornar o intermediário entre os "vivos" e os "mortos". Assim como certos indivíduos, cuja glândula tireóide funciona em ritmo mais apressado — e por isso vivem todos os fenômenos psíquicos emotivos de sua existência de modo antecipado — o médium é criatura cuja hipersensibilidade oriunda da dinâmica acelerada do seu perispírito o faz sentir, com antecedência, os acontecimentos que os demais homens recepcionam de modo natural.

Compreende-se, então, o motivo por que o desenvolvimento disciplinado mediúnico e o serviço caritativo ao próximo, pela doação constante de fluidos do perispírito, proporciona certo alívio psíquico ao médium e o harmoniza com o meio onde habita. Algo semelhante a um acumulador vivo, ele sobrecarrega-se de energias do mundo oculto e depois necessita descarregá-las num labor metódico e ativo, que o ajude a manter sua estabilidade psicofísica. A descarga da energia excessiva e acumulada pela estagnação do trabalho mediúnico, fluindo para outro pólo, não só melhora a receptividade psíquica como ainda eleva a graduação vibratória do ser.

O fluido magnético acumulado pela inatividade no serviço mediúnico transforma-se em tóxico, pesando na vestimenta perispiritual e causando a desarmonia no metabolismo neuro-orgânico. O sistema nervoso, como principal agente ou elo de conexão da fenomenologia mediúnica para o mundo físico, superexcita-se pela contínua interferência do perispírito hipersensibilizado pelos técnicos do Espaço, e deixa o médium tenso e aguçado na recepção dos mínimos fenômenos da vida oculta. Deste modo, o trabalho, ou intercâmbio mediúnico, significa para o médium o recurso que o ajuda a manter sua harmonia psicofísica pela renovação constante do magnetismo do perispírito, à semelhança do que acontece com a água estagnada da cisterna, que se torna mais potável quanto mais a renovam pelo uso. Na doação benfeitora de fluidos ao próximo, o médium se afina e sensibiliza para se tornar a estação receptora de energias de melhor qualidade em descenso do plano Superior Espiritual. (Obra: *Mediunidade de Cura*, 12ª edição, pp. 216/217)

Adesão ao amor – eliminação do sofrimento

Como dispomos do livre arbítrio até o ponto em que nossos atos não causem perturbações ao próximo ou naquilo em que intervimos, poderemos extinguir a dor pouco a pouco, à medida que nos integrarmos na vida harmoniosa criada por Deus. Sendo o Amor o fundamento essencial de toda vida, presente na afinidade entre as substâncias, na coesão entre os astros e na união entre os seres, é suficiente a nossa adesão incondicional ao ritmo constante desse Amor para que em breve a saúde completa do nosso espírito tenha eliminado o sofrimento! (Obra: *Fisiologia da Alma*, 15ª edição, p. 246)

Administração Sideral e Astrologia

Sem dúvida, a administração de um sistema solar e mesmo de um orbe é bem mais complexa e importante do que o controle das atividades humanas; e os seus motivos também exigem um sistema ou ordem capaz de prever disciplinadamente todos os acontecimentos futuros mais importantes. Assim como o homem coordena o simbolismo do tempo em sua mente "finita", graças à tabela do seu calendário, a Administração Sideral disciplina os seus eventos cósmicos prevendo, marcando e controlando os acontecimentos principais que se sucedem e se desdobram no decorrer de um "Grande Plano".

Os diretores do Sistema Solar, ou do berço da Terra, também precisam situar-se na idéia de "tempo" e "espaço" para interferir no momento justo das necessidades de reajuste planetário e intensificação espiritual das humanidades dos orbes sob sua direção.

Eis, pois, o sentido da Astrologia! Ela é o calendário sideral e a marcação cósmica de que se serve a Administração Sideral do orbe para assinalar os eventos excepcionais em perfeita concomitância com o próprio calendário do homem. (Obra: *O Sublime Peregrino*, 17ª edição, p. 57)

Afinidade – espiritismo e Evangelho

Sem dúvida, o principal objetivo da doutrina espírita é a redenção dos espíritos através de uma realização consciente e contínua, sem aguardar o milagre da santidade instantânea. O espírita deve interessar-se profundamente pelo seu próprio aperfeiçoamento, independente de confiar somente nos ensinamentos dos mestres ou doutrinadores. Não basta a convicção na imortalidade da alma, mas principalmente a conversão à moral superior do Cristo.

Em consequência, nenhum Código Moral ou Tratado do Espírito Imortal pode ser mais eletivo à educação e libertação do espírita do que o Evangelho de Jesus, cujos ensinamentos são absolutamente desapegados de quaisquer mistérios ou complexidades. Daí a sua afinidade com o espiritismo, que também é destituído de liturgias, dogmas e "tabus". (Obra: *A Missão do Espiritismo*, 10ª edição, p. 60)

A grande descida – macro no micro

Embora as imagens do mundo físico não satisfaçam a quem precisa explicar a realidade do que é sem forma, podemos figurar os Arcanjos Construtores como "Divinos Condensadores" que se interpõem entre a Luz Máxima, refulgente, de Deus, e a graduam pouco a pouco para a razão do homem, através de suas próprias consciências hemisféricas, galáticas, constelares, planetárias e mesmo as que operam no comando dos quatro elementos da matéria, nos reinos, continentes e raças humanas. A série hierárquica dessas entidades, que agrupam em si mesmas o potencial mais alto e depois o transmitem à faixa vibratória mais reduzida em suas próprias auras conscienciais, é que permite logicamente o crescimento e a ascensão dos vossos espíritos para a sublime angelitude. Essa indescritível e sucessiva redução arcangélica, do alto potencial de Deus, identifica tradicionalmente a "grande descida" do macro ao microcosmo, quando Deus está manifesto tanto na probalidade de onda do elétron como nas galáxias estelares. (Obra: *Mensagens do Astral*, 17ª edição, p. 312)

Álcool – separação do joio e do trigo

Uma vez que os terrícolas estão preocupadíssimos em ampliar as fronteiras do seu orbe, para a urgente comunicação interplanetária, já não lhes sobeja tempo para refletirem e meditarem sobre os destinos da alma ou as palavras tão singelas de Jesus. Há grande preocupação em se estender a má administração terrícola aos povos sensatos de outros planetas habitados, criando-se o paradoxo de se querer conhecer a casa do vizinho, enquanto não se conhece nem ao menos as necessidades da própria casa! Para as criaturas terrenas bem intencionadas, que ainda depositam fé na mansuetude evangélica pregada pelo Sublime Nazareno, só resta uma esperança: é a certeza de que a Administração Sideral já iniciou a sua intervenção salutar e corretiva na Crosta. Já foram estabelecidas as providências disciplinadoras do Alto, para impedir o perigoso desbragamento humano e ajustar também a contextura da Terra aos tipos dos moradores futuros, que deverão ser mais regrados e pacíficos.

A característica profética do "juízo final" já está sendo reconhecida, motivo por que muitas criaturas mostram-se surpresas ante os fenômenos e acontecimentos insólitos que avultam todos os dias! Uma vez que os responsáveis pelas principais instituições de cultura, ciência e educação, no mundo, desinteressam-se de sua renovação espiritual e preferem chafurdar-se na torrente lodosa que se despenha montanha abaixo, é evidente que a única solução para o problema do álcool consiste na emigração compulsória dos terrícolas beberrões para outro planeta inferior à Terra. Graças à profética separação dos "bons" e dos "maus", à direita e à esquerda do Cristo, que simboliza o Amor Universal, e que já se processa no vosso orbe para modificar-lhe os destinos futuros, será possível então lograr-se êxito na extirpação do vício do álcool entre a vossa humanidade. (Obra: *Fisiologia da Alma*, 15ª edição, p. 121)

Álcoolismo – varrido na Nova Jerusalém

O Comando Superior Divino está procedendo aos "testes" necessários para verificar quais as almas que ainda poderão renascer na Terra, no próximo Milênio do Mentalismo, assim como está examinando aqueles que deverão repetir, em mundo inferior, as lições espirituais que tanto negligenciaram e das quais abusaram no curso primário atual. É lamentável por isso que, justamente no instante em que os terrícolas deveriam conjugar suas forças para a melhor sobrevivência física no seio das convulsões geológicas em eclosão no planeta, apurando o espírito na ocasião dolorosa, mais se preocupem em golpear-se ante a ganância recíproca dos lucros efêmeros e no desejo desenfreado do gozo animal!

O apóstolo Paulo lembra muito bem a angústia desses dias finais, quando adverte: "Nos últimos dias sobrevirão tempos perigosos" e depois acrescenta: "Para que sejam condenados todos os que não deram crédito à verdade, mas assentiram à iniquidade".

O alcoolismo, pois, será varrido da face da Terra depois da seleção benfeitora da futura humanidade, pois a Lei Sideral em todos os planetas primários, no tempo justo e aprazado, renova a morada física e despeja o inquilino desleixado para outros mundos a que fizer mais jus, a fim de que se reative em sua proverbial indiferença espiritual. (Obra: *Fisiologia da Alma*, 15ª edição, pp. 121/122)

Alegria – espíritos de luz

Dificilmente os encarnados podem imaginar que, além do túmulo e nas regiões felizes, ainda permanecem o riso farto, a jovialidade e a despreocupação das almas angélicas libertas dos complexos e recalques humanos, cujo sentimento puro e inocência de intenções justificam a divina máxima de Jesus, quando exclamava: "Vinde a mim as criancinhas, porque delas é o reino dos céus".

Os pessimistas da moradia terrena não podem admitir que os "mortos" possam desempenhar atividades laboriosas e a tudo contagiar com sua alegria, seu trabalho e otimismo. Mas a verdade é que as colônias espirituais venturosas que circundam o orbe terráqueo, conforme já vos tem sido notificado, são colméias de almas afeitas ao humorismo sadio, à graça e à jovialidade dos intercâmbios afetivos ligados ao bem e à utilidade espiritual. Se a morte não transforma as almas em arcanjos liriais purificados à última hora, ela também não extingue as preferências boas ou más que tenham sido esposadas na Terra.

Os guias que vos visitam das regiões de paz e de luz não devem ser levados à conta de fantasmas suspirosos ou almas carrancudas, tristes e severas, cuja presença nas sessões espíritas, em vez de desanuviar o ambiente, torna-o ainda mais tristonho e soturno. (Obra: *Mediunismo*, 13ª edição, p. 194)

"Alfândega" do Além e rótulos religiosos

Considerando-se que a alfândega do "Além-túmulo" não costuma indagar da religião do "falecido", mas fundamentalmente de sua obra, parece-nos secundário e infantil qualquer preocupação religiosa ou método de adoração ao Senhor. Não é o rótulo de católico, protestante, espírita ou iniciado, que abre as portas do céu para os espíritos partidos da Terra; isso depende peremptoriamente de sua própria redenção espiritual. Aliás, diz velho adágio popular do vosso mundo que a "raposa pode mudar de pele e não mudar de manha", o que implica em se considerar que não basta mudar de "rótulo" religioso, porém, renovar o conteúdo espiritual interior. (Obra: *A Missão do Espiritismo*, 10ª edição, p. 76)

Alimentação do terrícola e evolução

O homem terrícola irá se libertando, pouco a pouco, das exigências nutritivas de sua rude natureza animal até alcançar o desiderato de outras humanidades mais evoluídas. Da antropofagia, ele passou a devorar somente animais, insetos, aves, peixes; em seguida para a nutrição mista de carnes e vegetais, e, tende para o vegetarianismo puro, aumentando o seu energismo "psicofísico".

É razoável que o homem selvagem seja antropófago e delicie-se com a carne dos próprios companheiros; mas é condenável e incoerente, além de impiedade, quando após distinguir o Bem e o Mal, o Amor e o Ódio, ainda continue a devorar o animal que é seu irmão inferior! (Obra: *A Vida Humana e o Espírito Imortal*, 11ª edição, p. 115)

Alimentação – eliminação da carne

Não sugerimos a violência orgânica para aqueles que ainda não suportariam essa modificação drástica; para esses, aconselhamos gradativamente adaptações do regime da carne de suíno para o de boi, do de boi para o de ave e do de ave para o de peixe e mariscos. Após disciplinado exercício em que a imaginação se higieniza e a vontade elimina o desejo ardente de ingerir os despojos sangrentos, temos certeza de que o organismo estará apto para se ajustar a um novo método nutritivo de louvor espiritual. Mas é claro que tudo isso pede por começar e, se desde já não efetuardes o esforço inicial que alhures tereis de enfrentar, é óbvio que hão de persistir tanto esse tão alegado condicionamento biológico como a natural dificuldade para uma adaptação mais rápida. Mas é inútil procurardes subterfúgios para justificar a vossa alimentação primitiva e que já é inadequada à nova índole espiritual; é tempo de vos asseardes, a fim de que possais adotar novo padrão alimentício. Inegavelmente, o êxito não será alcançado do modo por que fazeis a substituição do combustível de vossos veículos; antes de tudo, a vossa alma terá que participar vigorosamente de um exercício, para que primeiramente elimine da mente o desejo de comer carne. (Obra: *Fisiologia da Alma*, 15ª edição, p. 21)

Alimentação – libertação de desejos materiais

Enquanto, no vosso mundo, ensaiais novos experimentos e costumes, que ainda mais vos subjugam à garra coercitiva do instinto inferior, os marcianos estabelecem exercícios de vontade e eliminam definitivamente o que é dispensável à verdadeira natureza do espírito. O alimento, por mais delicado, nutritivo ou necessário, é sempre um elemento material, que aumenta o "volume" específico físico, em detrimento do dinamismo espiritual. A demasiada preocupação de prazeres através do fenômeno "digestão" é sinal de retardamento mental para os mundos etéreos. As ansiedades espirituais dos marcianos reduziram ao mínimo possível o contato com o mecanismo digestivo, por estarem certos de que nos mundos superiores só obtém equilíbrio e moradia a alma liberta de desejos materiais. Se no vosso mundo não é estultice a preferência aos prazeres do paladar, outra, no entanto, é a visão da coletividade marciana porque, no afã de mais breve se integrar no metabolismo angélico do espírito imortal, prefere extinguir tudo o que não seja intrinsecamente necessário à nutrição corporal, efetuando, nesse sentido, gradativos treinos para a morte dos desejos veementes do instinto humano. (Obra: *A Vida no Planeta Marte e os Discos Voadores*, 14ª edição, p. 377)

Alimento como medicamento

A boa combinação de alimentos não é somente aquela que proporciona boa digestão, mas também a que melhora a disposição de espírito durante as refeições; que não provoca fenômenos antagônicos no aparelho digestivo ou de repercussão nociva no psiquismo pelo vagossimpático; é isenta de alimentos adversos entre si, que se anulam ou então produzem reações desagadáveis e tóxicas. Há alguns séculos, já recomendava Hipócrates, num dos seus belos preceitos: "Que o teu alimento seja o teu medicamento e que o teu medicamento seja o teu alimento", destacando, pois, a grande importância da nutrição. (Obra: *Fisiologia da Alma*, 15ª edição, pp. 70/71)

Allan Kardec – avançado mestre iniciático

Allan Kardec foi um dos mais avançados mestres de iniciação esotérica do passado, bastante familiarizado com a atmosfera dos templos egípcios, caldeus e hindus. E inúmeros iniciados que desenvolveram suas energias psíquicas e despertaram seus poderes espirituais nos ambientes dos antigos templos iniciáticos, também estão agora encarnados na Terra e cooperam valiosamente na seara espírita. Pouco a pouco, eles revelam os conhecimentos ocultos, que Allan Kardec teve de velar em sua época por falta de um clima psicológico adequado e favorável aos ensinamentos esotéricos, em público. (Obra: *Elucidações do Além*, 11ª edição, pp. 95/96)

Allan Kardec e os luminares do Senhor

As comunicações de espíritos de alta estirpe sideral, que se registram nas obras fundamentais do espiritismo, não significam intervenções acidentais e discutíveis, mas representam as diretrizes doutrinárias e definitivas para o progresso espiritual coletivo. Em vez de comunicações particulares destinadas a orientar indivíduos ou grupos isolados, elas significam o cimento coesivo de uma doutrina de orientação espiritual definitiva e destinada a toda a humanidade. Por isso, Hermes, Crisna, Lao-Tseu, Zoroastro, Rama, Buda e o Divino Jesus influenciaram-lhe a alma, por algum tempo, embora Kardec tivesse de atuar na França, isto é, no Ocidente, preso a uma severa disciplina científica. Esses luminares do Senhor não foram evocados para atender, em suas mensagens, às trivialidades humanas ou promover soluções fáceis de âmbito doméstico, mas a sua manifestação firmou os postulados da Doutrina Espírita com o aval do Espírito Superior. (Obra: *Mediunismo*, 13ª edição, p. 220)

Alma angélica e família desregrada – proteção

Há casos excepcionais em que um espírito bom e grande amigo ou simpatizante da família degenerada resolve encarnar-se no seu seio, a fim de no mundo experimental da carne poder orientá-la para objetivos superiores. É por isso que às vezes podeis identificar uma alma angélica que, na qualidade de uma filha ou filho terno, inteligente e regrado, descende de família degenerada e viciosa. Nesse caso, os técnicos siderais intervêm pessoalmente e cercam a elevada entidade de todo conforto e proteção a que tem direito ao se reencarnar, porquanto não lhe pesa nos ombros a culpa de nascer no seio de uma família que se entrega aos tóxicos alcoólicos. E, se o embrião ficar ameaçado de ser lesado, a técnica sideral possui múltiplos recursos para evitar que isso aconteça. Então o desenvolvimento do feto será depois plasmado sob a própria influência do perispírito do encarnante que, devido à sua energética espiritual avançada, dissociará e carbonizará todas as substâncias astralinas perniciosas. O simples fato de uma entidade elevada se ligar ao ventre de mães degeneradas chega a acalmar-lhes o desejo de ingerir álcool e até a enternecê-las! (Obra: *Fisiologia da Alma*, 15ª edição, pp. 133/134)

Alma e evolução – concepção espírita

A alma do espírita também "desce" de Deus ainda imersa na "massa espiritual", ou "espírito-grupo" e habita, gradualmente, os reinos mineral, vegetal, animal e finalmente fixa-se em centelha consciente no comando da forma humana. Durante o seu progresso espiritual ela também aprimora a própria matéria que lhe serve de sustentáculo no mundo planetário, pois nasce e renasce tantas vezes quantas forem precisas, para o seu "auto-conhecimento" e purificação da "túnica perispiritual" exigida no Paraíso. Conforme a explicação espírita, a alma progride e angeliza-se independente de qualquer privilégio ou proibição Divina. Mas é uma "autodidata" que erra e acerta, sofre e goza, ignora e sabe, até completar o ciclo terrestre e merecer o ingresso noutros mundos mais venturosos. (Obra: *A Missão do Espiritismo*, 10ª edição, p. 89)

Alma humana – exilado compulsório

Assim como o exilado compulsório não trocaria todas as comodidades e distrações no seu desterro, pelas maiores contrariedades em sua pátria querida, o espírito imortal também sente-se infeliz sob o domínio estúpido das paixões da carne. Há momentos em que o tédio, a melancolia, o desespero e até a revolta abatem o homem de tal forma, embora ele participe de todos os prazeres da vida, que, na sua angústia insolúvel, ele recorre ao suicídio, causando espanto àqueles que o julgavam plenamente venturoso. Na verdade, em face de qualquer descuido ou invigilância da personalidade humana, a consciência espiritual reage, no sentido de sua integração na vida superior do espírito imortal. (Obra: *Mediunidade de Cura*, 12ª edição, p. 128)

Alma santificada e vegetarianismo

Realmente, alguns santos do hagiológio católico, ou espíritos desencarnados considerados hoje de alta categoria, puderam alcançar o céu, apesar de comerem carne. Mas o portador da verdadeira consciência espiritual, isto é, aquele que, além de amar, já sabe por que ama e por que deve amar, não deve alimentar-se com a carne dos animais. A alma efetivamente santificada repudia, incondicionalmente, qualquer ato que produza o sofrimento alheio; abdica sempre de si mesma e dos seus gozos, em favor dos outros seres, transformando-se numa Lei Viva de contínuo benefício e, na obediência a essa Lei benéfica, assemelha-se à força que dirige o crescimento da semente no seio da terra: alimenta e fortifica, mas não a devora! (Obra: *Fisiologia da Alma*, 15ª edição, pp. 36/37)

Alma viciada – drenagem perispiritual

Depois que abandona o corpo na cova terrena, ninguém se livra de sofrer o efeito dos seus próprios vícios ou de suas paixões desregradas, pois não escapa à lei implacável de que "a semeadura é livre, mas a colheita é obrigatória". Entretanto, os viciados terrenos que desencarnam, mas que foram criaturas boníssimas e serviçais ao próximo, sempre merecem proteção especial. Muitos indivíduos viciados, mas de bons sentimentos e boa índole fraterna, são recebidos na travessia do túmulo por grupos de parentes e espíritos amigos que os protegem e evitam que sejam abandonados ou caiam nas garras dos malfeitores desencarnados. Mas, em face da justiça implacável da Lei, a alma viciada sempre terá que drenar do seu próprio perispírito a terrível carga cruciante dos venenos nele incrustados pelo excessivo eterismo alcoólico, assim como terá de sofrer o terrível desejo da bebida, despertando no Além como se emergisse da mais profunda embriaguez terrena. (Obra: *Fisiologia da Alma*, 15ª edição, p. 108)

Alopatia e karma

Atualmente, devido ao estado moral e espiritual do cidadão terreno, a Lei Kármica ainda lhe preconiza um tratamento doloroso, à base de hipodérmicas, tubagens, cauterizações, drenos, operações ou extrações de órgãos combalidos, aplicações e ingestão de medicamentos repulsivos, tóxicos e lesivos, que funcionam como efeitos das causas culposas do passado.

Em face de haverem evoluído os métodos punitivos das leis humanas, com a abolição das torturas medievais, os médicos — muitas vezes sem que o saibam — funcionam como instrumentos de retificações kármicas nos seus pacientes. Aqui, o usurpador cruel do passado, que oprimia os seus adversários políticos, sofre atrozmente devido à chaga infecciosa e rebelde, que surge num órgão que foi operado precipitadamente; ali, é o velho inquisidor do "Santo Ofício" que, estirado no leito de luxuoso hospital, mostra-se completamente perfurado por hipodérmicas, com as carnes maceradas pelas seringas dos soros e transfusões de sangue, que pingam através de tubos suspensos e aparelhos especiais, como se fossem instrumentos de tortura; acolá, o feroz fazendeiro, que se servia do fogo para supliciar os seus infelizes escravos, encontra-se transformada noutra figura humana submetida a terríveis cautérios e intervenções cruciantes, enquanto o seu coração combalido não permite a menor intervenção da anestesia para fazê-la esquecer o sofrimento! (Obra: *Fisiologia da Alma*, 15ª edição, pp. 199/200)

Altares – função saneadora

Nos velhos templos iniciáticos da Atlântida, Caldéia, Egito ou Índia, os altares dos templos eram feitos de cedro sem pintura, porque sua principal finalidade era atrair e absorver os fluidos nocivos emanados dos presentes no momento da concentração e elevação dos cálices sagrados. Durante a meditação ou concentração interior, a criatura penetra mais intimamente no mundo espiritual, e por assim dizer, "flutuam" em torno do perispírito os resíduos mentais e astrais dos pensamentos desordenados e emoções indisciplinadas.

Sob a ação saneadora dos espíritos técnicos em atividade no templo ou na igreja, esses fluidos perniciosos são endereçados e condensados pelo "campo magnético" superativado na madeira de cedro dos altares, arvoredo esse bem conhecido pela sua receptividade magnética. (Obra: *A Missão do Espiritismo*, 10ª edição, p. 83)

A luz do mundo e a cruz vazia

A tempestade havia amainado e a água da chuva escorria pelas fendas rochosas e enlameadas do Gólgota. Momentos depois, o grupo de criaturas pesarosas se punha a caminho entoando um canto triste e pungente, o mais profundo lamento da alma atormentada, onde a saudade, o remorso, a angústia e o desalento lavravam como o fogo queimando as carnes tenras. Era a procissão lamentosa de homens e mulheres lavados pela chuva e manchados pela lama, que seguiam pranteando a perda do Sublime Amigo Jesus, o homem justo, inocente, heróico e leal, que sucumbira para deixá-los viver. Quando desapareceram no sopé da colina rochosa em direção à cidade, deixando nas asas do vento fatigado os sons melancólicos dos mais acerbos queixumes, ainda se podia ver no cimo do Gólgota a silhueta das três cruzes, que Jesus havia entrevisto mediunicamente, durante a sua agonia espiritual no Horto das Oliveiras e na véspera de sua morte.

No entanto, a cruz no centro estava vazia, porque já se havia cumprido o sacrifício do Salvador. Daquele momento em diante, ela deixava de ser o instrumento de castigo infamante do homem, para se tornar o caminho abençoado da libertação espiritual da humanidade. Jesus, o Messias, havia triunfado sobre as Trevas, nutrindo a Luz do mundo através do combustível sacrificial do seu próprio sangue! (Obra: *O Sublime Peregrino*, 17ª edição, p. 380)

Amigo fiel e generoso – Jesus de Nazaré

O filho de Maria e José, desde o berço até à cruz, viveu na mais completa pobreza e entregue exclusivamente à tarefa de libertar os terrícolas das algemas do pecado. Buda e outros iluminados instrutores espirituais do Oriente saíram em busca da Verdade, depois de algumas desilusões da vida do mundo e quase preocupados com uma solução pessoal.

Jesus, no entanto, desde sua infância viveu indiferente à sua própria felicidade, pois os seus sonhos e ideais só objetivaram a ventura alheia. Jamais ele procurou solver os mistérios da vida humana para contentar sua própria ansiedade. Todas as suas iniciativas visavam ao bem do próximo. Não era um filósofo aconselhando diretrizes extemporâneas, nem legislador enfileirando leis e punições para a atarantada humanidade, mas sim o companheiro, amigo fiel e generoso, que vivia minuto a minuto aquilo que ensinava e oferecia a própria vida em favor dos humildes e desgraçados. Considerava a humanidade a sua própria família. (Obra: *O Sublime Peregrino*, 17ª edição, p. 214)

Amor aos filhos

O vosso **sentir** paternal ainda é produto do egocentrismo de um "ambiente de sensações". É, pois, indispensável que todas as emoções, inclusive as mais nobres, sejam subordinadas ao controle do raciocínio; e o amor para com os filhos não deve fugir a essa regra. **Amar** os filhos, no sentido exato do termo, importa, acima de tudo, em saber conduzi-los visando, não apenas, o futuro homem-**corpo**, mas, especialmente, o homem-**espírito**. Os pais que sabem atender a este aspecto moral, libertam-se dos sentimentalismos afetivos que degeneram em liberdades nocivas. E neste sentido, Deus nos dá esta lição edificante: a sua bondade, embora infinita, não impediu que a sua sabedoria criasse a severidade dos mundos de correção espiritual, destinados aos que se afastam da linha reta estabelecida pelas suas leis, pois não basta **sentir** o amor; é preciso **saber** exercê-lo de modo que bondade e sabedoria formem duas linhas paralelas, a fim de que se estabeleça o equilíbrio entre o **sentir** e o **saber**. (Obra: *A Vida no Planeta Marte e os Discos Voadores*, 14ª edição, p. 100)

Amor do Cristo – latente – imanente

Sob a ação centrípeta do Amor do Cristo, que vive latente no âmago de todos os homens e eclode tanto mais intenso quanto se fizer a limpidez da lâmpada perispiritual, rasgam-se as cortinas do céu naqueles que sabem "despertá-lo" em si. Eis por que Paulo costumava dizer, "que ele não vivia, mas o Cristo é que passou a viver nele", assim como Jesus dizia: "Eu não vivo em mim, porém, é o Pai que me enche de vida".

E "Ninguém irá ao Pai, a não ser por mim", porquanto ninguém se libertará do jugo da matéria, enquanto não tiver realizado em si mesmo a morte das paixões e o renascimento para a vida sadia do Espírito. E, então, cumprir-se-á a promessa de que "A este será dado o dom da Vida Eterna". (Obra: *O Evangelho à Luz do Cosmo*, 9ª edição, p. 179)

Amor-fraternidade – ideal supremo

A dinâmica do seu egoísmo, que é natureza do Ego inferior, gradativamente, sublima-se, transmuda-se num fator ou elemento energético do Ego superior, ou seja, o "homem novo", já despertado, dispõe-se a assumir o comando de **si mesmo**, no seu trânsito pelo Cosmo. E, à medida que a sua consciência se eleva e santifica, então, aquela mesma **firmeza** de vontade do **querer é poder** que vence e **realiza**, em vez de estar a serviço do Ego inferior, passa a servir o Eu superior, cujo ideal supremo é o **amor-fraternidade** de amplitude cósmica, que, na realização integral do "amor a Deus sobre todas as coisas e ao próximo como a si mesmo", perdoa, sacrifica-se, socorre, renuncia, dando tudo de si **sem pensar em si**. E assim, atingida esta plenitude moral de grau santificante, o microcosmo humano, que é o Homem, passa a refletir as qualidades, as virtudes sublimes do Macrocosmo Divino, que é DEUS.

Nessa altura realiza-se então a afirmativa da Gênesis, que diz: — O Homem é feito à imagem de Deus; e também, conforme Jesus — "o filho e o PAI são **um**"! (Obra: *Elucidações do Além*, 11ª edição, pp. 244/245)

Amuletos e talismãs – fundamento científico

Há fundamento lógico e científico no preparo de amuletos e talismãs, quando isso é feito por meio de magos autênticos, que sabem dinamizar o magnetismo vital concentrado pelo éter físico nas auras dos objetos, tornando-os campos dispersivos e neutralizantes de emanações emotivas e eflúvios mentais nocivos. É óbvio que tais objetos de acumulação fluídica ou "eletrizados" no seu eterismo físico não conseguirão afastar os acontecimentos inevitáveis e determinados pelo vosso carma purificador. A nossa finalidade é demonstrar o fundamento científico ou vibratório de tais coisas, também submissas à lógica das leis evolutivas, pois os amuletos e talismãs tanto despertam estados eufóricos nas pessoas mais sensíveis, como exercem determinada profilaxia magnética em torno do duplo etérico do homem. (Obra: *Magia de Redenção*, 12ª edição, pp. 180/181)

"Angelus" – amor e sabedoria

Inegavelmente, o Amor é a essência espiritual indestrutível e o fundamento da angelitude de todo ser; mas o anjo, como símbolo da alma perfeita, só é completo quando também já adquiriu a Sabedoria Cósmica. Embora todas as almas afins a Jesus sejam portadoras de amor tão semelhante quanto ao dele, elas podem se agrupar em conjuntos diferentes, unidas por outras características e gostos preferenciais.

Não é difícil comprovarmos que a figura tradicional do anjo, cultuada pelo Catolicismo, é realmente um símbolo da alma completamente livre de quaisquer deveres ou preocupações para com os mundos materiais, e goza do livre-arbítrio de doar o Seu Amor e Sabedoria a quem melhor lhe apetecer. O Anjo possui duas asas, mas ele só se equilibra, no tráfego do "reino do céu", quando ambas estão perfeitamente iguais ou uniformes, porquanto a asa direita simboliza o intelecto ou a razão, e a esquerda o coração ou o sentimento. A angelitude ou perfeição exige completo e absoluto equilíbrio entre o Amor e a Sabedoria. Por isso, quem vive na Terra, humilhado e submetido às provas cruciantes da carne, desenvolve a paciência, o amor, a resignação e a ternura. E, em futuro próximo, há de voltar à Terra ou a outro orbe, tantas vezes quantas forem necessárias para desenvolver a asa direita, ou seja, a Sabedoria da razão pura. (Obra: *O Sublime Peregrino*, 17ª edição, p. 75)

"Angelus" – binômio cérebro/coração

Não opomos dúvida quanto à urgente necessidade da singela evangelização da criatura terráquea, a fim de poder enfrentar galhardamente os momentos dolorosos de que se aproxima o vosso mundo. Inegavelmente, é melhor a purificação do sentimento do que o brilho do raciocínio; que o coração domine primeiro o cérebro. Mas a própria angelitude exige absoluto equilíbrio entre cérebro e coração. A figura do Anjo, revelando-se na harmonia perfeita das suas asas, é o símbolo desse augusto binômio divino, em que a asa direita da sabedoria se ajusta ao completo equilíbrio da asa esquerda, do sentimento purificado. Só a sabedoria e o sentimento, completamente. desenvolvidos, é que facultam à alma o vôo incondicional no Cosmo. O espírito pode evolucionar exclusivamente pelos caminhos do coração, se assim preferir, mas não se livra de retornar à vida física, a fim de obter alforria completa na educação do intelecto. (Obra: *Mensagens do Astral*, 17ª edição, p. 385)

Animais e doenças

Embora concordemos com a necessidade de se domesticarem as feras, beneficiando-as no apressamento evolutivo para condições mais perfeitas, o homem deve desenvolver-lhes essa transformação sem violentar todo o condicionamento biológico do animal. Qualquer mudança "ex-abrupto", ferindo-lhe o instinto e a própria emotividade em formação, mina-lhe o sustentáculo eletrônico das células e o predispõe ao contágio e à invasão dos miasmas enfermiços, que não existem no ambiente das selvas.

Deste modo, enquanto o homem produz um residual tóxico pela sua imprudência espiritual, o animal, confuso pelo comando atrabiliário do civilizado, também agrega fluidos perturbadores à sua estrutura "fisiomagnética", tornando-se vulnerável às investidas de quaisquer vírus eletivos ao terreno mórbido que surgir na sua carne.

Mas o homem paga bem caro a sua negligência espiritual em subestimar o animal — seu irmão inferior — pois ao devorar-lhe as carnes nas mesas festivas ou nos churrascos epicurísticos, herda ou absorve os miasmas do animal abatido, gerados pelos fluidos selváticos no momento da sua agonia e morte sangrenta! (Obra: *Mediunidade de Cura*, 12ª edição, p.p 63/64)

Animais e evolução anímica

Nenhum ser vivo, na Terra, é "massa" inconsciente absoluta ou pasta nuclear impermeável aos fluidos e às energias do mundo oculto; a sua representação material é apenas uma fugaz aparência da realidade preexistente e modelada no invisível. Embora as aves, os animais ou os insetos não possuam consciência individual já definida, eles estão subordinados ao comando de uma consciência psíquica coletiva, ou grupal, muito conhecida dos teosofistas, rosa-cruzes, ocultistas e iogues, como o "espírito-grupo" diretor e coordenador de cada espécie inferior, em evolução.

A consciência instintiva aprimora-se pouco a pouco pela seleção e graduação do próprio animal na sua escala ascendente, até merecer o equipo cerebral que lhe favoreça atingir o porte humano. Depois de modelar o duplo etérico situado entre si e o corpo de carne, ela afina-se e apura-se, elaborando o veículo astral,[1] que, depois, serve-lhe para manifestar a sua própria emotividade. (Obra: *Mediunidade de Cura*, 12ª edição, pp. 64/65)

Animais e evolução anímica II

Transferindo-se da espécie animal mais primitiva para a imediata mais evoluída, o psiquismo do animal sensibiliza-se na sua contínua ascese e progressão para alcançar o cérebro do selvagem, do hotentote ou do homem da caverna. Atuando através de um sistema anatomofisiológico mais evolvido, é possível à alma instintiva centralizar e memorizar as suas ações e reações durante o intercâmbio com os fenômenos da matéria, aprendendo a mobilizar a substância mental e despertando um entendimento ainda infantil, mas já de ordem racional e progressiva. E, à medida que desenvolve a sua consciência individual, desprende-se gradualmente do comando instintivo do "espírito-grupo" que comanda a sua espécie e que é a fonte primária de sua formação psíquica.

---

1 O corpo vital ou "duplo etérico", situado entre o psiquismo e a carne do homem ou do animal, e que depois da morte de ambos dissolve-se no meio etereofísico, encontra-se ligado à altura do baço, através do "chakra esplênico", o principal centro de forças etéricas responsável pela purificação sanguínea e absorção das energias do ambiente "fisiomagnético"! O corpo astral ou veículo da emoção, fixa-se no fígado do homem; e, juntamente com o corpo mental, forma o conhecido perispírito da terminologia espírita. Daí, pois, o fato de que as angústias, preocupações, aflições, frustrações, a cólera, o ciúme, a inveja, inclusive os descontroles nervosos, afetam a região hepática à altura do plexo solar ou abdominal. Em face dos desatinos habituais da humanidade terrena, a maioria dos homens sofre do fígado e a sua vesícula é preguiçosa, sendo bastante comum o tradicional tipo hipocondríaco, que vive sob tensão emocional ou abatimento moral, escravo do metabolismo hepático. É por isso que os chineses, na Antiguidade, antes dos negócios, quanto às preocupações alheias, num gesto de cortesia, indagavam primeiramente, se o competidor encontrava-se bom da "barriga", ou do fígado!

Nesse trabalho árduo, lento e milenário, a consciência instintiva, pouco a pouco, aprende a usar o órgão mental de transição, que, no futuro, lhe dará ensejo para treinar a razão incipiente e assim receber certos delineamentos com circunvoluções fisiológicas condicionadas à estrutura ou constituição do futuro cérebro humano. (Obra: *Mediunidade de Cura*, 12ª edição, p. 65)

Animais e Lei Kármica

À medida que, na mesma espécie animal, os seus componentes vão-se distinguindo pela formação de uma consciência individual destacada do seu espírito-grupo diretor, também a lei kármica que dirige o conjunto passa a atuar com mais particularidade para acelerar-lhes o progresso psíquico. Ela os impulsiona para objetivos mais inteligentes e elevados sob a visão do homem e, quando preciso, providencia até a transferência do animal para outros orbes onde encontra condições mais favoráveis para apressar a sua formação consciencial. (Obra: *Fisiologia da Alma*, 15ª edição, p. 208)

Animais – evolução

O boi, o suíno, o cão, o gato, o macaco, o carneiro, o cavalo, o elefante, o camelo, já revelam certo entendimento consciencial a parte, em relação às várias funções que são chamados a exercer. Eles requerem, cada vez mais, a vossa atenção e auxílio, a fim de se afirmarem num sentimento evolutivo para outros planetas, nos quais as suas raças poderão alcançar melhor desenvolvimento, no comando de organismos mais adequados às suas características. Quando o seu psiquismo se credenciar para o comando de cérebros humanos, as suas constituições psicoastrais poderão então retornar ao vosso globo e operar na linha evolutiva do homem terrícola. Eis o motivo por que Jesus nunca sugeriu aos seus discípulos que praticassem a caça ou a matança doméstica, mas aconselhou-os a que lançassem as redes ao mar. (Obra: *Fisiologia da Alma*, 15ª edição, p. 43)

Animismo – base do mediunismo

Não importam os tropeços dos primeiros passos, embora dominem os chavões anímicos, as comunicações tolas, pomposas ou improdutivas, que significam para o candidato a médium tanto quanto o "abc" para o analfabeto ou o solfejo musical para o aprendiz de música. A base do mediunismo ainda é o animismo; sem este não existe aquele. Os rasgos de oratória genial, com que certos médiuns experimentados mais tarde deslumbram os seus ouvintes, também firmaram suas bases nos cacoetes, nas dúvidas, nos ridículos e tropeços das manifestações mediúnicas incipientes dos primeiros dias. (Obra: *Mediunismo*, 13ª edição, p. 182)

Animismo – sensibilidade psíquica

O animismo, como manifestação da alma do ser, também é sensibilidade psíquica, tal como a faculdade mediúnica, que é o meio para a comunicação dos espíritos desencarnados. Em consequência, o médium anímico também tende à eclosão do fenômeno mediúnico, em face de sua hipersensibilização psíquica, cumprindo-lhe estudar e procurar distinguir quando realmente é o seu espírito quem comunica e quando se trata de entidade do Além. Além disso, ele precisa evitar a cristalização da mente nos quadros familiares que costumava comunicar animicamente; e isso só é possível pelo estudo, pesquisa e consulta aos mais experimentados. (Obra: *Mediunismo*, 13ª edição, p. 154)

Anjo e arcanjo

O anjo é entidade ainda capaz de atuar no mundo material, cuja possibilidade a própria Bíblia simboliza pelos sete degraus da escada de Jacó; mas o arcanjo não pode mais deixar o seu mundo divino e efetuar qualquer ligação direta com a matéria, pois já abandonou, em definitivo, todos os veículos intermediários que lhe facultariam tal possibilidade. O próprio Jesus, Espírito ainda passível de atuar nas formas físicas, teve de reconstruir as matrizes perispirituais usadas noutros mundos materiais extintos, a fim de poder encarnar-se na Terra. (Obra: *O Sublime Peregrino*, 17ª edição, p. 68)

Anjo e sábio – Jesus

Jesus, em verdade, anjo e sábio, formava o mais avançado binômio sidéreo no mundo material. Não existe, jamais existiu filósofo, líder religioso ou Instrutor Espiritual sobre a Terra, que tenha vivido em si mesmo uma realização tão integral como ele a viveu. Ninguém poderá igualá-lo em fé, coragem, renúncia e amor, pois além do seu desprendimento aos bens do mundo, dominou completamente as paixões humanas.

O Cristo-Jesus, portanto, ontem, hoje e amanhã, será sempre o Mestre insuperável, porém, o homem sadio e perfeito, não o enfermo classificado pela patologia médica ou o espírito sob o rigor da retificação cármica. (Obra: *O Sublime Peregrino*, 17ª edição, p. 160)

Anjo exilado do Céu – Jesus

Jesus, embora fosse um anjo exilado do Céu, viveu junto dos terrícolas, lutando na vida humana com as mesmas armas, sem privilégios especiais e sem recorrer a interferências extraterrenas para eximir-se das angústias e dores inerentes à sua tarefa messiânica. O seu programa na Terra destinou-se a libertar tanto o sábio e o rico, como o iletrado e o pobre; por isso enfrentou as mesmas reações comuns a todos os homens, suportando as tendências instintivas e os impulsos atávicos, próprios de sua constituição biológica hereditária, embora lhe atribuíssem uma linhagem excepcional da estirpe de Davi. (Obra: *O Sublime Peregrino*, 17ª edição, pp. 15/16)

Anjo – postura de alegria

Quanto mais o espírito humano se sublima em direção aos mundos edênicos, mais ele se aproxima daquele conceito de Jesus: "Vinde a mim os pequeninos, porque deles é o reino dos céus". A tristeza, a melancolia e o excesso de sisudez são mais próprios das almas pessimistas, insatisfeitas, demasiadamente dadas às situações prosaicas da vida efêmera. A figura definitiva do anjo, que paira acima dos entendimentos e interesses humanos, não é de catadura triste e penosa, exageradamente preocupada com as opiniões exteriores; na realidade, é fisionomia radiosa, doce e terna como a criança desprevenida e inocente. (Obra: *A Vida no Planeta Marte e os Discos Voadores*, 14ª edição, p. 121)

Anjos planetários – descida vibratória

Em certas épocas psicológicas, como sucedeu no advento de Jesus de Nazaré, o anjo planetário inicia uma descida vibratória, um esforço sacrificial de redução em sua potencialidade espiritual a fim de atingir a vibração que possibilite seu reencarne no campo físico. Os poderes excepcionais de suas energias cósmicas se condensam para "menor diâmetro esférico" e se projetam na figura humana, embora permaneça o anjo planetário em "estado potencial". A "descida vibratória" dessa sublime entidade, permite maior contato de sua luz com o corpo do orbe e seus habitantes. Sob divino processo cósmico, essa vibração muito alta, logra o êxito de uma conexão íntima em relativa afinidade com o teor vibratório do planeta onde atua. É o esponsalício divino resultante de um ato de "cientificismo cósmico", pois não existe o milagre, mas a consecução de leis imutáveis. A humanidade mergulhada nas sombras do instinto inferior, recebe, então, a fusão de luz, provinda da "descida vibratória" do seu anjo planetário, o qual se torna o "Salvador do homem". No sacrifício de baixar a sua vibração cósmica, assume a figura de um "redentor planetário", descendo ao encontro daqueles que estão a maior distância moral de Deus. E o "Salvador" ainda efetua um labor mais impressionante, pois ratifica a sua gloriosa missão, tornando-se, também, um "elo" do Arcanjo Solar, cuja aura alimentando o sistema constelar, é manifestação direta da assistência do Criador.

E Jesus, o anjo descido para a salvação do vosso orbe, definiu esse acontecimento grandioso, quando vos disse: "Eu sou o Salvador do mundo", "Eu sou o Caminho, a Verdade e a Vida", "Ninguém vai ao Pai senão por mim"! (Obra: *A Vida no Planeta Marte e os Discos Voadores*, 14ª edição, p. 531)

Antúlio e Jesuelo – Jesus e João Evangelista na Atlântida

Na época de Jesus, entre os anciãos essênios estavam encarnados os profetas Ezequiel, Miquéias, Nehemias e Job, componentes do

Conselho Supremo e todos sob a tutela do profeta Jeremias. Aliás, os anciãos essênios formavam o grupo de espíritos que desde os primórdios da Atlântida vinham elaborando os estatutos preliminares da efusão espiritual na Terra e o preparo da lavoura para as "sementes" abençoadas do Cristo-Jesus. Em tempos remotos foram conhecidos como os "Profetas Brancos"; depois, por "Antulianos", "Dactylos", "Kobdas" e finalmente Essênios. Atualmente já estão se disseminando outra vez pela Terra, a fim de organizar elevada confraria de disciplina esotérica em operosa atividade no mundo profano para a revivescência do cristianismo nas suas bases milenárias. Jesus também já havia estado com eles na Atlântida, quando viveu na Terra a majestosa personalidade de Antúlio, o profeta sublime, que em época tão recuada já fundara a "Fraternidade da Paz e do Amor", cujos adeptos ficaram conhecidos pela tradição esotérica como os "Antulianos". E Jesuelo, o notável discípulo atlântido, que lhe foi fiel até os últimos instantes da invasão dos bárbaros e da destruição do "Templo da Paz e do Amor", onde sucumbiu Antúlio, também retornou à Judéia para o advento do Cristianismo, encarnado na figura de João, o Evangelista. (Obra: *O Sublime Peregrino*, 17ª edição, pp. 292/293)

Antúlio de Maha-Ethel – instrutor atlante

Há que recordar os Flamíneos, herdeiros iniciáticos dos videntes da "Colina Dourada", mas, acima de tudo, o inigualável Antúlio de Maha-Ethel, o sublime instrutor atlante, consagrado filósofo e vidente das "Portas do Céu!"

Antúlio foi o primeiro depositário, na Terra, da revelação do Cosmo, precedendo a Moisés em milhares de anos. Sob a inspiração das Cortes Celestiais, criadoras dos mundos, ele deixou magnífico tratado de "Cosmogênesis", no qual descreve a criação da nebulosa originária da vossa Constelação Solar. Cabe-lhe a primazia de haver descrito a maravilhosa tessitura dos Arcanjos e dos Devas, com suas roupagens planetárias policrômicas, onde o iniciado distingue perfeitamente os campos resplandecentes dos reinos etereoastrais dos mundos físicos!

Antes do trabalho esforçado de Moisés, no Monte Sinai, Antúlio já pregava na Atlântida a idéia unitária de Deus, mas, em lugar do Jeová feroz e vingativo, ensinava que o Onipotente era uma Fonte Eterna de Luz e Amor! Também é de sua autoria a primeira enunciação setenária na Terra, quando se refere à cromosofia das sete Legiões dos Guardiães, cada uma se movendo numa aura correspondente a cada cor do arco-íris.

Comprovando os seus dons maravilhosos, Antúlio previu, com milênios de antecipação, a submersão da Atlântida e a inversão rápida do eixo da Terra, ocorrida há mais de 27.000 anos do vosso calendário! (Obra: *Mensagens do Astral*, 17ª edição, pp. 135/136)

Aperfeiçoamento alimentar dos espíritas – vegetarianismo

Se o espírita pretende alcançar melhor coeficiente físico, moral, social, artístico, intelectual ou espiritual, é óbvio que a abstinência da carne é um imperativo indiscutível para o êxito completo em atingir esse ideal superior.

As figuras santificadas dos líderes espirituais do vosso mundo, tais como Buda, Gandhi, Maharshi, Francisco de Assis e outros, entre os quais se destaca a sublime figura de Jesus, deixaram-vos o exemplo de uma vida distante dos banquetes carnívoros ou dos "colchões-mole" assados no braseiro das churrascadas tétricas. É de senso comum que os povos mais belicosos e instintivos são exatamente os maiores devoradores de carne, assim como as figuras brutais, obesas e antipáticas, dos antigos césares romanos, ferem a vossa retina espiritual pelo mesmo motivo apontado.

Embora não se agrave a responsabilidade dos espíritas que ainda se alimentem com despojos animais, nem por isso se lhes reduz a culpa de serem tradicionais cooperadores para a existência de matadouros e açougues, além de flagrante desmentido que oferecem à observância dos preceitos de amor e bondade para com o infeliz animal sacrificado. (Obra: *Fisiologia da Alma*, 15ª edição, p. 46)

Aperfeiçoamento psicofísico e mediunidade na História

Embora a criatura ignore, ela pressente que o seu aperfeiçoamento "psicofísico" depende muitíssimo da assistência e pedagogia do mundo espiritual. A humanidade tem sido guiada desde sua origem por leis do mundo oculto, que atuam com profunda influência no ser humano. Todas as histórias, lendas, narrativas de tradição milenária do vosso orbe estão repletas de acontecimentos, revelações, fenômenos e manifestações extraterrenas, que confirmam a existência da mediunidade entre os homens das raças mais primitivas. (Obra: *Mediunidade de Cura*, 12ª edição, p. 27)

Apocalipse – energia oculta

O Evangelista João, em visão extraterrena, desprendido do corpo físico, pôde ver e gravar em sua memória etérica todos os acontecimentos futuros, transferindo os respectivos quadros, depois, para a sua consciência física. Rememorando, então, o que vira em transe, e dominado ainda pelas emoções tremendas que o haviam empolgado no instante da visão, impregnou os relatos apocalípticos de misteriosa energia oculta mas que, apesar de sua aparência fantasmagórica, não deixa dúvidas quanto à veracidade dos acontecimentos. Essa força emotiva, estranha e latente, que lhe caldeia a revelação, é que tem mantido o fogo sagrado do interesse pelo Apocalipse, embora a sabedoria da ciência acadêmica queira situá-lo como improdutiva história de fadas! Coalhado de símbolos estranhos, e incoerente para com a lógica da realidade material, o Apocalipse é bem um relato assombroso de energia espiritual, onde a linguagem, ainda que quase infantil, representa um poema heróico a realizar-se no futuro! (Obra: *Mensagens do Astral*, 17ª edição, pp. 146/147)

Apocalipse – visão ideoplástica

Por esse motivo, os Técnicos Siderais, sob a inspiração divina de Jesus, evocaram o espírito de João Evangelista, quando no seu exílio na ilha de Patmos, e o auxiliaram a contemplar no Além, no plano astral, os sucessos mais importantes do porvir, impressionando-o com a sua excessiva dramaticidade. O espírito do profeta foi submetido, deliberadamente, a uma visão ideoplástica atemorizante, diante do panorama global dos acontecimentos, e daí ter sido ferido em sua visão pelo espetáculo das "chuvas de fogo", dos "mares de sangue", dos "montes em chamas", dos "poços de abismos", ou dos "oceanos de mortos". Os quadros que descortinou, as cidades, os mares, os homens e os animais que descreveu, têm significação cósmica; por isso, tudo deve ser encarado em caráter global, em relação ao todo, às massas e continentes, mas não em relação, apenas, às criaturas terrenas, aos credos ou quaisquer grupos isolados. Os Técnicos Espirituais projetaram e repetiram, propositadamente, na indescritível tela cinematográfica do mundo astral, as imagens que melhor representassem os terríveis sucessos gerais do "fim dos tempos", os quais constituem o conteúdo mais importante do Apocalipse. (Obra: *Mensagens do Astral*, 17ª edição, p. 146)

Apoio – viciados no Além

Há a considerar, entretanto, que os espíritos negligentes, maus ou vingativos entregam-se à tarefa de obsidiar os encarnados, para fazê-los seus instrumentos vivos de satisfações viciosas, ao passo que os embora viciados, mas possuidores de índole benfeitora, em lugar de se entregarem às práticas obsessivas, preferem lutar heroicamente para dominar o desejo mórbido trazido da Terra. E como no Além existe a cooperação tanto para o mal como para o bem, os espíritos benfeitores auxiliam os seus companheiros bem-intencionados, a fim de se libertarem mais brevemente das perigosas paixões próprias da bagagem terrena, assim como os malfeitores também ofertam todo o seu apoio subversivo aos viciados de má índole. (Obra: *A Vida Além da Sepultura*, 9ª edição, p. 462)

Apressamento angélico e mediunidade de prova

Devido ao vosso grau espiritual e necessidade de ainda viverdes num planeta tão instável na sua estrutura geológica, como é o globo terreno, assim como participardes de uma humanidade bastante dominada pela cobiça, avareza, violência, crueldade ou sensualidade, a concessão da faculdade mediúnica de "prova" significa o ensejo de apressamento angélico em favor daqueles que estão realmente interessados em sua mais breve libertação espiritual.

O médium de prova é o homem amparado pela Bondade do Senhor, usufruindo uma condição psíquica especial, que o ajuda a liquidar seus débitos mais graves do passado, ao mesmo tempo que tenta melhor sementeira para o futuro. E se puder analisar suas próprias vicissitudes atuais ou desventuras cotidianas, ele também conseguirá avaliar o montante e a natureza dos seus pecados do pretérito, porquanto, na regência equitativa da Lei do Carma, os efeitos de hoje correspondem exatamente às causas de ontem. (Obra: *Mediunidade de Cura*, 12ª edição, p. 214)

Aprimoramento da alimentação – necessidade atual

Reconhecemos que, através dos milênios já vividos, para a formação de vossas consciências individuais, fostes estigmatizados com o vitalismo etérico da nutrição carnívora; mas importa reconhecerdes que já ultrapassais os prazos espirituais demarcados para a continuidade suportável dessa alimentação mórbida e cruel. Na técnica evolutiva sideral, o estado psicofísico do homem atual exige urgente aprimoramento no gênero de alimentação; esta deve corresponder, também, às próprias transformações progressistas que já se sucederam na esfera da ciência, da filosofia, da arte, da moral e da religião.

O vosso sistema de nutrição é um desvio psíquico, uma perversão do gosto e do olfato; aproximai-vos consideravelmente do bruto, nessa atitude de sugar tutanos de ossos e de ingerirdes vísceras na feição de saborosas iguarias. Estamos certos de que o Comando Sideral está empregando todos os seus esforços a fim de que o terrícola se afaste, pouco a pouco, da repugnante preferência zoofágica. (Obra: *Fisiologia da Alma*, 15ª edição, p. 16)

Aprimoramento mediúnico – longas experimentações

Nesse aprimoramento mediúnico estão em jogo os elevados ensinamentos da vida evangélica, e a sua finalidade é a de proporcionar ao homem a sua mais breve libertação espiritual. Entretanto, o êxito depende muitíssimo das condições morais e dos conhecimentos do médium, o qual deve se afastar de tudo aquilo que possa despertar o ridículo, a censura ou o sarcasmo sobre a doutrina espírita. O médium desenvolvido, na acepção da palavra, é fruto de longas experimentações em favor do próximo; só o serviço desinteressado, a imaginação disciplinada e o equilíbrio moral-emotivo é que poderão garantir-lhe o sucesso nas suas comunicações com o Alto.

Só o desenvolvimento mediúnico correto, supervisionado por outras criaturas sensatas e experimentadas, é que realmente poderá garantir os resultados proveitosos e evitar os espinhos das decepções prematuras ou o desencanto das tarefas fracassadas. (Obra: *Mediunismo*, 13ª edição, p. 20)

Aquisição do porte de espírito – angelitude

Estais num mundo de provas, de transe, em provisória escola de educação espiritual, onde viveis trabalhando exaustivamente para adquirirdes o porte verdadeiro do espírito, isto é, obterdes a verdadeira natureza da alma, que no seu conteúdo íntimo é o projeto definitivo de um futuro anjo. Enquanto viveis escravos de todos os desregramentos do mundo e do instinto inferior, seja no plano da alimentação, seja no plano da procriação, não podeis alcançar os planos superiores. O homem revela em tudo o que manuseia o seu verdadeiro estado interno; na sua passagem pelo mundo material, cada homem, grupo ou geração, deixa o selo indefectível de sua índole espiritual. E se notais que o urubu prefere a carniça, revelando-se ave detestada no senso estético da alimentação, sabeis que há o beija-flor, no entanto, que se nutre e vive dos perfumes florais. Cada um conforme o clima que gera em correspondência com o seu íntimo estado de evolução. (Obra: *A Vida no Planeta Marte e os Discos Voadores*, 14ª edição, p. 226)

Arcanjo foi homem – homem será arcanjo

Jamais existem duas medidas diferentes no plano da Criação e da manifestação do Espírito em peregrinação, para adquirir sua consciência individual. A centelha espiritual surge simples e ignorante em todas as latitudes do Cosmo, adquire o seu limite consciencial situando-se nas formas efêmeras dos mundos planetários e depois evolui através do transformismo das espécies. O esquema evolutivo é absolutamente um só; sensação através do animal, emoção através do homem, sabedoria através do anjo e o poder e a glória através do arcanjo! São condições inerentes a todos os espíritos, porquanto Deus não modifica o processo de sua criação

fora do tempo e do espaço. Não existem duas espécies de processos evolutivos, em que uma parte dos espíritos progride exclusivamente no "mundo interno" e a outra inicia-se pelo "mundo externo". A matéria, conforme prova a ciência moderna, é apenas "energia condensada"; em consequência, não há mérito para o ser evoluir apenas no seio da "energia livre", ou qualquer demérito em submeter-se somente à disciplina letárgica da "energia condensada". A evolução é fruto de uma operação espontânea, um impulso ascendente que existe no seio da própria centelha por força de sua origem divina. À medida que se consolida o núcleo consciencial ainda no mundo do Espírito, a tendência expansiva dessa consciência primária é de abranger todas as coisas e formas, por cujo motivo ela não estaciona, num dado momento, no limiar das formas físicas, mas impregna-as impelidas pelo impulso criador de Deus. Assim, o mais insignificante átomo de consciência espiritual criado no seio do Cosmo jamais poderá cercear o ímpeto divino que o aciona para a angelitude e, consequentemente, para a própria condição arcangélica. Isso comprova-nos a Justiça, a Bondade e a Sabedoria de Deus, sem quaisquer privilégios ou diferenciações na escalonada do Espírito em busca de sua eterna ventura. Todo Arcanjo já foi homem; todo homem será Arcanjo — essa é a Lei!
(Obra: *O Sublime Peregrino*, 17ª edição, pp. 69/70)

Arcanjo – Logos – Cristo

Um arcanjo não pode mais vestir a roupagem carnal, porque a sua frequência espiritual ultrapassa o campo de qualquer atividade num corpo físico. O Logos ou Cristo é o Arcanjo que já abandonou, em definitivo, todos os veículos intermediários dos campos vibratórios de menor frequência que lhe facultariam a ação no mundo material. Seriam precisos alguns milênios do calendário terreno, a fim de um arcanjo conseguir modelar novamente o conjunto perispiritual suficiente para o vincular à vida física. Sem dúvida, o imenso desgaste que seria despendido para o êxito de tal realização não compensaria a eleição de um arcanjo para cumprir uma tarefa incomum e libertadora dos humanos. Isso representa o próprio princípio de economia cósmica, pois a Técnica Sideral jamais cria dispêndios e onera o campo energético de modo insensato ou improdutivo. O arcanjo não mobiliza forças cósmicas para realizar um trabalho que outras entidades podem fazer com o mesmo sucesso e menor desgaste, uma vez que se trata de um campo de atividade menos importante.

O termo arcanjo define a nomenclatura sideral do espírito completamente liberado das contingências encarnatórias, o qual já esgotou a tradicional "onda de vida", tão conhecida dos mestres orientais e capaz de facultar o ajuste "psicofísico" do mundo espiritual à matéria. (Obra: *O Evangelho à Luz do Cosmo*, 9ª edição, p. 161)

Arcanjo Solar – corpo astrofísico

O sistema de globos, satélites e asteróides, em torno do Sol, significa também o corpo "astrofísico" do Arcanjo Solar; mas a sua consciência espiritual é independente da maior ou menor extensão desse sistema planetário, que é apenas o prolongamento ou a sua emanação, assim como o corpo físico é o instrumento do espírito humano reencarnado na Terra. O Logos Solar interpenetra todo o cortejo da vosso sistema, e vós viveis mergulhados na sua Essência Imortal, assim como ele também se situa intimamente na aura de outro espírito imensurável que, sucessivamente, se liga a outro, até cessar o poder conceptual em Deus, que é a última e absoluta Consciência Universal.

O refulgente Arcanjo Solar do vosso sistema situa o seu comando no núcleo do Sol, porque este é, na realidade, o centro "astrofísico" da constelação, do qual emanam todas as ações e providências necessárias para o governo dos mundos e das humanidades em evolução. A sua aura abrange todo o sistema, desde o protozoário na gota de água, até os orbes rodopiantes. Vós vos nutris nele e também materializais a sua vontade na matéria, tal como se revitalizam as coletividades microbianas, que se renovam no vosso corpo. (Obra: *Mensagens do Astral*, 17ª edição, p. 314)

Arcanjos – contínua ascensão

Quando, no final de cada Grande Plano, o Arcanjo ou o Logos Solar se desveste do seu traje de orbes, satélites e asteróides, como se fossem um pó aderido à Beleza, à Refulgência e à Dinâmica de sua alma, também se sente mais nítido e operante no Universo. A sua Consciência Constelar liberta-se da opressão das leis vibratórias e implacáveis, a que se submetera, na obrigatória descida angélica, e o seu espírito readquire a plenitude do seu dinamismo peculiar, podendo mover-se livremente nas faixas vibratórias exuberantes da Mente Divina.

Para o vosso precário entendimento humano, dir-vos-emos que o Arcanjo recupera a sua Ventura Sideral, assim como o espírito excelso se liberta das angústias do mundo material. Os Arcanjos prosseguem ascensionando para condições cada vez mais altas, compondo novos sistemas mais evolvidos e operando na massa espiritual. (Obra: *Mensagens do Astral*, 17ª edição, p. 323)

Arcanjos – escalonada sideral

Aliás, a importância da vida e o aperfeiçoamento do Espírito não reside na organização provisória e usada para despertar a sua consciência; mas, sim, no autodesenvolvimento que pode ser alcançado habitando a Terra ou o Espaço. Não há milagres nem subterfúgios da parte de Deus; nenhuma entidade espiritual, malgrado ser um Logos Solar, poderá ensinar, orientar ou alimentar humanidades encarnadas, caso não se trate de uma consciência absolutamente experimentada naquilo que pretende realizar. Não havendo graças imerecidas, nem privilégios divinos, obviamente, os arcanjos também fizeram a sua escalonada sideral sob o mesmo processo extensível a todas as criaturas em seu eterno e infindável aperfeiçoamento. (Obra: *O Evangelho à Luz do Cosmo*, 9ª edição, p. 163)

Arcanjos planetários – intermediários divinos

Cada orbe possui o seu Arcanjo Planetário e é apenas uma "vontade espiritual" arcangélica, materializada exteriormente e ligada ao infinito rosário de outras vontades maiores, que se fundem na Vontade última, que é Deus. Os Engenheiros Siderais são os "reveladores", na forma tangível, daquilo que preexiste eternamente no mundo interior, mental e virgem de Deus; são intermediários submissos e operantes entre essa Vontade Absoluta e Infinita, para fazê-la pousar até nas rugas das formas dos mundículos microcósmicos! Eles sustêm em suas auras imensuráveis a consciência física dos mundos e a consciência somática espiritual de cada humanidade. Cada uma dessas Consciências Arcangélicas, que abrange um orbe, sistema solar ou galáxia, "sabe" e "sente" quais as necessidades evolutivas das humanidades ali existentes, assim como a vossa consciência, situada no cérebro físico, sente todas as carências do vosso corpo e providencia-lhe os socorros para a sobrevivência física. Há, então, um intercâmbio incessante entre as consciências menores, situadas nos reinos inferiores, e as maiores, que interpenetram sistemas e galáxias, sob a vigilância e a coordenação da Consciência Infinita e Eterna de Deus! (Obra: *Mensagens do Astral*, 17ª edição, pp. 316/317)

Arcanjos siderais – intermediários divinos

Essas entidades, que os iniciados conhecem desde os pródromos da Atlântida, são dotadas do poder e da força criadora no "sexto plano cósmico", no qual se disciplina a primeira descida dos espíritos virginais a caminho da matéria, através das sete regiões da ascensão angélica. Como os mais altos intermediários do pensamento incriado do Absoluto, até se plasmar a substância física, os Arcanjos Siderais consolidam os mundos e os alimentam em suas primeiras auras constelares ou planetárias, assim como as aves aconchegam os seus rebentos sob o calor afetuoso do amor materno. Todas as formas de vida estão impregnadas dos princípios espirituais; tudo tem alma e tudo evolui para estados mais sublimes, desde o elétron que rodopia no seio do átomo até às galáxias que giram envolvidas pelos poderosos "rios etéricos", que as arrastam como paina de seda ao sabor da corrente líquida. "Assim como é o macrocosmo, assim é o microcosmo" — reza a tradição espiritual desde os primórdios da consciência humana.

A separação é grande ilusão, uma aparência própria da ignorância humana, que está situada nos mundos materiais, pois o sonho de Ventura é um só para todos!

Os Engenheiros Siderais, ou Arcanjos da mais alta hierarquia cósmica, como entidades superplanetárias, ainda condensam e avivam o espírito descido até o microcosmo e ativam-lhe a dinâmica ascensional. (Obra: *Mensagens do Astral*, 17ª edição, pp. 309/310)

Arcanjos siderais – Logos Solar

O Sol do vosso sistema planetário é o local exato em que atua a consciência do Arcanjo, Engenheiro, Construtor ou Logos do Sistema Solar, que é o Alento e a própria Vida de todo o conjunto de seus planetas, orbes, satélites ou poeiras siderais, inclusive os seres e as coisas viventes em suas crostas materiais. Esse Logos não se situa, com o seu sistema Planetário, num local ou latitude geográfica do Cosmo; o que o distingue principalmente é o seu estado espiritual vibratório, inacessível ao entendimento humano. O homem ainda concebe o "alto" e o "baixo", ou o "puro" e o "impuro", quando só existe uma Unidade Cósmica, indescritível, visto que não há outra Unidade ou outro Deus para termo de comparação. O Espírito, Arcanjo ou Logos Solar, do vosso sistema, está presente e interpenetra todo o campo do sistema solar que emanou de si mesmo, em harmoniosa conexão com as demais constelações e galáxias que se disseminam pelo Cosmo e que, por sua vez, são presididas, respectivamente, por outras consciências arcangélicas, e que formam progressivamente a inconcebível humanidade sideral. (Obra: *Mensagens do Astral*, 17ª edição, pp. 312/313)

Arma de dois gumes – o pensamento

O pensamento, usado inconsciente e tolamente, é arma que se volta contra o seu próprio autor, pois ele é realmente fonte que germina, condensa-se e revigora-se, retornando à fonte de que é lançado. Assim, o pensamento de amor sobre a criatura que nos tem feito mal, é como um refrigério, que lhe cai na mente apaziguando-lhe a raiva, o desespero e ajudando-a à sensibilização espiritual superior. Mas a energia mental dosada pelo ódio é como a ave feroz que voa num ímpeto destrutivo. A força do pensamento e o vigor da emoção também determina a forma mental e o seu tempo de vida, como uma entidade separada do ser. Mas deforma-se numa configuração instável e sem qualquer tom de beleza, manifestando-se como nódoas repugnantes e mórbidas, quando interpreta desejos, paixões e emoções predominantes do mundo animal. (Obra: *Magia de Redenção*, 12ª edição, p. 80)

Ascese angélica e as revelações progressivas

A evolução ou ascese angélica não se faz aos saltos, mas os espíritos encarnados submetem-se às diversas etapas de graduação espiritual, assim como as crianças só obedecem pela ameaça do castigo, os moços são mais acessíveis às sugestões e os velhos mais compenetrados de seus deveres.

Malgrado terem frenado seus instintos pelas ameaças de Moisés, os espíritos que vibraram favoravelmente com a revelação dos Dez Mandamentos, um milênio depois, também se mostraram mais afins ao convite evangélico de Jesus. Seria bastante incoerente, que os sarcásticos, indiferentes ou adversos aos Dez Mandamentos, depois aceitassem docilmente a mensagem terna do Evangelho de Jesus, sem admitirem antes a revelação de Moisés. (Obra: *A Missão do Espiritismo*, 10ª edição, pp. 35/36)

Aspirador magnético planetário – "Chupão"

Toda ação anticrística produz emanações deletérias no homem e no seu orbe; toda ação crística produz fluidos sedativos, benéficos e saudáveis. Eis o dilema: ser crístico ou anticrístico.

A carga deletéria que interpenetra o vosso globo, na forma de emanação mental destrutiva, viscosa e asfixiante, como produto de uma atitude anticrística durante muitos milênios, sendo energia de baixa voltagem mental, gerada pelos "transformadores" humanos, ficaria permanentemente ativa e aprisionada entre as fronteiras da aura terráquea e não poderia ser reabsorvida pelo globo físico, assim como o pântano não reabsorve as suas emanações e a flor não reintegra o seu perfume; não há possibilidade de dissolvê-la no espaço ou mesmo no sistema solar, ante a implacabilidade da Lei de que "a semeadura é livre, mas a colheita é obrigatória".

O recurso indicado, portanto, pela Técnica Sideral, é o mesmo que já foi previsto no projeto do atual "Grande Plano" em consecução, qual seja o da passagem de um astro absorvente, espécie de "aspirador" magnético-planetário que, a exemplo de uma esponja higienizadora, sugará certa porcentagem de substância deletéria existente sobre a Terra. (Obra: *Mensagens do Astral*, 17ª edição, pp. 293/294)

A semente – símbolo evolutivo

Tanto o ensinamento do "Semeador", quanto os demais conceitos evangélicos, que lhe são correlatos e giram em torno da semente, endereçam-se à centelha espiritual do Criador, que muitos fazem questão de sufocar na sua vibração e expansividade divina. Todo semeador reconhece a sua cota de sacrifício, pois lançando a semente de modo incessante e incondicional em todos os terrenos, deve aperceber-se de que não haverá uma colheita absoluta de acordo com a previsão da semeadura e que, em relação à alma humana, é fruto da diferença de entendimento e receptividade espiritual dos homens.

Evidentemente, muitas outras novas lições podem ser extraídas da atraente parábola do semeador, porquanto Jesus, ao expor seus ensinos de modo quase pessoal, oferecia assunto passível de outras interpretações mesmo panorâmicas. A própria semente é um dos mais valiosos e expressivos símbolos de elucidação espiritual usados por Jesus, na sua tarefa messiânica. A semente possui em si toda a futura planta, como o homem traz em sua intimidade todo o Universo. Ela se transforma no vegetal, quando é colocada no terreno favorável, tal qual a palavra do Senhor ao fazer eclodir a verdadeira espiritualidade no âmago dos seres, e ativando a contextura íntima da consciência divina em crescimento. (Obra: *O Evangelho à Luz do Cosmo*, 9ª edição, p. 150)

Astralização da bruxaria

O homem terreno descobriu o radar, o controle-remoto, o avião a jato, o raio laser, o foguete planetário e põe-se em contato positivo com a Lua! Evidentemente, o progresso aqui no Espaço também é incessante e avança muito além das conquistas terrenas, pois seria incoerente e absurdo que só a vida material alcançasse soluções superiores. E isso também ocorre com a atividade de bruxaria, em que os magos desencarnados, pouco a pouco, dispensam o concurso dos feiticeiros da Terra, porque já dispõem de recursos energéticos e do domínio no campo astralino da configuração atômica da matéria! Ademais, o incessante fornecimento de sangue, o desregramento pelo álcool, fumo, entorpecentes e carnivorismo, por parte dos homens, significa pródiga cooperação para o maior êxito de enfeitiçamento. (Obra: *Magia de Redenção*, 12ª edição, p. 262)

Astro intruso – trágico convite

Enquanto as energias íntimas do vosso globo fremirem sob o convite assustador do astro indesejável, a sua massa agitar-se-á como o gigante que desperta, irritado, pela irreverência humana, mas as vossas almas sentir-se-ão rompidas em seu egocentrismo milenário e de personalidade isolada, para se buscarem entre si, nas dores coletivas. Os vossos corações sentir-se-ão irmanados pelo sofrimento, e as vibrações de angústia coletiva repercutirão como uma só alma sedenta de paz e de amor! Mesmo os últimos "são tomés", os pseudo-sábios, cuja indiferença se protege com os postulados científicos, reconhecerão, também, o momento sacrificial e, de joelhos, rogarão a sua integração nas hostes pacíficas do Cordeiro!

Será um trágico convite — não resta dúvida — a ser olhado com rancor pelo intelectualismo intoxicado, do vosso século, mas, para vós, apenas um modesto resgate, em face das inexcedíveis venturas que vos esperam nas esferas da Luz, onde o Cristo reina eternamente e distribui o seu imperecível Amor às almas cristificadas! (Obra: *Mensagens do Astral*, 17ª edição, p. 53)

Astrologia e ciência

Embora as coletividades humanas se situem carmicamente sob vigorosas influências astrológicas, há que não esquecer o conceito sensato da astrologia: – "os astros dispõem, mas não impõem". Apesar disso, não podeis extinguir a poderosa corrente de forças vitais, que flui de orbe para orbe, que incorpora ou se adelgaça, expandindo-se ou reduzindo-se conforme a influência de outros planetas, aquém ou além de vossa morada planetária. Se pudésseis vislumbrar no "éter-cósmico" o panorama de um sistema de planetas em torno de um sol, ficaríeis surpreendidos ante a reciprocidade assombrosa dos poderosos rios de energias que se formam e se despejam, de astro para astro, na forma de canais fulgurantes de magnetismo cósmico, e que são registrados pela Astrologia. A ciência astronômica anota-lhes a existência no tipo de "energia gravitacional", mas a astrologia "sente" a sua força na forma de energismo "astroetéreo". Na sua modesta peregrinação em torno do Sol, a Terra tanto pode beneficiar-se com um banho de fluidos benéficos que a envolverão de bom magnetismo astrológico, como pode receber rajadas de forças opressivas, que lhe invadam os reinos da crosta, excitem coletividades, despertem instintos e alimentem vontades destruidoras. Quando tal se dá, o reino mineral trepida, enérgico, num protesto radiativo; os vegetais concentram-se, alertas, como a sensitiva sob o toque humano; os animais se inquietam, as aves adejam, auscultando em torno; os seres não escondem a sua irritação ou desassossego. Indubitavelmente, podeis notar esses acontecimentos e atribuí-los a fatores de ordem puramente científica, desprezando estas noções astrológicas; mas, na realidade, é que conheceis o efeito apenas, e não a causa! Nos mundos mais evoluídos que a Terra, a astrologia é ciência benquista e respeitada e, nos milênios vindouros, ser-vos-á de grande valia. (Obra: *Mensagens do Astral*, 17ª edição, pp. 71/74)

Astrologia – espírito da Astronomia

A ciência acadêmica zomba dos acontecimentos previstos nos esquemas zodiacais, mas ainda ignora o mecanismo que disciplina o processo astrológico. Até a Idade Média a Astrologia foi considerada uma Ciência; no entanto, quando o Clero se apoderou de suas bases científicas e as deixou misturar-se com as lendas miraculosas tão comuns às fórmulas das religiões em crescimento, então ela se deturpou no seu verdadeiro sentido e interpretação. A Astrologia, em verdade, é o espírito da Astronomia, que se manifesta pela sua influência fluídica e magnética na composição de signos, situações de astros e conjunções planetárias. Aliás, não nos referimos ao comércio de horóscopos a domicílio, que assinalam os dias favoráveis para os "bons negócios" ou os dias aziagos para os seus consulentes, em concorrência com a "buena dicha" dos ciganos.

Ela é o calendário sideral, cujos "signos" significam os dias comuns, sucedendo-se no mesmo ritmo limitativo e semelhante à marcação da folhinha humana; as conjunções, no entanto, seriam as datas excepcionais, os marcos mais importantes e menos frequentes. (Obra: *O Sublime Peregrino*, 17ª edição, p. 57)

Astrologia e evolução espiral cíclica

Examinai a tradição astrológica e verificareis que a Astrologia sempre foi considerada uma ciência. Só depois da Idade Média transformou-se num postulado de crendices, quando o clero se apoderou de suas bases científicas e deixou-as misturarem-se com as lendas miraculosas que impregnavam as fórmulas das religiões em crescimento. Muitos astrônomos, cujos nomes ainda consagrais nos vossos compêndios científicos, devem seus grandes conhecimentos aos estudos astrológicos que efetuaram nos restos das civilizações extintas dos caldeus, astecas, incas e, principalmente, da velha Atlântida. O próprio Kepler, que estabeleceu respeitáveis princípios na Astronomia, era particularmente devotado à astrologia.

Como a evolução humana é cíclica e em forma de espiral, fazendo a humanidade retornar sempre aos mesmos pontos já percorridos, embora abrangendo-os de planos cada vez mais altos, aproxima-se o momento do retorno cíclico em que os cientistas verificarão a lógica e a sensatez da astrologia. As suas leis, desconhecidas ou ridicularizadas, descobrirão em breve a beleza que se oculta nessa manifestação do pensamento criador de Deus, através do magnetismo cósmico que existe entre os astros! (Obra: *Mensagens do Astral*, 17ª edição, p. 71)

Atividade redentora – o trabalho

Consideramos o trabalho uma atividade redentora, além de sua ação dinâmica, pois, realmente, ele desperta as qualidades laboriosas e latentes do espírito imortal. A incessante atividade nos diversos planos da vida humana ajusta o homem a frequências mais sutis e próprias dos mundos angélicos. O trabalho familiariza a criatura com as virtudes da perseverança, resignação, paciência e o estoicismo, as quais se desenvolvem nela por força da continuidade laboriosa. Quem se obriga a tarefas num tempo dado e para um certo objetivo, que lhe exige constância, submissão e disciplina, desenvolve outros valores correlatos, meritórios. Aliás, no caso da escravidão dolorosa, que por vezes conduz até ao martírio, o trabalho, sem dúvida, oferece características místicas!

O trabalho, como ação preliminar, ativa o psiquismo primário do homem e opera compulsoriamente na sua transformação interior. O prazer, a ociosidade, o excesso de conforto e a liberdade do mando atrofiam mais facilmente as virtudes divinas e latentes no espírito do homem, porque o cristalizam na despreocupação de centralizar suas forças para fins proveitosos. Mas durante o treino laborioso, que afasta do espírito as elucubrações censuráveis e os desperdícios da mente acéfala, há determinada concentração de energias convergindo para um fim útil, seja científico, técnico, artístico e até religioso. Por isso, o homem de espírito esclarecido não encara o trabalho como coisa detestável e humilhante, mas o considera um ensejo energético para despertar o seu conteúdo espiritual superior, adormecido. (Obra: *A Vida Humana e o Espírito Imortal*, 11ª edição, pp. 153/154)

Atlantes e o câncer

Certos tipos de câncer, que se prolongam por várias encarnações do mesmo espírito, são resultantes da magia negra, do enfeitiçamento ou da hipnose para fins lucrativos, egoístas, lúbricos ou de vingança que alguns espíritos têm praticado contra seus semelhantes desde os tempos imemoriais da extinta civilização atlântida. Para isso conseguir, esses espíritos dominavam e manipulavam um dos elementos primários ou energia fecundante do astral inferior, que deveria servir de veículo para suas operações perniciosas.

Tendo sido esse elemento usado depreciativamente, terminou incorporando-se ao perispírito dos seus próprios agentes delituosos, transformando-se em energia nociva ou fluido tóxico que, ao ser expurgado para a matéria, desorganiza as bases eletrônicas do aglutinamento das células, dando ensejo à formação de neoplasmas malignos ou provocando a leucemia pelo excesso dos glóbulos brancos. (Obra: *Fisiologia da Alma*, 15ª edição, p. 302)

"Átomo-semente" – registro da evolução

A transmissão psíquica é possível através do que chamaremos o "átomo-semente", o elemento imortal que preexiste e sobrevive a todas as mortes corporais, muito conhecido dos ocultistas e teosofistas. É o precioso e indestrutível resumo da memória etérica-sideral do espírito; ele guarda em sua intimidade a síntese micropsíquica da vida mental e astral da alma, registrada desde os primeiros bruxuleios de sua consciência individual.

Durante cada nova encarnação, o átomo-semente ativa as energias intermediárias entre o espírito e o novo corpo físico, responsabilizando-se pela manifestação legível de sua consciência na esfera material e simultaneamente no mundo espiritual. Encarrega-se de plasmar na nova encarnação o verdadeiro temperamento psíquico imortal da alma, ajustando-lhe as virtudes, pecados e também a bagagem tóxica, pois conserva em estado latente todos os impulsos e tendências pregressas. Após a morte do corpo físico, desata-se na plenitude do Além, consolidando a configuração imortal do perispírito. É a segurança da estrutura consciente da individualidade espiritual operando no mundo de formas e no seio da Consciência do Criador; é o registro definitivo dos fatos vividos pela alma nas caminhadas do mundo carnal. (Obra: *Fisiologia da Alma*, 15ª edição, p. 248)

Átomos luminosos e evolução

Cada planeta, seja a Terra, Marte ou Saturno, apesar de sua massa densa e obscura é, também, energia luminosa e translúcida, que se condensa e extravasa em radiação chamada "aura". Todo orbe que trafega no Infinito, além de sua luz, cor material que lhe é própria, possui outra luz que se expande de sua intimidade, a qual é perceptível só aos clarividentes reencarnados ou aos espíritos de maior sensibilidade cósmica. Assim como o átomo é minúsculo sistema de planetas eletrônicos, em torno de um núcleo "microssolar", dotado de energia ainda física e também de uma aura radioativa, a Terra faz parte de um sistema idêntico, porém macrocósmico, que é regido pelo Sol. Isto justifica o conceito de que "o que está em cima está embaixo" e o "assim é o macrocosmo, assim é o microcosmo". Como o átomo também é luminoso, de refulgência só perceptível no campo etérico ou astral da visão interna, todos os seres ou coisas do vosso mundo são portadores de "auras radioativas", que se compõem da soma de todos os átomos radioativos que palpitam na intimidade da substância. A Terra, consequentemente, possui a sua gigantesca aura radioativa, que lhe ultrapassa a configuração física e a própria atmosfera de ar, a aura que é a soma de todas as auras microscópicas e radiantes dos átomos existentes nas múltiplas formas da matéria. À proporção que as coisas e os seres se purificam intimamente, os "átomos luminosos-etéricos" vão predominando e sobrepondo-se na massa compacta que conceituais de "matéria". No conceito científico de que matéria é "energia condensada", também podeis conceber uma "luz etérica condensada", de frequência vibratória além de vossos sentidos comuns, e que se constitui pelos "átomos etéricos" que compunham a energia em liberdade. Assim que a substância, que compõe os seres e as coisas, se vai refinando, despojando-se dos invólucros densos e obstruentes, essa "luz aprisionada" ou "luz etérica acumulada" também se vai polarizando em torno, visível já aos clarividentes e às criaturas que atuam psiquicamente além das fronteiras comuns do plano físico. (Obra: *A Vida no Planeta Marte e os Discos Voadores*, 14ª edição, pp. 69/71)

"Aum" – expressão trifásica

A palavra "AUM", por exemplo, representa iniciaticamente o sentido sagrado que os orientais dão à vibração do "alento cósmico" da Trindade na própria Unidade; é uma expressão gráfica, mas vibracional, sonora para os humanos, que melhor lhes recorda a expressão trifásica do Universo. Quando os iniciados pronunciam o vocábulo AUM, ligados por uma mesma vibração mental, que ele provoca como um "mantra" sagrado, sentem em torno de si a modificação vibratória da atmosfera psíquica, que se eleva e se expande para além das fronteiras do entendimento comum. A consciência espiritual abrange então área mais vasta, sob esse "tom-sidéreo", que vibra do próprio alento respiratório e sonoro do eterno manifestar divino. (Obra: *Mensagens do Astral*, 17ª edição, p. 190)

Aum-bandhã e despertamento angélico

Etimologicamente, o vocábulo umbanda provém do prefixo AUM[2] e do sufixo "BANDHÃ", ambos do sânscrito, cuja raiz

---
[2] Diz o *Dicionário de Ciências Ocultas*, obra editada pela Livraria do Pensamento, o seguinte: "Aum, palavra sagrada do esoterismo oriental e cuja emissão em

encontra-se nos famosos livros da Índia, nos Upanishads e nos Vedas, há alguns milênios.

A palavra Aum é de alta significação espiritual, consagrada pelos mestres do Oriente[3] e sua pronúncia deve ser efetuada de uma só vez, num só impulso sonoro do suave para o grave profundo. As próprias confrarias católicas iniciáticas, principalmente os frades franciscanos, só o pronunciavam com excessiva reverência e veneração, dando-lhe o máximo de entonação mística nas suas orações coletivas e coros sacros. Em invocações de alto relevo espiritual, Aum é o próprio símbolo sonoro significativo da Trindade do Universo representando Espírito, Energia e Matéria, Pensamento Original, Amor e Ação, ou, ainda, Pai, Filho e Espírito Santo da Liturgia Ocidental.

Bandhã, em sua expressão mística iniciática, significa o movimento incessante, força centrípeta emanada do Criador, o Ilimitado, exercendo atração na criatura para o despertamento da consciência angélica. Mais tarde também passou a significar a "Lei Maior Divina", poder emanado do Absoluto. (Obra: *A Missão do Espiritismo*, 10ª edição, p. 143)

Aum-bandhã e sensibilização psíquica

É um tanto difícil dar-vos uma idéia exata da significação mística dessa palavra "sânscrita", se a examinarmos sob o critério fortemente objetivo dos povos ocidentais. Os iniciados orientais imprimem a sua vontade dinamizada pela força espiritual sobre certos vocábulos ou "mantras", já consagrados num curso esotérico, e os transformam em detonadores psíquicos para lhes proporcionar maior amplitude na auscultação dos atributos da Divindade. Assim, a palavra "Aum-bandhã" consagrou-se como uma convenção léxica e sonora, cuja pronúncia insistente termina por sensibilizar o ser, predispondo-o vibratoriamente para o mais

---

meditação, inexcedível, reiterada, sem limites, facilita as obras psíquicas e apressa a maturação do sexto sentido. É o emblema da trindade na unidade. Pronuncia-se: Om. Compõe-se de três letras: A, U, M. O A unido ao U dá Au ou O longo; e o U unido intimamente ao sinal de nasalidade (anuswáre) forma o som único Om. É interessante notar-se que este nome é formado das letras, Alpha, Ômega e My, que são a primeira, a última e a média do alfabeto grego. Na Cabala, as duas letras Aleph (primeira) e Men são letras mães. É palavra sânscrita, porém sua origem deve ser anterior à da raça ariana.
3 Vide a obra *Aum*, de Krumm-Heller, edição de Kier, Buenos Aires.

breve conhecimento intuitivo do Espírito de Deus. Mas a sensibilização, psíquica sob a força mântrica dessa palavra, também varia de acordo com a graduação espiritual dos seus cultores. (Obra: *A Missão do Espiritismo*, 10ª edição, p. 144)

"Aum" – "Om" – poderoso mantra

Há "mantras" universais, cujos sons e vibrações identificam a mesma idéia-mater em toda a face do orbe. É o caso do vocábulo "AUM", que se pronuncia mais propriamente "OM", pois é um "mantra" poderoso em qualquer latitude geográfica. No seu ritmo iniciático, é a representação universal da própria idéia de Deus, a Unidade, o Absoluto! Na sua expressão idiomática elevada do mundo, ele tem por função associar, tanto quanto possível, na sua repercussão vibratória, o "máximo" sensível do espírito do homem da essência eterna e infinita de Deus! Os monges brancos do Himalaia, criaturas condicionadas a uma vivência sublime, frugais e vegetarianos, cuja glândula pineal funciona ativamente na comunicação sadia com o mundo espiritual, quando recitam o "mantra" "AUM" alcançam tal "clímax" vibratório, que se sentem imersos no plano edênico! (Obra: *Magia de Redenção*, 12ª edição, p. 65)

Aura futura da Terra e atividade angélica

Em face de o Espírito de Deus palpitar na intimidade de todas as coisas e seres de Sua Criação, também no seio das paixões mais nocivas e entre as dores mais acerbas permanece a Luz Sublime em contínua expansão centrífuga e transfusão angélica. No futuro, a Terra também será vestida com uma aura refulgente, divina cabeleira de luz a substituir-lhe o manto de fluidos densos e tristes do presente.

Eis porque é suficiente a atuação de um punhado de anjos que permanecem servindo ao mundo físico, quais falenas irisadas de luz munificente, para então neutralizar a ação deletéria de milhares de espíritos diabólicos, desintegrando pelos fótons siderais, os lençóis microbianos do astral inferior e proporcionando novos ensejos de progresso espiritual ao homem terreno. São essas almas abnegadas a divina esperança do Alto para firmar na matéria os fundamentos da nova humanidade, pois elas vivem em todas as camadas e operam no seio de todo labor humano. Despertam consciências perturbadas, orientam vontades débeis, higienizam os ambientes enfermos e se constituem no convite incessante para a vida angélica e para o homem libertar-se da escola rude da matéria. (Obra: *Mediunismo*, 13ª edição, p. 95)

Aura humana – cor básica

Os clarividentes da Terra sabem que todos os seres humanos são revestidos de auras, cuja intensidade e cores, claras ou escuras, dependem fundamentalmente do seu grau espiritual. O homem devotado exclusivamente ao ódio e à vingança, possui uma aura negra, que o circunda como um manto de trevas; enquanto almas do quilate de um Jesus apresentam uma aura branca, lirial e imaculada. Entre esses dois extremos há uma infinidade de matizes que correspondem aos vários temperamentos espirituais existentes. É uma nuvem luminosa, ovóide, que envolve e interpenetra o homem. Quando Jesus se transfigurou no monte Tabor, Ele tornou visível a Luz imensurável e deslumbrante de Sua aura. Todo o sentimento que predomina e caldeia o psiquismo humano produz um padrão vibratório, que forma a cor base, reconhecida facilmente pelos clarividentes. Essa é a cor principal da aura, pois existem outros matizes que podem aparecer e desaparecer, acidentalmente, produzidos pelas emoções acidentais mas que não formam o temperamento invariável ou característico do indivíduo. (Obra: *A Vida no Planeta Marte e os Discos Voadores*, 14ª edição, p. 291)

Auras – fuga vibratória

Todas as coisas e seres criados por Deus são centros de energia condensada e comprimida, conforme aventou Einstein. Porém, essa energia, condensada no estágio material da vida, acha-se num estado "antinatural"; ela forceja continuamente por retornar ao seu plano original de energia livre, onde, realmente, se manifesta em sua plenitude integral. Deste modo, o mundo exterior ou físico desmaterializa-se, segundo por segundo, ante a fuga incessante dessa energia, inerente à aura de cada objeto, planta, ave, animal ou homem, variando apenas quanto ao tempo ou prazo de sua libertação. (Obra: *Magia de Redenção*, 12ª edição, p. 142)

Auras radioativas, etéricas e astrais

Todas as auras radiativas, etéricas ou astrais, dos orbes circunvizinhos à Terra, entram em relação contínua, interferem e se influenciam reciprocamente. Poderosas correntes de energias desconhecidas, cuja ação e origem ignorais, manifestam-se através do "éter-cósmico" e situam-se no vosso mundo. Então, tudo vive, agita-se, liberta-se ou se expande e, operando quais milagres, escapa à análise e à positivação comum.

Esse maravilhoso potencial transforma a bolota em carvalho ou o pinhão em gigantesca árvore; mas opera também no seio dos planetas e dos sóis, a fim de conduzi-los a configurações ainda inconcebíveis para o raciocínio humano.

Isto posto, podeis avaliar o indescritível trabalho que precedeu interiormente a manifestação do Cristo no manto suave do magnetismo doado pelo signo de Pisces, formando uma abóbada protetora para o evento do Cristianismo e o vibrante estímulo para o psiquismo humano ascensionar às vibrações maiores do princípio crístico do AMOR CÓSMICO! (Obra: *Mensagens do Astral*, 17ª edição, p. 83)

Auto-conhecimento

Quando a criatura já se compreender a si mesma ser-lhe-á fácil compreender os seus irmãos, visto que a sua alma vibrará só de amor e paz. O que vos está faltando é amor e fidelidade a Jesus e não maior número de religiões ou doutrinas espiritualistas, pois estas são entidades abstratas, que não podem gerar o amor que não esposais em vossas relações humanas. Sem a afeição, a cordialidade e a ternura do "amor a Deus sobre todas as coisas e ao próximo como a vós mesmos", não se fortalecerão os fundamentos do amor crístico que existe potencialmente em todas as almas. A ausência de entendimento humano anula qualquer credo religioso, doutrina ou movimento espiritualista. O vosso principal problema continua a ser o das relações fraternas sob a égide do amor do Cristo, e não a pesquisa do que seja a melhor religião ou sistema portador de maior dose de verdade. (Obra: *Mensagens do Astral*, 17ª edição, p. 26)

"Auto labor" – vários planos

É porque ignorais a função divina do trabalho no plano dinâmico da criação. O espírito do homem é um produto de "auto labor" nos vários planos siderais. Forma a sua consciência individual depois de laborioso trabalho, quando se desprende do espírito-grupo, onde há só a consciência instintiva das espécies inferiores. (Obra: *A Vida no Planeta Marte e os Discos Voadores*, 14ª edição, p. 520)

Auto-realização – direito aos planos paradisíacos

Os credos, as religiões, os cursos iniciáticos e as doutrinas espiritualistas ajudam o homem a distinguir a senda mais certa para sua ventura espiritual. No entanto, só a "auto-realização", a vivência em si mesmo dos ensinamentos evangélicos, é que lhe concedem o direito de morar nos planos paradisíacos. Depois de conhecer o programa superior, então cabe-lhe a responsabilidade de executá-lo em si mesmo na experimentação cotidiana, a fim de expurgar os resíduos da vida animal inferior que serviram de base à formação da sua consciência individual.

Assim, todos os momentos que o homem vive na face dos mundos planetários devem ser aproveitados na "auto-realização" superior, uma vez que já conhece o programa espiritual que conduz à felicidade. (Obra: *Elucidações do Além*, 11ª edição, p. 85)

Aval da mediunidade – oportunidade de ressarcimento

A Lei Kármica, apesar de sua função retificadora, é também de ação educativa, pois não só favorece o espírito para o resgate mais breve dos seus débitos passados, como ainda o situa na carne em condições de evitar-lhe novos desatinos, graças à redução prudente dos seus bens ou poderes materiais no mundo físico. Mercê da bondade do Alto, o espírito endividado recebe o aval da mediunidade para ressarcir-se das culpas pretéritas, mas a sabedoria da Lei ainda o protege no apressamento de sua liquidação kármica, impedindo-o de possuir os mesmos valores de que tanto abusou no passado. (Obra: *Mediunidade de Cura*, 12ª edição, p. 204)

Avatares – técnica transcendental para nascimentos

O nascimento de "Avatares" ou de altas entidades siderais no vosso orbe, como Jesus, exige a mobilização de providências incomuns por parte da técnica transcendental, cujas medidas ainda são ignoradas e incompreendidas pelos terrícolas. É um acontecimento previsto com muita antecedência pela Administração Sideral,[4] pois do seu evento resulta uma radical transformação no seio espiritual da humanidade. Até a hora de espírito tão elevado vir à luz no mundo terreno, devem ser-lhe assegurados todos os recursos de defesa e assistência necessários para o êxito de sua "descida vibratória".

Aliás, para cumprir a missão excepcional no prazo marcado pelo Comando Superior, o plano de sua encarnação também prevê o clima espiritual de favorecimento e divulgação de sua mensagem na esfera física. Deste modo, encarnam-se com a devida antecedência, espíritos amigos, fiéis cooperadores, que empreendem a propagação das idéias novas ou redentoras, recebidas do seu magnífico Instrutor, em favor da humanidade sofredora. (Obra: *O Sublime Peregrino*, 17ª edição, p. 32)

---

[4] Vide a obra de Ramatís, *Mensagens do Astral*, cap. "Os Engenheiros Siderais e o Plano da Criação", que dá uma idéia aproximada da "Administração Sideral". Trecho extraído da obra *A Caminho da Luz*, de Emmanuel, por Chico Xavier: "Rezam as tradições do mundo espiritual que, na direção de todos os fenômenos do nosso sistema, existe uma Comunidade de Espíritos Puros e Eleitos pelo Senhor Supremo do Universo, em cujas mãos se conservam as rédeas diretoras da vida de todas as coletividades planetárias".

B

"Bandeirante" do mentalismo – o espiritismo

O espiritismo pode ser ecletismo espiritual unindo em espírito todos os credos e religiões, porque também firmam suas doutrinas e postulados na realidade imortal. Mas seria insensato a mistura heterogênea de práticas, dogmas, princípios e composturas devocionais diferentes, entre si, para constituir outro movimento espiritualista excêntrico. Ademais, a doutrina espírita tem algo de bandeirantismo na lavratura do terreno para o "Mentalismo" do próximo milênio, porque é liberta de quaisquer dogmas, fórmulas, liturgias, idolatrias, fetiches ou sacerdócio ainda tão comuns nas atividades religiosas do mundo. Sua missão, enfim, é libertar o homem e não prendê-lo ainda mais às fórmulas e superstições do mundo carnal transitório. (Obra: *A Missão do Espiritismo*, 10ª edição, p. 38)

Batalha – homem espírito x homem animal

As virtudes, quando impostas, não têm força para resistir à compressão dos instintos inferiores. Só a consciência espiritual emancipada pela sua própria auto-evangelização está em condições de vencer a tremenda batalha moral entre o homem-**espírito** e o homem-**animal**.

As exortações doutrinárias cujo "pano de fundo" são as fogueiras do Inferno ou o paraíso do Céu podem fazer compreender quanto às vantagens de ser bom e ser premiado; porém, de modo algum, dão ao homem aquele discernimento moral, subsistente, apoiado na meditação que considera, deduz, compara e o habilita a saber qual o rumo mais certo e seguro que lhe convém seguir na jornada da sua evolução como espírito imortal. (Obra: *Elucidações do Além*, 11ª edição, p. 21)

"Batei e a porta abrir-se-vos-á"

Tal conceito também exprime um dos fundamentos principais da Lei do Cosmo, em que todo ato violento ou atrabiliário sempre contraria o ritmo pacífico, disciplinado e coerente da pulsação harmoniosa da Vida. O homem, no ato de "pedir", revela o que quer e, no "buscai e achareis", após a permissão divina, realiza a sua intenção. Mas, no formular o desejo e iniciar a busca, não deve violentar o ritmo pacífico da vida espiritual, ficando responsabilizado pela perturbação ou pelos danos semeados no "pedir" e "buscar" irregularmente. É da Lei que a ação movida pelo desejo egocêntrico e violento pode destruir o objeto da procura, ao exigir alguém, prematuramente, aquilo a que ainda não faz jus, ou não está preparado para usufruir. Quantas criaturas existem a quem o advento súbito da fortuna proporciona ensejos tão perigosos para o seu espírito imaturo e indisciplinado, que depois motiva acerbos sofrimentos no Além-túmulo ? E quem força uma ação arromba a porta, no simbolismo da parábola de Jesus; mas, quem "bate", solicita e é digno de receber a concessão divina, porque se ajusta ao ritmo pacífico ou ritual gradativo, sem opor violência à Lei. É por isso que ainda diz o preceito: "Todo aquele que pede, recebe; quem procura, acha; e a quem bate, abrir-se-lhe-á a porta!". (Obra: *Sob a Luz do Espiritismo*, 3ª edição, p. 229)

Batismo – fundamento esotérico

Embora saibamos que as cerimônias religiosas do mundo, derivadas de dogmas e "tabus" do passado, jamais poderão modificar a essência íntima do espírito, elas podem despertar forças ocultas e ajustar os pensamentos sob o mesmo tema espiritual.

Durante o batismo processam-se fenômenos de "imantação" pela convergência de fluidos que são mobilizados pelos pais, padrinhos e pelo próprio afilhado, compondo-se um amálgama ou vínculo de grave compromisso espiritual entre os presentes até o fim da existência carnal. A madrinha e o padrinho assumem espontaneamente, em espírito, a obrigação de cuidar do filho virtual e adotivo, que lhes é oferecido através da cerimônia do batismo. O ritual apenas consagra no mundo profano aquilo que já foi deliberado no mundo espiritual![1] (Obra: *Magia de Redenção*, 12ª edição, p. 56)

Beleza física e espiritual

Mesmo no Além não há regra sem exceção, pois muitas criaturas formosíssimas e fascinantes têm sido, em encarnações passadas, terríveis criminosos, perdulários, prostitutas, facínoras, envenenadores cruéis, parricidas e matricidas. A beleza física exclusiva não é regra absoluta para se comprovar a presença de um espírito superior no mundo, pois Lucrécia Bórgia e a imperatriz Teodora eram de beleza estonteante; no entanto, a primeira foi impiedosa envenenadora e a segunda cruel rainha. Muitas vezes o adiantamento e a sabedoria espiritual podem se esconder na criatura feia, humilhada e de aparência insignificante. A carne é o instrumento de que o espírito se serve para experimentar o seu poder e a sua vontade, compondo a sua consciência sob a lei do livre-arbítrio e a vigilância para com a Lei do Carma, que lhe ajusta os desvios perigosos e providencia-lhe as oportunidades de reerguimento moral.

A beleza ou a feiúra, a riqueza ou a pobreza, a glória ou a humilhação, no mundo físico, fazem parte dos apetrechos provisórios de que o espírito se serve para tentar o seu progresso e ampliar a sua consciência sideral. Mas não representam a sua identidade espiritual específica, nem também são conquistas de ordem defi-

[1] Nota de Ramatís – Despreocupa-nos cuidar se as crianças devem ou não devem ser batizadas, pois, segundo a doutrina espírita, todas já nascem sob o batismo amoroso de Deus. Em verdade, o homem salva-se pelas suas obras, e não por suas crenças. Mas a cerimônia ainda é um hábito que se justifica pelos acontecimentos mais importantes na vida humana. Há cerimônias na esfera científica, durante a consagração de um sábio ou evento incomum; na esfera política, marcando o triunfo eleitoral ou a vitória diplomática. Na colação de grau de doutorandos, há discursos, juramentos, flores, becas, trajes novos, ritual de entrega de diplomas, evocações saudosistas dos falecidos ou homenagem aos veteranos. A cerimônia, portanto, é uma "confirmação" ou "memorização", no mundo de formas, até que o homem possa manifestar-se na sua autenticidade espiritual.

nitiva. Daí o fato de se poder encontrar entre os mais afortunados e de configuração belíssima tanto os gênios e os tolos, como os bons e os maus, sendo que os mais imprudentes e entontecidos pelas ilusões de alguns instantes de gozo imitam as mariposas, que se deixam cegar pelo excesso de luz. (Obra: *A Vida Além da Sepultura*, 9ª edição, pp. 438/439)

Bênção – invocação divina

Existe profunda diferença entre o ato de maldizer e abençoar, que se revela na própria expressão psicofísica da figura humana, porque também difere o tipo e a qualidade de energias que são utilizadas para manifestar cada uma dessas atitudes. Quando abençoamos, mobilizamos energias dosadas desde o reino espiritual, mental, astral, etérico e físico, na forma de um combustível superior, para expressar a idéia, o sentimento e a emoção sublimes do nosso espírito naquele momento. Durante o ato de abençoar, o homem revela na sua configuração humana a magnitude, altiloquência, mansuetude e o recolhimento do espírito preocupado em invocar forças superiores e benfeitoras em favor de alguém. O brilho dos olhos, o gesto das mãos, a expressão do rosto e a quietude do corpo formam um conjunto de aspecto atraente, a combinar-se mansamente com o fluido amoroso que sempre acompanha a palavra benfeitora. Há indizível encanto e respeito no gesto da mãe que abençoa o filho, quando ela mobiliza a sua força materna e invoca a condição divina de médium da vida, a fim de rogar ao Criador a proteção amorosa para o seu prolongamento vivo, no mundo. O pior bandido comove-se diante da sinceridade e do sentimento puro de alguém que o abençoa, e não rejeita essa oferenda espiritual, que não humilha nem ofende! (Obra: *Magia de Redenção*, 12ª edição, p. 52)

Benzedores – transformadores vivos

As criaturas que praticam o benzimento são verdadeiros transformadores vivos, pois dissolvem o fluido do mau-olhado ou da projeção mental à distância e malevolamente incrustados na aura das crianças. Elas se ajustam muito bem no conceito dinâmico recomendado por Jesus: "Quem tiver fé como um grão de mostarda, remove montanhas".

Em face da maldade ainda predominante no mundo primário terreno pelo entrechoque dos piores sentimentos de raiva, ódio, ciúme, perversidade e orgulho, o benzedor é um "oásis" no deserto escaldante do sofrimento humano! Ele cura bicheiras, levanta quebranto, alivia epilépticos, afasta mau-olhado, acalma vermes, reza responso para descobrir aves e animais perdidos, defuma residências enfeitiçados, limpa a aura das criaturas contaminadas com maus fluidos, expulsa o azar da vida alheia, benze eczemas e impingens, conserta espinhela e arca caída das crianças recém-nascidas, benze de inveja ou de susto, faz simpatias que derrubam verrugas ou calos! (Obra: *Magia de Redenção*, 12ª edição, p. 186)

Benzimento – projeção etéreo-astral

O benzimento é uma projeção etéreo-astral impregnada da substância mental e emotiva do benzedor, ativando o campo energético combalido ou perturbado do paciente. Os médicos, benzedores "oficiais", usam a eletroterapia de projeção de ondas de toda a espécie oculta, e desintegram quistos, tumores ou excrescências virulentas, assim como substâncias enfermiças que formam a sinusite e outras consequências anômalas. No entanto, eles fracassam, quanto a eliminar o "tóxico-psíquico" aderido ao perispírito do enfermo, cuja faixa vibratória transcende a interferência dos aparelhos materiais e que só é acessível às criaturas dotadas de faculdades mediúnicas. (Obra: *Magia de Redenção*, 12ª edição, p. 189)

Berço ao túmulo – ano letivo

No vosso mundo, e em outros planetas habitados, os espíritos se exercitam para desenvolver suas consciências e se emanciparem do domínio das paixões. O berço é a porta de ingresso à escola física e o túmulo marca o fim do ano letivo. A matéria é o malho que retifica a alma indócil e lhe modifica a configuração rude, para assemelhá-la à escultura sublime do anjo eterno. Os mundos físicos assemelham-se a estações experimentais, em que se aperfeiçoam as flores do espírito para os jardins do Éden! Cada alma, no lodo fértil do mundo físico, forja a sua consciência para a divina entrevista com Deus, onde o banquete da Glória Celeste pede a vestidura radiosa da "túnica nupcial"! (Obra: *Mensagens do Astral*, 17ª edição, p. 209)

Bíblia – a Gênese e o *Manvantara*

Durante seis dias ou longos períodos geológicos de materialização do mundo físico, o Senhor trabalhou operando na transmutação das energias em substâncias sólidas e na materialização do seu Pensamento Incriado até plasmar a vida planetária com seus reinos mineral, vegetal, animal e hominal. O descanso de Deus, estágio muito conhecido, entre os sucessos do "Dia de Brama" e "Noite de Brama", na consecução de cada *Manvantara*, significa o período em que toda a criação segue automaticamente o plano ou impulso inicial da Divindade, cumprindo-lhe o pensamento e a vontade criadora. É o retorno do Espírito fragmentado nas espécies "vivas" na matéria, o "filho pródigo" em busca do lar sideral de onde partiu, um dia, em descenso vibratório até forjar a sua consciência de "ser" e "existir". (Obra: *A Missão do Espiritismo*, 10ª edição, p. 226)

Bíblia e vegetarianismo

Compulsando a Bíblia, podeis encontrar passagens como estas: — Gênesis, 1/29; "E disse Deus: Eis aí vos dei todas as ervas que dão suas sementes sobre a terra; e todas as árvores que têm em si mesmas a semente do seu gênero, para servirem de sustento a vós". Gênenis 2/9; "Tinha também o Senhor Deus produzido da terra toda casta de árvores formosas à vista e cujo fruto era suave para comer". Gênesis 3:18; "E tu terás por sustento as ervas da terra". No Salmo 104, versículo 14, diz David: "Que produzes feno para as alimárias e erva para o serviço dos homens, para fazeres sair o pão do seio da terra". Paulo, em sua epístola aos romanos, capítulo 14, versículo 21, adverte: "Bom é não comer carne nem beber vinho, nem coisa em que teu irmão ache tropeço ou se escandalize ou se enfraqueça". Inúmeras outras preceituações sobre a abstinência de carne ser-vos-ão fáceis de encontrar na Bíblia e em inúmeras obras do Oriente. (Obra: *Fisiologia da Alma*, 15ª edição, p. 74)

Bíblia – espiritismo e mediunidade

A humanidade tem sido guiada desde sua origem por leis do mundo oculto e já comprovadas na face do orbe, graças a essa faculdade mediúnica inata no primeiro espírito encarnado. Todas as histórias, lendas, narrativas de tradição milenária do vosso orbe estão repletas de acontecimentos, revelações, fenômenos e manifestações extraterrenas, que confirmam a existência da mediunidade entre os homens das raças mais primitivas.

E o espiritismo, então, encontra na Bíblia um dos mais vigorosos repositórios de fatos que não só provam a existência da mediunidade em tempos tão afastados, como confirmam os fundamentos doutrinários espíritas. Malgrado a feição diferente e fantasiosa dos milagres que lhe atribuem, a mediunidade é o "élan" do mundo espiritual e a vida carnal.

Embora os acontecimentos mediúnicos descritos na Bíblia estejam velados pelo simbolismo da raça hebraica ou pela poesia religiosa, em verdade, eles são fenômenos mediúnicos tão específicos e positivos quanto aqueles que Allan Kardec e outros espíritas enumeraram em estudos, conforme citamos em obra anterior de nossa autoria.[2] (Obra: *A Missão do Espiritismo*, 10ª edição, p. 231)

Bíblia – matriz da revelação divina

É óbvio que não se pode atribuir ao seu texto o caráter vertical de "Palavra de Deus", porquanto as entidades espirituais que naquela época produziram as mensagens bíblicas tiveram que apresentar a revelação como provinda diretamente da "Voz de Jeová". Mas isto não quer dizer que proviesse realmente da mente de Deus. A mentalidade dos povos daquela época e o seu modo de vida exigiram que as revelações não ultrapassassem a sua capacidade de entendimento.

A Bíblia é ainda de grande proveito, sob todos os pontos de vista, porque, escoimada de suas figuras alegóricas e das incongruências naturais da moral daquela época, ser-vos-á possível distinguir, no seu todo, as duas ordens distintas que disciplinam as revelações posteriores. A Bíblia, como repositório que é das comunicações espirituais mescladas com acontecimentos da vida profana dos judeus, torna-se obra muito incoerente quando examinada por outras raças como a vossa. O Velho Testamento, entretanto, desvencilhado do simbolismo exigível para a época em que foi escrito, é ainda a matriz tradicional da revelação divina. Em seu fundamento assentam-se

---

[2] Vide a obra *Mediunidade de Cura*, capítulo I, "A Antiguidade do Fenômeno Mediúnico e Sua Comprovação Bíblica", de Ramatís, publicada pela **EDITORA DO CONHECIMENTO**.

todos os esforços posteriores e o êxito no sentido de haver sido compreendida a unidade de Deus, que Moisés consolidou no Monte Sinai. (Obra: *O Sublime Peregrino*, 17ª edição, pp. 164/165)

Blindagem fluídica – evangelização

A defesa e a imunidade natural do homem contra o enfeitiçamento verbal, mental e físico, também varia segundo o potencial de "cristificação" e não conforme a sua adesão a determinado credo. Há muita exortação lacrimosa nos templos religiosos, tendas espíritas ou umbandistas, que satisfazem o sentimentalismo em horas especiais, mas nada tem a ver com a vivência estóica e sadia, que o Evangelho conclama para a vida cotidiana. O homem não adquire a sua segurança espiritual contra os impactos ofensivos da bruxaria do mundo, só porque lê ou recita o Evangelho em momentos programados por líderes religiosos. Isso ele só o conseguirá quando for tão assiduamente "evangelizado", como precisa atender à necessidade de respirar.

É evidente que os impactos de feitiço jamais poderiam infiltrar-se pela aura de poderosa blindagem fluídica de Francisco de Assis, Buda ou Jesus, assim como um punhado de lodo jamais poderia ferir a luminosidade solar! (Obra: *Magia de Redenção*, 12ª edição, p. 147)

Boa Nova – código universal – denominador comum

O Evangelho ou "Boa Nova", como um Código Moral estatuído pelo plano superior da espiritualidade e revelado por Jesus a todos os homens, não entra em conflito com nenhum credo ou fórmula religiosa de quaisquer raças ou povos. Não é tratado específico para uma só coletividade humana, porém, estatuto apropriado a todo gênero humano. É a súmula ou essência de todas as mensagens transmitidas do plano espiritual para as diversas raças terrenas e a constituição legislada pela "Administração Sideral da Terra"! Abrange os conceitos fundamentais e "códigos morais" de todos os demais povos estatuídos por líderes como Hermes, Krishna, Moisés, Rama, Buda, Maomé, Confúcio, Fo-Hi, Zoroastro e outros. É instrumento legislativo de alta frequência espiritual, em cujo padrão vibratório superior pode sintonizar o trabalho esclarecido de todos os homens! (Obra: *A Vida Humana e o Espírito Imortal*, 11ª edição, p. 294)

Boa Nova – mensagem espiritual do Cristo

A Boa Nova pregada por Jesus atraía as multidões, malgrado os pessimistas e os sarcastas o julgassem um tolo e fantasioso pregador a sulcar inutilmente os caminhos da Palestina no desempenho de uma tarefa tantas vezes tentada por outros precursores, mas sem a força de modificar o povo e o Clero judeu. Mas ele não precisou do socorro da história profana para chegar até nós, por uma razão muito simples e incontestável, a sua doutrina e pregação não se dirigiam à transitoriedade do mundo de formas, nem destacavam os valores classificados nas tabelas convencionais da sociedade humana. Era mensagem do mais puro quilate espiritual endereçada ao sentimento do espírito encarnado; reaviva-lhe as virtudes, as qualidades e os poderes ocultos próprios de sua descendência divina. Jesus aquecia no recipiente do coração do homem o sentimento angélico, que lhe provinha da origem celestial, pois "o homem fora feito à imagem de Deus" e o "Criador e a criatura são um". (Obra: *O Sublime Peregrino*, 17ª edição, p. 231)

Bondade divina e ensejos de renovação

Deus sempre concede a oportunidade de renovação moral e do trabalho digno a todos os seus filhos. E a prova mais evidente do que dizemos é que, se presentemente já esposais princípios espirituais dignos e superiores, isso deveis à bondade divina, que tolerou as vossas iniquidades do pretérito, concedendo-vos também a graça do serviço redentor tantas vezes quantas vos equivocastes. Em verdade, os pecadores são justamente aqueles que mais precisam de Amor, tanto quanto os enfermos necessitam do médico.

Desde que do lodo pode surgir o lírio imaculado, é óbvio que dos lábios dos homens impuros também é possível nascerem a esperança e o roteiro para os seres desarvorados na estrada da vida humana. E se Deus, o Criador do Universo, que deveria exigir-

-nos o máximo de submissão e acatamento aos objetivos sublimes de Sua Obra, multiplica os ensejos de nossa mais breve redenção espiritual, sem dúvida, o homem, sua criatura, não tem o direito de odiar, maltratar, roubar e execrar o seu próprio irmão de destino sideral. (Obra: *Mediunismo*, 13ª edição, p. 61)

Bondade – Prolongamento do amor

A bondade é um prolongamento terno do Amor e este, por sua vez, é a marca divina com que Deus assinalou a essência de sua obra. O espírito bondoso, rico ou pobre, ignorante ou sábio, é como uma flor amorosa no jardim da vida humana: ele sempre santifica o ambiente em que vive e, mesmo aqueles que o hostilizam, sempre levam um pouco de sua ternura e um pouco do seu generoso perfume espiritual. Quando nada mais salvar o homem, salvá-lo-á a bondade, a benevolência ou o Amor.

Como a sabedoria espiritual representa a razão divina, e o amor incondicional é o sentimento dos céus, aquele que já possui tais qualidades é realmente o anjo vencedor de todas as batalhas e o sobrevivente em todas as metamorfoses da vida humana. (Obra: *A Vida Além da Sepultura*, 9ª edição, p. 441)

Bons espíritos – fazem o bem pelo bem

Os bons espíritos procuram socorrer e orientar os encarnados independentemente de qualquer interesse ou determinação superior — fazem o bem pelo bem, mas devem atender somente àqueles que realmente estão interessados na sua reforma espiritual. Eles não se submetem à função depreciativa de oráculos graciosos ou informantes ridículos das famílias terrenas despreocupadas dos objetivos sérios da vida, e que os evocam com assiduidade para resolver os assuntos mais triviais da vida humana. Vivem assoberbados com o serviço de proteção aos desencarnados que ainda se debatem em dificuldades no Além, por cujo motivo só empregam o seu precioso tempo nas obras que produzem resultados benéficos e definitivos nas almas atribuladas, enquanto se afastam das consultas imprudentes e fruto da negligência dos encarnados. (Obra: *Mediunismo*, 13ª edição, p. 238)

Brasil – avançado celeiro de almas

Não tenhais dúvida — e não vacilamos em vos dizer: — realmente, o Brasil é um dos mais avançados celeiros de almas com inclinações para subordinarem-se ao Evangelho de Jesus e tornarem sua pátria um símbolo relevante de fraternidade crística.

Não há, pois, exagero no prognóstico aventado por conhecido espírito já desencarnado, que diz: — "O Brasil está destinado a ser o **Coração do Mundo e a Nova Pátria do Evangelho**"! (Obra: *Elucidações do Além*, 11ª edição, p. 18)

Brasil – coração do mundo, pátria do Evangelho

O Brasil, no momento, mal atinge a sua puberdade como nação chamada a participar no concerto do mundo; mas a religiosidade inata, o temperamento pacífico e a intuição avançada do povo brasileiro são perspectivas elogiosas que justificam-lhe o elevado conceito futuro de "Coração do Mundo e a Pátria do Evangelho"! Os seus problemas políticos, sociais e religiosos, embora complexos e perigosos, resolvem-se de modo pacífico, num clima quase esportivo, sem os banhos de sangue tão peculiares dos povos que ainda fervem na ebulição das paixões instintivas primárias![3] (Obra: *A Vida Humana e o Espírito Imortal*, 11ª edição, p. 304)

Brasil – coração do mundo, pátria do Evangelho II

O Brasil é a mais rica sementeira cordial do futuro, o celeiro fraterno de avançados instrutores e tarefeiros espiritualistas, criaturas sábias e conscientes de suas obrigações incomuns. Em consequência, já existem os elementos fundamentais da equação algébrica espiritual e seletiva, para que o Brasil corresponda,

---

3 Nota do médium – Realmente, enquanto mal se acalmam os sanguinários massacres entre muçulmanos e budistas, e, na Escócia, os católicos e protestantes, em ignóbil demonstração de sua ignorância espiritual, agridem-se em lutas fratricidas para impor a bondade e o amor do Cristo a cacetadas, no abençoado Brasil, os próprios católicos vão à missa pela manhã e à noite aos terreiros de umbanda! Espíritas, umbandistas, rosa-cruzes, esoteristas, teosofistas, iogues, católicos e protestantes respeitam-se mutuamente, vivem em relações pacíficas num clima de elevada compreensão espiritual.

realmente, ao conceito de "O Coração do Mundo e a Pátria do Evangelho". Trata-se de um povo cuja índole mal se configura num tipo apreciável, mas é gente humilde, paciente, intuitiva e caritativa cuja alma versátil e agudeza mental finíssima vibram com todos os matizes religiosos do mundo e sentimentos de todas as raças! (Obra: *A Vida Humana e o Espírito Imortal*, 11ª edição, p. 305)

Brasil – farol espiritual da humanidade

Efetivamente, à medida que o povo brasileiro se espiritualizar assimilando conscientemente o racionalismo do processo reencarnacionista, ou seja, a grandeza e a amplitude moral das vidas sucessivas, que transformam o homem imperfeito, de **hoje**, no anjo **futuro**, o Brasil fará jus a receber novos acréscimos do Alto, que o habilitarão a ser, não somente o celeiro material do mundo, mas também um farol moral e espiritual da humanidade. (Obra: *Elucidações do Além*, 11ª edição, p. 11)

Brasil – oásis espiritual da humanidade

No caos gravíssimo para os encarnados, que se alastra e atemoriza todos os povos, nenhum país no mundo oferece tanta segurança espiritual quanto o Brasil, pois além de sua mensagem fraterna, ainda lhe cabe alimentar milhões de esfomeados de outras raças! O Cristo estende os seus braços à luz do Cruzeiro do Sul, para abençoar o povo mais contraditório, buliçoso, irreverente, carnavalesco e futebolístico, mas também o mais humilde, intuitivo, fraterno, ingênuo, comunicativo, paciente, resignado e versátil; sem a cobiça das nações rapinantes, sem o racismo dos povos ignorantes, sem a violência e a desforra dos homens enfermos de alma! O povo brasileiro sempre sobreviverá a qualquer catástrofe, dores, sofrimentos ou tragédias do mundo, porque é do seu destino proporcionar as sementes sadias em lugar das maçãs podres de hoje, a fim de o Senhor nutrir a lavoura sadia do Terceiro Milênio!

No deserto árido da vida física, o Brasil significa o "oásis" abençoado, onde as almas desesperadas poderão mitigar a sua sede de afetos, paz e alegria! (Obra: *A Vida Humana e o Espírito Imortal*, 11ª edição, p. 320)

Brasil – terra onde correrá "leite" e "mel"

Enquanto arruina-se a Europa artrítica e envelhecida, massacram-se judeus e árabes, matam-se pela fome e pela metralha sinistra os negros africanos recém-saídos das choças de palha, o Brasil cobre-se de café, trigo e algodão, enverdece no milharal sem fim, pulsa sob a força indomável das gigantescas usinas elétricas, abre-se em estradas para todas as direções, artérias de asfalto cortando o imenso coração de barro e rochas pontilhadas de pedras preciosas! Vitalizando-lhe as entranhas seivosas ainda corre a linfa negra do petróleo, combustível suficiente para mover o mundo por um milhar de anos! Alguém poderá vaticinar a riqueza, o progresso e a vivência venturosa do Brasil, quando o seu povo também ajustar-se à ordem e ao progresso espiritual? Em consequência, melhore-se o padrão espiritual do povo brasileiro, e, sem dúvida, não tardará a positivar-se a profecia de Dom Bosco, de que o Brasil é a terra onde "correrá mel e leite em abundância". (Obra: *A Vida Humana e o Espírito Imortal*, 11ª edição, p. 319)

Brasileiro – amálgama das três raças

O brasileiro ainda conserva desde o berço de sua raça a tendência fraterna e afetiva das três raças que cimentam a formação do seu temperamento e constituição psicológica. Do negro, ele herdou a resignação, a ingenuidade e a paciência; do silvícola, o senso de independência, intrepidez e a boa-fé; do português, a simplicidade comunicativa e alvissareira. Nele imprimiu-se um tipo de sangue quente e versátil, no qual circulam tanto as virtudes excepcionais, quanto os pecados extremos, mas, louvavelmente, em curso para a predominância de um caráter de espírito superior. E esse caldeamento heterogêneo ou mistura, que poderia sacrificar a qualidade dos seus caracteres originais, terminou por avivar o psiquismo do brasileiro, despertando-lhe uma agudeza espiritual incomum e em condições de sintonizá-lo facilmente à vida do mundo oculto. Consolida-se, então, uma raça possuidora de diversos valores étnicos de natureza espiritual benfeitora. (Obra: *A Missão do Espiritismo*, 10ª edição, p. 207)

Busca de Deus – impulso latente

É evidente que todas as coisas na Terra, e noutros mundos, buscam Deus, porque Deus é alfa e ômega de toda vida e, portanto, o início e o alvo definitivo de todos os seres. Não há criatura, por mais desprezível ou sórdida, que não ame alguma coisa, mesmo quando esse amor possa ser devotado a algo, também, detestável. Sob qualquer circunstância, é o impulso do amor latente no ser provindo de Deus, que é a causa determinante do desejo, da cobiça e da posse. Malgrado até parecer odioso o primeiro exercício de afeto brutal, é o primeiro fluxo selvático do amor puro, embora para o homem requintado seja um desejo aviltante e sórdido, entretanto, há de se manifestar transbordante de beleza e ternura na configuração do futuro anjo, que é a matriz de todo homem. Se assim não fora, Jesus, então, teria mentido quando afirmou que "nenhuma ovelha se perderá do aprisco do Senhor". Nenhum só filho há de se perder, porque o espírito inicia a sua vivência de indivíduo destacado no seio da Divindade, primeiro egoísta, egocêntrico, mesquinho e feroz, para depois amar em toda a sua amplitude. De início, ele busca apenas saciar o seu instinto na posse, para depois cultuar somente as delícias do espírito, cujo amor incondicional é um campo de magnetismo divino em incessante renovação venturosa. (Obra: *O Evangelho à Luz do Cosmo*, 9ª edição, p. 208)

"Buscai e achareis" – ação e trabalho

Todos os ensinamentos de Jesus relacionam-se entre si e convergem para uma só expressão doutrinária. Em sua síntese geral, exprimem a miniatura da própria Lei da Criação do Universo.

Assim, há uma convergência eletiva entre a conceituação do "Buscai e achareis" e outros preceitos evangélicos semelhantes, como "Ajuda-te a ti mesmo, que o céu te ajudará"; "Pedi e recebereis"; "Procurai e achareis; "Batei e abrir-se-vos-á a porta" e outros. Em todos esses casos, Jesus adverte, fundamentalmente, quanto à necessidade de ação e trabalho incessante do homem, em suas experimentações e acontecimentos educativos da vida física.

O homem deve promover a sua ventura pela iniciativa de "buscar", saber e viver o motivo básico da vida espiritual, muito além das necessidades comuns e instintivas, como alimento, satisfação sexual, necessidades fisiológicas e descanso físico. Esses fenômenos instintivos a própria natureza se encarrega de promover no momento propício. Na sua exortação imperativa, Jesus instiga o homem a "buscar" a sua própria perfeição, agindo pela deliberação tácita e íntima de melhoria e progresso. Sem dúvida, na vivência instintiva, as necessidades do corpo sucedem-se ininterruptamente e sem qualquer vigilância epicurística; mas, as necessidades do espírito, requintam-se tanto quanto o homem evolui e progride sobre a mediocridade da existência material. Não basta, apenas, o homem deixar-se viver bovinamente, ou como o carbono bruto, e só aguardar o fatalismo de transformar-se em brilhante, sob a ação compulsória do estilete aguçado do ourives. O certo é que, além de cumprir-se a carência do alimento físico, que se satisfaça, também, à necessidade de nutrição espiritual. É louvável que o homem se desprenda da vida selvagem em transmutação para a vida civilizada, mas "busque", também, a sua promoção espiritual para integrar-se, o mais breve possível, à vida angélica. (Obra: *Sob a Luz do Espiritismo*, 3ª edição, pp. 223/224)

"Buscai e achareis" e Lei do Progresso

A sugestão imperativa do Cristo através do "Buscai e achareis", embora se refira a uma iniciativa de ordem moral e algo mística do espírito, implica na idéia de "pesquisa", porquanto, "buscar" ou procurar é sempre investigar para encontrar. Assim, a legislação divina preceitua ao espírito encarnado que se movimente, incessantemente, na "busca" de sua própria realidade espiritual, malgrado também deva atender, disciplinadamente, às exigências justas do seu organismo físico. Além de outras revelações ocultas, que a humanidade terrícola irá identificando, tanto quanto se fizer o desenvolvimento "mental-espiritual" do homem, o conceito do "Buscai e achareis" é uma sequência miniatural da mesma Lei do Universo, que impele toda a criação para o progresso e aperfeiçoamento. (Obra: *Sob a Luz do Espiritismo*, 3ª edição, pp. 224/225)

Bússola de segurança biológica e psíquica – a dor

Desde que o sofrimento e a dor são resultantes do desequilíbrio de ordem moral e do mau uso dos direitos espirituais, é óbvio que só o reajustamento espiritual poderia eliminá-los definitivamente. A dor física ou moral também se manifesta em sentido de advertência, ou mesmo corretivo, para manter a vida e garantir o funcionamento normal do corpo humano, a fim de que o espírito descontrolado não se aniquile pelo excesso de seus desmandos. Em sua função moral, a dor é a bússola de segurança biológica e psíquica; ela assinala a fronteira perigosa, que não deve ser ultrapassada, e convida o imprudente a reajustar-se, tomando o caminho certo do dever.

Quando a humanidade estiver evangelizada, então, a dor não existirá na Terra, em face da perfeição da vivência entre todos os seres e do domínio completo dos fenômenos do mundo material. Portanto, mais importante do que os recursos terapêuticos é o homem controlar, acima de tudo, as atividades e os estados de espírito produtores da dor e do sofrimento. À medida que a criatura assuma atitudes superiores amenizando a cupidez e o egoísmo, domesticando as explosões selvagens do instinto inferior, removerá as causas que a fazem sofrer. (Obra: *Sob a Luz do Espiritismo*, 3ª edição, p. 27)

Bússola de segurança espiritual – sentimento religioso

A ciência, a técnica e a própria filosofia humanas são experimentos do raciocínio humano, enquanto só a religião é a emanação espontânea de um sentimento que flui intimamente e ilumina a criatura. Enquanto o exercício intelectivo no trato com as coisas do mundo material desenvolve o talento criador do homem, é o sentimento religioso que funciona como a bússola de segurança espiritual iluminando a criação! Por isso, o anjo é o mais elevado símbolo desse binômio da vitória do espírito sobre si mesmo! A asa direita significa-lhe a sabedoria e a asa esquerda o amor, ambas no mais perfeito equilíbrio entre a Razão e o Sentimento, a fim de permitirem o trânsito angélico livremente no Universo! (Obra: *A Vida Humana e o Espírito Imortal*, 11ª edição, p. 275)

C

"Cabala" – estudos de Jesus

Quando Jesus completou dezenove anos, José de Arimatéia interessou-se profundamente por aquele jovem místico, inteligente, generoso e cuja vida era diametralmente oposta aos interesses do mundo. Então fê-lo ingressar nos ambientes onde se estudavam e se faziam comunicações com os "mortos", fenômenos ocultos que naquela época eram conhecidos por "Cabala". Jesus devotou-se profundamente a essa doutrina que lhe era eletiva, desafogando o seu espírito no intercâmbio espiritual. Durante o dia procurava auscultar todas as criaturas que defrontava na existência e à noite entregava-se aos estudos esotéricos. Mesmo quando, por diversas vezes, tentou emprego em Jerusalém, sem qualquer êxito técnico ou prático, jamais abandonou suas investigações do mundo oculto, nem se afastou do contato de José de Arimatéia. (Obra: *O Sublime Peregrino*, 17ª edição, p. 253)

Caminhar para Deus

A criatura caminha para o Criador — a Essência Incriada — purificando-se e libertando-se vibratoriamente da forma, assim como a libélula se afasta pouco a pouco da forma da lagarta repulsiva, para tomar uma forma superior. A forma inferior é a vida no mundo material, da energia descida e condensada; é a figura criada; tem começo e tem fim, pois é provisória; significa a ilusão, o "maya" tão sugestivo dos orientais. Quanto mais o espírito se agarra à forma do mundo material, tanto mais longa é a sua ausência da intimidade com o Pai e, também, maior a distância de sua real felicidade. O máximo de ventura possível que o espírito pode usufruir na matéria é sempre uma constante decepção para ele porquanto, satisfeito o corpo emocional, o tédio toma conta da alma outra vez. Nunca ela poderá ser feliz repetindo as mesmas emoções ou apenas fazendo substituições que, de início, já trazem o sabor da futura desilusão.

Caminhar para Deus, portanto, é acelerar o campo vibratório do próprio espírito; é o incessante libertar-se das formas ilusórias; é evitar que a consciência menor crie raízes no mundo provisório, para mais breve sentir, então, a tangibilidade da Consciência Maior que a criou! (Obra: *Mensagens do Astral*, 17ª edição, pp. 306/307)

Caminho da salvação – ação no bem

Indubitavelmente, a maior parte das almas que compõem a humanidade celestial jamais conheceu o espiritismo e ainda provieram de outras doutrinas religiosas, como hermetismo, confucionismo, budismo, judaísmo, islamismo, hinduísmo, catolicismo e outras seitas reformistas. Aliás, algumas dessas religiões nem ouviram falar de Jesus, o sintetizador dos ensinamentos de todos os precursores. Desde o início da civilização humana, as almas evoluíram independentemente de quaisquer doutrinas, seitas ou religiões. O caminho da "salvação" é feito pela ação em prol do **bem** e não pela crença do adepto. (Obra: *A Missão do Espiritismo*, 10ª edição, p. 22)

Caminho para Deus – o amor absoluto

Considerando-se que "só pelo amor se salva o homem" e que o Cristo Planetário é o campo, a síntese e o reservatório pulsátil do Amor Puro, ninguém poderá chegar a Deus, lograr a perfeição ou a ventura eterna, sem primeiramente passar pelo "caminho" do Amor absoluto. O Amor Crístico só se manifesta depois que o "homem velho" livra-se dos seus instintos animalescos e vai manso e passivo ao holocausto da cruz do amor desinteressado, e ressuscita na figura do "homem novo" cristificado, assim como a semente perde a sua velha forma egocêntrica no seio da terra, para ressurgir em seguida na "figura nova" da árvore.

A personalidade humana, tão ciosa dos seus direitos e valores relativos a um mundo transitório, então deve desaparecer ou extinguir-se pela absoluta renúncia a qualquer afirmação, interesse ou especulação no mundo de César. O "homem velho", caldeado pela linhagem animal e apegado aos bens do mundo da carne, deve morrer e desintegrar a belicosidade que lhe é peculiar, pela própria agressividade destruidora do mundo físico. (Obra: *O Evangelho à Luz do Cosmo*, 9ª edição, pp. 175/176)

Caminho – Verdade – Vida – o Cristo

Jesus, depois de se sensibilizar, através da vivência opressiva da vida humana, sentiu a aura magnética e amorosa do Cristo Planetário, passando a comunicar aos homens que ele era o "Caminho, a Verdade e a Vida", e que "Ninguém vai ao Pai a não ser por mim". Realmente, o vínculo entre Deus e o homem terreno é o Cristo Planetário e, em nosso caso, a entidade que vibra mais próxima da vivência humana. Através de Jesus, o magnífico medianeiro humano, o Cristo pôde transmitir mais fielmente as normas para o homem desprender-se definitivamente de um mundo útil como educativo, porém, transitório e dispensável após a emancipação espiritual. Assim que o espírito alcança sua conscientização espiritual e deixa de ser dominado pelos instintos, libera-se do educandário físico, por ter devolvido à terra o "quantum" da animalidade que o imantava aos ciclos compulsivos das existências carnais. (Obra: *O Evangelho à Luz do Cosmo*, 9ª edição, p. 176)

Canais cósmicos – música

A música possui a virtude de formar verdadeiros "canais cósmicos sonoros", das forças curativas do espírito; e os livros fundamentais de todas as doutrinas espiritualistas estão repletos de episódios em que a música é parte integrante das emoções sublimadas. Assim como as cerimônias ritualistas impressionam pelas suas pompas exteriores, a música empolga a alma pela sublimidade de suas vibrações sonoras. A música, pelo mistério que possui, consegue hipnotizar o homem-animal; e despertando nele o homem-espírito, põe-lhe a consciência em sintonia com os Poderes Divinos. Grande parte das realizações no plano da intuição, em Marte, se deve à influência que a música exerce na alma. Selecionando melodias para os ouvintes, os marcianos conseguiram despertar emoções criadoras de objetivos superiores. Através dos sons excelsos, apurou-se a sensibilidade do espírito e este se desvencilhou, mais cedo, da "ganga" da música sensual, mórbida ou maliciosa, que rebaixa a alma. (Obra: *A Vida no Planeta Marte e os Discos Voadores*, 14ª edição, p. 271)

Câncer – karma do prejuízo ao semelhante

Certos tipos de câncer são propriamente resultantes da magia negra; no entanto, outra parte da humanidade sofre expurgo de fluidos que acumulou em encarnações passadas, não como resultado "direto" da prática da magia negra, mas concernente à soma de todos os pensamentos danosos e sentimentos maldosos que movimentou no passado contra o seu semelhante. O câncer, em sua essência mórbida, poderia ser denominado o "karma do prejuízo ao semelhante", como consequência de um fluido nocivo elaborado durante as atitudes e ações antifraternas.

Alguns, pois, sofrem o câncer porque movimentaram diretamente os recursos deletérios da magia negra para fins egocêntricos; outros, porque há decênios ou séculos vêm armazenando energias perniciosas na contextura delicada do seu perispírito, devido à sua invigilância espiritual e à prática da maledicência, da calúnia, crítica maldosa, desejos de vingança, inveja, ciúme ou ingratidão. (Obra: *Fisiologia da Alma*, 15ª edição, p. 303)

Candidato a médium – elevação do tom psíquico

Como o desenvolvimento mediúnico não consiste numa série de movimentos rítmicos, algo parecidos à ginástica física muscular, o candidato a médium encontra no ambiente de trabalho espirítico a oportunidade valiosa de apurar os seus atributos angélicos, muito antes de tornar-se um intermediário fenomênico dos espíritos desencarnados.

Na sua frequência assídua à sessão mediúnica e ante a influência benfeitora da oração e dos ensinamentos evangélicos, ele terá ensejo de dominar muitos impulsos viciosos e moderar os sentimentos irascíveis e indisciplinados. Comprovando a imortalidade da alma, através dos espíritos comunicantes, também elevará o seu tom psíquico, dinamizando sua fé nos propósitos da vida espiritual. No serviço de irradiação aos enfermos o médium ativa as próprias células cerebrais, enquanto desenvolve melhor o senso crítico e ajuizamento no julgar as coisas ao defrontar-se com os motivos de angústia e de perturbação dos espíritos sofredores, que são alvo dos esclarecimentos benfeitores do doutrinador. (Obra: *Mediunismo*, 13ª edição, p. 253)

"Caneco" vivo – vampirismo

O álcool ingerido pelo alcoólatra terreno, depois que lhe atinge o estômago, volatiliza-se em operação progressiva, até alcançar a sua forma etéreo-astral, momento em que os espíritos viciados podem então sugá-lo pela aura do infeliz beberrão. Trata-se de uma espécie de repulsiva operação de vampirismo que, para satisfazer em parte aos desencarnados, exaure a vitalidade da vítima. Certas vezes aglomeram-se várias entidades viciadas sobre a aura de um mesmo bêbedo, constituindo uma grotesca e degradante cena de sucção de álcool! Elas se mostram irascíveis e irritadas quando os seus pacientes não as atendem a contento deixando de beber a quantidade desejada para a sua satisfação mórbida completa. Trabalham furiosamente para que o infeliz aumente a sua dose de álcool, pois ele representa o transformador que deve saturar-se cada vez mais a fim de cumprir a repulsiva tarefa de dar de beber aos viciados do Além. (Obra: *Fisiologia da Alma*, 15ª edição, p. 106)

"Canecos" vivos – proteção dos obsessores

Revivendo a lenda de que "o diabo sempre ajuda os seus afilhados", os obsessores cercam os seus "canecos vivos" de todos os cuidados e proteção ao seu alcance. Dada a multiplicidade de atenções, experiências e auscultações — que chegam a exigir, às vezes, alguns anos de trabalho — para que o encarnado se transforme num vasilhame alcoólico desprovido de vontade própria, os seus "donos" tratam de preservá-lo o mais possível de acidentes, conflitos, e até de enfermidades que possam prendê-lo ao leito e impedi-lo de filtrar-lhes os alcoólicos desejados. Então ajudam-no a atravessar pontes e lugares perigosos; guiam-no por vales e caminhos escuros, esforçando-se para sustentá-lo até em suas forças vitais! Daí as surpresas, muito comuns, quando bêbedos que parecem impossibilitados de se mover acertam com o caminho de casa e atravessam ruas movimentadas, por entre veículos os mais velozes, sem nada lhes acontecer. E o povo, sempre observador de certos fatos inexplicáveis, glosa este acontecimento através do brocardo: "criança e borracho, Deus põe a mão por baixo"... Mas a verdade é que se trata não de protegidos por Deus, mas de infelizes "canecos vivos" aos quais os "donos" desencarnados guiam atentamente, a fim de não perderem tão admiráveis alambiques, que lhes custaram muito tempo de trabalho. (Obra: *Fisiologia da Alma*, 15ª edição, pp. 115/116)

Canto e música

Já vos dissemos que nos mundos mais adiantados do que a Terra tudo tem sentido superior. Porém, essa superioridade, nada mais é do que um dos degraus da evolução do espírito através da escala do tempo. Assim, o cântico sublime das altas esferas teve sua raiz nas articulações guturais do homem das cavernas. O canto e a música são, pois, expressões irreprimíveis da alma, que se manifestam ou irrompem em todas as gradações da evolução do espírito, desde os "tantãs" e batuques dos selvagens até o cântico e a música das mansões celestiais. (Obra: *A Vida no Planeta Marte e os Discos Voadores*, 14ª edição, pp. 277/278)

Capilaridade e evolução

Sabeis que o "primata", o hirsuto habitante das cavernas, foi o ancestral peludo que deu origem aos tipos humanos da atualidade. Depois, à medida que esse bruto veio se refinando nas sucessivas gerações até a vossa civilização hodierna, ele foi perdendo o seu aspecto, todo eriçado de pêlos. Por sua vez, a mulher, que evoluiu em sentimento mais rapidamente do que o homem, reduziu ainda mais cedo o seu invólucro capilar, justamente, pela sua maior proximidade da figura ou imagem angelical do futuro. Naturalmente que as modificações do meio, tornando a Terra menos inóspita e de atmosfera mais saneada, também influíram na quase extinção do espesso manto peludo. Igualmente, os vestuários, a alimentação mais débil, a redução biológica da supra-renal que nutre os capilares, atrofiaram ainda mais o crescimento dos pêlos no corpo.

Por conseguinte, é evidente que, à medida que o espírito da civilização avança, os corpos se apuram em beleza e, naturalmente, a indumentária cabeluda dos seres tende a extinguir-se. É fácil, então, compreender por que os marcianos são destituídos de excrescências capilares e dotados de corpos cuja pele rivaliza com o aveludado das pétalas de rosas. Seguindo, pois, a lei da genética espiritual, em que a figura admirável do anjo, com seus cabelos soltos, poéticos e resplendentes, traduz beleza e encanto sideral, também os marcianos cultivam a cabeleira como um ornamento de estesia angélica. (Obra: *A Vida no Planeta Marte e os Discos Voadores*, 14ª edição, pp. 60/61)

Carnívoro evangelizado e vegetariano anticrístico

Não temos dúvida em afirmar que mais vale um carnívoro evangelizado do que um vegetariano anticrístico. Mas não estamos cogitando agora das qualidades espirituais que devem ser alcançados por todos os entes humanos, mas sim considerando se procede bem ou não a criatura evangelizada que ainda coopera para o progresso dos matadouros, charqueadas, frigoríficos ou matanças domésticas. A alma verdadeiramente evangelizada é plena de ternura, compassividade e amor; o espírito essencialmente angélico não se regozija em lamber os dedos impregnados da gordura do irmão inferior, nem se excita na volúpia digestiva do lombo de porco recheado ou da costela assada, com rodelas de limão por cima.

É profundamente vergonhoso para o vosso mundo que o boi generoso, cuja vida é inteiramente sacrificada para o bem da humanidade e o prazer glutônico e carnívoro do homem, seja mais inteligente que ele em sua alimentação, que é exclusivamente vegetariana! Não se compreende como possa o homem julgar-se um ser adiantado, ante o absurdo de que o animal irracional prefere alimento superior ao do seu próprio dono, que é dotado do discernimento da razão! (Obra: *Fisiologia da Alma*, 15ª edição, p. 34)

"Cascões perispirituais" – atuação na umbanda

Espíritos de elevada estirpe sideral operam nas atividades de umbanda; alguns deles foram até canonizados pela Igreja Católica e outros são conhecidos nas próprias sessões do espiritismo kardecista. Embora sejam entidades de luz, disfarçam-se sob o invólucro de "cascões perispirituais" evocados de sua configuração no passado, e misturam-se às falanges primitivas de umbanda, habituando os seus comandados à prática do Bem. Alguns espíritos superiores, mais audaciosos e heróicos, chegam a penetrar nos agrupamentos de quimbandeiros, minando os processos da magia negra e semeando bons propósitos, embora cumprindo todas as exigências e superstições próprias da Lei da Magia Africana.

A sua atuação, à guisa de "pontas de lança" comandadas pelo mundo angélico, enfraquece as hostes malfeitoras dos magos negros, num trabalho perigoso, pertinaz e exaustivo, que resulta em verdadeira "sabotagem" a favor do Bem. (Obra: *A Missão do Espiritismo*, 10ª edição, pp. 184/185)

Castidade – sublimação de forças

A castidade pura é uma qualidade comum às almas nascidas no mundo material em cumprimento de qualquer missão elevada, como no caso de Jesus, que era uma entidade já liberta dos desejos carnais. Buda, depois de casado, recolheu-se à solidão e isolou-se dos desejos da carne para poder desenvolver suas energias de alta estirpe espiritual, enquanto que Jesus, por ser missionário eleito para a salvação do homem, poupou inteiramente suas forças criadoras, desde o berço até a morte na cruz.

É tão evidente que a sexualidade não representa o conjunto das disposições orgânicas das criaturas, que os sábios mais devotados à humanidade sublimam de tal modo suas forças criadoras e as aplicam nos seus objetivos superiores, tornando-se depois indiferentes aos prazeres carnais. Ao contrário: os seres mais fisicamente fortes e avessos ao exercício mental e à indagação filosófica do espírito, amigos do bom repasto e exsudando saúde à flor da pele, quase sempre são mais afeiçoados ao sensualismo. (Obra: *A Vida Além da Sepultura*, 9ª edição, p. 414)

Castidade – última porta a fechar-se

O sexo ainda é a última porta a fechar-se para o homem que procura libertar-se do ciclo doloroso das reencarnações físicas, o que só conseguirá, já o dissemos, quando se tornar casto, mas sem a preocupação doentia de ser casto. Isso será fruto natural do seu aprimoramento espiritual, em vez de forçada sufocação da chama interior, que persistirá latente sob as cinzas da vontade imposta draconianamente. A castidade forçada é o cérbero terrível que ainda mais excita o desejo insatisfeito e acicata a mente incontrolada. Somente compreendida como processo procriativo, e não como desejo reprimido, a contenção sexual beneficia o homem e principalmente o médium, extinguindo-lhe a ansiedade da relação física. O desejo lúbrico deverá desaparecer pela compreensão consciente de que o ato sexual, antes de ser uma ação prazenteira, é função biológica de reprodução na matéria. (Obra: *Mediunismo*, 13ª edição, pp. 214/215)

"Castigo de Deus" – perturbação das leis benfeitoras

Não existe o Mal absoluto nem o castigo deliberado por Deus; mas todo o sofrimento humano é produto das contradições do homem contra as leis da Vida. O castigo é apenas o reajuste do espírito ao sentido progressista de sua ventura eterna. As leis de Deus, que regulam as atividades e o progresso espirituais não se comovem pelas súplicas melodramáticas dos homens, nem se vingam da rebeldia humana. Os estados de sofrimento e os corretivos resultam da perturbação humana no cientificismo de aplicação dessas leis benfeitoras.

Por isso, a filosofia, a religião e a ciência do mundo envidam todos os seus esforços no sentido de solucionar os problemas difíceis gerados pelos homens em todos os setores da vida. Deus não quer o castigo do homem, mas a sua felicidade. (Obra: *A Missão do Espiritismo*, 10ª edição, p. 235)

Catalisador angélico – Jesus de Nazaré

Jesus, sublime catalisador angélico, deu forma e vida, no mundo exterior, às suas próprias idéias e às que lhe foram inspiradas pela amizade pura dos Essênios. O que eles pensavam, sentiam e cultuavam, afinava-se perfeitamente com a alma eleita de Jesus, o qual deu maior vivência aos seus elevados princípios e os tornou fundamentos indestrutíveis do sublime Código Moral da humanidade – o Evangelho.

Assim como todo idealista intrépido, ele abriu clareiras na caminhada das civilizações humanas, combatendo o farisaísmo, a negociata religiosa, a exploração dos poderosos e a ganância dos ricos, em vez de ser um hábil político ou líder religioso capaz de contentar gregos e troianos. É certo que Rama, Krishna, Confúcio, Zoroastro, Buda e outros instrutores religiosos também pregaram o Amor que une contra o ódio que separa, mas Jesus, dispondo apenas de um punhado de homens rudes, iletrados e supersticiosos, conseguiu transformar esse mesmo Amor numa doutrina que avulta e se expande tanto quanto se sucedem os próprios séculos. Incompreendido pelos seus próprios familiares, amigos e discípulos, ele conseguiu compor na face do orbe terráqueo um poema épico escrito com a tinta vermelha do seu próprio sangue vertido no martírio da crucificação, e que a posteridade é obrigada a reconhecer como o único processo capaz de libertar o homem da escravidão animal. (Obra: *O Sublime Peregrino*, 17ª edição, p. 287)

Causa e efeito – saldo espiritual

Karma é palavra que deriva do sânscrito (kri) ou seja "fazer". Os hindus são os que mais a empregam, considerando-a como vocábulo técnico mais apropriado para designar a ação e o seu efeito correspondente nas encarnações sucessivas dos espíritos na Terra. Para eles, toda ação é karma; qualquer trabalho ou pensamento que produzir algum efeito posterior é karma.

É a lei de Causa e Efeito, como a chamais, com seu saldo credor ou devedor para com o espírito encarnado. Os atos praticados por pensamentos, palavras ou obras, nas vidas anteriores, ou seja em vidas subsequentes, devem trazer venturas ou acarretar desgraças aos seus próprios autores, na proporção entre o bem e o mal que deles resultou. Os seus efeitos, portanto, atuam posteriormente sobre a felicidade, a vontade, o caráter e os desejos do homem em suas vidas futuras. Embora pareçam anular o livre arbítrio, são forças que resultam sempre dos próprios atos individuais do pretérito. É o efeito agindo e dominando a própria vontade do ser, mas reagindo exatamente de acordo com as próprias causas que ele engendrou. A lei de Causa e Efeito registra as ações boas ou más; a Lei do Karma procede ao balanço das ações registradas e dá a cada espírito o "saldo" que lhe cabe em resultados bons ou maus. (Obra: *Fisiologia da Alma*, 15ª edição, p. 201)

"Cavalo selvagem" – corpo físico

Figurando o corpo físico como o peculiar "cavalo selvagem" dos enxertos do reino vegetal, haveis de compreender que a seiva bruta e agressiva da hereditariedade biológica que circula nesse organismo, atuará vigorosamente sobre a alma reencarnada, procurando impor sua força selvática e seu domínio hostil. Desde que o espírito reencarnado se deixe dominar por essa energia agreste, libertando também o recalque de suas mazelas psíquicas estruturadas nas vidas anteriores, não tardarão os efeitos nocivos que tanto desajustam a harmonia exigida para a felicidade humana. As paixões inferiores do mundo material, quando subjugadas pelo psiquismo superior, transmudam-se em forças construtivas e criadoras, assim como a dinamite explosiva se torna energia dócil e de utilidade, sob a direção segura e racional dos técnicos inteligentes. A cólera indisciplinada que é responsável por tantos cárceres e hospitais, quando purificada, transforma-se no espírito energético dos heróis, dos santos e dos pioneiros dos bens humanos. (Obra: *A Vida no Planeta Marte e os Discos Voadores*, 14ª edição, pp. 99/100)

Ceifadores cósmicos e ovelhas perdidas

Sendo o bem a base de toda criação de Deus, jamais o joio da malignidade infestará toda a seara do mundo. Os bons ceifadores estarão atentos à espera do momento adequado para, então, operar de modo salutar em favor dos justos, bons, mansos, humildes e pacíficos, enquanto amparam os injustos, maus, vingativos e belicosos, no curso de redenção espiritual e da promoção ao bem. O Senhor jamais condena à morte, ou promove o desaparecimento dos iníquos e pecadores, mas ele os conduz à reeducação espiritual, criando circunstâncias e situações adequadas. Depois apura-lhes a contextura embrutecida e primária, desgastando-lhes os impulsos destruidores da animalidade, para catalisar a luz íntima do espírito imortal na síntese da redenção angélica. Aliás, é de conceito sideral e transmitido pelo próprio Jesus, que não pode existir o mal e os pecados eternos, em face de sua promessa de que "não se perderá uma só ovelha do aprisco do Senhor". (Obra: *O Evangelho à Luz do Cosmo*, 9ª edição, p. 318)

Cemitério vivo – estômago humano

Na realidade, o vosso estômago não foi criado para a macabra função de cemitério vivo, dentro do qual se liberta a fauna dos germens ferozes e famélicos e se desmantelam as fibras animais! Se não vos deixardes dominar pelo impulso inferior, que perverte a imaginação e vos ilude com a falsidade da nutrição apetitosa, cremos que em breve sentir-vos-eis libertos da necessidade de ingestão dos despojos animais, assim como há homens que mental e fisicamente se libertam do vício de fumar e não mais sofrem diante dos fumantes inveterados. E, se o desejo impuro ainda comandar o vosso psiquismo negligente e enfraquecer a vontade superior, é mister que, pelo menos, recordeis a comoção dolorosa do animal, quando é sacrificado sob o cutelo impiedoso do magarefe ou quando sofre o choque operatório da faca perversa, em suas entranhas inocentes. (Obra: *Fisiologia da Alma*, 15ª edição, pp. 44/45)

Centelha cósmica – encarna; não nasce

O espírito, realmente, encarna-se; não nasce, não cresce, não envelhece e não morre propriamente na carne. É centelha cósmica da Chama Criadora, que é Deus; portanto, não renasce nem é destruído. O ego espiritual desce vibratoriamente ao mundo carnal, a fim de desenvolver a consciência e ter noção de si mesmo, passando a existir como entidade emancipada, porém subordinada às leis do próprio Criador, pois, embora o espírito seja eterno e disponha do seu livre-arbítrio, jamais se isola do Todo. E o seu auto-conhecimento, ele o adquire mediante as deduções do seu mundo interior, que resultam do seu contato com o mundo exterior.

Assim, o espírito do homem não vive propriamente os períodos de infância, juventude e velhice, conforme acontece ao corpo físico. Nascer, crescer, envelhecer e morrer são apenas etapas adstritas à concepção de tempo e espaço entre o berço e o túmulo. O espírito manifesta-se temporariamente através do equipo de carne, nervos e ossos, que é a sua instrumentação de trabalho e aprendizado consciencial no ambiente do planeta. (Obra: *A Vida Humana e o Espírito Imortal*, 11ª edição, p. 17)

Cérebro material e perispiritual – sintonia

A semelhança do que se dá com os transmissores e receptores de ondas do vosso mundo, só é possível a sintonia superior entre o cérebro material e o perispiritual quando ambos funcionam sob a mesma frequência de ondas e se enquadram fielmente na mesma faixa de alta vibração espiritual. Quando as correntes espirituais fluem livremente pela recíproca realização do serviço do bem entre encarnados e desencarnados, sois imensamente favorecidos, pois, graças à esse benéfico intercâmbio espiritual, tanto se eleva o vosso potencial criador, sob a direção das hierarquias angélicas, como estas não deixam que fique lesado o admirável patrimônio do perispírito.

No entanto, desde que vos entregueis às funções desregradas da vida animal inferior, o vosso cérebro perispiritual melhor se parecerá a uma ponte a ligar as duas margens lodosas, a da vida física e a do Astral inferior. Então se dá a troca de energias deletérias e lesivas a ambos os patrimônios, o psíquico e o físico. (Obra: *A Vida Além da Sepultura*, 9ª edição, p. 397)

Cérebro perispiritual e evolução

São bem grandes as diferenças do potencial radiante das criaturas humanas: enquanto as almas mentalmente evoluídas emitem fulgurações luminosas nos lobos frontais, as desprovidas do conhecimento espiritual se tingem de sombras em torno da importante região frontal. Por meio de seu cérebro maravilhoso, talhado na substância astral e muito mais complexo e eficiente do que a sua cópia física, o espírito dirige e controla o seu perispírito, harmonizando o seu funcionamento de acordo com a qualidade dos seus pensamentos. Quando estes são elevados, realçam a luminosidade dos centros criadores mentais, mas, quando de desregramento ou irritação, submergem a fronte diáfana na fuligem sombria das energias animalizadas. O cérebro do perispírito lembra, também, o automatismo do cérebro físico no seu comando de todas as operações instintivas, que se subordinam às atividades do subconsciente e são produtos de esforço milenário da evolução do homem. (Obra: *A Vida Além da Sepultura*, 9ª edição, pp. 375/376)

Cerimonial exterior – detonador psíquico

Há milênios, o povo não estava em condições de entender a "técnica" ou "processo científico" das cerimônias e liturgias que os sacerdotes e instrutores de alta envergadura espiritual compunham para atrair e ajudar os encarnados na libertação dos liames da matéria. Os atlantes, caldeus, assírios, hebreus e principalmente os hindus e egípcios, inspirados pelos numes da espiritualidade superior, organizavam seitas religiosas, construíam templos apropriados, compunham liturgias, devotavam a Natureza e múltiplos deuses, mas aplainando o caminho para a unificação de Moisés e o Evangelho de Jesus. Apesar do julgamento desairoso de muitos críticos radicalistas, no âmago de quase todas as religiões que ainda estendem seus ramos verdejantes até vossos dias, existe uma "contextura iniciática", velada por símbolos, imagens, altares e objetos, práticas e cerimônias excêntricas, que escapa aos próprios fiéis e a sacerdotes primários.

Impossibilitado de entender e comandar as forças poderosas a serviço da mente humana, o povo ativava os poderes inatos do espírito imortal de modo indireto e pela sugestão do cerimonial exterior. (Obra: *A Missão do Espiritismo*, 10ª edição, p. 81)

Ceticismo científico e evolução

Reconhecemos a necessidade das experimentações científicas, baseadas no conceito de primeiro saber, para depois crer; referimo-nos apenas ao milenário ceticismo dos vossos cientistas, os quais, como homens de inteligência positiva, subestimam as novas mensagens e, assim, depreciam também a sua própria ciência acadêmica. Comumente, a sensacional descoberta ou solução científica, que acende entusiasmos acadêmicos, já era conhecida do profeta ou do místico, que a "sentia" no recôndito da alma, antes de sua eclosão científica sob complexo aparelhamento de laboratório!

O ironizado magnetismo de Mesmer foi mais tarde "redescoberto" pela ciência oficial, que lhe deu a aristocrática denominação de "eflúvios ódicos", fotografáveis nas chapas sensíveis. A telepatia que, antigamente, era tida como infantil sugestão, é naturalmente respeitada sob o batismo científico de "ondas microcurtas" cerebrais, familiares aos aparelhamentos detectores de mentiras e eletroencefalógrafos! A alquimia dos antigos buscadores de ouro foi considerada charlatanismo e bruxaria; no entanto, a ciência terrena, que também substitui as suas teorias e modifica os seus cálculos "definitivos", fabrica atualmente pérolas sintéticas, ouro artificial, e ensaia a composição de pedras preciosas em concorrência às verdadeiras!

Inúmeras vezes o cientificismo se torna até anticientífico, pois não raro os cientistas fogem deliberadamente do estudo dos fatos, quando é certo que muitos deles exigem a boa-fé inicial até dos sábios! O ceticismo científico é, na realidade, o responsável pela longa série de derrotas da vossa ciência, paradoxalmente considerada "a mais bem-informada". Idéias, propostas, invenções simples e teorias singelas têm sido condenadas "a priori" pelo próprio academismo oficial, como representando coisas aberrativas ou infantis, para depois serem consagradas por outros cientistas mais estudiosos dos fenômenos da vida! (Obra: *Mensagens do Astral*, 17ª edição, pp. 111/112)

Céticos – esclarecimento espiritual

Dentro do esquema de "Fim de Tempos" e da seleção espiritual, já em andamento na Terra, o Alto mobiliza todos os esforços e recursos possíveis para chamar, advertir e orientar os homens. Quanto mais o homem se tornar esclarecido espiritualmente, também reduzirá seu problema no Além-túmulo, dispensando o fatigante trabalho socorrista dos espíritos assistentes. Por isso, não importa que os cépticos precisem ver para crer ou sentir na própria pele o estilete da vida imortal. O importante é modificarem sua conduta, amenizarem o egoísmo e esforçarem-se para a libertação dos bens efêmeros. (Obra: *Sob a Luz do Espiritismo*, 3ª edição, p. 41)

Chakras e clarividência

O Cosmo está interpenetrado por um oceano de éter, que se adensa em torno de cada planeta, ser ou objeto, formando outra atmosfera penetrante. Mesmo o elétron que gira na intimidade do átomo, está interpenetrado por esse éter, afetando todas as vibrações em torno e criando problemas e surpresas que a vossa ciência eletrônica mal se avizinha das primeiras soluções. A reduzida capacidade dos vossos sentidos físicos, só vos permite usufruir insignificante gama dessas vibrações etéricas. Escapam à vossa percepção sensorial, por suas vibrações serem extremamente rápidas; somente o desenvolvimento de outros centros, como sejam os chakras, permitem captar tais velocíssimas ondulações que estão muito além da retina visual comum. A visão mais dilatada, mais perto da realidade, somente poderá alcançar sucesso, através de um organismo que já esteja integrado no mesmo *habitat* etérico. Daí, o êxito da clarividência, que se faz diretamente no campo etérico e por intermédio, também, dos centros etéricos, como são os chakras. (Obra: *A Vida no Planeta Marte e os Discos Voadores*, 14ª edição, p. 441)

Charcos astralinos e limpeza perispiritual

Os homens muito sobrecarregados de resíduos venenosos partem do corpo físico e não conseguem alcançar o vôo para as esferas superiores e tombam nos charcos do Além para sofrer a necessária limpeza e aliviar o excesso de peso. Na lei homeopática de que os semelhantes curam os semelhantes, os espíritos sufocados pelo visco das substâncias tóxicas incorporadas nos seus "momentos invigilantes" de ódio, ciúme, cólera, inveja, luxúria, cobiça, avareza ou tirania serão aliviados pela própria absorvência dos charcos do Astral Inferior. Na verdade, o processo de "absorção" ou "sucção", que o lodo astralino exerce no perispírito dos infelizes "réprobos" é, francamente, atroz e de enlouquecer. O expurgo feito de "dentro para fora" é de uma ação cáustica e ardente, produzindo verdadeiras carbonizações, mas deixando resíduos viscosos, aumentando a densidade dos próprios charcos terapêuticos e a sua carga fétida e pestilenta, produto da matéria deprimente expelida pelos condenados.

Daí, a idéia tão arraigada nos homens da existência do "inferno", com o seu fogo purificador e os tormentos de água e azeite ferventes. É, realmente, uma "purgação" provocada pelos charcos nauseantes e de sensações tão atrozes como as queimaduras profundas. (Obra: *Sob a Luz do Espiritismo*, 9ª edição, p. 31)

Charcos astralinos e limpeza perispiritual II

Assim como a limpeza da lâmpada proporciona maior evasão de luz para o exterior, o esforço da oração conjugado à sucção incessante do lodo absorvente dos charcos astralinos também limpa a tessitura do perispírito e favorece maior amplitude à chama divina agasalhada na intimidade da alma. Essa luminosidade crescente permite que os espíritos socorristas, em vigilância nas margens dos charcos do Além, possam identificar os infelizes já em condições de serem arrebanhados para o tratamento final nas enfermarias das colônias espirituais, para depois um novo retorno às reencarnações. (Obra: *Sob a Luz do Espiritismo*, 9ª edição, p. 32)

Charcos do Astral e purgação perispiritual

Quando o espírito não consegue expurgar todo o conteúdo venenoso do seu perispírito numa só existência física, ele desperta no Além sobrecarregado de magnetismo primário, denso e hostil. Em tal caso, devido à própria "lei dos pesos específicos", ele cai nas zonas astralinas pantanosas, ou seja, no reservatório oculto das forças instintivas responsáveis pela vida animal.

Depois de atraído para esses pântanos do astral inferior, onde predominam em contínua ebulição as energias primárias criadoras do corpo animal, ele é submetido à terapêutica obrigatória de purgação no lodo absorvente, embora tal processo lhes seja incômodo, doloroso e repugnante. Sob esse tratamento cáustico da lama astralina absorvente, eles se libertam, pouco a pouco, das excrescências, nódoas, venenos e das "crostas fluídicas" que nasceram no seu tecido perispiritual por efeito dos seus atos pecaminosos vividos na matéria. Embora sofram muitíssimo nos charcos astralinos, isso os alivia da carga mefítica acumulada na Terra, assim como o seu psiquismo enfermo, depois de chicoteado pela dor cruciante, desperta e corrige-se para viver existências futuras mais educativas ou menos animalizadas. (Obra: *Mediunidade de Cura*, 12ª edição, p. 51)

Charcos do Astral – recurso terapêutico e profilático

Tanto a Terra quanto o mundo astral que a rodeia e a interpenetra por todos os poros, são palcos de redenção espiritual para os espíritos enfermos livrarem-se dos detritos mórbidos produzidos pelas suas imprudências pecaminosas. Os charcos do astral inferior lembram os recursos de que se servem alguns institutos de beleza, na Terra, quando também usam a lama terapêutica para limpar a pele das mulheres e remover-lhes certas nódoas ou manchas antiestéticas. Há, também, certa analogia desses pântanos astralinos com a natureza absorvente de um tipo de barro e de areia terrena, que habitualmente são usados no processo de imersão dos enfermos para o tratamento do reumatismo.[1] (Obra: *Mediunidade de Cura*, 12ª edição, pp. 51/52)

Chegada de Jesus e o "Grande Plano"

A encarnação de Jesus, na Terra, foi prevista e fixada durante a elaboração do "Grande Plano" atualmente em transcurso no Universo. A Administração Sideral então cogitou de eleger um espírito da esfera dos "Amadores", mais tarde conhecido como Jesus de Nazaré, a fim de cumprir a missão redentora sobre a face da Terra na época aprazada. Repetimos que não há surpresas nem confusões no funcionamento do mecanismo sideral do Cosmo; em consequência, foram perfeitamente previstas e determinadas todas as premissas, etapas e conclusões na vida messiânica do Mestre Jesus, o Redentor dos homens terrenos. (Obra: *O Sublimo Peregrino*, 17ª edição, p. 37)

---

[1] Ramatís provavelmente refere-se às "areias monazíticas" que se acumulam prodigamente nas orlas marítimas do Espírito Santo e realmente têm curado inúmeras enfermidades de natureza reumática.

Chegada do Avatar – preparação

Ainda não podeis compreender as inconcebíveis operações siderais que preparavam o advento glorioso em que a luz do Cristo Planetário devia se manifestar na carne humana. A técnica do Cosmo exige providências as mais complexas nas descidas sacrificiais, como no caso de Jesus, que foi o Divino Eleito para isso. Embora se tratasse de acontecimento de maior profundidade no campo divino, enquadrava-se ele no determinismo de outras leis superiores. Por isso, muito antes da higienização do magnetismo ambiental da Terra, candidata à visita do elevado Anjo do Senhor, foi preciso preparar a esfera de pensamentos simpáticos à índole do Enviado, a fim de que pudesse ele encontrar a receptividade necessária para o êxito de sua missão. No seio de uma humanidade escravizada às mais repulsivas paixões da índole animal, a mensagem que o Messias deveria trazer exigia um campo mental eletivo para sua rápida propagação e evolução dos humanos. Quando, se dá a descida de um Instrutor Espiritual, elaboram-se planos, antecipadamente, a fim de que se estabeleçam nos mundos físicos as antenas vivas que devam operar em sintonia com o pensamento progressista do mesmo. Para a descida de Jesus, tomaram-se providências com muita antecedência, visto que inúmeros espíritos o deviam preceder, para formação da abóbada espiritual protetora do divino Ideal projetado. (Obra: *Mensagens do Astral*, 17ª edição, pp. 96/97)

Ciclo das reencarnações – terapêutica divina

Porventura o ciclo das reencarnações não é uma terapêutica divina, que obriga o espírito a se retificar e a progredir compulsoriamente, situando-o nos ambientes hostis ou entre a parentela terrena adversária, para fazê-lo purgar suas enfermidades espirituais? Quantas vezes o homem é cercado pela deformidade física, por uma moléstia congênita ou uma paralisia orgânica ou, ainda, sujeito às vicissitudes econômicas e morais, obrigado a enquadrar-se nos ditames do Bem! Mas nem por isso o espírito perde o mérito de sua retificação espiritual pois, diante da escola implacável da vida física, é ainda a sua consciência que realmente decide quanto a aproveitar ou desprezar a inexorável terapêutica kármica, aplicada compulsoriamente pela Lei Justa, do Pai! (Obra: *Fisiologia da Alma*, 15ª edição, p. 164)

Ciência de curar – profilaxia evangélica

Sem dúvida, a verdadeira ciência de curar ainda é a profilaxia evangélica preconizada pelo Cristo, o Divino Médico, como a principal garantia da saúde e da integridade mental e moral do homem! E o amor, a bondade e a pureza de espírito ainda são os medicamentos mais sublimes dessa terapêutica crística, e que ainda estão em perfeita relação com as leis espirituais que governam o Universo. Há no "Sermão da Montanha", do inolvidável Jesus, maior sucesso profilático e curativo do ser humano, do que em todas as drogas farmacêuticas e processos médicos existentes até hoje no orbe terráqueo! (Obra: *Fisiologia da Alma*, 15ª edição, p. 172)

Ciência do Evangelho

A radioatividade, por exemplo, é a fuga desesperada da energia encarcerada e compactada em certos elementos químicos, no esforço titânico para readquirir a sua liberdade absoluta e natural. O fragmento de rádio, que se transforma incessantemente em chumbo, libertando energias, os raios Beta e partículas mais simples, podem ser comparados à ânsia espiritual de o ser imortal libertar-se do chumbado peso do mundo da matéria.

É evidente que Jesus também enunciava um fato científico, ao advertir que "meu reino não é deste mundo", isto é, de um mundo material e transitório. O seu reino é real, indestrutível e ilimitado, como é o reino superior da energia espiritual. O "mundo de César" é o mundo efêmero existindo sob breve compactação energética, se considerarmos o tempo infinito, cujas formas, visíveis aos sentidos físicos, tendem a se volatilizar em partículas desaparecendo do exame real dos mesmos sentidos carnais. (Obra: *O Evangelho à Luz do Cosmo*, 9ª edição, p. 183)

Ciência do futuro e física transcendental

Futuramente, as experiências científicas de laboratórios poderão esclarecer, facilmente, os processos de feitiço ou encantamento, pela análise de sua ação análoga ao controle científico de ondulações, frequências, eletrização, indução, acoplamento, carga dinâmica, estática ou modulações! Feitiço, benzimento, quebranto, passes, telepatia, radiestesia, psicometria, mau-olhado, amuletos, talismãs, defumações, banhos de descarga, hipnose, fenômenos mediúnicos de levitação, bilocação, desmaterializações ou voz direta, água fluidificada, semeaduras e colheitas de plantas em horas "favoráveis" ou demais crendices e superstições, serão explicadas cientificamente, fora de qualquer dúvida. Então os cientistas verificarão que tudo provém de uma só fonte de energias, embora variando em suas frequências, a manifestar-se sob implacável disciplina vibratória, na forma de acontecimentos "incomuns", mas não "anormais"! (Obra: *Magia de Redenção*, 12ª edição, p. 87)

Ciência transcendental e o futuro

As energias fabulosas, que atualmente manejamos do "lado de cá", no campo da ciência transcendental e da terapêutica espiritual, o homem também conseguirá descobri-las e dominá-las para a vivência sadia e prazenteira no mundo físico. Inúmeros inventos e recursos, que hoje assombram a humanidade e foram descobertos no campo da energia oculta, já são considerados obsoletos e anacrônicos em nossa esfera de labor espiritual. No futuro, certos amuletos e talismãs de confecção científica, supercarregados de eletromagnetismo, poderão acelerar o funcionamento dos chacras do duplo etérico, harmonizar a circulação sanguínea, a nutrição vital e o metabolismo endocrínico, assim como dinamizar as auras humanas, desintegrar formas-pensamentos nocivas, concentrar energias defensivas e refratar cargas fluídicas ofensivas. (Obra: *Magia de Redenção*, 12ª edição, pp. 182/183)

Cientista cósmico – Jesus de Nazaré

O homem antigamente aceitava a verdade de que o "reino do Cristo" não era o mundo material, porque isso era dito por um instrutor espiritual reconhecido como um elevado líder da humanidade. Mas, hoje, após os eventos científicos da eletrônica, o domínio do átomo e da energia nuclear, o intercâmbio lunar, o conhecimento e a identificação dos raios cósmicos e a era dos computadores e robôs, além da auscultação pulsativa das galáxias, então já é possível verificar-se o fabuloso poder criativo que existe no mundo das energias ocultas superando a aparente letargia da matéria. Em consequência, também é viável a perfeita distinção entre o mundo físico de César e o mundo dinâmico espiritual de Deus, ou seja, o transitório e inferior, do autêntico, eterno e superior.

O certo é que Jesus conhecia isso em sua época messiânica, embora revestisse o seu conteúdo esotérico de palavras simbólicas e parábolas adequadas para a época. Ele se engrandece e a sua figura avulta-se, dia a dia, mais pelo que os sábios terrenos comprovam de sua sabedoria e do cientificismo inalterável do Evangelho, do que mesmo pela sua pregação incomum de avançado instrutor moral da humanidade. (Obra: *O Evangelho à Luz do Cosmo*, 9ª edição, pp. 184/185)

"Coagulação" de energias primárias no perispírito

Em verdade, as energias primárias ou instintivas do mundo animal encontram-se adormecidas na intimidade da própria alma porque se trata do residual de forças que já lhe serviram quando da estruturação do corpo físico.

Os "pecados", ou seja, as atitudes, os pensamentos ou as emoções de ordem animal despertam essas forças e as excitam, fazendo-as aflorar à superfície do perispírito. Embora o termo não se ajuste perfeitamente à nossa idéia, diríamos que esses fluidos vigorosos e elementais terminam por "coagular" na intimidade do perispírito quando inflamados pelos impactos de emoções deprimentes e violentas. (Obra: *Mediunidade de Cura*, 12ª edição, p. 55)

Coagulação "etéreo-astral" – ondas mentais

A mente humana, quando tomada de raiva, ódio, cólera, inveja ou ciúme, produz energias agressivas que perpassam pelo cérebro perispiritual e fazem baixar-lhe o padrão vibratório, alterando também as demais energias astralinas e etéricas que ali se encontram em circulação. Então, produz-se um fenômeno que podia ser definido por "coagulação" etéreo-astral, lembrando o caso da onda de frio que, ao atuar no seio da atmosfera do vapor de água, solidifica-o na forma de gotículas. Lembra, também, a corrente elétrica perpassando por uma solução salina, quando produz a precipitação verificada em laboratórios de química e física.

As ondas mentais também ficam alteradas e intoxicam a própria atmosfera mental em torno do cérebro humano, produzindo substâncias que, baixando vibratoriamente, tornam-se nocivas e devem ser eliminadas do campo psíquico e áurico do homem. Mas elas, em vez disso, penetram na circulação humana afetando o sistema endocrínico, linfático, nervoso e sanguíneo, produzindo doenças de origem ignorada. (Obra: *Magia de Redenção*, 12ª edição, p. 70)

Codificação espírita e aperfeiçoamento mediúnico

Os médiuns são homens e, por isso, imperfeitos. No entanto, desde que estudem conscienciosamente as obras codificadas por Allan Kardec, ficam esclarecidos desde o início do seu labor mediúnico quanto às incongruências que precisam evitar em nome da doutrina espírita, quais os percalços da mediunidade imperfeita e o desajuste dos médiuns no tocante às suas qualidades morais, conforme é exposto no *Livro dos Médiuns*.[2] (Obra: *Mediunismo*, 13ª edição, p. 184)

Código sideral definitivo – identidade do ser espiritual

Apreciando o espírito, que é definitivo, em relação às inúmeras personalidades humanas modeladas nas sucessivas existências físicas, poderíamos supor a figura de um imenso colar, que aumenta sucessivamente no tempo e no espaço, pelo acréscimo incessante de novas contas, cada uma representando uma vida humana. Mas enquanto essas contas ou encarnações físicas podem variar na sua forma, cor, raça ou contextura pessoal transitória, o fio que as une não muda, porque é o espírito imortal a sustentar as diversas personalidades encarnatórias ou organismos carnais a se substituírem sucessivamente na superfície dos orbes.

Não importa se, em cada encarnação ou cada conta desse suposto colar, a personalidade humana chama-se João, Nero,

---
[2] *Livro dos Médiuns* — Cap. XVI — 185 a 199.

Maria, Gandhi ou Paulo de Tarso. O certo é que o fio do colar é a individualidade eterna, que se emancipa no tempo e no espaço, fichada nos "Registros Cármicos" por um código sideral definitivo.[3] (Obra: *O Evangelho à Luz do Cosmo*, 9ª edição, p. 80)

Código superior do espírito – o Evangelho

Assim como o aluno serve-se de sua cartilha escolar para a alfabetização, que depois lhe proporciona o meio de adquirir a cultura e os recursos para o seu êxito pessoal no mundo, o Evangelho significa o compêndio ou o Código Superior do Espírito encarnado na Terra. Mas difere em sua conjugação comparada à cartilha humana, pois inverte-se o tratamento das pessoas pronominais, "eu", "tu" e "ele". Através do Evangelho, o homem deve conjugar em primeiro lugar a terceira pessoa, "Ele" ou Deus; depois a segunda, "tu" ou o "próximo" e, finalmente, "eu", a primeira pessoa tradicional no mundo. Modificam-se as razões e o tratamento na conjugação habitual, pela abdicação da personalidade humana em favor da individualidade espiritual. (Obra: *O Sublime Peregrino*, 17ª edição, pp. 249/250)

Coloração perispiritual

A alma que durante muitas encarnações na matéria sempre se deixou dominar particularmente pela cólera ou a irascibilidade, tem como predominante no perispírito a cor vermelha, chamejante, que também se combina cromaticamente com o pecado da ira. Essa cor vermelha, que só se modificará quando a alma mudar para melhor, representa então a característica ou seja o "cunho permanente", no perispírito, reconhecido pelos espíritos servidores do Bem.

Entretanto, outra entidade que já seja portadora de credenciais angélicas, cujas reencarnações terrenas tenham sido de serviço e de amor ao próximo, terá o seu perispírito aureolado de um rosa translúcido e de formoso matiz, a indicar que o "cunho permanente" dessa alma é o amor ou a ternura espiritual. (Obra: *A Sobrevivência do Espírito*, 8ª edição, p. 286)

3 Nota de Ramatís – Os espíritos são classificados em "Departamentos de Reencarnações", no mundo espiritual, sob uma determinada sigla e número que lhes identifica a individualidade permanente, pois os nomes e as personalidades transitórias são de menos importância.

Combustível sublimado – bons pensamentos

Todas as causas ocorridas no mundo material agrupam, atritam e movimentam elétrons, átomos e moléculas de substância física. Da mesma forma, quando o homem mobiliza e gasta combustível espesso, lodoso e quase físico do mundo astralino para vitalizar as suas atividades mentais inferiores, ele se torna o centro da eclosão de tais acontecimentos negativos e censuráveis, porque deve sofrer em si mesmo o efeito nocivo e danoso da carga patológica acionada imprudentemente. Mas se eleva o seu campo mental e emotivo vibratório à frequência mais sutil, a fim de utilizar energia superior para nutrir bons pensamentos e sentimentos, esse combustível sublimado, então, se metaboliza no perispírito sem deixar-lhe resíduos enfermiços. (Obra: *O Evangelho à Luz do Cosmo*, 9ª edição, p. 212)

Compromissos reencarnatórios – traições

Certos espíritos se encarnam seriamente comprometidos com outras almas amigas, que ficam no Espaço aguardando ansiosamente a gestação de corpos físicos para a benfeitora oportunidade de sua reencarnação; no entanto, submersos na carne e desvirtuando as funções genésicas, olvidam as promessas feitas e aumentam as aflições e o desespero daquelas que confiavam ingenuamente na sua sinceridade. E esse olvido gera efeitos correspondentes, fazendo com que tais espíritos, no futuro, se vejam nas mesmas condições daqueles aos quais traíram ou, então, impedidos de ter filhos, pela irresponsabilidade de seus atos anteriores, até demonstrarem sensatez em tão importante fenômeno da vida humana. (Obra: *A Vida Além da Sepultura*, 9ª edição, p. 413)

Comunhão com Deus – vivência de serviço e amor

É evidente que as criaturas integradas à prática absoluta do Evangelho do Cristo, numa vivência de incessante serviço e amor ao próximo, em que Francisco de Assis é uma das figuras mais representativas, também se apercebem mais breve da Realidade Divina, amparadas pelo próprio preceito evangélico de que "Batei e abrir--se-vos-á", ou "Pedi e obtereis". Assim, há os homens que alcançam a realização pela comunhão com Deus, como os iogues atingindo o êxtase ou "samadhi", ou os ocidentais que o fazem pela ação por Deus. (Obra: *O Evangelho à Luz do Cosmo*, 9ª edição, p. 69)

Conceito de família universal

Aos doze anos de idade já respondia dentro do conceito da família universal. Interrompido no seio de uma reunião por alguém que lhe diz: "Eis que estão lá fora a tua mãe e teus irmãos que te querem falar", o menino Jesus surpreende a todos, quando assim responde: — "Quem é minha mãe? E quem são meus irmãos?" Em seguida, ergue-se e movendo a mão num gesto acariciante, que abrange amigos, estranhos, mulheres, velhos, crianças e jovens, concluiu a sua própria indagação: "Eis aqui minha mãe e meus irmãos. Porque qualquer que fizer a vontade de meu Pai que está nos céus, esse é meu irmão, minha irmã e minha mãe!". (Obra: *O Sublime Peregrino*, 17ª edição, p. 149)

Condensação das leis cósmicas – o Evangelho

A Lei de Deus é perfeita, sem jamais se modificar para atender a qualquer particularidade ou privilégio pessoal. Ela tem por função exclusiva a sabedoria e perfeição de todos os seres. Jesus, em sua fidelidade espiritual, exemplificou em si mesmo o desenrolar das paixões humanas e, depois, a sublimação, assegurando a ascese angélica. A sua vida no cenário do mundo físico é condensação das leis definitivas que regem o Cosmo. Ele proclamou-se com justiça o "Caminho, Verdade e Vida". As regras do Evangelho, ensinadas para a vivência correta e evolutiva das humanidades nos mundos físicos, correspondem aos mesmos esquemas disciplinadores da vida das constelações, dos planetas e asteróides pulsando no Universo. Assim, Jesus movimentou-se na Terra, sob a regência das mesmas leis que governam o Cosmo, e as revelou em perfeita equanimidade com as ações e transformações microcósmicas dos homens à luz do Evangelho.

Em consequência, o seu Evangelho é uma síntese para orientar o comportamento humano na Terra, na mais perfeita sintonia com os postulados científicos das leis do Macrocosmo. Aliás, no curto espaço de 33 anos, Jesus efetuou o resumo de toda a paixão humana, através de milênios e milênios de aprendizado e emancipação espiritual do homem. (Obra: *O Evangelho à Luz do Cosmo*, 9ª edição, p. 113)

Confraria dos essênios e o esoterismo

A Fraternidade Essênia foi a primeira instituição que vingou disciplinadamente e coesa no solo judeu, pois os seus estatutos, do mais puro idealismo para a época e o ambiente, além de sensatos, eram práticos, graduando os seus filiados de acordo com o seu entendimento esotérico, sua capacidade de serviço e autodomínio sobre as paixões inferiores. Em consequência, a ansiedade espiritual que viceja no âmago de cada ser humano, como centelha emanada do Criador, então proporcionou a fundação e a vivência da confraria dos Essênios remanescentes da Fraternidade dos Profetas, que fora fundada pelo profeta Samuel, o qual também ali se encontrava reencarnado na figura de João Evangelista e, mais tarde, retornando à Terra como Francisco de Assis, o "poverello". (Obra: *O Sublime Peregrino*, 17ª edição, p. 284)

Consciência cósmica – desenvolvimento

As vidas nas faces dos orbes físicos são apenas ensejos ou recursos educativos, no sentido de se plasmarem as consciências individuais dos espíritos recém-saídos da energia psíquica cósmica. Através das inúmeras situações e "testes" pedagógicos dos mundos materiais, as centelhas espirituais promovem a sua própria conscientização, adquirindo a noção de "existir", e o "saber" pelo pensar. Ademais, as próprias forças sublimadas da vivência animal, acasalando-se com as energias sutilíssimas atraídas dos planos superiores, constituem-se na substância fundamental da estrutura e configuração do perispírito do homem encarnado. Em consequência, o perispírito se organiza no limiar das forças refinadas da animalidade e, também, pelas energias "descidas" da fonte sidérea divina.

Mas durante esse intercâmbio ou ativação entre o espírito e a matéria, no sentido de se desenvolver a consciência espiritual do homem, o seu perispírito também se imanta do residual inferior produzido pelo campo vigoroso e instintivo da contribuição animal. Tratando-se de um veículo definitivo e que opera normalmente nos planos superiores da angelitude, o perispírito, então, precisa submeter-se a uma terapia ou saneamento energético, a fim de o espírito desencarnado conseguir alcançar os campos de forças mais sutis da vida espiritual. Mas o processo que sublima e purifica o perispírito e o liberta do residual inferior consequente às suas experiências vividas na matéria, que o diafaniza para a espiritualidade, atua à semelhança de um "lixamento" em todos os interstícios perispirituais, cujo atrito, então, repercute no campo nervoso do encarnado, causando-lhe a reação conceptual da "dor" ou do "sofrimento" tão indesejáveis. (Obra: *O Evangelho à Luz do Cosmo*, 9ª edição, pp. 335/336)

Consciência cósmica e religião

Sem dúvida, todas as criaturas constituem-se de centelhas emanadas de uma só Fonte Divina; e, portanto, mantêm-se indestrutivelmente ligadas com Deus. No entanto, ser a substância de algo é uma coisa e ter a consciência disso é outra. Todos os homens estão ligados a Deus porque sua contextura fundamental é emanação Dele; porém, como o espírito surge ignorante e inconsciente, embora esteja ligado ao Pai que o criou, todo o esforço que ele executa no sentido de ampliar sua consciência e abranger maior amplitude da Consciência Cósmica de Deus, é um processo "religioso" de "religar-se". O espírito já está ligado a Deus pela circunstância de ser criação Dele, mas depois procura a sua "religação" pelo desenvolvimento da consciência. (Obra: *A Missão do Espiritismo*, 10ª edição, p. 51)

Consciência e atividade crística

Já tendes maior alcance de pensamento e de consciência, graças aos tenazes esforços da ciência, às meditações dos filósofos e à evolução social, para compreenderdes melhor a realidade cósmica da Criação. Chegastes à desenvoltura do vosso intelecto que, liberto da canga dos dogmas asfixiantes, exige, para o seu equilíbrio, um sentimento mais amplo do Amor, brilhante refulgência do Divino Jesus!

A consciência humana, atuando em vários níveis da vida, é, basicamente, um instrumento de aferição contínuo, tão valioso quanto dinâmico, e o seu melhor aproveitamento será conseguido na mais incessante atividade crística e no menor apego às fórmulas envelhecidas da tradição dogmática. Ela se expande ao registrar e agir, em relação aos novos produtos de sua experimentação, e o seu volume será cada vez mais rico e pródigo tanto quanto o for a grandeza de sua própria experiência. Daí o motivo por que os dogmas religiosos e as doutrinas sectaristas, ou os agrupamentos fanaticamente ciosos de seus postulados estáticos, oferecem menores probabilidades de êxito, pois que se isolam e impedem a maior expansão da consciência, ante a menor comprovação das experiências alheias. (Obra: *Mensagens do Astral*, 17ª edição, p. 26)

Consciência espiritual e idéia de Deus

Os equívocos diminuem à medida que o espírito alarga a sua área de consciência espiritual, pois o erro é consequência do fato de a alma habitar o **relativo** e não poder abranger o conhecimento do Todo que é Deus. A semente estará em equívoco, se tentar descrever a árvore antes de germinar, pois o "todo" vegetal só se completa gradativamente, nos diversos ajustes que a própria semente efetua no seu contínuo crescimento para o mais alto. É de senso comum que a parte tanto mais se engana quanto mais distante se encontra do Todo! Assim como o homem se ajusta melhor à idéia de Deus, procurando antes "senti-lo" que descrevê-lo. (Obra: *Mensagens do Astral*, 17ª edição, p. 101)

Consciência espiritual e Mente espiritual

O Intelecto é seco e frio nos seus raciocínios, pois, não vibra mesmo quando fortemente influenciado pela Mente Espiritual. No entanto, pela constante e progressiva atuação da Mente

Espiritual desenvolve-se no homem a Consciência Espiritual que, pouco a pouco, vai despertando a sensação misteriosa da realidade da existência do Supremo Poder Divino. Reconhece-se tal evento quando, no homem, começa a se desenvolver a compaixão, o despertar gradativo do seu senso de justiça superior e um contínuo sentimento de fraternidade.

Só a Mente Espiritual proporciona os empreendimentos superiores e sua ação sobrepuja o Intelecto, pois, aviva o Amor entre os homens e os impele a semear a ventura alheia, como condição de sua própria felicidade. (Obra: *Sob a Luz do Espiritismo*, 3ª edição, p. 160)

Consciência experimentada – Arcanjo planetário

Em face de Deus não proporcionar milagres, nem conceder graças e privilégios extemporâneos a quaisquer filhos preferidos, nenhum espírito, quer seja um Logos Planetário ou Cristo Solar, poderá orientar e nutrir espiritualmente as humanidades encarnadas, caso ainda não possua uma consciência absolutamente experimentada e integralmente desperta para, então, cumprir a sua tarefa sideral superior. Todos os arcanjos efetuam a escalonada sideral sob o mesmo processo educativo, que é extensível a todos os espíritos em busca de sua ventura. Sob o esclarecimento do próprio Jesus, quando afirmou que "o reino de Deus está no homem", corroborando, também, a revelação do Gênese, de que "o homem foi feito à imagem de Deus", toda centelha espiritual ignorante e simples só alcança a condição incomum de Arcanjo Planetário após cumprir integralmente os cursos evolutivos, através de prosaicas formas de vida nas faces dos orbes físicos. (Obra: *O Evangelho à Luz do Cosmo*, 9ª edição, p. 167)

Consciência grupo e evolução

Na Consciência Total de Deus vão se constituindo ou se fragmentando novos grupos de consciências espirituais coletivas, que então abrangem e coordenam de modo instintivo todas as espécies de animais e demais seres, disciplinando-lhes o progresso em grupos ligados pela mesma afinidade. Assim é que permanece sempre ativa uma "consciência-grupo" que dirige cada raça animal aí no mundo físico, seja a espécie bovina, a cavalar ou a do peixe no oceano. Entretanto, no seio dessas espécies ou raças, que são o prolongamento instintivo de uma consciência diretora, nos seus próprios componentes vão-se destacando certas características psíquicas isoladas, que pouco a pouco passa a construir novas consciências menores movendo-se na corrente da vida e assumindo os deveres e as responsabilidades compatíveis com o seu entendimento já desperto. (Obra: *Fisiologia da Alma*, 15ª edição, p. 207)

Consciência humana e consciência espiritual

A consciência humana compreende o estado de vigília do espírito quando ele se encontra ligado ou imerso no corpo físico. A consciência espiritual, no entanto, age diretamente no mundo divino do espírito como entidade eterna, ou seja, no seu plano "real" e definitivo. É a consciência imutável do ser que preexiste além do tempo "vida humana"; e manifesta-se independente das limitações acanhadas do "eu" ou do "mim", que constituem a personalidade do "ego" deslocado do seio do Cosmo onde "espaço e tempo" são infinitos.

A mente do homem não é a sua consciência eterna, mas, sim uma espécie de "estação receptora e emissora", de amplitude restrita ou limitada aos conhecimentos, fenômenos e fatos dos mundos planetários, nos quais ela exercita o seu discernimento mediante o processo mental de raciocinar, atendo-se às contingências ou fases da infância, mocidade e velhice no ambiente de um mundo provisório ou irreal, pois se transforma e desaparece num prazo determinado.

Em tais condições, a consciência humana amplia-se, desenvolve-se pelo acúmulo das memórias daquilo que "ela vê, analisa e considera", em contacto com os ambientes dos mundos planetários onde o indivíduo ingressa nas suas reencarnações. Consequentemente, as lembranças do que vai sendo averbado na tela mental não significam a "realidade" espiritual imutável, mas apenas um "acervo" mental de caráter transitório, pois as idéias ou conhecimentos "mais perfeitos", que vão surgindo na mente, apagam as suas antecedentes, "menos perfeitas".

A mente humana raciocina à parte, sob uma condição relativa e transitória, muitíssimo pessoal em face da Consciência Infinita e Onisciente do Criador. Deste modo, ela, então, cria inibições, desejos, ansiedades, preconceitos, ideais, medos, concepções individualistas, que constituem o seu equipo próprio no desenrolar da sua existência.

A sua personalidade é conformada à sua experiência pessoal no ambiente em que se encontra; mas, de nenhum modo, isso é o real. Assim, a capacidade e o entendimento de cada criatura que se move numa direção simpática a si mesma fortalecem e alimentam o "ego" inferior como uma consciência separada do Ego Espiritual.

Assim se forja a consciência humana, pelo acúmulo de experiências e lembranças captadas pela mente em atuação no mundo material transitório e irreal. Lembra o perfume da flor, mas não é a própria flor. (Obra: *Mediunidade de Cura*, 12ª edição, pp. 134/135)

Consciência – palco de lutas

Na intimidade da criatura humana lutam incessantemente duas forças poderosas: as energias criadoras do Bem e as destrutivas do Mal. A consciência do homem tem sido o palco das lutas milenárias dessas duas forças opostas, até que o Bem triunfe em definitivo e principie a ascese do espírito e a sua consequente libertação das algemas animais. Enquanto as energias do Bem reativam a natureza espiritual, as destrutivas do Mal se enfraquecem, repelidas pela verdadeira individualidade do ser, que é a entidade angélica.

Por isso, certas criaturas que viviam escravizadas aos mais deploráveis vícios, e incapazes de quaisquer recuperações morais, reergueram-se do lodo quando puderam sentir o chamamento espiritual ou o grito de alerta de sua própria consciência superior, conseguindo ajustar-se novamente à sua antiga dignidade humana, imunizando-se assim contra as investidas torpes, do Além. (Obra: *Fisiologia da Alma*, 15ª edição, p. 116)

Consciência psíquica nos reinos inferiores

Sem dúvida, há em cada reino da natureza uma consciência psíquica instintiva, que atua em determinada faixa e frequência vibratória, vinculada à Mente Universal. Cumpre-lhe, especificamente, aperfeiçoar as espécies minerais, vegetais e as próprias espécies animais. Sob tal comando e o progresso incessante, esse mesmo psiquismo instintivo amolda e apura os minerais incorporando-os aos vegetais e, em seguida, os ajusta às espécies animais, providenciando a contextura do organismo carnal anatomofisiológico, que deverá servir para o futuro homem. Obra: *O Evangelho à Luz do Cosmo*, 9ª edição, p. 96)

Consciência total de Deus – convite ao homem

Os espíritos criados no seio da Onisciência representam outras tantas miniaturas da vida cósmica, que despertam para o auto-entendimento e progridem incessantemente, alimentadas pelo próprio conhecimento infinito de Deus. A consciência do homem nada pode criar de novo no seio do conhecimento perfeito e infinito do Criador; no entanto, ela desperta sob os incessantes impulsos que se manifestam do interior para o exterior, despertamento esse ininterrupto e que prossegue por toda a eternidade, uma vez que Eterno é o próprio Deus.

Esse processo e expansividade inata e ininterrupta de despertamento da consciência humana, os orientais os têm consagrado através de vários conceitos tradicionalistas da vida oculta, como estes: "Busca o caminho avançando resolutamente para o exterior"; "Busca o caminho penetrando para o interior"; ou "Cresce como cresce a flor, inconscientemente, mas ardendo em ânsias de entreabrir sua alma à brisa"; ou, ainda: "Busca a integração no Existente antes de ti!"

Estas máximas referem-se ao convite incessante que a Consciência Total de Deus lança na intimidade da consciência individual do homem que, na figura de verdadeiro filtro ativado por inextinguível poder e inteligência, capta o conhecimento cósmico na conformidade do grau de sua própria percepção. A alma humana busca o conhecimento definitivo e preexistente da Vida Real originada do Sublime Princípio Eterno, mas sem lhe poder acrescentar qualquer novidade, pois se pudesse fazer tal coisa, é evidente que também criaria algo desconhecido dentro do seio do próprio Deus. Então seria uma absurdidade que a centelha espiritual do homem, que é produto da Criação, pudesse criar ineditismos no seio do próprio Criador donde emanou. (Obra: *A Sobrevivência do Espírito*, 8ª edição, pp. 262/263)

Consolador – conjunto de espíritos sábios

Em verdade, o Santo Espírito, ou o Consolador prometido, é o "conjunto" dos espíritos sábios, benfazejos e angélicos que, através dos médiuns, ensinam-vos as coisas que só o atual progresso da mente humana permite avaliar e conhecer, ao mesmo tempo que também esclarece quanto à verdadeira figura e natureza do Sublime Nazareno em sua vida na Judéia. Muito além de ter sido ele um anjo plasmado na carne, pela sua ternura e amor ao homem terrestre, também foi o Sábio, o Psicólogo e o Cientista que tanto conhecia as leis sidéreas que regem os orbes em sua movimentação cósmica, como também as leis da vida humana que regulam os movimentos e os seres. De modo algum ele precisou dos atavios mitológicos e dos processos anômalos de nascimento para cumprir sua divina missão. Revestido com a indumentária dos mais pobres homens da Judéia e sem contradizer as regras sensatas e milenárias da vida humana, deixou aos terrícolas o mais sublime e exato tratado de redenção espiritual. (Obra: *Mediunismo*, 13ª edição, pp. 34/35)

"Consolador prometido" – o espiritismo

O espiritismo é a doutrina mais própria para o aprimoramento espiritual do cidadão moderno. Os seus ensinamentos são compreensíveis a todos os homens e ajustam-se perfeitamente às tendências especulativas e ao progresso científico dos tempos atuais. É o Consolador da humanidade prometido por Jesus. Cumpre-lhe a missão de incentivar e disciplinar o "derramamento da mediunidade pela carne", estimulando pelas vozes do Além as lutas pela evolução moral dos seres humanos. Assim, através de médiuns, os espíritos sábios, benfeitores e angélicos, ensinam as coisas sublimes do "Espírito Santo", conforme a predição evangélica.[4] (Obra:

4 "Se me amais, guardai os meus mandamentos; e eu rogarei a meu Pai e Ele vos enviará outro Consolador, a fim de que fique eternamente convosco o Espírito da Verdade, que o mundo não pode receber, porque não o vê e absolutamente não o conhece. Mas quanto a vós conhecê-lo-eis, porque ficará convosco e estará em vós. Porém, o Consolador, que é o Santo Espírito que meu Pai enviará em meu nome, vos ensinará todas as coisas e vos fará recordar tudo o que vos tenho dito." João, 14:15, 16, 17 e 26). Vide, também, o capítulo "Missão do espiritismo", da obra *Roteiro*, de Emmanuel.

A Missão do Espiritismo, 10ª edição, p. 21)

Contaminação astral

O astral dos mundos contaminados pelas impurezas mentais dos seus habitantes transforma-se em contínua fonte alimentícia das expressões inferiores, como as larvas, miasmas, elementais e formas horrendas, além de invisíveis colônias de bacilos psíquicos, que se angustiam para se materializar no meio físico. Essas forças microgênicas, deletérias, tornam-se um elo-vivo, um traço-de-união entre o mundo imponderável, do astral, e o mundo objetivo da matéria. Com o auxílio dessas forças, as entidades nas sombras podem operar com êxito, ajustando-se e encontrando sintonia na mente dos reencarnados; apossam-se do pensamento humano, pouco a pouco, compelindo-o aos mais devassos misteres e às mais cruéis hostilidades. (Obra: *Mensagens do Astral*, 17ª edição, pp. 31/32)

Continência sexual e evolução

À medida que o espírito evolui, apercebendo-se da realidade da vida imortal superior e definitiva, e esse senso crítico, discernimento e responsabilidade são preponderantes, passa a moderar-se na prática sexual, porquanto os seus interesses requerem maior cota de energia para suprir as necessidades mentais e, assim, as mobiliza do reservatório criativo do metabolismo sexual. (Obra: *Sob a Luz do Espiritismo*, 3ª edição, p. 167)

Continência sexual e otimização da mediunidade

Principalmente o médium — que é a ponte sensível e o instrumento de relação entre a matéria e o Invisível, destinado a cumprir o serviço espiritual a favor do próximo e de si mesmo — precisa proteger-se da infiltração inferior e poupar o seu corpo físico para o êxito de sua tarefa incomum.
Todo gasto excessivo de forças sexuais destrói os elementos preciosos da vida psíquica, responsáveis pela ligação entre o

mundo superior e a Terra, por cuja falta o homem é empurrado cada vez mais para o submundo do instinto animal inferior. Em sentido oposto, a economia e o controle das energias sexuais, quando disciplinadas pela mente, beneficiam extraordinariamente o médium. O fluido criador, quando acumulado sem a violência da contenção obrigatória, purifica-se pelo contato com as vibrações apuradas do espírito. Esse magnetismo vitalizante, poupado das glândulas sexuais, depois funde-se ao fluido superior emanado do "chakra" coronário, irriga o cérebro e clareia a mente, despertando a função da glândula pineal à altura do "chakra" frontal e favorecendo a visão psíquica do mundo interior. (Obra: *Mediunismo*, 13ª edição, p. 213)

Conversão bilateral – obsessor e obsidiado

Os mentores espirituais de alta experimentação sideral acham que só existe uma solução lógica e sensata para esse acontecimento confrangedor: converter simultaneamente o obsessor e o obsidiado aos postulados amorosos do Cristo. Como já disse, pouco adianta afastar espíritos perseguidores e impedi-los de se aproximarem de suas vítimas, pois esse processo violenta, mas não soluciona a execução da lei de "causa e efeito"; a solução do problema fica em suspenso e, sem ela, a "enfermidade" espiritual voltará da mesma forma como voltam as moscas às feridas logo depois de enxotadas. Em breve, obsidiado e obsessor envolver-se-ão novamente, através dos velhos laços do ódio insatisfeito e ainda superexcitados pelo desencarnado, enquanto o perseguido também vibra contra o seu algoz das sombras. A cura requer o desatamento espontâneo das algemas que os prendem há longo tempo, e isso só será possível pela força do perdão e da humildade. (Obra: *A Vida Além da Sepultura*, 9ª edição, p. 371)

Conversões santificadas – decisões heróicas

Assim como o animal pressente e desconfia, quando a presa se move para fugir-lhe das garras, as paixões e os vícios também enlaçam sub-repticiamente o homem, cada vez que ele intenta safar-se de seu domínio negativo. É preciso, então, que a vítima mobilize todas as suas forças positivas e, num lance arrebatador, rompa os laços vigorosos da animalidade. Quase todas as conversões santificadas de almas pecadoras famosas, ou de ricos optando pela pobreza libertadora, foram sempre produtos de uma decisão súbita, heróica e violenta.[5] Lembra algo semelhante ao prisioneiro que rompe violentamente as grades do cárcere e empreende a fuga surpreendente. Embora esses teimosos tenham nutrido, lentamente, em sua alma, a sublime transformação que depois concretizam, o certo é que a metamorfose final processa-se de modo instantâneo, impetuoso e violento, justificando o conceito de que "o reino dos Céus foi tomado pela violência, porque são os violentos que arrebatam os Céus". (Obra: *O Evangelho à Luz do Cosmo*, 9ª edição, p. 265)

Coorte do Senhor e Autor da Vida

Átomo por átomo, molécula por molécula, célula por célula, organizam-se os sistemas solares e, de auscultação em auscultação, experiência em experiência, incessantemente repetidas e recapituladas, o psiquismo, após interpenetrar o Universo e subdividir-se por todos os orbes e reinos do mundo, em frequências ajustadas aos mais variados fenômenos, tece e modela novos deuses, numa apoteose criadora, aumentando eternamente a corte do Magnânimo Senhor e Autor da Vida. (Obra: *O Evangelho à Luz do Cosmo*, 9ª edição, p. 110)

Copo de água límpida – codificação espírita

O espiritismo apenas popularizou, de modo disciplinado e bastante fácil para a mente moderna, os conhecimentos que se estiolavam na intimidade dos templos fraternistas, velados por dificultosa terminologia iniciática. Mas também rejeitou tudo o que se mostrava incoerente, complexo ou passível de interpretações dúbias, embora simpático às diversas correntes do orientalismo iniciático. A codificação espírita transformou-se num copo de água límpida e sem qualquer colorido particular, perfei-

---

5 Nota do Médium – Realmente, basta lembrarmos três conversões históricas que podem nos servir de estímulo e paradigma reflexivo, quando Maria de Magdala converte-se subitamente ao Amor de Jesus; Saulo transforma-se em alguns segundos em Paulo, na estrada de Damasco; Francisco de Assis despoja-se dos bens e tesouros do mundo. Aliás, o príncipe Sakia Muni também se desvencilha violentamente das riquezas do seu principado.

tamente eletiva à mentalidade ocidental e avessa aos adornos e superstições do agrado oriental. (Obra: *A Missão do Espiritismo*, 10ª edição, p. 27)

Corpo astral – corpo dos desejos

A desencarnação não destrói os desejos, pois estes são psíquicos e não físicos. Após a morte corporal, quando a alma se vê impedida da satisfação alcoólica, é justamente quando o seu desejo ainda mais recrudesce e a idéia da impossibilidade de saciar o vício produz-lhe atroz desespero.

Há muito tempo a tradição ocultista vos ensina que o corpo astral, como um dos veículos que compõem o perispírito, é realmente o "corpo dos desejos", no qual sedia-se o desejo do espírito e conservam-se todos os resíduos produzidos pela sua emotividade e paixões vividas nos milênios findos. Através desse sutilíssimo corpo astral, constituído de toda a essência psíquica emotiva desde a sua origem planetária, é que realmente se manifesta o desejo do espírito. Nessa contextura delicadíssima atuam, gritam e dominam todos os ecos e estímulos das paixões, desejos e vícios que hajam vibrado na alma através de suas anteriores encarnações físicas. (Obra: *Fisiologia*, 15ª edição, p. 105)

Corpo carnal – prolongamento do espírito

Entre muitos médiuns e espíritas ainda é dogma o velho e errôneo conceito de que a "matéria não vale nada"! Esse conceito tomou alto relevo nas primeiras horas do entusiasmo espirítico, ao verificar-se pelas provas mediúnicas, que o "real" é o espírito, enquanto a "carne" é o "transitório". Daí, pois, a tácita negligência que se verifica entre muitos neófitos e mesmo veteranos da doutrina espírita quando olvidam que a matéria é uma projeção da própria Divindade e que o corpo carnal é o prolongamento fiel do espírito que o comanda. O corpo físico, pois, é tão importante para a manifestação da entidade espiritual quanto o violino é o instrumento valioso que expressa o gênio e o talento do artista sensato e zeloso de sua arte. (Obra: *Mediunidade de Cura*, 12ª edição, pp. 106/107)

Corpo de carne e apressamento angélico

O renascimento de espíritos na matéria é de vital importância no Espaço, pois, além de proporcionar a indenização do passado culposo, ainda melhora a graduação espiritual e apressa a ventura angélica do ser. A procriação de filhos deve ser encarada essencialmente como um fato técnico ou científico, que em vez de um melodrama social ou moral humano, é princípio favorável espiritual.

Um corpo de carne é o mais valioso recurso para o espírito desencarnado prosseguir a sua ascensão venturosa, enquanto pode olvidar a lembrança cruciante de suas culpas pregressas no abençoado esquecimento do passado. (Obra: *A Vida Humana e o Espírito Imortal*, 11ª edição, p. 81)

Corpo espiritual – espelho divino

Conforme já enunciamos anteriormente, o perispírito é organização indestrutível semelhante a um poderoso negativo que, durante as várias encarnações do espírito, preexiste e sobrevive a todas as mortes dos corpos físicos. Em cada encarnação ele se serve dos elementos biológicos da ancestralidade à luz do mundo terreno. Mas embora se trate de um novo organismo carnal, independente dos outros que se desintegraram pela morte física em existências anteriores, representa uma nova conta no extenso colar de corpos, que se unem através do perispírito, sempre a ligar a vida física que se findou com a vida física que se renova. Em consequência, o novo corpo carnal ou novo positivo, que é revelado pelo negativo constante do perispírito, sempre apresenta todos os prejuízos, estigmas ou aquisições que o espírito houver cultivado anteriormente. Ele é o molde original, que sempre serve para confeccionar os sucessivos organismos de carne, necessários para que a alma possa efetuar o seu aprendizado nos mundos físicos. Todas as modificações que o aperfeiçoam, para o seu melhor desempenho na matéria, também precisam se efetuar primeiramente em sua intimidade etereoastral, sob a vontade e a ética espiritual que, através de repercussão vibratória, depois se operam sobre o corpo material. Na contextura plástica e sutilíssima do perispírito cunham-se as marcas, os sinais ou estigmas duradouros produzidos pela mais sutil reflexão do espírito, até culminarem nos desmandos que podem levá-lo à sua separação da carne. Espelho divino e intermediário, que permite ao espírito atuar nos mundos planetários, para a consolidação de sua consciência individual, o perispírito é o verdadeiro revelador da "vontade" e do "desejo" da alma. (Obra: *A Sobrevivência do Espírito*, 8ª edição, pp. 347/348)

Corpo físico – "mata-borrão" vivo

Já explicamos que certos espíritos, ao encarnarem-se, já são portadores de "carga fluídica" deletéria acumulada em suas existências pretéritas. Então, ele nasce com o corpo lesado por aleijões ou doenças congênitas, iniciando o seu expurgo saneador desde o berço. Mesmo durante o período uterino e à medida que as energias ocultas se condensam, para materializar o feto na figura humana, pode iniciar-se a "descarga mórbida" do perispírito para o corpo físico ainda tenro, o qual se transforma numa espécie de "mata-borrão" vivo e absorvente das manchas e nódoas existentes no espírito. Inúmeras doenças constitucionais do homem são válvulas de "despejo" ou purgação violenta de fluidos deletérios, que se processa com o objetivo de possibilitar ao espírito, ao baixar à Terra, livrar-se, quanto antes, das toxinas perispirituais que o tornam enfermo. (Obra: *Mediunidade de Cura*, 12ª edição, pp. 58/59)

Corpo físico – produto de trilhões de anos

Realmente, a Natureza Divina despende milhões e trilhões de anos, a fim de elaborar a maravilhosa maquinaria carnal, que, então, serve para o espírito individualizado organizar a mente humana e se manifestar educativamente nos planetas, que funcionam à guisa de estabelecimentos pedagógicos. A matéria sublima-se até organizar o corpo físico, resultante de um labor minucioso e adequado à vida de relação e comunicação do homem. É organização produto de longa e seletiva pesquisa em todos os reinos da chamada natureza, os quais funcionam à guisa de verdadeiros compartimentos laboratoriais das operações experimentais e criativas, desde o protozoário ao animal, do homem ao arcanjo. (Obra: *O Evangelho à Luz do Cosmo*, 9ª edição, p. 110)

Corpo humano – vaso de energias milenárias

Há um psiquismo acumulado e latente no organismo físico, que é a soma de todo o esforço de adaptação ao meio por parte da espécie animal; o corpo humano mais se assemelha a um "coquetel" composto com um pouco do psiquismo coordenado de cada espécie animal, que tem servido na esteira do tempo para formar o automatismo da vida instintiva e ligar o feto à matriz uterina. Nessa hora do encontro do espírito com a carne, o homem e a mulher, configurando dois campos magnéticos opostos, transmutam energias vindas do Alto e forças criadoras do mundo instintivo, dosadas pela psique animal, as quais fazem o seu misterioso enlace na zona do "plexo abdominal", que é o exato limiar controlador dos automatismos criadores.

O corpo humano é um vaso vivo de energias milenárias, colocadas ao serviço do espírito encarnado, mas que reagem à sua atuação e tentam impor os seus valores instintivos caldeados no pretérito. O espírito tanto pode se tornar um comandante vigoroso e emancipado, capaz de controlar o seu exército de entidades microscópicas, como também se transformar num infeliz farrapo psíquico, arrastado sob o império dos estigmas do atavismo animal. E se não houvesse essa reação incessante, a matéria perderia a sua razão de existir e a sua utilidade pedagógica pois, na falta do inferior para acicatar o superior, é óbvio que ocorreria a estagnação espiritual. Graças a esse entretenimento milenário é que se desenvolve o raciocínio e se apura a consciência espiritual da alma encarnada. (Obra: *A Sobrevivência do Espírito*, 8ª edição, pp. 305/306)

Corpos celestes – exaustão e fim

Só quando os mundos estão esgotados e consumidos em suas vitalidades, gélidas as suas atmosferas e mesmo em deserção a sua aura astral, é que se sucedem os choques ou abalroamentos, que fundem suas matérias em nova expressão energética no Cosmo. Mas na economia sideral nenhum corpo é destruído antes de cumprir a sua missão predeterminada. Esse acontecimento ainda obedece hermeticamente aos detalhes dos planos antecipados, pois um equívoco sideral seria prova de incompetência dos Arcanjos Criadores sob a vontade do Pai!

Quando a Terra estiver exaurida no seu magnetismo, e árida

em sua superfície, imprópria para a vida sob qualquer condição, encaminhar-se-á, melancolicamente, para a dissolução no Infinito, na feição da substância que se transforma em energia pela decomposição orgânica. E quando por choque, ou por desgaste, ou diluição, ou explosão, se dissolver no Cosmo, a energia nutrir-se-á outra vez, para servir a outros Grandes Planos futuros.(Obra: *Mensagens do Astral*, 17ª edição, p. 347)

Crescei-vos e multiplicai-vos

A recomendação bíblica do "Crescei e multiplicai-vos" é no sentido de as criaturas gerarem o maior número de corpos carnais, a fim de solucionar-se mais breve possível o problema de bilhões de espíritos necessitados de urgentes encarnações a liquidarem suas dívidas pregressas. O renascimento físico é o ensejo da reabilitação espiritual no trato com os fenômenos e acontecimentos da vida material, e por esse motivo, quanto mais corpos gerados, mais breve a redenção das almas aflitas e erráticas do Além-Túmulo! (Obra: *A Vida Humana e o Espírito Imortal*, 10ª edição, p. 48)

Crescei-vos e multiplicai-vos II

Embora ele tenha evitado formar um lar, jamais condenou ou menosprezou o agrupamento da família, porquanto sempre advertiu quanto à legalidade e ao fundamento da Lei do Senhor, que assim recomendava: "Crescei e multiplicai-vos!" O sangue humano como vínculo transitório da família terrena, tanto algema as almas que se odeiam, como une as que amam no processo cármico de redenção espiritual. Por isso, Jesus aconselhou o homem a libertar-se da escravidão da carne e estender o seu amor fraterno a todos os seres, além das obrigações inadiáveis no seio do lar. Tendo superado as seduções da vida material e sentindo-se um realizado no recesso da humanidade terrena, chegou a advertir o seguinte: "aqueles que quisessem segui-lo em busca do reino de Deus, teriam de renunciar aos desejos da vida humana e, se preciso fosse, até abandonar pai e mãe!" E por isso, acentuou textualmente: "Quem ama o pai e a mãe mais do que a mim, não é digno de mim!".

(Obra: *O Sublime Peregrino*, 17ª edição, p. 148)

Crescimento angélico e dor

A dor, portanto, é sensível e acusável na essência do espírito sob duas razões de grande importância: quando se está processando a gestação do ser humano para a futura e definitiva configuração angélica, ou então quando ele se dessintoniza e desvia-se da rota exata de sua ascensão espiritual. Sob qualquer um desses dois aspectos, sempre verificamos o sentido benéfico da dor: no primeiro caso ela concentra energias e coordena o crescimento angélico; no segundo caso faz a correção do equívoco, limpando as vestes da alma das toxinas residuais provindas do mundo instintivo. (Obra: *Fisiologia da Alma*, 15ª edição, p. 246)

Criação incessante e idade sideral

Em todos os instantes da Vida, nascem, surgem ou se iniciam novas consciências, isto é, novos espíritos individualizam-se no Universo e adquirem a noção particular de existir, embora continuem vinculados sempre à fonte criadora Divina. Deus não concede privilégios especiais e extemporâneos, mas proporciona, equitativamente e sem quaisquer preferências ou simpatias, os mesmos ensejos de conscientização e aperfeiçoamento a todas as suas criaturas. Nenhum espírito é, originariamente, superior a outro, mas todos possuem em estado latente o mesmo poderio, a mesma capacidade, sabedoria e o anseio evolutivo rumo à fonte criadora.

As consciências majestosas e interplanetárias dos anjos e arcanjos, que iluminam e nutrem a intimidade psíquica dos orbes e das constelações astronômicas, não passam de entidades emancipadas sob o mesmo processo espiritual e evolutivo, que preside a gestação e o desenvolvimento da consciência de todos os filhos de Deus. (Obra: *O Evangelho à Luz do Cosmo*, 9ª edição, p. 82)

Criatura – luminescente centelha espiritual

Toda criatura é luminescente centelha espiritual do Criador, abafada pela veste pesada dos fluidos primitivos, mas é sempre também a própria ponte espiritual ligando os abismos da animalidade com as colinas refulgentes da angelitude. Sem dúvida, enquanto a alma ainda vive mergulhada no mar de fluidos asfixiantes da vida inferior, ela ainda exige os mais heróicos esforços das entidades sublimes, que tanto desejam intuí-la para o Bem, como ajudá-la a libertar-se o mais cedo possível do jugo satânico simbolizado pelas paixões animais. (Obra: *Mediunismo*, 13ª edição, p. 95)

Cristianização e felicidade

Até que possais "cristianizar" o vosso mundo; que o cidadão terreno se compenetre da realidade eterna da vida espiritual; que compreenda ser ínfima célula que deve integrar a harmonia do Todo; que sinta a ventura pessoal, dependente ou adstrita à ventura coletiva; que lhe repugne à consciência a função triste de salteador dos bens alheios, cremos que hão de falhar todos os "planos bianuais ou quinquenais" e vos serão sempre inúteis todos os rótulos de sistemas doutrinários, políticos ou filosóficos, enquanto os vossos movimentos conservarem a vossa alma distante dos valores evangélicos. O estado "crístico" vos dispensará de qualquer preocupação formalística exterior. O "Cristo" é um sistema com disciplina previamente estatuída por líderes humanos. É a espiritualização do homem, em Marte, que deixa um sulco luminoso em tudo o que ele realiza; é a sua disciplina "moral-indivíduo"; é a correção, a honestidade e o desinteresse pelos tesouros que se findam à beira do túmulo, o que torna feliz o marciano sob qualquer sistema ou regime político. Depois do homem cristianizado, o sucesso é absoluto em todos os movimentos idealísticos humanos. O Evangelho ainda é o regime insubstituível, o alimento puro, o combustível divino, superenergético, para movimentar o maquinismo dos mundos de formas. "Eu sou o Caminho, a Verdade e a Vida" é o lema que há dezenas de séculos se revela como a mais perfeita insígnia de todas as aspirações humanas. (Obra: *A Vida no Planeta Marte e os Discos Voadores*, 14ª edição, p. 358)

Crístico e cristão – diferença

"Crístico" é um termo sideral, sinônimo de Amor Universal, sem quaisquer peias religiosas, doutrinárias, sociais, convencionais ou racistas! O Amor Divino e ilimitado de Deus, que transborda incessantemente através dos homens independente de quaisquer interesses e convicções pessoais! "Cristão", no entanto, é vocábulo consagrado na superfície do orbe e que define particularmente o homem seguidor de Jesus de Nazaré, isto é, adepto exclusivo do cristianismo! Os cristãos são homens que seguem os preceitos e os ensinamentos de Jesus de Nazaré; mas os "crísticos" são as almas universalistas e já integradas no metabolismo do Amor Divino, que é absolutamente isento de preconceitos e convenções religiosas. Para os crísticos não existem barreiras religiosas, limites racistas ou separações doutrinárias, porém, flui-lhes um Amor constante e incondicional sob qualquer condição humana e diante de qualquer criatura sadia ou delinquente. Em sua alma vibra tão-somente o desejo ardente de "servir" sem qualquer julgamento ou gratidão alheia! (Obra: *A Vida Humana e o Espírito Imortal*, 11ª edição, p. 285)

Crístico e cristão – diferença II

O homem cristão é um seguidor da doutrina cristã baseado na vida e no Evangelho divulgado por Jesus de Nazaré, no advento do Cristianismo. Enquanto o homem cristão ainda se exterioriza na defesa de uma crença ou seita de sua simpatia, seja Catolicismo, Protestantismo, Adventismo, Umbanda e, mesmo, Espiritismo, que não é doutrina sectária. O homem crístico, pelo seu espírito sem definições particularizadas ou preferências religiosas, absorve e catalisa em sua intimidade a essência interior do seu Cristo, ou Arcanjo Planetário, cujo estado espiritual abrange todo o orbe e até as constelações. O Amor Cósmico de Deus manifesta-se através dos seus arcanjos e anjos, na voltagem sideral adequada às humanidades encarnadas e sob o aprendizado espiritual. Os arcanjos atuam no sentido de plasmar a Luz Criativa da Vida Cósmica, de acordo com as necessidades do consumo dos orbes e sistemas planetários. Assim, quando os marcianos, jupiterianos, saturninos ou terráqueos já estiverem vivendo em si mesmos o amor do seu

Cristo Planetário, cuja segunda vinda é através da "via interna" do coração, eles serão homens crísticos, cujo amor é um fluxo incessante sem fronteiras ou separação. (Obra: *O Evangelho à Luz do Cosmo*, 9ª edição, pp. 327/328)

Cristificação – segurança e defesa contra feitiços

O esforço principal do feiticeiro é isolar a vítima desse auxílio psíquico, deixando-a desamparada na esfera da inspiração superior e entregue apenas a sugestões malévolas que lhe desorientam a atividade financeira, provocam perturbações emotivas, condições pessimistas e conflitos domésticos. Assim, os prejuízos da vítima no campo material aliam-se aos distúrbios doentios no campo psíquico, sob o comando exclusivo de almas perversas do mundo invisível. E tanto quanto mais a vítima se rebela ou se aflige, em vez de optar pela oração e vigilância às suas próprias imprudências emotivas e pensamentos adversos, ela também oferece maior campo de ação favorável para os espíritos desregrados infelicitarem a sua vida. Pouco importa se a pessoa merece ou não merece o impacto do feitiço, mas a sua segurança e defesa dependem exatamente de sua maior ou menor integração ao Evangelho do Cristo! É o estado de "cristificação" proveniente da vivência incondicional dos ensinamentos evangélicos, que realmente desintegra toda e qualquer carga maléfica projetada sobre o homem! Sem dúvida, são tão poucas as pessoas que já usufruem essa condição superior, que o processo de enfeitiçamento ainda produz efeitos maléficos em quase todas as criaturas. (Obra: *Magia de Redenção*, 12ª edição, p. 43)

Cristo cósmico

Há que não esquecerdes a significação do vocábulo "Cristo", no seio do Cosmo.

O Cristo Cósmico, em sua generalidade, é o segundo princípio emanado de Deus que, na forma do Amor, serve de coesão entre o seu Pensamento Original Incriado e os mundos que os Arcanjos ou Engenheiros Siderais revelam sob a vontade divina. Ele significa, pois, o estado absoluto do Amor no Cosmo; cimento de coesão entre os astros e a luz pura que alimenta o amor entre os seres. O Cristo Cósmico revela-se em Deus na plenitude do Amor Eterno; o Cristo Galaxial é o próprio Logos ou Arcanjo das Galáxias, mas destacado na sua expressão de Amor sobre os seus demais princípios do Poder, Sabedoria e da Vontade criadora; o Cristo Solar é também o mesmo Logos Solar, porém acentuado sideralmente no princípio do Amor, distinguido do Poder, da Vontade e da Sabedoria Solar; o Cristo da Terra, consequentemente, é a expressão absoluta do Amor do próprio Arcanjo do vosso orbe! (Obra: *Mensagens do Astral*, 17ª edição, p. 318)

Cristo solar – condensador da luz cósmica

É a própria aura do CRISTO SOLAR que passa a ser sentida, absorvida e perceptível, assim que vos integrais em estados de alma bem mais puros. O Alento Divino, que se condensa por Lei Cósmica, com mais "proximidade" nos sistemas de galáxias e mais perto de vossas almas, nos sistemas solares, é que vos impele, continuamente, para o "mais Alto". É o caminho silencioso do coração, tão preconizado por Jesus, o mais curto e seguro roteiro para irdes à intimidade do CRISTO. Os mundos que formam os colares rodopiantes dos sistemas solares estão todos impregnados desses espíritos planetários, inconcebíveis condensadores da LUZ CÓSMICA. O vosso globo ignora que navega num oceano de Luz Resplandecente, que é o corpo diáfano do CRISTO SOLAR. Se ainda viveis submersos nas sombras dos fluidos impuros que atuam em faixas inferiores, se apenas vos contentais com a luz pálida do Sol Físico, é porque ainda não vos esforçais para assimilar o conteúdo evangélico descido do Sol Espiritual, que comanda e rege os destinos do vosso mundo. No entanto, Marte, irmão mais velho e mais equilibrado, é já um prisma receptivo da Luz Crística Solar, da absorção do fulgente alimento que vos citamos. Eis por que se percebe nas coisas marcianas uma suave transparência psíquica, uma tênue refulgência que dá a tudo o aspecto de "luz polarizada".

Na realidade, é a Luz Crística do sistema solar, que se faz algo visível no campo magnético marciano, já purificado, assim como a luz do Sol se vai tornando perceptível à medida que as nuvens densas e impenetráveis se desfiam, afinam e adelgaçam, mostrando-o, depois, em toda a opulência de suas refulgências irisadas e deslumbrantes. (Obra: *A Vida no Planeta Marte e os Discos Voadores*, 14ª edição, p. 72)

Cristos planetários – transformadores arcangélicos

O Cristo vivifica o vosso orbe e ilumina a humanidade terrícola, assim como acontece de modo semelhante com os demais Cristos planetários de Júpiter, Marte, Saturno e outros orbes. Em linguagem algo rudimentar, diríamos que os Cristos planetários são uma espécie de "transformadores" Arcangélicos, que baixam a frequência da Luz Cósmica do Criador, ou seja, a energia cósmica da Usina Divina, até reduzir a frequência e torná-la compatível com as necessidades de vivência das humanidades dos orbes físicos. (Obra: *O Evangelho à Luz do Cosmo*, 9ª edição, p. 158)

Cromosofia astral

A "cromática astral" é ciência a que no Além os espíritos se devotam com muito carinho, representando um avançado ramo do cientificismo transcendental, que no futuro será divulgado ao vosso mundo. Estudando-se os efeitos áuricos coloridos, poder-se-á descobrir com mais facilidade a origem dos pensamentos prejudiciais ou tolos, das crianças, e então poderão elas ser encaminhadas para um curso benfeitor, evitando-lhes as inconsciências perigosas e os efeitos reflexivos das vidas anteriores.

É certo que os videntes encarnados já podem distinguir algo do padrão fundamental benéfico ou maléfico, sadio ou enfermo, das almas desencarnadas, ao perceberem que as felizes são nimbadas de luzes e emanações atraentes, enquanto as infelizes e escravas das paixões inferiores têm o seu perispírito confundido com as sombras opressivas. (Obra: *A Sobrevivência do Espírito*, 8ª edição, pp. 299/300)

Cromosofia e reforma pedagógica

Os estudos sobre o efeito da cor no sistema nervoso já se afastam da observação puramente objetiva, porque o homem já começa a perceber sua influência direta na psique humana; no futuro, os cientistas poderão avaliar as nuanças do caráter e as tendências dos espíritos encarnados examinando as irradiações cromáticas de suas auras, que muito em breve começarão a ser sensíveis no aparelhamento dos laboratórios terrenos.

E quando o homem puder verificar que a criatura humana irradia de si um tom colorido, em perfeita sintonia com o seu caráter e temperamento psicológico, é certo que haverá completa reforma pedagógica e correcional no vosso orbe. Mesmo a solução do problema do menor delinquente será bastante favorecida, graças aos diagnósticos a serem obtidos pelo exame das cores áuricas, e pela possibilidade de se poder ajustar cada espírito reencarnado ao seu ideal e à fonte emotiva protetora do seu tipo psíquico. (Obra: *A Sobrevivência do Espírito*, 8ª edição, p. 299)

"Cunho permanente" – perispírito

Do mesmo modo, através das características exteriores do perispírito, que constituem o seu "cunho permanente", sintetizado nas convenções sidéreas de cor, magnetismo, odor e luminosidade, também é possível conhecer-se o tipo de alma ali presente. Esse "cunho permanente", da alma, distingue-lhe a virtude fundamental, a sua máxima qualidade já conseguida no ritmo de vida sideral ou, então, marca a sua paixão aviltante milenária, da qual ainda não pôde se libertar. É verdade que, na maneira peculiar de o homem se expressar, seja na poesia, na literatura ou na oratória, ele também se vale de outras expressões acidentais, ou de outros recursos e figuras provisórias, que não fazem parte definitivamente do seu estilo consagrado, e que não expressam a sua exata individualidade já construída no tempo. (Obra: *A Sobrevivência do Espírito*, 8ª edição, p. 282)

Curas de Jesus e médiuns atuais

Jesus, somente com a sua presença, produzia curas; esterilizava e extinguia chagas, limpava os leprosos, restabelecia a vitalidade nos paralíticos, restituía a visão aos cegos e a palavra aos mudos. E levantou Lázaro do túmulo porque este ainda estava sustentado pelo energismo vital do fluido prânico, pois se ele, de fato, estivesse morto, não seria possível restituir-lhe a vida, porquanto os determinismos da Lei Divina são inalteráveis, não comportam exceções. Porém, quanto às curas que o Mestre realizou, trata-se de um fenômeno dentro das leis naturais e se, depois dele, outros têm conseguido os mesmos prodígios, isto não deve ser motivo para espanto, pois Jesus advertiu que "no fim dos tempos, os homens fariam tanto quanto Ele e até muito mais"! Este detalhe "muito mais" é porque Ele não manifestou todo o seu potencial ou poder de captação da "Luz terapêutica" que é irradiada pela misericórdia do PAI. (Obra: *Mediunidade de Cura*, 12ª edição, p. 234)

Curas espíritas e despertamento de almas

O espiritismo não é destinado a concorrer com os médicos terrícolas, nem tem a pretensão de sobrepor-se à sua capacidade profissional. O alívio, o reajuste físico ou as curas conseguidos por intermédio da faculdade mediúnica têm por objetivo principal sacudir o ateísmo do enfermo, despertando-lhe o entendimento para os ensinamentos da vida espiritual.

Aliás, quando Jesus curava os doentes que iam ao seu encontro, o seu objetivo era curar os corpos para, indiretamente, despertar ou "curar" as almas. E a mediunidade de cura tem, igualmente, essa finalidade. Diversos espíritos de médicos desencarnados continuam, do "lado de cá", exercendo a sua função mediante assistência telepática aos seus colegas encarnados. E muitas vezes o êxito da sua atuação profissional teve a cooperação de um colega já desencarnado. Deste modo, muitos médicos, embora inconscientes do fenômeno, agem também como "médiuns". (Obra: *Mediunidade de Cura*, 12ª edição, p. 73)

Curso espiritual – mineral/vegetal/animal/homem

Não há evolução exclusiva ou somente no mundo interno do espírito, mas qualquer centelha, emanada do seio de Deus, só consegue despertar a noção de existir após o seu psiquismo efetuar o curso total através dos reinos mineral, vegetal, animal e hominal, em ação positiva na superfície dos orbes cada vez mais adequados à sua graduação sideral. Todo homem é um deusinho em potencial, possuindo em si mesmo a miniatura do poder, amor e da sabedoria do seu Criador. O iniciado é o que procura o Cristo e o iluminado é o que achou o Cristo. (Obra: *O Evangelho à Luz do Cosmo*, 9ª edição, p. 166)

Curso para consciência angélica

Aquilo que a alma negligencia ou regateia, numa existência, terá que repetir, futuramente, em novas romagens e em condições mais severas, a fim de evitar a sua estagnação improdutiva. O curso para o espírito se desprender da "consciência grupal" e atingir a "consciência angélica" é idêntico e exigível a toda alma, embora varie quanto às lições emotivas ou intelectuais. Há que sofrer uma série de preliminares fortificantes e condicionais à finalidade de, pelo esforço próprio, alcançar ou atingir a hierarquia angelical. (Obra: *A Vida no Planeta Marte e os Discos Voadores*, 14ª edição, p. 523)

Cursos nas trevas e detonadores psíquicos

Os comandos das trevas realizam estudos minuciosos sobre as tendências prejudiciais humanas, pesquisando as vontades fracas e procurando os escravos dos preconceitos e convenções mundanas, para depois vampirizá-los em sua vitalidade psíquica. Muitas vezes eles organizam cuidadosos relatórios das prováveis vítimas a serem obsidiadas, examinando todas as suas reações nos campos de sua manifestação física e natureza moral de suas reflexões inferiores. Assim não lhes custa muito descobrir um desejo mais vigoroso ou imprudente, que possa servir como um "detonador psíquico" procurado para a concretização dos seus objetivos sombrios. Esse desejo muitas vezes palpita como um ideal oculto no âmago da futura vítima, podendo ser uma ansiedade permanente por algum objetivo de auto-exaltação perigosa na esfera social, política ou no comando na vida, disfarçando talvez uma vaidade exuberante ou um orgulho implacável. (Obra: *A Vida Além da Sepultura*, 9ª edição, p. 381)

D

Decantação da personalidade – sumidades do passado

Sem dúvida, o sábio incomum, o estadista famoso, o médico tarimbado ou o cientista genial, também costumam encarnar-se nos ambientes humildes do mundo e viver os ascendentes biológicos mais medíocres, quando desejam ou precisam olvidar a cultura, o poderio ou o prestígio de sua personalidade pregressa, por vezes tão comprometida pela prepotência, vaidade ou ambição. Sob o conselho dos seus mentores espirituais, eles então se decidem por uma linhagem carnal de ancestralidade biológica hereditária mais humilde, reencarnando num organismo deficiente ou de sistema nervoso rude. Escolhem os lares mais deserdados, em cujo ambiente fiquem impedidos de quaisquer relevos ou distinções incomuns entre os homens.

Mas não há desdouro nem desmentido no processo evolutivo da alma imortal, quando, apesar do seu avanço intelectual e científico no mundo terreno, depois precisa envergar o traje humilde do "preto-velho" ou do caboclo rústico, a fim de conseguir o seu reajustamento espiritual combalido e tão prejudicado no pretérito. Em verdade, trata-se apenas de um estágio ou espécie de descanso intelectual, em que o espírito superexcitado por excessivo nacionalismo efetua salutar decantação de sua personalidade humana que fora muito envaidecida com as lentejoulas brilhantes do cenário terreno!
(Obra: *Mediunidade de Cura*, 12ª edição, p. 177)

Decantação da personalidade – sumidades do passado II

Graças a um cérebro medíocre e incapacitado para os avançados raciocínios e concepções científicas na especulação das formas, ele evita aflorar os próprios conhecimentos incomuns adormecidos na memória espiritual de que abusou outrora. A existência terrena singela não funciona à guisa de expiação, mas na forma de um freio ao intelecto indisciplinado, pois, sem os atavios de superfície, ela também significa algo de repouso para o "ego" envaidecido pelos ouropéis transitórios.

Sem os louvores e o destaque que lhe nutriam a vaidade no passado, o sábio, o estadista, o médico ou cientista então efetuam verdadeiro "dreno" psíquico e o expurgo do tóxico intelectual produzido pelo orgulho ou vaidade da velha personalidade humana. A inteligência, a capacidade e a prepotência incomuns do passado atrofiam-se pela ausência de estímulos pessoais e relevos decorativos no seio da humanidade. (Obra: *Mediunidade de Cura*, 12ª edição, p. 178)

Defesas perispirituais – investidas maléficas

A criatura não está completamente indefesa a certas influências do mundo oculto, pois o perispírito, através de milênios de adaptações e atividade no seio das energias dos mundos planetários, também desenvolveu a sua capacidade de defesas contra as investidas maléficas. Assim como acontece com o organismo físico, ele consegue regenerar as zonas ofendidas e corrigir as lesões da hostilidade do mundo inferior. Evidentemente, sendo a matriz fisiológica ou etérica da organização humana, é óbvio que também supera as investidas malfeitoras por parte dos espíritos das sombras. O perispírito dispõe de recursos maravilhosos para a sua sobrevivência e proteção no seio das energias inferiores, tal qual o corpo físico mobiliza recursos para defender-se de quaisquer reações nocivas ao seu equilíbrio vital. (Obra: *A Missão do Espiritismo*, 10ª edição, pp. 112/113)

Defesas psíquicas e enfeitiçados

A pessoa enferma e enfeitiçada quase sempre ignora a origem de sua perturbação, assim como a sua aura conturbada também pode influir sobre o médico que a examina e levá-lo a um diagnóstico impreciso ou errado. Há casos em que os malfeitores das sombras, ligados pelo serviço de bruxaria, induzem as vítimas a consultarem certos médicos de baixa condição moral e atraso espiritual, os quais apenas identificam sintomas equívocos e prescrevem medicamentos inócuos e até nocivos.

Após deambular incessantemente por consultórios médicos, sofrendo terapias confusas e até intervenções cirúrgicas desnecessárias, algumas criaturas só conseguem a sua cura aliando o tratamento físico à renovação espiritual, ou ajustando a sua mediunidade florescida prematuramente sob a ação estimulante do feitiço, pela frequência aos centros espíritas ou terreiros de Umbanda. Então melhoram porque aumentam as suas defesas psíquicas fortificadas pela conduta superior, como também ficam sob a guarda de espíritos benfeitores, que os ajudam a dissipar os maus fluidos. (Obra: *Magia de Redenção*, 12ª edição, p. 46)

"Deixar pai e mãe"

Seria profundo equívoco crer que o aglutinamento biológico simpático deve sacrificar a identidade real da alma. Mesmo Jesus, o Sublime Orientador de vossos destinos espirituais, quando vos advertiu "abandonai pai e mãe, mas segui-me", referia-se à profunda necessidade de libertação dos laços consanguíneos da família humana, para o mais breve ingresso na família universal e eterna. Não preconizou extinção de deveres familiares, nem sugeriu a fuga das responsabilidades espirituais, mas lembrou-vos a incongruência da exclusividade afetiva nos agrupamentos domésticos, amando-vos apenas pela identidade de sangue e desprezando o Cristo — que é Universal. A reunião de almas habitando corpos afins e ligadas por imperativos de sangue é tão-somente o palco provisório para o aprendizado do amor do espírito, que é o amor verdadeiro. (Obra: *A Vida no Planeta Marte e os Discos Voadores*, 14ª edição, p. 109)

Departamentos diretores no invisível

À medida que a humanidade evolui e adquire mais consciência espiritual, também comunga mais intimamente com os departamentos diretores no Invisível. O fato de a coletividade terrícola ignorar essa administração invisível não elimina a sua atuação constante e disciplinada. Nada ocorre no solo do vosso mundo, que não tenha aqui as suas raízes; seja o fato mais íntimo ou a consequência mais insólita, há sempre uma coordenação e uma perfeita entrosagem educativa. Daí o conceito comum de que "não se move uma palha que não seja pela vontade de Deus". Nas esferas invisíveis estão as "fichas kármicas", nas quais os Mestres podem compulsar as vossas vidas espirituais, desde que se formou o primeiro bruxuleio de vossa consciência individual. Pode haver incoerência, indisciplina, teimosia, estultice e tolas vaidades que aduzis aos vossos diplomas acadêmicos e pruridos científicos; mas, no campo das atividades diretoras de vossa vida, a harmonia e a ordem são elementos permanentes. É justamente a inconsciência comum da humanidade terráquea, na sua névoa de magnetismo inferior, que lhe impede maior ou melhor consciência com o Invisível. Raras antenas vivas, do vosso mundo, acenam para cá em busca de roteiro e esclarecimentos. (Obra: *A Vida no Planeta Marte e os Discos Voadores*, 14ª edição, p. 450)

Descida vibratória do mestre Jesus

Após ajustar o seu corpo mental e reativar o mecanismo complexo do cérebro perispiritual, em seguida, Jesus desatou o corpo astralino para vibrar ao nível das emoções humanas. Atingindo o limiar do mundo invisível e do material, então fez o seu estágio final, incorporando-se no Éter Físico ectoplásmico, para compor o "duplo etérico" e os centros de forças conhecidos por "chacras",[1] que deveriam se desenvolver e estruturar-se durante a gestação carnal. Em seguida, integrou-se definitivamente na atmosfera do mundo físico, corporificando-se, mais tarde, no mais encantador menino que a Terra já havia conhecido!

A descida vibratória do Mestre para atingir o vosso plano físico foi apenas uma fase à qual ele se ajustou por amor ao

---
[1] Vide as seguintes obras que abordam assunto semelhante: *Os Chacras*, *O Plano Astral* e *O Plano Mental*, de C. W. Leadbeater, *O Duplo Etérico*, de Powell, obras editadas pela Editora Teosófica Adyar S.A. e Editora Pensamento, e *Elucidações do Além*, de Ramatís, editada pela **EDITORA DO CONHECIMENTO**.

vosso mundo, reduzindo o padrão de suas funções angélicas para desempenhar, com sucesso absoluto, a sua missão de salvador da humanidade. Não podeis subestimar as fronteiras vibratórias que separam e disciplinam as várias manifestações da vida cósmica. É muito longa a faixa ou distância existente entre o anjo e o homem. E Jesus, sendo a mais alta entidade presente no vosso mundo, obviamente, com sua poderosa vontade, mobilizou os espantosos recursos necessários para executar fielmente o Divino Mandato da sua tarefa messiânica. (Obra: *O Sublime Peregrino*, 17ª edição, pp. 40/41)

Descida vibratória – espírito virginal

O espírito virginal emanado de Deus não pode se ligar, de súbito, ao plano denso da matéria. Deste modo, ao emanar do Criador, tem de operar em si mesmo uma incessante e gradativa "redução vibratória" ou "descida espiritual", até conseguir ajustar-se ao padrão do mundo material.

Ainda inconsciente, deixa o seu "lar sideral" e viaja em direção ao mundo físico. No primeiro plano da descida, a mente, então, modela o seu veículo mental, incorporando a energia para pensar; em seguida, no Plano Astral, compõe o veículo astral e emotivo, que lhe dá a faculdade de sentir; depois, no Plano Vital, incorpora o veículo vital para viver no plano exterior; e, finalmente, alcança o último plano, modelando o corpo carnal para agir na matéria. Em verdade, nessa descida, o espírito desprendido da Consciência Cósmica permanece intimamente ligado a Deus, pois, somente reduz o seu estado vibratório, mas não se desprende da fonte criadora. (Obra: *Sob a Luz do Espiritismo*, 3ª edição, pp. 147/148)

Descida vibratória – espírito virginal II

Após completar esse descenso vibratório e atingir a fase mais ínfima da vida na matéria, então, se inicia a composição da consciência instintiva, embora, ainda seja um joguete das forças animais. A centelha virgem e ignorante emanada do Espírito Cósmico de Deus desperta e desenvolve-se modelando sua consciência individual na experiência das espécies inferiores. Mais tarde, desperta o intelecto, que lhe dá o raciocínio, capaz de fazê-lo discernir sobre o que é proveitoso ou maléfico, bom ou ruim, certo ou errado, como elementos aquisitivos na formação de sua consciência individual. Mas, assim como a lagarta possui, no seu âmago, o esquema alado da mariposa, o homem agrilhoado à carne contém em si o poder microcósmico do potencial de Deus. E, à medida que progride no crescimento de sua Consciência Espiritual, se desveste gradualmente das formas carnais, ensejando o vôo definitivo para os mundos felizes. (Obra: *Sob a Luz do Espiritismo*, 3ª edição, p. 148)

Desencarnação e carnivorismo

Justamente após o abandono do corpo físico é que o campo energético do perispírito revela, no Além, mais fortemente, o resultado do metabolismo astral que entreteve na Terra. Em consequência, o homem carnívoro, embora evangelizado, sempre há de se sentir mais imantado ao solo terráqueo do que o vegetariano que, além de ser espiritualizado, incorpore energias mais delicadas em seu veículo perispiritual. Reconhecemos que, enquanto o facínora vegetariano pode ser um oceano de trevas, o carnívoro evangelizado será um campo de Luz; no entanto, como a evolução induz à harmonia completa no conjunto psicofísico, entre o homem carnívoro e o vegetariano, que cultuem os mesmos princípios de Jesus, o último sempre haverá de lograr mais êxito na sua desencarnação.

A ausência de carne no organismo livra-o do excesso de toxinas; na desencarnação, a alma se liberta, assim, de um corpo menos denso e menos intoxicado de albumina e uréia, que provocam sempre o abaixamento das vibrações do corpo etérico. O boi ou o porco entretêm a sua vida em região excessivamente degradante, cuja substância astral pode aderir à aura humana, não só retardando o dinamismo superior, como ainda reduzindo a fluência das emoções angélicas. (Obra: *Fisiologia da Alma*, 15ª edição, pp. 33/34)

Desequilíbrio psíquico interatômico – a dor

A dor é produto de desequilíbrio magnético na estrutura do organismo psicofísico do homem; assemelha-se a um curto-circuito que ocorre na rede magnética ou eletrônica sustentadora do perispírito, e que repercute em qualquer região orgânica mais vulnerável, com um impacto energético capaz de provocar o desequilíbrio atômico. Sem dúvida, a dor, o sofrimento ou a enfermidade têm sua origem na perturbação do psiquismo. Por mais que se focalize a dor em sua expressão mais periférica, fundamentalmente ela parte de um desequilíbrio psíquico "interatômico". (Obra: *Fisiologia da Alma*, 15ª edição, p. 245)

Desejo central – almas de escol

Na alma superior, o "desejo central", embora ainda indefinido, expande-se como um potencial de reservas abençoadas e produz as grandes renúncias e os iluminados guias da humanidade. Francisco de Assis, quando sentiu aflorar a força íntima do seu "desejo central", consumiu-se no desempenho do serviço amoroso aos infelizes; Jesus, dominado pelo mesmo impulso oculto, transformou-se num vibrante instrumento vivo de heroísmo e amor, cujo potencial energético exsudou-se em torno da cruz do martírio, a favor da felicidade do homem. O "desejo central" desses sublimes seres recebeu o alento das hierarquias angélicas, enquanto que, nos grandes tiranos ou flagelos da humanidade, o alento partiu do poder das trevas. (Obra: *A Vida Além da Sepultura*, 9ª edição, pp. 384/385)

Desejo central – mola propulsora

Esse desejo corresponde a uma força passional oculta, de forte exaltação psíquica, resultante de todas as energias consequentes da experimentação milenária da consciência. É conquista que funde num só campo de forças tudo o que a alma experimentou e absorveu no trato energético com o mundo exterior. Figura no âmago da consciência como sua finalidade mais importante, que supera todos os demais desejos e ações que não vibram com esse "desejo central". Mas ele tanto pode ser o fruto de más raízes, que a consciência espiritual lançou para o fundo do seu psiquismo, como pode ser também um oceano de energias represadas que, ao romperem as suas comportas, podem acender as mais sublimes luzes messiânicas a favor da humanidade. (Obra: *A Vida Além da Sepultura*, 9ª edição, p. 384)

Desencarnação e reencarnação coordenação dos mentores

Toda a desencarnação e reencarnação, tanto as da Terra como as de outros orbes, são coordenadas pelos Mentores Espirituais no mundo invisível. Antes de o espírito marciano receber o consentimento para habitar certo lar, há que consultar o seu mentor e os mentores do ambiente em que pretende reencarnar. Geralmente a reunião se processa entre todos os interessados, com os guias espirituais que podem se manifestar visivelmente e os reencarnados em cogitação comum. (Obra: *A Vida no Planeta Marte e os Discos Voadores*, 14ª edição, p. 447)

Desenvolvimento da vontade e libertação do espírito

Já dissemos que o espírito só se liberta do jugo triste das encarnações físicas, depois que desenvolve sua vontade a ponto de dominar todos os fenômenos escravizantes do mundo material. Por isso, os instrutores espirituais aconselham as "virtudes" que libertam o homem da escravidão viciosa e censuram os "pecados" que o algemam às formas perecíveis. O álcool, o fumo, o jogo e outros vícios elegantes são algemas jungindo o espírito ainda mais tempo ao jugo da carne. O espírito desencarnado, que ainda nutre em sua intimidade perispiritual o "desejo" de aguardente, uísque, cigarro, charuto, um bife sangrento ou do jogo do mundo, é como a mulher de Lott, que se transformou em estátua de sal, ao voltar-se para olhar o incêndio de Sodoma.

O espírito eterno precisa seguir para a frente, sem "olhar para trás", ou preocupar-se com os bens já queimados no incêndio da vida inferior do mundo transitório da carne. (Obra: *A Missão do Espiritismo*, 10ª edição, p. 80)

Desligamento – coisas/desejos/vícios

O sofrimento na vida futura pode atingir mesmo aqueles que

já lograram desenvolver os bens superiores do espírito, mas que se hajam descuidado de extinguir algum vício ou hábito alimentado na carne. Algumas almas desencarnadas, de cujo perispírito já se desprendem refulgências de luzes, não se podem furtar, de vez em quando, ao fato de a sua mente ser perturbada pelo insofreável desejo, do fumo, do churrasco ou mesmo do uísque fidalgo ou da cachaça pobre. "Em verdade vos digo que tudo o que ligardes sobre a Terra será ligado também no céu, e tudo o que desligardes na Terra será desligado também no céu"(Mateus 18:18). Como se vê, nesse admirável conceito de Jesus está implícito o ensinamento de que só habitaremos o céu no mais completo estado de paz, liberdade e alegria depois que nos desligarmos completamente de todas as coisas, desejos e vícios do mundo carnal. Então, o que na Terra foi desatado pela própria vontade e consciência do espírito, também será desatado no Além. Aquele que fuma, bebe ou se alimenta descontroladamente na Terra fica ligado a esses prazeres terrenos, até que o próprio espírito se esqueça deles, visto que a morte não o obriga a deixar os vícios com o corpo físico no túmulo da matéria. O corpo de carne apenas revela as sensações do espírito no mundo físico; por isso, os desejos inferiores, que vivem na intimidade da alma, continuam a se manifestar mesmo ante as munificências dos ambientes celestiais. (Obra: *Fisiologia da Alma*, 15ª edição, p. 95)

Desocupados do Além e a mistificação

São raros os que admitem, sem quaisquer susceptibilidades, que dia mais ou dia menos podem ser mistificados, não por culpa dos seus mentores, mas pela imprudência, pelo descaso, vaidade ou interesse utilitarista com que às vezes são dominados, oferecendo ensejos para a infiltração de espíritos levianos, irresponsáveis e malévolos no exercício de sua mediunidade. Os desocupados do Além-túmulo espreitam astutamente qualquer brecha vulnerável que se faça no caráter do médium ou perturbação no seu trato com a família amiga ou ambiente de trabalho, para assim interferirem durante a queda na frequência vibratória espiritual e lograrem a mistificação que depois desanima, decepciona ou enfraquece a confiança. A mistificação ainda significa determinada cota de sacrifício na prática mediúnica, assim como acontece em certas profissões humanas, seja a engenharia, a advocacia ou a medicina, em que os seus profissionais, com o decorrer do tempo, vão eliminando gradativamente os equívocos dos primeiros dias, até se firmarem definitivamente na sua tarefa profissional. (Obra: *Mediunismo*, 13ª edição, p. 201)

Despertamento consciencial e prana

Os elementos inorgânicos, como a pedra e o mineral, e também os vegetais e ainda os animais e o homem, que já manifestam vida, todos nascem, crescem, desgastam-se e morrem. Porém, é graças ao prana, que isso acontece, porque ele está presente em todas metamorfoses da Vida, substituindo as formas estáticas ou cansadas, vivificando o mecanismo da procriação, selecionando as espécies mais puras e as inferiores e concretizando assim o programa do pensamento nãogerado e incriado de Deus. O prana, enfim, é o elemento que permite ao Espírito baixar do seu reino sutil até a vida física e despertar-lhe a consciência individual de "ser" e de "existir" no seio do Cosmo. É, enfim, o sublime revelador da vida espiritual à periferia dos mundos materiais. (Obra: *Elucidações do Além*, 11ª edição, p. 181)

Déspotas, sanguinários – estágio para "anjo"

Pouco a pouco, a alma enferma, que, pelos seus impulsos animalizados, praticou crimes, distúrbios e atrocidades coletivas no mundo físico, termina por corrigir-se dos excessos danosos sob o domínio das "grades" de um corpo físico deformado. Ela exaure-se e cansa, ante as tentativas inúteis de dominar, a seu talante, um sistema nervoso rígido e retardado, que lhe anula a coordenação dos raciocínios e a impede de usar suas forças maléficas.

As paixões tão comuns dos déspotas e guerrilheiros, como o orgulho, a ambição, a prepotência e a impiedade, que eles manifestam quando portadores de corpos sadios e cérebros normais, terminam arrasadas e impedidas de qualquer ação sob o organismo carnal atrofiado. As suas idéias perigosas e as emoções atrabiliárias nem chegam a ultrapassar-lhes o campo subjetivo, pois extinguem-se ou cessam por falta de um sistema cerebral nervoso, correto e sensível capaz de dar-lhes forma e ação no mundo exterior.

Contudo, não há punição deliberada para tais espíritos doentes, mas apenas a reparação espiritual no sentido de se ajustarem ao padrão de vida superior. O corpo imbecilizado a subjugar-lhes os impulsos homicidas, sufocando-lhes a eclosão violenta das paixões animais, constitui-se no abençoado "estágio" para a sua evolução espiritual no futuro. (Obra: *Elucidações do Além*, 11ª edição, p. 33)

Destino, acaso e Lei Kármica

Nenhum acaso rege o destino das coisas; é a Lei do Karma que tudo coordena, ajusta e opera, intervindo tanto nos fenômenos sutis do mundo microscópico, como na vastidão imensurável do macrocosmo. Ela tem por único objetivo dirigir o aperfeiçoamento incessante de todas as coisas e seres, de há muito já previsto nos grandes planos que fundamentam a harmonia da Criação.

As vossas condições psíquicas ou físicas, aí na Terra, decorrem exatamente do engendramento das causas kármicas que já efetuastes noutras vidas; se atualmente usufruís alegria, paz e ventura, apenas gozais o efeito kármico das boas sementes lançadas alhures; se vos dominam a dor, a amargura, e as vicissitudes repontam em vossa existência, não culpeis a Deus, nem a qualquer "destino" injusto e fatídico inventado por alguém pois, de qualquer modo, só estareis ceifando o resultado do plantio descuidoso do passado! As regras inflexíveis de que "a semeadura é livre mas a colheita é obrigatória", e a de que "a cada um será dado conforme as suas obras", não abrem exceções a quem quer que seja, mas ajustam todas as criaturas à disciplina coletiva tão necessária ao equilíbrio e harmonia da humanidade do vosso orbe. (Obra: *Fisiologia da Alma*, 15ª edição, pp. 202/203)

Destino – causa e efeito

O destino — já o frisamos alhures — é resultante das ações e das forças que a criatura mobiliza continuamente sob a sua própria vontade; e através desta, o homem tanto pode produzir situações futuras para melhor como para pior. A vontade esclarecida dirige a mente para a consecução de um destino superior, pois ela é que realmente delibera quanto à movimentação e o rumo das causas que posteriormente se transformam nos efeitos correspondentes. (Obra: *Fisiologia da Alma*, 15ª edição, p. 230)

Destino do suicida – serviço benfeitor

O molde perispiritual, tão castigado nos suicídios pregressos, termina plasmando na carne, sob a mesma tensão e deformidade de suas linhas de forças sustentáveis, a figura enferma que o espírito delinquente tanto lhe impôs no psiquismo sobrevivente. E o destino, que então parece manifestar-se tão trágico, ainda é o serviço benfeitor oferecido pela Lei do Karma ao espírito rebelde pois, sofrendo na sua desdita redutora da vida humana, também se reajusta espiritualmente na própria carne embrutecida e que lhe tolhe a revolta interior. Essa Lei ajusta-lhe em tempo preciso os recursos e os elementos do mundo físico que possam auxiliar a drenagem da toxidez tão cruciante do perispírito e refrear os seus impulsos violentos no ergástulo retificador da carne. (Obra: *A Sobrevivência do Espírito*, 8ª edição, pp. 312/313)

Deus e a consciência do homem

Deus, como a fonte original e incriada da Vida, preexiste antes de qualquer coisa ou ser; em consequência, jamais poderíamos explicar aquilo que já existe muito antes e independente de nós existirmos. Se considerarmos Deus simbolizado por raios, que partem geometricamente de um centro e se perdem no infinito, a consciência do homem é sempre a figura de uma esfera limitada sobre o centro desses raios. Assim, embora essa consciência humana se amplie e se desenvolva incessantemente em todos os sentidos, em face de sua limitação relativa em cada fase, ela jamais alcançará os raios infinitos. (Obra: *O Evangelho à Luz do Cosmo*, 9ª edição, pp. 22/23)

"Deus te abençoe" – mantra vigoroso

Referimo-nos à palavra amorosa, construtiva e catalisadora de forças e emoções superiores, como é a expressão verbal "Deus-te-abençoe", vigoroso "mantram", que dinamiza na criatura a esperança e o júbilo espiritual. Assim como a praga ou a maldição de mãe, a de madrinha é força tenebrosa e mais destrutiva do que a proferida por estranhos, a bênção, no mesmo caso, também produz resultados mais sublimes e benfeitores. Com o magnetismo energético e hipnótico das palavras, podemos despertar energias e promover transformações miraculosas. Jesus levantava paralíticos com sua palavra criadora, desatando energias adormecidas e produzindo verdadeiros milagres. (Obra: *Magia de Redenção*, 12ª edição, p. 58)

Deus – único criador

Ele sempre é! Qualquer modificação em Deus, mesmo para melhor do que a perfeição, seria sempre um movimento em si mesmo, para mais além de si mesmo, o que destruiria a idéia da imutabilidade.

Em verdade, só Deus é capaz de criar, porquanto o pensamento mais alto e a idéia mais original do Universo, ainda Deus sempre a pensou antes que o espírito humano, que é apenas o produto da criação. A perene ascensão espiritual amplia cada vez mais a consciência do homem, ensinando-o a movimentar-se e a compreender as belezas superiores, a fim de concretizar os seus ideais sonhados, mas assim o faz manuseando as peças originais e intrinsecamente criadas por Deus! (Obra: *Mensagens do Astral*, 17ª edição, pp. 341/342)

Devas maiores e devas menores

Os "Devas Maiores", mais conhecidos no Ocidente por Arcanjos, são considerados agentes onipresentes e superfísicos da Vontade Criadora do Pai; os senhores e diretores de todas as energias, leis, princípios e processos galaxiais, constelares, solares, interplanetários e planetários. Os "Devas Menores", ou anjos da pedagogia católica, atuam nos diversos reinos da Natureza, operando intimamente desde o reino mineral, vegetal, animal e principalmente hominal. Senhores do psiquismo, pródigos de sabedoria e poder criativo, eles criam, disciplinam, orientam, aperfeiçoam e sublimam todas as manifestações da Vida nos mais diversos planos e regiões dos orbes físicos. (Obra: *O Evangelho à Luz do Cosmo*, 9ª edição, pp. 90/91)

Devorador de animais

As almas angelizadas, que já chegaram a compreender

realmente o motivo da vida do espírito no mundo de formas, que possuem um coração magnânimo e incapaz de presenciar o sofrimento dos animais, também não lhes devoram as entranhas, do mesmo modo como os verdadeiros amigos dos pássaros não os prendem em gaiolas mesmo douradas! É ilícito ao homem destruir um patrimônio valioso que Deus lhe confia para uma provisória administração na Terra; cumpre-lhe proteger desde a flor que enfeita a margem dos caminhos até ao infeliz animal escorraçado e que só pede um pouco de pão e de amizade. O devorador de animais, por mais evangelizado que seja, ainda é um perturbador da ordem espiritual na matéria; justifique-se como quiser, mas a persistência em nutrir-se com despojos animais prova que não se adaptou ainda, de modo completo, aos verdadeiros objetivos do Criador. (Obra: *Fisiologia da Alma*, 15ª edição, p. 37)

"Deus-espírito" e "Deus-matéria"

Em Deus está toda a sabedoria, justiça, amor e realização, pois sendo a Unidade, Dele mesmo derivam-se todos os processos que estabelecem os incontáveis fenômenos do Universo. Quando o Espírito de Deus expande-se e pulsa centripetamente até atingir a compactação que conheceis por "matéria", Ele compõe os mundos, as galáxias e os orbes físicos na Sua Manifestação exterior. Sob o impulso expansivo e criativo divino, a energia é acionada pela vontade de Deus-Espírito, até atingir a fase que não é excêntrico denominar-se "Deus-Matéria". O Criador único interpenetra e vivifica o Universo, enquanto os espíritos conscientizam-se, vibram e vivem no oceano cósmico, expandindo-se tanto quanto mais absorvem o conhecimento inesgotável e o Amor do Pai Eterno no comando do Universo Monista. (Obra: *O Evangelho à Luz do Cosmo*, 9ª edição, p. 70)

Diabo x anjo – combate luz e treva

Conforme reza a tradição religiosa, o homem é inspirado à direita pela voz do anjo, que então o aconselha à prática de virtudes mais sadias, e, à esquerda, recebe a sugestão capciosa do mal, simbolizada na figura temível do Diabo mitológico. Assim, de um lado, ele recebe o convite angélico para renunciar em definitivo às ilusões da carne e alçar-se às esferas resplandecentes; do outro lado, o instinto animal ou Lúcifer exige-lhe a submissão completa ao mundo das paixões crepitantes e dos vícios sedutores, no sentido de impedir a fuga do espírito, que há tantos milênios ele domina.

Trava-se desesperado combate entre a "luz" e a "treva", entre o "espírito" e a "carne", pois no mundo oculto do ser, a personalidade humana impõe as suas algemas tirânicas, enquanto o espírito tenta a sua libertação definitiva. Os santos e os gênios podem explicar-vos isso, pois eles sentiram-se perturbados, exauridos e desalentados quando, em sua luta titânica, tentaram a vitória do espírito sobre o desejo animal. Embora a alma forje a sua consciência de "ser" ou de "existir" no Cosmo, pela disciplina e coação educativa da matéria, paradoxalmente ela só consegue a sua libertação definitiva, depois que foi escrava dos instintos. E quando ele já é sensível à "voz silenciosa" de sua origem divina, então, dispensa o corretivo drástico do Alto alcançando sua felicidade só pelo convite angélico. (Obra: *Elucidações do Além*, 11ª edição, pp. 80/81)

Diabolismo – estado provisório

O espírito, por mais desprezível que se nos apresente, sempre é vulnerável a certo afeto, a algum ideal recalcado, e também pode ser vítima de suas próprias reflexões dolorosas ou desespero interior. Mesmo os seres mais diabólicos não deixam de ter saudade da família e de certos amigos que deixaram na Terra, assim como há momentos, no recôndito dos seus corações, que clamam pela exaustão da própria maldade. Como a tendência inata da alma é a Ventura Espiritual, em afinidade com a natureza da centelha de luz interior provinda de Deus, sendo as trevas uma condição anormal, as entidades satânicas são como os viciados no álcool, que teimam em defender o sofisma de que assim é a verdadeira vida e o prazer de viver.

Malgrado os entusiasmos e os poderes diabólicos, os gênios do mal comprovam que precisam viver em constante defensiva e vigilância, pois não ignoram que são odiados e vigiados pela desconfiança e hostilidade dos próprios associados e sequazes, que anseiam por suplantá-los. O diabolismo não é um estado de malignidade definitiva, porque é visitado incessantemente pelas oscilações benéficas, que vêm da intimidade espiritual e lhe enfraquecem a estrutura subversiva. (Obra: *A Sobrevivência do Espírito*, 8ª edição, p. 296)

Diagnóstico homeopata – psicossomático

O médico homeopata compõe o retrato físico e mental do indivíduo, investigando-lhe o senso personalístico, a elasticidade de suas concepções morais, religiosas ou filosóficas, a capacidade de seu raciocínio e mesmo as suas excentricidades nas relações da vida em comum. Assim, ele individualiza o remédio que melhor corresponde à sinopse mental psicofísica e que possa neutralizar as perturbações em sua fonte original. Modifica, enfim, os próprios sintomas mentais e expurga os resíduos tóxicos que oprimem o perispírito do enfermo devido aos desequilíbrios temperamentais da personalidade humana. É indiscutível que essa pesquisa cuidadosa exige do médico homeopata um profundo conhecimento das próprias leis espirituais que governam a vida humana, a fim de poder aplicá-las dentro do princípio básico da homeopatia. Há mesmo grande semelhança entre o processo homeopático, na busca dos ascendentes psíquicos do doente, e a ação da lei kármica de Causa e Efeito, que disciplina os processos reencarnatórios e as retificações dos espíritos nos mundos físicos. (Obra: *Fisiologia da Alma*, 15ª edição, p. 152)

Dialetos linguistas do plano espiritual

Em verdade, o mais rudimentar dialeto falado no vosso mundo foi alvo de estudo e atenções de abalizados linguistas do plano espiritual. A linguagem humana não é mero produto de circunstâncias acidentais, mas um amálgama da expressão de determinados espíritos, que a articulavam no plano espiritual, e mais tarde efetivaram a sua materialização pela laringe carnal. Mesmo o grito inexpressivo do animal ainda é um efeito do psiquismo coletivo, que lhe dirige a espécie nos fenômenos e relações com o meio físico. (Obra: *A Vida Humana e o Espírito Imortal*, 11ª edição, p. 166)

Diamante bruto – ser humano

Durante o processo de aperfeiçoamento e expansão de sua consciência, o espírito tem de sofrer as injunções naturais do mundo onde atua. E essa luta através da organização carnal, provoca reações pacíficas ou rebeldes, calmas ou dolorosas, que servem de aprendizado no campo da vida eterna do espírito.

O homem, no estágio rudimentar de sua evolução, pode ser comparado ao diamante bruto, espiritualmente, porém para eliminar as impurezas, perder as arestas dos defeitos anímicos e atingir a beleza radiosa do brilhante, precisa do atrito do esmeril da dor e da ação desse lapidário incomparável, o tempo.

Nos mundos mais evoluídos, usa a camurça macia do amor traduzido em serviço ao próximo. (Obra: *Sob a Luz do Espiritismo*, 3ª edição, p. 14)

Dinamismo divino – trabalho

Os colares de astros e mundos rodopiantes no Universo provam que Deus não é uma "espiritualidade estática" ou "criador inerte", mas ativo e laborioso, numa incessante atividade fecunda em todas as latitudes do Cosmo.

Os elétrons que giram em torno dos núcleos atômicos do microcosmo e os astros que se movem ao redor dos sóis no macrocosmo demonstram que o trabalho é a ação básica de qualquer atividade da Consciência Divina! Deus pensa e cria o Macrocosmo; o anjo trabalha e cria o microcosmo! Os santos, artistas, gênios e condutores de multidões são produtos fundamentais de um labor incessante e aperfeiçoável, pois a atividade, em qualquer plano cósmico, é um "ritualismo" iniciático, que disciplina e dinamiza os movimentos ascensionais do Espírito para despertar-lhe o conhecimento e o poder divinos! (Obra: *A Vida Humana e o Espírito Imortal*, 11ª edição, p. 149)

Dinamização eletroetérica e operação no perispírito – futuro

O "duplo etérico", conforme já esclarecemos, exerce a função de veículo intermediário ou mediador plástico entre o perispírito e o corpo físico. O perispírito, como matriz ou molde "preexistente" do corpo físico, controla, mediante o energismo e sensibilidade do duplo etérico, todas as suas contrapartes dos órgãos carnais. Assim, as intervenções efetuadas pelos espíritos nas matrizes etéricas do perispírito, depois, obedecendo a leis ocultas que regem esse fenômeno de "repercussão vibratória", manifestam seus efeitos, lenta e gradualmente, no corpo de carne.

Cada átomo e molécula "etereoastral"[2] modificada na operação efetuada no "lado de cá" repercute integralmente em cada átomo ou molécula do corpo físico.

No futuro, quando a vossa instrumentação cirúrgica for produzida sob a técnica de dinamização "eletroetérica",[3] então, os médicos poderão operar o perispírito e conseguir resultados surpreendentes. Tal processo será indolor e rapidamente cicatrizante. (Obra: *Mediunidade de Cura*, 12ª edição, pp. 228/229)

Direita do Cristo – padrão vibratório

Os da direita do Cristo possuem um padrão vibratório, espiritual, acima da frequência "mais alta" do magnetismo primitivo do planeta que se aproxima. Em consequência, não vibrarão em sintonia com as suas energias inferiores, que acicatarão o instinto inferior do psiquismo humano, furtando-se, portanto, à subtração magnética gradativa, do referido planeta. Esse acicatamento magnético do planeta primitivo só encontrará eco nos esquerdistas que, na figura de "vassalos da Besta", responderão satisfatoriamente a todos os apelos de ordem animalizada. (Obra: *Mensagens do Astral*, 17ª edição, p. 250)

Discernimento do bem e do mal

O espírito do homem não se emancipa pela fuga do que lhe desagrada, mas pelo discernimento do bem e do mal. O anacoreta ainda não é o cidadão ideal para a moradia celeste e perde para o homem curtido e experimentado na trama da vida turbulenta e perigosa. Quem tenta salvar sua alma fugindo da vida em comum

---

[2] Vide a obra *Obreiros da Vida Eterna*, de André Luiz, capítulo "Fogo Purificador", em que o padre Hipólito assim se expressa sobre o assunto: "Como você não ignora, as descargas elétricas do átomo etérico, em nossa esfera de ação, fornecem ensejo a realizações quase inconcebíveis à mente humana".

[3] Vide Seleções de abril de 1963, pág. 46, artigo "Luz de Esperança ou Terror", em que os técnicos da "Technology Markets Inc." descobriram um bisturi tipo "eletroetéreo", denominado "laser", capaz de destruir tumores na retina, podendo operar uma célula de pesquisas biológicas ou mesmo alterar a estrutura de uma molécula de proteína, confirmando, pois, o que Ramatís já descrevera na sua primeira obra, *A Vida no Planeta Marte e os Discos Voadores*, há mais de dez anos.

e do pecado do mundo, é como o náufrago que apanha o único salva-vidas e abandona os companheiros. (Obra: *A Missão do Espiritismo*, 10ª edição, p. 223)

Discos voadores

São esses os "discos voadores" que tendes visto em vossa atmosfera, ora, completamente imóveis, ora, desaparecendo de vossas vistas em velocidades incontroláveis; pois, efetivamente, os marcianos estão operando no vosso orbe há muito tempo, formando um conjunto de observadores com finalidades pacíficas, embora, prudentemente, em defensiva. Esses eventos prosseguirão até a "hora profética" do encontro determinado pelo Pai, que é a ligação ou contato entre os orbes ainda materiais e os de seres ou almas mais evoluídas.

Aparelhos de outros planetas também têm feito incursões no vosso campo atmosférico, e mesmo, estabelecido contato com o vosso solo. E agora já não podeis duvidar de que, conforme enunciou Jesus, na hora dos "tempos chegados", "estranhos sinais" se farão visíveis no céu. (Obra: *A Vida no Planeta Marte e os Discos Voadores*, 14ª edição, pp. 467/468)

Dissenções sectaristas – inexistem no espaço

Evidentemente, sabeis que não há separação nem competição entre os espíritos benfeitores, responsáveis pela espiritualização da humanidade. As dissensões sectaristas, críticas comuns entre adeptos espiritualistas, discussões estéreis e os conflitos religiosos, são frutos da ignorância, inquietude e instabilidade espiritual dos encarnados. Os Mentores Espirituais não se preocupam com a ascendência do protestantismo sobre o catolicismo, do espiritismo sobre a umbanda, dos teosofistas sobre os espíritas, mas lhes interessa desenvolver nos homens o Amor que salva e o Bem que edifica. (Obra: *A Missão do Espiritismo*, 10ª edição, p. 138)

Dissociação de "formas-pensamento" – a oração

A prece sincera e pura funciona sempre como excelente dissociador das "formas-pensamento" indesejáveis, aderidas ao halo mental do homem, pois é poderoso instrumento que purifica a mente intoxicada e desoprime o sistema cérebro-espinhal.

O ódio, a raiva, o ciúme, o orgulho, a inveja, a avareza, a cobiça ou a crueldade são estados negativos de espírito, que produzem "formas-pensamento" enfermiças, pois causam alteração dos hormônios endocrínicos, contraem a vesícula e o duodeno, atrofiam o cólon intestinal pelos espasmos indisciplinados e produzem a congestão hepática pelo afogueamento cardíaco ou retardamento circulatório sanguíneo. (Obra: *Elucidações do Além*, 11ª edição, pp. 110/111)

Divina porta – morte física

Os seres vivos permanecem em contínua exaustão, quer no auge da saúde quer durante a enfermidade, embora o fenômeno da morte seja apenas "transformação" decorrente das trocas energéticas do mundo físico. A morte, quando analisada na Terra, parece-vos um caso tétrico e desesperador, que interrompe o gozo insosso das coisas materiais e rompe os laços egocêntricos do círculo familiar. Entretanto, esse mesmo acontecimento, quando examinado do lado de cá, modifica completamente a sua feição lúgubre, pois representa a "divina porta", que a bondade do Pai entreabre para a alma regressar à sua paisagem amiga, ao seu verdadeiro lar espiritual, onde realmente se trabalha na ventura definitiva. (Obra: *A Vida Além da Sepultura*, 9ª edição, pp. 446/447)

Divórcio – adia; não resolve

Quando a impossibilidade da vivência em comum atinge um ponto crítico, cujas hostilidades são incontroláveis, então só resta uma solução desesperada: a separação, o desquite ou o divórcio! Em consequência, o divórcio é um recurso sensato e lógico entre os povos socialmente evoluídos, porque oficializa o direito de as criaturas, frustradas na sua primeira experiência conjugal, construírem um novo lar e tentarem novamente o culto do amor e da paz sob nova condição doméstica. No entanto, frisamos que o divórcio é uma "breve corrigenda", porque, embora se desatem as algemas do casamento na Terra, os espíritos culposos ou adversos continuam ligados carmicamente no céu! Malgrado serem divorciados sob as leis do mundo material, eles regressarão à Terra para novos casamentos e convivência nos lares humanos, até que o amor e a paz substituam o ódio e a guerra! As algemas kármicas não podem ser rompidas por violência, através de recursos drásticos como o divórcio carnal, mas desatadas pela gentileza recíproca dos espíritos litigantes. Assim, o divórcio é apenas uma "breve corrigenda", porque as almas em conflito, antes de apagarem todo o ódio e hostilidades recíprocas, retornarão em existências futuras algemadas a tantos casamentos quantos forem necessários para lograrem a anistia espiritual! O divórcio contemporiza a belicosidade conjugal, jamais soluciona os problemas espirituais, cuja legislação obedece a outras normas ditadas pelo Amor incondicional! (Obra: *A Vida Humana e o Espírito Imortal*, 11ª edição, p. 59)

Doenças – causas ocultas

A causa da moléstia, na realidade, além de dinâmica, é oculta aos olhos, ou aos sentidos físicos; o enfermo sente o estado mórbido em si, mas o médico não o vê nem pode apalpá-lo, como se fora uma coisa objetiva. Quando ocorre a sua materialização física, enfermando a carne, alterando os tecidos, deformando órgãos ou perturbando os sistemas vitais, é porque o morbo-psíquico atingiu seu final, depois, quase sempre, de longa caminhada oculta pelo organismo do doente, para atingir a periferia da matéria e nesta se acomodar ou acumular. É que o espírito, através de vigoroso esforço, termina focalizando os resíduos num local orgânico vulnerável, na tentativa de sua eliminação tóxica. Por isso, não é no momento exato que o indivíduo acusa os sintomas materiais da doença que realmente ele fica doente; de há muito tempo ele já vivia mental e psiquicamente enfermo, embora o seu mundo exterior ainda não houvesse tomado conhecimento do fato.

As inflamações, úlceras, tumores, fibromas, tuberculoses, sarcomas, quistos, hipertrofias, cirrose, adenomas, amebíases, etc., são apenas os sinais visíveis identificando a manifestação mórbida que "desceu" do psiquismo enfermiço para a exterioridade da matéria. (Obra: *Fisiologia da Alma*, 15ª edição, p. 140)

Doenças – válvulas de segurança espiritual

Sabeis que os excessos nas mesas pantagruélicas, principalmente na alimentação carnívora, quando atestam a negligência e a teimosia do espírito humano para com a sua própria felicidade, são sempre corrigidos com a terapêutica das admiráveis válvulas de segurança espiritual, que aí no vosso mundo funcionam sob a terminologia clássica da ciência médica com as sugestivas denominações de úlceras, cânceres, cirroses, nefrites, enterocolites, chagas, inclusive a criação de condições favoráveis para o "habitat" das amebas coli ou histolíticas, giárdias ou estrongilóides, tênias, ou irrequietos protozoários de formas exóticas. Sob a ação desses recursos da natureza, vão-se acentuando, então, as trocas exigíveis à entidade espiritual, e a compulsória frugalidade vai agindo para a transformação exaustiva, mas concretizável, do animal na figura do anjo. As excrescências anômalas e mórbidas, que se disseminam pelo corpo físico, funcionam na prodigalidade de sinais de advertência, que regulam harmônica e equitativamente o tráfego digestivo. Elas obrigam a dietas espartanas ou substituições por nutrições mais delicadas, ao mesmo tempo que se retificam impulsos glutônicos e se aprimoram funções que purificam o astral em torno e na intimidade da tessitura etérica. Quantas vezes o teimoso carnívoro se submete a rigorosa abstinência de carne, devido à úlcera gástrica que surge para obrigá-lo a se ajustar a uma nutrição mais sadia! (Obra: *Fisiologia da Alma*, 15ª edição, p. 39)

Dogmatismo religioso e atividade científica

Infelizmente, o dogmatismo religioso na atualidade mais isola os homens por força das preferências devocionais, exigências dogmáticas tão diversas e excêntricas, expostas pela religião e segundo o temperamento e os costumes de cada povo. Mas a liberdade de culto e a indagação livre, que proporciona a atividade científica, pode unir fraternalmente os homens e irmaná-los na busca de Deus e da Vida Imortal. Não há antipatias nem competições, quando todos os investigadores recorrem ao mesmo processo de investigação espiritual. (Obra: *O Evangelho à Luz do Cosmo*, 9ª edição, p. 47)

"Donos diabólicos" – descaso com o Evangelho

O desprezo ou a indiferença para com ensinamemos de Jesus tem constituído os principais motivos que justificam as velhas oleogravuras no simbolismo dos demônios que arrebanham para o inferno as almas pecaminosas, que foram negociadas através das paixões, vícios e aviltamentos no mundo terreno. É evidente que as criaturas que se entregam desbragadamente aos desmandos nefandos das corrupções humanas se entregam espontaneamente aos seus donos diabólicos, que as ajudam a viver o cortejo de prazeres fáceis e de vícios deprimentes. Após à morte corporal, então, só lhes restará aceitarem o jugo dos seus perversos senhores, enquanto as almas virtuosas são arrebanhadas pelos magníficos seres habitantes das esferas luminosas. (Obra: *A Vida Além da Sepultura*, 9ª edição, p. 473)

Dor – desequilíbrio eletromagnético

Todas as manifestações materiais são resultantes do eletromagnetismo que imanta, une ou separa os corpos físicos e espirituais.

A dor é o produto desse desequilíbrio eletromagnético psicofísico na estrutura do conjunto humano. Assemelha-se a uma sobrecarga gerando um curto circuito ou a queima de componentes, que ocorre na rede magnética ou eletrônica formadora do perispírito, repercutindo nas regiões orgânicas mais afins ou vulneráveis, perturbando a harmonia energética. Sem dúvida a dor tem origem nas alterações do psiquismo, quando excitado ou deprimido pelas paixões, vícios, sensações primárias ou emoções descontroladas, expressando-se na periferia do organismo. São as expressões psicossomáticas, já reconhecidas por alguns médicos atônitos diante dos fenômenos observados. (Obra: *Sob a Luz do Espiritismo*, 3ª edição, pp. 15/16)

Dor e aprimoramento espiritual

A dor é a condição fundamental do aprimoramento do espírito terrícola, cujo progresso espiritual depende da concentração de energias plasmadas nessa forma de educação passiva e compulsória. Deus não condena o prazer do homem, pois o criou para ser feliz; mas, assim como o pai humano vigia a prole, Ele também refreia os filhos irresponsáveis e imprudentes, que pretendem usufruir dos excessos prazenteiros antes de ultimarem os seus deveres espirituais. Quando o homem usufruir de sua consciência emancipada, ele saberá libertar-se dos artificialismos transitórios, que iludem mas não satisfazem! Quem não é escravo do prazer ilusório é um ser liberto do sofrimento! (Obra: *Magia de Redenção*, 12ª edição, p. 294)

Dor e sofrimento – despertar da consciência

A dor e o sofrimento são consequências naturais da evolução do espírito, como fatores necessários ao despertamento de sua consciência individual no seio da Consciência Cósmica de Deus. Sob a disciplina dolorosa e retificadora da Lei do Carma, e sem desprender-se do Todo Cósmico, o espírito fortifica sua memória no tempo e no espaço, e afirma a sua característica pensante. A resistência cria a dor, mas também fortalece o crescimento da consciência da centelha espiritual individualizada em Deus, fazendo-a distinguir-se entre os fenômenos de todos os planos de vida cósmica. (Obra: *Fisiologia da Alma*, 15ª edição, p. 242)

Dor – moldura viva de "santos"

Como a criatura terrena também é excessivamente apegada aos tesouros provisórios do mundo material, ante a perspectiva temerosa de abandoná-los pela ameaça implacável da morte, que lhe entreabre a porta de um destino duvidoso, ainda mais se avoluma para ela o sentido mórbido da dor e do sofrimento. Para o vosso mundo, os hospitais, os manicômios e outros locais de padecimentos humanos significam as provas do castigo de Deus, em que o homem é considerado a infeliz vítima despojada das coisas prazenteiras da vida! A figura do ser humano marcado pela dor ainda é considerada um motivo de compungidas penas e deserdamento divino! No entanto, a dor tem sido a moldura viva das mais grandiosas interpretações messiânicas e conquistas espirituais na Terra; assim o provaram aqueles que muito sofreram e deixaram um facho de luz na esteira de seus passos admiráveis. Beethoven, Chopin, Schumann, Francisco de Assis,

Paulo de Tarso, Sócrates, Gandhi e o excelso Jesus fizeram da dor motivos de beleza e glória para a redenção do homem atribulado! (Obra: *Fisiologia da Alma*, 15ª edição, p. 245)

Dor – recurso eficiente contra dogmatismo

É a dor, sem dúvida, o mais eficiente recurso para modificar as criaturas excessivamente fanáticas e até impiedosas para com os esforços religiosos alheios, algumas das quais, se lhes fosse possível agir à vontade, exterminariam da face da Terra todos aqueles que lhes opusessem qualquer conceito adverso! Mas os Mentores espirituais possuem recursos eficazes para dobrar-lhes a cerviz orgulhosa, encaminhando-as, pouco a pouco, para a prova dolorosa que lhes muda a têmpera demasiadamente presunçosa. E, quando lhes chega a dor, sob a orientação superior, então começam a lhes falhar todos os recursos de sua religião, credo ou doutrina. Então malogra o médico da família, a casa de saúde, a intervenção cirúrgica ou a estação de águas; confundem-se os exames de laboratório, dificulta-se o diagnóstico pela radiografia ou se tornam inócuos os mais famosos medicamentos modernos!

Não raro a técnica do alto encaminha então para junto do enfermo, às vezes já desenganado, o simpatizante de qualquer seita ou movimento espiritualista adverso e detestado e que, munido de poderes incomuns, consegue curar o paciente! Quebra-se então o círculo de ferro do dogmatismo conservador e feroz, pois a saúde ou a vida, malgrado serem devolvidas por mãos de pessoas malvistas, tornam-se valiosos elementos para remover as fronteiras presunçosas do fanatismo tolo! (Obra: *Fisiologia da Alma*, 15ª edição, p. 239)

Doutrina espírita e "abertura das portas dos templos"

Embora louvando a iniciação tradicional que, desde épocas remotas, gradua o discípulo estudioso e disciplinado para receber o seu mestre ou "guru", no momento de seu despertamento espiritual, devemos advertir que a humanidade terrena atingiu atualmente o período do seu mais grave e doloroso reajuste kármico. O século apocalíptico em que viveis e a época profética do "Fim dos Tempos" reclamam abertura de todas as portas dos templos iniciáticos, pois o fenômeno mediúnico generaliza-se à luz do dia e se manifesta cotidianamente a todos os homens, independente de raça, casta, cultura ou situação financeira.

Quando o Alto convocou o espírito hábil, genial e laborioso de Allan Kardec, para codificar a doutrina espírita e disciplinar a prática mediúnica, já tencionava livrá-las dos sortilégios, das invocações lúgubres, das posturas melodramáticas, dos compromissos ridículos, da magia exaustiva e dos ritos extravagantes. (Obra: *Mediunidade de Cura*, 12ª edição, pp. 28/29)

Doutrina otimista – espiritismo

O espiritismo é doutrina otimista porque esclarece o homem quanto à sua imortalidade e redenção espiritual através das vidas sucessivas. Relata o encontro venturoso entre os familiares queridos no Além, demonstra que o mal é relativo às condições evolutivas do ser, não há castigos eternos por parte de Deus, mas ensejos sucessivos para a recuperação do tempo perdido. O sofrimento é purgação e limpeza do perispírito sobrevivente, ou "traje nupcial" do espírito, preparando-o para um dia conseguir o ingresso definitivo nas comunidades angélicas do Éden. A vida física é ilusória e transitória, apenas o singelo banco escolar onde o espírito aprende o alfabeto espiritual para entender a linguagem dos planos angélicos. (Obra: *A Missão do Espiritismo*, 10ª edição, p. 252)

Doutrinação espiritual – cooperação humana

Sem dúvida, antes da modificação espírita já existiam espíritos sofredores que eram doutrinados no Espaço e dispensavam os trabalhos mediúnicos da Terra. Mas em face da época profética de "fim dos tempos" e seleção espiritual, além da carga magnética inferior que satura todo o orbe, os Mestres Siderais autorizaram a eclosão da mediunidade entre os homens, a fim de cooperarem espiritualmente na redenção dos seus irmãos infelizes e desencarnados.

Em consequência, o espiritismo é o movimento espiritualista mais eficiente e sensato para disciplinar os médiuns e orientar-lhes as relações perigosas entre "vivos" e "mortos", dando-lhes a garantia e segurança contra as investidas malfeitoras do mundo oculto. Por isso, é doutrina sem mistérios, tabus ou compromissos religiosos. O espírita não precisa abandonar suas obrigações cotidianas, nem submeter-se aos retiros purificadores ou isolar-se em conventos, monastérios e confrarias exóticas para merecer o apoio dos Mestres. (Obra: *A Missão do Espiritismo*, 10ª edição, p. 118)

Drama evolutivo e modificação da Terra

As modificações fundamentais do ambiente da Terra dependem essencialmente de melhorar o padrão espiritual dos seus habitantes pois os alunos analfabetos não se mostrarão mais inteligentes só porque pintam as paredes do grupo escolar. A simples providência de se vestir o selvagem com fraque e cartola não o torna um fidalgo capaz de habitar luxuoso hotel.

Os espíritos alfabetizam-se participando do drama evolutivo no velho cenário terreno em que a vida é um acontecimento importante; mas, na realidade, as cenas e os fatos se repetem, como já acontece há séculos, sob outras vestes e costumes, pois as ligações são semelhantes. Lembra o que acontece com as escolas primárias modernas, em que apesar de se providenciar melhor ambiente, mais luz, higiene e adotar-se métodos pedagógicos eficientes, os alunos têm sempre de começar pelo abc. (Obra: *Elucidações do Além*, 11ª edição, p. 98)

Drogas – Fugas para o Astral

E, à medida que a humanidade terrícola mais sofre e se contradiz, a ciência humana, em lugar de socorrer-lhe o espírito enfermo a se debater na prisão material, ainda cria novos produtos sintéticos, a granel, que incentivam os tímidos às fugas improdutivas da dor e das vicissitudes morais, mas não solucionam os seus problemas e tormentos milenários da alma. A benzedrina, os barbituratos, os brometos, o cloral e os derivados dos mais vigorosos entorpecentes funcionam como novos estupefacientes, que alimentam esse desejo crescente da "fuga", propenso a culminar num vício incontrolável.

Por meio dessas drogas, muitos frustram o imperativo da consciência desperta no aprendizado espiritual do planeta, obrigando-a a recuar para uma vida improdutiva e fragmentária, do mundo astral. Aqueles que são mais ternos e bons ainda conseguem alguns arremedos de êxtase quando podem atingir as frequências vibratórias agradáveis, embora a persistência viciosa os conduza lentamente à degradação completa e ao atrofiamento da sensibilidade nervosa. Outros, mais infelizes, flutuam perispiritualmente pelas regiões inferiores do mundo purgatorial, na figura de múmias hipnotizadas pelos efeitos depressivos dos entorpecentes, até que, mais tarde, desencarnam como fâmulos de um mundo subumano. Aqueles que tentam a "fuga psíquica" pelas portas dos vícios só raramente conseguem compreender que a própria dor e o sofrimento já representam outras portas valiosas e que, sem violentar a sensibilidade da alma, dão acesso às regiões paradisíacas do Cristo. (Obra: *A Sobrevivência do Espírito*, 8ª edição, pp. 258/259)

Drogas inebriantes – portas para o Astral

Visto que a verdadeira vida do espírito é, realmente, aquela que se exerce livre da matéria, é evidente que ele luta constantemente para se livrar de sua prisão carnal. E, se não o consegue mais cedo, é porque o instinto natural de sobrevivência animal não só lhe dificulta a ação, como ainda o escraviza sob o guante das paixões mais violentas.

Alguns espíritos débeis se entregam ao ópio, à cocaína, à maconha, à morfina e outros entorpecentes, na ansiedade intuitiva de se libertarem do jugo obrigatório do corpo de carne, para então gozarem de alguns momentos de liberdade astral e fugirem de si mesmos. Em face de a maioria dos terrícolas viver algemada ao sofrimento e às vicissitudes morais, anseia por alguns momentos de fuga para as regiões ignotas do reino espiritual. As almas encarnadas, embora tenham obliterada a sua memória astral, sentem-se dotadas de poderes que, dia mais ou dia menos, as lançarão pelo espaço cerúleo afora. Então lançam mão de drogas inebriantes, que funcionam como portas que se entreabrem para os mais afoitos e desesperados que, entorpecendo o corpo, tentam alguns momentos "paradisíacos" pela fuga deliberada dos grilhões vigorosos dos cinco sentidos do mundo físico. (Obra: *A Sobrevivência do Espírito*, 8ª edição, p. 258)

Dualismo e evolução espiritual

Apesar da existência de uma só Unidade Divina, ou seja, a Suprema Lei do Universo, que governa e disciplina os fenômenos da vida espiritual e física, o espírito do homem parte da dualidade, ou do contraste, para, então, se ajustar conscientemente ao monismo de Deus. Ele desperta a sua consciência individual percorrendo a senda da evolução espiritual, baseado no conhecimento e domínio das formas, mas sempre balizado pelo dualismo das margens opostas. A sua noção de existir, como alguém destacado no seio da Divindade, firma-se, pouco a pouco, nas convenções de positivo e negativo, branco e preto, sadio e enfermo, masculino e feminino, direito e torto, acerto e erro, virtude e pecado. É a chamada lei dos contrários, tão aceita pelos hermetistas.

Conforme já explicamos alhures, embora Jesus tenha firmado os seus ensinamentos evangélicos nos acontecimentos e nas configurações físicas da vivência humana, em suas parábolas oculta-se a síntese das leis eternas que disciplinam criativamente o Cosmo. Assim, no enunciado evangélico de que "Não se pode servir a Deus e a Mamon", Jesus expressa, intencionalmente, nesse contraste, as leis que regem ambos os mundos espiritual e material. (Obra: *O Evangelho à Luz do Cosmo*, 9ª edição, p. 192)

Duplo etérico – barreira protetora

O espírito desencarnado não possui mais o "duplo etérico", ou seja, o corpo vital, espécie de intermediário plástico que funciona entre o organismo físico e o perispírito, durante a vida carnal. Através do "duplo etérico", o espírito do homem atua na matéria e manifesta todas as suas idiossincrasias e vontades, enquanto também recebe de volta os efeitos de todos os acontecimentos e fatos realizados pelo ser na Terra. Em consequência, toda ação nefasta ou vingativa dos desencarnados sobre os "vivos" só pode ser exercida de modo indireto, porque lhes falta o suporte "etérico-físico", conhecido por "duplo etérico" para poder agir diretamente. (Obra: *Sob a Luz do Espiritismo*, 3ª edição, pp. 127/128)

Duplo etérico e influências ocultas

Assim como um dia chuvoso, frígido e triste predispõe certas pessoas à melancolia, ao mal-estar, porque são facilmente influenciáveis pelo ambiente onde vivem, também os fluidos magnéticos que palpitam na intimidade do duplo etérico do homem podem despertar-lhe certos impulsos, aos quais ele obedecerá automaticamente, caso não os examine e considere previamente, tendo em conta os seus efeitos bons ou maus.

Aliás, de que modo o espírito aperfeiçoaria a sua consciência, a não ser através dessa luta heróica no mundo, enfrentando as forças ocultas caldeadas e atraídas em sua própria intimidade espiritual? A partir do instante em que o espermatozóide lança-se à conquista do óvulo materno, até ao derradeiro minuto em que o homem cerra os olhos findando a sua existência física, ele é sacudido e tentado por todas as forças e influências que o cercam, o interpenetram, causando-lhe impulsos instintivos, que afetam ou perturbam a evolução do seu espírito imortal. (Obra: *Mediunidade de Cura*, 12ª edição, pp. 200/201)

Duplo etérico e medicina do futuro

Quando os médicos dominarem o duplo etérico do homem, veículo que absorve do meio ambiente o prana ou vitalidade, além de sua função excepcional de relacionar o perispírito ao corpo físico, eles também conseguirão solucionar as moléstias mais difíceis decorrentes da assimilação e excreção do corpo humano. Analisado minuciosamente o duplo etérico, os médicos identificarão os motivos por que as emanações radioativas afetam a base química das células produzindo a leucemia. Por que a epilepsia essencial tanto se assemelha aos quadros mórbidos pseudo-epilépticos, provocados pelo excesso de nicotina, amônia, arsênico e outras substâncias químicas, cuja carga em demasia obriga o sistema nervoso a um colapso e consequente drenação tóxica pelos poros da pele e pela saliva? Por que certas ervas e medicamentos químicos curam determinados surtos cancerígenos, mas falham completamente em casos bem mais simples? Por que há criaturas, conhecidas por radiestesistas, que encontram facilmente veios de água com forquilhas de pessegueiros e aveleiras? Por que há benzedores que derrubam bicheiras de gado, à distância, livram as crianças do "quebranto", derrubam verrugas ou curam eczemas renitentes? (Obra: *Magia de Redenção*, 12ª edição, pp. 138/139)

E

Eclosão da luz crística – processo endógeno

Durante a eclosão da luz crística que se manifesta na intimidade de toda criatura, isto é, num processo endógeno ou de "dentro para fora", o espírito do homem deve aperceber-se do mistério de sua origem divina, mas sem surpresas, sem violência e a coesão de **conhecer-se a si mesmo**. Ele deve reconhecer e compreender o processo que o torna um "ser-indivíduo", à parte, no Cosmo, embora sem fundir-se com o Todo Criador, mas de modo gradativo e sem os hiatos desconhecidos. Seria um absurdo a consciência plena do homem ser-lhe revelada num passe de magia ou fruto de uma revelação integral e instantânea. (Obra: *Elucidações do Além*, 11ª edição, p. 81)

Efervescência evolutiva e pensamento

A principal efervescência evolutiva da consciência espiritual se processa muito mais através do modo como o homem pensa, do que realmente através daquilo que ele pensa. O exercício mental, o dinamismo inquieto, instável, e a reação contínua e interior do espírito têm para o homem mais importância do que mesmo a precisão daquilo que lhe serve de objetivo. A Sabedoria Sideral cria muitas vezes exóticos ensejos no vosso mundo, com a finalidade de desenvolver a vontade e prazer de pensar. A Terra, como escola de educação espiritual, que atende a objetivos mais altos, representando um meio e não um fim para a romagem do espírito, oferece múltiplos problemas que, no decorrer do tempo, apenas visam o aceleramento mental humano. O homem dotado de razão há de ser um raciocinador por excelência e não um colecionador de conceitos científicos estratificados no tempo; o puro intelectualismo não passa de relógio de repetição, enquanto que o esforço para "sentir", mesmo dentro do ilógico e aberrativo, amplia a área fotográfica mental! (Obra: *Mensagens do Astral*, 17ª edição, p. 127)

Ego superior x ego inferior e sentimento religioso

Mesmo sob o jugo vigoroso do instinto animal, o homem primitivo sente a força divina ou o sentimento religioso atuando-lhe de modo centrífugo na intimidade do ser. Na verdade, é o próprio "Ego Superior" operando contra a obstinação limitada do "ego inferior" da personalidade humana. O homem é uma centelha da "Chama Cósmica Divina"; é uma consciência individualizada no seio da "Consciência de Deus". Graças ao impulso interior do sentimento religioso, cresce essa consciência humana, incessantemente, abrangendo maior área divina. Assim, enquanto "cresce" esfericamente a individualidade angélica, dilui-se, gradualmente, a personalidade separatista do "ego inferior" do mundo carnal. Prevalece o conceito de Paulo de Tarso, em que a criatura só encontra a Verdade depois que o "homem novo" e autenticamente espiritual elimina o "homem velho" da linhagem animal! (Obra: *A Vida Humana e o Espírito Imortal*, 11ª edição, p. 263)

Egocentrismo de casta e família universal

Jesus recomendava amor e espírito de justiça, induzindo à libertação da família no mundo material acima do egocentrismo de casta, em favor de toda a humanidade. Ele procurou demonstrar que, apesar do vínculo sanguíneo e egoísta da parentela humana, o homem não deve limitar o seu afeto somente às criaturas viventes no ambiente de sua família ou simpatia. Muitas vezes, detrás da figura antipática do vizinho ou de algum estranho desagradável, pode se encontrar justamente um espírito nosso amigo de vidas passadas. No entanto, entre os nossos mais íntimos familiares, às vezes, estão encarnados espíritos algozes, que nos torturaram outrora e a Lei Cármica os reuniu para a necessária liberação dos laços de culpa ou do perdão recíproco.[1] (Obra: *O Sublime Peregrino*, 17ª edição, p. 148)

Egoísmo – cimento do amor

Então Jesus compreendeu que para o homem tornar-se altruísta, teria de ser explorado no próprio egoísmo. Visando ao seu maior bem também poderia visar ao bem do próximo. Jamais alguém poderia dar aquilo que ainda não possuísse realizado e satisfeito em si mesmo. O homem primeiramente teria de ser egoísta, isto é, "acumular" até sua plena satisfação, para depois sentir o prazer de doar e repartir. Por isso, seria preciso transbordar os homens de Amor, a fim de que eles passassem a amar-se uns aos outros. Partindo do próprio egoísmo da criatura preferir o máximo bem para si, Jesus lançou então a sua máxima ou princípio surpreendente e de maior sublimidade no ser: — "Ama o próximo como a si mesmo". O egoísmo, tão gélido e separatista, principal sustentáculo ou cogitação da personalidade humana, então serviria para cimentar o fundamento do próprio Amor, em relação ao próximo.

Jesus não visava aniquilar a "força" do egoísmo, mas apenas inculcar-lhe um sentido proveitoso em benefício do próximo. O amor a si mesmo seria, pois, a ação dinâmica do amor a outrem. (Obra: *O Sublime Peregrino*, 17ª edição, p. 172)

Egoísmo – despertar da consciência individual

O desenvolvimento do egoísmo é decorrência lógica e indispensável na moldagem da individualização do ser; e o altruísmo é

---

[1] Nota do médium – Em nosso bairro da Água Verde, em Curitiba, conhecemos uma senhora que implicava odiosamente com um menino da vizinhança, e não lhe dava razão, mesmo quando seu filho agia com flagrante injustiça e desonestidade nas arruaças de infância. Já se previa uma tragédia entre os adultos quando, frequentando o nosso trabalho mediúnico, essa mesma senhora, após sentidos queixumes de verberações contra o referido menino detestado, ouviu do guia a severa advertência: 'O seu amor materno egoísta está lhe fazendo praticar as maiores injustiças, pois na existência passada o seu atual filho foi um homem leviano, rico e despudorado, que levou a irmã ao prostíbulo e ao desespero. No entanto, surgiu outro homem digno, bom e piedoso, que não só a retirou do lodo como ainda lhe deu a segurança desejada do casamento e da paz de espírito. Esse outro homem, a quem minha irmã deve a sua salvação e redenção no passado, é justamente o atual filho do vizinho, tão odiado por você e ali situado por efeito da Lei do seu Carma.

o sentimento oposto, que surge e se desenvolve depois de a consciência humana saturar-se de tanto acumular. Antes de o indivíduo amar a si mesmo, jamais ele poderá amar a outrem. O próprio Jesus foi claríssimo, ao aconselhar que o amor ao próximo deve ser tão intenso, quanto o indivíduo ame a si mesmo! Ninguém poderá amar o próximo sem primeiro amar a si mesmo, porque o amor, como doação, é uma resultante do egoísmo e da avareza, que já se "enfastiaram" de tanto colher e armazenar. Só através desse egoísmo despertador da consciência individual, poderá resultar o anseio, a virtude do altruísmo do indivíduo. (Obra: *A Vida Humana e o Espírito Imortal*, 11ª edição, p. 274)

Egoísmo – gestação do anjo

O egoísmo é um dos estados de espírito predominantes no âmago dos seres, porquanto é o alicerce ou fundamento da composição do próprio "ego humano" em sua trajetória educativa e preliminar da conscientização individual. Toda obra de evolução no Universo se reduz a desenvolver o amor nos indivíduos, motivo por que, ao buscar o exercício desse amor em potencial derivado de Deus, é justo que o homem principie a amar primeiramente a si próprio. É um amor egoístico, mas, sem dúvida, ainda inspirado no amor de Deus, que palpita indestrutivelmente no âmago de toda criatura. Embora o egoísmo seja estigmatizante, em confronto com a virtude do altruísmo, assim mesmo esse fanático amor do homem para si mesmo ainda é a base natural e lógica, que promove a gestação do futuro amor puro dos santos e dos anjos por toda a eternidade. (Obra: *O Evangelho à Luz do Cosmo*, 9ª edição, p. 304)

Elemental primitivo e câncer

Sabeis que a eletricidade é energia dinâmica e o magnetismo é energia estática; a primeira intervém de modo súbito e pelas descargas de chofre, enquanto a segunda exerce o seu efeito mais suavemente, por força da atração ou de imantação. Isso também sucede com o elemental primitivo que, invertendo a sua ação benfeitora, produz o câncer; ele tanto pode agir de imediato, alterando a intimidade celular dos vegetais ou animais, em face do conflito entre as demais forças criadoras, como também ser violentado pela mente ou irritado pelas emoções perniciosas do homem, produzidas pelas paixões indomáveis.

Qualquer energia potencializada a rigor tanto pode produzir benefícios como efeitos nocivos, e o homem, pela sua força mental desordenada e suas emoções em desequilíbrio, pode provocar irritações nesse elemental primário, que depois o prejudicam, promovendo a rebelião das células. A mesma radioterapia que, sob a aplicação benfeitora, será capaz de desintegrar certos neoplasmas malignos, transforma-se em força maléfica quando é imposta sobre algumas zonas delicadas do sistema nervoso. (Obra: *Fisiologia da Alma*, 15ª edição, p. 295)

Elevação humana e sintonia superior

O homem eleva-se ou afina-se em espírito, tanto quanto ele purga os seus pecados, abandona os vícios ruinosos, domina as paixões perigosas e despreza os prazeres lascivos da carne. Deste modo, ele sintoniza-se às faixas espirituais superiores e pode então receber dos espíritos benfeitores a orientação certa e proveitosa para cumprir o seu destino educativo no mundo material. No entanto, não faltam ensinamentos espirituais adequados a cada povo terreno, pois em todas as latitudes geográficas ou regiões físicas da Terra sempre encarnaram entidades excepcionais, que se devotaram heroicamente a orientar o homem terreno para alcançar a sua definitiva Ventura Espiritual. (Obra: *Elucidações do Além*, 11ª edição, p. 84)

Elevação moral do médium – mais transparência

Assim como a substituição gradativa de vidros cada vez mais transparentes, na lanterna, não lhe aumenta a quantidade e a qualidade intrínseca da luz, mas só proporciona maior fidelidade na iluminação, o discernimento, o progresso filosófico ou intelectivo do médium também não amplia o quociente espiritual e a visão já desenvolvida dos seus guias, mas apenas facilita-lhes patentearem com mais exatidão o valioso acervo psíquico de que já são portadores como aquisição espiritual definitiva.

A elevação moral do médium proporciona a si mesmo melhor transparência espiritual, o que então favorece aos desencarnados sábios e benfeitores o ensejo de revelarem para o mundo carnal maior conteúdo do seu conhecimento e atributos siderais. Conforme já expusemos alhures, o médium é o filtro do pensamento dos desencarnados para a matéria. Assim, quanto maior amplitude intelectiva e qualidade espiritual ele puder oferecer aos seus comunicantes, também há de favorecer-lhes para a exposição mais fiel de suas mensagens. (Obra: *Mediunismo*, 13ª edição, p. 112)

Emancipação do instinto animal e compreensão de Deus

Enquanto a criatura ainda vibra num estado espiritual primário, ela não se encontra preparada para entender Deus e a sua manifestação cósmica. O espírito do homem precisa emancipar-se do instinto primitivo através do cultivo de valores divinos adormecidos no seu próprio "eu", se quiser principiar a entender a natureza real do Criador. Além de o homem superar a linhagem animal que lhe plasmou o organismo carnal na escala filogenética e realizar-se como ser espiritual integral, ele, ainda, precisa adquirir o estado angélico para se libertar definitivamente da matéria. E até que isso aconteça, só lhe resta uma atitude sensata e tranquila; procurar compreender os desígnios divinos através do respeito e amor a todas as criaturas, manifestações palpáveis da Mente Criadora. (Obra: *O Evangelho à Luz do Cosmo*, 9ª edição, p. 26)

Encarnações passadas – estudos atuais

O Espírito reencarnado sofre o assédio incessante dos estímulos enfermiços das existências anteriores. Há criminosos que ainda guardam no recôndito da memória perispiritual a cena do crime infamante; caluniadores de ontem vivem assustados temendo a descoberta de suas violências passadas; tiranos trafegam desesperados pelas ruas das cidades, fugindo inconscientemente dos gritos de suas vítimas seculares. Há espíritos que lutam apavorados contra os estímulos suicidas de vidas pregressas; mulheres tentam a santidade ainda sentindo nos lábios o gosto amargo do lodo da prostituição; homens de talento vagueiam a esmo acicatados pelas imagens torpes da literatura fescenina e libidinosa que infiltraram outrora na mente da juventude; criaturas aparentemente sadias, empalidecem e tremem no cenário da igreja que conspurcaram no passado ou desmaiam ante os cepos dos açougues, revivendo na memória perispiritual a sua vivência de "carrasco" no passado. (Obra: *A Missão do Espiritismo*, 10ª edição, p. 136)

Enfeitiçamento verbal e Lei do Karma

O enfeitiçamento verbal resulta de palavras de crítica antifraterna, maledicência, calúnia, traição à amizade, intriga, pragas e maldições. A carta anônima e até mesmo a reticência de alguém, quando, ao falar, dá azo a desconfiança ou dúvida sobre a conduta alheia, isso é um ato de enfeitiçamento. O seu autor é responsável perante a Lei do Karma e fica sujeito ao "choque de retorno" de sua bruxaria verbal, segundo a extensão do prejuízo que venha a resultar das palavras ou gestos reticenciosos desfavoráveis ao próximo. (Obra: *Magia de Redenção*, 12ª edição, p. 49)

Enfraquecimento das trevas

Os reencarnados são a "ponte viva", o "elo vital" que serve de base para a ação diabólica do invisível sobre o mundo carnal. A emigração dos esquerdistas para o outro orbe inferior neutralizará grande parte da ação das trevas, pois que as futuras reencarnações serão selecionadas. Diminuindo na vida física a quota de criaturas receptivas às sugestões inferiores dos espíritos diabólicos, enfraquecer-se-á, também, o ânimo daqueles que no Espaço ainda tentarem o fascínio do astral e o comando da matéria. Reduzir-se-á, então, o êxito das operações obsessoras sobre os reencarnados, ante a dificuldade de uma sintonização favorável. (Obra: *Mensagens do Astral*, 17ª edição, p. 296)

Engenheiros Siderais

Há um grupo de entidades superplanetárias, às quais melhor se ajusta a designação de Engenheiros Siderais, que traçam com antecedência de bilhões, trilhões ou sextilhões de anos — se assim quiserdes formar uma idéia de "tempo" na vossa mente — o esquema das rotas e órbitas dos astros, planetas, asteróides, corpos ou poeiras cósmicas, que formarão as futuras galáxias distribuídas na abóbada celeste.

A concretização dessa edificação sideral se faz dentro dos princípios disciplinados e eternos que derivam da mente divina, que abrange a execução completa do "Grande Plano" em desenvolvimento. Em virtude de essas órbitas ou planos de tráfego sideral consumirem, também, bilhões, sextilhões, etc., de anos-Terra, para se completarem, as criaturas humanas não podem avaliar ou sequer ter uma idéia do seu desenvolvimento total, que escapa a qualquer exame dentro da exiguidade de cada existência terrícola. (Obra: *Mensagens do Astral*, 17ª edição, p. 44)

Engenheiros Siderais – características

Não é o "modo" pelo qual essas entidades operam que deveis compreender como vos revelamos, mas sim a objetividade que elas alcançam. Há certa ordem gradativa de trabalho, que pede a intervenção, no "tempo" justo, de cada cooperador. Nem poderia ser de outro modo, porque é justamente nos planos mais altos que a disciplina e a Lei são mais exatas.

Um geólogo sideral é aquele que orça toda a carga do planeta em edificação, e seus satélites, prevendo as correspondências que se processarão dentro do sistema solar que for chamado a se mover; um químico sideral examina o "quantum" magnético-físico que se manifestará no futuro, dentro das indescritíveis operações químicas ocorridas no laboratório do Cosmo; um anatomista sideral estabelece as linhas fundamentais das figuras humanas que deverão surgir no orbe, em conformidade com os recursos do meio, as condições físicas e necessidades da massa espiritual operante; um sociólogo sideral prevê as migrações de almas entre os globos habitáveis do mesmo sistema, no contínuo intercâmbio que acelera a angelitude nas seleções espirituais e retifica os rebeldes com a disciplina corretiva; um legislador sideral prescreve as leis básicas da ascensão espiritual, manifestando-as, gradativamente, às humanidades, na forma de "revelações periódicas" e na conformidade da apreensão mental dos seres. (Obra: *Mensagens do Astral*, 17ª edição, p. 46)

Engenheiros Siderais – elos divinos

Os Engenheiros Siderais são entidades espirituais de elevada hierarquia no Cosmo, as quais interpretam e plasmam o pensamento de Deus na forma dos mundos e de suas humanidades. Através da ação dinâmica do Verbo — que podeis conceituar como pensamento "fora de Deus" — aquilo que permaneceria em condições abstratas na Mente Divina revela-se na figura de mundos exteriores. Embora saibais que o pensamento puro do Onipotente é o princípio de todas as coisas e seres, pois "no princípio era o Verbo, e o Verbo estava com Deus, e o Verbo era Deus", como elucida João Evangelista, existem os elos intermediários entre o "pensar" e o "materializar" divino, que se constituem de leis vivas, operantes e imutáveis, que dão origem à matéria e à energia condensada. Esses conjuntos e leis vivas são os Engenheiros Siderais ou espíritos arcangélicos, que apreendem o pensamento divino e o revelam no plano denso da Criação, proporcionando até a vida microscópica, para formação das consciências menores. (Obra: *Mensagens do Astral*, 17ª edição, p. 309)

Engenheiros Siderais e planificação cósmica

Os cientistas do vosso mundo, tomados há pouco para comparação, não saem de experiências em torno do planeta Terra, esquadrinhando os valores miúdos do solo e do meio, mas os que mencionamos como cooperadores siderais estendem o seu labor a sistemas de sóis e de mundos milhares de vezes mais adiantados do que o vosso sistema e a vossa acanhada morada. Eles operam, com os seus conhecimentos, na organização de planos siderais que abrangem toda a cúpula da área cósmica a ser estudada. Empregam cálculos de matemática sidérea, em que os calculadores siderais prevêem para incontável número de anos-Terra todos os detalhes, movimentos e progressos dos mundos porvindouros, demarcando as exigências de aproximação e distanciamento recíproco dos astros, as suas influências sobre coordenadas magnéticas dos sistemas, a coesão e a reação dos satélites e de seus núcleos, inclusive todas as alterações e progressos das humanidades existentes de futuro nesses conjuntos planetários.

Esses planos desdobrativos, sob um ritmo ascensional e inteligente, reproduções herméticas de outros planos já sucedidos, é que permitem a pulsação implacável, desde o microcosmo das probabilidades de ondas eletrônicas até o macrocosmo das constelações rodopiando em torno de um núcleo, que pode ser o acúmulo sideral de bilhões de galáxias! Dentro desse ritmo, dessa pulsação continuamente ascensional, o progresso é um fator constante e a angelitude humana um evento consumado, porque são estes os objetivos fundamentais que sustentam os planos traçados pelos Engenheiros Siderais. (Obra: *Mensagens do Astral*, 17ª edição, p. 45)

Engrenagem kármica – causa e efeito

Sob o mecanismo justo e retificador do carma, só passam fome, sofrem frio e perdem os seus lares ou as suas terras justamente aqueles que, no pretérito, também abusaram dos seus poderes e dos bens do mundo, criando, portanto, as condições a que depois se sujeitam quando a Lei os junge na engrenagem kármica da "causa e efeito".

Mesmo nos quadros mais pungentes da vossa civilização, que possam confranger atrozmente os vossos corações e fazer-vos duvidar da Bondade e Sabedoria Divina, ainda não existe injustiça, pois cada alma colhe de acordo com o que semeou no passado. A lei sideral de que "quem com ferro fere com ferro será ferido" é aplicada pelos próprios culpados de ontem, que assim se recuperam espiritualmente das burlas e das crueldades de outrora. (Obra: *A Vida Além da Sepultura*, 9ª edição, p. 417)

Engrenagem kármica – causa e efeito II

Quando ainda vivíamos na Indochina, em uma de nossas últimas encarnações, muitas vezes encontramos apodrecendo à beira das estradas famílias completas de infelizes, como se tivessem sido apunhaladas por um destino cruel e maldoso. No entanto, examinando os seus registros etéricos, projetados em suas auras, reconhecíamos, surpreendidos, que ali apenas se encontravam os mesmos componentes das cortes faustosas, que haviam se servido do seu poder e da sua fortuna para semear a fome, a desdita e a morte, e atender aos mais absurdos caprichos e paixões. Quantas vezes os rajás faustosos, da velha Índia, os mandarins cruéis da China, os imperadores maldosos de Roma ou os faraós prepotentes do Egito compõem o cortejo dos infelizes que se afundam nas grandes inundações, consomem-se nas cinzas ardentes dos vulcões, ou então vagueiam, sedentos e esfomeados, pelas margens do Ganges, Iang-Tzé ou do Nilo, reajustando-se nas cruciantes situações que lhes apuram a tessitura perispiritual e lhes despertam os sentimentos angélicos da alma. (Obra: *A Vida Além da Sepultura*, 9ª edição, p. 417)

Era do espírito e mediunidade

É fenômeno resultante da hipersensibilidade psíquica que presentemente sobressai entre os homens, em concomitância com o "fim dos tempos" ou "juízo final", tantas vezes já profetizado. O século em que viveis é o remate final da "Era da Matéria", que até o momento tem sido regida pela belicosidade, cobiça, astúcia, cólera, egoísmo e crueldade, paixões mais próprias do instinto animal predominando sobre a centelha espiritual. Encontrai-vos no limiar da "Era do Espírito", em que a humanidade sentir-se-á impulsionada para o estudo e o cultivo dos bens da vida eterna, com acentuado desejo de solucionar os seus problemas de origem espiritual. As comprovações científicas da imortalidade da alma, através do progresso da fenomenologia mediúnica, reduzirão bastante a fanática veneração do homem pela existência transitória do corpo físico.

Assim como o organismo carnal do homem em certo tempo verticalizou-se para servi-lo em nível biológico superior, o seu espírito também há de se erguer da horizontalidade dos fenômenos e dos interesses prosaicos da vida física provisória, para atuar definitivamente na frequência vibratória do mundo crístico. (Obra: *Mediunismo*, 13ª edição, pp. 30/31)

Escada sideral – privilégios

Não há privilégios nem favores na escalada sideral; a alma é a principal tecelã das suas venturas gloriosas, que a aguardam nos planos de inconcebível Beleza e ilimitada Sabedoria. Através de mundos como a Terra, Marte e outros, em romagens no vestuário de carne, o espírito desenvolve as maravilhosas forças cósmicas que lhe dormitam na intimidade sideral, a fim de atingir a fase definitiva do estado angélico. (Obra: *A Vida no Planeta Marte e os Discos Voadores*, 14ª edição, p. 77)

Escadaria infinita – homem x arcanjo galático

O percurso é fastidioso e quase imperceptível, até que o minério bruto, passando pelo laboratório vegetal, termina a modelação de uma vestimenta carnal compatível para um Cristo-Jesus. Mas no convencionalismo de tempo e espaço, ainda é mais longa e fatigante a senda para a centelha espiritual do homem despertar a sua responsabilidade consciente e criativa no seio do Universo. Jamais a mente humana poderá aquilatar a escadaria infinita, que toda alma deve percorrer até a metamorfose indescritível do ser humano à condição de arcanjo das galáxias.

Quem poderá definir e avaliar, em medidas compreensíveis à mente humana, o caminho percorrido pelo binômio "alma-corpo", da sensação à irritabilidade, da irritabilidade ao instinto, do instinto à inteligência humana, da inteligência humana à sabedoria angélica, através dos incontáveis "Manvantaras" ou "Grandes Planos", que abrangem a criação e o desfazimento dos universos físicos? (Obra: *O Evangelho à Luz do Cosmo*, 9ª edição, p. 110)

Escafandrista – espírito na carne

O espírito atua aí na Terra como o escafandrista, que desce ao fundo do mar, a fim de realizar proveitosamente uma tarefa difícil, ou seja, de extrair da ostra, de aspecto bruto, a pérola translúcida e valiosa. Nesse mister, precisa olvidar as minúcias da verdadeira vida que deixa à superfície, e necessita mobilizar toda sua atenção e vigilância no mundo físico, para melhor adaptar-se ao meio transitório e perceber de modo sensato a fenomenologia terrena, a qual deve ativar a sua conscientização na vida carnal.

O homem não precisa morrer, carnalmente, para sobreviver em espírito. Assim como o escafandrista permanece o mesmo indivíduo, quer operando com dificuldade no fundo do rio ou, quando livre à superfície, inspirando o oxigênio puro e usufruindo do colorido natural e atraente das flores. O espírito humano, também, é sempre a mesma entidade, quer seja encarnado ou desencarnado. A morte física é tão-somente desligamento ou interrupção de um serviço, quando se partem as conexões que comunicam a vontade, o desejo e o poder do espírito sobre o seu corpo carnal. (Obra: *Magia de*

Redenção, 9ª edição, p. 262)
Escalonada angélica – problema íntimo

A escalonada angélica não é competição promovida por Deus no sentido de premiar as almas vencedoras com ricos troféus eternos! O crescimento espiritual é um problema todo particular, de foro íntimo. O Universo aí está para o espírito usufruir dele tanto e quanto puder dispor e assimilar da Vida, até o ponto em que a sua vivência não perturbe a vivência do próximo! Fica-lhe o direito de agir como bem quiser, mas cessa o seu livre-arbítrio, assim que principia a prejudicar o próximo! (Obra: *Magia de Redenção*, 12ª edição, pp. 294/295)

Escolha das provas e renovação espiritual

Advertimos-vos sempre de que não vos deveis deixar dominar pela idéia da existência de expiações, vinganças divinas ou punições nas provas dolorosas da vida humana pois estas são resultantes da escolha consciente do próprio reencarnante que, durante a sua liberdade no Astral, as aceitou como sendo o processo mais eficiente para obter a sua renovação espiritual. A alma dispõe do seu livre-arbítrio, dentro de limite traçado pela segurança de sua consciência e de sua responsabilidade espiritual para com o meio em que atua, o qual cessa assim que dos seus atos decorram prejuízos a outrem. Muitas vezes os técnicos e mentores siderais ainda aconselham moderação na escolha das provas dolorosas, mas os espíritos desencarnados vivem tão castigados pelo remorso atroz do passado, que se recusam a atendê-los e preferem arriscar a sua estabilidade psíquica nas provas extremas, tentando melhorar rapidamente o seu padrão espiritual e recuperar a ventura perdida. (Obra: *A Sobrevivência do Espírito*, 8ª edição, p. 361)

Esferas dos Amadores – almas excelsas

Mais uma vez tomais a palavra do espírito pelo espírito da palavra, porquanto não estamos nos referindo a qualquer situação geográfica ou astronômica nestes relatos. Jesus deixou o seu reino espiritual apenas quanto à redução do seu campo vibratório e da sua consciência sideral, mas não veio de qualquer outra latitude astronômica ou cósmica. A esfera dos Amadores é um conjunto sideral de almas excelsas e identificadas por um padrão espiritual semelhante ao de Jesus. São espíritos eletivos, entre si, que formam um todo ou coletividade sideral e vibram, felizes, unidos pela mesma natureza angélica. Não se trata de uma "esfera material" ou planeta físico, mas de um "estado vibratório" peculiar e de natureza superior. São entidades portadoras de um Amor incondicional; e sentem-se felizes quando eleitas para qualquer missão redentora nos mundos físicos, dispondo-se a todos os sacrifícios em benefício dos seus irmãos que ainda se encontram nesses planos inferiores. (Obra: *O Sublime Peregrino*, 17ª edição, p. 74)

Esferas espirituais – estados vibratórios

Existem inúmeras outras esferas espirituais com denominações simbólicas, para conveniente identificação nos registros etéricos ou "akáshicos"[2] e que também reúnem espíritos afinados pelo mesmo sentimento de Amor, quanto à sua linhagem temperamental. O mundo espiritual é semelhante a um imenso país, cujos estados são constituídos por essas encantadoras esferas de almas harmonizadas por sentimentos e objetivos semelhantes, compondo a humanidade venturosa sob o carinho eterno do Pai. É certo que, em sentido oposto, também existem coletividades satânicas, agrupadas nas regiões trevosas e formando instituições belicosas, em porfia incessante contra as entidades do Bem.

À semelhança da comunidade dos Amadores, citamos a esfera dos "Justiceiros", constituída por almas cuja jornada messiânica pelo vosso mundo as faz aliar o seu sentimento fraterno e amoroso à energia que reprova os desregramentos dos homens, como foram João Batista, Moisés ou Paulo de Tarso; a esfera das "Harpas Eternas" abrange o conjunto de espíritos eleitos para impregnar a música humana de respeitosa religiosidade, como Orfeu, Palestrina,

---

[2] O "Ákasha" é um estado muito mais sutil ainda do que a matéria cósmica, embora não seja o éter propriamente admitido pela ciência como um meio transmissivo. Nele se reflete e se grava qualquer ação ou fenômeno do mundo físico, e que mais tarde os bons psicômetros podem lê-los graças à sua faculdade psíquica incomum. Myers chama a esse estado cósmico de "metaetérico" e Ernesto Bozzano o explica satisfatoriamente na sua obra *Os Enigmas da Psicometria*, no VI Caso, à pág. 41. Aconselhamos também a leitura do capítulo XXVI, "Psicometria", da obra *Nos Domínios da Mediunidade*, de Chico Xavier, e as págs. 191 a 197, da obra *Devassando o Invisível*, de Yvonne A. Pereira.

Bach, Schubert, Hendel, Mozart, Gounod, Verdi, Hayden e outros autores dos mais belos oratórios, missas sinfônicas e trechos religiosos; a esfera dos "Oráculos dos Tempos", fonte dos profetas como Daniel, Ezequiel, Jeremias, Job, Isaías, Miquéias, Elezier, Samuel ou Nostradamus; a esfera das "Safiras da Renúncia" inspirou Gandhi, Francisco de Assis, ou Vicente de Paula; a esfera dos "Peregrinos do Sacrifício", almas que se imolaram por idéias ousadas de esclarecimento espiritual, como João Huss, Giordano Bruno, Joana D'Arc, Sócrates; a esfera das "Pérolas Ocultas", refere-se às almas capacitadas para a revelação dos fenômenos excepcionais da vida invisível, como Antônio de Pádua, Apolônio de Tyana, Dom João Bosco, Tereza Neumann, Home, Eusapia Paladino e outros; a esfera das "Chamas do Pensamento" abrange as almas do tipo de Hermes, Zoroastro, Platão, Buda, Pitágoras, Krishnamurti e outros autores dos novos rumos para a libertação mental do homem; a esfera das "Estrelas Silenciosas" reúne espíritos mais raros, em cuja vida física eles se tornaram verdadeiros "canais vivos" de receptividade à fluência espiritual do Alto sobre os homens, alimentando seus próprios discípulos só pela sua presença tranquila e confiante, como Sri Ramana Maharishi, Ananda Moyi Ma, Lahiri Mahasaya, Giri Bala, Babaji e outros iogues. Na esfera dos "Archotes da Procura" salientam-se os espíritos preocupados em investigar a religião pelos caminhos da Ciência, como Blavatstki, Max Hendel, William Crookes, Sinnet, Leadbeater, Besant, Kardec e Ubaldi. (Obra: *O Sublime Peregrino*, 17ª edição, pp. 77/78)

Esforço pesssoal e evolução

A simples presunção de Jesus ter sido criado espiritualmente com um impulso de inteligência, virtude ou sabedoria inata, constituiria um privilégio de Deus a uma alma de sua preferência. Isso desmentiria o atributo divino de bondade e justiça infinitas do próprio Criador. Aliás, não há desdouro algum para o Mestre ter evoluído sob o regime da mesma lei a que estão sujeitos os demais espíritos, pois isso ainda confirma a grandeza do seu espírito aperfeiçoado pelo próprio esforço. Nenhum espírito nasce perfeito, nem possui qualquer sentido especial para a sua ascese espiritual à parte; todos são criados simples e ignorantes, cuja consciência ou "livre arbítrio" se manifesta através do "tempo-eternidade", mas sem anular o esforço pessoal na escalonada da angelitude. (Obra:

O Sublime Peregrino, 17ª edição, p. 23)
Esmeril da dor – lapidário do tempo

Durante os momentos pecaminosos, o homem mobiliza e atrai, do mundo oculto, os fluidos do instinto animal, os quais, na sua "explosão emocional", convertem-se num resíduo denso e tóxico, que adere ao corpo astral ou perispírito, dificultando então ao homem estabelecer ligação com os espíritos do plano superior, devido ao abaixamento da sua vibração mental. E se ele não reage, termina por embrutecer-se. Porém, mais cedo ou mais tarde, a consciência do pecador dá rebate; e então, o espírito decide recuperar-se e alijar a "carga tóxica" que o atormenta. Mas, nesta emergência, embora o pecador, já arrependido, esteja disposto a uma reação construtiva no sentido de purificar-se, ele não pode subtrair-se aos imperativos da lei kármica (causa e efeito) do Universo Moral, ou seja: — a recuperação da saúde moral do seu espírito enfermo só poderá ser conseguida mediante aquele esmeril que se chama Dor e o lapidário que se chama Tempo. E, assim, como decorrência de tal determinismo, o corpo físico que ele veste agora, ou outro, em reencarnação futura, terá de ser, justamente, o dreno ou válvula de escape para expurgar os fluidos deletérios que o intoxicam e o impedem de firmar a sua marcha na estrada da evolução. (Obra: *Mediunidade de Cura*, 12ª edição, p. 49)

Esperanto e Evangelho – afinidades

A rota do Esperanto é a mesma do Evangelho, pois ambos se afinam. À medida que o homem se evangeliza, também se universaliza e, portanto, necessita de um idioma que corresponda com êxito e facilidade às suas avançadas aspirações por um melhor entendimento espiritual no mundo. Eis por que o Esperanto já possui cultores em todas as raças, credos, religiões e filosofias, embora devamos destacar que isso acontece porque se trata de pessoas que também são simpáticas e devotadas à melhoria da confraternização da humanidade. Esses esperantistas, pertencentes a diversos credos e filosofias, inegavelmente já constituem um fragmento da admirável humanidade fraterna do futuro, pois o Esperanto já está aferindo o grau dos seus sentimentos universalistas. (Obra: *A Sobrevivência do Espírito*, 8ª edição, p. 228)

Esperanto e Evangelho – semelhanças

A semelhança entre o Evangelho e o Esperanto provém de que o Esperanto é também um código verbal certo e igual para todos os homens; é de qualidade essencialmente afetiva, porque é eletivo às criaturas de boa índole, que simpatizam com os movimentos universalistas. A sua mensagem messiânica está acima das orgulhosas barreiras raciais e dos patriotismos exagerados; é um admirável multiplicador de frequência verbal confraternizadora entre todos os povos da Terra, concorrendo para que os sentimentos racistas se adocem através de um mesmo entendimento idiomático.

Ainda se descobre certa semelhança do Esperanto com o Evangelho de Jesus, porque é linguagem fraterna endereçada à humanidade, porém, simples, neutra, fácil de aprender, pura de pronúncia e exata na expressão. Em sua essência íntima transparece algo do sacrifício, humildade e ternura de Zamenhof, que o impregnou de sua verdadeira santidade e fortaleceu a sua unidade espiritual. Quando no vosso mundo se houver concretizado o sonho venturoso de um só povo e uma só língua, melhor compreendereis que o Esperanto não é apenas um veículo de entendimento verbal entre as criaturas espiritualizadas mas, realmente, uma doutrina filológica de eleição universal. (Obra: *A Sobrevivência do Espírito*, 8ª edição, p. 218)

Esperanto e os "direitistas"

Não advirão ao Esperanto as mesmas consequências comuns a outros idiomas, porque ele inicia a sua aplicação linguística justamente no limiar da profética seleção espiritual, que já se efetua na Terra e que depois proporcionará um clima eminentemente simpático para o sucesso de uma língua internacional. Os espíritos que, a partir do próximo milênio, tornarem a se encarnar na Terra, serão todos simpáticos ao Esperanto, porquanto tratar-se-á de almas selecionadas rigorosamente "à direita do Cristo", espiritualmente maduras e dedicadas a todas as realizações que se enderecem à confraternização dos povos e ao bem do mundo. Por isso, a quantidade de vocábulos esperantistas ser-lhes-á mais que suficiente para êxito no mecanismo das relações humanas, mormente sabendo-se que se sentirão induzidos ao emprego cada vez mais positivo da telepatia, que será futuramente uma das faculdades comuns a todos os terrícolas.(Obra: *A Sobrevivência do Espírito*, 8ª edição, p. 202)

Esperanto – idioma mântrico do futuro

Eis, pois, o que ocorre com o Esperanto; ele possui as bases e as raízes das principais línguas do mundo e buscou mais profundamente na fonte iniciática desses idiomas os seus traços mais evidentes e exatos, para então se constituir na mensagem verbal definitiva e capaz de interpretar todas as idéias sob uma só linguagem. E por isso ele possui, mais do que qualquer outro idioma, a força original e mântrica do psiquismo vigoroso que edificou a linguagem do terrícola, pois uma vez que a elevação de espírito, interior, é que produz a maior sequência mágica num "mantra", é evidente que o Esperanto, como idioma universal e compilado por um dos homens mais sábios e desinteressados, é também a linguagem mais credenciada para fazer de seus vocábulos criteriosos, límpidos, certos e fluentes, um dos mais belos idiomas mântricos do orbe. Cada um dos seus vocábulos não só possui a força e a emotividade de um homem, um povo ou uma nação, como também vincula em sua vibração "psicofísica" o pensamento idêntico de toda a humanidade, e ainda alicia as próprias almas elevadas dos mundos superiores, que sonham e operam pela confraternização de todos os homens.

E quando ele for consagrado por toda a humanidade, cada um dos seus vocábulos será um "mantra" poderoso, a sintonizar na mesma vibração psíquica o desejo e o pensamento de qualquer homem.(Obra: *A Sobrevivência do Espírito*, 8ª edição, p. 209)

Esperanto – mensagem iniciática

Podeis avaliar a dificuldade da gênese de um idioma internacional, como é o Esperanto, que foi alvo dos mais devotados cuidados e esforços do plano sideral para que, ao atingirdes o século XX, possuísseis o encordoamento vocal exigível para o articulardes com êxito. Acresce-se ainda que o Esperanto, além de sua singeleza fonética, é idioma que contém a mensagem iniciática do amor universal devendo, por isso, intensificar a harmonia de relações e entendimentos pacíficos entre os habitantes da Terra, assim como o Evangelho, pela via interna do espírito, também cumpre a missão de despertar o homem espiritual para a revelação de sua consciência angélica. (Obra: *A Sobrevivência do Espírito*, 8ª edição, p. 184)

Esperanto – missão sobre a Terra

Para criar um idioma de caráter internacional, como o é o Esperanto, os mentores siderais tiveram que se aprofundar em estudos, com extremo carinho, a fim de verificarem todas as modificações fisiológicas que se processariam no aparelhamento de fonação de todos os povos, de acordo com a pronúncia de letras e vocábulos esperantistas, sem que, entretanto, estes perdessem o seu cunho original de expressão. Não podeis avaliar o milenário esforço despendido pelos técnicos espirituais, a fim de que o Esperanto se possa manter incólume e puro em sua feição original e sonoridade verbal, malgrado ser falado pelos mais heterogêneos temperamentos e condicionamentos psicológicos do orbe. Essa é uma das mais gloriosas realizações da "Missão Esperanto" sobre a Terra. (Obra: *A Sobrevivência do Espírito*, 8ª edição, p. 215)

Esperanto – sinal dos tempos

O Esperanto também significa um dos sinais dos tempos, pois o seu advento ocorre justamente no limiar dos acontecimentos profetizados por Jesus e por todos os profetas bíblicos, e que os sensitivos já podem perceber em desdobramento, no correr dos vossos dias. É um idioma destinado a uma raça superior, mais perto do coração e mais alheio às complicações do intelecto; o seu conteúdo guarda profunda similitude com a mensagem evangélica de Jesus, uma vez que é também linguagem descida dos céus, convidando todas as raças a vestirem os seus pensamentos e os seus sentimentos com o mesmo traje verbal fraterno. (Obra: *A Sobrevivência do Espírito*, 8ª edição, p. 227)

Esperanto – sonho de concórdia

Não tendes percebido que o labor dos esperantistas se assemelha muito ao trabalho empreendido pelos apóstolos, quando de sua sacrificial missão para divulgação do Evangelho de Jesus? Eles são homens em sua maioria desinteressados de quaisquer proventos, pois trabalham com abnegação e gastam suas existências no esforço tenaz e corajoso de expor o ideal do Esperanto; alguns não só empregam nisso o seu tempo precioso, como também o seu dinheiro, sem fins utilitaristas. As obras esperantistas mais divulgadas no vosso orbe nasceram de doações e esforços particulares, marcados pelo desinteresse, fortalecidos pelo espírito heróico e pelo desejo puro de se disseminar um idioma neutro e confraternizador. Através dessa divulgação nobre e generosa, permanece vivo e se alimenta um sonho crístico de concórdia, esperança e confraternização verbal entre todos os homens. (Obra: *A Sobrevivência do Espírito*, 8ª edição, p. 179)

Espiritismo – abriu comportas do mundo oculto

Enquanto o homem comum ainda não estava capacitado para se aperceber da natureza imponderável do mundo oculto, era justo e sensato que os esclarecimentos espirituais se fizessem por etapas gradativas no interior dos templos iniciáticos. Mas, atualmente, a humanidade possui índice científico suficiente para entender as origens e atividades ocultas da vida imortal. Por isso, como já dissemos, o espiritismo é doutrina de iniciação espiritual à luz do dia, cujo templo é a Natureza e o sacrário é o coração do homem. Surgiu no momento exato de maturidade científica e receptividade psíquica do homem atual; e os seus ensinamentos simples e práticos o orientam na trama da vida e no intercâmbio com as demais criaturas. O cenário aberto do mundo substitui as abóbadas tradicionais dos templos iniciáticos; e as práticas esotéricas de hoje compreendem a resignação, paciência, renúncia, bondade, tolerância ou humildade, que devem ser exercidos desde o lar, às filas de ônibus, aos divertimentos, às reuniões sociais, no trabalho, no esporte e até nos estabelecimentos escolares.

O espiritismo, no século atual, abriu as comportas do mundo oculto para todos os cidadãos da Terra, mas exige que seus adeptos também abandonem as sandálias empoeiradas do mundo ilusório no portal do templo do "Espírito". (Obra: *A Missão do Espiritismo*, 10ª edição, p. 42)

Espiritismo x cristianismo primitivo

Evidentemente, tal qual a planta com muita galharia, embora gerada de boa semente, a ramaria excêntrica e onerosa do Cristianismo será podada, pouco a pouco, pelos movimentos libertadores de retorno à sua pureza iniciática, como é o Espiritismo. O destino da semente era germinar e crescer; isso ela o fez com o máximo de sua força e vitalidade, alcançando o vosso século e com a eclosão de mediunidade prevista, agora, para o final do ciclo. E o Espiritismo, doutrina atualizada no seu tríplice aspecto religioso, filosófico e científico, em sua essência germinativa, representa a continuação dos ensinos teóricos de Jesus, entretanto, com incisiva e correta aplicação prática. O Espiritismo significa o retorno às fontes iniciáticas na sua pureza e simplicidade, como era o primitivo Cristianismo, tradicionalmente conhecido através dos atos e das cartas dos apóstolos do Mestre. (Obra: *O Evangelho à Luz do Cosmo*, 9ª edição, p. 152)

Espiritismo e religação

A doutrina espírita, como ciência e filosofia que disciplina e coordena os impulsos religiosos da criatura, para "religá-la" ao Criador, já pode ser considerada a mediadora crística de todos os esforços e movimentos ascensionais do homem. Ela possui o "toque mágico" capaz de avivar raciocínios para as pesquisas mais aprofundadas no campo iniciático ou corrigir o pensamento infantilizado dos religiosos presos aos lendários dogmas carcomidos pelo tempo. Na sucessão dos vossos dias, já podeis verificar que todas as soluções racionais, inconfundíveis e penetrantes no futuro, estão manifestas nos postulados espíritos, assim como a loja floral possui as sementes das flores mais belas e de perfumes mais raros. Qualquer acontecimento supranormal que atualmente se registra nas instituições ou hierarquias religiosas, nos departamentos administrativos, nos lares ou nas relações sociais do mundo, que desafiam as explicações lógicas da ciência acadêmica, terminam sempre obtendo a sua explicação racional e sensata sob o raciocínio espírito! Aumenta a porcentagem das coisas que confirmam a revelação espírita e diminuem as que a desmentem! Allan Kardec, sublimemente inspirado — o que lhe valeu a denominação de "a encarnação do bom-senso" ante o seu esforço heróico de trabalho e de abnegação por uma idéia mais compatível com a cerebração do século XX — codificou doutrina de tal envergadura e profundidade espiritual, que a simples adesão do homem aos seus postulados já lhe vale um diploma de bom-senso e um emblema de sadia inteligência! (Obra: *Mensagens do Astral*, 17ª edição, p. 365)

Espiritismo – religião no sentido filosófico

O espiritismo é doutrina completamente liberta de quaisquer ritos, devoções, hierarquias, símbolos e idolatrias, pois Allan Kardec preocupou-se em evitar que os postulados da codificação pudessem se abastardar, no futuro, pela divergência de interpretações pessoais. Os ensinamentos espíritas vão diretos ao entendimento do homem, sem o enigma dos dogmas peculiares das seitas religiosas. Tudo é claro e fácil; não há vocabulário iniciático, mistérios ou símbolos que exijam pesquisas demoradas e análise profunda para suas interpretações.

O codificador sempre considerou o espiritismo como Religião, mas num sentido filosófico (e não de seita), cuja doutrina é de confraternização e comunhão de pensamentos sobre as próprias leis da Natureza. As reuniões espíritas devem realizar-se com recolhimento e o devido respeito por ideais tão valiosos e sublimes, como crer em Deus, na imortalidade da alma, na retificação espiritual através da reencarnação, na ventura humana, na igualdade de justiça, na prática da caridade e no exercício incondicional do Bem.[3] (Obra: *A Missão do Espiritismo*, 10ª edição, p. 58)

Espiritismo – ensejo de renovação

Como o Espiritismo não é apenas um conjunto de postulados doutrinários ou simples repositório científico, garantido somente pela pesquisa e produção de fenômenos submetidos às leis invisíveis e do domínio dos desencarnados, mas, acima de tudo, é admirável ensejo de renovação espiritual sob o Código Moral do Evangelho de Jesus, é preciso que saibais quais são os favorecimentos ou os prejuízos que podem se suceder após a morte do corpo físico, conforme seja a maior ou menor integração da alma nesses postulados evangélicos. A porfia do espírito algemado ao organismo de carne terrena é o mais eficiente fator para ele acelerar a sua dinâmica de pensar e desenvolver a pureza de sentir. Os problemas econômicos e as vicissitudes morais, que se apresentam cotidianamente à perplexidade do espírito reencarnado, têm por função obrigá-lo a movimentar os recursos da razão e afinar a emotividade

---

[3] Idéias contidas no discurso de Allan Kardec, pronunciado na Sociedade Parisiense, em 1º de novembro de 1868.

do coração. (Obra: *A Sobrevivência do Espírito*, 8ª edição, p. 13)

Espiritismo – incompatibilidade com carnivorismo

Não podemos assinalar-lhes "acréscimo de responsabilidade", nesse caso, pois a maioria ainda obedece ao próprio condicionamento biológico do pretérito, que se consolidou na formação animal e humana. Evidentemente, são poucos os espíritas que encaram o problema da alimentação como um delicado assunto que deva ser digno de atenção. Mas o costume carnívoro não se coaduna, de maneira alguma, com os princípios elevados do espiritismo que, além de se fundamentar nos preceitos amorosos de Jesus, se firma nos postulados iniciáticos do passado, em que a alimentação vegetariana era norma indiscutível para o discípulo bem intencionado.

Os espíritas que estiverem seriamente integrados no sentido revelador e libertador da doutrina codificada por Kardec indubitavelmente hão de exercer contínuos esforços para extinguir o péssimo costume de ingerir a carne de seus irmãos menores. O seu entendimento superior e progressivo há de distanciá-lo cada vez mais dos retalhos cadavéricos. (Obra: *Fisiologia da Alma*, 15ª edição, p. 45)

Espiritismo – prolongamento da filosofia oriental

Em verdade, o espiritismo é um prolongamento da filosofia do Oriente, pois admitiu e incorporou na sua ética doutrinária a Lei do Karma e a Reencarnação, doutrinas absolutamente orientais. Embora Allan Kardec e os espíritos compiladores do espiritismo apenas interpretem e simplifiquem os ensinos orientais e os complicados termos sânscritos, para a melhor compreensão do Ocidente, jamais puderam desvincular-se da fonte original orientalista! A própria idéia do perispírito não é original de Kardec ou dos espíritos de sua época, mas a sua concepção de envoltório do espírito imortal já se fazia entendível nos diálogos de Krishna e Ajurna, no Bhagavad Gita, a bíblia milenária dos hindus, e no "Livro dos Mortos", dos egípcios.

Sem dúvida, despertou na alma ocidentalista a ousadia de pensar e discutir em público os assuntos misteriosos e proibidos pelos dogmas religiosos, assim como demonstra que ao acendermos uma chama de gratidão no coração humano, oficiamos a Deus sem a necessidade de queimarmos mil círios em holocausto às imagens silenciosas dos templos de pedras! É de responsabilidade dos espíritas evitarem que o espiritismo também caia na mesma aposentadoria compulsória tão peculiar às religiões e doutrinas obstinadas e sectaristas![4] (Obra: *A Vida Humana e o Espírito Imortal*, 11ª edição, pp. 289/290)

Espiritismo – recurso de última hora

O espiritismo, surgindo quase às vésperas do "Juízo Final", significa o recurso de última hora que o Pai concede àqueles que ainda queiram salvar-se na dolorosa prova final. A sua mensagem, como simplificação do velho ocultismo e revelação dos tradicionais mistérios iniciáticos à luz hodierna, é instrumento valioso, que deve ser empregado com eficiência no serviço de Jesus. (Obra: *Mensagens do Astral*, 17ª edição, p. 202)

Espiritismo – roteiro para a ascensão

A vida terrena é escola de educação espiritual, já o repetimos várias vezes. O orbe terráqueo também pode ser comparado a um vasto laboratório de ensaios aperfeiçoativos, em que o quimismo da boa vontade e da renúncia catalisa no espírito a sua qualidade angélica e desenvolve-lhe o raciocínio para o entendimento consciente do Universo. E o espiritismo, inspirado pelo Alto, e de importante influência no século atual, na hora profética dos "tempos chegados", servirá de ótimo roteiro para a ascensão mais breve da alma imperfeita. (Obra: *Mediunismo*, 13ª edição, p. 237)

Espiritismo – severo exame final

[4] Nota de Ramatís – Referimo-nos, particularmente, à obstinada e premeditada atitude de muitos líderes espíritas, que, na sua preocupação febril de "salvar" o espiritismo, tal qual os católicos vivem aflitos para "salvar" a Igreja Católica, não admitem, e não tomam conhecimento dos salutares e extraordinários movimentos espiritualistas que se desenvolvem em torno, por esoteristas, teosofistas, rosa-cruzes, iogues e demais agrupamentos ecléticos e fraternistas de pesquisa do espírito imortal. Kardec, homem progressista e universalista, recomendou que os espíritas buscassem alimento incessante em todas as áreas úteis de atividade espiritual, a fim de ampliarem o acervo da doutrina com a substância sensata e progressista de outros movimentos espiritualistas sadios!

Graças à sensata e admirável acuidade psíquica de Kardec, entreabriram-se as cortinas pesadas que velavam às massas o mistério do ser e do seu destino. Mas a codificação também significa severo programa final, elaborado pelos Mentores da Terra, que vos servirá como a última arguição para serem aliciados aqueles que realmente se interessaram pela ética ditada pelo Cristo. Em verdade, é o "teste" para o rigoroso exame final que precede a mais importante transformação do vosso planeta, desde que este foi corporificado no trânsito sideral pelo Cosmo. (Obra: *A Sobrevivência do Espírito*, 8ª edição, p. 370)

Espírito diabólico

O espírito diabólico, embora vacile em desvios "malignos", executa seus movimentos atraído fatalmente para a Fonte Benfeitora que o criou; inconscientemente procura a sua "focalização" na tela do Amor Infinito. Os seus equívocos e rebeldias provêm da sua própria inabilidade em situar-se na reta, que busca incessantemente. Faltando-lhe ainda a firmeza direcional para o que é realmente bom e justo, atira-se afoitamente aos primeiros atalhos que vislumbra, na esperança de que por ali há de atingir o ideal que lhe acicata a intimidade espiritual. Mas o convite contínuo e incessante do "mais alto" sobre o "mais baixo" termina sintonizando o caminheiro aflito e provisoriamente maldoso, conduzindo-o docilmente ao redil venturoso! "Nenhuma de minhas ovelhas se perderá" — prometeu Jesus, o divino pastor preposto de Deus na Terra! (Obra: *Mensagens do Astral*, 17ª edição, p. 306)

Espírito do Esperanto

Referimo-nos à essência íntima do Esperanto, ou ao seu fator intrínseco, que é consequência de ação diretora espiritual que o vem disciplinando desde longo tempo. Na concretização do Esperanto interferiram numerosas almas desencarnadas, que vêm operando na sua intimidade sob um plano metódico e harmônico, para proporcionar à Terra um idioma internacional lógico e definitivo. Houve, pois, uma verdadeira "liga espiritual", que lhe deu unidade e direção evolutiva, assim como a coesão molecular do vosso corpo físico depende da direção do vosso espírito.

Sob essa equipe espiritual permanece uma vontade, ou um "pensamento diretor", que coordena o objetivo verbal fraternista do Esperanto no seio da própria Mente Divina, em face de sua importância como mensagem de entendimento internacional entre os terrícolas. Sendo superior a qualquer outro idioma terreno, existe em sua intimidade verbalística um "fundamento psíquico", que coordena a sua harmonia central e a sua armadura interior, como se fossem vigorosas colunas de aço a sustentarem os mais variados fragmentos de estilos arquitetônicos. (Obra: *A Sobrevivência do Espírito*, 8ª edição, p. 216)

Espírito puro – senhor da própria vontade

O super-homem, ou o anjo, portanto, é o homem mais perfeito, o qual já ultrapassa o máximo de conhecimento e beleza possível ao cérebro humano, e situa-se acima e além do melhor já realizado e concebido no mundo. É, enfim, a criatura que alcança o estágio incomum e mais sublime da realização espiritual. É a lâmpada viva e cristalina a projetar de si a mesma luz que ainda dormita na espessura compacta da pedra bruta. O super-homem, ou o anjo, enfim, é resultado da libertação completa, que o psiquismo alcança sobre a matéria. O anjo é o espírito puro, o senhor absoluto da própria vontade e liberado para o livre trânsito no Cosmo. (Obra: *O Evangelho à Luz do Cosmo*, 9ª edição, p. 252)

Espírito superior – descida à carne e retorno angélico

Enquanto o Espírito superior, na sua descida, algema-se à carne pela redução de sua energia perispiritual, então ele se liberta quando retorna aos seus páramos de luz, num processo oposto, que é a aceleração energética. No primeiro caso é o aprisionamento opressivo na forma, e, no segundo, a libertação para reassumir a sua condição natural superior. Jamais se pode comparar a ascensão ou retorno espontâneo de Jesus em direção ao seu mundo angélico, operação mais fácil e libertadora, com sua descida vibratória tão difícil e tormentosa. Ascensionando, ele abandonou a matéria em fuga energética natural acelerada; mas a descida reduziu-lhe a função normal de sua delicada contextura perispiritual e a própria memória sideral se obscureceu, para poder se ajustar aos limites acanhados do cérebro humano. (Obra: *O Sublime Peregrino*, 17ª edição, p. 51)

Espíritos de escol e dificuldades financeiras

Jesus foi pobre e crucificado injustamente, mas não era merecedor de qualquer reajuste kármico; Buda, príncipe afortunado na corte de Kapilavastu, tornou-se um iluminado depois de trocar as vestes recamadas de pedras preciosas pelo traje de estame do pária hindu; Ramakrisna, filósofo de elevada categoria espiritual, mal sabia soletrar; Ramana Maharishi, cujos discípulos se extasiavam ao simples contacto de sua aura espiritual, vestia simples túnica de algodão apenas para cobrir-lhe os rins; Gandhi libertou a Índia, porém deixou de herança apenas um par de tamancos, um par de óculos e uma concha em que se alimentava. Pedro, o apóstolo, nasceu em humilde cabana de pescadores; Paulo de Tarso, o apóstolo dos gentios, consagrou-se no serviço do Cristo depois de trocar as gloríolas acadêmicas pelo traje pobre de tecelão.

Inúmeros espíritos de escol realizaram os mais heróicos empreendimentos de libertação espiritual no mundo terreno, enquanto viviam em lares paupérrimos e suportando as dificuldades mais espinhosas no cumprimento de sua tarefa messiânica. Mas todos eles demonstraram pessoalmente a possibilidade de o homem cumprir os labores mais difíceis ou gloriosos em favor do progresso do mundo, mesmo quando destituído dos poderes políticos ou situado no seio da pobreza mais triste. Quase sempre, o espírito heróico e benfeitor é desapegado dos tesouros do mundo material, preferindo enriquecer-se com os bens definitivos do espírito imortal. (Obra: *Mediunidade de Cura*, 12ª edição, pp. 211/212)

Espíritos evoluídos – pouso rápido

Quantas vezes a sabedoria popular identifica o ser angélico sob o mau agouro de que é "criança que não se cria, porque não é deste mundo". Nem sempre a profecia é verídica, mas algumas criaturas pressentem em alguns desses entes formosos, ternos e sábios, os espíritos já evoluídos, cuja reencarnação é mais um recurso de técnica astral, pois que necessitam de curto prazo de vida humana para descarregar na carne instintiva os últimos resquícios do magnetismo inferior, que ainda lhes pesa nas fímbrias de sua túnica resplandecente. São espíritos que descem à matéria para um pouso rápido, como aeronautas siderais que completam o número de horas no corpo físico, a fim de promoverem-se ao comando superior nos páramos de luz e felicidade eterna. (Obra: *A Vida Além da Sepultura*, 9ª edição, p. 445)

Esposo - esposa e exercícios crísticos

Jesus é bem explícito, quando assim recomendou a Pedro, que se queixava da insinceridade do povo: "Que importa que não me sigam, Pedro? Segues-me tu?" Quando o espírito decide-se pelo reino do Cristo, ele tem que renunciar aos seus caprichos personalistas, desligando-se dos bens do mundo de César e superando as gloríolas do mundo transitório da carne! A ascese espiritual é uma questão toda particular e de interesse pessoal; o candidato deve tentar a sua realização superior independentemente do procedimento alheio para consigo. E o lar terreno é a primeira etapa dessa operação espiritual de renúncia da matéria, pois ali o esposo e a esposa devem promover os exercícios crísticos de sua libertação espiritual, para mais tarde lograrem o mesmo êxito no seio da humanidade. (Obra: *A Vida Humana e o Espírito Imortal*, 11ª edição, pp. 63/64)

Esquecimento do passado – bênção

Os espíritos bastante agravados pelos delitos do passado e que tentam o renascimento para a devida reconciliação com os adversários de outrora, necessitando nascer disformes ou retardados mentais, vêem-se muito reduzidos nas suas possibilidades de êxito e de acolhida favorável na família terrena. Aqueles que já se beneficiam com a presença do remorso na consciência aviltada, submetem-se, amargurados, à tentativa — de pouco êxito — de sobreviverem no lar dos seus inimigos pregressos aos quais se ligam pelos laços do ódio inconformável. Dominados por indescritível angústia, importa-lhes unicamente ajustarem-se a um corpo de carne, no qual possam olvidar a incessante recordação cruciante dos seus crimes, pois que, na memória etérica liberta no Mundo Astral, os segundos já vividos mais lhes parecem séculos de horror e desespero. Então, aceitam qualquer encarnação disforme, da carne, para renascer na matéria, ou os pais mais odiosos da Terra para criá-los; basta-lhes o bálsamo do esquecimento das vilezas pretéritas, concedido na forma de corpo físico. (Obra: *A Vida Além da Sepultura*, 9ª edição, p. 434)

Esquecimento do passado – piedade divina

É a piedade divina que faz o espírito encarnado não se lembrar das vidas anteriores, cujos acontecimentos trágicos e tenebrosos poderiam perturbá-lo nas futuras existências redentoras. O sacerdote, o médico, o militar, o professor ou advogado precisam viver a sua nova experiência reencarnatória, como se a fizessem pela primeira vez e estimulados pela esperança de um futuro feliz. Jamais poderiam atravessar a existência humana pacífica e conformada, ao reconhecerem no seio da mesma família as vítimas ou algozes do passado, aos quais se imantaram segundo as determinações da Lei do Carma.

A vida física então seria um inferno, caso os espíritos encarnados pudessem conhecer a trama das causas infelizes e culposas do passado, que os vinculam às vicissitudes, enfermidades e tragédias na retificação espiritual e compulsória do presente. (Obra: *A Vida Humana e o Espírito Imortal*, 11ª edição, p. 281)

Esquerdistas – evolução

Jesus afirmou que os da sua esquerda seriam degradados para regiões onde só há o ranger dos dentes. Isto significa que se trata de planos rudes, primitivos, opressivos locais de desespero, de ódios, de desforras e de animalidade. Os afastados para regiões inferiores em relação ao vosso orbe, constituindo-se de almas esclerosadas no mal e na preguiça espiritual, daninhas às coletividades pacíficas, também progredirão até mais rapidamente, ante a agressividade do meio em que forem habitar. Tratando-se de espíritos já sensíveis, conhecedores dos bens terráqueos, sofrerão mais intensamente os impactos purificadores, pela maior consciência dos seus estados íntimos. A saudade da vida no seu planeta original ativará intensamente as suas inteligências, condensando-lhes no subjetivismo da alma desejos e ideais para uma breve libertação do orbe inferior. Ambos os grupos estabelecidos no "Juízo Final", o do "trigo" e o do "joio", conseguirão acentuado progresso espiritual, de acordo com os valores afins ao seu psiquismo coletivo.

Os da direita do Cristo serão favorecidos com nova reencarnação na Terra já higienizada no seu clima e magnetismo, que lhes permitirá uma ascensão mais rápida, devido à pulsação uníssona dos sentimentos crísticos de todos. (Obra: *Mensagens do Astral*, 17ª edição, pp. 56/57)

Essência de Deus – sem culpas ou méritos

Na essência de Deus não há cogitação de culpa nem de méritos, com relação às suas criaturas; é a Lei equânime e sábia que, no exercício do próprio Bem, apanha os retardatários ou rebeldes que estacionam à margem dos caminhos da vida ilusória da matéria e então os coloca novamente no curso da mais breve ventura sideral. No vosso mundo, quando os motoristas infringem as leis do trânsito e são multados na conformidade da infração em que incorreram, de modo algum podem se queixar das autoridades que criaram essas leis para o benefício e segurança de toda a coletividade. (Obra: *A Sobrevivência do Espírito*, 8ª edição, p. 353)

Essênios e os velhos profetas

Como a tendência humana é de progredir incessantemente para expressões cada vez mas inteligentes e úteis, depois que os Essênios se consolidaram nessa forma associativa benfeitora, de segurança econômica e aprimoramento moral, naturalmente nasceu-lhes a idéia de uma instituição esotérica, a fim de se cultuar os valores do espírito imortal. De princípio, construíram pequenos mosteiros nas próprias comunidades rurais e ali deram início ao culto espiritual, cujas práticas ainda se atinham às superstições e aos ritos complexos dos orientais. Era então a fase da semeadura, em que ao lado das flores admiráveis do entendimento superior, existiam também as ervas da mediocridade humana. No entanto, a dignidade, os objetivos superiores e o desinteresse dos Essênios, visando exclusivamente ao Bem, atraíram a atenção do Alto e em breve eram alvo da presença de entidades de boa estirpe espiritual, que passaram a orientá--los para seu maior progresso espiritual. Como a Confraria dos Essênios era uma verdadeira ressurreição da velha "Fraternidade dos Profetas", fundada por Samuel, o Alto permitiu encarnações de alguns profetas tão tradicionais do Velho Testamento, em sua comunidade. Em breve, o padrão espiritual dos Essênios elevou--se ante a presença de espíritos de excelente estirpe sideral. Fez-se a desejada seleção, excluindo dos ritos e cerimônias os excessos supersticiosos, crescendo então a messe de conhecimentos superiores da vida imortal, guardando-se, porém, a necessária reserva daquilo que o homem profano ainda não poderia entender nem respeitar. (Obra: *O Sublime Peregrino*, 17ª edição, p. 279)

Estabilidade orgânica e oração

Embora a prece não proporcione absoluta proteção ao corpo físico contra as hostilidades do meio onde ele se manifesta, pelo menos dinamiza o seu energismo insuflando novos estímulos de vitalidade espiritual na organização humana. A frequência vibratória superior conseguida pelo recurso da prece no energismo do corpo físico, também assegura melhores relações e mais harmonia no metabolismo atômico das comunidades celulares. E disto resultam condições mais favoráveis para a atividade e equilíbrio do sistema nervoso e endocrínico, como principais responsáveis pela estabilidade orgânica da saúde do homem. (Obra: *Elucidações do Além*, 11ª edição, p. 109)

Estado de "erro" – combustível primário

Ninguém é castigado porque "peca", assim, como ninguém é premiado porque é "virtuoso", mas todo desvio do ritmo eletivo e da ascensão do ser espiritual resulta em atrito e reação retificadora da entidade imortal existente em cada ser. O estado de erro é vitalizado pelo consumo de energias de baixa vibração, porque são forças oriundas do reino animal primário e que sustentam o campo instintivo inferior. Após o gasto do combustível primário, então resta a fuligem aderida ao perispírito, que é resultante da movimentação dos desejos inferiores ou da violência mental e astral do homem. (Obra: *O Evangelho à Luz do Cosmo*, 9ª edição, p. 215)

Estatura e configurações humanas nos diversos mundos

Embora todo o espírito do homem seja sempre uma "centelha" emanada do Espírito Cósmico Divino, e, potencialmente, dotado da mesma capacidade criativa, a sua forma, estatura ou constituição biológica, nos vários orbes habitados, podem diferir ao infinito, em face das afinidades eletivas aos diversos fatores mesológicos de cada orbe. Não importa se um jupiteriano atinge 3 metros de altura, um habitante de Arcturo, além de possuir um corpo quase diáfano, alcança 5 metros de estatura, ou criaturas do satélite de Ganimedes, de Júpiter, não ultrapassam a 30 centímetros no seu crescimento. O certo é que a capacidade criativa e a memória perispiritual definitiva são independentes da configuração ou estatura da vestimenta física, a qual é transitória. O corpo, alto ou baixo, magro ou gordo, preto ou branco, é tão-somente a instrumentação necessária para a entidade imortal fazer as suas experiências evolutivas criativas nos mundos materiais. Em verdade, o sentido profundo e específico do espírito é lograr mais cedo a sua definitiva conscientização espiritual. (Obra: *O Evangelho à Luz do Cosmo*, 9ª edição, p. 309)

Etapa final do curso do espírito – o Anjo

O super-homem ou o anjo, em verdade, é a etapa final do curso do espírito que se individualiza e se emancipa no seio da Divindade. É, então, a chama consciente ou centelha sideral do Criador, que embora jamais se desvincule de sua fonte divina, sente-se e sabe-se uma criatura existente e definida no Universo. É o ser que, sob a égide da Lei, alcança a consciência nítida de "si mesmo", observa e vive as sínteses de suas experiências e vivências nos mundos físicos, e passa a aplicar a sua sabedoria e poder na Criação, justificando o próprio enunciado de Jesus: "Vós sois deuses".

É uma realização superior do ser, que a Lei o integra, pacífica e conscientemente, ao ritmo da pulsação criadora, comprovando-

-se o aforismo de que "o homem é perfeito, como perfeito é o Pai". No seu microcosmo, o espírito consciente, então, despertou todas as qualidades macrocósmicas do Criador; o reino microcósmico humano preenche-se com o reino macrocósmico Divino. (Obra: *O Evangelho à Luz do Cosmo*, 9ª edição, pp. 248/249)

Éter cósmico

Os globos físicos que rodopiam em torno de seus núcleos solares estão aparentemente separados pelos espaços vazios da visão humana; no entanto, eles se ligam vigorosamente entre si, pelas energias imponderáveis dos planos mental-concreto, astral e etérico, e as suas auras se tocam e se comprimem no intercâmbio de influências de todos os tipos. Eles rodopiam dentro de verdadeiros "canais siderais", que perfuram nos campos das energias poderosas que os sustêm no espaço. Nesse trânsito sideral, deixam sulcos luminosos de efervescências energéticas, que os encarnados ignoram e de cuja existência nem ao menos suspeitam em sua imaginação demasiadamente escrava das três dimensões.

No futuro, a instrumentação astronômica de precisão, baseada nos princípios do éter-cósmico e aproveitando-se da energia propulsora da luz, conseguirá atingir esse interior etérico ou subeletrônico, e então observar a incessante renovação de forças e a inteligência planetária que flui e reflui entre todos os mundos e todas as coisas, por mais distanciadas que estejam, fisicamente, entre si. Há permanente intimidade etereoastral entre galáxias, constelações, planetas, satélites, orbes e poeira sideral, pois as suas formas exteriores, mesmo as mais acanhadas, são apenas invólucros perecíveis, degradando-se na fase energética mais grosseira do Cosmo.

No Universo palpita algo desconhecido, operante e intermediário da Vida, que a ciência acadêmica, na falta de um entendimento além da palavra, denomina de éter-cósmico. Como todos os orbes, coisas e seres estão interpenetrados desse éter-cósmico e nada existe isolado nem distante de quaisquer relações; cada gesto, movimento ou pulsação de vida corresponde-se identicamente em todas as latitudes cósmicas. Eis por que todos os orbes estão interpenetrados, entre si, por energias que os incorporam igualmente, no fenômeno em que Deus-Espírito se expande para fora até à fase substância, embora continue sendo uma só Unidade. (Obra: *Mensagens do Astral*, 17ª edição, pp. 259/260)

Etereoterapia – futuro da medicina

Quando os cientistas terrenos puderem influir no psiquismo humano, tanto quanto já o fazemos em nossas colônias espirituais, eles poderão construir aparelhos de alta frequência e de sensível atuação no campo vibratório da "psique" humana, eliminando estados de espírito depressivos e sofrimentos emotivos sob a aplicação dessa avançada ciência, de "etereoterapia". Não se espante, o cidadão futuro, se o comércio mercenário anunciar aparelhos etereoterápicos de proteção contra cargas enfeitiçantes de bruxaria mental, verbal e física de encarnados e desencarnados! (Obra: *Magia de Redenção*, 12ª edição, p. 183)

Eternamente infeliz – impossibilidade real

É inegável que sois dono de vossa vontade ou do vosso livre-arbítrio, podendo praticar as vossas ações em benefício ou em prejuízo da coletividade, mas é preciso que vos lembreis de que a Lei do reajustamento e do equilíbrio ascensional do espírito intervém imediatamente, assim que exorbitais em vossas ações e delas resultam consequências prejudiciais ao próximo e desarmonia à ética evolutiva. A sabedoria popular antiga, certa da constante e eficaz presença da Lei Kármica por detrás de qualquer acontecimento inevitável ou trágico, preferia curvar-se humildemente à resignada convicção de que "Deus sempre sabe o que faz". Esta certeza também deveria participar de vossas convicções espirituais, pois é fora de qualquer dúvida que uma coisa ainda impossível no Cosmo é o fato de alguém se tornar eternamente infeliz. (Obra: *A Vida Além da Sepultura*, 9ª edição, p. 450)

Etiquetas religiosas e técnica sideral

Não importa se sois esoteristas, espíritas, teosofistas, católicos, protestantes, iogues, rosa-cruzes ou livres-pensadores pois, no momento nevrálgico de vossa renovação espiritual, a técnica sideral ignora as etiquetas religiosas, para só se preocupar com as necessidade dos corações embrutecidos pelo orgulho, a vaidade e o fanatismo doentio gerado sob a égide de qualquer credo, doutrina ou religião.

É por isso que, à medida que certos enfermos vão piorando pela necessidade de se abrandarem no seu sentimento religioso exclusivista, em torno dos seus leitos de sofrimento físico ou psíquico transitam médicos, curandeiros e homens de milagres, sem conseguir o êxito desejado. Depois, com o tempo, eles tanto aceitam o exorcismo do vigário local, o benzimento da preta velha, a simpatia da comadre amiga ou as orações do pastor circunspecto, como também o passe do médium cardecista ou o trabalho do preto velho marcando o "despacho" na encruzilhada!

No silêncio de sua alma, sempre há de ficar a lembrança das fisionomias que o rodearam apenas com um fito amigo e desinteressado — a sua sobrevivência! E o que antes lhe poderia parecer detestável situação de amargura e dor, mais tarde há de considerar como um excelente treinamento de retificação espiritual e amplitude de coração, favorecendo-lhe o mais breve encontro com aqueles que também buscavam a Deus através de outros caminhos que lhe são simpáticos e mais fáceis. (Obra: *Fisiologia da Alma*, 17ª edição, pp. 240/241)

Evangelho – cimento da codificação espírita

Não opomos dúvida a que a fenomenologia mediúnica, considerada exclusivamente como espetáculo incomum aos sentidos humanos, não é suficiente para modificar o raciocínio do homem impenitente. Na verdade, os fenômenos mediúnicos podem convencer o homem de sua imortalidade, sem no entanto o converter à vida moral superior pregada pelos mais abalizados instrutores do reino angélico. Justamente por isso, o Evangelho é a base ou o cimento indestrutível da codificação espírita porque o homem, além de reconhecer-se imortal, deve também angelizar-se através da mensagem do Cristo. Que vale a convicção salutar de sua imortalidade, se ele não se prepara para usufruir a ventura espiritual depois da morte física? (Obra: *Mediunidade de Cura*, 12ª edição, p. 35)

Evangelho das línguas – Esperanto

O amor de Zamenhof para com a humanidade, e a sua abnegação em servir aos seus próprios detratores, impregnaram a língua Esperanto de uma vibração psíquica de ternura espiritual tão sensível, na sua expressão idiomática, que a maioria dos seus simpatizantes é atraída por essa aura de bondade que foi a marca predominante do seu grande missionário.

Este é um dos motivos por que os espíritos superiores transmitem continuamente para a Terra o slogan de que "O Esperanto é o Evangelho das línguas", pois Luís Lázaro Zamenhof ainda adicionou ao seu magnífico trabalho linguístico as suas próprias vibrações de ternura, humildade e devotamento, lembrando os sublimes preceitos que inspiraram o próprio Evangelho de Jesus. (Obra: *A Sobrevivência do Espírito*, 8ª edição, p. 244)

Evangelho do Cristo – antídoto contra feitiços

Assim como o melhor "sujet" de hipnose é aquele que se mostra mais passível e sensível às sugestões de um hipnotizador, o melhor "sujet" para receptar a carga de enfeitiçamento feito à distância, também é a criatura enfraquecida no seu controle psíquico ou completamente dominada pelas paixões e vícios degradantes. O viciado é um fraco de vontade, um escravo do instinto inferior e infeliz *sujet* facilmente subjugado por outra vontade mais decidida. Mas se as paixões animais e os vícios aviltantes enfraquecem o controle do espírito e podem torná-lo vulnerável aos impactos enfeitiçantes e hipnóticos de feiticeiros hábeis, o seu fortalecimento ou libertação espiritual também pode ser conseguido através do recurso infalível do Evangelho do Cristo! (Obra: *Magia de Redenção*, 12ª edição, p. 120)

Evangelho – não julgamento, nem condenação

O Evangelho não é julgamento ou condenação dos espíritos ainda incipientes, e que se turbam na escalonada espiritual evolutiva nos mundos de formas; mas é apenas um "Código Moral" de vida superior, algo semelhante a um manual cívico disciplinando a conduta do futuro cidadão sideral, sob a miniatura esquemática das próprias leis do Universo. Não é de sua função exclusiva disciplinar homens para viver felizes na vida humana transitória, porém, um tratado sublime e catalisador de conscientização para o mais breve ingresso do espírito ao banquete angélico e eterno do "reino de Deus".

Jesus, Psicólogo Sideral, Coordenador de todos os demais instrutores espirituais que o antecederam nos evos findos, jamais cometeria o equívoco de exigir que um espírito ainda no alvorecer de sua consciência devesse agir sob o mesmo senso de justiça de um iniciado. (Obra: *O Evangelho à Luz do Cosmo*, 9ª edição, p. 243)

Evangelho no lar – balsamiza o ambiente

Assim como o amor, a ternura, a humildade ou a pureza emitem ondas e fluidos que balsamizam, aliviam e curam, também o ódio, a revolta, o sofrimento e o desespero lançam dardos que mortificam e abatem aqueles que ainda são vulneráveis em suas defesas magnéticas. Eis por que, depois dos trabalhos evangélicos no lar, onde os pensamentos se produzem sob o conforto espiritual da fé inspirada pelo sentimento amoroso do Cristo, o ambiente doméstico permanece saturado de emanações balsâmicas, que alentam os bons propósitos e sugerem os assuntos sublimes entre os seus componentes. (Obra: *Elucidações do Além*, 11ª edição, pp. 69/70)

Evangelho – síntese global de todas as épocas

O Evangelho é a síntese global de todos os ensinamentos dos iniciados que, respeitando o livre-arbítrio individual, apresenta para todas as épocas normas de evoluir ao alcance de todos os homens, mas independente de qualquer atributo pessoal, grau de inteligência, raça ou condição social. É o "Código Moral" de maior poder esotérico para a modificação humana, porque é definitivo e integral na sua mensagem cósmica. É de senso comum que até o momento nenhum filósofo ou cientista digno de nome vislumbrou qualquer absurdo ou regra insensata na estrutura do Evangelho. Embora o Evangelho seja o resumo espiritual elaborado de acordo com a cultura e os costumes da etnia judaica, ele consegue expor a mensagem para qualquer temperamento humano, em face de sua contextura de universalidade, inclusive proporcionando novas interpretações educativas e redentoras em conformidade com qualquer época.

É um processo doutrinário de moral espiritual, que disciplina e orienta qualquer tipo humano. (Obra: *O Evangelho à Luz do Cosmo*, 9ª edição, pp. 116/117)

Evangelização do espírito enfermiço

Todas as moléstias físicas cedem mais facilmente ao tratamento medicinal ou psíquico, desde que o enfermo se disponha e se esforce por espiritualizar-se, no sentido de melhorar a sua conduta particular e social, pois nenhum tratamento é mais eficiente do que o remédio abençoado prescrito pelo Evangelho de Jesus. Sem dúvida, a evangelização do espírito enfermiço nem sempre chega a tempo de curar-lhe o corpo físico, já saturado de venenos psíquicos gerados em vidas pretéritas e na existência atual.

Porém, mesmo assim, o seu anseio espiritual por evangelizar-se proporcionará certo alívio na vida de Além-túmulo após sua desencarnação; e é também uma credencial para que lhe seja facultada, no futuro, uma reencarnação mais saudável. Torna-se, portanto, evidente que a saúde física depende muito da "saúde espiritual". Motivo por que a auto-evangelização, embora não produza uma cura miraculosa, resultará em sensíveis melhoras porque o doente deixou de gerar e verter os venenos psíquicos que, anteriormente, lhe agravavam a enfermidade. (Obra: *Mediunidade de Cura*, 12ª edição, p. 191)

Evolução da consciência e música

É necessário que os vossos psicólogos, compositores e cientistas se interessem pela propagação da música criadora de sentimentos elevados, em vez de conjunto de melodias estimulantes de recalques libidinosos. Ela é impulso de vida, dinâmica e criadora; serve para o modelamento harmônico da alma e do corpo. Embora se manifeste, também, alentando emoções regionais e os anseios locais, na feição de música popular, há que ser cordial e límpida, que sensibilize a alma e afaste as insinuações torpes. É linguagem alta, divina, que não deve ser convertida em ritmos lascivos, ou insinuantes à malícia, aos crimes de lesa-beleza. É admissível o ritmo inocente e brutal do selvagem, pois está em consonância com a rudez de seu ambiente; mas não quanto ao civilizado, que já sabe distinguir a diferença entre a melodia superior e a fescenina. O desejo de mais breve angelitude exige, também, maior familiaridade à música que traz o brado emotivo e a ansiedade de pássaros cativos, como foram os vossos esclarecidos compositores da música divina. Tanto quanto o homem ascensiona para o Alto, mais ele se aproxima da mensagem da música, como alta manifestação da Natureza Divina. (Obra: *A Vida no Planeta Marte e os Discos Voadores*, 14ª edição, p. 273)

Evolução da mediunidade e ciência do futuro

Os médiuns, já o dissemos, atualmente ainda significam a cota de sacrifício atuando na vanguarda da divulgação da imortalidade da alma e do intercâmbio entre vivos e mortos. No futuro, o animismo improdutivo, as confusões freudianas, a associação de idéias, o histerismo, o automatismo psicológico e outros óbices indesejáveis, ainda existentes no intercâmbio mediúnico atual, hão de desaparecer em face do treino e da pesquisa dos próprios cientistas simpatizantes da doutrina.

A mediunidade evoluiu e aperfeiçoa-se, possuindo um roteiro definido para os desideratos superiores, tal qual a inteligência do homem também progride pelo exercício e o esforço incessante nos diversos setores da ciência do mundo. Inúmeras realizações técnicas e científicas que hoje deslumbram o vosso mundo, também requereram centenas de experimentos para corrigir os hiatos e as imprevisões, que existiam antes dos admiráveis padrões modernos. (Obra: *Mediunidade de Cura*, 11ª edição, p. 123)

Evolução do trabalho

Paradoxalmente, só trabalhando podereis livrar-vos do trabalho, porque se trata de ação e processo indispensáveis para a modificação e o aperfeiçoamento de qualquer coisa no Universo! O homem livra-se do trabalho degradante substituindo-o por outro trabalho mais sublime, à medida que apura a sua contextura espiritual. Trabalham os músculos de carne, quando o homem movimenta as cargas do mundo, mas o cérebro também trabalha e gasta a substância mental quando o homem pensa! São formas de trabalho ou de ações grosseiras ou delicadas, mas conforme a natureza e a exigência dos planos de manifestação de vida! Mas embora viva constrangido sob o jugo do "trabalho-obrigação", confie o homem terrícola que, ao subir de nível espiritual, ele também se candidata a outras formas mais agradáveis de trabalho. A mesma semente, que trabalha sacrificialmente no âmago da terra, mais tarde se embevece de júbilo, quando num trabalho mais sublime se entreabre na flor sob o beijo acariciador do Sol! A Lei Espiritual, equânime e benfeitora para tudo e todos, jamais deserda o homem e só lhe proporciona a colheita "segundo as suas obras"! (Obra: *A Vida Humana e o Espírito Imortal*, 11ª edição, pp. 148/149)

Evolução espiral e descobertas futuras

No futuro, a humanidade compreenderá o fundamento lógico, positivo e científico da magia, alquimia e feitiçaria. A evolução humana se faz por espiral, em ciclos gradativos, pois tudo o que hoje é posto de lado, como crendice ou superstição, amanhã será novamente retomado e estudado, descobrindo-se o seu fundamento sensato. As lendas dos vampiros, as crendices no poder de substâncias mágicas, as orações "fecha-corpo", ou amuletos, talismãs, filtros misteriosos e poderes excepcionais de certas pessoas, em breve serão explicados satisfatoriamente pelos cientistas e parapsicólogos modernos. (Obra: *Magia de Redenção*, 12ª edição, p. 182)

Evolução – impulso interno

A evolução é fruto de uma operação espontânea, um impulso ascendente, que existe no seio da própria centelha por força de sua origem. À medida que se consolida o núcleo consciencial ainda no mundo do Espírito, a tendência expansiva dessa consciência primária é de abranger todas as coisas e formas e, por esse motivo, ela não estaciona, num dado momento, no limiar da fenomenologia física, mas impregna-as impelida pelo impulso criador de Deus. Assim, o mais insignificante átomo de consciência espiritual criado no seio do Cosmo, jamais poderá cercear o ímpeto divino que o aciona para o aperfeiçoamento, e, consequentemente, para a própria condição angélica. Isso é fruto da legislação global do Universo, que se exprime pela igualdade, sem quaisquer privilégios ou diferenciações na escalonada do Espírito em busca de sua eterna ventura. Todo arcanjo já foi homem; todo homem será arcanjo — essa é a Lei. (Obra: *O Evangelho à Luz do Cosmo*, 9ª edição, p. 163)

Evolução terráquea – Adão e Eva e outros povos

Os "espíritos criadores", então, aglutinam as vidas microscópicas como amebas, células albuminóides, protozoários, unicelulares, que se multiplicam incessantemente sob o calor eletivo das águas, plasmando-se as formas de constituição superior. Delineia-se a configuração do globo terrestre; surgem os crustáceos marinhos e terrestres e os batráquios, que deixam as águas adaptando-se, pouco a pouco, nos charcos da superfície mais firme. O cenário terreno, apesar de instável e lodoso, denso e abafado, é entrecortado por incessantes tremores de convulsões provindas do núcleo central. Era o sexto dia apregoado pelo "Gênesis" e o período terceiro fixado pela Ciência terrena, prosseguindo os ensaios avançados da vida física, quando surgem Adão e Eva, precursores da raça adâmica constituída pelos exilados de um satélite de Capela, da constelação do Cocheiro.

No entanto, há muitos milênios antes desse exílio de "anjos decaídos" do mundo capelino, já viviam na Terra raças descendentes dos lemurianos e atlantes, os primeiros próximos das grandes vias fluviais e outros situados nas encostas de pedras e terrenos vulcânicos. Em consequência, a Terra já oferecia condições de vida humana no tempo de Adão e Eva porque há milênios ali viviam os remanescentes da velha Atlântida. (Obra: *A Missão do Espiritismo*, 10ª edição, pp. 227/228)

Evolução terráquea e das criaturas

A verdade é que decorreram muitos milênios até que a face do orbe se mostrasse apropriada à existência humana. O corpo terráqueo formava-se no seio das substâncias ignescentes e energias telúricas, submetido a toda espécie de reação e ensaio para se transformar na moradia da humanidade "feita à imagem de Deus". Formam-se os oceanos por força dos vapores inundando a atmosfera e o planeta agita-se instável e confuso, ferido por raios e tempestades, até fixar-se em sua órbita e submeter-se docilmente ao comando do poderoso centro solar. Finalmente, as condições terráqueas se fizeram eletivas à vida animal, graças à materialização do protoplasma,[5] essência da vida orgânica. Os prepostos de Deus, então, devotaram-se fielmente a organizar as espécies inferiores plasmadas pelo aglutinamento de infusórios e vidas microbianas. Enquanto transcorriam os milênios no calendário sideral, evoluiu a linhagem animal sob a pressão interna do Espírito compondo sua vestimenta transitória para relacionar-se com o meio planetário e plasmar a própria noção de ser e existir. (Obra: *A Missão do Espiritismo*, 10ª edição, p. 227)

Exêmplo pessoal e renúncia do mestre Jesus

Assim como os animais selvagens se tornam pacíficos e serviçais depois de domesticados, os homens, ainda que extremamente imperfeitos, também podem ser bons e ternos, domesticando suas paixões, em vez de atacá-las de modo agressivo. Jesus, alma sublime e generosa, propôs-se então ensinar os homens e torná-los dignos da ventura do "reino de Deus", onde a paz de espírito é o fundamento principal da existência paradisíaca. Mas também reconhecia a necessidade de viver as lições a serem ministradas à humanidade se quisesse, realmente, conquistar a confiança dos terrícolas. Só através do seu exemplo pessoal, da completa renúncia a todos os bens e prazeres do mundo, sofrendo estoicamente na própria carne as dores das ingratidões e agressividades alheias, ele então poderia demonstrar a sua fé incondicional e submissão absoluta à vontade de Deus, atraindo assim a confiança dos homens. (Obra: *O Sublime Peregrino*, 17ª edição, p. 172)

Exilados da Terra – alunos relapsos

---

[5] Vide o capítulo II, "Vida Organizada", da obra *A Caminho da Luz*, psicografada por Chico Xavier e ditada por Emmanuel, em que destacamos o trecho: "O protoplasma foi o embrião de todas as organizações do globo terrestre e se essa matéria, sem forma definida, cobria a crosta solidificada do planeta, em breve a condensação da massa dá origem ao surgimento do núcleo, iniciando-se as primeiras manifestações dos seres vivos". Aconselhamos aos leitores compulsarem essa excelente obra, que expõe todas as particularidades da Criação e impossíveis de serem explanadas por Ramatís na exiguidade deste capítulo.

Quando os alunos relapsos não conseguem assimilar as suas lições, seja por negligência, rebeldia ou desafeição para com os pais, são porventura contemplados com promoções para cursos superiores aos quais não fazem jus? Ou vêem-se obrigados a repetir o mesmo curso, recomeçando novamente a lição negligenciada? As almas exiladas da Terra para um mundo inferior não involuem, mas apenas reiniciam o aprendizado, a fim de retificar os desvios perigosos à sua própria Felicidade. Após se corrigirem, hão de regressar à sua verdadeira pátria de aprendizado físico no orbe terráqueo, que se tornará escola de mentalismo, para cujo desiderato a Técnica Sideral exige o sentimento aprimorado. (Obra: *Mensagens do Astral*, 17ª edição, p. 240)

Exilados de Júpiter e a Gênese mosaica

O próprio Gênesis explica que os espíritos exilados ou adâmicos foram expulsos do paraíso de Capela e casaram-se com as filhas formosas dos "homens da Terra". Ademais, havia outra raça de gigantes sobre a Terra, ou seja, "exilados" de Júpiter e de grande estatura como ainda é possível encontrar-se alguns raros no orbe, mas já enfraquecidos na sua contextura original. (Obra: *A Missão do Espiritismo*, 10ª edição, p. 229)

Exílio compulsório e lixa perispiritual

Os mundos físicos funcionam como verdadeiras "lixas" de áspera granulação, que extirpam, compulsoriamente, da veste perispiritual a crosta dos resíduos e das paixões da animalidade instintiva. E quando os espíritos matriculados no curso primário dos mundos físicos são reprovados no exame escolar ou de "Juízo Final", porque ainda lhes predomina a instintividade animal sobre a frequência sidérea perispiritual, então, só resta à Administração Sideral despejar os "maus inquilinos" para outra moradia agreste, mas eletiva para eles recapitularem as lições negligenciadas. Não se trata de nenhuma punição ou castigo de Deus, mas simplesmente uma operação retificadora, cuja finalidade essencial é promover a ventura do ser. (Obra: *O Evangelho à Luz do Cosmo*, 9ª edição, p. 336)

Êxito espiritual – aproveitamento das lições

É conveniente saberdes que o êxito espiritual reside, acima de tudo, no bom aproveitamento das lições vividas em ambas as regiões, ou seja, no Mundo Astral e na crosta física. É óbvio que esse maior ou menor aproveitamento do espírito varia de conformidade com os inúmeros fatores que já imperam no seio de cada alma em experimentação educativa. Consequentemente, em cada experiência vivida, avaliada e descrita pelo seu próprio agente espiritual, sempre existem situações, ensejos e soluções desconhecidas que podem servir-nos de orientação e apressamento para o término do curso de nossa ascensão espiritual. (Obra: *A Vida Além da Sepultura*, 9ª edição, pp. 21/22)

Êxito evolutivo – do centro para a periferia

Jesus bem sabia da inutilidade e inoperância dos tratados civis, das leis e dos códigos penais, das doutrinas e das seitas religiosas do mundo que tentassem disciplinar a conduta humana, porquanto a repressão moral não educa o coração do homem. Nem o culto religioso, a disciplina filosófica, nem os conceitos avançados de ética poderiam extirpar do coração dos homens as paixões e os vícios, se atuassem do "exterior" para o "interior". O êxito só poderá ser do centro para a periferia, do mundo oculto para o visível, do espírito para a mente, e na forma de um sentimento tão amoroso que consiga purificar os pecados da própria alma. (Obra: *O Sublime Peregrino*, 17ª edição, p. 171)

Êxito mediúnico – estudo e moralização

Ante a vossa indagação, só podemos insistir fastidiosamente na tecla batidíssima de que só há um caminho para qualquer médium lograr o melhor êxito no seu trabalho mediúnico é o estudo incessante aliado à disciplina moral superior. O espiritismo explica que não existem privilégios por parte de Deus para qualquer de seus filhos; em seu seio é inaceitável o milagre ou a magia, que contrariam a disciplina das leis siderais. Deste modo, nenhum médium ignorante, fantasioso ou anímico transformar-se-á em um instrumento sensato, inteligente e arguto, se não o fizer pelo estudo ou próprio esforço de ascensão espiritual.

Não contrariamos a tese de que é preferível o médium analfabeto, ingênuo e imaginativo, mas dotado de virtudes cristãs sublimes, ao médium intelectivo, culto e desembaraçado, porém vaidoso, mal intencionado ou interesseiro. Mas é evidente que ainda é melhor o médium humilde, bom e desinteressado, mas estudioso das obras espíritas e dos bons compêndios profanos, que se imuniza contra os automatismos psicológicos, as sugestões alheias e as interferências anímicas. (Obra: *Mediunismo*, 13ª edição, p. 189)

Experiências transitórias – as religiões

Ser católico, espírita, protestante, umbandista, teosofista, muçulmano, budista, israelita, hinduísta, iogue, rosa-cruz, krisnamurtiano, esoterista ou ateu, não passa de uma experiência transitória em determinada época do curso ascensional do espírito eterno. As polêmicas, os conflitos religiosos e doutrinários do mundo não passam de verdadeira estultícia e ilusão, pois só a ignorância do homem pode levá-lo a combater aquilo que ele "já foi" ou que ainda "há de ser". É tão desairoso para o católico combater o protestante, ou o espírita combater o umbandista, como em sentido inverso, pois os homens devem auxiliar-se mutuamente no próprio culto religioso, embora respeitem-se na preferência alheia, segundo o seu grau de entendimento espiritual. (Obra: *A Missão do Espiritismo*, 10ª edição, p. 139)

F

Face humana – espelho da alma

Realmente, há modificações que se processam no perispírito de certos desencarnados, dando-lhes aspectos exóticos ou repulsivos, em que, muitas vezes, reproduzem as feições de conhecidos animais. Mas é certo que também os encarnados podem revelar em sua fisionomia os mais variados estigmas resultantes das vicissitudes morais, ou então dos vícios aviltantes. A face da criatura humana assemelha-se à tela cinematográfica refletindo as sensações do filme; ali plasmam-se tanto os estados de ventura, bondade e otimismo, como se refletem as subversões íntimas e insistentes do ódio, da cupidez, da astúcia ou da avareza.

O semblante humano retrata prontamente as investidas emotivas da alma, assim como registra os seus mínimos pensamentos. (Obra: *A Sobrevivência do Espírito*, 8ª edição, p. 279)

Faculdade mediúnica – corolário do desenvolvimento espiritual

Os espíritos que já atingiram um alto nível moral e que, portanto, integraram-se à vida psíquica superior, quando encarnados são mais sensíveis aos fenômenos do mundo oculto, embora isto não aconteça de modo ostensivo, mas apenas através da intuição pura. A sua faculdade mediúnica, então, é o sagrado corolário do seu próprio aprimoramento espiritual, em vez de uma "concessão" extemporânea. Eles transformam-se em centros receptivos das manifestações incomuns que transcendem os sentidos físicos. Sua alta sensibilidade, fruto de avançado grau espiritual, afina-se incessantemente com os valores psíquicos do melhor quilate, facultando-lhes não só o conhecimento instantâneo dos acontecimentos presentes, como ainda as revelações mais importantes do futuro. O abençoado dom da Intuição Pura, e que em alto grau o possuíam Antúlio, Hermes, Rama, Crisna, Pitágoras, Buda, Ramacrisna e Jesus, além de outros seres que passaram anonimamente pelo mundo terreno, foi a faculdade iniciática que serviu para esses grandes espíritos liderarem as transformações admiráveis do espírito do homem. Eles tanto aferiram os fenômenos imediatos do mundo invisível, como ainda descortinavam amplamente a síntese dos acontecimentos futuros mais importantes, da Terra. (Obra: *Mediunismo*, 13ª edição, p. 68)

Faculdade mediúnica – ensejo de renovação

O médium em prova na matéria não deve esquecer que a sua faculdade mediúnica é apenas o sagrado ensejo de ele renovar-se espiritualmente; portanto, não deve prestar-se a qualquer especulação mercenária. Se, além de sua função de médium, ele ainda é obrigado a sacrifícios para prover a família debatendo-se mesmo na extrema miséria, não há dúvida de que na existência pregressa tanto fez mau uso do seu poder ou de sua inteligência, como também delinquiu devido ao mau uso da riqueza. (Obra: *Mediunidade de Cura*, 12ª edição, p. 204)

Faculdade mediúnica – ensejo evolutivo

Salvo raras exceções, o médium é um espírito devedor comprometido com o seu passado. Assim, a sua faculdade mediúnica é um ensejo de reabilitação concedido pelo Alto, no sentido de acelerar a sua evolução espiritual. Portanto, além de se dar cumprimento aos deveres inerentes à dita faculdade, terá de enfrentar também as contingências que a vida impõe a todos, pois os problemas que lhe dizem respeito só podem ser solucionados e vencidos mediante a luta e não pela indiferença ou preguiça, nem pela ajuda dos seus guias, pois estes somente ajudam os seus pupilos quando eles fazem jus pelo esforço próprio. (Obra: *Elucidações do Além*, 11ª edição, p. 58)

Faísca divina – fogo renovador

A Faísca Divina, quando eclode na alma humana num dos seus momentos de grande ternura ou sensibilidade espiritual, ateia o fogo renovador do espírito e transforma um "farrapo humano" num herói, ou um tirano num santo. Não importam os séculos e os milênios que já vivemos na matéria em contacto com a animalidade, no sentido de desenvolvermos a nossa consciência e enriquecermos nossa memória sideral. No momento oportuno de maturidade e progresso espiritual, o anjo que mora em nós assumirá definitivamente o comando do nosso ser. (Obra: *Elucidações do Além*, 11ª edição, pp. 83/84)

Falanges das sombras – libertação e consciência

As falanges das sombras envidam todos os esforços para destruírem as atividades benfeitoras que tentam esclarecer o homem quanto à sua verdadeira responsabilidade espiritual. É óbvio que a criatura terrena esclarece-se à medida que se desprende das faixas vibratórias dos espíritos viciosos e afeitos a toda sorte de paixões degradantes.

Assim que o homem assume a consciência de seus atos, controlando suas emoções e pensamentos, é indubitável que ele também se liberta da condição de um "repasto vivo" das entidades desencarnadas afeitas a todas as torpezas e aberrações. (Obra: *Elucidações do Além*, 11ª edição, p. 43)

Falanges de umbanda – tarefas

A umbanda opera nos desvãos nauseantes do subsolo astralino, no foco convergente das forças violentas e selváticas da criação inferior, enquanto o espiritismo não mexe com "formigueiros" tão perigosos, pois a sua atividade no plano mental é menos acessível à investida agressiva dos magos das sombras. As falanges de umbanda são agrupamentos de espíritos valentes, heróicos e experientes, que submergem nos pântanos da astralidade do planeta, a fim de neutralizar energias virulentas, desmanchar trabalhos de magia negra e reconduzir as vítimas à normalidade da vida física. São espíritos algo semelhantes aos serventes humildes, que abrem valas para as fundações dos alicerces dos nossos grandes edifícios. Inúmeras vezes, os trabalhadores de umbanda recebem ordens do Alto para socorrer determinados seres ou livrá-los das amarras dos maus fluidos da magia negra; doutra feita são solicitados para proteger determinados centros kardecistas, defendendo-os contra entidades agressivas, que atacam os labores mediúnicos de fenômenos físicos, tiptologia ou de operações transcendentais. (Obra: *A Missão da Umbanda*, 10ª edição, p. 184)

"Falar sozinho" – treino mediúnico

Já vos explicamos o treino a que os guias inteligentes submetem os seus médiuns intuitivos, cortando-lhes a fluência de comunicação para obrigá-los a prosseguir com seus próprios recursos intelectuais e morais. Há casos em que eles apenas fornecem o "tema" apropriado à comunicação mediúnica da noite, envolvendo o médium com os fluidos identificadores da sua presença espiritual e inspirando-lhe as primeiras idéias para depois deixarem-no comunicar sozinho até o fim dos trabalhos. Comprovando em seguida que a comunicação prossegue corretamente no seu curso objetivado, afastam-se do sensitivo em transe e, à distância, apreciam-lhe a comunicação anímica sobre o tema essencial, que o médium desenvolve exclusivamente com seus recursos. Ao encerrar-se a preleção, o guia se aproxima, firmando-a com sua personalidade conhecida.

Os espíritos protetores rejubilam-se quando comprovam que o seu pupilo já exerce de modo sensato e satisfatório o seu comando psíquico, tornando-se capaz de esclarecer e doutrinar o público à maneira de orador exímio, em vez de simples "robô" que transmite mecanicamente as mensagens dos espíritos desencarnados, mas sem a convicção espiritual daqueles que comunicam inteligentemente. (Obra: *Mediunismo*, 13ª edição, pp. 169/170)

Família – resultado de estudos laboriosos

As famílias terrenas resultam de estudos laboriosos procedidos no Espaço e disciplinados por um mesmo programa de educação coletiva conjugados equitativamente com o próprio progresso da humanidade. Os espíritos descem à carne atados por compromissos assumidos mutuamente, existência por existência, que os ligam desde séculos ou milênios, e não por ajustes de última hora ou decisões inesperadas dos mentores espirituais que presidem a essa seleção. (Obra: *Mediunidade de Cura*, 12ª edição, p. 210)

Fardo kármico e medicina

Embora o Alto tenha inspirado a Medicina para ajudar o terrícola a suportar o seu fardo kármico com estoicismo e resistência física, este exagera na sua garantia contra a dor e represa à custa de sedativos ou anestésicos o sintoma doloroso mais corriqueiro que, em geral, é um aviso biológico pedindo providências contra sofrimentos mais graves no futuro. Deste modo, vive psiquicamente destreinado para enfrentar as grandes dores, enquanto deposita toda a sua fé na ventura ilusória da vida material e considera o sofrimento, que purifica, como uma situação indesejável que deve ser combatida a todo custo! (Obra: *Fisiologia da Alma*, 15ª edição, p. 332)

Fardo kármico e mediunidade

Cada médium, como espírito em evolução, conduz o seu próprio fardo kármico gerado no pretérito delituoso, o que também lhe determina as obrigações em comum no lar, onde vítimas e algozes, amigos e adversários de ontem empreendem o curso de aproximação espiritual definitiva. Assim é que, em última hipótese, deve prevalecer sobre o serviço mediúnico o cumprimento exato das determinações kármicas que lhe deram origem à existência na matéria. E considerando-se que o mundo de César é o reino transitório dos interesses da vida material para a educação do espírito imperfeito, o dom mediúnico é a dádiva espiritual do reino do Cristo, e não mercadoria de especulação mundana. (Obra: *Mediunismo*, 13ª edição, p. 62)

Fatalismo – felicidade do porvir

O fatalismo, nesse caso, será apenas a sequência disciplinada na consecução dos planos traçados pelos Mentores, que temos graciosamente denominado de Engenheiros Siderais, e que operam sob a égide do pensamento augusto do Criador!

O Grande Plano de Deus, que se desdobra continuamente na formação de consciências individuais no seio da Consciência Cósmica, cria os orbes físicos como instituições de educação, para que as almas aprendam o alfabeto espiritual. O livre-arbítrio humano continua operante nesse fatalismo educativo, podendo apressar ou retardar o vosso aperfeiçoamento que, entretanto, está implacavelmente determinado no curso do Grande Plano Cósmico, assim como o de certas crianças escolares, obrigadas a repetir inúmeras vezes as mesmas lições negligenciadas.

A indesviável felicidade do porvir pode significar para vós um irremediável fatalismo, mas também possuís a liberdade e o livre-arbítrio para vos demorardes mais ou reduzirdes os ciclos tristes, nas reencarnações retificadoras nos mundos físicos! Embora movidos por fios invisíveis e implacáveis, vos encontrais no seio de um sistema benéfico, cujo único fim é a completa ventura espiritual! À medida que evoluirdes, reduzir-se-ão as algemas dos mundos materiais e o vosso livre-arbítrio dilatar-se-á tanto quanto crescerdes em consciência angélica e em sabedoria espiritual. A angelitude compreende a outorga de novos e maiores poderes para a alma criar e agir em nome do Pai! (Obra: *Mensagens do Astral*, 17ª edição, p. 126)

Fé – detonador psíquico

A fé que, em certos casos, os enfermos depositam sinceramente nos seus curandeiros hirsutos e desasseados é, justamente, o detonador psíquico que lhes desata as próprias forças vitais latentes, desentorpece-lhes os músculos atrofiados ou renova-lhes os tecidos enfermos, assim como a corrente elétrica ativa as funções das células nervosas na conhecida neuroterapia dos "choques elétricos". É desse modo que se processam as curas de Fátima, de Lourdes, e os milagres das promessas ao Senhor do Bonfim, de Iguape, a Nossa Senhora da Penha, de Guadalupe ou do Rocio, inclusive nos tradicionais lugares santos, imagens que choram e as estampas que piscam ou se movem.

Assim é que, diante das estátuas, das imagens mudas ou nos lugares santos e miraculosos, os aleijados abandonam as muletas, os cegos vêem, os surdos tornam a ouvir e desaparecem as doenças mentais atrozes, embora os enfermos não tomem qualquer contacto direto com criaturas vivas. Eles alimentam em si mesmos o clima energético espiritual que os torna hipersensíveis e dinâmicos; ou então absorvem os fluidos curadores dos espíritos terapeutas que ali atuam em favor da saúde humana. (Obra: *Mediunidade de Cura*, 12ª edição, p. 111)

Fé e intuição – a voz do silêncio

A fé é o produto da intuição, e a intuição é a linguagem oculta do Senhor a confabular em nossa intimidade. É a "Voz do Silêncio" da Divindade, em incessante intercâmbio com a sua criação, independente de fronteiras do tempo e do espaço. O homem socorre-se da instrumentação na pesquisa científica no mundo transitório da matéria, como recurso para desenvolver a sua capacidade de investigação através da vivência oculta do Espírito eterno e consciente. Em planetas mais evoluídos do que a Terra, não é a forma que orienta o homem, mas é o homem que orienta a forma. Não é o invólucro material o que deve induzir a existência íntima do espírito imortal; mas é o espírito indestrutível, quem modela a casca exterior perecível. O cientista busca o real da periferia da forma para a intimidade psíquica; então a sua fé se robustece, após satisfazer as exigências do raciocínio humano. E conforme diz Allan Kardec: "A fé só é fé quando pode encarar a razão face a face." (Obra: *O Evangelho à Luz do Cosmo*, 9ª edição, pp. 128/129)

Feitiço contra o feiticeiro – rebote

Os pensamentos malignos, que se chocam com as auras das pessoas "altamente evangelizadas", refratam-se e retornam imediatamente pela linha de menor resistência à imprudente criatura que os enviou, que recebe a carga mortífera centuplicada sob o velho axioma de que "o feitiço volta-se contra o próprio feiticeiro"! Os feiticeiros experimentados jamais se arriscam a enfeitiçar pessoas de elevado padrão espiritual, pois eles sabem que o rebate é imediato e tão violento, quanto seja o energismo defensivo da fonte que os repele!

Infeliz do espírito ou feiticeiro que ousa projetar a sua carga maléfica sobre qualquer núcleo de forças de alta voltagem espiritual! Jamais ele se rearticula para tentar outra operação semelhante! (Obra: *Magia de Redenção*, 12ª edição, p. 155)

Feitiço e evolução anímica

O feitiço, paradoxalmente, beneficia no seu mecanismo confrangedor, porque estimula a vítima a procurar soluções para o seu problema cruciante, e a coloca em contato com as criaturas entendidas no caso, como são os curandeiros, pretos-velhos e caboclos de terreiros. Inúmeros enfeitiçados, depois de comprovarem a intervenção benfeitora do mundo oculto na sua existência atribulada, então moderaram os vícios e as paixões que os prejudicavam na vivência espiritual. Eles admitiram a Lei do Carma e a lógica da Reencarnação, por força do impacto enfeitiçante, e disciplinaram os seus atos futuros melhorando o seu crédito na Contabilidade Divina. Os sofrimentos e as vicissitudes causadas pelo feitiço também amenizam a culpa cármica pregressa do espírito endividado e reduzem-lhe os padecimentos nos charcos purificadores do Além-túmulo. Ele sofre, antecipadamente, parte de sua expiação ainda na carne! O feitiço também pode ser o mal saldando o próprio mal, assim como a lixa faz o polimento da madeira rústica, o ácido limpa a vidraça suja e o cautério imuniza a ferida insolúvel! (Obra: *Magia de Redenção*, 12ª edição, p. 278)

Feitiço – mecanismo oculto

O feitiço é o processo de convocar forças do mundo oculto para catalisar objetos, que depois irradiam energias maléficas em direção às pessoas visadas pelos feiticeiros. O fenômeno é perfeitamente lógico e positivo, porque toda a ação enfeitiçante é ativada no campo das energias livres, em correspondência com as energias integradas nas coisas, objetos e seres. O trabalho mais importante dos feiticeiros ou magos consiste em inverter os pólos dessas forças, empregando-as num sentido agressivo e demolidor, conforme acontece com as próprias energias da natureza descobertas pelos homens. (Obra: *Magia de Redenção*, 12ª edição, p. 32)

Felicidade – equilíbrio entre o ser e o meio

O período almejado para a felicidade humana deve ser o estado de equilíbrio e de harmonia entre o próprio ser e o meio que elege para a sua atuação. Esse meio não pode ser o "habitat" dos mundos materiais, pois a matéria, como substância provisória, está condenada à dissolução. Não há ventura definitiva sobre as coisas provisórias, cuja instabilidade gera a inquietação e a desconfiança. A felicidade do espírito aumenta na razão direta do seu esclarecimento e conhecimento espiritual. Conforme afirma Paulo de Tarso, o homem precisa saber "o que lhe convém", porque com a simples substituição de desejos maiores não se cria a Felicidade! A insaciabilidade não é ventura, mas contínua transferência de sonhos e ambições: é um estado de inquietação e insatisfação ante a ignorância da criatura, que ainda não sabe realmente o que quer, como diz Paulo. (Obra: *Mensagens do Astral*, 17ª edição, p. 359)

Felicidade – supremo alvo

Qual é o supremo alvo do espírito determinado por Deus na sua ascese espiritual? Sem dúvida, é a Felicidade; gozo inefável, plenitude de sonhos, ideais e emoções concretizados em realizações venturosas! Mas o caminho deve ser percorrido pelo candidato, sem causar prejuízo ao próximo nessa caminhada em busca do seu Bem! É a única fórmula capaz de conduzir o homem à ventura sideral sem perturbar alguém; o Amor é o combustível vital de Deus e o alimento seivoso da alma! (Obra: *A Vida Humana e o Espírito Imortal*, 11ª edição, p. 269)

Fenômenos *post-mortem* – realidades perispirituais

Na época da codificação espírita, o conceito generalizado dos seus adeptos era de que a morte do corpo carnal compacto deixava o espírito desencarnado tão-somente atuando no campo mental. Em consequência, após a desencarnação, todos os fenômenos próprios do mundo físico não passariam de ilusões que podiam ser eliminadas nas doutrinações de espíritos sofredores. Deste modo, a maior preocupação dos doutrinadores resumia-se em eliminar da mente dos comunicantes as "miragens" obstrutivas ou reminiscências da vida material.

No entanto, com o advento de obras mediúnicas psicografadas na atualidade por bons médiuns, comprovou-se que o perispírito não é apenas um corpo tão simples como se supunha nas primeiras revelações espíritas.[1] Mas trata-se de um equipo complexo sobrevivente, que além de sua capacidade mental também se constitui do veículo astral, conhecido desde os Vedas como o "corpo dos desejos" e transmissor dos sentimentos e outros fenômenos do Espírito imortal. Em consequência, o simples desvestimento do corpo carnal não extingue vícios, desejos e velhos hábitos estratificados no mundo físico, assim como os fenômenos *post-mortem* de sofrimento, lesões, fadiga, fome e sede não são frutos do pensamento indisciplinado, mas cruciante realidade atuando com mais intensidade no espírito desencarnado.[2]

A morte apenas transfere o espírito para outra moradia, sem lhe violentar o campo de idéias e emoções cultuadas no mundo material. (Obra: *A Missão do Espiritismo*, 10ª edição, p. 172)

"Fila" hipotética para a reencarnação

No espaço que circunscreve o globo terráqueo em todo o seu sentido esférico, entre os vinte bilhões de espíritos que o povoam há mais ou menos dez bilhões que ainda necessitam de reencarnação com certa urgência. Se fosse possível atendê-los com a concessão de corpos físicos adequados a cada caso kármico, eles renasceriam imediatamente, a fim de despejar na matéria terrestre os venenos que ainda lhes corroem as almas torturadas por toda sorte de sofrimentos. Na imensa fila de candidatos à reencarnação existem seres tão desesperados, que não recuariam diante da existência física mais atroz, da vida mais deserdada da sorte, desde

---
1 Vide capítulo "Perispírito", obra *O Livro dos Espíritos*, de Allan Kardec.
2 Relato do espírito André Luiz na obra *Nosso Lar*, cap. II, de Chico Xavier, após a sua desencarnação: "Torturava-me a fome, a sede me escaldava. Comezinhos fenômenos da experiência material patenteavam-se-me aos olhos. Crescera-me a barba, a roupa começava a romper-se com os esforços da resistência, na região desconhecida. De quando em vez, deparavam-se verduras que me pareciam agrestes, em torno de humildes filetes de água a que me atirava sequioso. Devorava as folhas desconhecidas, colava os lábios à nascente turva, enquanto me permitiam as forças irresistíveis, a impelir-me para a frente".

que pudessem descer para a carne, esgotando nesta o conteúdo tóxico e torturante, que ainda percorre a delicada fisiologia dos seus perispíritos. Para casos perturbados do Além, não há recurso mais eficiente do que a reencarnação, pois constituem imensa legião de desatinados e devedores, cujo credor principal ainda é a Terra. (Obra: *A Vida Além da Sepultura*, 9ª edição, pp. 400/401)

Filho pródigo – desejo de ser "anjo"

Contudo, mesmo os que serão emigrados para recomeço das lições reprovadas, e que suspirarão, em momentos de nostalgia, ante a perda do seu "paraíso terrestre", não estão deserdados dos bens eternos de Deus. O magnânimo Pai vos atende sempre. Mas, quanto ao destino que preferis, Ele também é paciente em aguardar-vos na figura bíblica do "filho pródigo". Há um determinismo indesviável: o animal transformar-se em anjo. E há um livre-arbítrio, respeitado também pelo próprio Criador, em suas criaturas: a maior ou menor demora no desejo de *ser anjo*. (Obra: *A Vida no Planeta Marte e os Discos Voadores*, 14ª edição, p. 33)

"Filho sideral" – segunda pessoa da trindade

Não há milagres nem subterfúgios da parte de Deus; nenhuma entidade espiritual, malgrado ser um Logos Solar, poderá ensinar, orientar e alimentar humanidades encarnadas, caso não se trate de uma consciência absolutamente experimentada naquilo que pretende realizar. Não havendo "graças" imerecidas, nem privilégios divinos, obviamente os arcanjos também fizeram sua escalonada sideral sob o mesmo processo extensível a todas as almas ou espíritos impelidos para o seu aperfeiçoamento. Se um Arcanjo ou Logos planetário pode ligar-se ao Espírito de um medianeiro, como o Cristo uniu-se a Jesus, e sendo incessante o progresso espiritual, mais cedo ou mais tarde, o próprio Jesus alcançará a mesma frequência e graduação arcangélica. E quando o espírito do homem alcança a condição beatífica de Arcanjo, ele é então chamado o "Filho Sideral"; é um Cristo, cujo estado espiritual absoluto é o Amor, como a "Segunda Manifestação de Deus" ou a "Segunda Pessoa da Santíssima Trindade", ainda tão mal compreendida entre os católicos e os protestantes, e injustamente criticada pelos espíritas ortodoxos.

Assim, o Logos ou Cristo planetário da Terra é realmente a Entidade Espiritual que, atuando na consciência global de toda a humanidade terrícola, alimenta e atende a todos os sonhos e ideais dos homens. É a Fonte Sublime, o Legado Sideral de Deus doando a Luz da Vida; o "Caminho, a Verdade e a Vida", em ação incessante através da "via interna" de nossa alma. (Obra: *O Sublime Peregrino*, 17ª edição, pp. 70/71)

"Filhos de Deus" – Adão e Eva capelinos

Quando Caim matou Abel já existiam outros povos na Terra, remanescentes dos próprios terrícolas, de exilados de Marte e do satélite de Júpiter, todos provindos das civilizações desaparecidas da Atlântida.[3] Em consequência, o primeiro casal bíblico não passa de alegoria representando o núcleo central dos exilados de Capela. Aliás, contrariando a convicção de alguns religiosos dogmáticos, depois de Caim e Abel, Adão e Eva ainda tiveram outro filho chamado Seth, conforme diz o Gênesis: — "Tornou Adão a conhecer sua mulher; e ela pariu um filho, e lhe pôs o nome de Seth, dizendo: "O Senhor me deu outro filho em lugar de Abel, que Caim matou" (4: 25). Diz ainda o Senhor que fez o homem à sua semelhança, criou macho e fêmea e os chamou pelo nome de Adão no dia em que foram criados; Adão, depois que gerou Seth, ainda gerou mais filhos e filhas e viveu durante 930 anos." (Gên., 5: 1 a 5).

Essa narrativa identifica perfeitamente que Adão e Eva representavam, na Terra, os "filhos de Deus", ou seja, os "exilados" de Capela. Haviam desenvolvido a consciência de tal modo, que isso já os classificava como os "filhos de Deus", mas rebeldes, anjos decaídos e expulsos do Paraíso. Mas é preciso distinguir os espíritos exilados ou "filhos de Deus", descidos do céu, dos demais habitantes primitivos que já existiam na Terra e nessa época ficaram

---

3 Vide a obra *O Enigma da Atlântida*, de Cel. Braghine, publicada pela **EDITORA DO CONHECIMENTO**, capítulo III. "As Raças Adâmicas", da obra *A Caminho da Luz*, página 29, que diz: "É que, com essas entidades, nasceram no orbe os ascendentes das raças brancas. Em sua maioria, estabeleceram-se na Ásia, de onde atravessaram o istmo de Suez para a África, na região do Egito, encaminhando-se igualmente para a longínqua Atlântida, de várias regiões da América guardam assinalados vestígios". Aliás, os fenícios, derivados do grego "phoinos" (vermelho), descendiam do povo de Caru, ramo atlântico que isolou-se da raça-mãe, quando houve a ruptura do istmo de Gibraltar.

sendo conhecidos como os "filhos dos homens". (Obra: *A Missão do Espiritismo*, 10ª edição, pp. 228/229)

Fim do mundo – injustiça?

A extensão dessa tragédia está na medida exata do modo de pensar e de interpretar de cada ser. Já vos dissemos que os que consideram o cortejo de prazeres medíocres e as fugazes gloríolas da Terra como objetivos importantíssimos e definitivos a serem alcançados, pressupõem no fim do mundo um plano terrível e até injusto. Mas os que compreendem a dor como purificação e aceitam a morte como libertação do mundo ilusório, não sofrem perturbações no seu equilíbrio interior. A água pura não se aflige com a poeira que se apegue ao exterior do frasco! (Obra: *Mensagens do Astral*, 17ª edição, p. 107)

Fim dos tempos – características

São as consequências nefastas dos desregramentos humanos e que ameaçam dominar toda a humanidade. O magnetismo inferior, gerado pelo atavismo da carne e pelos pensamentos dissolutos, recrudesce e se expande, formando ambiente perigoso para a existência humana disciplinada. São épocas em que se observa verdadeira fadiga espiritual; em que domina o desleixo para com os valores das zonas mais altas da vida cósmica. As energias primitivas, saturando o "habitat", aumentam a invigilância, e o gosto se perverte; escapam aqueles que vivem, realmente, os postulados do Evangelho à luz do dia. (Obra: *Mensagens do Astral*, 17ª edição, p. 30)

Fim dos tempos e evangelização

A massa passível de provação não poderá ser premiada "ex-abrupto", em consequência de adesão de última hora aos postulados do Evangelho. Cada alma tem que ser a tecelã de sua própria libertação espiritual. As condições energéticas que ela cria em si mesma, despertando-lhe os valores mais altos, é que realmente a conduzem para a "direita" ou para a "esquerda" do Cristo. Que adiantaria conceder autorização ao pássaro, para voar, se as suas asas ainda não houvessem crescido? Essa regeneração de última hora, a que aludis, já vos indica que o espírito se regenerou subitamente devido ao medo, à angústia, ou porque comprovou a realidade do "fim do mundo"... Pouco mérito terá, pois, para que seja afastado dos acontecimentos catastróficos. Se realmente estiver arrependido e regenerado, há que provar, à luz dos acontecimentos acerbos, a sua nova fé e a sua nova disposição espiritual. Uma renovação nessas condições mereceria a resposta que Jesus deu a Tomé: "Tu creste, Tomé, porque me viste; bem-aventurados os que não viram e creram". Bem-aventurados também — diremos nós — aqueles que se evangelizarem antes de precisarem colocar os dedos nas brasas dos acontecimentos profetizados para o fim dos tempos! (Obra: *Mensagens do Astral*, 17ª edição, pp. 40/41)

"Fio da navalha" e o homem novo

A Terra é escola de educação espiritual primária que só libera os seus alunos depois que eles forem aprovados em todas as matérias nela existentes. Os espíritos sabem que não há "graça" nem privilégios extemporâneos na senda da evolução espiritual; por isso, quando o discípulo desperta para a realidade da vida imortal, ele encontra-se diante de um problema capital de sua existência, porquanto, ao mesmo tempo, entram em conflito, na sua consciência, os instintos primários do animal e a súplica do anjo para que ele prefira lutar para subir ao Paraíso. É o momento cruciante, que os, hindus definem como o adepto caminhando sobre o "fio da navalha", porque, realmente, ele encontra-se angustiado e indeciso entre o "céu e o inferno", pois tem de desintegrar a personalidade do "homem velho", dando ensejo ao nascimento do "homem novo" do padrão angélico enunciado por Paulo de Tarso.[4] (Obra: *Elucidações do Além*, 11ª edição, p. 97)

Fisionomia humana – marcianos mais evoluídos

O seu metabolismo "psicofísico" obedece às mesmas leis fundamentais de vossa constituição orgânica; e as linhas fisionômicas,

---
[4] Diz o brocardo hindu: "Difícil é andar sobre o aguçado fio de uma navalha; e árduo, dizem os sábios, é o caminho da Salvação". Para o leitor estudioso, recomendamos a obra *O Fio da Navalha*, de W. Somerset Maugham, romance que expõe de modo compreensível inúmeros ensinos e admiráveis atitudes do discípulo oriental.

embora da mesma configuração, são destituídas de rugas precoces e dos estigmas de vossas aflições, decorrentes de uma existência descontrolada. O semblante humano, que revela sempre o estado de alma da criatura, é neles límpido e sereno; inspira confiança e é convite à afeição pura. Os seus olhos cristalinos, expressivos de ternura, lembram aquele conteúdo formoso e angélico que iluminava continuamente o semblante de Jesus. Principalmente a tonalidade da pele é o que mais os destaca dos terrícolas, pois é lisa, aveludada e luzidia como a pele das crianças; parece esticada sobre os ossos e não tem quaisquer sinais desagradáveis. Mesmo quando atingem a velhice, embora ela perca a exuberância da juventude, conserva o tom rosa-azeitonado; e suas fisionomias ascéticas, de perfis santificados, são isentas das rugas do ancião terreno. Os velhos que identificamos na população marciana refletem a figura veneranda de apóstolos, sadios, sem os achaques que provocam movimentos tardios e fatigados. Não se lhes notam vestígios dos traços violentos que golpeiam certas fisionomias terrenas; nem as expressões denunciadoras de quaisquer sentimentos ou recalques de emoções agressivas ou deprimentes. O homem amadurecido da Terra, equiparado ao velho marciano, é um ancião decrépito e vencido. (Obra: *A Vida no Planeta Marte e os Discos Voadores*, 14ª edição, p. 58)

Fluido mórbido específico e evolução

Cada pecado, já o dissemos, produz ou mobiliza um tipo de fluido mórbido específico, em conformidade com as emoções subvertidas da consciência.

Cada homem possui uma virtude dominante sobre as demais virtudes menores, assim como também é vítima de um pecado mais grave que prevalece sobre os demais pecadilhos inofensivos. Deste modo, o espírito do homem, em sua romagem terrena, pensa, emociona-se e age oscilando entre os extremos da faixa vibratória do "maior pecado" e da "maior virtude"! Sofre, goza, erra, aprende ou corrige-se, conforme o domínio do mais forte pecado que o algema ao "inferno" da consciência torturada, ou o eleva ao "céu" das virtudes angélicas. (Obra: *Mediunidade de Cura*, 12ª edição, p. 70)

Força mental – poder ilimitado

A enfermidade física é apenas um efeito contensivo e transitório, que tanto ajusta o energismo espiritual negligente no pretérito, como também se torna o meio pelo qual o espírito expurga os venenos psíquicos que lhe impedem a diafanização do perispírito. Como o homem é o produto do seu pensamento e, portanto, se converte naquilo que pensa, também termina plastificando as linhas sadias e o vigor energético para os seus corpos futuros, quando se habitua a só cultivar as expressões de harmonia que fundamentam a intimidade angélica de toda criatura. O poder mental, cujo domínio é tão apregoado pelos teósofos, iogues e esoteristas, quando é exercido de modo positivo e sensato, caldeia sadiamente a personalidade futura, porque é força ilimitada que atua no mundo oculto das causas dinâmicas do espírito criador.

Daí verificar-se que, mesmo a criatura mais deserdada na vida física, ainda pode servir-se de sua vontade e atuar na origem ou na essência de sua vida imortal, usando de força mental positiva para desatar as algemas da infelicidade, ou sobrepujar em espírito os próprios efeitos kármicos do seu passado delituoso. Então é a própria Lei Kármica que passa a ser dirigida pelo espírito em prova, e que inteligentemente procura ajustar-se ao curso exato e evolutivo da vida espiritual, integrando-se ao ritmo natural de seu progresso; ele abstém-se de resistir ao impulso sábio que lhe vem do mundo oculto do espírito e harmoniza-se paciente e confiante aos objetivos do Criador. (Obra: *Fisiologia da Alma*, 15ª edição, p. 211)

Forças curativas e benzimento

O benzedor projeta sobre o paciente um feixe de forças em frequência vibratória dinamizada pela sua condição amorosa de curar. Todos nós estamos impregnados de forças curativas e poderíamos operar verdadeiros milagres, assim como as cachoeiras e cascatas são fontes de energias, que sabiamente aproveitadas, podem iluminar o mundo. Desde que soubéssemos mobilizar e disciplinar as energias que nos rodeiam, poderíamos produzir acontecimentos que o bom-senso julgaria miraculosos! Os benzedores enfeixam as energias que flutuam no ambiente onde eles atuam e as projetam sobre os enfermos, e o êxito da cura depende da maior ou menor receptividade psíquica dos mesmos. (Obra: *Magia de Redenção*, 12ª edição, p. 191)

Forças genéticas – necessidade de controle

As mesmas forças genéticas que serviram para modelar o corpo de carne do homem das cavernas, como veículo indispensável ao desenvolvimento da sua consciência espiritual, podem causar-lhe distúrbios e doenças, se ele as utilizar agora, em atitudes contrárias à ética de um ser superior. Assim, é natural o animal encolerizar-se, ser cruel, astucioso ou ferozmente egoísta para manter a sua sobrevivência física, porquanto essa sua tara é instintiva, visto ele não ser ainda dotado de raciocínio. Porém, o homem, já consciente de si mesmo na Vida Cósmica, deve repudiar esses impulsos primários do seu ego, que lhe serviram há milênios para a confecção do seu veículo carnal quando ele ainda era um ser ligado ao "espírito-grupo" coordenador da sua espécie. (Obra: *Mediunidade de Cura*, 12ª edição, p. 62)

Forças propulsoras da alma

Realmente, a Lei é esta: a alma não retrograda, mas sim evolui ou estaciona. Mesmo durante essa fase que vos parece de improdutivo estacionamento, as forças propulsoras não se extinguem no seio da alma, mas se represam em salutar concentração, lembrando o repouso da natureza quando, durante o Inverno, aquieta as suas energias para depois incentivá-las vigorosamente na Primavera. O que vos causa dúvida provém de situardes a sequência da vida imortal do espírito sob a marcação prosaica do calendário humano. Embora, para o entendimento humano, os milênios pareçam algo impressionantes no conceito de tempo e espaço, eles ainda pesam muito pouco no desenvolvimento formativo das consciências individuais, que são lançadas virginalmente na corrente da evolução espiritual. (Obra: *A Sobrevivência do Espírito*, 8ª edição, p. 283)

Forma perfeita de ascensão – o Evangelho

O Evangelho, portanto, é a fórmula perfeita de ascensão espiri-

tual, porque resolve todos os problemas humanos na luta pela libertação definitiva do espírito do mundo das formas transitórias. Sem dúvida, não é conquista fácil. A evangelização exige absoluta renúncia do ser ainda fascinado e imantado pela linhagem sustentadora do mundo animal. Mas há aqueles que provaram essa possibilidade e deixaram um rasto de luz e de amor no seio de vossa humanidade. São eles os exemplos positivos de que é difícil, mas não é impossível.
(Obra: *O Evangelho à Luz do Cosmo*, 9ª edição, p. 123)

Formação da consciência e a dor

O espírito do homem, por ser de origem divina, pressente em sua intimidade que há de ser feliz; mas, incipiente e ainda incapaz de alcançar essa ventura completa nas suas primeiras tentativas, sofre desilusões e toma por sofrimento detestável as correções kármicas que o conduzem novamente ao caminho certo. No entanto, como o homem é feito à imagem do Criador, pois "o filho e o pai são um", não cessa o desenvolvimento consciencial da criatura, ante a força expansiva do Criador, que se manifesta de dentro para fora na consciência humana.

Mas durante esse processo de expansão e aperfeiçoamento de sua consciência, o espírito sofre as reações agressivas e naturais dos mundos onde se plasma nas formas animais, que são o alicerce necessário para o ativamento da chama angélica palpitante em sua intimidade. Submetido ao cárcere de carne, confunde-se e considera o processo incomodo, que lhe aperfeiçoa a têmpera, como sendo um castigo divino, ignorando que, sob a Lei Sábia do Criador, está-se operando a metamorfose do animal para o anjo destinado à eterna Glória Celestial! O curto período de dor e sofrimento nos mundos planetários, durante o qual se dá a formação e desenvolvimento da consciência do filho de Deus, é depois compensado regiamente pela felicidade eterna no Paraíso!
(Obra: *Fisiologia da Alma*, 15ª edição, pp. 242/243)

Formas-pensamento – aura da Terra

A aura do orbe parece o centro de imenso oceano etérico, vaporoso e cintilante, alimentado pelas fabulosas energias que transmitem e refletem as formas-pensamentos dos homens, lembrando verdadeiros cardumes de peixes fantasiosos, coloridos ou pétreos! As mais absurdas e inconcebíveis configurações mentais atritam-se e encorpam-se para projetar-se em várias direções, arrastando inapelavelmente formas semelhantes. É um turbilhão de ondas mentais propagando-se em todos os sentidos e formas-pensamentos entrecruzando-se e buscando pouso incessante na multiplicidade das mentes que compõem a consciência coletiva da humanidade! Há uma riqueza de cores formosas e fascinantes, porém, que jamais se misturam ou se fundem à massa de tons escuros, repulsivos, irascíveis e pegajosos do submundo mental! (Obra: *Magia de Redenção*, 12ª edição, p. 75)

Fórmula psicoquímica para o homem superior – Evangelho

A razão é uma aquisição do espírito, fruto de observação, do desenvolvimento e da conclusão do homem operando na fenomenologia da matéria; enquanto a intuição é qualidade inata e permanente do espírito. Malgrado a importância, a natureza e o progresso na renovação da roupagem do mundo material, cuja transfiguração incessante o conduz para formas mais apuradas, graças à pertinácia do estudo e da pesquisa científica, o certo é que só o Espírito sobrevive e permanece imortal. Num campo vibratório mais sutil e mais interligado à matéria, preexiste e sobrevive o Espírito, que é o verdadeiro autor e sustentador da vida. Em consequência, como o Evangelho é um "tratado de Moral Espiritual", a fim de catalisar a realidade do anjo existente em potencial na intimidade do homem, é ele o verdadeiro orientador da atividade social e psicológica da humanidade. O Evangelho possui a única e insuperável fórmula "psicoquímica" capaz de estimular e aprimorar a avançada combinação "psicofísica" do homem superior em qualquer latitude geográfica do orbe. (Obra: *O Evangelho à Luz do Cosmo*, 9ª edição, p. 130)

Fracasso dos médiuns e médicos – Lei Kármica

Os terrícolas, em sua maioria, baixam à sepultura depois de intoxicados pela alopatia, perfurados pelas agulhas hipodérmicas, bombardeados pela eletroterapia, afetados pela radiografia ou então mutilados pela cirurgia, quer sejam crianças, moços ou velhos, mesmo depois de assistidos pela maior sumidade médica do mundo ou atendidos pelo mais famoso médium terapeuta. Diante do sofrimento corretivo decretado pela Lei de Causa e Efeito não tenhais dúvida: fracassa tanto o médico quanto o médium, pois a dor, nesse caso, não é acidente nem doença, mas um recurso disciplinador para o espírito retornar à sua verdadeira rota espiritual e evitar maiores prejuízos para o futuro. (Obra: *Mediunidade de Cura*, 12ª edição, p. 78)

Fragmento de Deus – o homem

O espírito do homem, como um fragmento do espírito de Deus, descido à forma exterior da matéria, possui no seu invólucro perispiritual a miniatura de todas as energias e substâncias do Cosmo. O espírito-puro, nessa tradicional descida angélica, até atingir a substância física, vai incorporando gradativamente os elementos de todos os planos que se situam no caminho. Em sentido contrário, as adaptações imaturas para o "mais alto" sempre oferecem maiores dificuldades, porque exigem um processo de vigorosa libertação das energias inferiores. Vezes há em que a própria vontade e a capacidade do espírito são débeis para a ascensão, enquanto que as adaptações para os planos inferiores são mais fáceis porque ele comanda energias também inferiores e se deixa plasmar pelo vigor atuante do "mais baixo".

É mais difícil ao celerado equilibrar-se especificamente na morada dos santos, do que estes suportarem a atmosfera nauseante da prisão do delinquente. O batráquio do charco não resiste à rarefação do ar das montanhas, mas o condor dos Andes sobrevive ao nível do mar. (Obra: *Mensagens do Astral*, 17ª edição, pp. 257/258)

Fragmento do Espírito Cósmico – o homem

O homem é um ser muitíssimo complexo, e nós mesmos,

espíritos desencarnados, ainda pouco sabemos da sua contextura espiritual eterna. O espírito do homem é um fragmento ou centelha virginal do Espírito Cósmico. É inconsciente em sua origem, até habitar a matéria, onde aprende a engatinhar e a modelar a sua consciência de "existir" ou "ser" alguém no seio do todo. Através dos estímulos da vida animal inferior ou instintiva, entra em relação com o meio ambiente e, gradualmente, coordena as suas reações, passando a sentir-se um indivíduo de existência à parte, porém, intimamente ligado ao Espírito de Deus. (Obra: *Sob a Luz do Espiritismo*, 3ª edição, p. 147)

Francisco de Assis e a mediunidade

A mediunidade de Francisco de Assis era para si mesmo a faculdade divina que o fazia vislumbrar a paisagem do mundo angélico de Jesus, sem necessidade de qualquer demonstração espetacular e fenomênica de materializações, levitações ou voz direta dos desencarnados. Em consequência, a mediunidade intuitiva, ou mais propriamente a "mediunidade espiritual", é faculdade superior a qualquer outra mediunidade que ainda dependa da fenomenologia do mundo terreno e transitório, para então provar-se a realidade do espírito imortal. (Obra: *Mediunismo*, 13ª edição, p. 42)

Francisco de Assis – libertação kármica

É Francisco de Assis um dos exemplos mais edificantes e inconfundíveis de liberação antecipada do seu karma físico pois, tendo nascido em berço rico e cercado de gente afortunada, vaidosa e aristocrata, preferiu repartir seus bens com os pobres e desfez-se de seus trajes de seda e de veludo para vestir a grosseira estamenha; e em lugar do cinto recamado de pedrarias e da vistosa espada do fidalgo, amarrou à cintura um cordão de cânhamo! Foi com o mais profundo sentimento de renúncia que ele aceitou a advertência evangélica do Cristo Jesus: "Não possuais ouro nem prata nem cobre em vossos cintos, nem alforjes, nem duas túnicas, nem calçado, nem báculo em que apoiar-vos...".

Sob tal resolução heróica, em que Francisco de Assis extinguiu de uma só vez o desejo e venceu o Maya — a grande ilusão da vida material — é óbvio que também cessou de gerar karma físico para o futuro, pois a sua vida, completamente devotada ao serviço amoroso a todos os seres e coisas do mundo, terminou por desatar-lhe os últimos laços de ligação às formas do mundo terráqueo. (Obra: *Fisiologia da Alma*, 15ª edição, p. 213)

Freio fisiológico – ferramenta educativa

O orador capcioso deve retornar, em nova existência, sob terrível gagueira. A sua redução inicia-se pela perda da antiga palavra fácil e hipnotizadora. Antes, o seu espírito fascinava as multidões, pelo encanto da voz aveludada e do gesto elegante; depois, é ridicularizado nos esgares da gagueira e nos esforços hercúleos que faz para ser compreendido. O seu espírito, embora amordaçado por essa impossibilidade fisiológica, desenvolve os poderes da reflexão e coordena os seus pensamentos antes de os expor em público. Ele avalia a angústia para compor as palavras através da gagueira, e se vê obrigado, por isso, a só tratar do que é benéfico e útil; desaparecem a insinceridade, os subterfúgios, a dialética complicada e as antigas manhas, porque para o gago o tempo urge; há que aproveitá-lo com inteligência, se quiser fazer-se entendível e tolerável pelos seus impacientes ouvintes! Impedido de empregar os antigos jogos florais da palavra que emocionava, mas que era um desmentido ao seu modo de pensar, o espírito do gago ajusta-se a um raciocínio correspondente exatamente ao seu modo dificultoso de falar. Em consequência disso, adquire hábitos novos e bons, que não cultuava no passado; obriga-se a veicular pensamentos úteis, verdadeiros e leais, que precisam ser entendíveis à luz do dia, através de poucas palavras. Mas, apesar disso, o espírito do antigo orador não retrograda ou involui, porquanto o fator coercitivo da fala é apenas uma breve contemporização na vida terrena; é um "freio fisiológico" que retifica o excesso de volubilidade psíquica da existência anterior, sem lesar, porém, a verdadeira consciência espiritual. Sob a coação da gagueira, os impulsos levianos e de má-fé deixam de agir, pois são preciosos os segundos para que o gago se faça compreender, devendo, por isso, expor em público só aquilo que é medido, calculado e escoimado de inutilidade e más intenções. É terapêutica reeducativa e que elimina os subterfúgios nas relações humanas, trazendo melhores qualidades à bagagem da razão do espírito.

Nenhuma alma pode recuar do ponto em que já consolidou a sua consciência de "ser" e "existir"; tudo aquilo que já conquistou de bom e acumulou nas romagens físicas e astrais, vive-lhe perenemente na memória. (Obra: *Mensagens do Astral*, 17ª edição, pp. 246/247)

Frequência vibratória superior

Há que entender, também, que Deus, acima de tudo é "Ciência Cósmica". Podeis conseguir a angelitude exclusivamente através dos caminhos silenciosos da meditação, ouvindo apenas aquela "Voz do Silêncio" que opera na intimidade espiritual. Mas não modificareis o processo único do mecanismo científico, que só eleva os estados inferiores para os estados superiores, através das mudanças de faixas vibratórias. Embora vos entregueis à idéia de que o vosso êxtase é apenas um "estado sublime e divino", na intimidade do mundo interno, os fenômenos que se sucedem, conduzindo-vos a essa sublimidade, estão perfeitamente subjugados pelas leis implacáveis que regem as alterações vibratórias. Enquanto vos sentis eufóricos porque vencestes um estado inferior e lograstes um estado superior espiritual, na realidade científica do Cosmo, o vosso espírito conseguiu alcançar "frequências vibratórias" mais velozes e sutis, que já existem palpitantes na intimidade sideral. A frequência vibratória do "amor" humano é distintíssima da que se comporta sob a força destrutiva do ódio. A deslumbrante aura de Jesus é campo vibratório inacessível ao homem comum. (Obra: *A Vida no Planeta Marte e os Discos Voadores*, 14ª edição, p. 190)

Freud e o karma

Dizemos "complexos e recalques freudianos", porque é sob essa designação que muitos de vós conheceis os efeitos das condições kármicas da humanidade terrena. Aqui, passam cegos pelas ruas citadinas a curtir na desventura das sombras o mau uso que fizeram da sua visão perfeita no passado; ali, alienados e imbecis a se moverem amargurando os prejuízos que causaram alhures na posse da razão normal; acolá, aleijados erguem os tocos de braços na mensagem dolorosa de terem subvertido a função digna, das mãos! Não estão curados de suas mazelas e vilanias do pretérito, mas já se disciplinam sob a imposição benfeitora do karma retificador. Se Freud, ao examinar o "porão das inferioridades" das criaturas humanas, tivesse sido mais exigente e ultrapassasse o berço do nascimento físico, é certo que não tardaria em catalogar nova messe de recalques e complexos pré-reencarnatórios, ocultos perigosamente e impedidos de se manifestarem ante a força disciplinadora da Lei do Carma. (Obra: *Fisiologia da Alma*, 15ª edição, p. 118)

Fronteira entre o homem e o anjo, e carnivorismo

Louvamos incondicionalmente o homem evangelizado, ainda que carnívoro, mas o advertimos de que, enquanto mantiver no ventre um cemitério, há de ser sempre um escravo preso à roda das reencarnações retificadoras, até acertar as suas contas kármicas com a espécie animal! Se ele é um evangelizado, deve saber que o ato de sugar tutano de osso e devorar bifes o retém ainda bem próximo dos seus antepassados silvícolas, que se devoravam uns aos outros devido à sua profunda ignorância espiritual. A ingestão de vísceras cadavéricas e o ato de matar o irmão inferior tanto distanciam a fronteira entre o anjo e o homem, como agravam o fardo kármico para os futuros ajustes espirituais. (Obra: *Fisiologia da Alma*, 15ª edição, p. 35)

Frutas – profilaxia e terapêutica

Desde que os cientistas terrenos lobrigassem a verdadeira natureza configuracional e "químico-magnética" das frutas, que agem em correspondência com as debilidades "biomagnéticas" de cada órgão do corpo humano, produziriam verdadeiros milagres no campo profilático, preventivo e mesmo terapêutico. Bastar-lhes-ia indicarem espécies frutíferas cultivadas sob disciplina astrológica e em perfeita relação com o nascimento também astrológico de cada doente. A fruta teria por função fazer a cobertura magnética do órgão enfraquecido, atuando pelo seu divino quimismo inacessível aos instrumentos grosseiros do mundo material. Podeis avaliar, portanto, a verdadeira terapêutica com que a Divindade socorre os seus filhos, nas suas enfermidades, sem a violência das substâncias heterogêneas e mineralogicamente radioativas, que alteram comumente o labor endocrínico do corpo humano. (Obra: *A Vida no Planeta Marte e os Discos Voadores*, 14ª edição, p. 335)

Fruto de inspiração divina – o Evangelho

Mesmo que o Evangelho fosse apenas um arranjo fantasioso, fruto da imaginação de poetas, filósofos ou religiosos aglutinando conceitos e máximas em torno de um Jesus fictício, jamais alguém descobriria fonte de moral mais pura e reserva de ensinamentos mais elevados para a salvação e ajuste da humanidade. Todos os esforços, atos, sonhos, ideais e intenções que os homens empreenderam para a conquista de virtudes sublimes ou de amorosa confraternização, já se encontravam expressos no Código Superior do Evangelho. Malgrado as interpolações, incoerências, lendas, contradições ou arranjos sobre o que disse e viveu Jesus, jamais alguém poderá minar a contextura sublime do Evangelho, que é fruto inconfundível da Inspiração Divina.

No entanto, o que deveria surpreender os próprios críticos ou desfiguradores da obra de Jesus, é que os evangelhos se originaram de anotações pessoais de sua vida e dos seus ensinos entre um povo cativo e primário. Quem poderia pressupor, naquela época, que um singelo grupo de pescadores, campônios e gente de má fama, ao registrarem os exemplos e os ensinamentos do seu querido rabi e mestre, estavam compondo a obra moral e educativa mais fabulosa para a modificação histórica e redenção espiritual da humanidade? (Obra: *O Sublime Peregrino*, 17ª edição, p. 250)

Fumantes mulheres – aviltamento

Não pretendemos exprobrar a mulher pela sua debilidade em fumar, mas consideramos que a figura feminina é a convergência delicada da poesia divina modelada na forma humana. Nunca o seu porte delicado se deveria humilhar aos tristes arremedos de vícios detestáveis e próprios da imprudência masculina, como sejam o fumo, o álcool ou a glutoneria. Só poderá restar algo de mais terno e valioso na vida humana tornando-se a mulher a esperança e o símbolo de elevada inspiração espiritual da própria organização humana.

A mulher moderna que se desbraga cada vez mais no vício do cigarro e da bebida torna-se grotesca e ridícula pois, imitando os vícios do homem sem possuir a sua força original, apenas se exibe em infeliz masculinização, que pouco a pouco lhe destrói o encanto milenário. E assim se nivela não aos mesmos direitos masculinos aos quais busca fazer jus na comunidade humana, mas sim ao rol dos vícios perniciosos preferidos pelos homens negligentes e ainda desinteressados de sua própria ventura espiritual. Embora seja mulher, não se esquivará de sofrer no Além-Túmulo os terríveis efeitos da nicotina-astral a circular-lhe pelo perispírito, obedecendo fielmente à lei de que "a semeadura é livre, mas a colheita é obrigatória".

Para muitas mulheres que fumam desbragadamente, será muito triste, no futuro, que, por efeito de sua negligência espiritual, também se transformem em exóticas "piteiras vivas" de outras infelizes mulheres torturadas e vencidas pelo desejo do mesmo vício do fumo no Além-Túmulo. Como o sexo é apenas sinalética saliente no mundo físico, na intimidade do corpo masculino ou feminino reside sempre a alma colhendo de conformidade com a sua sementeira e ligando-se aos campos da vida do Além na conformidade de sua própria afinidade espiritual para com o Bem e para com o Mal; para com o digno ou para com o vício. (Obra: *Fisiologia da Alma*, 15ª edição, pp. 101/102)

Fumo e libertação mental

É óbvio que o problema não se resume em "largar o cigarro", como costumais dizer, mas em readquirir o poder da vontade, que se acha escravizado por ele. Se o homem abandonar o fumo, a carne ou o álcool, mas continuar mentalmente a fumar, a comer carne e a ingerir álcool, pouco importa que esteja fugindo do objeto do vício, pois é certo que ainda não é dono de sua vontade. É na mente do homem que, antes de tudo, deve ser empreendida uma campanha sadia contra o vício; através de reflexões inteligentes, deve ele se convencer da estultícia de se submeter a prejuízos físicos, psíquicos e econômicos, causados pelo cigarro, o charuto ou o cachimbo. A ofensiva, portanto, não deve ser iniciada contra o objeto do vício, que é o fumo, mas no sentido de recuperação do comando mental perdido; há que ser retomado novamente o psiquismo diretor dos fenômenos da vida de relação entre a alma e o meio! É preciso que o homem se torne outra vez o senhor absoluto dos seus atos, desprezando as sugestões tolas e perniciosas do vício que o domina. (Obra: *Fisiologia da Alma*, 15ª edição, p. 96)

Função da dor – processo de evolução

Tudo depende do modo como interpretamos o fenômeno da dor; para uns é castigo de Deus com o fito de punir os pecados dos homens; para outros é efeito das faltas cometidas em vidas anteriores; raros, porém, aceitam a dor como processo de evolução espiritual. Ela só se manifesta diante de qualquer resistência física, moral ou espiritual para com o sentido útil, benfeitor e harmônico da Vida. Pode ser considerada em sua função criadora quando examinada em qualquer reino da natureza: no reino mineral, ela poderia ser catalogada no processo benéfico de transformar o ferro em aço e no burilamento do cascalho bruto para o brilhante sem jaça; no reino vegetal, ela estaria presente no apodrecer, germinar e crescer da semente no seio triste da terra; na configuração humana, então a vemos corrigindo e ajustando a centelha espiritual para que obtenha a sua consciência nos caminhos da forma do mundo exterior. (Obra: *Fisiologia da Alma*, 15ª edição, pp. 245/246)

Função da dor – tecer o Arcanjo

Não viveis na terra em consequência de algum castigo ou equívoco por parte do Criador, mas apenas vos educais para no futuro usufruirdes o direito de habitardes os planos paradisíacos.

Aproveitai bem vossas experiências espirituais, assim como fazem os bons alunos no currículo escolar. Embora a dor e o sofrimento sejam desagradáveis, a sua função é a de transformar a vestimenta perispiritual oriunda das energias telúricas do mundo animal na contextura delicada da túnica angélica. A encarnação do espírito nos mundos planetários é providência abençoada, que desenvolve a sua consciência e proporciona-lhe a oportunidade de alcançar a ventura pelo mérito do esforço pessoal. A sua demora no contato com a matéria provém do desejo sempre insatisfeito e do apelo demasiado à grande ilusão da vida física, como se esta fora a verdadeira vida. Os entretenimentos ilusórios da matéria e as paixões perigosas, quando muito cultuados, enfraquecem a vontade e a hipnotizam de retorno à linhagem animal que constitui a base do perispírito. Mas é de lei divina que todas as almas terminem saturando-se pela mediocridade dos sentidos físicos e modifiquem seus planos e destinos, para buscarem em definitivo as compensações elevadas dos mundos espirituais.

E sob a nossa singela opinião, o Cristo-Jesus ainda é o "Caminho, a Verdade e a Vida", e por esse motivo vos aconselhamos a segui-lo como o roteiro mais certo para a nossa vida e mais breve libertação das algemas kármicas do passado! (Obra: *Fisiologia da Alma*, 15ª edição, pp. 277/278)

Função dos pais – domar a animalidade

O corpo de carne, à guisa do "cavalo-selvagem", é o vigoroso potencial de forças herdadas do animal e caldeadas na formação das espécies primárias. Portanto, é perigoso e imprudente os pais ou avós deslumbrarem-se pelos seus descendentes, só porque eles herdam-lhes a fisionomia, a cor, o porte e o jeito! Deste modo, abrem-lhes as comportas do instinto inferior, enquanto o espírito é arrastado no vórtice da rebeldia em face de sua frágil autonomia sobre o corpo carnal! A principal função dos pais, durante a infância dos filhos, é diminuir-lhes, tanto quanto possível, a obstinação, a brutalidade, o despotismo e as más tendências. (Obra: *A Vida Humana e o Espírito Imortal*, 11ª edição, p. 24)

Fundamento do espiritismo – o Evangelho

Jesus não exigia que os homens se tornassem santos ou heróis sob a influência imediata de suas palavras. Ele ensinava os predicados do Céu no seio da vida em comum, nas ruas, nas estradas, nos campos, nos lares ou à beira das praias. O Mestre preferiu conviver entre o povo aflito e sofredor e que pedia consolações, em vez de interessar-se pelos poderes políticos ou complicações religiosas do mundo. Suas máximas eram simples, compreensivas e fluíam diretamente para o coração dos homens, através de recomendações inesquecíveis como "Ama ao próximo como a ti mesmo", "Faz aos outros o que queres que te façam", "Quem se humilha será exaltado" ou "Cada um colhe conforme suas obras".

Jamais outro Código Moral tão sublime poderia fundamentar o espiritismo, cuja doutrina também é um modelo de simplicidade, lógica e libertação. A verdade é que nenhuma moral ensinada pelos espíritos poderia se comparar com a prédica evangélica que Jesus expôs aos terrícolas. Allan Kardec, mais uma vez, comprovou a sua elevada missão entre os homens quando escolheu o Evangelho de Jesus para orientar as atividades espíritas. (Obra: *A Missão do Espiritismo*, 10ª edição, p. 59)

Futebol – função espiritual

Conforme previsões dos mentores espirituais que atendem a estabelecer nas vossas distrações coletivas, o ambiente afetivo de congraçamento cristão, o vosso futebol, no futuro, em vez da sua rudeza atual, será compreendido como veículo propício ao desenvolvimento da vontade, da argúcia e vivacidade mental. Não há, pois, inconveniência em que pratiqueis o futebol, mas torna-se imperativo que vos esforceis por condicioná-lo ao sentido elevado a que se destina, pois é um dos esportes configurados no terceiro milênio como instrumento favorável ao intercâmbio energético entre o corpo e o espírito. Por conseguinte, não deveis abolir ou condenar esse esporte; o que importa é "subordinar a sua perfeição" a concepções de fraternidade, arte e beleza e não a superficialismos de animosidade e violência. E para sua evolução muito contribuirá a circunstância de que, no terceiro milênio, todos os esportes que podem contribuir para o aprimoramento moral e físico do povo, serão constituídos sob departamentos educacionais mantidos pelos governos e facultados ao público gratuitamente. (Obra: *A Vida no Planeta Marte e os Discos Voadores*, 14ª edição, p. 239)

Futebol – terapêutica ocupacional

O futebol ainda atrai as energias moças de todas as instituições educativas e associações de jovens, ajuda a extravasar a vitalidade buliçosa e expansiva, de modo a reduzir os problemas para as próprias autoridades do país! É uma espécie de "terapêutica ocupacional", que modera a tensão mórbida e vital dos moços, impedindo muita degradação por ausência de objetivos proveitosos! O futebol é benéfico e salutar para o povo brasileiro, porque atende-lhe o temperamento, a euforia característica de raça, diverte, associa amizades, une simpatias, cria responsabilidades, constrói estádios e remunera milhares de criaturas, que mourejam à sua sombra num trabalho pacífico! A necessidade de os futebolistas manterem-se fisicamente em forma, para as competições de importância, afasta-os dos vícios perniciosos e obriga-os a uma vida regrada e benéfica para a própria família! (Obra: *A Vida Humana e o Espírito Imortal*, 11ª edição, p. 311)

Futebol – válvula de contenção para o povo brasileiro

Graças aos esquemas traçados pela Administração Sideral do Brasil, sempre houve coincidências de o povo brasileiro enfrentar os seus problemas nacionais complexos e as graves mudanças políticas, em simultaneidade com certas competições futebolísticas importantes no país ou exterior, ainda acrescidas de algumas incertezas, como a contusão ou impossibilidade de certo craque participar da porfia futebolística.[5]

Assim, as soluções políticas, no Brasil, são paradoxalmente resolvidas sob um clima apolítico e esportivo, por parte do povo dominado pelo signo do futebol, surgindo as soluções pacíficas e compreensíveis, sem o derramamento de sangue, tão peculiar e odioso dos morticínios fratricidas, que ocorrem na maioria das repúblicas latinas, em países árabes e africanos ainda escravos dos instintos belicosos! É de senso comum que o futebol propagou mais eficiente-

---

[5] Nota do médium – Ramatís tem razão, pois em quase todas as dissonâncias políticas e problemas governamentais, inclusive o enfarte de Jango Goulart, a renúncia de Jânio, a revolução de 1964 e outros acontecimentos despercebidos, o futebol esteve mobilizando a atenção do nosso povo, desligando-o das preocupações mais perigosas. Significativamente, em tais momentos, há sempre contusão de um Pelé, dúvida na presença dum Garrincha, operação dum Tostão, ou ainda a preocupação de jogos em clima incomum como no caso da altitude do Chile! Ainda, há pouco, o 1.000º gol de Pelé teve o dom de unir magneticamente o povo brasileiro, comovê-lo em face da repercussão; tal feito entusiasmou até reis e cientistas do mundo.

mente o nome do Brasil, no exterior, do que muita embaixada e seus assessores emperrados numa burocracia estéril e cansativa! (Obra: *A Vida Humana e o Espírito Imortal*, 11ª edição, p. 312)

Futuras moradas

Inúmeros planetas em que a brisa é melodia celestial e os seres vivos se assemelham a focos de luz policrômica, em que a humanidade é um todo sinfônico de luz, perfume e sons, constituem, todos, vossas futuras moradas. E assim virão a ser a Terra, Marte e Mercúrio; pois na sua eterna pulsação de vida e ansiedade, a cadeia de orbes que se prendem ao invisível colar cósmico, forma a alta e imensurável escada de Jacó que o homem terá de subir para alcançar a Verdade espiritual que lhe facultará a conquista da felicidade celestial absoluta. (Obra: *A Vida no Planeta Marte e os Discos Voadores*, 14ª edição, p. 39)

Futuro da humanidade – uma só família

Ante o Mestre Jesus, o casamento não deveria impedir a floração dos sentimentos naturais de cada cônjuge, quanto ao seu proverbial espírito de justiça, tolerância, amor e devotamento ao próximo. O simples fato de duas criaturas unirem seus destinos na formação de um novo lar, não deve ser impedimento destinado a reduzir o amor espiritual ou substituí-lo pelo sentimentalismo egocêntrico do amor consanguíneo. Quando, no futuro, as virtudes superiores da alma dominarem os interesses e o egoísmo humanos, então existirá uma só família, a da humanidade terrena. Os homens terão abandonado o amor egoísta e consanguíneo, produto da família transitória para se devotarem definitivamente ao amor de amplitude universal, que consiste em "amar a Deus sobre todas as coisas e ao próximo como a si mesmo". (Obra: *O Sublime Peregrino*, 17ª edição, p. 150)

G

Garantia contra feitiço – conduta superior

A conduta superior sempre atrai entidades de melhor estirpe espiritual, em favor dos necessitados, enquanto a oração eleva a frequência vibratória do duplo etérico defensivo do ser. Os espíritos das sombras encontram maiores dificuldades para exercer a sua atividade daninha e fatigam-se quando a vítima se reajusta incessantemente à frequência espiritual superior à faixa vibratória onde eles operam. Repetimos que não é fácil para os desencarnados lograrem êxito em todas as suas ações diabólicas contra os "vivos" pois, em caso contrário, a humanidade já estaria completamente escravizada aos desígnios do mundo oculto, e os homens seriam incapazes de quaisquer iniciativas e discernimentos particulares. (Obra: *Magia de Redenção*, 12ª edição, p. 136)

Gênese bíblica – períodos geológicos

Apesar da aparente incongruência no relato bíblico da Criação, observa-se uma perfeita ordem e disciplina nos atos de Deus, pois tudo surge gradativamente e cada coisa no seu tempo devido. Evidentemente, seria flagrante ingenuidade dos críticos do Velho Testamento, ainda suporem que o Gênesis refere-se a "dias" da Criação, quando trata-se de alegoria velando a idéia de "períodos longos" de evolução geológica em sucessão através de muitos milênios. Na época da revelação o povo não poderia entender o processo da condensação de energia cósmica até formar a matéria, através de fases tão demoradas e sem ponto de apoio mental para configurarem todo o processo criativo. Aliás, nem se admitia a forma esférica da Terra e a natureza do sistema geocêntrico de Kepler com os demais planetas em torno do Sol, quanto mais admitir-se a contextura atômica e molecular da substância terráquea a evoluir para formas cada vez mais aperfeiçoadas. (Obra: *A Missão do Espiritismo*, 10ª edição, p. 225)

Gênesis – descida do pensamento do Onipotente

Conforme elucida João Evangelista, "no princípio era o Verbo, e o Verbo estava com Deus, e o Verbo era Deus". Através da ação dinâmica do Verbo, conceituado como o pensamento "fora de Deus", a condição abstrata na Mente Divina ou Cósmica se revela na figura de "matéria", ou de mundos exteriores, isto é, o pensamento puro de Deus como princípio de todas as coisas e seres.

O Gênesis então relata essa "descida" do Pensamento puro do Onipotente até se exteriorizar na forma de matéria componente do mundo exterior. "No princípio criou Deus o céu e a Terra; a Terra, porém, era vã e vazia; e as trevas cobriam a face do abismo; e o espírito de Deus era levado sobre as águas", demonstrando que a energia cósmica provinda de Deus ainda estava na forma líquida e a caminho de forjar a substância matéria. Em seguida, o Criador vai compondo e criando a Terra e a destaca do mar; depois o reino vegetal com as árvores e a sementeira procriadora; depois, os répteis, os peixes, as aves e os animais, cada um segundo sua espécie, porém, numa escala progressiva conforme denuncia a ciência nos diversos períodos de formação planetária. Finalmente, cria o homem à sua imagem e que presida aos peixes do mar, às aves do céu, às bestas, e a todos os répteis, que se movem em toda a Terra, e domine toda Terra. Após essa enunciação e término da criação propriamente dita, o Senhor abençoou o que fizera, mandando que todos os seres "crescessem e se multiplicassem". E assim Deus descansou no sétimo dia, isto é, criado o mundo "exterior" emanado de Si Mesmo, deixou que a vida e o progresso das espécies, coisas, seres e homens se fizesse sob o impulso interior de "serem feitos à sua imagem". (Obra: *A Missão do Espiritismo*, 10ª edição, pp. 225/226)

Gênios da música e ressonância espiritual

No vosso mundo de vibrações grosseiras, a música é a única arte que participa e reflete expressões sublimes daquela espiritualidade em que a alma, embora prisioneira de um corpo carnal, já consegue mergulhar no êxtase que a faz aspirar o perfume suavíssimo das alegrias celestiais.

Entre vós, a música é a única arte que para ser "produzida", dispensa a utilização de quaisquer acessórios materiais, pois as outras, como a estatuária e a pintura, para manifestarem-se, exigem elementos "brutos" como sejam a pedra, o mármore, o cinzel, as tintas, os pincéis e as telas.

É tal a ressonância espiritual de suas harmonias no seio do Cosmos, vibradas pelos Anjos ou Gênios da Música, que o taciturno Beethoven, já completamente surdo, teve o singular privilégio de escutar, escrever e transmitir ao mundo algumas sinfonias simplesmente maravilhosas e imortais. (Obra: *Elucidações do Além*, 11ª edição, p. 164)

Gênios do submundo e fascinação

Esses espíritos são os mais daninhos e diabólicos na função de subverter as convicções espirituais dos encarnados, pois conseguem fazer passar as suas realizações maquiavélicas como se fossem serviços prestados pelas entidades benfeitoras e de responsabilidade. Gênios do submundo espiritual, com a mente extraordinariamente desenvolvida e sabendo manejar com sucesso algumas energias do mundo oculto, também operam com certa facilidade no campo da fenomenologia mediúnica ectoplásmica. O seu principal intuito é o de fascinar e decepcionar os homens que só se interessam pelos fenômenos que os "convencem" através da prova dos sentidos físicos, enquanto cessam a indagação interior e deixam de adaptar-se aos princípios do Cristo. Então ateam o entusiasmo da crença transitória nos encarnados descuidados de sua introspecção espiritual e ávidos de sensações exóticas, produzindo-lhes fenômenos mediúnicos invulgares, que os impressionam.

No entanto, decorrido certo tempo de treino fascinador, essas entidades passam a agir sub-repticiamente; semeiam as contradições mediúnicas e pouco a pouco levam os seus próprios admiradores à desconfiança e à profunda descrença, desmentindo os próprios fenômenos e as revelações que produziram anteriormente. Pérfidos em suas intenções, conduzem então o trabalho mediúnico para a vulgaridade, a confusão e a dúvida, enquanto pela via intuitiva levam os encarnados à completa incredulidade daquilo que assistiram à conta de manifestações do mundo espiritual. (Obra: *Mediunismo*, 13ª edição, pp. 140/141)

Governador planetário – Jesus

Jesus não foi nomeado um tarefeiro incomum, mas eleito[1] pela sua elevada sabedoria e excelso amor, tratando-se da única entidade ainda no comando de vossa humanidade, capaz de servir de intermediário eficiente e correto da inalterável mensagem de Amor do Cristo Terráqueo. Jesus foi o sublime médium da entidade arcangélica responsável pela consciência espiritual do vosso orbe; espécie de elo vibratório, proporcionando a fluência do amor crístico até a maior capacidade de assimilação da humanidade terrena. No entanto, o próprio Jesus é atualmente o governador de toda atividade espiritual, social e mesmo científica da Terra, cabendo-lhe a imensa responsabilidade de traçar os rumos e os destinos dos homens, sob o incentivo libertador do Evangelho. (Obra: *O Evangelho à Luz do Cosmo*, 9ª edição, p. 159)

Governo da mente – chave do progresso

Feitos à imagem de Deus, nós também possuímos a miniatura do poder, da glória e da sabedoria divinas. O fracasso, o infortúnio, a ignorância e o mal são frutos exclusivos de nossa incapacidade de mobilizarmos a miraculosa energia da mente. São de profunda significação oculta as palavras de Jesus, quando diz "Aquele que crê em mim, também fará as obras que eu faço, e ainda mais". Evidentemente, o Mestre aludia ao governo da

---
[1] Vide a obra *Do País da Luz*, cap. IV, 1º volume, psicografada por Fernando Lacerda, em Portugal, na qual o espírito de Napoleão diz o seguinte: "O eleito é sempre escolhido; mas o escolhido não é eleito. O eleito foi escolhido por Deus para fazer o bem pelo bem; o escolhido pode ser para fazer o bem pelo mal. O eleito foi Jesus. Eu fui escolhido". Nesta comunicação, Napoleão compara a sua existência turbulenta e ambiciosa, com a missão terna, pacífica e amorosa de Jesus.

mente, porque o pensamento é a base de todas as manifestações da vida, que nos possibilita crer e fazer. (Obra: *Sob a Luz do Espiritismo*, 3ª edição, p. 136)

Governo do Universo – "seres brilhantes" (Devas)

A Consciência Espiritual de Deus é o único Comando, controle e fundamento do Universo. Ela pode dispor de tantos centros de governo psíquico, no macro ou microcosmo, conforme sejam as características criadoras exigidas nos campos, sistemas ou quaisquer unidades da Vida. Mas, em verdade, Deus serve-se dos seus próprios filhos para exercer esse governo disciplinado e criativo universal, uma vez que eles também são potencialmente o próprio Cosmo em "miniatura".

Daí os motivos por que os povos orientais, os primitivos celtas, mostram-se familiarizados com a idéia da existência de "deuses", que rodeiam o "Trono do Senhor", e são incumbidos das criações e providências mais avançadas e complexas do Universo. Em face de sua aparência luminosa e muitíssimo refulgente, que se ressalta desses "deuses" tradicionais, reconhecíveis por exímios clarividentes, eles são conhecidos pela denominação de "Devas"[2] que na linguagem do sânscrito significa "seres brilhantes". (Obra: *O Evangelho à Luz do Cosmo*, 9ª edição, p. 90)

Governo oculto e esquema evolutivo planetário

O Universo é regido por leis perfeitas e imutáveis tanto na dinâmica das suas leis físicas como na regência das suas leis morais. Tudo se move num ritmo harmonioso e seguro. Assim, quanto aos Espíritos, na longa caminhada da sua evolução, proporciona-lhes sempre múltiplas oportunidades ou ensejos de desenvolverem e consolidarem a sua consciência individual, pois esta é a matriz que lhes estrutura o caráter.

Em tais condições, todos os acontecimentos de grande projeção moral e social, que se processam na face dos planetas, estão

---
[2] Nota do médium – Sob o ensino religioso do catolicismo, consta que o nosso orbe terráqueo é fruto do psiquismo criativo de três arcanjos: Gabriel, Miguel e Rafael, cada um deles tendo assumido uma responsabilidade específica na vivência e formação das almas terrenas.

subordinados a um esquema de absoluta segurança previsto pelo Governo Oculto de cada orbe. A conturbação proveniente de surpresas ou imprevistos não existe nas manifestações panorâmicas da Criação cósmica.

Consequentemente, Jesus só desceu à Terra depois do Alto programar e aprovar o fato. (Obra: *O Sublime Peregrino*, 17ª edição, p. 263)

Governos – escolha pela administração sideral

O Brasil, como qualquer outra nação terrena, sempre teve governos adequados às diversas etapas de sua evolução política, social e moral! É insensatez o povo censurar os governos defeituosos, porque eles são escolhidos diretamente pela Administração Sideral de cada nação, sob o velho preceito popular de que "o povo sempre tem o governo que merece"! Quando a irresponsabilidade administrativa, o conflito político e a corrupção grassam em certas nações, o Alto então providencia a substituição governamental por outra equipe de homens probos, enérgicos e parcimoniosos, que se devotam a recuperar o país da bancarrota. (Obra: *A Vida Humana e o Espírito Imortal*, 11ª edição, p. 312)

Graduação angélica e "milagres"

Nenhum missionário, por mais excêntrico e poderoso no manejo das forças ocultas, conseguiria transformar um homem num anjo, somente à custa de fenômenos e milagres. O espírito do homem não se gradua para a angelitude presenciando milagres ou admirando "magos de feira", mas isso ele só o consegue despertando em si mesmo as forças espirituais que depois o libertam do instinto animal e abrem clareiras mentais para a amplitude de sua consciência. (Obra: *O Sublime Peregrino*, 17ª edição, p. 240)

Grande plano e Apocalipse

A vida sempre se reorganiza novamente, após as grandes comoções do orbe, a fim de se apresentarem novas oportunidades, mais eficazes, para o adiantamento das almas, que também pressentem a proximidade dos eventos importantes.

Todas as excitações magnéticas e influências astronômicas e astrológicas, inclusive a carga humana que o vosso orbe deverá transportar como comboio evolucionário, em torno do Sol, já foram objeto de estudos e estão habilmente previstas no plano dos instrutores siderais, cujo conhecimento ultrapassa o mais genial pensamento humano. Nenhuma surpresa será verificada nesse mecanismo de rigorosa exatidão. Mesmo os espíritos refratários, que deverão emigrar para outros mundos, já se encontram arrolados na massa "psíquica" que apresentará insuficiência para a reencarnação no terceiro milênio.

A época exata em que se concretizam os "tempos chegados", para a Terra, é apenas um detalhe ínfimo, adstrito ao "Grande Plano", que é harmônico em toda a sua execução. (Obra: *Mensagens do Astral*, 17ª edição, p. 47)

Grande plano e recuperação ascencional

Se examinásseis o vosso passado, todas as vossas imprudências e rebeldia para com os princípios estabelecidos pelo Cristo, cremos que consideraríeis ainda demasiadamente benignas as medidas compulsórias que o Pai estabeleceu para promover a vossa recuperação ascensional. Deus não cria situações penosas, nem determina acontecimentos funestos para conseguir a educação dos seus filhos transviados, como se lhe faltasse para isso o senso pedagógico. A vossa ascensão espiritual é um detalhe mínimo na execução do "Grande Plano Sideral", que compreende uma "respiração divina" completa, designada pelos orientais como a "Noite de Brama" e o "Dia de Brama", ou "Manvantara". Sob a disciplina da "lei única", que rege todo o desenvolvimento desse "Grande Plano", agem todas as leis menores, que chegam a atuar mesmo no seio da "probabilidade de onda", que se manifesta no circuito de um elétron! (Obra: *Mensagens do Astral*, 17ª edição, p. 43)

Grande plano mental e cósmico

Os astros, satélites, planetas, sistemas, constelações e galáxias não estão sujeitos a leis que variem de época para época, mas circunscritos unicamente à disciplina da Lei Perfeita e

Imutável do Cosmo. Em toda a Criação, essa Lei organiza e rege, numa só pulsação harmônica e vital, todo o eterno pensar de Deus, e materializa no campo exterior o sucesso do Grande Plano Mental elaborado pelo Divino Arquiteto! É como um relógio de precisão, absolutamente certo e exclusivamente harmônico. Não há ocorrência imprevista nos eventos siderais; tudo é manifestação exata de uma causa alhures já planejada com toda exatidão. Até o mísero pó estelar que esvoaça num viveiro de astros gigantescos é um acontecimento previsto e disciplinado nesse plano cósmico, no qual se eliminam todas as surpresas e equívocos. (Obra: *Mensagens do Astral*, 17ª edição, p. 228)

Grande revolução – o advento do Cristo

O advento do Cristo também foi uma revolução, pois de sua atuação sublime no mundo "mudaram-se" todas as formas de ação humana, onde o amor deve substituir o ódio, a humildade, o orgulho, a renúncia à pilhagem, o bem ao mal, a paz à guerra!... O mestre Jesus não se endeusou sob a vaidade infantil dos distintivos e penduricalhos no peito perecível, nem liderou homens na gloríola do poder transitório; mas revolucionou o mundo lavando os pés dos apóstolos e sacrificando a sua vida pela felicidade da humanidade! Foi um revolucionário jamais igualado, porque ensinou o governo do espírito sobre as paixões e os vícios, em verdade, os piores inimigos do homem! Nas guerras ou revoluções do mundo, os militares ou civis marcham eufóricos pelas ruas em passeatas crivadas de símbolos, bandeiras, fanfarras, e fuzis, quais "salvadores" liderados pelos seus cabeças, êmulos de "Duces" e "Führers", que depois transformam as suas pátrias em ruínas![3] Jesus, no entanto, era apenas o "Grande Amigo", cujo séquito revolucionário era composto de viúvas, pescadores e homens pacíficos, que manuseavam as armas do Amor para estabelecer a Paz e a Compaixão na alma!

Através do silencioso comando da alma, Jesus instituiu a revolu-

---

3 Nota de Ramatís – Louvamos o vosso povo, cujas revoluções tendem cada vez mais para soluções tranquilas e sem derramamento de sangue. Só as nações "superdesenvolvidas" em espírito sabem resolver os seus problemas vitais e complexos políticos a distância da violência, trucidamento e desforras fratricidas. Daí o Alto confiar que o Brasil será o povo mais fraterno e espiritualista do mundo, a distância das guerras e revoltas homicidas, terra esperançosa, onde os próprios militares trocam o "manual de guerra" pelo Evangelho do Cristo, na sua participação às cruzadas militares espíritas e movimentos pacíficos de umbanda.

ção do Amor, do Bem e da Paz para toda a humanidade, independente de raças, credos, sistemas políticos ou entendimentos intelectivos. (Obra: *A Vida Humana e o Espírito Imortal*, 11ª edição, p. 186)

Grandes transformações – controle dos mestres

Cada grupo sideral é aproveitado conforme sua índole e talento, pois enquanto certa parte fica no Espaço, intuindo e guiando os encarnados para a maior receptividade dos ensinamentos e revelações do Instrutor situado na matéria, em época devidamente prevista, como aconteceu a Antúlio, Hermes, Krishna, Buda, Jesus ou Kardec, outros encarnam-se na Terra como antenas vivas propagadoras dos novos conceitos espirituais. Então se pode observar, no mundo material, que as grandes transformações e os renascimentos operados nas esferas musicais, da pintura, da ciência, da política ou da religião, não se cingem exclusivamente ao indivíduo que expõe e divulga a nova mensagem, mas, em seguida, aderem a ela discípulos, seguidores e simpatizantes atraídos pela natureza do mesmo ideal. No entanto, essa adesão absoluta e jubilosa em torno de igual mensagem de renovação no mundo, é sempre fruto de um plano inteligente, sensato e evolutivo a se desdobrar na matéria e controlado pela sabedoria dos Mentores Siderais, assim como ocorreu na propagação do Cristianismo. (Obra: *O Sublime Peregrino*, 17ª edição, p. 79)

Grau de compreensão e livre-arbítrio

Deus não faz nenhuma exigência rigorosa da fertilidade do terreno humano e não condena os resultados negativos. Em verdade, todos os homens, apesar da diversidade de sua compreensão espiritual, possuem em sua intimidade a mesma cota fundamental da luz divina. Por isso, devem ser experimentados e orientados para desabrocharem essa luz, tanto quanto puderem purificar o seu invólucro perispiritual. Assim, cada ser possui a liberdade ou o "livre-arbítrio" de reagir à palavra divina, conforme seja a natureza de entendimento do seu terreno psíquico, ou o grau de sua compreensão espiritual. Aliás, não existem dois seres absolutamente semelhantes no Universo, pois há sempre diferenças consequentes do estágio evolutivo e as experiências diferentes vividas nas múltiplas reencarnações, em que tudo se realiza no sentido exclusivo e espiritual de libertar o homem dos laços de sua imantação à força gravitacional do mundo material. (Obra: *O Evangelho à Luz do Cosmo*, 9ª edição, p. 149)

Guia espiritual – acompanhamento amoroso

O guia, em geral, é sempre o espírito amigo portador de qualidades e aptidões que o médium só possui embrionariamente. Assim, o êxito do seu pupilo, na matéria, também se reflete benfeitoramente sobre si. Há casos em que o guia acompanha o médium durante séculos e ao qual se sente ligado por longo afeto, pois prontificou-se a situá-lo definitivamente à sombra salvadora do Cristo. No entanto, todo êxito nesse serviço de socorro e orientação espiritual aos médiuns encarnados sempre depende de estes cooperarem espiritualmente, pois, em geral, deixam-se dominar pela teimosia, pela irascibilidade ou pelos vícios, que tecem uma cortina de fluidos perniciosos entre eles e as intuições do Alto. (Obra: *Mediunismo*, 13ª edição, p. 232)

Guia espiritual e "sereia das sombras"

O trabalho principal do "guia", em relação ao seu protegido encarnado, é o de livrá-lo, tanto quanto possível, das imprudências, das ilusões, dos atrativos do vício e das paixões perigosas do mundo material. Do "lado de cá", a nossa maior preocupação é a de impedir que o amigo ou o discípulo encarnado termine escravizado às paixões animais que o cercearão em sua ascensão espiritual. Quanto ao êxito desejado, nem sempre podemos consegui-lo a contento pois, em geral, a criatura encarnada foge à receptividade vibratória ao seu mentor e torna-se imune às suas inspirações superiores. Em geral, escuta apenas a voz da "sereia das sombras", que termina conduzindo-a aos maiores ridículos e disparates! Quando tal acontece, o seu guia ou protetor lança mão de recursos extraordinários e intervém tanto quanto possível a favor do seu pupilo, a fim de frenar-lhe os desatinos e evitar em tempo os desvios perigosos que o conduzam à escravidão às entidades malfeitores. (Obra: *Fisiologia da Alma*, 15ª edição, p. 233)

Guia espiritual – substituição

Em certos casos, o espírito encarnado na Crosta necessita de esclarecimentos especiais, desenvolve determinado objetivo científico ou possui intelecto excepcional, requerendo então a assistência de outros espíritos mais competentes do que aquele que o guia desde o berço. Deste modo, ninguém se encontra desamparado da proteção do Alto, mas atraindo sempre para junto de si as almas que vibram no mesmo padrão espiritual. Essa proteção só se reduz quando é o próprio guiado quem cria condições psíquicas ou fluídicas que hostilizem a ação do seu protetor.

Certas vezes o guia do médium precisa retornar à matéria, a fim de prosseguir no seu aprimoramento espiritual. Doutra feita, ausenta-se para associar-se a serviços mais elevados em esfera próxima, ou então precisa atender outra alma de sua maior afinidade e compromisso kármico em renascimento no mundo físico. Se o médium é muito estudioso e devotado sinceramente ao serviço do Cristo, obviamente ele acelera o seu progresso espiritual, requerendo por vezes outro orientador espiritual com melhores credenciais e experiência, que há de suprir-lhe as perspectivas mais amplas e os novos conhecimentos buscados pelo seu espírito. (Obra: *Mediunismo*, 13ª edição, pp. 232/233)

Guia espiritual e reabilitação espiritual do médium

No entanto, como já vo-lo citamos, é muito mais importante para o guia a reabilitação espiritual do seu médium, bem antes que ele se torne um genial intérprete das revelações do espaço. Desde que ele firme sua conduta espiritual e se decida por um rumo proveitoso, torna-se o candidato que se gradua para as mensagens dos espíritos de melhor estirpe espiritual. Os médiuns, em grande parte, ainda ignoram que os espíritos responsáveis e conscientes de sua tarefa são concisos, sensatos e parcimoniosos nas suas comunicações para a matéria, despreocupados da veleidade de impressionar os encarnados pela oratória recheada de prosopopéias. (Obra: *Mediunismo*, 13ª edição, p. 179)

Guias espirituais e programação reencarnatória

Não há qualquer imprudência, leviandade ou negligência por parte dos mentores siderais, quando decidem sobre determinado destino humano, considerado pelos homens justo ou injusto. Tudo é examinado, programado, de modo a favorecer o encarnante quanto à sua vida espiritual, pois, o resto é simples acessório de vivências carnais transitórias. Cada homem vive o esquema necessário ao seu carma passado, quer venha a nascer num tugúrio infecto ou num palácio dourado. Jamais receberá proventos e favorecimentos indevidos; nunca pagará dívidas e contas que não assumiu. (Obra: *Sob a Luz do Espiritismo*, 3ª edição, p. 115)

Guias espirituais e recursos que se utilizam

Os guias, às vezes, também se servem dos próprios espíritos inferiores, permitindo que eles perturbem seus pupilos encarnados, no sentido de afastá-los, com urgência, de caprichos ou atividades prejudiciais à sua integridade espiritual. Em tais casos, eles agem com severidade, sem o sentimentalismo comum dos pais terrenos ante os filhos indisciplinados, entregues a hábitos que lhes são bastante nocivos.

São recursos drásticos, mas sensatos e prudentes, com o intuito salutar de impedir os seus protegidos de participarem da aventura pecaminosa, transações desonestas ou paixões perniciosas. Então os mentores espirituais recorrem aos fluidos agressivos e por vezes enfermiços, dos espíritos sofredores ou primários, a fim de reter no leito de sofrimento as criaturas imprudentes, que não lhes ouvem as intuições benfeitoras. E quando se faz necessário providenciam até o acidente corretivo como recurso de urgência para interromper as atividades nocivas e evitar que os seus tutelados vão adiante em quaisquer objetivos nocivos a terceiros e a si próprios. (Obra: *Elucidações do Além*, 11ª edição, p. 76)

Guias espirituais e recursos que se utilizam II

Embora considereis algo censurável a mobilização de recursos violentos por parte dos espíritos benfeitores, no sentido de impedirem os seus protegidos de praticar atos comprometedores a si mesmos, eles compensam pela disciplina que impõem e se justificam pelos seus resultados benéficos. Porventura limpais as gorduras das vidraças com água destilada, ou o fazeis, com êxito, pelo ácido e sabão? Não é o ácido muriático o melhor produto químico para limpar as pedras encardidas e o nitrato de prata mais eficaz para cicatrizar as feridas virulentas? Assim sob o mesmo princípio, lançam mão de meios enérgicos, enfraquecendo até a integridade física dos seus pupilos, quando eles são refratários a todas as sugestões para livrá-los dos vícios, das paixões destruidoras ou de empreitadas perigosas. Deste modo, precisam imobilizá-los através do sofrimento, no leito de dor, a fim de que desviem-se do pecado e não lhes aconteça coisa pior. (Obra: *Elucidações do Além*, 11ª edição, p. 77)

"Guiísmo" – fanatismo e obsessão

Não deveis aceitar sem um exame acurado tudo que os espíritos ventilam para a Terra, como se realmente os desencarnados fossem oráculos infalíveis. Em qualquer campo de atividade e experimentação do espírito, é preciso permanecer acordado para raciocinar e resolver os problemas pelo próprio esforço. Às vezes é mais produtivo o equívoco que depois de corrigido indica o caminho certo, do que a condição de estropiado mendigo à mercê de todos os conselhos alheios, que tanto podem ajudá-lo, como também prejudicá-lo.

O abuso do "guiísmo"[4] na seara espírita pode terminar por conduzir os seus adeptos comodistas e sem iniciativas particulares a um fanatismo ridículo e enfermiço. A vida física tem por função principal desenvolver o raciocínio, a vontade e o entendimento do ser, por cujo motivo as indagações e rogativas em excesso, aos desencarnados, nem sempre encontram o guia disponível e de plantão para dar o conselho certo. Quase sempre, à espreita da rogativa trivial, há o espírito adverso que se insinua pela brecha vulnerável da negligência humana, semeando aflições aos incautos pedinchões, que supõem o movimento espírita algo parecido a uma cooperativa de consumo. (Obra: *Mediunismo*, 13ª edição, p. 236)

---

[4] A submissão completa aos guias.

H

Halo de pureza e lealdade do menino Jesus

Até os sete anos, como acontece a quase todos os meninos na vida material, predominavam em Jesus os ascendentes biológicos herdados dos seus genitores. Em tal época, ele ainda agia impelido pelo instinto hereditário de ancestralidade carnal, enquanto o seu espírito despertava, pouco a pouco, na carne, para então comandar o corpo emocional ou astralino, revelador oculto das emoções humanas. Fisicamente, Jesus era um menino corado, ágil e flexível, tal qual o junco verde que se agita sob a mais terna brisa; ele corria pelos campos, rolava pelas colinas misturando-se às cabriolas dos cordeiros e dos cabritos, que pareciam entendê-lo e gostar do seu riso farto e da sua índole meiga. Havia um halo de pureza e lealdade em tudo o que ele fazia; e muitas vezes, as criaturas envelhecidas no mundo, observando-lhe a agudeza mental, o sentimento superior e a simplicidade fraterna no brincar e viver, meneavam a cabeça agourando a má sorte para sua mãe apreensiva, quando diziam: "Menino assim não se cria; este nasceu antes da época!"

Jesus era divertido e espontâneo em suas travessuras; porém, sem humilhar nem maltratar os companheiros ou animais. Jamais urdia qualquer brincadeira maliciosa que pusesse alguém em confusão ou prejudicasse outros meninos. Sincero, franco e justo, revelava-se inteiriço na sua estatura de alma benfeitora e amiga da humanidade. Educado com severidade por José, era tímido e temeroso diante dos pais, cuja obediência o tornava um bom menino. No entanto, desde muito cedo lavrava em sua alma a chama do mais puro amor e devoção ao Senhor. Inúmeras vezes era apanhado em atitudes extáticas numa adoração invisível, que deixava seus íntimos algo surpresos e até preocupados pois era muito cedo para haver tamanha demonstração de fé e ardor religioso por Jeová. Essas atitudes que seriam louváveis nos adultos, então se tornavam motivos de censuras e até de ironias por parte dos seus familiares e amigos. (Obra: *O Sublime Peregrino*, 17ª edição, pp. 129/130)

Harmonização e desarmonização – saúde e doença

A saúde e a enfermidade são o produto da harmonização ou desarmonização do indivíduo para com as leis espirituais, que do mundo oculto atuam sobre o plano físico. As moléstias, em geral, têm o seu início no mundo psíquico e invisível aos sentidos da carne, advertindo que a alma está enferma. O corpo carnal é o centro de convergência de todas as atividades psíquicas do espírito encarnado, e o seu comportamento orgânico ou fisiológico depende fundamentalmente dos pensamentos e dos sentimentos do ser. Obviamente, desde que o homem controle sua mente e evite os bombardeios perniciosos que lhe sacodem toda a contextura carnal, ele goza mais saúde, porque deixa as coletividades microbianas de sua constituição celular operarem satisfatoriamente na composição do organismo físico. (Obra: *A Missão do Espiritismo*, 10ª edição, p. 233)

Herói sideral e gigante indestrutível homem evangelizado

O homem evangelizado, o herói sideral, ou autêntico vencedor da batalha da vida humana, sabe perfeitamente que os seus maiores inimigos são os vícios, as paixões degradantes e os prazeres extravagantes. São bens transitórios e não duradouros, como se afirmam as qualidades do espírito imortal. Embora considerado um tolo, ou pobre de espírito, porque se apaga na competição violenta do mundo carnal, o evangelizado é justamente a alma livre emancipada, que domestica essas forças animais alojadas em si mesmo e dominantes na face triste e ilusória do orbe físico.

Paradoxalmente, nessa eventual "fraqueza humana" é que reside exatamente o poder e a glória do espírito evangelizado, o qual se liberta definitivamente da coação das formas ilusórias da matéria. Sem dúvida, o homem que renuncia incondicionalmente à porfia humana, para ceder em favor do seu competidor e desafeto, proclama-se um ser excêntrico, que cultua no mundo físico uma lei estranha e inacessível às criaturas ainda afeitas à espoliação alheia. O evangelizado é um fraco perante o mundo de César, aliás, presa fácil da rapina alheia, ou aparente fracassado em qualquer iniciativa utilitarista ou mercenária do mundo. No entanto, suposto mendigo entre os homens ambiciosos, é o gigante indestrutível e poderoso mobilizado de armas superiores para um reino onde a vida é autêntica, porque é definitiva. (Obra: *O Evangelho à Luz do Cosmo*, 9ª edição, pp. 124/125)

Heróicas almas e a família terrena

Espíritos boníssimos também descem à carne e se ajustam à família consanguínea terrena, com o fito único de despertar espiritualmente os seus velhos afetos milenários. Em alguns casos, eles se sacrificam heroicamente a fim de socorrer os próprios adversários pregressos e que ainda se demoram hipnotizados pelas filosofias destrutivas ou doutrinas enfermiças do mundo material.

Muitas vezes, quando essas almas sublimes comprovam a inutilidade dos seus esforços para inspirarem do Além os seus pupilos negligentes e conduzi-los ao Bem e à Sabedoria Espiritual, decidem-se a habitar o mundo físico por amor a eles. Assim como foi o excessivo amor de Jesus que, apiedado do sofrimento humano, o conduziu para a Terra, e não alguma culpa kármica de crucificação, muitas almas angélicas também abandonam o plano paradisíaco sob o penoso sacrifício de se encarnarem no seio da família terrestre para despertar-lhe os sentimentos crísticos. (Obra: *Mediunismo*, 13ª edição, p. 57)

Hierarquia divina – Cristos planetários

Os Cristos ou Logos Planetários são os refulgentes espíritos de arcanjos, sublimes transformadores que também ajustam a Luz Cósmica de Deus, conforme as necessidades de cada orbe físico e suas humanidades. Há uma hierarquia divina, lógica e sensata, subordinada aos Cristos Hemisféricos, Galaxiais e Constelares, eleitos conforme o seu desenvolvimento consciencial. Através desses munificentes e soberanos Espíritos, o Criador flui e adapta a sua Luz Original a cada orbe na voltagem adequada às necessidades e à receptividade de seus filhos. (Obra: *O Evangelho à Luz do Cosmo*, 9ª edição, p. 159)

Hierarquia cósmica – assistência amorosa

O espírito é o "agente" que concretiza, progressivamente, todos os pensamentos contidos na Mente Divina e que, como centelha, evolui da inconsciência de grupos instintivos dos reinos inferiores para a forma de consciência individual humana, quando então se dá o despertar do raciocínio da hipnose animal para a ascese angélica. Essa interminável sucessão de movimentos ascensionais é sempre assistida por inteligências cada vez mais altas na infinita hierarquia espiritual. Assim como o espírito que ainda habita o organismo do homem das cavernas precisa de um guia que lhe sobrepuje apenas a precária inteligência e o sentimento, e lhe conheça de perto as primeiras necessidades, uma consciência tão ampla, como a de Jesus, inspira-se pela sublime entidade que é o Arcanjo Gabriel, espírito planetário diretamente ligado ao Logos do Sistema Solar. A graduação dos espíritos orientadores situa-se harmonicamente na economia do Cosmo. Assim como não requereis Einstein para o ensino da aritmética no curso primário, também não há necessidade de um Arcanjo Planetário para ensinar o homem comum a compulsar as primeiras páginas do Evangelho. (Obra: *Mensagens do Astral*, 17ª edição, p. 260)

Hipersensibilização perispiritual e mediunidade de prova

Espíritos que já se reencarnaram comprometidos com a "mediunidade de prova", e onerados por severas obrigações kármicas decorrentes de suas iniquidades do passado. Esses espíritos são agraciados pela bondade dos Mentores do Alto através da hipersensibilidade do seu perispírito, decorrente da intervenção dos técnicos siderais, e assim reencarnam-se com a "graça prematura" de participarem de um serviço extra e obrigatório no mundo físico, que lhes desperte a sensibilidade para os objetivos espirituais. (Obra: *Mediunismo*, 13ª edição, p. 51)

História da bruxaria e bonecos enfeitiçados

Desde os tempos remotos, na luta pela sobrevivência, os mais fracos foram afastados da competição comum pelos mais fortes. Isso, então, os fez pensar num modo de evitarem uma luta física e desigual, adotando outra espécie de arma compensadora e capaz de ajudá-los à distância do adversário invencível. Através do metabolismo do éter-físico e sob a sugestão dos espíritos maquiavélicos, o processo de enfeitiçamento foi-se delineando palmo a palmo, e evoluindo nos sucessivos experimentos ritualísticos. Os feiticeiros, imbuídos do seu poder excepcional sobre o mundo oculto, então exercitaram-se até conseguirem os primeiros êxitos sobre os adversários mais fortes e sem necessidade de enfrentá-los pessoalmente.

Ante a dificuldade de mentalizar a figura dos guerreiros adversários e transformá-los em alvo direto das forças ocultas demolidoras, os primeiros bruxos aventaram a idéia de confeccionarem bonecos de pau e de barro, a fim de eles acumularem e depois retratarem a descarga eletromagnética destrutiva mobilizada durante o processo de bruxaria. (Obra: ***Magia de Redenção***, 12ª edição, pp. 124/125)

História da humanidade e mediunidade

As civilizações como as da Atlântida, Lemúria, China, Hebréia, Egito, Pérsia, Caldéia, Cartago, Assíria, Grécia, Babilônia, Índia, Germânia ou Arábia, comprovam, pela sua história, lendas ou pelo seu folclore, que os fenômenos mediúnicos surgiram em todos os recantos do orbe terráqueo, quase ao mesmo tempo e sem privilégios especiais. Eles se manifestaram em todos os agrupamentos humanos. A fenomenologia mediúnica foi evidenciada até nos objetos e nos propósitos guerreiros desses povos primitivos, tendo-os influenciado seriamente, embora a sua realidade esteja velada pelo simbolismo das tradições lendárias. (Obra: *Mediunidade de Cura*, 12ª edição, p. 32)

Homem – autor de sua conscientização

Qual seria o valor do homem, criado por Deus para ser feliz por toda a eternidade, caso ele mesmo não fosse o autor de sua própria "conscientização"? Apesar do protesto justificável, de que não há mérito, nem valor na criatura sofrer, para depois ser venturosa, muito pior seria se ela fosse um produto automatizado e elaborado mecanicamente em série. É a auto-realização, a transformação preliminar, garantia de um futuro venturoso, quando o espírito sentir, conscientemente, os seus poderes criativos e a possibilidade de plasmar nas formas do mundo toda a intuição superior, como poesia, arte e imaginação sublime. Não importa se o homem, em princípio, confunde as quinquilharias dos mundos físicos transitórios com valores autênticos de sua futura felicidade. O certo é que ele jamais se perderá nos labirintos educativos das vidas materiais, porque o seu destino glorioso é a angelitude e a luz que o guia queima no próprio combustível de sua centelha interna. Sem dúvida, precisa crer e confiar na pedagogia traçada pelo Criador, cujo resumo o ser possui em sua própria intimidade espiritual, na síntese microcósmica do "reino divino". (Obra: *O Evangelho à Luz do Cosmo*, 9ª edição, p. 64)

Homem espírito – verdadeira morada

Em verdade, o homem físico é apenas um agregado de forças condensadas no cenário do mundo físico, cuja materialização tem início no ventre materno. Durante a gestação, ele surge lentamente de um mundo invisível à visão física, enquanto sua forma se objetiva em incessante trabalho de "abaixamento" vibratório da energia livre.

Mas a verdadeira morada do homem-espírito, mesmo após a sua descida ao escafandro de carne, ainda continua a ser aquele mundo oculto, da energia livre, onde ele permanece interpenetrado pelas forças de todos os planos de vida criada por Deus. (Obra: *Fisiologia da Alma*, 15ª edição, pp. 174/175)

Homem evangelizado – atitudes

O homem conscientemente evangelizado, quando agredido, perdoa; espoliado ajuda; ferido, conforma-se; injustiçado, confia; e insultado ama. Em vez de destruir, para sobreviver, prefere sucumbir para ressuscitar, confiante na promessa do Cristo, que assim disse: "Aquele que der sua vida por mim, ganhá-la-á por toda a Eternidade". (Obra: *O Evangelho à Luz do Cosmo*, 9ª edição, p. 126)

Homem – ser ilimitado

Não há linha limitativa para os eventos humanos pela simples razão de que o homem é um reflexo vivo da Sabedoria Divina, ou seja, "o homem foi feito à imagem de Deus" e "o reino de Deus está no homem". Por conseguinte, a eternidade é um campo de trabalho e de ascensão do ser humano, sem quaisquer limitações estáticas. (Obra: *A Vida no Planeta Marte e os Discos Voadores*, 14ª edição, p. 490)

Homem velho x homem novo

Nas fases intermediárias da sua evolução, o Homem, ativado pela força negativa, mas pertinaz, do Egoísmo, tem como ideal supremo de sua vida adquirir recursos sem limite, que lhe garantam prover não só às suas necessidades comuns, mas que lhe facultem desfrutar também o gozo de prazeres e comodidades supérfluos. No entanto, logo que ele tem conhecimento de que é um espírito imortal e sente em seu íntimo a grandeza sublime desse atributo, e ainda, que o fator eternidade terminará por vencê-lo, esfacelando todas as resistências da sua rebeldia contra o Bem, ei-lo, então, pouco a pouco, renunciando aos prazeres e interesses efêmeros do mundo utilitarista que o rodeia.

Nesse estágio recuperativo, que se prolonga por diversas reencarnações, chega o dia em que uma nova aurora se abre a iluminar-lhe a consciência; e, então, opera-se a transfiguração referida por Paulo de Tarso: "o homem velho feito de carne animal, cede lugar ao homem novo da realidade espiritual". (Obra: *Elucidações do Além*, 11ª edição, p. 244)

Homem velho x homem novo II

O espírito do homem também é ajustado ao solo das lutas cotidianas, onde deve romper a crosta da personalidade animal inferior, desenvolver os atributos de Deus existentes em sua intimidade espiritual, até alcançar a plenitude do anjo consciente, que é a sua Realidade Divina. Assim como, no fundo da terra, o pinhão modifica-se de semente para originar o pinheiro majestoso e adulto, o "homem velho", produto dos instintos da animalidade, também deve morrer para em seu lugar renascer o "homem novo", onde predominam os sentimentos e a razão, meios para a ascensão angélica.

O espírito do homem, entretanto, desperto, cresce incessantemente ampliando a consciência e o sentimento superior, desenvolvendo os próprios atributos divinos, porque o Criador é o fundamento criativo e eterno de toda individualidade humana. Assim, o espírito do homem é eterno e incorruptível, porque foi criado da essência eterna de Deus. (Obra: *O Evangelho à Luz do Cosmo*, 9ª edição, p. 78)

Homeopatia e doses infinitesimais

As doses infinitesimais podem atuar na mente e proporcionar a cura emotiva, mas isso não acontece porque elas hajam alterado mecanicamente o temperamento ou o caráter do paciente, e sim devido ao fato de reduzirem o morbo acumulado e resultante das contradições psíquicas. Elas produzem certas modificações temperamentais e fazem cessar algumas tendências e impulsos mórbidos, que estejam excitados sob a presença excessiva do resíduo psíquico tóxico, mas não possuem a força suficiente para impor definitivamente os princípios morais superiores. A criatura descontrolada poderá, com o tempo, enfermar novamente no seu psiquismo, mesmo depois de aliviada pela homeopatia, desde que venha a cometer os mesmos desatinos espirituais costumeiros. (Obra: *Fisiologia da Alma*, 15ª edição, p. 165)

Homeopatia – etapa medicinal avançada

Será preciso, pois, que no exame do enfermo o médico não confie apenas naquilo que pode impressionar os seus sentidos físicos ou despertar-lhe associações de idéias que lhe favoreçam as conjecturas psicológicas, mesmo quando o resultado possa satisfazer aos métodos oficiais e indagativos estabelecidos pela Psicoterapia ou pela Psicanálise. Isso implicaria apenas em um ajuste de sintomas físicos, ou presumidamente subjetivos, a programas, regras e uma ética criada pelos homens, mas com ignorância da vigência exata das leis espirituais indiscutíveis, que disciplinam os fenômenos mas não se modificam de modo algum, apesar das novas doutrinas científicas criadas pelo homem. Isto posto, é preciso que, em qualquer pesquisa mórbida, se procure descobrir antes quais são as leis exatas, criadas pela Natureza ou pela Divindade, que realmente governam as causas e os efeitos das enfermidades em observação. Essas leis imutáveis e espirituais, que atuam indiscutivelmente sobre as causas e os efeitos na vida humana, estabelecendo tanto a saúde como a enfermidade, agem especificamente no mundo mental oculto, que nutre o pensamento, assim como também no mundo etéreo-astral, que alimenta as emoções e interpenetra a manifestação do espírito humano na forma física. Os sentidos físicos, como recursos identificadores da pessoa no mundo carnal, observam e avaliam as formas; mas estas são apenas uma expressão mais grosseira e transitória das energias livres que "desceram" ou "baixaram" dos planos ocultos e imponderáveis, para então se plasmarem organicamente no cenário da vida material.

E como as doses homeopáticas infinitesimais e dinamizadas conseguem penetrar mais intensamente nesse mundo oculto das forças livres, pois elas interferem até nos sintomas mentais, a homeopatia deve ser considerada como uma etapa avançada da ciência médica moderna, servindo de base experimental para o êxito definitivo da Psicoterapia. (Obra: *Fisiologia da Alma*, 15ª edição, pp. 146/147)

Hora profética e triste desterro

A hora profética soou, inapelavelmente, convocando os homens de boa vontade, ajustando responsabilidades, e decidindo quanto ao novo plano de retificações espirituais. Lançamos mão de todos os recursos disponíveis, no momento, a fim de provocarmos um despertamento geral através de todos os sentidos. Sentimos quanto será triste o destino da criatura desterrada, para recompor a sua veste enodoada pelas indignidades psíquicas. Mundos rudes e impiedosos funcionarão, doravante, como tanques de lágrimas onde o homem terreno procurará, sob a dor e o silêncio de sua alma, os recursos de higiene que são devidos ao anjo das esferas edênicas. (Obra: *A Vida no Planeta Marte e*

os Discos Voadores, 14ª edição, pp. 32/33)
Hordas satanizadas – futuros anjos

O melodrama criado pela incapacidade do entendimento humano em relação à obra de Deus é, ao contrário, uma harmoniosa orquestra de Eterna Beleza, sob a batuta do Regente Criador dos Mundos! Reconhecemos que são atemorizantes para vós as idéias da existência de hordas satanizadas ou de espíritos bestializados, visto que ignorais os objetivos sadios dessas etapas transitórias; para nós, que as conceituamos fora do calendário humano, são apenas fases de fermentações angélicas. Embora tenhamos de entregar-nos a preleções exprobrativas, anatematizando os pecados do vosso mundo, censurando-vos pelo vosso retardamento evangélico e advertindo-vos sobre graves perigos espirituais ante a vossa negligência às vésperas do "Juízo Final", sabemos que, após alguns milênios, ostentareis as asas formosas do anjo ou o diadema fulgente do santo! (Obra: *Mensagens do Astral*, 17ª edição, p. 168)

Humanidade futura – mundo melhor

A humanidade terrena do terceiro milênio deverá ser constituída dos espíritos que forem selecionados no "Juízo Final" até o fim deste século, compreendendo as criaturas fraternas, honestas, avessas à guerra, à crueldade, à maldade, sumamente devotadas às coisas espirituais, cujo "carma" se apresente de modo mais favorável a permitir a vida em um mundo melhor.

Em face de a Terra verticalizar-se, na próxima elevação do seu eixo dar-se-á melhor ajuste entre as suas estações, resultando disso estabilidade do clima, predominando as fases da primavera e do outono. Isso favorecerá a eliminação de resfriados, gripes, bronquites, pneumonias e todas as moléstias peculiares ao sistema respiratório, consequentes de oscilações violentas da atmosfera.

Embora ainda devam manifestar-se na Terra outros tipos de enfermidades comuns ao homem, estas serão provenientes do sistema nervoso em particular, podendo ser curadas com êxito pelos processos da psicoterapia e cromoterapêutica. A humanidade do terceiro milênio, não obstante ser ainda necessitada do trabalho árduo e contínuo, poderá dedicar maior soma de tempo à Arte, à Ciência, à Filosofia e, principalmente, ao estudo disciplinado dos ensinamentos da Alta Espiritualidade. Poderá controlar perfeitamente os efeitos do clima e pôr em prática extraordinários sistemas de domínio das forças da Natureza. (Obra: *Mensagens do Astral*, 17ª edição, p. 287)

Humanidades superiores – totalmente vegetarianas

Qualquer humanidade um grau espiritual acima da civilização terrena é absolutamente vegetariana. Conforme o tipo e a preferência de sua alimentação, o homem revela a sua qualidade espiritual, pois ambos são reciprocamente eletivos. A glutonice e o carnivorismo das mesas terrícolas demonstra a confusão que o homem faz quando ainda mistura a necessidade de nutrir-se para viver com o prazer animal de viver para nutrir-se! (Obra: *A Vida Humana e o Espírito Imortal*, 11ª edição, p. 107)

Humildade e desprendimento – libertação

Jesus ensinou as reações mais afins à libertação espiritual, quando assim exclamava:"Se te tirarem a túnica, dá-lhe, também, a camisa", "Ama o próximo como a ti mesmo", "Faze aos outros o que queres que te façam" e "Se teu adversário obrigar-te a andar uma milha, vai mais uma com ele". Assim, esquematizou perfeitamente o desprendimento total e necessário das nossas concepções comuns e egoístas do mundo físico, demonstrando a conduta imprescindível para o espírito poder libertar-se do jugo fascinante, mas ilusório da matéria.

Não basta essa vivência tão sacrificial e desprendida, mesmo que o homem doe tudo de si a outrem, caso ele ainda não esteja possuído de tanta humildade, que possa perdoar a todos os seus adversários e autores de sua própria infelicidade. Zombado, acanalhado, caluniado e infamado pelas ingratidões de amigos mais estimados, dominados pelo orgulho, vaidade, ciúme, ambições, inveja e avareza, ainda é preciso que o iniciado na didática do Evangelho tenha consciência do benefício e do seu martírio, opondo a sua chancela límpida de ressentimento, de perdoar tanto quanto o Cristo perdoou. (Obra: *O Evangelho à Luz do Cosmo*, 9ª edição, p. 177)

I

Idade sideral e consciência espiritual

Convém distinguir a idade que limita a personalidade humana transitória, a qual existe somente entre o berço e o túmulo físico, em cada encarnação, comparada à consciência sideral, ou entidade definitiva e inalterável, que se individualiza e se desenvolve na sucessão de séculos, milhões, bilhões e trilhões de anos. Através do perispírito, que é um organismo preexistente e sobrevivente a todas as mortes físicas, a consciência espiritual indestrutível manifesta-se em cada existência humana, materializando um novo corpo físico transitório, mas sem perder o acervo e a memória das experiências de todas as vidas anteriores. No aprendizado periódico, que o espírito do homem realiza na superfície dos orbes materiais, ele desenvolve tanto os seus poderes latentes criativos, como passa a conhecer cada vez mais a sua própria individualidade.
(Obra: *O Evangelho à Luz do Cosmo*, 9ª edição, p. 79)

Idade sideral e mediunidade

Todos vós possuís no âmago da alma a mesma qualidade intrínseca a todo ser criado por Deus! E, no caso dos médiuns, aqueles que já apresentaram melhor graduação espiritual e capacidade mental devem-no ao seu trabalho eficiente e qualitativo, fruto de seu esforço abnegado e aproveitamento de todos os seus minutos disponíveis em favor da causa espiritual. Não há dúvida de que há sempre uma diferença de capacidade, inteligência e moralidade entre os homens, mas isso é devido à própria idade sideral de suas consciências forjadas no tempo e no espaço, que lhes gradua o entendimento mental e a natureza do sentimento. (Obra: *Mediunismo*, 13ª edição, p. 113)

Idéia da Divindade e evolução

Em verdade, essa idéia da pluralidade divina foi-se atenuando com a própria evolução do homem na esfera da Filosofia e no campo da Ciência; porém, se isto lhe facultou maior assimilação da Realidade do Criador, aumentou-lhe, no entanto, a sua responsabilidade espiritual. Quando o religioso tradicional tem de abandonar o seu velho mito ou modificar sua idéia formal da Divindade, acariciada há tanto tempo e infantilmente sob a proteção do sacerdócio organizado, ele então sofre na sua alma; e, da mesma forma, sofrem os adeptos de doutrina como o Espiritismo, ante a concepção de que Jesus é uma entidade à parte do Cristo, o Logos ou Espírito planetário da Terra.

Todavia, o mais importante não reside, propriamente, nas convicções da crença de cada um, na caminhada da sua evolução mental e espiritual, mas no seu comportamento humano, quando o homem atinge um discernimento mais exato e real quanto às suas responsabilidades e à forma de se conduzir perante o Deus único, cuja Lei Divina abençoa os que praticam o Bem e condena os que praticam o Mal. Os homens mais se aproximam da Realidade à medida que também se libertam das crenças, pois estas, quer sejam políticas, nacionais ou religiosas, separam os homens e os deixam intolerantes, tanto quanto se digladiam os torcedores pelo demasiado apego a uma determinada associação desportiva. Vale o homem pelo que é, o que faz e o que pensa, pois a crença, em geral, é mais uma fuga da realidade.[1] (Obra: *O Sublime Peregrino*, 17ª edição, pp. 67/68)

---
1 Transcrevemos da obra de Krishnamurti, *A Primeira e última Liberdade*, em seu capítulo XVI, "Sobre a Crença em Deus", o seguinte trecho que coincide bastante com o pensamento de Ramatís: "Há muitas pessoas que crêem; milhões crêem em Deus e encontram consolo nisso. Em primeiro lugar, por que credes? Credes porque isso vos dá satisfação, consolo e esperança; e dizeis que essas coisas dão sentido à vida. Atualmente vossa crença tem muito pouca significação, porque credes e explorais, credes e matais, credes em um Deus universal e assassinai-vos uns aos outros. O rico também crê em Deus; explora impiedosamente, acumula dinheiro e depois manda construir uma igreja e se torna filantropo. Os homens que lançaram a bomba atômica sobre Hiroshima disseram que Deus os acompanhava; os que

Idéia de Deus – inata no homem

A idéia de Deus e a certeza de sua existência são inatas no homem, porque o homem é um espírito, uma centelha de luz despertando e desenvolvendo-se, incessante e conscientemente, no seio do Espírito Eterno do Criador. Segundo Jesus, "o reino de Deus está no homem" e, conforme assegura o Gênese, "O homem foi feito à imagem de Deus". Há alguns milênios os velhos mestres da espiritualidade, sediados no Oriente, já afirmavam que Deus é o macrocosmo, o mundo grande, e o homem o microcosmo, o mundo pequeno". Ademais, sempre corroboravam os seus ensinamentos incomuns explicando: "O que está em cima está embaixo", porque o átomo é tão-somente a miniatura perfeita de uma galáxia pulsando no Cosmo. (Obra: *O Evangelho à Luz do Cosmo*, 9ª edição, p. 27)

Ideoplastia – imagens diabólicas do Astral inferior

Todos os espíritos, em sua incessante ascese angélica, passam, em algum estágio de predomínio da animalidade, pelas regiões trevosas do Astral Inferior, guardando reminiscências temerosas das entidades malformadas e sádicas dessas regiões de densidade mais pesada. Explicando melhor, no momento em que a centelha se individualiza no seio da Energia Cósmica, o seu psiquismo é dirigido no sentido daquilo que chamamos instinto, cuja função é criar uma nova consciência, que irá se estruturando lentamente até o Infinito. Nesses momentos de maior egocentrismo, a alma pode executar ações que a levem ao Astral Inferior, onde outras almas deformadas pelo ideomorfismo perispiritual, trazem configurações hediondas. (Obra: *Sob a Luz do Espiritismo*, 3ª edição, pp. 58/59)

Igreja – influência psíquica

O cenário colorido e iluminado da nave, as imagens, os cânticos e as cerimônias representam as forças do céu, num apelo à visão

---

voavam da Inglaterra para destruir a Alemanha, diziam que Deus era seu co-piloto. Os ditadores, os primeiros-ministros, os generais, os presidentes, todos falam de Deus e têm fé imensa em Deus. Estão prestando algum serviço, estão tornando melhor a vida do homem? As mesmas pessoas que dizem crer em Deus devastaram a metade do mundo, e o deixaram em completa miséria. A intolerância religiosa, dividindo os homens em fiéis e infiéis, conduz a guerras religiosas. Isso mostra o nosso estranho senso político".

humana para o desligamento do mundo profano e o exercício espiritual em direção ao mundo divino. O incenso é a síntese do néctar das flores e inebria o olfato eliminando todos os odores profanos; a música sacra, na sua harmonia auditiva, aquieta a alma e não estimula os sentidos físicos, enquanto as orações traçam fronteiras protetoras em torno dos crentes. Tudo isso ajuda o espírito a se familiarizar com as disposições emotivas superiores, num condicionamento hipnótico para o céu. (Obra: *A Missão do Espiritismo*, 10ª edição, p. 81)

Ilusão da dualidade cósmica – *maya*

Porventura, o reino de Deus não está no próprio homem? E não vos sentis um ser único, uma entidade absoluta e jamais oscilando entre duas vontades ou dois comandos? Eis por que os Vedas, há milênios, consideravam que o espírito realizado é aquele que já dominou ou extinguiu em si "maya" — a ilusão cósmica dualística —, ou seja, apercebeu-se de sua unidade.[2] Deus, portanto, é único, embora ele possa revelar-se sob a manifestação exterior do Universo formal, que surge após o "Dia de Brahma" e se dissolve no curso processual da "Noite de Brahma", na condição de uma vestimenta transitória constituída por toda a criação física.[3] (Obra: *O Evangelho à Luz do Cosmo*, 9ª edição, p. 69)

Ilusão de separatividade e evolução

O espírito de Deus cria os seus filhos, como novos núcleos de consciências individuais, que se aperfeiçoam através das formas

---

[2] Escreveu o grande filósofo monista hindu, Shânkara: "Quando há dualidade devido à ignorância, o indivíduo vê todas as coisas como distintas do Ser. Quando tudo é conhecido como o Ser, nem mesmo um átomo é visto como diferente do Ser... Obtido o conhecimento da Realidade, já não se experimentam os efeitos das ações passadas, em virtude da irrealidade do corpo, exatamente como não pode haver sonho depois de acordar".

[3] Nota do médium – Ramatís explica na obra *O Sublime Peregrino* cap. IV. "Considerações Sobre o Grande Plano" e o "Calendário Sideral", que o "Grande Plano", ou "Manvantara", da escolástica oriental, significa uma pulsação ou respiração completa de Brahma, ou de Deus, isto é, o tempo exato em que o Espírito Divino desce até formar a matéria e depois a dissolve novamente, retornando à sua expressão anterior de puro espírito. Um "Grande Plano" ou "Manvantara" abrange a gênese e o desaparecimento do Universo físico, em duas fases distintas: o Dia de Brahma, quando Deus expira e cria formas exteriores da matéria; e a Noite de Brahma, quando Deus aspira ou dissolve o Cosmo morfológico. Cada uma dessas fases criativa e desintegradora da matéria dura 2.160.000.000 de anos do calendário terreno, perfazendo o total do processo simbólico de uma respiração divina de 4.320.000.000 de anos.

planetárias e tornam-se miniaturas conscientes no Cosmo. Deus é o "pano de fundo" de toda consciência humana; e este divino mistério o homem só poderá compreender depois que se livrar definitivamente das formas escravizantes da matéria e alcançar os mundos do conhecimento puro. Sem dúvida, à medida que a alma evolui também se despersonaliza porque, extinguindo-se nela a ilusão da separatividade, mais cedo se integra à Consciência Cósmica do Criador. Daí o motivo por que as religiões consideram como virtudes todos os esforços e aproveitamento espiritual que a alma empreende pelo seu mais breve progresso, enquanto os pecados significam justamente tudo aquilo que retarda a ascensão espiritual. E a Lei do Karma então funciona em seu mecanismo evolutivo, acicatando aqueles que se retardam ao encontro da Luz, do que resulta uma ação dolorosa e desagradável, mas necessária para garantir o ritmo proveitoso da ventura sideral. (Obra: *Fisiologia da Alma*, 15ª edição, pp. 246/247)

Imantação psicométrica – advertência do Mestre

Reconhecemos, assim, que além de iluminado Instrutor Espiritual da Terra, o Divino Amigo é abalizado Psicólogo e genial Cientista Sideral, que resumia em seus ensinamentos as leis imutáveis da vida macro e microcósmica. Detrás de suas máximas sublimes, que para muitas criaturas só despertam um misticismo lacrimoso, ocultam-se as advertências de um indiscutível "energetismo evangélico" tal como se certifica quando Jesus adverte e aconselha: "Não acumuleis tesouros na terra, onde a ferrugem e os vermes os comem e onde os ladrões os desenterram e roubam". (Mateus, 6:19) ou então: "Não vos afadigueis por possuir ouro, ou prata, ou qualquer outra moeda em vossos bolsos". (Mateus 10:9). (Obra: *Elucidações do Além*, 11ª edição, pp. 128/129)

Imantação psicométrica – advertência do Mestre II

Embora em sua época o povo ainda ignorasse as descobertas modernas e a comprovação do inumerável contingente de forças ocultas que atuam sobre os seres vivos, Jesus já ressaltava o valor dos bens espirituais, enquanto advertia quanto aos perigos da fascinação da criatura pelos tesouros perecíveis do mundo material. Sem dúvida o Divino Cientista ainda não podia explicar aos homens imaturos, que toda posse fanática, cúpida e avara dos objetos e das coisas da Terra termina por "imanizar" o seu dono, mesmo depois de sua morte física, fazendo-o sofrer as maiores aflições e impedindo-o na sua ascensão espiritual. A advertência de Jesus, embora em época tão recuada, já deixava entrever que os objetos fascinam e exercem influência escravizante nos seres avaros e imprudentes que os adoram pela sua cegueira espiritual. Aconselhou o Mestre, legando-nos a lição admirável e oculta de que é perigosa a posse do ouro, da prata ou dos bens do mundo, quando ainda não podemos fugir de seu indesejável poder de imantação. (Obra: *Elucidações do Além*, 11ª edição, p. 129)

Impactos pré-reencarnatórios

Inúmeras psicoses do sexo, impulsos delinquentes, condutas excêntricas ou extravagantes, nada mais são do que produtos do impacto "pré-reencarnatório" do espírito naufragado no vórtice das paixões e dos instintos inferiores em vidas pregressas. Muitos complexos de inferioridade, de Édipo ou de Electra, assinalados pelos *experts* da Psicanálise, são de projeções mórbidas do pretérito, e não reflexos da infância humana. Há frustrações seculares vibrando na contextura delicada do perispírito do homem, que jamais poderão ser curadas pela terapêutica de Freud fundamentada em uma só vida carnal. São acontecimentos que traumatizaram uma existência inteira no passado, cujos estímulos mórbidos ainda centuplicaram-se na vivência do espírito desencarnado e sob intenso desespero, no Além-túmulo. (Obra: *A Missão do Espiritismo*, 10ª edição, p. 135)

Impulso ascensional biológico

Há um impulso ascensional nas expressões biológicas da própria forma, que se processa em perfeita sintonia com a purificação do espírito. À medida que a alma se santifica, ela influi, reforma e apura as qualidades do vaso físico. Cumpre, pois, à alma destinada ao Bem supremo, controlar e regular as paixões inferiores, porém, sem o objetivo de querer extingui-las de repente. É necessário alimentar sempre o ideal de um corpo mais evoluído e delicado, tal como o artista faz para conseguir que a sua obra traduza, cada vez mais, a sua inspiração mais sublimada. (Obra: *A Vida no Planeta Marte e os Discos Voadores*, 14ª edição, pp. 282/283)

Inferno – sofrimento astral

A concepção do inferno, em verdade, baseia-se no próprio sofrimento dos espíritos que desencarnam alucinados por culpa de seus crimes aviltantes e procedimento absolutamente pecaminoso na face do orbe. Eles deixam o corpo físico com o perispírito sobrecarregado de magnetismo tão denso e inferior, que caem especificamente nos charcos purgatoriais do astral inferior, atraídos pela força da própria lei, de que "os semelhantes atraem os semelhantes". Sofrem de modo tão cruciante, como se ainda estivessem ligados ao sistema nervoso do organismo físico. Queima-lhes a "pele perispiritual" produzindo a sensação ardente do fogo, o líquido viscoso e aderente dos pântanos astralinos, que se infiltra como água fervente nas carnes do homem encarnado. Por isso, nasceu e cresceu no âmago do ser humano a idéia do inferno pejado de braseiros, caldeirões de água e cera ferventes, alimentados por um fogo indestrutível. E assim como o prazer distrai e faz passar o tempo facilmente, o sofrimento do espírito parece infindável; e por isso, os pecadores, no Além, julgam-se eternamente condenados ao fogo infernal. (Obra: *A Missão do Espiritismo*, 10ª edição, p. 72)

Influências magnéticas

Os astros, como já vos dissemos, predispõem, mas não dispõem. Os conceitos básicos da Astrologia devem ser considerados com melhor critério por todas as pessoas sensatas e dignas. Os astros apenas estabelecem campos magnéticos favoráveis ou desfavoráveis, que podem estimular ou reprimir as paixões humanas. A contínua expansão do espírito para maior área de consciência espiritual liberta-o, gradativamente, das influências magnéticas nefastas, porque extingue no homem o cortejo das paixões inferiores, que fazem dele verdadeiro "condensador" de vibrações astrológicas prejudiciais. As almas decididas, de vontade poderosa, realizam destinos superiores, mesmo sob a má influência dos astros, assim como o lírio, embora sob o influxo deletério do charco, se transforma em flor imaculada. (Obra: *Mensagens do Astral*, 17ª edição, pp. 85/86)

Iniciação à luz do dia – fora dos templos I

No estado em que vos encontrais atualmente, urge a iniciação **fora dos templos**, sob a poeira comum dos caminhos trilhados pela massa aflita, sujeita à complexidade das leis humanas, que obrigam as criaturas a esforços sobre-humanos, que as irritam e lhes despertam a revolta adormecida. É louvável a figura do Augusto Mestre, que sonha e vos nutre a alma, em profunda meditação, ingressando na plenitude do "samadhi" situado na fragrância da natureza contemplativa, divino repositório da verdade e da revelação espiritual aos discípulos ávidos de sabedoria. Mas também é admirável a figura do Mestre ignorado, que se angustia no turbilhão das civilizações egocêntricas, ávidas na defesa de seus interesses comuns e em terrível competição fisiomaterial, necessitando manter a sua serenidade espiritual diante de todas as complexidades cotidianas. Inúmeros deles circulam pelas vossas artérias, povoadas de criaturas materializadas, insubmissas, exigentes e intolerantes, mas guardam o sorriso de boa-vontade e de compreensão, cujos conselhos são verdadeiros tratados de cristificação humana! (Obra: *Mensagens do Astral*, 17ª edição, p. 369)

Iniciação à luz do dia – fora dos templos II

O discípulo evolui pelas provas iniciáticas que se lhe apresentam a todo momento na vida cotidiana, sem necessidade de recolher-se a instituições, conventos ou fraternidades iniciáticas. O treinamento do espírito deve ser exercido no convívio de todas as criaturas, pois sofrimentos, fracassos, vicissitudes ou misérias do mundo são lições severas e arguições pedagógicas do Alto, que graduam o ser conforme o seu comportamento. Não é preciso o homem isolar-se do mundo numa vida puramente contemplativa, a fim de alcançar a sabedoria espiritual que o próprio mundo oferece na experimentação cotidiana. O discípulo diligente e disciplinado na arguição espiritual da vida moderna promove-se para nível superior sabendo aproveitar cada minuto de sua vivência atento aos postulados espíritas e submisso aos preceitos evangélicos de Jesus. (Obra: *A Missão do Espiritismo*, 10ª edição, pp. 24/25)

Iniciação à luz do dia e o mestre moderno

A vida dinâmica do homem do século XX, obriga-o a "iniciar-se" à luz do dia, no próprio ambiente social desde a manhã até a hora de cerrar os olhos para o descanso, à noite. O mestre moderno já não usa mais a barba e os cabelos compridos como os antigos patriarcas, pois cairia no ridículo. Conforme diz certo brocardo hindu, "o Mestre aparece assim que o discípulo está pronto" para os "testes" de sua iniciação espiritual, que o põem em prova ante o insulto do policial malhumorado, do esbarrão do brutamontes, do egoísta ao furar a fila do ônibus, do palavrão do bêbedo obsceno, da especulação do mau negociante, da irritação do chofer do ônibus ou da avareza do ricaço.

O homem, assim, gradua-se, pouco a pouco, no experimento cotidiano da própria vida sem precisar de rituais, compromissos e juramentos dos templos iniciáticos de outrora.

Após tantas peripécias na vida terrena, enfrentando as vicissitudes e ingratidões próprias do mundo de efervescência tão primária, batido e massacrado pelas provas severas do sentimento em purificação, o homem é submetido à arguição do Evangelho de Jesus, a fim de se verificar a média do seu exame final nessa iniciação espiritual, em cada reencarnação. (Obra: *Elucidações do Além*, 11ª edição, p. 95)

Iniciação à luz do dia e voz interna

O homem só consegue a sua alforria espiritual depois que descobre a "senda interna"; e isto ele o fará com mais êxito sob a inspiração do silêncio, em contato com a "VOZ sem SOM", que lhe indicará o trajeto exato. Mas o verdadeiro iniciado é aquele que já elimina as divisas do mundo interior e do mundo exterior; a sua projeção no campo físico de formas é apenas o prolongamento do seu conteúdo consciente interno; é assim como Paganini, que transmitia a sua alma de virtuose nas melodias geniais do seu violino, que vibravam na atmosfera do mundo profano! O seu pensamento musical, silencioso mas genial, criava vida através do instrumento musical, eliminando as barreiras entre o exterior e o interior da alma. Dessa forma procede o iniciado consciente de toda a sua pedagogia espiritual; a sua melodia silenciosa e íntima, como seja o entendimento de ter sido feito "à imagem de Deus" ou o sentir do divino mistério do "Eu Sou", materializa-se no contato diário com os seus semelhantes, em sons harmoniosos que não ferem mas, ao contrário, comovem e inundam de júbilo todos os seres e todas as relações, todas as coisas e todos os momentos!

O Evangelho de Jesus é que prova quem seja o iniciado à luz do dia, embora a "Voz do Silêncio" já o tenha confirmado nessa situação, entre as colunas do Templo iniciático! (Obra: *Mensagens do Astral*, 17ª edição, p. 371)

Iniciação à luz do dia – proposta de Jesus

Jesus não trazia mensagem complexa, nem pedia investigação técnica e teórica para enriquecer o intelecto, pois apregoava uma auto-realização singela e à luz do dia, através de um trabalho lento, mas eficiente, do espírito libertar-se da matéria. A simplicidade, a fé, a devoção, a humildade, a resignação, a pureza, a ternura, o perdão, a renúncia e o serviço ao próximo eram coisas possíveis e realizáveis à face da Terra. E ninguém poderia zombar ou descrer disso, porque o Mestre que ensinava era o exemplo vivo de suas próprias recomendações. Não dizia Jesus comumente aos seus apóstolos: "Se ainda não compreendeis as coisas da Terra, como quereis que vos fale só das coisas do céu?".

Ele era objetivo e suas parábolas versavam sobre coisas tangíveis e assuntos de bom-senso, tais como a "semente da mostarda, os talentos enterrados, o fermento que leveda, o joio e o trigo, o lobo e o cabrito, o bom samaritano, o filho pródigo, o tesouro escondido, o mordomo infiel, o semeador ou o rico insensato".

Não era um judeu predicando para judeus, mas um representante da humanidade dos céus, falando para todas as criaturas, porque sua linguagem até hoje é perfeitamente entendível por todos os povos e raças. (Obra: *O Sublime Peregrino*, 17ª edição, p. 183)

Iniciação espiritual e espiritismo

Antigamente as iniciações espirituais eram secretas e exclusivas das confrarias esotéricas, cujas provas simbólicas e até sacrificiais serviam para auferir o valor pessoal e o entendimento psíquico dos discípulos. Mas os candidatos já deviam possuir certo desenvolvimento esotérico e algum domínio da vontade no mundo profano, para então graduarem-se nas provas decisivas. Deste modo, o intercâmbio com os mestres ou espíritos desencarnados só era permissível aos poucos adeptos eletivos às iniciações secretas.

No entanto, o espiritismo abriu as portas dos templos secretos, eliminou a terminologia complexa e o vocabulário simbólico das práticas iniciáticas, transferindo o conhecimento espiritual diretamente para o povo através de regras e princípios sensatos para o progresso humano. (Obra: *A Missão do Espiritismo*, 10ª edição, p. 24)

Injustiças – causa e efeito

Sabeis muito bem que não há efeito sem causa; se no vosso mundo existem leis e penalidades que podem ser aplicadas com justiça a cada caso de delinquência humana, é óbvio que a Sabedoria Divina ainda é muito mais equitativa e exata no processo de educar e redimir cada alma para os objetivos angélicos.

Em consequência, o que chamais de "injustiça", no vosso mundo, não existe em relação ao processo técnico da "ação e reação" ou do de "causa e efeito" que, sob a disciplina kármica, é da responsabilidade do seu próprio autor. Repetimos: não é possível ocorrerem injustiças na Lei de Deus, por uma razão lógica e simples, isto é, não existe "reação" sem ter existido a "ação" correspondente. Por isso, aquele que se revolta contra injustiças e torpezas do mundo, caídas sobre si ou sobre sua pátria, embora seja culto, regrado ou pacífico, de qualquer forma encontra-se colhendo o efeito kármico do seu próprio passado, ou seja, sofrendo exatamente os efeitos das causas que as originaram. (Obra: *A Sobrevivência do Espírito*, 8ª edição, pp. 327/328)

Instinto sexual – força criativa

A mesma força sexual usada com disciplina, como energia criativa de qualquer nível de vida, fundamenta também a ternura, a humildade, a afeição pura, o poder, a inteligência, a sabedoria e até o amor, ajudando o homem a conseguir o supremo equilíbrio que o ajusta definitivamente à angelitude. Através do trabalho perseverante dos milênios, o instinto sexual que se manifesta nos povos primitivos como posse absoluta transforma-se, cada vez mais, em força criativa nos mais diversos setores da vida humana, através das criaturas cientes da realidade imortal, conseguida pela constante busca da perfeição e beleza.

Através da sucessão interminável dos milênios, o orgasmo do bruto sublimou-se no êxtase do santo, comprovando ser o sexo mais força criativa de inspiração superior, e age, segundo o sentido que lhe for dado racionalmente, suplantando a primária sinalização de sexo físico. (Obra: *Sob a Luz do Espiritismo*, 3ª edição, p. 169)

Instrumento de redenção – corpo físico

Cada corpo que se gera na Terra e desperta no berço físico, é um valioso instrumento de redenção espiritual para a alma aflita, enferma ou crestada pelo remorso, amenizar sua pavorosa dor e sofrimento espiritual. O espírito de passado delituoso refugia-se no biombo protetor da carne e ali se esconde, expurgando suas mazelas através de lutas, sofrimentos e lágrimas redentoras. Por isso, jamais o sexo avilta o processo criador, embora o homem, na sua febre de prazeres doentios, deponha ou inverta o seu sentido criador. (Obra: *O Sublime Peregrino*, 17ª edição, p. 110)

Instrutores espirituais e libertação das formas

Os homens tornam-se melhores, mais pacíficos e sensíveis, à medida que dominam as tendências hereditárias da animalidade. Eles evoluem e aperfeiçoam-se espiritualmente, quando conseguem impor o "princípio espiritual" superior e autêntico da individualidade imortal sobre as tendências transitórias da linhagem animal da matéria. Daí o motivo da doutrinação semelhante de todos os instrutores espirituais do mundo, que estimulam e orientam o espírito humano para a mais breve libertação do cárcere das formas. O labor intensivo e espiritual do homem deve mantê-lo incessantemente vigiando a sua própria vivência física, no sentido de vencer o mais cedo possível o primarismo dominante dos seus ancestrais das cavernas. (Obra: *O Evangelho à Luz do Cosmo*, 9ª edição, p. 118)

Integração ao Evangelho – defesa contra vampirismo

É a conduta moral superior, que se fortalece pelo equilíbrio mental e emotivo. Enquanto os estados pecaminosos geram fluidos nutritivos para os vampiros do astral inferior, as virtudes próprias das emoções e dos pensamentos sublimes são a cobertura protetora contra o vampirismo. Na verdade, a melhor proteção contra os vampiros do Além ainda provém da integração do homem à vivência incondicional dos preceitos do Cristo-Jesus, pois a cristificação vacina contra quaisquer práticas de vampirismo, obsessão e bruxaria! Sabe-se, até hoje, que jamais as vibrações agressivas e mórbidas de processos enfeitiçantes puderam atingir ou modificar o campo vibratório de alta frequência espiritual de Jesus, Buda, Francisco de Assis e outros luminares! (Obra: *Magia de Redenção*, 12ª edição, p. 271)

Integração ao Cristo e livre-arbítrio

À medida que mais vos integrardes ao Cristo planetário, que é o espírito excelso que nutre o vosso orbe, sem dúvida também crescerá o vosso livre arbítrio em relação aos demais seres pois, angelizando-vos, também sereis mais conscientes da Verdade Eterna. A fim de que despertem a consciência de sua individualidade espiritual, Deus lança as almas virgens na corrente da evolução planetária dos mundos físicos. Então, curtindo as lições da vida humana e sofrendo as injunções da própria morada material, elas terminam consolidando as suas linhas demarcativas de "ser" e "existir" no seio da própria Consciência Cósmica. (Obra: *Fisiologia da Alma*, 15ª edição, pp. 206/207)

Intelecto – despertar da consciência

O Intelecto é o princípio mental que distingue o homem do bruto; o seu aparecimento marca um grande avanço na senda da realização do espírito lançado na corrente da matéria. Antes, o ser é apenas emoção, desejos ou paixões, mas, depois do advento do Intelecto, goza da vontade raciocinadora e sente, em si, a manifestação da condição humana. É o despertar ou o amanhecer da consciência do "eu", porque o homem, então, já pode comparar-se aos outros seres e coisas; classifica, analisa, junta e separa os acontecimentos nos quais intervém ou os fatos que presencia. Principia a julgar os acontecimentos em torno de si, a ter consciência do "eu", embora, não possa definir tal condição. (Obra: *Sob a Luz do Espiritismo*, 3ª edição, p. 158)

Intelecto e ascensão espiritual

O homem já é um ser bom e evoluído, porém, o advento do Intelecto o ajuda a exercer o comando e o controle, cada vez mais enérgico, sobre os próprios instintos animais. Dominando as forças instintivas da velha animalidade, pode dispor de energias submissas para realizar a sua própria ascensão espiritual. Mas, se enfraquecer na posse da razão pode tornar-se pior do que as bestas, pois raros animais abusam de suas forças e desejos, como é feito habitualmente entre os homens, conforme se verifica comumente, no caso do prazer sexual. (Obra: *Sob a Luz do Espiritismo*, 3ª edição, p. 158)

Inteligência x sabedoria

Os homens verdadeiramente sábios não laboram contra si mesmos, nem se deixam comandar pelos vícios que deprimem o ser humano. Em verdade, ainda é muito grande a diferença entre a "inteligência" provisória do mundo material e a "sabedoria" definitiva do espírito, que é eterno! A inteligência provisória é o talento intelectivo firmado nas configurações e experimentações do mundo transitório da matéria; a sabedoria definitiva é a conquista imortal do espírito; é a sua memória milenária, existente desde a origem de sua consciência e que se projeta na vida física. Sábio, pois, verdadeiramente, é aquele que dirige com eficiência a sua vida na matéria, em vez de ser apenas uma peça movida pelas circunstâncias enganadoras do mundo provisório da carne. (Obra: *Fisiologia da Alma*, 15ª edição, p. 114)

Intercâmbio mediúnico e progresso espiritual

As entidades benfeitoras são unânimes em recomendar que todo intercâmbio e transações dos "vivos" com os "mortos" devem ser exercidos só em função de progresso espiritual e à distância de quaisquer objetivos que visem unicamente a solução dos interesses ardilosos do mundo físico. Qualquer trabalho mediúnico sem finalidade superior de libertação espiritual, e que se cristaliza no intercâmbio mercenário com as entidades do astral inferior, termina sempre por agravar a escravidão da criatura às formas terrenas. (Obra: *Mediunismo*, 13ª edição, p. 134)

Intercâmbio migratório entre os mundos

Entre os pesquisadores reencarnacionistas, é de senso comum que existem inúmeros orbes habitados além da Terra, conforme o próprio Jesus se referiu, ao dizer: "Na casa de meu Pai há muitas moradas".

Consequentemente, há um incessante intercâmbio migratório entre os espíritos de outros orbes habitados, que se revezam em reencarnações educativas, devidamente controlados pelas autoridades siderais, e responsáveis pelo povoamento de todas as latitudes do Cosmo. Os mundos físicos, além de escolas de educação espiritual, ainda são verdadeiros laboratórios de pesquisas criativas, a fim de o Alto conseguir novos tipos humanos mais sadios, estéticos e afins a novos meios físicos. Em consequência, os orbes oferecem toda espécie de ensaio psicofísico, no sentido de o gênero humano alcançar as configurações mais sensíveis e favoráveis, com a finalidade de se manifestar mais a sabedoria e poder criativo do espírito eterno. Há um incessante intercâmbio entre os espíritos de todos os mundos, o que justifica a presença excêntrica de encarnados num mesmo orbe, cuja estatura pode ser além ou aquém do tipo comum e tradicional dos seus habitantes. (Obra: *O Evangelho à Luz do Cosmo*, 9ª edição, pp. 308/309)

Interdependência – a si só basta Deus

Ninguém se basta por si mesmo, nem o próprio Jesus, pois se a Vida é fruto da troca incessante do choque de energias criadoras atuando em seu plano correspondente, quando hostis elas ferem a qualquer espírito mergulhado na carne. A si mesmo só se basta Deus, que é o Pai, o Senhor da Vida! As relações entre todas as criaturas e seres, sejam virtuosos ou pecadores, significam ensejos de experimentação da própria Vida, que tanto educa os ignorantes como redime os pecadores. (Obra: *O Sublime Peregrino*, 17ª edição, p. 128)

Interferência anímica e necessidade de estudo

Só o conhecimento profundo da bibliografia espírita, quer quanto à parte doutrinária, quer quanto à prática mediúnica, é que realmente poderá reduzir a interferência anímica do médium nas comunicações mediúnicas, ajudando-o a eliminar gradativamente os datismos, as imitações, as redundâncias e a prolixidade indesejável no intercâmbio sensato com os desencarnados. Em alguns trabalhos espíritas de nível intelectual muito pobre, em que os seus componentes se limitam a uma interpretação tristonha e lacrimosa do Evangelho, chega-se a exaltar o "tabu" do médium analfabeto, o qual compensa a sua ignorância apenas pela sua boa intenção.

É de senso comum que só a boa intenção não basta para o êxito completo no comando da vida, pois muitos acontecimentos indesejáveis e trágicos do mundo são frutos da ignorância daqueles mesmos que os dirigem, embora sejam bem intencionados. E o médium, que é um intermediário dos ensinamentos e roteiros do mundo espiritual para os encarnados, não pode eximir-se do estudo doutrinário, da pesquisa mediúnica e da cultura do mundo em que vive, malgrado alegue que também age com boa intenção, pois esta deve estribar-se em conhecimentos seguros e sensatos, para não se produzirem prejuízos irreparáveis à fé e à confiança do próximo. (Obra: *Mediunismo*, 13ª edição, pp. 177/178)

Intuição

Já afirmamos, alhures, que a confiança maior na Intuição comprova sensibilidade mais evoluída; é uma penetração interior mais vigorosa no campo original da vida, sem que por isso se deva anular o esforço da pesquisa objetiva. E é o próprio Jesus que valoriza essa sensibilidade quando, diante de Tomé, adverte: "Tu crês porque viste, mas bem-aventurados os que não vêem e crêem". Sob esse conceito, o Mestre consagrou o espírito que crê no "sentir", procedendo muito ao contrário daquele que só confia no "saber", pois o saber sem sentir é sempre menos valioso do que o sentir sem saber! (Obra: *Mensagens do Astral*, 17ª edição, p. 231)

Intuição – II

O verdadeiro saber humano não se manifesta pelo intelecto, porém, pela intuição. Deus, que é o Todo, o Cosmo, o Espírito Infinito, desde que seja intelectualizado pelo homem, ou definido pela criatura, teria de ser limitado, circunscrito, reduzido. Essa definição não pode ser real, uma vez que o infinito, o ilimitado, o incriado é impossível de ser definido pela parte que é apenas criada. No campo científico o homem pode satisfazer o seu intelecto, formalizando e delimitando as suas ações ambientes, porque define detalhes entre as fronteiras do que vai conhecendo. Mas só a intuição, que é a própria manifestação cósmica de Deus, pode compensar a impossibilidade de o intelecto definir o Todo pela parte. **Sentir** Deus filtrando-se pela parte, que é o homem, é mais exato e mais certo do que **saber** Deus abrangido pelo espírito humano. E como esse "sentir Deus" aumenta tanto quanto aumenta a consciência da parte em direção à consciência cósmica do Todo, o intelecto nunca poderá defini-Lo, porque não pode alcançá-Lo dentro de uma fórmula fixa e matemática. (Obra: *A Vida no Planeta Marte e os Discos Voadores*, 14ª edição, pp. 135/136)

Intuição – reflexo do Absoluto

A Mente Divina possui todo o conhecimento cósmico, sem princípio e sem fim. E todo aquele que luta, incondicionalmente, pelos ideais consubstanciados no amor a Deus e ao próximo conforme estatuiu Jesus, ir-se-á, gradativamente, assenhoreando dos mistérios do Pensamento Universal; e suas conclusões serão, cada vez, mais iluminadas de sabedoria porque são reflexos ou raios diretos da Mente do Absoluto, colhidos através da intuição. Contudo, por mais assombrosa e espiritualizada que seja a sabedoria e a evolução da alma, entre ela e o seu Criador preexistirá sempre uma distância que se chama — o infinito.

E, ao contrário, os esforços mentais dos homens, mesmo os apontados como gênios, quando divorciados dos ideais sublimes do espírito que dão a iluminação da Fé, os seus raciocínios, por mais altaneiros e espetaculares, não passam de poeira a sujar o espelho espiritual da intuição, pois nesse espelho misterioso é que se refletem as verdades cósmicas do Senhor dos Mundos. (Obra: *A Vida no Planeta Marte e os Discos Voadores*, 14ª edição, p. 443)

Intuição pura – elan que une a alma a Deus

Sem dúvida, é a Intuição Pura. Embora não seja fenômeno atestável espetacularmente no mundo exterior da matéria, é a mais sublime faculdade oriunda de elevada sensibilidade espiritual. É natural e definitiva, espécie de percepção panorâmica que se afina tanto quanto o espírito mais se ajusta nas suas relações e inspirações das esferas mais altas para a carne. É o "elan" que une a alma encarnada diretamente à Mente Divina que a criou, facultando-lhe transferir para a matéria o verdadeiro sentido e entendimento da vida espiritual superior.

Uma vez que a mediunidade não é, propriamente, uma faculdade característica do organismo carnal, mas o recurso sublime para fluir e difundir-se o esclarecimento espiritual entre os homens, ela mais se refina e se exalta tanto mais o seu portador também se devote ao intercâmbio superior do espírito imortal. É o próprio dicionário terreno que vos explica o fenômeno. Intuição — diz ele, é o ato de ver, percepção clara, reta, imediata, das verdades, sem necessidade de raciocínio; pressentimento, visão beatífica. (Obra: *Mediunismo*, 13ª edição, p. 36)

Intuição pura – linguagem do Eu Superior

A pureza cristalina da Intuição Pura foi o apanágio dos seres de alta estirpe espiritual e que delinearam roteiros de luzes para o vosso orbe, qual o fizeram Crisna, Confúcio, Pitágoras, Buda, Jesus, Francisco de Assis e outros que, em peregrinação pela vida física, conservaram-se permanentemente ligados às esferas sublimes do espírito superior, qual ponte viva a unir o mundo exterior da matéria à intimidade do Espírito Cósmico. A Intuição Pura é a "voz sem som", a "voz interior", a "voz do som espiritual", que fala na intimidade da alma; é a linguagem misteriosa, mas verdadeira e exata, do próprio Eu Superior guiando o ego lançado na corrente evolutiva das massas planetárias. (Obra: *Mediunismo*, 13ª edição, p. 37)

Instrutores da humanidade

Desde o princípio do mundo o Criador tem enviado aos homens instrutores espirituais, que encarnam em todas as latitudes geográficas e entre os povos mais exóticos do orbe terráqueo, dando-lhes em linguagem pátria e acessível a todo entendimento as rotas exatas do caminho certo e das realizações ascensionais do espírito. Eles têm aconselhado tudo o que se deve fazer em todos os momentos de angústias e complicações humanas, apontando os labirintos ilusórios e afastando as sombras perturbadoras. Hão deixado sobre a Terra ensinamentos de todos os matizes e em todas as línguas, nos moldes mais científicos ou nas asas da poesia mais pitoresca, tudo de conformidade com a ética divina e a legislação da verdadeira e definitiva pátria espiritual. Nenhum povo e nenhuma criatura deixou de ser atendida, pois cada homem é o prolongamento de uma extensa cadeia de renascimentos em que, através de várias raças, ambientes e oportunidades diferentes, o seu espírito trava conhecimento com todas as formas de doutrinas e ensinamentos ministrados pela pedagogia sideral, a fim de desenvolver em si mesmo o sentido da universalidade e a definitiva consciência de sua imortalidade. (Obra: *A Sobrevivência do Espírito*, 8ª edição, p. 351)

Instrutores da humanidade – características

Hermes foi insigne instrutor dos povos egípcios, ofertando-lhes em linguagem entendível, mesclado de ciência, filosofia e devoção, o conhecimento da imortalidade da alma; Moisés consolidou a idéia do Deus único entre os hebreus; Confúcio, em pitoresca linguagem impregnada da poesia dos povos orientais, completou para os chineses o trabalho já iniciado por Fo-Hi e Lao-Tsé, ensinando o culto à família, aos antepassados e o ciclo dos renascimentos; Zoroastro integrou-se na psicologia dos persas e pregou ensinamentos morais de extraordinária beleza espiritual; Buda abrangeu a Ásia, e milhões de budistas aprenderam o que deveriam fazer para a sua ascensão definitiva aos páramos divinos.

Finalmente Jesus, o inconfundível Instrutor Maior, não só falou ao povo hebreu e se sacrificou glorificando a raça de Israel, como ainda sintetizou todos os princípios de elevada moral que antes dele foram espalhados para a salvação espiritual do homem, iluminando o orbe com as luzes definitivas do Evangelho. (Obra: *A Sobrevivência do Espírito*, 8ª edição, p. 352)

Irmãos transviados e o nosso dever

Não deveis relegar a um plano secundário o dever de dispensardes uma assistência ativa aos espíritos "vivos", que surgem no vosso caminho, dominados por distúrbios psíquicos que os transformam em vagabundos, alcoólatras, boêmios, prostitutas, doidos e aleijados que suplicam a vossa ajuda. Mais além, nas penitenciárias, ser-vos-á fácil doutrinar o malfeitor, o ladrão, o assassino, todos eles, necessitados de orientação e exemplos redentores. Esses transviados, embora distantes das venturas do Bem, também são vossos irmãos e precisam que os ajudeis a integrarem-se na vida humana sem terem de ser segregados da coletividade.

Os delinquentes, por mais criminosos que tenham sido, não podem ficar enjeitados do vosso auxílio e caridade, pois os vossos guias e protetores espirituais também vos toleram e amam apesar dos desatinos e dos pecados que cometestes em existências anteriores e também na que viveis atualmente.

O amor verdadeiro e desinteressado não requer lugares nem horas especiais para ser praticado a contento, pois o vosso mundo, com o sofrimento da sua humanidade torturada, é, igualmente, um vasto campo de serviço redentor para vós próprios. (Obra: *Elucidações do Além*, 11ª edição, p. 37)

J

"Janela viva" do Cristo – Jesus de Nazaré

Jesus, como dissemos, não é o Cristo, mas a consciência angélica mais capacitada para recepcionar e cumprir a sua vontade em cada plano descendente do reino angélico até a Terra. Em sua missão sublime, Jesus foi a "janela viva" aberta para o mundo material, recebendo do Cristo as sugestões e inspirações elevadas para atender à salvação das almas, em educação na crosta terráquea. No entanto, Jesus também ascensiona ininterruptamente pela expansão ilimitada de sua Consciência e libertação definitiva das formas dos mundos planetários transitórios. É provável, portanto, que no próximo "Manvantara" ou "Grande Plano" ele também já se gradue na escala arcangélica; e então participará diretamente da criação dos mundos sob a inspiração do Arcanjo, do Logos ou do Cristo do vosso sistema solar. (Obra: *O Sublime Peregrino*, 17ª edição, p. 69)

Jejum

O costume secular das seitas religiosas, trapistas, nazarenas, apostólicas ou iniciáticas, que jejuam sob férrea disciplina, embora não substitua a exemplificação cristã do Evangelho à luz do dia, no mundo exterior, é treinamento que auxilia o "homem-espírito" a dominar a ferocidade e a sensualidade do "homem-carne". O "homem velho" de Paulo de Tarso, extingue-se, quando se debilita a vitalidade telúrica que nutre o instinto animal da personalidade humana, para dar lugar à mansuetude e delicadeza do "homem novo", ou seja a individualidade do espírito puro.

Seria grande ironia para os puros de Deus o ingresso intempestivo, no Céu, do anjo alimentado a carne de porco, ou do santo nutrido de vísceras sangrentas das espécies inferiores. A Lei Suprema e Eterna do Cosmo não comporta transgressões dessa ordem. (Obra: *A Vida no Planeta Marte e os Discos Voadores*, 14ª edição, p. 223)

Jejum – drenação tóxica

É a terapêutica do jejum o processo que melhor auxilia o espírito a drenar as substâncias tóxicas que provêm do astral inferior pois, devido ao descanso digestivo, eliminam-se os fluidos perniciosos. A Igreja Católica, ao recomendar o jejum aos seus fiéis, ensina-lhes inteligente método de favorecimento à inspiração superior. As figuras etéreas dos frades trapistas, dos santos ou dos grandes místicos, sujeitos a alimentação frugal, comprovam o valor terapêutico dessa alimentação. O jejum aquieta a alma e a libera em direção ao mundo etéreo; auxilia a descarga das toxinas do astral inferior, que se situam na aura humana dos "civilizados".

Aliás, já existem no vosso mundo algumas instituições hospitalares que têm podido extinguir gravíssimas enfermidades sob o tratamento do jejum ou pela alimentação exclusivamente à base de suco de frutas. Jesus, a fim de não reduzir o seu contato com o Alto, ante o assédio tenaz e vigoroso das forças das trevas, mantinha a sua mente límpida e a governava com absoluta segurança graças aos longos jejuns, em que eliminava todos os resíduos astrais, perturbadores dos veículos intermediários entre o plano espiritual e o físico. (Obra: *Fisiologia da Alma*, 15ª edição, p. 33)

Jejum – recurso libertador

Desde que a vida física é processo de educação espiritual, ensejando a libertação da centelha divina para retornar ao seu mundo superior, o jejum é sempre um recurso que ajuda ao treino dessa libertação e auxilia o domínio da mente sobre o corpo. No entanto, a virtude está no meio, por cujo motivo é tão censurável a glutonaria que agrilhoa o espírito às idiossincrasias animais, como o jejum exagerado que enfraqueça o corpo e perturbe a vida em comum. Para os homens de alto intelecto, o jejum é recurso benéfico que contemporiza a excessiva tensão do seu Espírito sobre a carne, pois sua atividade mental muito profunda provoca saturações magnéticas na área cerebral. (Obra: *A Missão do Espiritismo*, 10ª edição, p. 79)

Jejum – técnica de aceleração psíquica

O jejum é prática mais aconselhada para desafogar a circulação sanguínea dos tóxicos produzidos nas trocas químico-físicas da nutrição e assimilação; debilita as forças agressivas do instinto inferior através da carne, aquieta a natureza animal, clareia a mente e o sistema cérebro-espinhal passa a ser regado por um sangue mais límpido.

Durante o repouso digestivo, a natureza renova suas energias, restaura os órgãos enfraquecidos, ativa o processo drenador das vias emunctórias, por onde se expulsam todos os tóxicos e substâncias prejudiciais ao organismo. É óbvio que o jejum enfraquece, pela desnutrição, mas compensa porque reduz o jugo da carne e desafoga o espírito, permitindo-lhe reflexões mais lúcidas e intuições mais certas.

Durante o enfraquecimento orgânico pelo sofrimento, ou jejum, as faculdades psíquicas se aceleram e a lucidez espiritual se torna mais nítida. (Obra: *A Missão do Espiritismo*, 10ª edição, pp. 78/79)

Jejum – técnica transcendental

O jejum desafoga a circulação sanguínea dos tóxicos produzidos nas trocas químico-físicas da nutrição e assimilação, debilita as forças agressivas do instinto inferior, aquieta a natureza animal, clareia a mente e o sistema cérebro-espinhal passa a ser regado por um sangue mais límpido.

Durante o repouso digestivo, a natureza renova suas energias, restaura os órgãos enfraquecidos, ativa o processo drenativo das vias emunctórias, por onde se expulsam todos os tóxicos e substâncias prejudiciais ao organismo. É óbvio que o jejum enfraquece devido à desnutrição, mas compensa porque reduz o jugo da carne e desafoga o espírito, permitindo-lhe reflexões mais lúcidas e intuições mais certas.

Durante o enfraquecimento orgânico pelo sofrimento, ou jejum, as faculdades psíquicas se aceleram e a lucidez espiritual se torna mais nítida, conforme se verifica em muitas criaturas prestes a desencarnar, pois recuperam sua clareza mental e rememoram os mais longínquos fatos de sua existência humana, desde a infância. A queda das energias físicas costuma proporcionar maior liberdade à consciência do espírito. Há uma tendência inata de fuga da alma para fugir do seu corpo físico, assim que ele se enfraquece. Diz o vulgo que as criaturas, no auge da febre, costumam "variar", isto é, são tomadas de alucinações, chegando mesmo a identificar conhecidos que já desencarnaram, assim como vêem figuras grotescas, insetos ou coisas estranhas, que não são do mundo material. (Obra: *O Sublime Peregrino*, 17ª edição, p. 156)

Jesus e o "amor espiritual" universalista

Foi no campo das idéias e dos sentimentos universalistas que Jesus concentrou sua advertência, ao dizer que "quem amar a mim mais do que à família receberá o cêntuplo e possuirá a vida eterna", ou seja, amando toda a humanidade, a criatura livra-se das purgações próprias dos contínuos renascimentos das vidas físicas. Então passa a viver apenas nos mundos espirituais superiores, entre as almas afetivas e libertas do conjunto egoísta da família carnal, onde o verdadeiro amor estiola oprimido pelas afeições transitórias do mundo reduzido do lar. Quem ama o próximo como a si mesmo, ama o Cristo e assim desaparece o amor egoísta de casta, raça e de simpatia ancestral da matéria. Em troca surge o "amor espiritual", que beneficia todos os membros da mesma parentela e se exerce acima de quaisquer interesses da vida humana isolada, pois diz respeito à vida integral do Espírito Eterno. (Obra: *O Sublime Peregrino*, 17ª edição, p. 151)

Jesus e o caminho para a felicidade

Jesus meditava sobre a natureza humana ainda tão animalizada e ignorante na sua insatisfação, avareza, crueldade, cupidez, no seu amor-próprio e orgulho de raça. Essas paixões e os desejos incontrolados eram realmente os motivos responsáveis pelos desentendimentos entre os homens, os quais, assim como os animais, só se mostravam inofensivos quando bem alimentados, fartos, gozando saúde e satisfação no seu instinto sexual.

E o Mestre entristecia-se verificando que o homem precisava tão pouco para ser feliz, bastando-lhe somente amenizar o desejo cúpido e domesticar as paixões violentas para ele ser mais venturoso e substituir os prazeres transitórios da carne pelos prazeres duradouros do espírito. Então se propunha ensinar a criatura humana, transmitindo-lhe um pouco da ventura espiritual, que era o seu estado normal de alma. (Obra: *O Sublime Peregrino*, 17ª edição, p. 171)

Jesus e o fim dos tempos

Recorremos a Jesus, de quem não podemos duvidar, pois assim como profetizou o que acontecerá na era que se aproxima, previu também o arrasamento do templo de Jerusalém, a traição de Judas, a negação de Pedro, a sua própria ressurreição e a confusão que os homens fariam com os seus ensinos, no futuro, o que se realizou integralmente.

Esses acontecimentos trágicos não serão produto de uma súbita intervenção de Deus, mas uma consequência natural da transgressão das leis imutáveis que disciplinam o movimento dos orbes e as suas integrações em ritmos siderais mais evolutivos. Resulta então, daí — como vos ditamos há pouco — perfeita sincronização entre o evento "físico-planetário" e a sua humanidade, que faz jus à aplicação da lei de que "quem com ferro fere com ferro será ferido". Esse fim de mundo é um insignificante acontecimento no ínfimo grão de areia que é o vosso globo, nada tendo de incompatível com a bondade de Deus, que criou o Cosmo para o efeito de perfeita harmonia e beleza planetária! (Obra: *Mensagens do Astral*, 17ª edição, p. 39)

Jesus e os Essênios

Jesus, realmente, esteve em contato com os Essênios durante algum tempo e conheceu-lhes os costumes, as austeras virtudes, assim como teve oportunidade de apreciar-lhes as cerimônias singelas dos santuários menores, externos, e os ritos mais sugestivos do "Círculo Interno". Muitos dos seus gestos, práticas e atos do mundo profano deixavam perceber as características essênias de elevado teor espiritual, pois eles guardavam muita semelhança com os primeiros cristãos.

Aliás, Jesus, como entidade de elevada estirpe sideral e insaciável na pesquisa do espírito imortal, ou na verdadeira vida do homem, jamais deixaria de procurar os Essênios e conhecer-lhes as idéias, pois os mesmos já ensinavam o amor a Deus e ao próximo, criam na imortalidade da alma e na reencarnação. Todas as religiões, seitas e movimentos espiritualistas da época foram alvo da atenção de Jesus, cuja mente privilegiada assimilava imediatamente a essência benfeitora e se desocupava das fórmulas exteriores. Seria bastante estranhável e um formal desmentido ao tipo espiritual avançado do Mestre Jesus, caso ele tivesse conhecimento da existência dos Essênios, na própria Galiléia, e jamais se interessasse de um contato instrutivo. (Obra: *O Sublime Peregrino*, 17ª edição, p. 277)

Jesus e seu curso espiritual evolutivo

Jesus também foi imaturo de espírito e fez o mesmo curso espiritual evolutivo através de mundos planetários, já desintegrados no Cosmo. Isso foi há muito tempo, mas decorreu sob o mesmo processo semelhante ao aperfeiçoamento dos demais homens. Em caso contrário, o Criador também não passaria de um Ente injusto e faccioso, capaz de conceder privilégios a alguns de seus filhos preferidos e deserdar outros menos simpáticos, assemelhando-se aos políticos terrenos, que premiam os seus eleitores e hostilizam os votantes de outros partidos. Em verdade, todas as almas equacionam sob igual processo evolutivo na aquisição de sua consciência espiritual e gozam dos mesmos bens e direitos siderais.

Jesus alcançou a angelitude sob a mesma Lei que também orienta o selvagem embrutecido para a sua futura emancipação espiritual, tornando-o um centro criador de novas consciências no seio do Cosmo. Ele forjou a sua consciência espiritual sob as mesmas condições educativas do bem e do mal, do puro e do impuro, da sombra e da luz, tal qual acontece hoje com a vossa humanidade. Os orbes que lhe serviram de aprendizado planetário já se extinguiram e se tornaram pó sideral, mas as suas humanidades ainda vivem despertas pelo Universo, sendo ele um dos seus venturosos cidadãos. (Obra: *O Sublime Peregrino*, 17ª edição, p. 23)

Jesus já foi um pecador

Assim, como é impossível a um professor analfabeto ensinar os alunos ignorantes do ABC, Jesus também não poderia prescrever aos homens a cura dos seus pecados, caso ele já não os tivesse tido em si mesmo. Justamente por ele ter sofrido do mesmo mal, então conhecia o medicamento capaz de curar a enfermidade moral da humanidade terrena!... Jesus, alhures, já foi um pecador como qualquer homem do mundo; porém, ele venceu as ilusões da vida carnal, superou a coação implacável do instinto animal e seu coração transbordante de Amor envolve todos os cidadãos da Terra. (Obra: *O Sublime Peregrino*, 17ª edição, p. 24)

Jesus – médico das almas e instrutor moral

A verdade é que o homem é o autor exclusivo de sua glória ou desdita. O céu e o inferno não passam de suas criações íntimas e de acordo com o seu próprio comportamento espiritual. Mas o pecador pode ressarcir-se rapidamente dos pecados de sua vida atual ou pregressa, desde que se devote, em definitivo, à prática das virtudes recomendadas por Jesus, as quais dispensam o uso das energias animais adversas e livram o espírito das purgações dolorosas que se fazem através do corpo de carne ou nos charcos corretivos do Além-túmulo.

Daí o motivo por que o Evangelho ainda é o compêndio de terapêutica mais certa para o espírito encarnado recuperar a saúde espiritual, uma vez que Jesus, o seu autor, além do mais sábio dos homens e o mais digno instrutor moral da humanidade terrena, foi, também, o Médico inconfundível das enfermidades do espírito. (Obra: *Mediunidade de Cura*, 12ª edição, p. 52)

Jesus mito e Jesus real

O Jesus que ainda é devotado pelas religiões terrenas não é o mesmo Jesus que respirou o oxigênio da Terra. É uma fantasia impossível de ser conceituada entre suas próprias contradições. (Obra: *O Sublime Peregrino*, 17ª edição, p. 233)

Jesus – o Anjo planetário

Jesus não é Arcanjo, mas sim um Anjo, o que difere muito entre si, pois o Anjo ainda pode atuar no mundo humano – simbolizado nos sete degraus da escada de Jacó que fica logo abaixo do mundo divino, no qual cessa para os Arcanjos toda possibilidade de ligação direta com as formas físicas das moradas planetárias. Jesus, na realidade, é a mais Alta Consciência Diretora da humanidade terrena, mas não do planeta Terra, porque ainda permanece, diretamente, em contacto psicofísico com as consciências terrícolas. Ele é o Elo Divino e o mais lídimo representante de aspecto humano que se liga diretamente à Sublime Consciência do Arcanjo Planetário da Terra. O Comando Sideral do sistema solar atua no Arcanjo do planeta Terra e este na imediata consciência espiritual abaixo de si e em condições receptivas para senti-lo e cumprir-lhe a vontade no mundo físico. É justamente o insigne Jesus a Magnífica Consciência capacitada para sentir o Espírito do Planeta Terráqueo, porquanto o Mestre, além de ser o Governador Espiritual de vossa humanidade, participou também da Assembléia Sideral de quando o Arcanjo mentalizou os planos preliminares para a formação do vosso orbe, em conexão perfeita com os projetos maiores do Arcanjo ou Logos Solar do sistema. (Obra: *Mensagens do Astral*, 17ª edição, p. 317)

Jesus – o maior profeta

É Jesus, o Sublime Amigo, o Salvador da humanidade, que fez a transfusão da Luz Crística sobre a superfície anêmica do vosso orbe! É ele a voz profética em que podeis e deveis confiar incondicionalmente, pois o Ungido de Deus também profetizou e o fez com sabedoria e fidelidade. Além disso, cumpriu primeiramente em si mesmo aquilo que ensinava, e depois disse ao homem debilitado pelas paixões terrícolas que fizesse o mesmo, afirmando: "Eu sou o caminho, a verdade e a vida!" Legando-vos junto ao seu Evangelho a profecia trágica do "fim dos tempos" e do "juízo Final" (Mateus,24) deixou-vos instruções e lições imorredouras para que possais sobreviver espiritualmente aos eventos cruciantes que se aproximam. E, dirigindo-se à humanidade, nessa predição angustiosa e trágica, sabendo-a paralítica e cega pelas paixões insofreáveis do instinto animalizado, oferece-lhe a cura através do seu Divino Evangelho e do seu Amor, que redime para a eternidade! (Obra: *Mensagens do Astral*, 17ª edição, p. 138)

Jesus, o mito – fora da realidade

Quando Jesus foi crucificado, a sua auréola messiânica quase apagou-se, pois naqueles dias trágicos sumiram-se parentes, amigos e discípulos, ante o terror de serem crucificados. Mas, à medida que foram decorrendo os dias, a figura do Mestre Amado foi-se avultando, emergindo do seu martírio, assim como a planta renasce das próprias raízes depois de cortada. Em breve, sua vida e sua morte eram motivos que centralizavam os sonhos de seus adeptos e amigos, fazendo-os cultuar-lhe a memória consagrada pelas bênçãos dos seus ensinos e fidelidade de suas idéias. Os compiladores dos evangelhos, segundo os apóstolos, então cercaram-lhe a personalidade de reformador moral e religioso, de fatos e acontecimentos melodramáticos, além dos prodígios para adaptarem sua vida às predições exaltadas do Velho Testamento. Reviram-lhe a vida e o que era singelo se tornou altiloquente; o natural, humano e lógico transformou-se em cenas milagreiras, divinas e insensatas. Acrescentaram à vida de Jesus tanto os sentimentalismos humanos infantis, como as suas concepções fantasistas e a crença no miraculoso. Criaram o mito e eliminaram o homem; fizeram um Deus e o distanciaram da humanidade. (Obra: *O Sublime Peregrino*, 17ª edição, p. 337)

Jesus – turbilhão de pensamentos criadores

No seu hercúleo esforço para situar-se a contento, na carne, Jesus assemelhava-se a um raio de sol tentando acomodar-se numa vasilha de barro. A sua mente vivia hipertensa, cujo impacto se descarregava sobre os plexos nervosos, oprimiam-lhe o cérebro, os nervos, o sangue e os vasos capilares, resultando, então, perigosos hiatos na rede circulatória. O turbilhão de pensamentos criadores vibrava e descia da superconsciência; ele então recorria aos jejuns periódicos, a fim de o seu espírito conseguir maior liberdade nessas fases pré-agônicas de desafogo da matéria. Outras vezes, o próprio organismo mobilizava recursos biológicos de emergência e vertia suor e sangue, compensando, com essa descarga imediata de humores, a perigosa tensão "psicofísica", fruto do fabuloso potencial de energia espiritual a lhe prensar a carne frágil! (Obra: *O Sublime Peregrino*, 17ª edição, p. 16)

Jesus x João Batista

Jesus foi crucificado como o Cordeiro de Deus, devido à imprudência sediciosa dos seus discípulos e não por efeito de quaisquer excomungações agressivas contra o próximo. Ele aceitou a *morte* para não violentar a *vida* e preservar sua doutrina de Amor e de Paz. Justo e inocente, não condenou os pecadores, virtuoso e bom perdoou incondicionalmente, vivendo só em função da eterna máxima de que "Só o Amor salva o homem!" João Batista, no entanto, preocupou-se demasiadamente com verberações acusativas aos homens, cujas paixões e prazeres eram consequência de sua espiritualidade embrionária. Jesus morreu porque tentou esclarecer os equívocos humanos de modo compreensivo e terno; Batista foi degolado por acusar os pecados alheios. Diante da mulher adúltera é possível que João Batista a mandaria lapidar para se cumprir a Lei de proteção à moral judaica. Jesus, no entanto, sem qualquer passado trágico, libertou-a censurando os próprios algozes que a queriam punir. Todo reformista religioso, moralista violento, agressivo e intransigente, talvez convença e arraste multidões de fanáticos no seu encalço, mas nem por isso conseguirá convertê-los à doçura do Amor!...

O Mestre Cristão pulverizou os costumes seculares, igualando senhores e escravos, santos e prostitutas, ricos e pobres, numa ofensiva anárquica que condenava as especulações religiosas e a idolatria extorsiva dos templos. Mas as suas palavras severas também eram meigas e amorosas, pois ele censurava mas não condenava, advertia mas não insultava. (Obra: *O Sublime Peregrino*, 17ª edição, pp. 288/289)

João Batista – alavanca para Jesus

João Batista, na verdade, ateou fogo às idéias messiânicas de Jesus e fortaleceu ainda mais a inspiração benfeitora dos Essênios. A força selvática da austeridade de João Batista na sua condenação implacável aos ricos, poderosos e corruptos, impressionou Jesus e teve o dom de eliminar-lhe as últimas hesitações, convencendo-o de que também estaria certo manifestando em público os mesmos sentimentos e preocupações amorosas em favor da humanidade. Embora Jesus tenha sofrido a influência estimulante de João Batista, ele não lhe seguiu os passos quanto à sua ética agressiva. A esta Jesus opôs a humildade, a brandura e a tolerância própria dos Essênios. Embora ambos fossem sacrificados porque pretendiam a felicidade alheia, João Batista morreu pela sua obstinação em excomungar os reis, os poderosos e afortunados, atraindo para si a ira e a vingança de tais adversários. (Obra: *O Sublime Peregrino*, 17ª edição, pp. 287/288)

Jogatina e vampirismo

No auge dos lances entusiastas, o jogador encarnado e o espírito desencarnado fundem-se numa só entidade, ambos hipnotizados pela paixão do jogo, num verdadeiro fenômeno de incorporação mediúnica. Esses infelizes viciados das cartas, dos dados ou os adoradores da roleta, embora desprovidos do corpo físico, servem-se daqueles que sintonizam consigo nos ambientes nocivos do vício, impondo-lhes sugestões e afligindo-se pelos seus equívocos ou exaltando-se por suas geniais predições. Participam furiosamente do jogo, pois rodeiam os terrícolas e gritam-lhes palpites aos ouvidos, estrugem quando contrariados, desesperam-se e esbravejam quando vêem desperdiçadas muitas de suas sugestões mefistofélicas.

Normalmente, a multidão de frequentadores desencarnados é bem maior que a dos encarnados e também é a extravagante e mórbida contenda de apostas, despeitos, ciúmes e insofreável paixão no ambiente da jogatina. (Obra: *A Vida Além da Sepultura*, 9ª edição, p. 460)

Jóias – conceito de beleza real

Nas estatísticas de ascensão espiritual, observa-se que, à medida que a alma se vai libertando das contingências das formas, vai revelando, também, que se apossa de uma concepção de beleza real e superior. As pinturas berrantes, os enfeites excessivos na forma de berloques, brincos ou condecorações, tão ao gosto terreno, lembram ainda o deleite primitivo dos silvícolas, enlevados nas suas quinquilharias e penduricalhos exteriores. Eles compensam a ausência de raciocínio espiritual, com os entretenimentos e exterioridades infantis, assim como algumas seitas religiosas compensam a vacuidade espiritual das massas na ostensividade das cerimônias idólatras e nas liturgias de colorido fascinante. O verdadeiro desapego ao mundo ilusório das formas sugestivas é apanágio das almas já afeitas ao "reino silencioso do Cristo". (Obra: *A Vida no Planeta Marte e os Discos Voadores*, 14ª edição, pp. 67/68)

Juízo final e semeadura

Os habitantes da Terra terão, portanto, de prestar contas de todos os seus atos e ser responsabilizados pela semeadura realizada nas reencarnações passadas; hão de submeter-se ao "Juízo Final", a fim de serem situados carmicamente nos mundos que lhes são afins com o grau espiritual de então. Na verdade, não serão propriamente a "indignação e a ira de Deus" que hão de cair sobre os faltosos, mas simplesmente o efeito, a consequência das infrações destes à Lei da Evolução. Não se trata de corretivo que possa ser levado à conta de injustiça ou vingança divina contra a ignorância humana, porquanto Jesus, o Sublime Legislador, já vos estabeleceu o roteiro certo para a vossa salvação. Só o deliberado desprezo para com esse Código Evangélico, que o Cordeiro exemplificou vivamente até ao seu sacrifício na cruz, é que exige os recursos dolorosos da retificação espiritual. Não é Deus que julga o homem submetendo-o a acessos de sua ira ou indignação; é a criatura humana que escolhe entre a Lei do Amor — pelo sacrifício e renúncia aos gozos provisórios da carne — e a Lei da Justiça, que o reajusta compulsoriamente para gozar da Felicidade da qual se desviou! (Obra: *Mensagens do Astral*, 17ª edição, p. 174)

Justiça divina – lei benfeitora

O Karma é a lei benfeitora que indica o caminho certo ao viajante despreocupado ou teimoso, corrigindo-lhe os passos titubeantes e os desvios perigosos, a fim de ajustá-lo mais depressa à sua ventura imortal. A humanidade terrena já se encontra suficientemente esclarecida para compreender que o seu sofrimento decorre, em particular, das suas infrações contra a Lei que justamente opera em seu favor!

Uma vez que Jesus já deixou elevados ensinamentos que marcam o roteiro para o homem viver em perfeita harmonia com a Lei Kármica, e que regulam o equilíbrio da Vida e da ascensão angélica, jamais se justificam as reclamações humanas sob o pretexto de qualquer injustiça divina! (Obra: *Fisiologia da Alma*, 15ª edição, p. 204)

K

Kardec e a ascensão do espírito

Kardec revelou-vos à luz do dia, num texto disciplinado e progressivo, o próprio conteúdo tradicional dos templos iniciáticos e das práticas reservadas, favorecendo o homem comum para que pudesse ativar a sua ascensão espiritual e integrar-se, mais brevemente, no divino mistério do "Eu Superior". Em vésperas do milênio do Mentalismo, que é o Terceiro Milênio já no limiar dos vossos dias, a doutrina espírita significa valioso recurso para a alma se libertar dos dogmas asfixiantes e afirmar a sua consciência de memórias acumuladas no tempo, para um melhor ajuste à Consciência Cósmica de Deus. (Obra: *A Sobrevivência do Espírito*, 8ª edição, p. 370)

Kardec e o código moral espírita

Espírito sensato e humilde, Allan Kardec preferiu o jugo suave do Evangelho de Jesus para consolidar o "Código da Moral Espírita", em vez de compor um acervo de máximas ou preceitos morais brilhantes e selecionados pelo seu alto nível intelectual, mas provavelmente sem a força redentora e já consagrada pelo sacrifício messiânico do Mestre na cruz. O Evangelho era o intermediário do Alto, indiscutível pelos homens e estatuído para o bem da humanidade. Criticar o espírito do Evangelho seria a própria estigmatização de imoral.

Ainda nesse caso, o codificador também rejeitou toda fonte religiosa e moral do espiritualismo do Oriente, para adjudicar ao espiritismo somente a essência do Cristianismo divulgado pelos apóstolos e consolidada pelo sangue dos mártires cristãos. (Obra: *A Missão do Espiritismo*, 10ª edição, p. 65)

Kardec e o "Véu de Ísis"

Allan Kardec levantou corajosamente a ponta do "Véu de Ísis", popularizou os ensinamentos e as práticas iniciáticas, que antigamente só eram permissíveis nas iniciações ocultas aos discípulos eruditos. As antigas práticas mediúnicas e complexas desses santuários foram simplificadas em preceitos claros e lógicos, através de obras didáticas, aos médiuns estudiosos e interessados no seu progresso espiritual sensato e fora dos perigos do empirismo improdutivo. Às vésperas do "Terceiro Milênio" ou do "Milênio do Mentalismo", a doutrina espírita é um curso espiritual valioso para o homem libertar-se dos dogmas opressivos, das práticas supersticiosas, das descrenças infantis e ampliar sua consciência para a realidade do "Eu Superior".

Através da singeleza do espiritismo, o homem comum ficou ciente dos valores espirituais adormecidos em sua própria alma; e já pode orientar-se para uma compostura moral superior no mundo físico até conseguir o seu passaporte para o ingresso definitivo no seio da humanidade angélica. (Obra: *A Missão do Espiritismo*, 10ª edição, p. 52)

Kardec e sua contribuição evolutiva

Advertimos todos os médiuns de que o êxito do serviço mediúnico depende muito mais da renúncia, desinteresse, humildade e ternura dos seus medianeiros do que mesmo de qualquer manifestação fenomênica espetacular, que empolga os sentidos físicos, mas não converte o espírito ao Bem.

Embora não tenhamos podido alinhar conceitos espíritos mais avançados que aqueles que Kardec já consignou em suas obras doutrinárias, sentir-nos-emos regiamente compensados se, através deste trabalho despretensioso, algumas criaturas puderem compreender melhor o sentido libertador do espiritismo e a função redentora da mediunidade. (Obra: *Mediunismo*, 13ª edição, p. 18)

Kardec e sua tarefa redentora

É perfeitamente descabida qualquer ironia ou descaso que alguns espiritualistas desavisados ainda emitem contra Allan Kardec e a sua codificação espírita. Nenhum dos seus postulados fere qualquer outro movimento religioso ou doutrina espiritualista, pois foram todos edificados sobre as raízes que milenariamente entrelaçam todos os movimentos consagrados à busca da Verdade. São princípios tão velhos quanto o espírito do homem; isentos de preconceitos de seita ou de casta, eles orientam o curso humano para os objetivos avançados da vida imortal superior. As obras de Allan Kardec foram inspiradas por elevados mentores dos destinos humanos e abalizados psicólogos siderais, conhecedores indiscutíveis das mais ínfimas necessidades da humanidade terrena. São tratados acessíveis ao homem comum, mas suficientes para ajudá-lo na sua emancipação espiritual.

Em seu trabalho redentor, Kardec foi orientado pelo Espírito da Verdade, sob cujo pseudônimo se ocultou um dos mais sábios instrutores espirituais da Terra, o qual, além de genial psicólogo sideral, capacitado para autopsiar os mais complexos recônditos da alma humana, ainda é portentoso cientista que domina todos os problemas kármicos do vosso planeta. (Obra: *Mediunismo*, 13ª edição, p. 27)

Kardec – trajetória iniciática

Allan Kardec não elaborou as regras e os postulados fundamentais da doutrina espírita, somente no decurso de sua última existência física, na França. Ele deu corpo disciplinado a princípios espirituais que investigou e firmou na sua memória espiritual, após três milênios de várias encarnações anteriores vividas nas mais diversas latitudes geográficas do orbe.

No Egito do faraó Merneftá, ele foi Amenófis, médico estudioso do "Livro dos Mortos" e dos fenômenos do Além; na Índia, depois de aprofundar-se nos Vedas, desenvolveu o poder mental, e mais tarde foi conhecido como o "mestre do silêncio"; na Caldéia, viveu como Shiranosóstri, entre magos babilônicos e foi detentor de poderes mediúnicos excepcionais. A Grécia conheceu-o como elevado hierofante do Templo; viveu na Assíria e na Pérsia investigando os fenômenos das forças ocultas da Natureza; e participou das cerimônias dos Druidas nas florestas sagradas da Gália. Kardec pôde reviver no Espaço toda a sua trajetória iniciática vivida anteriormente nas diversas romagens terrenas, antes de partir para a Terra e se tornar Hippolyte-Léon-Denizard Rivail, o codificador do espiritismo. (Obra: *A Missão do Espiritismo*, 10ª edição, pp. 38/39)

Karma atlante – câncer

Os magos-negros, da organização da "Serpente Vermelha", conseguiram açambarcar as posições-chave da coletividade. A fim de desalojá-los de sua posição perigosa e salvar a integridade moral dos bem-intencionados, o Espaço teve que empregar exaustivos e severos recursos incomuns, que pesaram na economia e no equilíbrio magnético e psicológico da época. A terapêutica sideral não mais podia ser contemporizada; o ambiente estava impregnado de terrível energia que, na forma de um "elemental virgem", agressivo e destruidor da matéria fina, era utilizado discricionariamente para fins nefandos. Então os Mentores Siderais fizeram reverter essa energia sobre a crosta do orbe, numa operação que diríamos de "refração" sobre os próprios agentes de todos os matizes, que a manuseavam. Os atlantes, em sua maioria, passaram então a funcionar como "captadores" vivos das forças deletérias em liberdade e que manuseavam à vontade; mas incorporaram nos seus veículos astroetéricos a quantidade correspondente a cada culpa belicosa ou uso desregrado, tornando-se portadores de uma carga nociva, do elemental tosco, primitivo, imune à medicação comum.

O resultado disso a vossa humanidade ainda está sofrendo, pois esse elemental, essa energia agressiva, lesiva à matéria mais fina, e profundamente corrosiva, está sendo expurgada pelos corpos físicos na forma confrangedora conhecida pela patogenia cancerosa. O câncer identifica ainda os restos dessa substância virulenta do astral inferior, que foi utilizada com muita imprudência por parte dos atlantes, acarretando um "carma" que deverá durar até o princípio do terceiro milênio e cuja "queima" está sendo apressada pelo Espaço, motivo pelo qual aumentam atualmente os quadros mórbidos do câncer. (Obra: *Mensagens do Astral*, 17ª edição, pp. 240/241)

Karma cósmico – galáxias e sistemas

O Carma, como lei imutável, aliada à de Causa e Efeito, rege todo o processo da vida cósmica; é a própria pulsação harmônica do Criador manifestando-se tanto na composição dos astros como no aglomerado dos elétrons constitucionais dos átomos. Cada orbe e cada elétron ajusta-se perfeitamente a esse ritmo eterno e de aperfeiçoamento sideral, conjugando-se para harmonia do Cosmo. Há, pois, um entrosamento cósmico de ação e reação em todo o Cosmo; assim é que a Terra, movendo-se e consolidando-se sob a regência disciplinadora do seu karma, só se aperfeiçoa em harmonia com o karma da Constelação Solar a que pertence; mas esta, por sua vez, liga-se ao karma de sua Galáxia, que também se submete ao karma das demais Galáxias dependentes do karma dos Hemisférios Cósmicos.

O globo terrestre está submetido ao metabolismo kármico de todo o sistema visível ou invisível do Cosmo; há uma rota definida e um ritmo ascensional, que o impulsionam para condições cada vez mais progressistas no cortejo planetário do seu sistema solar. Justamente devido à regência dessa Lei Kármica, que atua no sistema solar a que pertence a Terra, é que em certas épocas determinadas para a consolidação de sua massa planetária e o reajustamento de sua humanidade, se registram as sequências dos "juízos finais" corretivos, conforme atualmente já está sucedendo com o vosso orbe. (Obra: *Fisiologia da Alma*, 15ª edição, p. 203)

Karma da Terra – libertação

O homem, pela sua própria vontade, pode modificar ou atenuar o seu karma futuro, mas é óbvio que não pode intervir extemporaneamente no karma da Terra que habita, o qual depende diretamente do karma da Constelação Solar. O planeta terráqueo não pode fugir à sua lei kármica nem modificar pela sua vontade as etapas evolutivas, que lhe são decorrentes dos movimentos e dos reajustamentos de outros orbes filiados à mesma ronda planetária.

O homem vale-se melhor do seu livre arbítrio à medida que acelera o seu progresso espiritual e se liberta dos ciclos reencarnatórios na matéria física, onde o karma planetário, demasiadamente severo e restritivo, reduz a ação da vontade humana. (Obra: *Fisiologia da Alma*, 15ª edição, p. 231)

Karma e felicidade

A Lei do Carma, apesar de ser justa e implacável, não cria a predestinação para o crime, nem permite a desforra por parte de ninguém. Ela é apenas o efeito de uma situação criada pelo próprio homem, no passado.

Quanto ao modo mais certo de agir neste caso, é Jesus quem o indica, nas seguintes recomendações: "Ama ao próximo como a ti mesmo" e "Faze aos outros o que queres que te façam" ou ainda: "Quando te tirarem o manto dá-lhes também a túnica"; "Se o teu adversário obrigar-te a andar uma milha, vai com ele mais uma". Não importa cogitar se as culpas requerem punições ou se os delitos exigem reparações ao pé da letra, pois o objetivo mais importante a ser alcançado para a felicidade da vida espiritual ainda deve ser a libertação das algemas do ódio, do crime e da crueldade, que ligam as almas adversárias e endividadas ao mundo material. O círculo vicioso das desforras e tormentos recíprocos indica situação de profunda ignorância do espírito, pois o prende ainda mais nas rodas das reencarnações. (Obra: *A Vida Além da Sepultura*, 9ª edição, p. 436)

Karma e fim dos tempos

É exatamente o karma que citais que vos conduz implacavelmente aos próximos acontecimentos de amargurado "fim de mundo". Se o não fosse, estaríeis habitando Marte, Júpiter ou Saturno!... E isto deveis, não à insuficiência da sabedoria de Deus, mas à vossa própria insuficiência espiritual, filha da vossa incúria e negligência. (Obra: *Mensagens do Astral*, 17ª edição, p. 43)

Karma e procriação

As almas que se reúnem para compor um lar terrestre o fazem disciplinadas pelas causas que geraram no passado, devendo sofrer exatamente as suas consequências. A Lei é de absoluta equanimidade em qualquer situação de vossas existências e, se desconfiais de sua justiça, é apenas porque desconheceis as causas justas que geram efeitos também justos.

Os espíritos que devem reencarnar são sempre convocados

com bastante antecedência pelos mentores siderais do Além, que lhes expõem os planos de reajustamento e reeducação em futuro contato com o mundo material. Assim, os lares terrenos são frutos de cuidadosos planos elaborados com bastante antecedência e, por esse motivo, se for de Lei Kármica que, para o devido resgate, a esposa deva procriar numerosa prole para se livrar do remorso de quando no pretérito negou-se a cumprir os seus deveres maternais, ela há de se unir a um esposo completamente devotado à procriação em toda a sua integridade. É fora de dúvida que a mulher, nesse caso, será a mais onerada, mas, quanto a ser injustiçada, podeis crer que não há tal probabilidade na justiça da Lei do Karma.

Da mesma forma, outras mulheres podem ficar impedidas de procriar por haverem subestimado demais, no pretérito, a responsabilidade de gerarem novos corpos para as almas necessitadas, do Além, ou então terem abandonado os seus filhos às ingratidões do mundo. (Obra: *A Vida Além da Sepultura*, 9ª edição, pp. 411/412)

Karma e refratores etéricos

Assim que os Técnicos Siderais fizerem funcionar os "refratores" etéricos do mundo invisível sobre a crosta do vosso orbe, a energia que já está se corrompendo nas suas imediações astrais, obedecendo ao fenômeno do "choque de retorno", incrustar-se-á nos agentes que a puseram em liberdade e nos que contribuíram, quer mental, quer fisicamente, para a sua eclosão.

A explosão atômica é portadora de poderosa energia que está sendo utilizada para fins controvertidos; por isso, conforme a intensidade da ação provocada, dar-se-á a reação em sentido contrário. Sábios, militares, políticos, confeccionadores, pesquisadores subvertidos, jornalistas que alimentam pela imprensa a idéia destrutiva atômica, defensores, e outros comprometidos mental e moralmente nas explosões atômicas, absorverão a carga deletéria na conformidade de sua atuação, mesmo que tenha sido de ordem psíquica.

Sob o mecanismo kármico futuro, que calculamos num mínimo de 6.000 até 30.000 anos de purgação, esses infelizes terrícolas estarão funcionando como "canais" vivos, em cada reencarnação, para drenar o solo das toxinas e do deletério efeito do mau uso da energia nuclear.

O corpo chagado, no porvir, sob a cruciante vertência do veneno letal, representará o "fio-terra" no sacrifício carnal de conduzir para o seio da natureza a energia que lhe foi violentada e aproveitada para fim ignóbil, qual seja o de romper os tecidos orgânicos das almas em aprendizado espiritual no vosso mundo. (Obra: *Mensagens do Astral*, 17ª edição, pp. 282/283)

Karma e retificação espiritual

Não podemos esmiuçar todos os recursos de que se socorre a Lei do Karma na sua aplicação metódica para elevar o padrão espiritual dos seres; mas podemos afirmar que a "semeadura é livre, porém a colheita é obrigatória". O processo kármico, vigoroso e severo, de retificação espiritual, sempre se desenrola atendendo à restrita necessidade de renovação espiritual e não como vingança ou cólera de Deus a se abater sobre o culpado.

Vós sabeis perfeitamente que, quando um homem bom, num momento de cólera intempestiva, pratica um homicídio, a Lei sempre o trata com mais indulgência do que se ele fosse um homem mau ou um assassino profissional. O primeiro dispensa um processo compulsório mais doloroso, porque a sensibilidade de sua consciência já lhe permite meditar sobre o crime e purgar-se com o ferrete do remorso. No entanto, o segundo, curtido pelos crimes e incapaz da "autocrítica" acusadora, ou do remorso purificador, há de exigir um plano de dores mais atrozes para se despertarem as fibras do seu coração endurecido. (Obra: *A Vida Além da Sepultura*, 9ª edição, p. 427)

Karma – homeopatia espiritual

Os mentores do orbe terráqueo, responsáveis pelos destinos humanos, muitas vezes prescrevem a cura reencarnatória por um sistema que poderemos chamar de "homeopatia espiritual", isso acontecendo quando certas criaturas enfermam devido a subverterem a ação benfeitora das leis da vida em atuação nos mundos físicos. O cruel, o déspota que abusa do seu poder sobre os povos humilhados, pode ser comparado a um indivíduo intoxicado por medicamento violento; então a Lei Kármica, atuando sob a mesma lei "dos semelhantes", prescreve para a cura dessa intoxicação espiritual a reencarnação do faltoso em situação humilhante, ligado a velhos adversários encarnados na figura de parentes, desafetos ou chefes tirânicos, que também o atormentam desde o berço até o túmulo, à semelhança de verdadeiras doses miúdas de medicação homeopática. A Lei Espiritual, em lugar de violentar a alma doente de tirania, sujeitando-a a uma terapia de tipo alopático, que pode eliminar drasticamente os efeitos sem extinguir a causa da enfermidade, prefere submetê-lo à dinâmica das doses homeopáticas, situando-o entre os tiranos menores que, então, apuram ou decantam gradativamente o seu estado enfermiço. No primeiro caso, o tirano seria punido "alopaticamente", pelo fato de a tirania ser considerada digna da mais drástica eliminação; no segundo, a Lei do Karma reeduca o tirano, fazendo-o sentir em si mesmo os mesmos efeitos daninhos que semeou alhures. Mas deixa-lhe o raciocínio aberto para empreender a sua retificação psíquica, à semelhança do que faz a homeopatia, que reeduca o organismo sem violentá-lo e o ajuda a renovar-se sob melhor coesão mental e reflexão do próprio doente.

Como Deus não castiga suas criaturas, todas as leis fundamentais da sua Criação só objetivam a renovação e o reajustamento progressivo do "pecador", impelindo-o para a sua mais breve ventura espiritual. Esse tratamento gradativo de recuperação do espírito através das várias reencarnações físicas age, pois, como uma espécie de homeopatia espiritual, em que a Lei ajusta a maquinaria psíquica do homem, sem violentar-lhe a consciência já formada no tempo. (Obra: *Fisiologia da Alma*, 15ª edição, p. 153)

Karma – justiça e amor

A Lei do Karma sempre age de modo justo e, durante a sua aplicação, aproveita os valores morais já consagrados na contextura da consciência dos espíritos faltosos, para aplicá-los em favor do bem coletivo. Essa Lei pesa desde a mais sutil atenuante ação benéfica, durante as provas espirituais retificadoras, pois a sua ação é educativa e não punitiva, embora ajuste a causa de um delito a um efeito corretivo sob igual intensidade. Já vos temos lembrado de que a Lei Kármica não tem por função vingar qualquer agravo cometido contra a Divindade, pois não existem agravos que atinjam Deus ou as autoridades espirituais superiores, pois que os atingidos são exatamente os seus próprios autores, sem a necessidade de um tribunal sideral para avaliar culpas e exarar sentenças punitivas. O processo sideral ajusta os resultados bons ou maus, produzidos pelas causas acionadas pelos seus próprios agentes para, em seguida, auxiliá-los a empreenderem as providências necessárias e indicadoras dos caminhos certos para a sua ventura espiritual. (Obra: *A Sobrevivência do Espírito*, 8ª edição, pp. 315/316)

Karma terráqueo e livre-arbítrio

O exercício do vosso livre arbítrio vai muito além do que pensais, porquanto já sois uma vontade espiritual definida, e superior ao próprio orbe que habitais; a diferença principal para com o karma do planeta está em que deveis assumir a responsabilidade de todos os vossos atos, sejam bons ou maus. O corpo material do planeta Terra representa a vestimenta exterior do seu Anjo Planetário, que em espírito o alimenta desde a intimidade mental e astral. A sua vontade poderosa significa a própria Lei atuando em harmonia com o karma dos demais planetas do sistema e agindo de comum acordo com o Anjo Constelatório, que é o responsável pelo progresso de toda a constelação solar.

Aquilo que considerais um determinismo implacável, a tolher o vosso livre arbítrio, é apenas o equipo de leis que emanam do espírito planetário do orbe terráqueo e lhe regulam tanto o ajuste planetário como o crescimento harmonioso de sua humanidade. Quando vos ajustardes a essas leis evolutivas e só souberdes operar em vosso benefício espiritual, sem entrardes em conflito com a coletividade, ser-vos-á facultado o exercício do livre arbítrio de modo ilimitado. Por enquanto, o homem terrícola não pode usufruir o direito de exercer a sua vontade absoluta, pois até nas suas relações genésicas ainda se mostra inferior aos próprios animais, que as respeitam e praticam só em épocas adequadas e exclusivamente com a finalidade de procriar. (Obra: *Fisiologia da Alma*, 15ª edição, pp. 205/206)

Karma – significado cósmico

A palavra "Karma" é originária do sânscrito, antigo idioma hindu consagrado nos templos iniciáticos; ela procede da raiz "Kar" (fazer ou agir) e do sufixo "Ma" (o efeito e a ação). Assim, o

"Karma" significa a lei em que toda causa gera efeito semelhante, que abrange o próprio destino dos homens, quando todos os atos e todas as causas vividas pelos espíritos em existências físicas anteriores ficam posterior e hermeticamente vinculados aos seus efeitos semelhantes no futuro. "Karma", portanto, é essencialmente a "causa" e o "efeito", enfim, o controle dos acontecimentos originais aos seus resultados posteriores. Sob o mecanismo cármico ocorre a retificação que equilibra, esclarece, segrega, mas fortifica, pois obriga o devedor à liquidação mais breve de sua dívida pregressa, mas também o liberta para decidir quanto ao seu futuro.

Não é uma lei especificamente punitiva, pois se disciplina rigorosamente, também premia generosamente o bom pagador, comprovando a lei de que será dado "a cada um conforme as suas obras". O carma, que deriva da Lei Divina ou da pulsação da própria Lei Cósmica, também regula o "livre-arbítrio", pois concede maior liberdade de ação e poder ao homem, tanto quanto ele adquire mais sabedoria e se torna, espiritualmente, mais responsável. (Obra: *O Evangelho à Luz do Cosmo*, 9ª edição, pp. 223/224)

Karma – visão holística

Embora cada espírito deva renascer na vida física com o seu programa previamente esquematizado pela Administração Sideral da Terra, isso também se conjuga ao carma da raça e ao carma do próprio planeta de provas. Assim, há o carma individual do espírito reencarnante, o qual se conjuga ao carma da família em que ele ingressa, inclusive ao carma do povo ou da raça de que ele vai participar. É uma conjugação perfeita de valores positivos e negativos, que não podem exorbitar das regras e dos princípios disciplinadores da Lei do Cosmo, no esquema corretivo e indenizador das coletividades e dos indivíduos em suas inter-relações pessoais. (Obra: *O Evangelho à Luz do Cosmo*, 9ª edição, p. 225)

Krishnamurti e o encontro com a divindade

Cremos que a concepção friamente monista de Krishnamurti, carreando toda responsabilidade divina sobre os ombros do

próprio homem, numa exposição rasante e demolidora da velha idéia deísta, malgrado a sua aparência herética, é algo de novo da pesquisa humana de Deus! Mas é evidente que a mensagem krishnamurtiana do "pensar reto" e "auto-conhecimento" do homem já tem sangrado o coração de muito religioso sentimentalista, e por esse motivo há católicos, protestantes e espíritas, que julgam Krishnamurti um indiscutível ateu! No entanto, quase todos os religiosos ignoram que Jesus foi crucificado porque os judeus e romanos puderam enquadrá-lo sob a punição das leis da época, como "subversivo" e "anarquista", apesar da ternura e beleza do seu Evangelho! No seu tempo, Jesus demoliu todas as regras e composturas sociais, criticando o senso de justiça e a distribuição irregular das riquezas. Diz Krishnamurti que é preciso o homem "matar" o velho Deus, limpar a mente das quinquilharias do passado, a fim de evitar a exploração religiosa de outros homens tolos e encontrar a Divindade no microcosmo da nossa própria alma!
(Obra: *A Vida Humana e o Espírito Imortal*, 11ª edição, p. 284)

L

Labor evolutivo – Técnicos Siderais

Olhai vossas mãos, por exemplo. Que vedes? Apenas dois membros que vos servem docilmente e atendem a todas as necessidades e exigências da vossa vontade a elas transmitida pelo cérebro. Elas alcançam a virtuosidade artística, quando seus dedos, movendo-se rapidamente sobre o teclado do piano ou segurando o arco do violino, transformam miraculosamente os sons mais heterogêneos em acordes primorosos e melodias inesquecíveis.

Para o homem comum, essas mãos não passam de um produto natural da gênese espontânea da Natureza, enquanto o cientista sentencioso explica que são apenas uma consequência natural e milenária da evolução do protozoário até a forma humana, através do trabalho de seleção e aperfeiçoamento da espécie animal. Raras criaturas avaliam a docilidade de suas mãos ao obedecerem prontamente às mais sutis exigências do espírito, articulando os seus dedos no trabalho que se lhes requer, como servas submissas a qualquer capricho da mente encarnada. Essas mãos, à simples idéia de que vão servir para esbofetear alguém, estremecem como aves encolerizadas, mas também se revestem da mansuetude das pombas, e se embebedam de um fluido amoroso, quando apenas pensais em abençoar alguém. Elas são um prolongamento vivo da vossa própria personalidade e falam uma língua inteligível às almas percucientes; estendem-se lânguidas e enleiam-se; tremem, reagem, pousam, erguem-se, vibram e falam em sua linguagem silenciosa e impressionante, plasmando tudo o que o vosso espírito pensa, deseja, e quer transmitir.

Mas quantos milênios foram necessários para que os admiráveis técnicos siderais, na noite dos tempos, tivessem podido planejar e criar essas mãos. Quantos departamentos siderais trabalharam sob a visão carinhosa de milhares de espíritos ligados à Mente Divina, unicamente para que o terrícola pudesse usufruir atualmente das bênçãos dessas mãos valiosas. (Obra: *A Sobrevivência do Espírito*, 8ª edição, pp. 183/184)

Laboratório experimental – mundo material

O mundo material, além de ser uma escola de educação espiritual, é eficiente laboratório de experimentos, onde a centelha divina, emanada do Espírito Cósmico, modela sua consciência de existir, saber e criar. O espírito do homem pode viver alguns milênios entre equívocos, dores e sofrimentos, a fim de conseguir o seu aprimoramento espiritual, sem que isso lhe obstrua a felicidade eterna, que há de esplender-lhe após a compensação justa do seu passado de ignorância e desatinos. Há de ser o anjo venturoso a substituir o homem cansado da marcha planetária e dos desenganos das formas perecíveis. (Obra: *Fisiologia da Alma*, 15ª edição, p. 334)

Lâmpada divina – convite à angelitude

Assim como as almas benfeitoras, por qualquer descuido ou invigilância, podem entrar em contato com as zonas trevosas, os espíritos extremamente pervertidos também permanecem atentos e procuram endurecer os seus próprios ouvidos espirituais, a fim de não se deixarem vencer pela "voz silenciosa" que, no recesso de suas almas, os convida incessantemente para a gloriosa angelitude. Mesmo no âmago da alma extremamente perversa, a lâmpada divina permanece eternamente acesa, impedindo o completo domínio das Trevas. É por isso que os mais terríveis malfeitores do Além, terminam cedendo em sua rebeldia e crueldade, dobrando os joelhos, afogados pelos soluços de arrependimento, clamando por suas culpas e vencidos pela chama eterna do Espírito do Pai que, no âmago de suas almas, consegue atravessar as sombras espessas e modificar-lhes a consciência para a realidade do espírito angélico. (Obra: *A Sobrevivência do Espírito*, 8ª edição, p. 292)

Lâmpada e luz – espiritismo e Evangelho

O principal papel do espiritismo é o de revelar antecipadamente, aos homens de hoje, as condições superiores da vida futura. Apresenta, portanto, o esquema da ação humana do porvir com os postulados morais a serem admitidos hoje pelos homens. Há de influir em todas as atividades, expondo roteiros sadios de vida superior; não como doutrina estática, de culto e sistema religioso particularizado, porém, vivência incondicional nas relações da vida em comum.

O espiritismo, portanto, é lâmpada destinada a iluminar a humanidade; e o Evangelho é a Luz que o alimenta nesse desiderato superior. Mas não é o homem que deve aguardar a aproximação do Evangelho; porém, buscá-lo pelo exercício constante dos preceitos que ali estabelecem a norma da vida superior. O Evangelho é fonte criadora de homens incomuns; justos e não fortes, altruístas e não egoístas, humildes e não exaltados, ternos e não cruéis, pacíficos e não belicosos. Será o reino de homens santos ou de gigantes vencedores de suas próprias paixões, componentes de uma civilização de aristocracia espiritual, onde os brasões mais nobres não ostentam as armas da morte, mas trazem a insígnia da vida eterna e do Amor do Cristo. (Obra: *A Missão do Espiritismo*, 10ª edição, pp. 61/62)

Lar – curso para a família universal

O agrupamento doméstico é considerado no Espaço um curso vestibular para o evento da família universal! É uma espécie de triagem onde se classificam os cidadãos diplomados na fraternidade consanguínea; e que se mostram eletivos para aplicar no mundo profano os dons superiores adquiridos e desenvolvidos entre a parentela humana! O lar proporciona ao espírito encarnado as iniciativas do sentimento fraterno; incentiva-lhe a tolerância, paciência, humildade e a conformação, adestrando-o para depois enfrentar as adversidades do mundo! No mesmo lar, as almas reciprocamente hostilizadas em existências pregressas contemporizam-se de suas diferenças porque vinculam-se à mesma linhagem consanguínea, e no ambiente doméstico e por força da sobrevivência física avançam para a compreensão espiritual definitiva. Os filhos são os hóspedes, nem sempre desejados, que por força dos conflitos pretéritos achegam-se para substituir o ódio pelo amor, a desforra pela indenização. O lar funciona como um curso de confraternização e ajuste de sentimentos em conflito no passado! (Obra: *A Vida Humana e o Espírito Imortal*, 11ª edição, pp. 29/30)

Lar terreno – algozes e vítimas

A Lei Kármica é justíssima, e na sua equanimidade só reúne em provas retificadoras semelhantes, aqueles que também são culpados de alguma insânia espiritual. Quantas vezes os pais de hoje são os próprios responsáveis por crimes cometidos no pretérito por aqueles que depois reencarnam como seus filhos. Então, cumpre-lhes a severa obrigação de reerguê-los moral e espiritualmente, amparando-os para alcançar condições superiores. Da mesma forma, inúmeros filhos que participam das provas dolorosas dos seus pais também estão vinculados a eles por débitos semelhantes. Nos lares terrenos é muito comum que os algozes e as vítimas se ajustem espiritualmente, presos aos mesmos interesses e necessidades. As velhas algemas de ódio atadas no passado principiam então a se desatar sob a união consanguínea da família terrena. (Obra: *A Vida Além da Sepultura*, 9ª edição, p. 423)

Lar terreno – miniatura da família universal

A família humana é o fundamento ou a miniatura da família universal, pois os laços consanguíneos apenas delimitam as vestimentas físicas e transitórias numa existência humana, mas sem eliminar a autenticidade espiritual de cada membro ali conjugado. Sem dúvida, a ancestralidade biológica ou a herança genealógica própria da constituição carnal reúne os mais diversos temperamentos espirituais sob uma só configuração consanguínea, a fim de estabelecer uma contemporização amistosa. O lar terreno significa a hospedaria da boa vontade, em que o homem e a mulher conjugam-se na divina tarefa de servir, amar e orientar os espíritos amigos ou adversos que, por Lei Sideral, se encarnam, buscando o amparo fraterno e dispostos a acertarem as contas pregressas! Acima do sentimento ególatra ou de "propriedade", que em geral domina os esposos na posse sobre os filhos, deve prevalecer o conceito elevado de irmandade universal, porquanto a realidade do espírito imortal não deve ser sacrificada às simpatias e posses do corpo carnal! (Obra: *A Vida Humana e o Espírito Imortal*, 11ª edição, pp. 44/45)

"Lava-pés" – significado ascencional

Durante o momento do "lava-pés" o Mestre o fazia a cada discípulo, explicando-lhes as razões do ato e o que significava o seu simbolismo para o futuro. E o próprio Jesus, repetindo a indagação de todos os anos, após a cerimônia, assim se expressa aos discípulos, dizendo: "Sabeis o que vos fiz?" E conforme narram os evangelistas, eis o seu pensamento a respeito do "lava-pés": "Desde que vós me considerais o Mestre e Senhor, e eu assim o aceito e vos lavo os pés, deveis vós também lavar os pés uns aos outros, porque eu vos dei o exemplo; e assim o fareis aos vossos discípulos quando vos fizer mestres. Perante o pai, o Mestre não é maior do que o servo; nem o servo é maior do que o mestre. Aquele que lava os pés do discípulo ou do servo é então grande perante o Pai, porque por si mesmo se faz o menor".

Aliás, afora João, os demais apóstolos ignoravam que a cerimônia do "lava-pés" já fazia parte integrante do rito dos Essênios, como a fase iniciática característica do discípulo que deixa o mundo profano para ingressar no "Círculo Interno" do mundo espiritual. Além daquele sentido de humildade explicado por Jesus, como deliberada demonstração de que o "menor" na Terra é o "maior" no Reino de Deus, ainda existia a significação de que só o Mestre sabia consolar os seus discípulos e servos e aliviar-lhes as dores e as vicissitudes sofridas nos caminhos e nas sendas do mundo transitório da carne. (Obra: *O Sublime Peregrino*, 11ª edição, pp. 44/45)

"Lavanderia moral e espiritual" – Terra

Em virtude de os espíritos terrestres, com raras exceções, ainda conservarem na sua intimidade grande percentagem do "tóxico psíquico-mental" trazido doutras vidas, a Terra é a "lavanderia" moral e espiritual, em que a alma expunge suas nódoas no rio cristalino das lágrimas purificadoras. É tão benéfico o sofrimento que Jesus, o vosso Mentor Espiritual, vos aconselhou a máxima resignação ante a dor, para não perderdes os salutares proventos da expurgação deletéria da alma. E para que o espírito terrestre atinja as horas do sofrimento mais acerbo, sem a impulsiva "autodestruição" provocada pela falta de preparo psíquico, existem as enfermidades congênitas, da infância, em vosso mundo, que vão graduando as almas num ritmo iniciático à dor, para que, mais tarde, possam atingir o "clímax" exigível no expurgo do conteúdo nocivo à sua evolução espiritual. (Obra: *A Vida no Planeta Marte e os Discos Voadores*, 14ª edição, p. 117)

Leis da Justiça, do Amor e do Dever

Moisés revelou à humanidade a Lei da Justiça, Jesus a Lei do Amor e Allan Kardec a Lei do Dever. Kardec foi a inteligência e o bom senso codificando mensagem de emancipação do homem através do "conhecimento de si mesmo". Cada uma dessas revelações marca um ciclo ou época de amplitude universal na face do orbe terráqueo, embora continuem a existir inúmeros credos e doutrinas promulgadas por outros reveladores menores, peculiares ao temperamento, tradições e costumes de certos povos. (Obra: *A Missão do Espiritismo*, 10ª edição, p. 35)

Lei do Karma – ajusta não castiga

Retornamos à advertência já feita de que a Lei Kármica ajusta, mas não castiga. Também não cria fatos delituosos ou acontecimentos deliberadamente odiosos para que por meio deles se retifiquem as almas delinquentes. Seria profundo desmentido à Sabedoria e Justiça de Deus o fato de, para se realizar a prova do sofrimento kármico, haver necessidade de se aliciarem instrumentos de provação, assim como no vosso mundo se nomeiam criaturas para exumarem escândalos públicos. Não justificaria o fato de no mundo espiritual, da mais alta sabedoria de vida, se decidir que a responsabilidade exclusiva das almas culpadas dependesse de sacrifícios alheios para a sua efetivação. A Lei Kármica atua dentro do ritmo irredutível de que uma "ação" produz igual reação, ou seja: de determinada causa resulta idêntico efeito. (Obra: *A Vida Além da Sepultura*, 9ª edição, pp. 444/445)

Lei do Karma – baliza o caminho

A Lei Kármica não pune, mas "reajusta". O processo de retificação espiritual propende para um só objetivo, que é consolidar a consciência ignorante e depois emancipá-la na sua configuração individual no Cosmo. É um processo severo e disciplinado, mas sempre ascensional, visando a ventura do espírito, o qual, à medida que gradativamente aumenta ou amplia a sua área de consciência e afina o seu sentimento, opera a metamorfose do animal em anjo. No caminho da evolução espiritual, a Lei Kármica encarrega-se de indicar o caminho certo do viajante despreocupado e teimoso, corrigindo os desvios que o retardam no caminho da angelitude. (Obra: *A Sobrevivência do Espírito*, 8ª edição, pp. 350/351)

Lei do Karma e relatividade

A Técnica Sideral costuma empregar métodos da mais alta eficiência corretiva e, precisamente, de conformidade com a psicologia e o grau de sensibilidade psíquica dos espíritos culpados, visando exclusivamente à eclosão do sentimento amoroso faltante, e não de acordo com o vulto de delito passado. Se assim não fora, poderíeis acusar a Divindade de cruel sadismo para com os seus filhos, pois então estaria agindo sob o guante da Lei do "olho por olho e dente por dente". Nesse caso, seria punida a **quantidade** do crime e sacrificada a **qualidade** do sentimento de amor que porventura já devesse existir na alma delinquente.

Daí o fato de um mesmo tipo de crime poder revelar psicologias criminosas diferentes e até opostas, pois, embora dois crimes se assemelhem na prática, podem variar quanto à necessidade de aplicação do processo de retificação espiritual. Enquanto a montanha de pedra requer poderosa carga de dinamite para ser rompida, durante a confecção da estátua é suficiente o trabalho lento e incisivo do cinzel. Sob a mesma disposição de relatividade, a Lei do Karma também atua sobre as almas culpadas de delitos semelhantes, encaminhando para sofrimentos mais vultosos aquelas que ainda se encontram petrificadas pela impiedade, requerendo uma terapêutica retificadora mais acerba. Mas também impõe um programa doloroso mais suave aos corações melhores e que foram mais vítimas de

sua emotividade invigilante do que mesmo da crueldade deliberada.
(Obra: *A Vida Além da Sepultura*, 9ª edição, pp. 428/429)

Lei do Karma e "veio" do coração

Submetendo as almas delinquentes do passado a processos de profundeza espiritual, a Lei Kármica, de causa e efeito, consegue extrair do veio do coração o precioso minério que é o amor. Embora, de princípio, o filão do amor só possa ser explorado pela vaidade, interesse e egoísmo, para depois se sublimar na ternura, no sacrifício e na renúncia, a Divindade possui recursos para lograr o êxito objetivado. (Obra: *A Vida Além da Sepultura*, 9ª edição, p. 431)

Lei do Karma – moral não penal

O principal motivo do sofrimento ou resgate kármico das criaturas terrenas é sempre a falta de Amor, que ainda predomina nos seus corações. E o papel da Lei Kármica, em seu principal fundamento, não é o de punir os delitos de espíritos, mas, acima de tudo, desenvolver o sentimento de amor, que ainda se encontra de forma embrionária na maioria dos homens. O sentido retificador da Lei do Karma é a sua natureza moral e não penal.(Obra: *A Vida Além da Sepultura*, 9ª edição, p. 424)

Lembranças de encarnações e programação evolutiva

Embora o conhecimento extemporâneo das encarnações pregressas não contribua praticamente para modificar a vossa existência atual, é evidente que a realidade espiritual de vossa alma abrange desde o primeiro fulgor racional, que deu início à vossa consciência, até o momento em que viveis. Quando o espírito lograr alcançar o conhecimento completo de si mesmo, para a integração consciente no seio do Criador, é fora de dúvida que, então, terá de vislumbrar todo o seu passado espiritual, vivido tanto no mundo físico como no astral, a fim de focalizar com êxito toda a memória de "ser" e "existir" no tempo e no espaço.

Embora vos digam ser inutilidade o conhecimento das encarnações anteriores, assim como para alguém poderia parecer inutilidade a empreitada de escreverdes a história da vossa vida atual desde o berço físico, o certo é que, quanto melhor conhecerdes o vosso passado, tanto melhor identificareis a natureza exata do vosso próprio caráter espiritual. Obviamente, com isso ser-vos-á mais fácil programar as futuras existências retificadoras, pois a visão panorâmica espiritual dos vossos sentimentos e objetivos vividos anteriormente é que justamente vos ajudará a extinguir os interstícios vulneráveis às paixões e aos vícios. (Obra: *A Sobrevivência do Espírito*, 8ª edição, p. 277)

Lembranças de encarnações passadas

As lembranças das encarnações passadas podem afluir espontaneamente nas criaturas, variando conforme o grau de seu temperamento e da sua bagagem psíquica já adquirida. Em certos casos, a elevada sensibilidade espiritual de alguns seres faculta-lhes a possibilidade de "sentirem" os principais acontecimentos que se hão sucedido em vidas anteriores; em outros — em virtude de possuírem um cérebro carnal de natureza muito perceptiva e constituído por ascendentes biológicos rigorosamente sadios — as vibrações da memória astral repercutem-lhes com mais profundidade, permitindo-lhes que, ainda encarnados, possam auscultar algo dos acontecimentos definitivos arquivados no seu cérebro perispiritual. Há casos, também, em que o exercício esotérico, a leitura espiritualista ou a convivência sistemática em ambientes iniciáticos fazem emergir algumas lembranças pregressas, que mais se revigoram durante o despertamento parcial do perispírito.

Mas, em geral, as reminiscências das vidas anteriores se manifestam gradativamente e através de espontâneas associações de idéias, quando certos acontecimentos da atual existência se afinam com alguns fatos semelhantes, já vividos no pretérito. (Obra: *A Sobrevivência do Espírito*, 8ª edição, pp. 273/274)

Libertação de Maya – extinção dos desejos

O espírito do homem só conseguirá libertar-se do "Maya"[1] que o prende à roda das encarnações humanas, quando ele espontânea

---

[1] "Maya", vocábulo tradicional do sânscrito que significa a "ilusão" da vida física, o que se transforma, envelhece e desaparece; o que não persiste e o homem se enleia como na teia de aranha, imantado pela força atraente das formas físicas e por elas aniquilado.

e corajosamente extinguir todos os desejos e atividades do mundo físico, para aspirar exclusivamente à vivência no mundo angélico. Já dizia Paulo de Tarso que somente depois de "morrer" o homem velho e renascer o "homem novo", o espírito consegue alçar o seu vôo para os planos de ventura sideral eterna. Jesus frisou, categoricamente, quanto à imensa diferença que existe entre o plano espiritual do "reino de Deus" e o "mundo de César" da existência humana, com todas as suas fascinações, ciladas e desejos, que aprisionam o espírito nas teias sedutoras das vidas transitórias e fundamentalmente inglórias. (Obra: *O Evangelho à Luz do Cosmo*, 9ª edição, p. 221)

Libertação do karma da Terra

Se o desejardes, em nenhum momento vos será negado o ensejo de libertação do karma da Terra e a consequente promoção para outros orbes mais evoluídos. Mas a verdade é que a vós mesmos cumpre o desatamento das algemas e dos compromissos assumidos no pretérito para com o mesmo e a humanidade. Essa libertação, sem dúvida, exige completa renúncia aos valores e interesses terrenos; é a fuga vibratória para o mundo do Cristo e a integração incondicional aos seus postulados evangélicos que, em verdade, são as leis que regem o reino eterno do espírito. O afinamento crístico e o desinteresse absoluto pelas competições do mundo e para com "os tesouros que as traças roem e a ferrugem come", é que terminam rompendo as algemas planetárias. Enquanto a maioria dos homens segue animalescamente a sua marcha evolutiva sob o aguilhão implacável da dor e do sofrimento, alguns outros preferem antecipar a sua libertação kármica, envidando os mais heróicos esforços e entregando-se à mais completa renúncia a todo desejo, interesse a afeição pelas ilusões das formas materiais. (Obra: *Fisiologia da Alma*, 15ª edição, p. 213)

Libertação do passado – velhas fórmulas

Há que recordar o pensamento do próprio Jesus, nos seus ensinamentos evangélicos, quando deixa bem claro que "no fim dos tempos seria dita toda a Verdade". E o Mestre ainda acrescentou: "Mas o Consolador, que é o Espírito Santo, a quem o Pai enviará em meu nome, vos ensinará todas as coisas e vos fará lembrar de tudo o que tenho dito" (João, 14:17-26). Alhures, ainda disse Jesus: "Conhecereis a Verdade e a Verdade vos libertará".

A dor mental que acicata a criatura quando ela deve desprender-se das velhas fórmulas, que se petrificaram sob raciocínios estandardizados, nunca será evitada, porque a evolução aguilhoa o homem de tal modo que mais tarde ou mais cedo terá que sofrer a angústia de libertar-se do passado! Nunca solucionareis os vossos problemas na fuga deliberada; eles continuarão a exigir-vos decisões definitivas! (Obra: *Mensagens do Astral*, 17ª edição, p. 351)

Libertação espiritual

Muitas das vítimas e dos algozes, que se acham mútua e obsessivamente enredados pelos laços do ódio e da vingança, ainda requerem alguns lustros para que então se efetue a sua libertação espiritual. Embora a Lei Kármica — que disciplina todas as ações de causa e efeito para a Ventura Espiritual — tenha uma técnica e seja um processo inflexível na sua execução, são as próprias almas culposas que marcam realmente o seu tempo de funcionamento para a devida retificação psíquica. É de lei sideral que, aquilo que for atado na Terra, também nesta deverá ser desatado.

Os mentores e os técnicos espirituais não podem intervir e violentar drasticamente esse círculo vicioso de mútua obsessão entre os terrícolas, ainda incapazes da humildade e do perdão e que o reforçam com a vaidade, o orgulho, o ódio, a crueldade e a vingança, distanciados, como estão, da terapêutica evangélica criada por Jesus. Considerando-se que o obsessor e o obsidiado são dois enfermos que se digladiam mutuamente em terrível crise de amargura gerada pelo ódio ou pela vingança, é óbvio que o tratamento mais eficaz exige que sejam drenados os tóxicos que lhes corroem a intimidade psíquica, para que depois se possa substituí-los pelo bálsamo abençoado que provém do amor e do perdão. (Obra: *A Vida Além da Sepultura*, 9ª edição, pp. 369/370)

Libertação sexual e valores definitivos

O laboratório terreno possui todos os recursos para despertar e graduar a consciência do homem sideral, libertando-o pouco a pouco das amarras da carne transitória. O prazer sexual, portanto, após a compreensão consciente do homem e da mulher sobre a realidade espiritual, também será relegado para condição inferior e superado pelos valores definitivos da vida imortal. No tempo justo, os terrícolas sentir-se-ão saturados por esse prazer físico efêmero, que é um ardil da natureza para manter a continuidade da vida nos mundos materiais. E compreenderão que a verdadeira felicidade não é fruto das contrações e dos espasmos da carne mas, acima de tudo, provém do intercâmbio com as coisas siderais. (Obra: *Mediunismo*, 13ª edição, p. 212)

Licantropia reencarnatória – queda vibratória

O indivíduo extremamente sensual, lascivo e impudico vive semeando mentiras, decepções, angústias e tristes destinos na sua faina de satisfazer o instinto animal. Assim, impregna a contextura delicada do seu perispírito, já vibrando em nível mais humano e tendendo à liberação lenta da ação imantadora e gravitacional da matéria, com as forças primárias e densas de uma paixão mais primitiva, que aumenta a atração material.

Em sua queda vibratória, retarda-se a circulação "etéreo-magnética" do perispírito, e degrada-se a configuração num sentido regressivo à esfera da animalidade, onde domina o fluido ou energia sustentadora da luxúria; em consequência, o perispírito do homem ou da mulher extremamente libidinosos perde muito de sua qualidade e configuração humana, em favor da velha figura do animal, que já estaria sendo vencida em parte. É um retrocesso psíquico, culminando num retardo perispiritual-físico em direção a uma forma de licantropia reencarnatória, cujos traços e reações traem sempre esgares e modulações animalescas, as cintilações dos olhos, o arfar das narinas, a boca lasciva à semelhança dos animais em seus brinquedos no cio. (Obra: *Sob a Luz do Espiritismo*, 3ª edição, p. 216/217)

Limitação de filhos e evolução do espírito

Há que se reconhecer, primeiramente, que um corpo de carne é um dos mais valiosos auxílios no caminho longo da evolução sideral, servindo comumente para que a alma penada e infeliz possa dar largas ao seu remorso causticante e reajustar-se das imprudências cometidas nas vidas pregressas. No serviço reencarnatório do Espaço, a oportunidade do organismo físico é valiosa dádiva proporcionada pelos Mentores Siderais aos espíritos aflitos e desesperados para renascer na matéria. Em consequência, analisando-se a questão da limitação de filhos a distância de qualquer sentimentalismo humano ou de razões morais angélicas, estabeleçamos esta importante premissa: o aumento do número de corpos físicos, na Terra, aumenta as probabilidades de ventura espiritual. É fator de socorro e favorecimento para a mais breve alforria de espíritos desencarnados que imploram novos instrumentos de carne para resgatar suas faltas pregressas e obrigações para com a Lei Kármica. (Obra: *A Vida Além da Sepultura*, 9ª edição, p. 400)

Limitação de filhos – redução de oportunidades

Sob qualquer aspecto que considerardes o problema da limitação de filhos, quer situando-o sob razões econômicas, deficiências educativas ou exaustão feminina, ele só se ajusta, fundamentalmente, a estas razões: maior soma de corpos carnais, maior soma de benefícios espirituais; menor número de corpos carnais, menor probabilidade de ventura e progresso das almas desesperadas. Considerando-se, então, que, com a limitação de filhos, a precariedade de organismos físicos tende a aumentar nas reencarnações futuras, aqueles que limitam propositadamente a sua prole também reduzem as suas próprias oportunidades de futuros renascimentos, dentro do preceito evangélico:"cada um colherá conforme tiver sido a semeadura". (Obra: *A Vida Além da Sepultura*, 9ª edição, p. 400)

Limpeza da Terra – aura corrompida

O acúmulo de resíduos e da substância mental deprimente, originado do desequilíbrio das paixões humanas ou da inversão dos valores espirituais, afeta a aura astroetérica do orbe e chega a produzir modificações perigosas à sanidade corporal, ao reino vegetal e mesmo aos alimentos e líquidos, ocasionando enfermidades estranhas e envenenando, pouco a pouco, a vida no mundo. E a Terra já principia a exalar magnetismo deteriorado; é preciso, portanto, que se processe a necessária limpeza tantas vezes processada em outros planetas que se encontravam nas atuais condições terráqueas. Essa aura magnética corrompida já se estende além dos limites da precisa segurança etérica, e transmite influências perniciosas aos mundos adjacentes, que as registram na forma de "malignidade astrológica". Daí a necessidade da limpeza da Terra pela Técnica Sideral, que providencia então a absorção dos fluidos opressores por outro orbe mais primitivo. (Obra: *Mensagens do Astral*, 17ª edição, pp. 292/293)

Língua internacional e sexta raça mãe

A idéia de uma língua internacional não surgiu de improviso entre vós, como decorrência natural de evolução da humanidade terrestre, pois ela é tão velha quanto o homem. Como já dissemos, quando o primata ainda ensaiava os seus primeiros vocábulos, na forma de gritos inexpressivos, os mentores do orbe terráqueo já estudavam, no Além, os pródromos de um idioma neutro e internacional, que pudesse atender, com eficiência, à média do tipo humano superior, que seria o produto do evento da sexta raça-mãe, em formação, e a penúltima do planeta Terra. (Obra: *A Sobrevivência do Espírito*, 8ª edição, p. 186)

Linguagem humana e evolução

Mesmo o mais rudimentar dialeto falado no vosso mundo material mereceu cuidadoso estudo e atenção de abalizados linguistas da esfera espiritual. A linguagem humana não é mero produto de circunstâncias acidentais, mas uma resultante da linguagem de muitos temperamentos psíquicos que, antes de se encarnarem, já a articulavam no plano mental e astral e que, mais tarde, e na devida oportunidade, puderam materializá-lo através da laringe carnal. Mesmo o grito inexpressivo do animal é um efeito do psiquismo coletivo que dirige a sua espécie e incentiva para os experimentos e fenômenos de relação com o meio. (Obra: *A Sobrevivência do Espírito*, 8ª edição, p. 185)

Livre-arbítrio e consciência

O espírito do homem tem o "livre-arbítrio" e pode agir até onde não prejudique o companheiro. Mas é insensato se maldisser ou rebelar-se contra Deus, quando ele, somente ele, é o responsável direto por tudo o que fizer de mal ou de bem. A legislação disciplinar é tão-somente no sentido de promover a indesviável ventura de seus filhos e ajustá-los ao caminho certo e redentor, sem qualquer intenção punitiva. O homem deve aprender corretamente cada lição ministrada pela vida nas escolas planetárias, sofrendo as regras disciplinares desse curso educativo, a fim de fazer jus aos direitos incondicionais no futuro e aos poderes incomuns no seio do Universo. O livre-arbítrio dilata-se em sua área de poder e capacidade, tanto quanto o espírito também desperta a sua consciência e já manifesta um comportamento tão sensato e correto, que jamais causa prejuízos ao próximo. (Obra: *O Evangelho à Luz do Cosmo*, 9ª edição, p. 65)

Livre-arbítrio e libertação pela verdade

É Jesus quem melhor responde a essa vossa indagação, quando estabelece a regra: "Procurai a Verdade e a Verdade vos libertará". Quando ele nos advertiu de que o seu reino não era do mundo material de César, mas sim o reino do espírito eterno, também induziu-nos a crer que o livre arbítrio humano aumenta à medida que o homem se liberta da escravidão das formas e vive mais devotado ao mundo espiritual, onde a sua vontade angelizada pode-se exercer de modo ilimitado. (Obra: *Fisiologia da Alma*, 15ª edição, p. 206)

Lobisomem e licantropia

O lobisomem ainda é vestígio da lenda forjada pela possibilidade de um desencarnado materializar o seu corpo astral, quando é portador de um "facies" animalesco![2]

Em face do recurso de ideoplastia perispiritual, que impele o espírito a assumir a configuração mais adequada ao tipo de paixão ou virtude dominante em si, o lobisomem é uma figura semi-humana, representativa do espírito ainda acicatado pela ferocidade e voracidade do lobo! Então, as pessoas de dupla vista ou videntes, às vezes, conseguem identificar essas infelizes entidades, que estereotipam na sua face ou todo perispiritual a cópia do lobo, do suíno ou do abutre. A metamorfose do homem ou mulher em lobo, que se processa através da extraordinária elasticidade do perispírito sob a ação do fenômeno da licantropia, também pode resultar de hipnose praticada no Espaço, ou mesmo de sortilégios tenebrosos sob o comando de magos-negros experimentados no caso. Mas esse fenômeno é mais comum no "lado de cá", embora tal materialização de lobisomem também possa ocorrer nos lugares ermos, em encruzilhadas de estradas ou mataria densa, onde exsuda-se um éter-físico vigoroso e agreste, capaz de proporcionar alguma combinação de ectoplasma. (Obra: *Magia de Redenção*, 12ª edição, pp. 201/202)

Logos – miniatura dos atributos de Deus

Um Arcanjo, Logos Planetário ou Solar, representa a miniatura de todos os atributos de Deus, como sejam a Sabedoria, o Poder, a Vontade, a Justiça e, obviamente, o Amor, que é o princípio crístico. Entretanto, sob cada signo da tradição astrológica que se rela-

---

[2] Trecho extraído da obra *Libertação*, de André Luiz, por Chico Xavier, e final do capítulo "Em Aprendizado", o qual esclarece bem o caso: "Alguma semelhança era de notar-se, mas, afinal de contas, a senhora tornara-se irreconhecível. Estampava no semblante os sinais das bruxas dos velhos contos infantis. A boca, os olhos, o nariz e os ouvidos revelavam algo de monstruoso". — Ainda da obra *Libertação*, capítulo "Operações Seletivas": "A sentença foi lavrada por si mesma! não passa de uma loba, de uma loba, de uma loba!
À medida que repetia a afirmação, qual se procurasse persuadi-la a sentir-se na condição do irracional mencionado, notei que a mulher, profundamente influenciável, modificava a expressão fisionômica. Entortou-se-lhe a boca, a cerviz curvou-se, espontânea, para a frente, os olhos alteraram-se dentro das órbitas. Simiesca expressão revestiu-lhe o rosto".

ciona com o vosso planeta, é destacado um dos aspectos do Logos, condizente com o atributo que deve ser desenvolvido e cultuado pela humanidade em evolução sob tal signo. Como o Amor foi o principal motivo destacado nos atributos do Logos da Terra, para então ser cultuado pelo homem, sob a vibração amorosa do signo de Pisces, todas as atividades missionárias e incentivadoras, no vosso mundo atual, giram em tomo do CRISTO, ou seja, em torno da manifestação absoluta do Amor, como um dos aspectos sublimes do Logos terráqueo a ser cultuado à parte, em correspondência com o favorecimento do magnetismo astrológico do momento. O signo de Pisces, nos seus 2.160 anos de "tempo astrológico", irradia o suave magnetismo que inspira o amor e a emotividade. O homem deve, precípua e fundamentalmente, desenvolver primeiro o amor e, depois, os demais atributos que hão de lhe seguir, em concomitância com os demais atributos do seu Arcanjo Planetário. Sob esse fundamento importante, em lugar de os esforços messiânicos situarem-se na Terra, especificamente sobre outros princípios mais intelectivos, intensifica-se, fundamentalmente, o reinado do Cristo, no seu aspecto do Amor Universal. E aqueles que não desenvolverem esse atributo no tempo exato de 2.160 anos, do signo de Pisces, serão colocados à esquerda do mesmo princípio crístico e exilados para outro orbe, no qual deverão ser reeducados, a fim de aguardarem, também, o período apropriado em que será destacado o mesmo aspecto do Logos Planetário daquele orbe de exílio. (Obra: *Mensagens do Astral*, 17ª edição, pp. 318/319)

Logos planetário – alimento das almas

É o Arcanjo, o Logos ou Cristo Planetário da Terra, cuja Luz e Essência Vital, em perfeita sintonia com a vontade e o plano de Deus, então alimenta a alma da humanidade terrícola. Os homens vivem embebidos de sua essência sublime e, por isso, sentem no âmago de suas almas uma direção que os orienta, incessantemente, para as melhores aquisições espirituais no mundo educativo da matéria. As criaturas mais sensíveis, os intuitivos e os inspirados, às vezes identificam essa "voz oculta" a lhes falar silenciosa e ternamente nas belezas edênicas, que os aguardam após o desenlance do corpo carnal. (Obra: *O Sublime Peregrino*, 17ª edição, p. 69)

Logos solar – governador do sistema

O vosso sistema solar é regido por um espírito arcangélico, que as tradições esotéricas chamam de "espírito planetário solar". É o governador espiritual do sistema, que alenta, coordena e atrai as consciências individuais para o conhecimento cósmico. Através desse magnânimo Ser espiritual, Deus vibra mais perto de vossas "frequências vibratórias", ainda muito distantes da "Essência Divina". Os globos que formam os sistemas de sóis, são pontos de apoio mais visíveis aos sentidos humanos; em cada um deles atua um espírito planetário, que também governa, diretamente vinculado à Luz Refulgente do "Logos Solar". Esses anjos planetários ou "devas", da linguagem oriental, são os intermediários entre Deus e os homens; representam vibrantes e potenciais "canais cósmicos" que vos ligam ao "Eu Superior", pois atuam na vossa intimidade espiritual e vos atraem para o Alto. (Obra: *A Vida no Planeta Marte e os Discos Voadores*, 14ª edição, p. 530)

Logos solar – Logos planetários

Através do oceano etérico concentrado pela sua Consciência Mental, e que banha e interpenetra também as fímbrias dos átomos dos mundos que condensou em si mesmo, o Logos do sistema solar também atua na consciência dos outros Arcanjos menores que corporificaram os planetas e os governos em espírito. Dificilmente podereis conceber a operação harmônica de uma consciência solar, quando comanda instantaneamente as humanidades que palpitam sobre a Terra, Marte, Júpiter, Saturno e outros mundos que apresentam os mais variados matizes conscienciais. O Logos Solar é o condensador sideral que absorve o elevado energismo demasiadamente poderoso da Mente Divina e retém em si mesmo o "quantum" sideral inalcançado pelos espíritos menores. Ele materializa, na forma de um sistema planetário e viveiro de almas sedentas de ventura, uma das peças componentes da engrenagem cósmica, que faz parte de um Grande Plano ou do conhecido "Manvantara" da tradição oriental. (Obra: *Mensagens do Astral*, 17ª edição, p. 313)

Logos solar ou Deva maior

O comando psíquico arcangélico de uma constelação, conhecido por "Deva Maior" entre os orientais, atua intimamente nas fímbrias de todas as atividades físicas e psíquicas de cada orbe habitado ou em elaboração para futura moradia planetária. Em consequência, o arcanjo ou Logos Solar, como a consciência psíquica mais evoluída de vosso sistema, vibra na intimidade de todos os planetas, orbes e satélites do mesmo.

Através de sua vibração altíssima e impossível de qualquer receptividade humana, cuja luz e energia criativa ao incidir diretamente pulverizaria qualquer ser, o Arcanjo ou Deva Maior é o campo vibratório de toda vida e aperfeiçoamento do sistema solar onde atua. (Obra: *O Evangelho à Luz do Cosmo*, 9ª edição, p. 95)

Longa escravidão e destino luminoso

Deus é imanente em sua obra e, assim, o mal é relativo; significa um processo à parte do metabolismo angélico natural; é apenas um acontecimento isolado, uma resistência provisória mas de futura absorção pelo mecanismo ordeiro da evolução. É um retardamento natural na ascensão, a fim de se organizarem e estereotiparem as consciências espirituais nos mundos físicos. Poderíeis ter empregado a expressão "uma longa escravidão", designativa de uma longa sequência natural do intercâmbio psíquico entre os espíritos diabólicos e aqueles que ainda apresentassem condições eletivas para materializarem as intenções pervertidas. Mas o espírito humano, o produto, o criado, é uma vontade menor, que está adstrita eternamente à Vontade Maior, que é o Criador, o qual pode sempre dirigir e movimentar a consciência criada para o destino que lhe traçou definitivamente. Que fim levariam as "absolutas" forças diabólicas, se Deus lhes retirasse o alento de vida que emana de si mesmo? Qual o poder "absoluto" da laranja podre contra a árvore generosa que lhe dá a vida? (Obra: *Mensagens do Astral*, 17ª edição, p. 305)

Luminares e estatutos evolutivos

Hermes, no Egito, Antúlio, na Atlântida, Buda, na Ásia, Zoroastro, na Pérsia, Crisna e Rama, na Índia, Confúcio, na China,

Pitágoras, na Grécia, e o inconfundível Jesus, na Hebréia, foram os mensageiros divinos que esclareceram aos homens quais os princípios que transformam a criatura animalizada no cidadão angélico da moradia celestial. Eles fixaram as bases ou elaboraram os estatutos definitivos da caminhada humana pela senda evolutiva em busca da Verdade. Muitas vezes suas palavras revestiram-se de poesia; doutra feita, ecoavam sob a gravidade sentenciosa da responsabilidade espiritual ou, então, o pensamento augusto e sublime abrigava-se debaixo das parábolas encantadoras. Porém, na essência de tudo o que esses admiráveis instrutores apregoaram ao homem ainda surpreso de o afastarem da sua faina animalesca, permaneceu um só fundamento, uma só verdade — a revelação do Espírito Imortal. (Obra: *Mediunismo*, 13ª edição, pp. 45/46)

Luminosidade humana e caráter espiritual

As criaturas humanas emitem raios de luzes tão intensos ou débeis conforme lhes seja a natureza dos pensamentos e dos sentimentos. Durante as palestras cujo assunto é inferior, fescenino ou agressivo, as auras dos homens tingem-se de cores escuras, que vão desde o vermelho-sanguíneo, o verde-ardósia, o cinzento-oleoso até o preto depressivo. No entanto, se o assunto em foco é de ordem elevada, no qual se conjugam os princípios elevados do espírito, então fulguram as cintilações luminosas dos seus autores e atraem para junto deles entidades que procuram o contato humano no sentido de ampliar o serviço do Cristo no orbe terráqueo. (Obra: *Elucidações do Além*, 11ª edição, pp. 47/48)

Luz – cor – perfume – som e duplo etérico

A luz, a cor, o perfume e o som também são dotados de verdadeiros "duplos-etéricos" e "substância astral", tornando-se os mais vigorosos "despertadores etérico-astrais" no psiquismo humano. Empregados em uníssono, na mais perfeita conexão vibrátil, são recursos enérgicos e positivos que elevam as frequências vibratórias para planos superiores. O espírito excitado pela luz, fascinado pela cor e avivado pelo perfume sintônico à emotividade, termina hipnotizado pela música e desprende-se da configuração carnal, alcançando as sutilezas dos planos edênicos. Não há milagres, privilégios ou mistérios na escalada sideral: a alma tece a sua felicidade através de um esforço disciplinado e ascensional. Os marcianos conhecem essa realidade imodificável e utilizam-se de todos os meios científicos ou psicológicos, para maior rapidez na ascensão espiritual. Nos seus esforços religiosos, para a alma religar-se ao Pai, o som, cor, luz e perfume funcionam como elementos energéticos, multiplicadores de frequências na intimidade divina do espírito. (Obra: *A Vida no Planeta Marte e os Discos Voadores*, 14ª edição, pp. 175/176)

Luz crística para a humanidade – chegada de Jesus

Embora Jesus tenha nascido sem produzir milagres que deveriam abalar seus familiares e a vizinhança, tal fato revestiu-se de suma importância no Espaço, em torno da Terra, onde os anjos que o acompanhavam em sua descida para a carne vibraram de intenso júbilo pelo êxito do mundo espiritual no advento do Messias. Era o mais esplendoroso acontecimento verificado até aquela época, pois através do sacrifício de alta Entidade Espiritual, as trevas terrenas, dali por diante, receberiam mais forte Luz Crística, em comunhão mais íntima com o seu Cristo Planetário. Jesus, o Messias, instrumento vivo hipersensível e descido dos céus, derramaria através de sua carne a Luz do Espírito do Senhor, ensejando a mais breve libertação do "homem velho", ainda algemado à força coerciva dos instintos animais. (Obra: *O Sublime Peregrino*, 17ª edição, p. 112)

Luz do Cristo – defesa eficiente

Depois que a luz do Cristo se refletiu no vosso mundo sombrio, não vislumbramos graves problemas para conseguirdes a vossa proteção espiritual, porquanto tendes uma defesa eficiente e indiscutível, para isso, na libertação do vosso espírito das ilusões do mundo material. E, conforme já vos comprovaram os excelsos espíritos libertos das seduções da carne, o meio para o conseguirdes é o Evangelho! Tipos como Nero, Torquemada, Messalina, Bórgia ou Hitler foram produtos germinados a distância do Evangelho, enquanto que Vicente de Paulo, Estêvão, Francisco de Assis, Maria de Magdala, Paulo de Tarso ou os cristãos sacrificados em Roma, foram consequências vivas dos ensinamentos de Jesus! Essa a fórmula única e indiscutível; nenhum outro código, por mais excelente ou refulgente, ou mesmo qualquer produto avançado, de magia, elaborado em augusto templo iniciático, há de imperar com mais eficiência salvacionista na própria hecatombe final. Só o amor crístico, pregado pelo Sublime Messias, proteger-vos-á contra as arremetidas das Trevas. Será loucura tentar apagar o braseiro maléfico com novos punhados de brasas da maldade do homem! A marca da angelitude é o amor, a bondade e a submissão, que não geram a força do ódio ou a intensidade da cólera. As únicas armas capazes de vencer as hostes diabólicas ou as investidas da Besta são as que serviram aos cristãos nos circos romanos e aos apóstolos na hora do sacrifício — a submissão incondicional ao Evangelho! (Obra: *Mensagens do Astral*, 17ª edição, pp. 304/305)

Luz eterna – interior

Os mundos materiais formam os degraus vibratórios que a alma excursiona, em sua "longa" viagem de retorno ao seu verdadeiro *habitat* de Luz Eterna. A "descida" ou a bíblica "queda angelical" vos exige que a posse do "antigo estado edênico" se faça sob o disciplinado processo de **desvestimento** das formas materiais. A Luz está em vós e nunca deixou de estar convosco; palpita na vossa intimidade e vos cria os anseios que traduzis em "desejos de libertação". Não são as prosaicas mudanças de faixas vibratórias, que realmente vos darão o conteúdo da Luz Eterna que permanece íntegra em vossa intimidade espiritual, mas é o maior alcance dessas zonas de vibração mais elevadas, que vos permitirão maior liberdade da Luz Espiritual. Os santos tradicionais do vosso mundo, que mereceram realmente a "graça" de maior refulgência espiritual, não foram presenteados com ofertas de "luz adicional", mas resplandeceram "graças" à sua própria luz interna. Atingindo faixas vibratórias superiores, tornaram-se mais translúcidos, gozando maior quota consciencial de luz. (Obra: *A Vida no Planeta Marte e os Discos Voadores*, 14ª edição, p. 192)

Luz interna – elo entre a criatura e o Criador

Essa luz íntima, que existe em nós todos, quer sejamos demônios ou anjos, é o cunho definitivo de nossa individualidade eterna, permanecendo como incessante atração para a fonte original que nutre e ilumina o Cosmo. É chama espiritual, indescritível, como garantia absoluta do "elo religioso" entre a criatura e o seu Criador; é a luz que realmente alimenta o nosso espírito em sua pulsação de vida eterna. Todas as existências malignas e de crueldades, das quais já temos participado no pretérito das trevas de nossa ignorância, significam alguns punhados de fuligem atirados sobre a eterna e formosa lâmpada de luz imorredoura, que forra a nossa consciência espiritual.

Quando todos os homens descobrirem em si mesmos a sua fulgurante identidade sideral, existente no profundo recesso do seu "ego", os seus esforços hão de convergir para a mesma Ventura, dispensando-se todas as religiões e doutrinas, que ainda discordam e separam, mas que serão desnecessárias depois que as criaturas comprovarem que são oriundas da mesma fonte criadora. Repetimos: não há alma absolutamente pervertida, pois, se assim fosse, justificar-se-ia a crença absurda e infantil no Diabo eterno. (Obra: *A Sobrevivência do Espírito*, 8ª edição, p. 291)

Luz interna – inextinguível

Queremos advertir-vos de que não existe no Cosmo um tipo de alma absolutamente subvertida, porquanto somos todos oriundos da mesma essência fundamental do espírito de Deus, por cujo motivo também estaremos garantidos por uma partícula angélica, que intimamente nos impulsiona para o Bem. Em verdade, já nos originamos incapacitados para o "mal absoluto", porque a nossa finalidade é ascender para Deus, que é a fonte de nossa vida.

Podemos cobrir uma lâmpada elétrica com envoltórios os mais espessos e até pichar à vontade a sua superfície de vidro; no entanto, não conseguiremos extinguir a sua luz interior, que sempre há de permanecer debaixo da sua forma protetora de vidro, exceto se a desligarmos da energia fornecida pela usina. Isso também se dá conosco; somos impotentes para nos cobrirmos de trevas absolutas ou, então, extinguirmos o princípio criador em nossa alma. A fonte que nos gerou, constituída pela luz absoluta do Espírito Divino, ninguém poderá extingui-la, nem romper os elos que a ela nos ligam. (Obra: *A Sobrevivência do Espírito*, 8ª edição, pp. 290/291)

Luz no coração do homem – o Evangelho

O espiritismo filosófico e científico pode satisfazer a especulação exigente do intelecto, mas só o Evangelho ilumina o coração do homem. Lembremos que apesar do cuidado e atenção à contextura e capacidade da lâmpada elétrica, nem por isso ela dispensa a luz que lhe vem da usina.

Por isso, Allan Kardec fundamentou a codificação espírita na moral evangélica, certo de que a pesquisa científica pode convencer o homem da sua imortalidade, mas só o Evangelho é capaz de convertê-lo à linhagem espiritual do mundo superior. A missão do espiritismo não consiste apenas em comprovar a vida imortal, mas também consolar o espírito, acendendo-lhe a luz na lâmpada da consciência para depois iluminar o próprio mundo. (Obra: *A Missão do Espiritismo*, 10ª edição, p. 26)

Luz polarizada – aura de Marte

Essa luminosidade que palpita por trás das formas materiais transitórias, tão intensa e pura quanto mais intimamente se possa penetrar da essência do espírito, vai-se tornando mais visível ou identificável, em concomitância com o progresso espiritual das criaturas. Mais profundamente, tereis que procurá-la, e a encontrareis, buscando maior intimidade com Deus, no ideal crístico que transforma o animal em anjo. O homem que em vosso mundo caminha exaustivamente no seio da floresta, abrindo extenso cipoal para encontrar a luz do dia, lembra o espírito fatigado, que peregrina através das configurações físicas, para, enfim, lobrigar a Luz do Criador. Jesus lembrou-vos significativamente: "O reino de Deus está em vós". Daí a pronunciada ascendência de luz que se revela nas atividades marcianas, na feição da citada "luz polarizada", porque se trata de um mundo límpido, sem as sombras de quaisquer paixões inferiores. E essa luz, mais atestável sob a visão psíquica, aumenta de pureza e intensidade à proporção que vos libertais das paixões de cólera, ciúme, ódio, luxúria ou perversidade; pois tais deprimências baixam o teor vibratório do magnetismo divino que interpenetra todos os seres, dando lugar às sombras espessas que afastam a alma da Fonte Refulgente do Pai. As desarmonias mentais ou psíquicas são emanações semelhantes às nuvens densas em dias ensolarados e que roubam ou absorvem os raios vitalizantes do Sol. A aura etérica e astral de Marte recebe, continuamente, o hálito perfumado da espiritualidade dos seus moradores; o seu ar magnético é pleno de eflúvios puros, ansiedades angélicas e júbilos afetivos, que exsudam dos conclaves de religiosidade pura, dos intercâmbios afetuosos e das realizações estéticas no reino das flores, da música e da pintura. A persistência sublime de "desejos ascensionais" e a procura constante de "mais luz" e "mais amor" geram sempre uma claridade eletiva para atrair a Luz Cósmica da intimidade de Deus. (Obra: *A Vida no Planeta Marte e os Discos Voadores*, 14ª edição, pp. 70/71)

M

Madalena e o mestre Jesus

Como vo-lo dissemos, Maria de Magdala, tendo ouvido falar dos atributos santificados de Jesus, quis divertir-se e desafiá-lo com sua beleza provocante, certa de comprometer com a paixão física o rabi famoso por suas virtudes. Tendo encontrado o Mestre numa das tradicionais assembléias públicas, ou também conhecidas por sinagogas, perto do lago Tiberíades, em que os presentes podiam consultar ou interrogar os rabinos que as dirigiam, chamou-lhe a atenção com perguntas insistentes, enquanto o fitava provocantemente, tentando confundi-lo na sua prédica. É verdade que Maria de Magdala chegou mesmo a despertar uma afeição extrema em Jesus, e se percebia nele um prazer muito humano ao tornar a vê-la.

No entanto, jamais Jesus amou fisicamente Maria de Magdala, pois o seu porte moral e sua fidelidade à obra cristã, que era o seu sonho dourado no mundo, afastavam-no de qualquer objetivo vulgar do mundo. Não há dúvida de que ele não tardou a perceber que ela fora vítima de sua própria imprudência, pois passara a amá-lo desesperada e ardentemente. Mas Jesus decidiu-se a vencer aquele amor tão tentador e salvá-la de sua vida impura e delituosa, passando a tributar-lhe um afeto terno e paternal, que pouco a pouco deu-lhe força espiritual, ajudando-a a vencer a paixão abrasadora em troca da ternura fraterna. Exausta da falsidade dos seus mais ardentes admiradores, que apenas lhe cobiçavam os encantos femininos e jamais lhe seriam tão nobres e desprendidos como Jesus, ela não podia suster o seu recalque abrasador de criatura humana, ainda incapaz de sentir as emoções superiores do reino imponderável do espírito. Mas essa paixão menos digna, dos primeiros dias, não tardou a transformar-se no mais puro sentimento de idolatria espiritual, convertendo-a, incondicionalmente, ao messianismo redentor da obra cristã. (Obra: *O Sublime Peregrino*, 17ª edição, pp. 194/195)

Madalena – símbolo da sublimação feminina

Ademais, nenhum símbolo da redenção humana serve mais de estímulo à sublimação feminina do que a figura angustiada e desesperada de Maria Madalena, tocada pela figura carismática do Cristo-Jesus, libertando-a do lodo nauseante do prazer fescenino, despertando-a para a luz criativa do anjo adormecido em sua intimidade. Sob a égide de elevada inspiração, Maria Madalena é um eterno exemplo a todas as mulheres de má fama para lograr a própria redenção e o ingresso nas esferas angélicas, quando se propuserem "viver" incondicionalmente, no íntimo de sua alma, o amor puro do Cristo. (Obra: *Sob a Luz do Espiritismo*, 3ª edição, p. 206)

Magia: ciência cósmica

A Magia, portanto, não é uma entidade definida, mas uma ciência ou arte de empregar conscientemente os poderes invisíveis e obter resultados no campo da vida material. E como a eficiência e o êxito da Magia dependem muitíssimo da vontade, do amor e principalmente da imaginação humana, cada raça ou povo ajusta o ritmo ou desenvolvimento mágico à sua idiossincrasia, seus costumes e conhecimentos, suas lendas e manifestações religiosas. A Magia está adstrita à Botânica, aos minerais e até aos animais, conjugados aos efeitos do magnetismo astrológico, à energia da água corrente dos rios e dos mares, à força vitalizante e higienizadora do Sol, combinada ainda aos efeitos hipnóticos ou excitantes dos raios lunares. Tudo isso funde-se no cadinho das raças ou dos povos, cujos magos estudam séculos e séculos todas as manifestações da Vida em torno do seu povo e do ambiente onde vivem. Eles procuram eliminar escórias, tolices e infantilidades no esquema dinâmico da Magia, mas conservando a direção dos impulsos estimulantes das forças da

Natureza. (Obra: *A Missão do Espiritismo*, 10ª edição, pp. 160/161)
Magia de redenção

Os enfeitiçamentos são processos ofensivos e destrutivos, aparentemente injustos na sua ação tenebrosa, nociva e maldosa, mas eles estimulam a ação purificadora, porque, ao produzir o padecimento, também aceleram o processo cármico e retificador do indivíduo.

Quantos espíritos já lograram alcançar as esferas de melhor convivência espiritual, graças a um indesejável feitiço que os acometeu, mas os livrou de coisas piores? Muitas criaturas abatidas num leito de dor, assoberbadas por dificuldades e privadas dos prazeres comuns da vida, também evitaram, a tempo, a sua própria queda nos antros dos vícios ou sob as algemas das paixões censuráveis! Há lares cuja tranquilidade doméstica se deve a determinado impacto enfeitiçante que uniu a família na prova dolorosa!

A dor desbasta a alma e ainda reduz-lhe as manifestações imprudentes, reajustando o ser à harmonia com a Vida Superior! O leito de sofrimento também cria a oportunidade da oração e da meditação, tão desprezadas na vida cotidiana; a catástrofe econômica cerceia os vôos insensatos da fascinação material; os embates emotivos e os choques morais conduzem o espírito em busca de lenitivos nas fontes espirituais. Por mais injusto e tenebroso que se vos afigure o feitiço, a sua vítima sempre se beneficia.

As dores e atribulações são elementos purificadores e inerentes às reencarnações nos mundos físicos, objetivando o desabrochar da consciência espiritual do homem. A feitiçaria, portanto, como um processo incentivador do sofrimento físico, moral, mental e econômico, pode exercer proveitosa função retificadora dos desvios que o homem cometeu no passado e são prejudiciais à sua evolução espiritual.[1] (Obra: *Magia de Redenção*, 12ª edição, pp. 285/286)

---
1 Certo cidadão de algum realce na sociedade curitibana, decidido a abandonar a esposa e três filhos, por uma aventura amorosa, vendia febrilmente os seus principais bens, apurando dinheiro para fugir com uma atriz argentina, a qual atuava na principal boate da cidade. Súbito, cai de cama, prostrado por estranha enfermidade, que lhe minava o fígado, produzia-lhe terríveis dores de cabeça e tonturas cegantes. Após três meses de abnegação médica, socorros mediúnicos por parte de médiuns espíritas, umbandistas e curandeiros, foi descoberto um feitiço no seu travesseiro, com os apetrechos peculiares e um punhado de terra, que seria de cemitério. O cidadão curou-se, integrando-se novamente na vida digna que lhe era peculiar anteriormente, e hoje, quando relata o seu caso, o faz de bom-humor, abençoando o feitiço que o livrou de uma das mais espertas aventureiras portenhas!

Magia de redenção II

O nosso principal escopo é demonstrar-vos que a bruxaria abominável, malgrado ser fruto de perversidade humana mobilizando forças negativas, termina por favorecer a própria vítima, em face dos resultados proveitosos que sempre resultam num sofrimento humano de condição retificadora. O benefício e a ventura podem disfarçar-se sob a vestimenta transitória do próprio mal, porque a Lei Divina aproveita os censuráveis equívocos humanos no sentido de beneficiar o homem. Os espíritos gastam milhões e milhões de anos na esteira da "dor-purificação", mas, assim que atingem a angelitude, serão felizes por toda a Eternidade! (Obra: *Magia de Redenção*, 12ª edição, p. 291)

Magia de redenção III

Malgrado os protestos que provocam os reveses e as dores humanas, a infelicidade do homem é sempre uma consequência danosa do pretérito, porque exige a retificação espiritual necessária à sua futura felicidade. Mas o enfeitiçado também acelera a dinâmica do espírito, pois em sua aflição e desespero cultiva a paciência, na procura de solução para a sua desventura e a humildade, como o pedinte desesperado, assim como desenvolve o sentimento de confraternização ao ser grato pela cooperação alheia.

O feitiço então pode surgir-lhe na vida e modificar-lhe o rumo pecaminoso dos vícios e das paixões perigosas. A ventura também pode ser forjada na própria desventura, quando o combustível inferior do feitiço que ativa o fogo do padecimento eleva a temperatura espiritual! (Obra: *Magia de Redenção*, 12ª edição, p. 293)

Magia negra e câncer

O câncer, em sua maior porcentagem, é de origem kármica e se manifesta de conformidade com as condições psicorgânicas apresentadas pelo indivíduo. Quando, de acordo com o seu programa espiritual e a época de sua retificação kármica, os encarnados chegam ao momento de expelir certos resíduos astralinos incrustados por milênios no seu perispírito, a drenação pode provocar estados cancerosos, próprios do conflito entre as força do mundo oculto e as energias da vida espiritual. Entretanto, nem todas as formas de câncer são kármicas, porque resultam também do próprio imperativo das transformações biológicas no mundo em que viveis. Sem dúvida, sabeis que certos animais, como os cães, cavalos, bois, carneiros e algumas aves, se podem apresentar cancerosos, sem que isso represente liquidação de dívidas kármicas. Mas há a lembrar que grande parte de vossa humanidade fez mau uso de forças sibilinas e ocultas, quando de sua existência na Atlântida e outras civilizações contemporâneas, manejando energias agressivas em proveito próprio, na desforra e vingança por meio de operações de magia negra. Esse eterismo astral, muitíssimo inferior e tóxico, incrustou-se no perispírito dos agentes e mandantes de operações aviltantes, motivo pelo qual, quando pela lei de Causa e Efeito o espírito faltoso precisa esgotá-lo para a matéria, o corpo material funciona como um mataborrão absorvente da energia danosa, do que resultam os quadros dolorosos da patologia cancerígena. (Obra: *Fisiologia da Alma*, 15ª edição, pp. 128/129)

Magnanimidade divina com todos os filhos

Sem dúvida, todos os filhos de Deus, mesmo os mais perversos, são dignos da magnanimidade divina e dos ensejos reeducativos para a sua redenção espiritual, embora suas provas devam ser disciplinadas pelo mesmo esquema espiritual de que "a colheita é de acordo com a semeadura"! É óbvio, pois, que as condições, os processos e o tempo empregado nessa retificação redentora, variam segundo o volume dos equívocos e delitos praticados pelos espíritos endividados. (Obra: *Elucidações do Além*, 11ª edição, p. 25)

Magnetismo etérico – energia em Marte

O magnetismo etérico a que aludimos sempre, sem pretensão de vos darmos sua estrutura exata, só o alcançareis dentro de 400 ou 500 anos, mais ou menos. A eletricidade que manejais, em relação à energia em Marte, poderia ser considerada com a mesma proporção com que o casal Curie, no vosso mundo, carecia de *pechblenda*[2] para obter um grama de rádium. Usando de um exemplo grosseiro, diríamos: vossa eletricidade precisa de quatro séculos de refinação contínua, para culminar no teor maravilhoso do "magnetismo etérico", que só encontrareis vibrando em misteriosa faixa de frequência desconhecida, lá no seu *habitat* — o éter cósmico. (Obra: *A Vida no Planeta Marte e os Discos Voadores*, 14ª edição, p. 369)

Magos do passado – velaram o processo mágico

É muito natural que o enfeitiçamento, dada a sua antiguidade, ainda seja uma ciência obscurecida pela superstição, pois desde a Lemúria e a Atlântida, tratava-se de arma terrível, com que certas tribos se exterminavam reciprocamente, à distância, através da mobilização e do emprego de energias maléficas aniquilantes. Mais tarde, os sacerdotes prudentes tentaram velar o mecanismo perigoso da Magia, ao verificar que as criaturas malévolas e vingativas lhe mobilizavam os recursos para fins destrutivos. Eles introduziram símbolos, objetos, ritos excêntricos, cuja função principal era desviar e obscurecer o ritmo iniciático do enfeitiçamento.[3] Havia necessidade de velar deliberadamente o processo mágico, que podia catalisar a vontade humana e dominar as energias poderosas do mundo oculto. O homem do povo tornaria impossível a vivência humana, caso pudesse dispor das forças incomuns da natureza, a seu modo, semeando malefícios de vinganças e desforras recíprocas. (Obra: *Magia de Redenção*, 12ª edição, pp. 93/94)

Mal – condição transitória do anjo

O mal é tão-somente uma condição transitória, de cujo reajuste sempre resulta um benefício futuro ao próprio autor. Mesmo sob a perversidade humana que mata outro ser vivo, o criminoso só

---

[2] Óxido natural de urânio, composto essencialmente por uranita (UO_2). É o mais importante minério de urânio; dele se extrai também o rádio.
[3] A magia, entre os antigos magos, era ciência importante e só processada em ambientes iniciáticos, onde as forças da natureza eram utilizadas exclusivamente a serviço do bem. Mas, tratando-se de ciência que tanto pode ser utilizada para o bem como para o mal, conforme aconteceu modernamente com a bomba atômica, então nasceu a feitiçaria ou magia negra, processo maligno e vingativo dos segredos da velha ciência da magia.

destrói o "traje" carnal provisório e subalterno da vítima, sem atingir-lhe o espírito imortal. Assim, o princípio de causa e efeito proporciona uma nova existência física para a vítima, ensejando-lhe mais proveito e compensação, porque foi perturbada no seu ciclo de evolução espiritual. O homicida, sob a mesma lei retificadora, então é recolhido à oficina do sofrimento, a fim de retificar o desvio mórbido, que o torna uma criatura ainda dominada pelas ações negativas. Depois ele retoma a mesma estrada de aperfeiçoamento espiritual, prosseguindo de modo a despertar os valores eternos da imortalidade e alcançar a sua própria ventura. (Obra: *O Evangelho à Luz do Cosmo*, 9ª edição, p. 33)

Mal – expressão transitória

A verdade, entretanto, é que o Mal (cuja existência se atribui à obra de Satanás) é expressão transitória e sem prejuízos definitivos, porque se conjuga com a bondade e a justiça de Deus, que é a eterna sabedoria, poder e amor! No trabalho que o homem empreende para atingir em sua evolução a situação angélica, o esforço ascensional cria a aparência da existência de um mal que, entretanto, desaparece gradativamente, à medida que o espírito se vai aproximando do seu verdadeiro destino. O processo que transforma grãos de trigo em saborosa farinha nutritiva; bagos de uva em vinho generoso, e cascalho diamantífero em brilhante fascinante pode ser considerado como um mal para com as substâncias ou materiais que lhe sofrem a ação compulsória e coercitiva? Assim, o sofrimento, a dor e o cortejo de resistências humanas que criam o mal, atribuído à ação de uma suposta entidade malévola, são fases provisórias no divino processo de aperfeiçoamento das almas, e que elas sempre louvam quando atingem o estado de angelitude. O que chamais de influência satânica não passa, portanto, de um acontecimento comum na vida da alma e no mecanismo que amadurece a consciência espiritual, para fazer-lhe sentir que deve evoluir para o fim para o qual foi criada. A resistência contra a Luz e o Bem, que a princípio se verifica na alma, é que gera o mal que atribuís à ação de Satanás, mal esse que desaparece quando a luz do Cristo faz a sua eclosão no mundo interior da criatura. (Obra: *Mensagens do Astral*, 17ª edição, p. 195)

Mal e purificação do "pecador"

O mal é tão-somente acidente na escalonada evolutiva, a fase de negativa que perturba, mas se corrige, prejudica e depois compensa, e que desaparece tanto quanto o espírito firma a contextura definitiva de sua consciência.

Sob a lei de "cada um colhe o que semeia", todo mal pode causar dor e sofrimento para o seu próprio autor, o que então não é injustiça, porque a mesma lei compensa a vítima. Contudo, disso resulta também a purificação do pecador e consequente melhoria de qualidade espiritual. (Obra: *O Evangelho à Luz do Cosmo*, 9ª edição, p. 195)

Maledicência – feitiço verbal

A palavra tem força, pois é o veículo de permuta do pensamento dos homens, os quais ainda não se entendem pela telepatia pura, conforme acontece noutros planetas adiantados.[1] Consoante a significação, a intensidade e o motivo da palavra, ela também se reveste de igual cota de matéria sutilíssima do éter-físico, sobre aquilo que ela define. Quando a criatura fala mal de alguém, essa vibração mental atrai e ativa igual cota dessa energia das demais pessoas que a escutam, aumentando o seu feitiço verbal com nova carga malévola. Assim, cresce a responsabilidade do maledicente pelo caráter ofensivo de suas palavras, à medida que elas vão sendo divulgadas e apreciadas por outras mentes, atingindo então a vítima com um impacto mais vigoroso do que o de sua força original. O malefício verbal segue o seu curso, pessoa por pessoa, assim como a bola de neve se encorpa lançada costa abaixo!

A mobilização de forças através do verbo é predominantemente criadora, é uma ação de feitiçaria de consideráveis prejuízos futuros para o seu próprio autor, pois as palavras despertam idéias e estas, pelo seu reflexo moral de "falar mal" de outrem, produzem a convergência de forças repulsivas, as quais se acasalam à natureza do pensamento e do sentimento, tanto de quem fala como de quem ouve. Sem dúvida, esta espécie de bruxaria através de palavras, também varia conforme a culpa e a responsabilidade da criatura. (Obra: *Magia de Redenção*, 12ª edição, p. 50)

Mamon – meio; não fim

Mamon é o mundo, cujos valores intrínsecos de natureza física são preciosos e cobiçados, como o ouro, as pedras preciosas, bens de raiz, prazeres imediatos, confortos epicurísticos, paixões e sensações, mas representam apenas os objetos escolares para o aprendizado elementar das criaturas; o resto são frutos das convenções humanas ou de ardilosas especulações provisórias. Servem por pouco tempo, enquanto o espírito imortal vive encarnado em cada existência física; são espécies de enfeites, reservas de manuseio especulativo, que excitam, treinam e ensinam ao homem o domínio das paixões animais, que o imantam à matéria, tanto quanto o homem se envolve nesse culto infantil.

As cores e os odores, as formas florais e as cintilações fascinantes das pedras preciosas, a imensidão do oceano, a beleza tranquila das campinas, a majestade das matas seculares, a policromia dos raios solares na alvorada ou no poente, as fulgurações atemorizantes dos relâmpagos e o estrondo sonoro dos trovões nos dias tempestuosos, e a dádiva das chuvas benfeitoras, compreendem apenas os elementos que devem proporcionar ao espírito encarnado os ensejos para ele vibrar, estudar e afinar a sua mente nessa vida transitória e com destino à vida eterna. Mas é apenas um "meio" ou processo para o espírito catalisar e sintetizar os fundamentos da consciência, até eleger-se para viver definitivamente no "reino divino". (Obra: *O Evangelho à Luz do Cosmo*, 9ª edição, p. 204)

Mandato mediúnico e hipersensibilização perispiritual

Há grande diferença entre o médium cuja faculdade é aquisição natural, decorrente de sua maturidade espiritual, e o médium de "prova", que é agraciado imaturamente com a faculdade mediúnica destinada a proporcionar-lhe o resgate de suas próprias dívidas kármicas. Através de processos magnéticos, que ainda vos são desconhecidos, os técnicos do Astral hipersensibilizam o perispírito daqueles que precisam encarnar-se com a obrigação de trabalhar, pelo serviço da mediunidade, a favor do próximo, e também empreender a sua própria recuperação espiritual.

No Além existem departamentos técnicos especializados, que

ajudam os espíritos a acelerar determinados centros energéticos e vitais do seu perispírito, despertando-lhes provisoriamente a sensibilidade psíquica para a maior receptividade dos fenômenos do mundo oculto, enquanto se encontram encarnados. Esse é o mandato mediúnico ou a transitória faculdade concedida a título de "empréstimo" pelo Banco Divino. Mas é também a arma de dois gumes, que exige severa postura moral no mundo, pois ela tanto situa o seu portador em contato com os espíritos benfeitores como também o coloca facilmente na faixa vibratória sombria das entidades do Astral inferior. (Obra: *Mediunismo*, 13ª edição, p. 69)

Mandato mediúnico e serviço à coletividade

O mandato mediúnico, que autoriza o seu outorgado a prestar um serviço útil à coletividade encarnada, também beneficia-lhe o espírito imperfeito, por cujo motivo é compromisso que deve ser executado com toda dignidade e elevação moral. Aceitando a tarefa mediúnica de suma importância para si e para o próximo, é evidente que o médium também fica responsável por qualquer desvio ou perturbação que venha a produzir durante o exercício de sua tarefa no mundo profano. (Obra: *Mediunismo*, 13ª edição, p. 60)

Mantras – chaves energéticas verbais

São as próprias palavras que se consagram pelo seu elevado uso e assim criam os "mantras", pois se transformam em verdadeiras chaves verbais que, então, congregam energias etéricas ou produzem configurações astrais protetoras, associando idéias que despertam as forças psíquicas nos seus cultores e transformam os vocábulos em poderosos despertadores mântricos.

Já pensastes no poderoso "mantra" que é a palavra "Cristo", que está impregnada de um sacrifício memorável na figura de Jesus de Nazaré? Quando a pronunciais sob elevada meditação, não sentis porventura que a vossa alma vibra sob um estado de expectativa cósmica, enquanto o júbilo e a esperança completam o vosso gozo espiritual? Os cristãos que se deixavam trucidar nos circos romanos, à simples exclamação de "Ave Cristo", aliciavam forças tão poderosas, que muitos desencarnavam anastesiados por semelhantes energias. (Obra: *A Sobrevivência do Espírito*, 8ª edição, p. 208)

Mantras – força espiritual

"Mantras", como peças idiomáticas consagradas pelo uso superior, são letras e sílabas de articulação harmoniosa. Quando pronunciadas num ritmo ou sonoridade peculiar e sob forte concentração mental, elas despertam no organismo físico do homem um energismo incomum, que lhe proporciona certo desprendimento ou euforia espiritual.

As palavras mantrânicas, no entanto, possuem maior poder de ação no campo eteréo-astral do homem, pois aceleram, harmonizam e ampliam as funções dos "chacras" do duplo etérico. Elas auxiliam a melhor sintonização do pensamento sobre o sistema neurocerebral e as demais manifestações da vida física. Como a palavra se reveste de forças mentais, que depois atuam em todos os planos da vida oculta e física, para dar curso às vibrações sonoras no campo da matéria, ela, então, produz transformações equivalentes à sua natureza elevada. (Obra: *Magia de Redenção*, 12ª edição, pp. 60/61)

Mantras – peças idiomáticas sagradas

Indubitavelmente, os "mantras", tão familiares aos iogues, são peças idiomáticas sagradas que, pela harmonia de sílabas ou letras — quando pronunciadas em sua pureza iniciática — despertam no psiquismo e no organismo físico do homem um energismo incomum e proporcionam estados de desprendimento e euforia espiritual. As palavras "mântricas" possuem grande poder de ação no campo etérico astral, assim como aceleram, harmonizam ou ampliam as funções dos "chakras" do duplo etérico, enquanto que, atuando à superfície do perispírito, auxiliam a sintonização do espírito às manifestações da vida física e favorecem a justa ação do pensamento sobre o sistema cerebral. (Obra: *A Sobrevivência do Espírito*, 8ª edição, p. 206)

Marcha do espiritismo e evolução

Mas ninguém poderá deter a marcha evolutiva do espiritismo, pois os bons médiuns de hoje já dominam os mesmos fenômenos que antigamente exaltavam os profetas, os oráculos, as pitonisas, os astrólogos, as sibilas e os magos. Graças, pois, ao espírito sensato, laborioso e inteligente de Allan Kardec, as relações mediúnicas entre os encarnados e os desencarnados já se efetuam desembaraçadas das complicações, das verborragias e dos desperdícios de tempo, que eram essenciais à velha magia. (Obra: *Mediunidade de Cura*, 12ª edição, pp. 30/31)

Maria e sua missão na Terra

Maria era todo coração e pouco intelecto; um ser amorável, cujo sentimento se desenvolvera até à plenitude angélica. No entanto, ainda precisaria aprimorar a mente em encarnações futuras para completar o binômio "Razão-sentimento", que liberta definitivamente a alma do ciclo das encarnações humanas. Ademais, além de participar do programa messiânico de Jesus, ela também resolvera acolher sob o seu amor maternal algumas almas a que se ligara no passado, a fim de ajudá-las a melhorarem o seu padrão espiritual. Embora muito jovem e recém-casada, não se negou a criar os filhos do primeiro casamento de José, viúvo de Débora, e que trouxera para o novo lar cinco filhos menores: Matias, Cléofas, Eleazar, Jacó e Judas, estes dois últimos falecidos bem cedo. À exceção de Jesus, que era um missionário eleito, os demais filhos de José e Maria eram espíritos comprometidos por mútuas responsabilidades cármicas do passado, cuja existência em comum serviu para amenizar-lhes as obrigações espirituais recíprocas. (Obra: *O Sublime Peregrino*, 17ª edição, p. 88)

Maria – mãe ideal para Jesus

O Alto escolheu Maria para essa missão porque se tratava de um espírito de absoluta humildade, terno e resignado, que não iria interferir na missão de Jesus. Ela seria a mãe ideal para ele, amorosa e paciente, sem as exigências despóticas dos caprichos pessoais; deixando-o enfim, manifestar seus pensamentos em toda sua espontaneidade original. Aliás, ainda no Espaço, antes de Maria baixar à Terra, fora combinado que as inspirações e orientações na infância de Jesus seriam exercitadas diretamente do mundo invisível pelos seus próprios Anjos Tutelares.

Embora Jesus fosse um espírito sideralmente emancipado e impermeável a qualquer sugestão alheia capaz de desviá-lo do seu compromisso messiânico, é evidente que ele poderia ser afetado, em sua infância, por uma influência materna demasiadamente viril, dominadora, egocêntrica, com sérios prejuízos para sua obra. (Obra: *O Sublime Peregrino*, 17ª edição, p. 87)

Marte – morada futura

Marte, na realidade, é a divina morada que vos aguarda noutras romagens, atraindo-vos amorosamente, na espera fraterna, desde que obtenhais o divino selo do Cristo. Quando vossas emoções vibrarem em consonância com a sublime filosofia do Evangelho; quando os vossos corações forem taças vivas da linfa maravilhosa do amor e iluminarem os caminhos traçados pelos vossos cérebros, então podereis transferir-vos, se assim o quiserdes, para o doce convívio dos marcianos, onde acalentareis sonhos jubilosos e encontrareis maior soma de Verdade. (Obra: *A Vida no Planeta Marte e os Discos Voadores*, 14ª edição, p. 33)

Mastigação e êxito nutritivo

Não é preciso que o homem participe de banquetes opíparos ou se ponha a ingerir alimentos raros, para que consiga maior êxito nutritivo. Isso depende muito mais do modo de mastigar, ou seja, se conseguir melhor desintegração dos alimentos e aproveitamento do seu energismo liberto dos átomos das substâncias em ingestão. O que a criatura ingere pela boca e depois excreta pelos rins, intestinos ou pela pele, é quase a mesma porção, pois o organismo só aproveita, na verdade, a energia liberta na dissociação atômica do alimento e a incorpora à "energia condensada", do seu edifício orgânico.

Mesmo o pobre e o mendigo, se se decidissem a mastigar convenientemente o singelo naco de pão, a modesta banana ou o resíduo do almoço dos fartos, absorvendo todo o energismo ou o "prana" desprendido em uma mastigação demorada e cuidadosa, sem dúvida também teriam mais saúde e também seriam mais vigorosos.

(Obra: *Fisiologia da Alma*, 15ª edição, p. 70)

Matadores de animais – karma

As regiões celestiais são paragens ornadas de luzes, flores e cores, onde se casam os pensamentos generosos e os sentimentos amoráveis de suas humanidades cristificadas. Essas regiões também serão alcançados, um dia, mesmo por aqueles que constróem os tétricos frigoríficos e os matadouros de equipo avançado, mas que não se livrarão de retornar à Terra, para cumprir em si mesmos o resgate das torpezas e das perturbações infligidos ao ciclo evolutivo dos animais. Os métodos eficientes da matança científica, mesmo que diminuam o sofrimento do animal, não eximem o homem da responsabilidade de haver destruído prematuramente os conjuntos vivos que também evoluem, como são os animais criados pelo Senhor da Vida! Só Deus tem o direito de extingui-los, salvo quando eles oferecem perigo para a vida humana, que é um mecanismo mais evoluído, na ordem da Criação. (Obra: *Fisiologia da Alma*, 15ª edição, pp. 18/19)

Matéria-corpo – restrição ao espírito

Uma das funções educativas da matéria-corpo é, justamente, restringir a liberdade do espírito que a comanda, forçando-o a seguir determinados rumos em benefício do seu próprio desenvolvimento consciencial.

Tal situação ou contingência é idêntica à da limitação compulsória imposta aos alunos dentro da escola, prendendo-os no horário destinado à instrução e impedindo-os de manifestarem-se livremente quanto aos impulsos ou recalques da sua personalidade costumeira, que eles demonstram quando se encontram fora da escola.

Oxalá, o terrícola já merecesse fazer jus a revelações mais avançadas do Alto e reconhecer, definitivamente, a sua realidade espiritual no seio da vida cósmica. Então, ele compreenderia que todos os fenômenos do mundo material que cercam o homem, considerados em sua essência e amplitude, são forças educativas sob o Comando Divino. (Obra: *Mediunidade de Cura*, 12ª edição, pp. 202/203)

Mau olhado – carga fluídica violenta

É óbvio que uma carga fluídica violenta lançada sobre outros seres delicados, como aves, pássaros, animais de pequeno porte ou crianças tenras, ainda pode causar perturbações mais graves, se, além de sua natureza agressiva, ainda conduzir as emanações mentais de ódio, raiva, inveja ou ciúme. Conforme seja a quantidade de fluidos nocivos que se acumulam à altura da região visual das pessoas de mau-olhado, disso também resulta o grau de intoxicação magnética fluídica onde incide. A carga maciça do raio vermelho projetado do mau-olhado, reveste-se do energismo mental, astral e etéreo do seu portador, e na sua descarga afeta o duplo etérico de aves, plantas ou seres, ali incorporando o fluido danoso e produzindo os efeitos letárgicos opressivos, desarmônicos e até destrutivos.[4] (Obra: *Magia de Redenção*, 12ª edição, p. 167)

Mau olhado e campo eletromagnético

A mente humana é uma estação emissora! Na pessoa estigmatizada pelo mau-olhado, a substância mental excita-se facilmente, quando sob a força de algum desejo veemente, emoção violenta ou sentimento incontrolável. Os fluidos constritivos, em circuito magnético, descarregam-se sobre os objetos, vegetais, aves, animais ou seres humanos!

Sob o impulso detonador da mente, essa descarga fluídica ou jato maléfico atinge o campo etereomagnético dos objetos ou seres, e ali adere, penetrando, pouco a pouco, na sua constituição física. (Obra: *Magia de Redenção*, 12ª edição, p. 166)

Maya – realidade transitória

O espírito, como um fragmento lucífero da Divindade, não pode, ao mesmo tempo, servir ao mundo exterior e transitório de Mamon e ao reino interno e definitivo, que é o Espiritual. Entre ambos existe inconcebível diferença vibratória e de sentido cria-

---

[4] Nota do médium — Rasputin chegava a intoxicar certas pessoas pela simples projeção do seu olhar diabólico, enquanto Jesus despertava as forças criativas nos enfermos e aleijados, através do energismo vitalizante dos seus olhos. Em criança, assisti a um indivíduo firmar o seu olhar daninho sobre um pardal, e o pássaro infeliz caiu do arvoredo estrebuchando.
Três dias depois, o peru movia-se aos arrastos pelo terreiro e morria sob estranhos tremores, enquanto os entendidos diziam que ele fora morto de melancolia, devido a mau-olhado.

dor, pois o mundo de Mamon é a vida transitória, em contínuo desgaste pela fuga da própria energia ali condensada nas formas físicas, enquanto o reino divino de Deus compreende a energia livre e atuante na sua origem normal e criativa. Os mundos físicos são invólucros transitórios aprisionando a energia na sua expressão "compactada". Eles parecem reais e concretos para os sentidos humanos, mas não passam da vestimenta exterior de Deus a mudar em cada "Grande Plano" ou "Manvantara". (Obra: *O Evangelho à Luz do Cosmo*, 9ª edição, p. 195)

Medicina do futuro e homeopatia

A medicina futura ainda há de auscultar mais de perto o extraordinário poder que palpita na intimidade oculta da chamada Natureza que, sob a regência divina, ajusta células incompatíveis, retifica órgãos desajustados e corrige os sistemas responsáveis pelo equilíbrio do corpo humano. Graças a essa sabedoria inata, é bastante fornecerdes ao recém-nascido o leite materno ou em pó, para que ele o desintegre e o transforme em cabelos pretos ou louros, sangue vermelho, olhos azuis, pardos ou negros, ossos, nervos e músculos, comprovando que o seu verdadeiro alimento nada mais é do que a quantidade de energia que pode extrair da substância ingerida. Em verdade, o homem obtém as energias, de que necessita para viver, da própria energia armazenada nos alimentos vegetais ou mesmo carnais, do animal que ingere as plantas. Não é o corpo humano uma rede de magnetismo, sustentando as massas de átomos sobrecarregados de energias?

Em face dessa disposição genial e construtiva, da Natureza, o papel do médico não é o de violentar essa nobre linha de montagem na intimidade orgânica, mas o de auxiliá-la com uma terapêutica suave e energética. Daí, pois, os grandes benefícios que a homeopatia pode prestar ao homem terreno porquanto, embora ela não provoque reações químicas violentas, a sua função principal é a de despertar e potencializar as energias adormecidas, para então elevar o padrão dinâmico dos órgãos combatidos, reeducando-os, em vez de violentá-los. (Obra: *Fisiologia da Alma*, 15ª edição, p. 190)

Medicina e evolução

Há muita diferença entre a Medicina precária de alguns séculos, quando o ser humano era tratado à semelhança de um animal submetido aos cautérios, vomitórios e às moxas chamejantes, e o trato médico moderno, em que o paciente, graças ao advento da anestesia, quase que só enfrenta as dores mais suaves da convalescença. No futuro, quando a humanidade também apresentar melhor padrão de espiritualidade, a Medicina já terá abandonado o manuseio dos instrumentos cirúrgicos torturantes, e pesquisará na profundeza da alma a causa exata da enfermidade. (Obra: *Fisiologia da Alma*, 15ª edição, p. 333)

Medicina psicoterápica – futuro

O plano espiritual já movimenta outros recursos terapêuticos, cujas raízes, por ora ocultas, parecem basear-se nos mesmos princípios de cura das experimentações homeopáticas.

Trata-se da moderna medicina "Psicossomática", que considera o homem como alguma coisa mais importante do que uma simples máquina, e pretende tratá-lo como uma entidade global, um todo corpo-alma, e considerá-lo terapeuticamente em todas as suas relações íntimas ou com o ambiente. Em consequência, é uma eficiente terapia que servirá para mais facilmente se chegar à futura psicoterapia, livre então do medicamento material.

Com esta explicação ser-vos-á fácil reconhecer que, no tratamento da saúde do homem, a Lei Espiritual vai empregando várias técnicas compatíveis com o seu próprio progresso mental e científico, mas visando sempre a sua maior elevação e cura psíquica. Eis por que os métodos da medicina bárbara do passado — com o exagero no cautério a ferro em brasa, a excentricidade das moxas, das ventosas, dos sedenhos, dos exutórios e das fontanelas, das sanguessugas e da terapêutica escatológica, o tratamento por meio de vomitórios e purgativos em massa, a medicação contraditória, versátil e tóxica da medicina alopata — são apenas degraus preparatórios e elos intermediários que consolidam o êxito da terapêutica homeopática, preparando também o terreno para a futura medicina psicoterápica pura e racional, assim que o homem lograr melhor adiantamento espiritual. (Obra: *Fisiologia da Alma*, 15ª edição, p. 145)

Médicos do futuro – receitar preces

No entanto, a oração, harmonizando o campo mental e magnético do homem, acelera o poder defensivo das bactérias, ativa os processos imunológicos e vitaliza os agentes defensivos contra os surtos epidêmicos, assim como desafoga o curso dos hormônios responsáveis pela edificação celular. Os médicos futuros, depois que se aprofundarem no estudo do problema complexo das doenças do século, terão de aceitar a oração como recurso de eficiência positiva para auxiliar a manutenção psicofísica do homem. No enfermo que ora contrito, a força e a sublimidade da prece cicatrizam mais breve as suas feridas, aceleram a sua convalescença e defende-o contra a infecção após as intervenções cirúrgicas. (Obra: *Elucidações do Além*, 11ª edição, p. 111)

Médium – aprimoramento no trato cotidiano

Não é bastante que o médium dispense algumas dezenas de horas junto à mesa espírita, na tentativa de captar as idéias dos desencarnados e expô-las ao público vestidas com a sua capacidade intelectual, e assim lograr o êxito almejado no cultivo da mediunidade. É preciso, também, que o médium se aprimore no trato cotidiano dentro de suas próprias obrigações comuns, no contato com os demais espíritos "encarnados" que também oferecem inúmeros ensejos à luz do dia para o intercâmbio benfeitor ou condenável.

O desenvolvimento mediúnico, em verdade, só termina no momento em que o médium cerra os olhos para o mundo carnal e retorna ao espaço, a fim de submeter seus atos e propósitos à apreciação da contabilidade divina, que então o julgará quanto ao bom ou mau uso da faculdade que lhe foi cedida por empréstimo em favor de sua própria redenção espiritual. (Obra: *Mediunismo*, 13ª edição, p. 111)

Médium carnívoro – prejuízos

O que prejudica o trabalho do médium não é apenas a dilatação do estômago, consequente do excesso de alimentação, ou os intestinos alterados profundamente no seu labor digestivo, ou pâncreas e fígado em hiperfunção para atenderem à carga exagerada da nutrição carnívora, mas é a própria carne que, impregnada de parasitas e larvas do animal inferior, contamina o perispírito do médium e o envolve com os fluidos repugnantes do psiquismo inferior.

Os centros nervosos e o sistema endócrino da criatura se esgotam dolorosamente no trabalho exaustivo de apressar a digestão do carnívoro sobrecarregado de alimentação pesada, comumente ingerida poucos minutos antes de sua tarefa mediúnica. Como os guias não se podem transformar em magos miraculosos, que possam eliminar, instantaneamente, os fluidos nauseantes das auras dos médiuns glutões e carnívoros, estes permanecem nas mesas espíritas em improdutivo trabalho anímico, ou então estacionam na forma de "passistas" precários, que melhor seria não trabalhassem, para não prejudicarem pacientes que ainda se encontrem em melhor condição psico-astral. (Obra: *Fisiologia da alma*, 15ª edição, p. 56)

Médium e redenção espiritual

O médium, como espírito que aceitou espontaneamente a tarefa de servir aos encarnados, precisa evitar as práticas viciosas que lhe agravam o karma pretérito, para usufruir da aura benfeitora que se nutre só dos fluidos sadios dos pensamentos regrados e dos sentimentos benevolentes. Embora ele seja também um espírito encarnado atuando no seio turbilhonante da vida física e, assim, participando dos ambientes de infelicidade e dos sofrimentos humanos, ainda cumpre-lhe o dever de orientar o próximo por entre o cipoal contraditório da vida humana, ofertando-lhe os ensinamentos confortadores que recebe dos seus amigos desencarnados. Mas, sem dúvida, não deve olvidar que, acima de toda a sua obrigação mediúnica, ainda precisa cuidar carinhosamente de sua própria redenção espiritual. (Obra: *Mediunismo*, 13ª edição, p. 84)

Mediunidade e espiritismo

De início, é conveniente distinguir-se o que é espiritismo e o que significa mediunismo. Espiritismo é doutrina disciplinada por um conjunto de leis, princípios e regras, que tanto orientam as relações entre os espíritos encarnados e os desencarnados, como também promove a renovação filosófica e moral dos seus adeptos. No entanto, a faculdade mediúnica pode existir independentemente de a criatura ser espírita ou mesmo indiferente aos fenômenos mediúnicos. Há médiuns que operam em vários setores espiritualistas, mas não aceitam nenhum dos postulados básicos do espiritismo, assim como também existem espíritas que são alérgicos às sessões mediúnicas e se interessam exclusivamente pelo conteúdo filosófico da doutrina. Aliás, muitas vezes é preferível admitir unicamente os conceitos lógicos e sensatos com que Allan Kardec integrou a codificação espírita, antes mesmo de se buscarem provas e coligirem os princípios doutrinários do espiritismo. (Obra: *Mediunismo*, 13ª edição, p. 49)

Mediunidade e evolução

A mediunidade é um patrimônio do espírito; é faculdade que se engrandece em sua percepção psíquica, tanto quanto evolui e se moraliza o espírito do homem. A sua origem é essencialmente espiritual e não material. Ela não provém do metabolismo do sistema nervoso, como alegam alguns cientistas terrenos, mas enraíza-se na própria alma, onde a mente, à semelhança de eficiente usina, organiza e se responsabiliza por todos os fenômenos da vida orgânica, que se iniciam no berço físico e terminam no túmulo.

A mediunidade é faculdade extra-terrena e intrinsecamente espiritual; em sua manifestação no campo de forças da vida material, ela pode se tornar o elemento receptivo das energias sublimes e construtivas provindas das altas esferas da vida angélica. Quando é bem aplicada, transforma-se no serviço legítimo da angelitude, operando em favor do progresso humano. (Obra: *Mediunismo*, 13ª edição, p. 29)

Mediunidade e sexualidade

O certo é que, enquanto o homem não se conformar com a realidade de que o prazer sexual é somente um espasmo orgânico de importante função biológica, ele há de ser escravo da vida física. De acordo com as leis que regulam as afinidades eletivas, os encarnados arregimentam companheiros bons ou comparsas detestáveis do Além, conforme se sintonizem às frequências vibratórias mais altas ou mais baixas, que lhes inspirarão os desejos, os pensamentos e atos. Os prazeres deletérios ou os vícios insidiosos da carne são multiplicadores de frequência astral inferior, espécie de operação baixa que só consome o pior combustível do ser, e o impermeabiliza às elevadas sugestões do Alto.

Em consequência, o médium, como intermediário mais sensível com o mundo oculto, não pode gozar a proteção espiritual superior, caso ainda seja o escravo incontrolável das paixões animais inferiores. Então há de ser como a ave que, embora possua asas, não consegue voar porque seus pés estão atolados na lama. (Obra: *Mediunismo*, 13ª edição, p. 211)

Mediunidade de prova e débitos kármicos

A faculdade mediúnica, embora sendo de "prova", deve ser como a flor que se entreabre espontaneamente, sem o calor artificial da estufa. É tarefa ou responsabilidade espiritual determinada para o espírito endividado ressarcir-se dos seus débitos kármicos, e eclode no momento certo e previsto pelos mentores siderais que beneficiaram o médium antes de ele renascer na Terra. No entanto, achamos que é de pouca importância saber-se qual a mediunidade mais favorável, e sim qual delas permite ao médium redimir-se mais cedo do seu pretérito delituoso. O médium sonâmbulo não é mais agraciado espiritualmente do que o médium intuitivo, pois ambos enfrentam a responsabilidade mediúnica de conformidade com sua necessidade kármica e entendimento psíquico.

A administração sideral oferece-lhes o ensejo mediúnico de acordo com sua contextura espiritual e a possibilidade de melhor aproveitamento no serviço redentor. (Obra: *Mediunismo*, 13ª edição, p. 125)

Mediunidade de prova e desenvolvimento do médium

A mediunidade, e principalmente a de prova, não é um dom concedido pelo Alto para ser aproveitado de qualquer modo e a qualquer preço, com o fito de "salvação" urgente da humanidade terrena. Ela é um recurso, ou seja, um acréscimo divino concedido prematuramente para a melhoria espiritual do próprio candidato a médium, geralmente bastante endividado pelas suas imprudências do pretérito. Em consequência, o que importa não é a quantidade do tempo que ele precisa despender para o seu desenvolvimento, mas é a qualidade espiritual aprimorada, conseguida durante o exercício ou o comparecimento à sessão mediúnica.

Que vale um desenvolvimento mediúnico rápido e fenomênico, se o médium ainda nada possui de útil e bom para ofertar ao próximo? Porventura, não seria insensatez oferecer-se uma taça vazia àquele que agoniza de sede? Desde que a faculdade mediúnica não é banho miraculoso capaz de transformar instantaneamente o seu portador num sábio ou num santo, mas sim uma hipersensibilidade perispiritual prematura nos médiuns em prova, ela deve ser desenvolvida em perfeita concomitância com a recuperação espiritual do seu próprio agente, pois ele é o mais necessitado e também é aquele que pode ser o mais beneficiado. (Obra: *Mediunismo*, 13ª edição, pp. 252/253)

Mediunidade de prova e recuperação espiritual

Só a mediunidade saudável e natural, que é fruto do maior apuro espiritual da alma, revela-se de modo sereno e em suave espontaneidade, como um dom inato e sem produzir quaisquer sensações desagradáveis no ser. Entretanto, caso se trate de uma "concessão" provisória feita pela Administração Sideral, isto é, a "mediunidade de prova", como decorrência de uma hipersensibilidade prematura despertada excepcionalmente pelos técnicos do mundo astral com o fito de favorecer aos espíritos muito endividados, a sua recuperação espiritual pregressa, o seu despertamento, é em geral sujeito a várias circunstâncias desagradáveis. (Obra: *Mediunismo*, 13ª edição, pp. 38/39)

Mediunidade – redução do carma

O espírito que já renasce na Terra comprometido com o serviço mediúnico, que o ajudará a reduzir o fardo kármico do seu passado delituoso, deve cumprir o programa que ele mesmo aceitou no Espaço. Deste modo, o espírito que em vida anterior zelou pelo seu corpo físico e viveu existência sadia, sem vícios de paixões deprimentes, obviamente há de merecer na vida atual um organismo sadio e de boa estirpe biológica hereditária, que lhe permita gozar boa saúde.

Mas aqueles que, no passado, esfrangalharam o seu equipo carnal e o massacraram na turbulência viciosa, gastando-o na consecução dos apetites inferiores, esses terão um corpo físico cujas funções orgânicas são precárias. (Obra: *Elucidações do Além*, 11ª edição, p. 57)

Mediunidade – roteiro progressista

A mediunidade também obedece a um roteiro progressista que se impõe e aperfeiçoa tanto pela experimentação como pelo estudo sensato. Deste modo, é difícil, no princípio de sua manifestação, alcançar-se o êxito e a clareza desejada, pois em sua fase inicial ela se manifesta envolvendo o médium em dúvidas e confusões. E, assim, esse período é propício a que o médium incipiente, pela sua inexperiência e invigilância, incorra na distorção da ética rígida exigida no desempenho de tal função. (Obra: *Mediunidade de Cura*, 12ª edição, p. 164)

Médiuns do futuro – conhecimentos científicos

Os médiuns do futuro serão criaturas disciplinadas por cursos técnicos e conhecimentos científicos, efetuando o melhor aproveitamento da energia psíquica no serviço mediúnico de transfusão de fluidos terapêuticos, mas isso será graças ao seu domínio mental sobre os movimentos instintivos do corpo e à prática da respiração iogue, que melhor purifique a circulação sanguínea e aumente a vitalidade magnética do corpo. (Obra: *Mediunidade de Cura*, 12ª edição, p. 110)

"Médiuns oficiais" e obrigação evolutiva

Podem ser considerados "médiuns oficiais", na Terra, justamente aqueles que se reencarnam comprometidos com serviços obrigatórios na seara espírita. Estes requerem um desempenho incessante de sua atividade incomum, porquanto necessitam com maior urgência, compensar os prejuízos causados a outrem e também acelerar a sua própria recuperação espiritual. Destacando-se dos demais homens, pois gozam de faculdade mediúnica mais acentuada, relacionam-se mais direta e rapidamente com os desencarnados. Conforme seus pensamentos, sua conduta e objetivos na vida, sem dúvida atraem os espíritos da frequência vibratória sideral que, de conformidade com sua contextura espiritual, passam a influenciar para o bem ou para o mal as pessoas com as quais entram em contato. (Obra: *Mediunismo*, 13ª edição, p. 58)

Medo do inferno – desequilíbrio/desencarnantes

Apontam, todos os dias, no Além-túmulo, magotes de espíritos alucinados, cuja mente desgovernada pelas concepções terríficas sobre o Inferno e os seus demônios, os leva a tal desespero que se impermeabilizam a qualquer sugestão confortadora ou socorro benfeitor. Os espíritos malfeitores, então, se aproveitam dessas mentes infantilizadas e apavoradas pelas imagens diabólicas e mais reforçam os quadros visualizados e os vitalizam por técnicas ideoplásticas especiais. (Obra: *Sob a Luz do Espiritismo*, 3ª edição, p. 61)

Mefistófeles – curso pré-angelical

Como não, há privilégio na indesviável ascensão espiritual, e todos os filhos de Deus evolucionam para a angelitude, os anjos já foram os diabos de ontem; e, o que é mais importante: o pior diabo será um dia o melhor anjo. Deus, o Absoluto Criador Incriado, está em tudo o que criou. Em consequência disso, ninguém se perde em seu seio, e os Mefistófeles sobem, também, a infinita escadaria para a Perfeição. Havendo um só Deus eterno e bom, que provê, imparcialmente, a felicidade de todos os seus filhos, os mefistófeles e os diabos não passam de "fases" letivas na escola educacional do espírito divino. São períodos experimentais em que se forjam os futuros habitantes do céu; significam degraus entre a animal e o anjo. Mefistófeles, na realidade, é o curso pré-angelical que fica entre a consciência primária e a cósmica do anjo. (Obra: *Mensagens do Astral*, 17ª edição, p. 391)

Melhoria psicofísica no Terceiro Milênio e vegetarianismo

Todo esforço seletivo e de melhoria "psicofísica", isto é, corpo e espírito, tende a elevar as criaturas para frequência espiritual mais nobre e consequentemente sublimar-lhes as preferências nutritivas. A alimentação carnívora não só condiciona o homem aos fluidos escravizantes da animalidade, como ainda o retém por mais tempo nas regiões mais densas e desventuradas do astral inferior. O ambiente terráqueo, no próximo milênio, há de ser descongestionado do excesso de magnetismo mórbido e viscoso, quer seja produzido pelos vícios e pelas paixões aviltantes, assim como fruto dos gemidos e das angústias dos animais sacrificados para a gula do homem.

Quem cultiva o vegetarianismo desenvolve em si mesmo uma condição mais afim ao novo ambiente higienizado do próximo milênio, e vive equilibrado entre as criaturas de sentimentos pacíficos e piedosos. Aliás, o próprio Jesus exemplificou-nos da inconveniência do carnivorismo, pois na última ceia com os apóstolos abençoou um naco de pão, em vez de fazê-lo sobre um retalho de carne fumegante! (Obra: *A Vida Humana e o Espírito Imortal*, 11ª edição, pp. 123/124)

Memória astral e lucidez

Certas criaturas puderam, no passado, desenvolver suas forças mentais através de severa disciplina iniciática que, agora, as ajuda a sensibilizarem o perispírito e a tornar mais lúcida, então, a memória astral. Com tal recurso, conseguem atuar, nesta existência, com algum êxito na consciência pregressa, pois a sensibilização de sua memória integral atua com mais vigor sobre as fronteiras de ambas as vidas, física e astral. É assim como se pudessem dar uma espiadela no seu mundo interior, sem precisar abandonar a janela carnal, ainda aberta para o mundo físico. Como o cérebro de carne não pode registrar simultaneamente os acontecimentos da vida física e da astral, a memória de cada uma dessas vidas só pode ser cultivada à parte. (Obra: *A Sobrevivência do Espírito*, 8ª edição, p. 253)

Memória etéreo-astral

Se não podeis transportar para o cérebro físico, em cada nova encarnação, a lembrança dos acontecimentos gravados exclusivamente no cérebro do perispírito imortal, é natural que, durante a nova existência carnal, também não possais recordar o passado, salvo por efeito de aguçada sensibilidade psíquica ou através de alguma experiência psíquica incomum, como no caso da hipnose. As evocações do passado, no entanto, tornam-se possíveis àqueles que se ausentam com facilidade do corpo físico, pois a libertação astral, quando assídua, muito ajuda a projetar a memória perispiritual para o cérebro de carne. A maior familiaridade dos orientais para com o fenômeno do mundo oculto e os seus labores iniciáticos permitem-lhes maior revivescência da memória etereoastral, fazendo-os recordar-se dos fatos mais importantes das suas vidas anteriores. (Obra: *A Sobrevivência do Espírito*, 8ª edição, p. 251)

Memória pregressa – despertamento

É evidente que mesmo o mais treinado espiritualista terá pouco êxito na evocação do seu passado encarnatório se a sua memória ainda for tão falha que mal consiga recordar-se do almoço ingerido no dia anterior. Estabelecida a premissa de que a criatura é fruto sempre de suas próprias obras, só o desenvolvimento de suas forças mentais, a emancipação de sua vontade e o serviço evangélico sem condições é que podem oferecer as melhores probabilidades para a recordação do pretérito. O despertamento da memória etereoastral pregressa, quando o espírito ainda se encontra submerso na carne, requer muitos sacrifícios íntimos e exige muitas renovações espirituais, coisa para com a qual a maioria dos homens atuais não sente simpatia nem tem qualquer disposição heróica. (Obra: *A Sobrevivência do Espírito*, 8ª edição, p. 270)

Memória sideral – preexistente e sobrevivente

Desconheceis, ainda, a maravilhosa dádiva do Pai, que é a "memória sideral", preexistente antes da reencarnação e que sobrevive sempre após o desenlace do corpo. Quando souberdes avivá-la convenientemente, quando puderdes unir num só fio eterno todas as contas que significam cada existência física e que, então, já tiverdes o conhecimento exato que ultrapassa o simbolismo do "tempo e do espaço", haveis de prescindir, completamente, dos museus e das preocupações de guardardes provas de vidas transitórias, como são as que viveis nos mundos planetários. (Obra: *A Vida no Planeta Marte e o Discos Voadores*, 14ª edição, p. 168)

Mens sana in corpore sano

O Alto recomenda que devemos insistir em indicar aos terrícolas quais são as causas mórbidas ocultas e responsáveis pela sua própria desventura no mundo físico. Já é tempo de o homem certificar-se e convencer-se de que a saúde do seu espírito imortal é que regula e mantém o equilíbrio da saúde do corpo físico transitório. Aliás, na velha Grécia, de Sócrates, Apolônio de Tyana, Platão, Pitágoras e outros renomados pensadores helênicos, já se encarava seriamente o conceito de "alma sã em corpo são", como uma advertência da influência benfeitora ou maléfica, que a mente exerce sobre o organismo carnal. (Obra: *Mediunidade de Cura*, 12ª edição, p. 48)

Mensageiro do Senhor – êxito na semeadura

Aquele que pretende expor a palavra do Senhor, além de ser um mensageiro completamente desvestido de quaisquer interesses humanos, ainda precisa vigiar a obra, com a mesma assiduidade com que o lavrador permanece de sentinela enxotando as aves e os insetos daninhos. Ele é um semeador, portanto, um intermediário responsável pelo plantio do trigo espiritual, cumprindo-lhe garantir a fiel e perfeita colheita para o Senhor.

Não lhe cabe qualquer indenização nem mesmo a exigência de um reconhecimento superior; ao aceitar em sã consciência transmitir a mensagem do reino divino, é semelhante ao lavrador, que planta o trigo bom sem se preocupar a quem ele irá beneficiar. É uma tarefa sacrificial e de suma importância, porque é uma realização humana incomum. O mensageiro da espiritualidade deve consumir todos os minutos disponíveis de sua vida, a fim de conseguir o êxito absoluto da semeadura, que se propôs realizar sob a confiança do Senhor. (Obra: *O Evangelho à Luz do Cosmo*, 9ª edição, pp. 314/315)

Mensagem espírita – esperança aos desencarnados

É bem mais consolador o esclarecimento da doutrina espírita, quando afirma a existência de um Pai amoroso, incapaz de castigar seus filhos e muito menos de fazê-los sofrer eternamente. Isso ajuda o desencarnado a recuperar suas forças e esperanças, ante a certeza de sua breve libertação do sofrimento de sua culpa. O espiritismo ensina ao homem que o inferno é lenda infantil e o pior sofrimento, na Terra ou no Além, é sempre provisório e jamais se extingue a esperança de recuperação espiritual. Deus não criou seus filhos para, depois, castigá-los pela imperícia no trânsito do caminho do céu.

Daí a importância da mensagem sadia do espiritismo, esclarecendo os homens sobre a provisoriedade do mal e do sofrimento, porque eterna só é a Felicidade. (Obra: *A Missão do Espiritismo*, 10ª edição, p. 75)

Mensagem espírita – racionalismo sensato

Ora, justamente, o racionalismo sensato da mensagem espírita esclarece que o homem terreno, para emancipar-se em espírito, não precisa fugir do mundo profano, nem deixar de constituir um lar ou abster-se das obrigações e alegrias comuns da vida. O homem que foge dos problemas da sua comunidade, fechando-se, qual caracol, dentro da "casca" da sua conveniência, não só perde o treino da experiência da vida integral, como ainda se assemelha à criatura egoísta que foge da estrada dificultosa em que todos labutam, deixando ao abandono os seus companheiros exaustos, enquanto ele vai cuidar exclusivamente de si mesmo, na busca de sua ventura espiritual, que ele resolveu colocar e sobrepor acima de tudo e de todos. (Obra: *Elucidações do Além*, 11ª edição, pp. 23/24)

Mensagem universalista – doutrina espírita

É missão do espiritismo conjugar os valores inerentes à imortalidade e despertar nos homens a simpatia e o respeito para todas as crenças e instituições religiosas do mundo, acendendo na alma dos seus prosélitos a chama ardente do desejo da busca comum da

Verdade. É mensagem universalista porque valoriza todos os esforços do ser humano em favor do Bem e da compreensão espiritual, numa visão global do conhecimento, sem precisar juntar credos e seitas religiosas numa fusão improdutiva e que baixa a qualidade original pela confusão da mistura.

Universalismo não é apenas a colcha confeccionada com retalhos de todas as religiões e doutrinas espiritualistas, mas o entendimento panorâmico dos costumes, temperamentos e sentimentos religiosos de todos os homens a convergir para um só objetivo espiritual. (Obra: *A Missão do Espiritismo*, 10ª edição, pp. 30/31)

Mentalismo – atributo do Logos

O novo atributo que será destacado do Logos da Terra, como o principal imperativo regente nos dois próximos milênios, sob o signo de Aquário: é o princípio mental, para o homem educar a sua vontade, a fim de que, mais além, sob outro signo, desenvolva o poder criador, em seguida à vontade disciplinada e já purificado pelo Cristo. O ser humano só deve receber poderes mais altos e impor a sua vontade, ou criar, depois que tiver desenvolvido o princípio crístico do Amor absoluto, a fim de não causar distúrbios na harmonia da Criação. O terceiro milênio é o período inicial desse desenvolvimento mental coletivo, da humanidade terrícola, assim como os dois milênios que se findam abrangeram também o esforço doloroso do Cristo e do seu enviado, Jesus, para o amor coletivo. É o "Mentalismo" a sequência que substituirá ou sucederá ao Amor pregado por Jesus e inspirado pelo magnífico Arcanjo da Terra, destacado no atributo do Cristo. (Obra: *Mensagens do Astral*, 17ª edição, p. 320)

Mentalismo iniciático – curso evolutivo

Sois vós os artistas de vossos destinos, e, quanto mais vos entregardes ao desígnio de um bom destino, mais breve estareis em condições de emigrar para mundos mais evolvidos. Se em Marte é necessário o domínio mental para atender aos imperativos de uma vida mais "criadora", no futuro ainda indefinido, é óbvio que hoje ou mais tarde, sempre tereis que um dia iniciar essa disciplina de direção mental consciente.

O eloquente orador que extasia o público hipnotizado ou o artista que inunda o salão de sinfonias arrebatadoras têm o seu curso na singeleza das primeiras letras do alfabeto e no solfejo das primeiras notas da pauta musical. O anjo planetário que orienta e alenta a humanidade de um mundo, como o vosso, cuja aura diáfana vos interpenetra na divina função "crística", também não se isentou do modesto curso dos compêndios do mentalismo iniciático nos mundos de formas. É Jesus ainda quem vos adverte: "E muitos há que têm olhos e não vêem". E, também: "A cada um conforme suas obras". (Obra: *A Vida no Planeta Marte e os Discos Voadores*, 14ª edição, p. 77)

Mente divina – sabedoria absoluta

Quando o espírito atinge a situação do homem marciano, cuja mente é poderosíssima e cuja alma é santificada, ele sabe que o passado, o futuro, o tempo e o espaço são meras figurações como ponto de apoio na vida material. Reconhece, então, que tudo o que ele deseja está íntegro e registrado na Mente Divina, que é a Sabedoria Absoluta. O Criador é o próprio registro dos seus Atos; Nele está o passado, o presente e o futuro; Nele vive o espaço e o tempo absoluto. Consequentemente, a humanidade marciana, que já beira as fímbrias da Mente Divina, sabe e busca conhecer, por vias reais e indiscutíveis, a verdade que vós apalpais e confundis na transitoriedade de múltiplas teorias científicas. (Obra: *A Vida no Planeta Marte e os Discos Voadores*, 14ª edição, p. 530)

Mente espiritual – conteúdo angélico

A Mente Espiritual é o porvir, assim como a Mente Instintiva é o passado; e o Intelecto, o que está para se processar no presente. A Mente Espiritual é produtora de sentimentos excelsos e derrama-se pela consciência do homem, como a luz invade os cantos frios de uma gruta escura.

As aspirações, as meditações puras e sublimes, proporcionam ao homem a posse, cada vez mais ampla e permanente, do conteúdo angélico da Mente Espiritual; e o ego humano capta, no seu mundo assombroso, os conhecimentos mais incomuns, através da intuição pura. Sem dúvida, tal fenômeno não pode ser explicado pelo Intelecto, que só fornece impressões, símbolos, cunhos, fatos, credos e propósitos tão provisórios como a figura do homem carnal. Por isso, o sentimento de fraternidade, a mansuetude, a bondade, a renúncia, o amor e a humildade não são elaborados pelo frio raciocínio, mas, trazem um sentido cálido de vida superior, que se manifesta acima da torpeza e da belicosidade do mundo material. (*Sob a Luz do Espiritismo*, 3ª edição, p. 159)

Mente espiritual e chacra coronário

A Mente Espiritual, cuja ação se exerce através do "chacra coronário", ainda é patrimônio de poucos homens, os quais se sentem impelidos por desejos, aspirações e sonhos cada vez mais elevados, crescendo, sob tal influência sublime, para a maior intimidade e amor com o plano Divino. Ela nutre a confiança nos motivos elevados da existência e alimenta a Fé inabalável no âmago do ser, enfraquecendo a força atrativa do domínio animal e acelerando as forças íntimas do espírito imortal. (*Sob a Luz do Espiritismo*, 3ª edição, p. 159)

Mente humana – subdivisões

Mente Instintiva, que abrange as partes inferiores da Mente Subjetiva ou Subconsciente, a Mente Intelectiva, conhecida por Consciente ou Mente Objetiva, que é a responsável pelo raciocínio; e, finalmente, a Mente Espiritual, fonte dos mais sublimes desejos, pensamentos e nobres inspirações, que, atualmente se manifesta em pequeno número de criaturas, e conhecida no Ocidente como o Superconsciente. É a senda da Intuição Pura, pois, o conhecimento do Reino Divino não se obtém pela frialdade do intelecto calculista, baseado nas relações com as formas limitadas do mundo ilusório da matéria. A Mente Espiritual enseja o crescimento da Consciência Espiritual do homem; e, pouco a pouco, desperta-lhe a sensação do Supremo Poder e da Glória de Deus, tornando-o convicto de sua comunhão espiritual com a Família Universal. Obra:

(*Sob a Luz do Espiritismo*, 3ª edição, p. 151)
Mente instintiva x Mente espiritual

Assim, a luta entre a Consciência Espiritual do homem, identificando-lhe a natureza superior, e a Mente Instintiva, que tenta escravizá-lo ao seu domínio inferior, é algo de épico e angustioso. Desse combate exaustivo, incessante e desesperador, então, surgiu a lenda de que o homem é aconselhado à esquerda pelo demônio e, à direita, inspirado pelo anjo. Na realidade, essa imagem simbólica representa a Mente Instintiva com o seu cortejo da experiência animal inferior, tentando o homem a repetir os atos do jugo animal; do outro lado, a Mente Espiritual, na sua manifestação e convite sublime, é bem o emblema do anjo inspirando para a vida superior. (*Sob a Luz do Espiritismo*, 3ª edição, p. 160)

Mente – usina da inteligência e do progresso

A mente é o principal meio de ação do espírito sobre as formas ocultas ou visíveis da matéria; é responsável por todas as criações e metamorfoses da vida. Há muitos séculos, já se citava, na Terra, o sábio aforismo hindu: "o homem se converte naquilo que pensa"; equivalente, também, ao conceito ocidental de que "O homem é o produto do que pensa". O poder, ou a energia mental própria de todo espírito, serve para realizar seus objetivos, de conformidade com as aspirações da consciência. É um reflexo do poder do pensamento emanado da Mente Divina, manifestado através dos espíritos imortais.

O espírito do homem aciona, pelo pensamento, a energia sutilíssima da mente e atua, de imediato, através do duplo etérico, no corpo físico, onde cessa o impulso gerado no mundo oculto. Sob o processo mental, produzem-se modificações incessantes nas relações do indivíduo com o ambiente e as pessoas. Em consequência, o homem é o resultado exato do seu pensamento, porque a mente é o seu guia, em qualquer plano da vida. A mente, enfim, é a usina da inteligência, do progresso moral, físico, científico, artístico ou espiritual. É a base da felicidade ou da desventura, da saúde ou da doença, do sucesso ou da fracasso. (Obra: *Sob a Luz do Espiritismo*, 3ª edição, p. 134)

Messias – avançado cientista cósmico

Além de sua atribuição de Legislador Evangélico, Jesus estava incumbido de outras tarefas determinadas pela Ciência Cósmica, algo conhecidas dos Devas, no Oriente. Assim como o Espiritismo é a síntese iniciática mais acessível à mente do homem comum, o Evangelho estruturado por Jesus constitui também a súmula mais compreensível da Ciência Cósmica, para a mente do homem terrícola. Quando os adeptos do Espiritismo penetram cada vez mais no seu âmago, surpreendem-se com as revelações que descobrem, identificadas com todas as ciências ocultas e os ensinos iniciáticos. Na intimidade do Evangelho, as singelas máximas pregadas por Jesus identificam-se com todas as leis que regem o próprio Cosmo.

O Messias, além de Legislador Espiritual, foi o mais avançado cientista encarnado na Terra. Rompendo a fronteira cósmica para a salvação do Homem, proporcionou-lhe a aquisição de luz planetária, no sentido da libertação definitiva da vossa humanidade. Essa é a razão por que o Velho e o Novo Testamento afirmam: "O Messias é o Salvador dos Homens." (Obra: *O Sublime Peregrino*, 17ª edição, pp. 84/85)

Mestres espirituais – administração

Não deveis estranhar a existência dessa administração, salvo se vos esquecestes do que Jesus disse: "O que ligardes na Terra será ligado nos céus, e o que desligardes na Terra também será desligado nos céus". Nada ocorre no vosso mundo, que não tenha aqui as suas raízes fundamentais; seja o fato mais insignificante, seja a consequência mais ampla. Os Mestres Espirituais vos acompanham, desde os primeiros bruxuleios da consciência individual, por meio de "fichas kármicas" de vossas existências. A desordem e a indisciplina podem causar confusões em vossos meios materiais, mas nos organismos diretores de vossas existências espirituais a ordem e a harmonia são elementos permanentes. (Obra: *Mensagens do Astral*, 17ª edição, p. 58)

Metamorfose angélica – consciência cósmica

Sob a força do instinto animal de conservação do indivíduo, o espírito arrecada e acumula bens e valores, aliciados incessantemente no mundo exterior, a fim de ativar e compor o núcleo de sua consciência pessoal, que é preenchida pelas experiências e conclusões no educativo intercâmbio "psicofísico". Apercebendo-se das leis e dos motivos que regem o equilíbrio das vidas planetárias, pode concluir sobre a Inteligência Suprema, que é na realidade o agente causal e disciplinador dos fenômenos e acontecimentos exteriores. O homem sente intimamente a presença de Deus, como a fonte sublime e infinitamente sábia que criou, cria e governa o Universo. Sob o domínio das leis rudes e draconianas do mundo de Mamon, que o acicatam sem descanso para compor e plasmar a sua consciência individual, é incessantemente sensibilizado por esse intercâmbio psíquico. Então, se apercebe, pouco a pouco, da presença divina oculta, mas diretiva para o próprio aperfeiçoamento, que lhe atua na intimidade humana elaborando a metamorfose angélica. (Obra: *O Evangelho à Luz do Cosmo*, 9ª edição, p. 194)

Metamorfose do homem em anjo – o Evangelho

Em verdade, a mesma lei que rege a "gravitação", coesão entre os astros, também disciplina o fenômeno de "afinidade" entre as substâncias químicas e incentiva a "união" ou o amor entre os seres. Daí a equanimidade do progresso que ocorre com exatidão tanto num grão de areia, como na própria montanha de que ele faz parte. A legislação divina, atendendo as necessidades organogênicas do corpo humano, age pelos mesmos princípios de síntese e análise bioquímica, tanto no homem, como no vírus. Eis por que as orientações propostas por Jesus e de sua própria vivência e exemplificação pessoal, inseridas no Evangelho, são acontecimentos educativos, que podem ser usados pelo ser humano em qualquer latitude da Terra, noutros planetas e mesmo noutros mundos espirituais. São diretrizes de comportamentos, que na sua realização no mundo das formas abrem cientificamente as portas do infinito livre ao espírito humano.

O Evangelho, como a súmula das atitudes sublimes e definitivas no Universo, promove a mais breve metamorfose do homem em anjo, porque o homem, depois de evangelizado, vive em si a síntese microcósmica do macrocosmo. (Obra: *O Evangelho à Luz do Cosmo*, 9ª edição, pp. 112/113)

"Meu reino não é desse mundo"

O Evangelho, além do Código Moral da humanidade terrícola, ainda é o mais eficiente e autêntico curso educativo para o homem alcançar a sua cidadania sideral. Embora o Mestre Nazareno se servisse comumente de símbolos, das imagens e premissas tradicionais extraídas da existência física, ele o fazia apenas como base comparativa para identificar e alicerçar os motivos definitivos da natureza imortal do ser. Usava o princípio didático do próximo para o remoto, e do conhecido para o desconhecido. Sob o invólucro poético e pitoresco de suas parábolas, oculta-se a verdadeira "senda" para a vida do espírito imortal. Assim, no fundamento principal do seu conceito evangélico, "Meu reino não é deste mundo", Jesus fixou a própria natureza dos seus ensinamentos, esclarecendo que viera expor e ensinar o esquema da vida eterna, ou seja, da libertação do espírito do campo da energia condensada para o campo da energia livre. (Obra: *O Evangelho à Luz do Cosmo*, 9ª edição, p. 180)

Milênio do mentalismo – seleção necessária

Aqueles que ainda invertem os valores das coisas mais santificadas para o seu exclusivo prazer e desregramento, de modo algum poderão desenvolver o poder mental na aplicação das forças criativas. Ante a proximidade do Milênio do Mentalismo, a seleção se faz urgente, porquanto as condições educativas terrenas vão permitir que o homem desenvolva, também, as suas forças íntimas, para futuramente situar-se na posição de cooperador eficiente do Onipotente. Se os "esquerdistas" da vossa humanidade ficassem com direito a viver na Terra, no terceiro milênio, em breve seria ela um mundo de completa desordem, sob o comando de geniais celerados que, de posse das energias mentais, seriam detentores de assombroso poder desenvolvido para o domínio da vontade pervertida! Os maiorais formariam uma consciência coletiva maligna e invencível pelo restante, que se tornaria escravo desse torpe mentalismo! Seria uma execrável experimentação científica contínua, de natureza mórbida, uma degradação coesa e indestrutível sob o desejo diabólico, como se dá com certos magos que hipnotizam o público no teatro e submetem grupos de homens à sua exclusiva direção mental! (Obra: *Mensagens do Astral*, 17ª edição, p. 240)

Missa católica – chamamento ao espírito

Desde o início das civilizações terrícolas, os mestres espirituais fundaram seitas religiosas e confrarias iniciáticas para ajudar o homem a desenvolver a vontade, dominar o pensamento, extinguir desejos inferiores e buscar os bens do espírito eterno. Assim, inúmeras práticas aconselhadas pela Igreja Católica Romana são normas para ajudar aos seus prosélitos ao treino incessante de libertação. O "sacrifício" da missa obriga os católicos a se desligarem do mundo profano durante o tempo em que o sacerdote oficia a Deus; a postura de joelhos, o acompanhamento nas orações, as concentrações durante a elevação do cálice e outras fases da liturgia significam pequenos esforços da alma dinamizando sua vontade numa condição superior e benfeitora. O ambiente iluminado da nave, recendendo a incenso, os altares e as imagens de santos na homenagem poética das flores, as toalhas brancas de profundo asseio, o tremeluzir das velas, os paramentos de arabescos dourados, a vibração das orações coletivas ou dos cânticos, como aves flutuando, sustentadas pela sonoridade grave do órgão, significam um breve "chamamento" do espírito para a libertação da carne e meditação sobre o mundo divino. (Obra: *A Missão do Espiritismo*, 10ª edição, p. 80)

Missas – treinamento espiritual

Mormente tratar-se de um ato exterior é digno de todo o respeito humano, porque trata-se de uma cerimônia capaz de harmonizar a mente dos seus fiéis e afastar-lhes os pensamentos daninhos ou maledicentes, fazendo-os convergir para um só objetivo de elevação espiritual. Enquanto os homens assistem à missa, numa atitude tranquila, respeitosa e eletiva à idéia de Deus, treinam as forças do espírito no sentido divino. Embora se trate de cerimônias convencionais, que não ensejam novos conhecimentos espirituais ao homem, é sempre um estágio salutar de "consciência mental", em favor de uma elevação superior. (Obra: *A Missão do Espiritismo*, 10ª edição, p. 77)

Mistificação e Lei do Carma

Assim como não vos é possível cultivar flores formosas sem que primeiramente sepulteis suas raízes no solo adubado com detritos repugnantes, o espírito do homem também só desenvolve os seus poderes e alcança sua glória angélica depois de fixar-se no seio da matéria inferior dos mundos planetários. Os equívocos, as mistificações e as contradições espirituais de muitos médiuns ainda são frutos dos seus deslizes e imprudências cometidas no passado, quando feriram as mesmas almas que hoje os mistificam e se desforram do Além-Túmulo. A mistificação, nesse caso, é apenas o efeito da Lei do Carma, em que, embora a "semeadura seja livre, a colheita é obrigatória". (Obra: *Mediunismo*, 13ª edição, p. 203)

Mistificação e mediunidade

A mistificação mediúnica ainda é problema que requer minucioso estudo e análise isentos de qualquer premeditação pessoal, porquanto nela intervém inúmeros fatores desconhecidos aos próprios médiuns que são vítimas desse fenômeno. A Terra ainda é um planeta em fase de ajuste geológico e de consolidação física; a sua instabilidade material é profundamente correlata à própria instabilidade espiritual de sua humanidade. Em consequência, ainda não podeis exigir o êxito absoluto no intercâmbio mediúnico entre os "vivos" e os "mortos", pois que depende muitíssimo do melhor entendimento evangélico que se puder manter nessas relações espirituais. Só os médiuns absolutamente credenciados no serviço do Bem, e assim garantidos pela sua sintonia à faixa vibratória espiritual de Jesus, é que realmente poderão superar qualquer tentativa de mistificação partida do Além-Túmulo. Na verdade, os agentes das sombras não conseguem interferir entre aqueles que não se descuidam de sua conduta espiritual e se ligam às tarefas de socorro e libertação dos seus irmãos encarnados. (Obra: *Mediunismo*, 13ª edição, p. 199)

Mistificação mediúnica e conduta moral

Sem dúvida é a sua conduta moral e integração incondicional aos preceitos sublimes da vida espiritual superior. Se o médium pautar todos os seus atos e subordinar seus pensamentos à diretriz doutrinária do Cristo-Jesus, ele há de se ligar definitivamente às entidades superiores responsáveis pelo desenvolvimento da humanidade terrena, que o imunizarão contra os espíritos maquiavélicos. A paciência, a bondade, o desinteresse, a renúncia, a humildade e o amor são as virtudes que atraem os espíritos bons e sinceros, absolutamente incapazes de agir de modo capcioso ou com intenções subversivas.

As intromissões de espíritos indesejáveis no exercício mediúnico comprovam a distração do médium, que imprudentemente abre sua residência psíco-física aos irresponsáveis do mundo invisível. (Obra: *Mediunismo*, 13ª edição, p. 201)

Moisés – Jesus – Kardec

Mas o espiritismo explica satisfatoriamente os motivos das contradições bíblicas entre sua época e o século atual, destacando profundamente a diferença existente entre a personalidade de Moisés e Jesus. O primeiro foi o fundamento da unificação Divina e médium transmissor dos Dez Mandamentos; e o segundo, o mensageiro da verdadeira contextura do Pai Sublime e justo. Por isso, Allan Kardec abandonou todos os códigos morais de instrutores, profetas e líderes religiosos do mundo, para firmar a codificação espírita na exclusividade amorosa e sadia do Evangelho de Jesus. (Obra: *A Missão do Espiritismo*, 10ª edição, p. 223)

Momento psicológico – atuação de Jesus e seus discípulos

Jesus, seus discípulos, apóstolos e fiéis amigos atuaram no momento exato e decisivo da necessidade psicológica dos terrícolas, de acordo com a visão dos Mestres siderais e em consonância com o ambiente moral, social e religioso da época. Todos os espíritos ligados ao Mestre Nazareno e participantes do advento do Cristianismo eram peças escolhidas com a devida antecedência visando a mais proveitosa movimentação no plano redentor da humanidade. Mas embora se tratasse de entidades submissas ao compromisso de sacrificarem a própria vida, na carne, em benefício da redenção humana planejada por Jesus, a sua graduação moral e espiritual não os livrava de certas deficiências próprias do espírito humano, e de modo algum podiam igualar-se à fulguração sideral do Espírito de Jesus. (Obra: *O Sublime Peregrino*, 17ª edição, p. 265)

Momentos de animalidade – momentos de angelitude

A impaciência, ira, inveja, intolerância, maledicência, o ciúme, despeito, orgulho, ódio, egoísmo e amor-próprio e demais pecados semelhantes geram substância mental perniciosa e de ruim qualidade. Então, as criaturas vivem "momentos de animalidade", pois dominam no seu perispírito as energias inferiores que, além de causarem um abaixamento vibratório no campo de defesa eletromagnético, tornam-se uma fonte de atração para fluidos semelhantes. Em tal caso, as cargas enfeitiçantes agem à vontade e alimentadas pela própria lei de que "os semelhantes atraem os semelhantes"! Mas, nos "momentos angélicos", o homem só vive emoções e sentimentos superiores como o amor, altruísmo, a renúncia, bondade, tolerância, humildade, alegria e confiança, confeccionando forte couraça de substância mental protetora, que rechaça os impactos malévolos do enfeitiçamento. (Obra: *Magia de Redenção*, 12ª edição, p. 154)

Moral e evolução

Desnecessário seria vos dizer que a Moral também evolui e, por isso, o que era moral no pretérito pode ser imoral no presente. Por esse motivo, não podeis julgar a vida de um povo de há mais de dois mil anos, aferindo-lhe os valores morais comuns pelos do vosso século. Já temos explicado que, entre os antropófagos, é de boa moral devorar o guerreiro valente, enquanto que para vós isso é imoral e repugnante; no entanto, a moral moderna, que vos permite devorar o suíno, o boi ou o carneiro, é profundamente imoral para a humanidade superior, dos marcianos, que ficaria escandalizada se lhe oferecessem um rim no espeto ou uma costela de porco assada! (Obra: *Mensagens do Astral*, 17ª edição, p. 141)

Morbo psíquico e cura definitiva

A cura real e definitiva da tuberculose ou de qualquer outra enfermidade só se concretizará depois que for efetuada a limpeza completa dos venenos acumulados na veste perispiritual, ou quando o espírito se entregar definitivamente à observância cotidiana dos princípios terapêuticos estabelecidos pelo Cristo-Jesus — o Médico Divino! Doutra forma, embora louvemos a sabedoria e os esforços heróicos dos médicos enfrentando as mais graves enfermidades, ficai sabendo que, sem a sanidade espiritual, o morbo psíquico represado ou estorvado pela terapêutica do mundo sempre encontrará ensejo para prosseguir novamente pela carne no seu curso ou "descenso" implacavelmente expurgativo! (Obra: *Fisiologia da Alma*, 15ª edição, p. 265)

Morte física e conscientização

Em face de o espírito ser a única realidade que nas várias jornadas planetárias sobrevive eternamente às inúmeras desintegrações dos corpos físicos que ocupou, só a ignorância dessa realidade é que produz o sofrimento longo, motivado pela separação provisória. Em consequência, a solução do problema afetivo não reside em desmanchar esse "desconsolo" desde já, mas sim no mais breve esclarecimento da criatura, que precisa se libertar de sua ignorância espiritual e conhecer as finalidades da verdadeira vida do espírito. (Obra: *A Vida Além da Sepultura*, 9ª edição, p. 450)

Morte física – jubilosa "porta aberta"

Depois da desencarnação física, invertem-se os conceitos tradicionais da significação da vida humana, pois a morte física, que tanto apavora os encarnados, significa a jubilosa "porta aberta" para os espíritos que do "lado de cá" aguardam ansiosamente o retorno dos seus familiares queridos. Daí o paradoxo de algumas criaturas traírem a estranha satisfação que lhes vai no imo da alma, mesmo quando gravemente enfermas ou às vésperas da morte, embora ignorem que é o espírito imortal obedecendo à sua natural tendência de "fuga" do aprisionamento incômodo da carne. Algumas chegam a censurar-se por esse estranho masoquismo, em que se sentem inexplicavelmente alegres ante semelhante "infelicidade".

Mesmo que o homem se afunde no charco da animalidade e se acorrente às paixões carnais inferiores, o seu espírito nunca cessa de forçar os liames que o prendem à carne e o impedem de atuar livremente no plano sideral. À semelhança do que acontece ao imigrante saudoso, ele rejubila-se toda vez que surge a perspectiva de regresso à pátria dos espíritos. (Obra: *Mediunidade de Cura*, 12ª edição, p. 128)

Morte – processo técnico justo e inteligente

A morte, por mais tétrica e impiedosa que vos pareça, não passa de um processo técnico, justo e inteligente, com que o Criador transforma o "menor" em "maior" e o "inferior" em "superior". Também há de chegar o dia em que deixareis de sofrer o ceticismo e a desilusão de ignorar o passado, pois então a vossa consciência será uma só manifestação, liberta do tempo e do espaço; todas as vossas existências físicas serão apenas como as contas de simbólico e infinito colar, ligadas intimamente pela natureza imortal do espírito. (Obra: *A Sobrevivência do Espírito*, 8ª edição, p. 255)

"Mundo de César" e karma

Lembrai-vos de que o orbe terráqueo, com as suas seduções transitórias, simboliza o mundo de César, onde a alma, quanto mais se apega, mais se enleia sob a disciplina implacável do seu próprio Carma. Em vez de lamentar o rigor e a inflexibilidade das leis cármicas que operam no campo letárgico das formas terráqueas, o espírito diligente e sábio entrega-se a uma vida de renúncia a todos os tesouros transitórios da matéria e devota-se incondicionalmente ao culto do Amor ao próximo, a fim de mais cedo transladar-se para o mundo angélico, que será sua definitiva morada. (Obra:

Fisiologia da Alma, 15ª edição, p. 204)
Mundo de César x Mundo do Cristo

O médium já identificado com os seus deveres mediúnicos jamais se considera com os mesmos direitos à vida folgazona do cidadão comum, que vive preocupadíssimo em nutrir-se, vestir, dormir, procriar e fugir espavoridamente da morte física. O serviço mediúnico, útil e amoroso, exige a abdicação de todos os vícios, paixões e frivolidades do mundo provisório de César, porque o seu objetivo é transmitir os valores do mundo do Cristo. Raramente o médium logra atender com êxito e ao mesmo tempo a ambos esses mundos de natureza tão oposta, pois o mundo do Cristo é sem os atavios da personalidade humana, requerendo a simplicidade, a renúncia, a decência, a honestidade, o pensamento casto e os sentimentos altruístas, que constituem o temperamento espiritual da alma superior. O mundo de César, no entanto, é laboratório de experimentações humanas, onde as criaturas se digladiam na insana luta de acumular tesouros, glorificar-se politicamente e usufruir de todos os prazeres e paixões que lhe satisfaçam a sede de gozo carnal. (Obra: *Mediunismo*, 13ª edição, pp. 172/173)

Mundo de Mamon – catapulta evolutiva

O homem só consegue êxito e poder no ambiente onde vive, depois que ele conhece as leis governantes dos próprios fenômenos sob sua observação e posterior controle. Assim, ele esgaravata, pesquisa, pesa, examina, analisa e avalia, para concluir sobre tudo o que o cerca e aumentar o seu conhecimento na penetração cada vez mais profunda das bases da vida real. É a eterna procura do infinito de onde procede, enquanto, simultaneamente, amplia o acervo de sua própria individualidade.

Depois de sua conscientização completa e aprimoramento no mundo de Mamon, onde também deve contribuir para o progresso de sua moradia física ou educandário espiritual, então, faz jus ao ingresso em curso mais avançado da organização planetária, para a busca da Realidade Divina. Após aperceber-se da composição e dos motivos das formas físicas transitórias, ao término de um curso fatigante, doloroso, mas compensador, o espírito possui a hipersensibilidade de sentir a consciência e entender a autenticidade da vida espiritual eterna. (Obra: *O Evangelho à Luz do*

Cosmo, 9ª edição, p. 195)
Mundo mental – leis científicas

Quando o homem pratica um ato pacífico ou produtivo, em favorecimento do próximo, ele apenas revela em público e através das diversas fases ou escalas descendentes, que separam o espírito da matéria, o que realmente se sucedeu de modo positivo no seu mundo mental e a consequente repercussão na esfera do sentimento. Não é o ato puramente físico que lhe retrata a boa obra ou bondade interior, mas, tal sentimento foi acionado primeiramente no campo definitivo da mente, isto é, da principal instrumentação do espírito imortal. Assim, a sequência é perfeitamente científica e disciplinada num prosseguimento matemático, que opera gradativamente em cada plano da manifestação do espírito. A prática da mais singela virtude no mundo físico, movimenta cientificamente leis de controle criativo em todos os planos ou campos da vida etérea, astral, mental e mesmo espiritual. (Obra: *O Evangelho à Luz do Cosmo*, 9ª edição, p. 214)

Mundo profano – escola de desenvolvimento do amor

O sentimento religioso inato no homem não procede de programação estatuída por sacerdotes, líderes ou instrutores tão defeituosos e inconscientes dessa realidade, como os próprios discípulos que os seguem. Mas é o prolongamento do próprio Amor incondicional e latente no ser, que se revela, incessantemente, na face do orbe, em todos os segundos, minutos, horas e dias, independente de congressos religiosos ou simpósios espiritualistas.

O mundo profano é escola de desenvolvimento autêntico do amor, ensejo de exercícios incessantes para a floração do sentimento religioso, que revela na face da Terra a natureza íntima e divina do Criador. Portanto, a contingência de luta e o esforço de sobrevivência no casulo de carne apuram a frequência vibratória do ser e o aproximam cada vez mais da Realidade Divina! E isso acontece independente de ele frequentar templos ou instituições espiritualistas! (Obra: *A Vida Humana e o Espírito Imortal*, 11ª edição, p. 276)

Mundos físicos – escolas de almas

Os mundos físicos ou materiais não são vales de lágrimas,

penitenciárias do Espaço ou celas planetárias de expiações espirituais, na feição comum com que conheceis essas definições; na realidade, significam sempre, e eternamente, abençoadas escolas de retificação espiritual. O Criador, que é infinitamente Sábio, Bom e Justo, não teve em mente criar departamentos corretivos, mas, sim, institutos de aprimoramento sideral. A dor e o sofrimento são "processos" de aperfeiçoamento espiritual, à semelhança da lixa que beneficia e dá polimento à madeira, do ácido que asseia a vidraça ou do cinzel que desbasta o carbono e o transforma em rutilante preciosidade de ourivesaria. (Obra: *A Vida no Planeta Marte e os Discos Voadores*, 14ª edição, p. 122)

Música – linguagem universal

A música em qualquer latitude é linguagem universal; é uma dádiva que Deus concede ao espírito para a sua ventura eterna. É poesia cósmica expressa em sons, em vez de palavras. É a composição sonora que vibra pelo infinito, sob a batuta do Regente Divino; traz em sua intimidade a palpitação da própria Natureza; plena de forças criadoras, contendo em si a Beleza, a Poesia, a Inspiração e o Êxtase. Manifesta-se sob os desígnios amorosos do Pai Eterno, a todos os seus filhos. A sua mensagem é sentida mesmo através da emotividade rude e primária do selvagem, embora seja música monótona, cujo ritmo cansa e desagrada ao civilizado. (Obra: *A Vida no Planeta Marte e os Discos Voadores*, 14ª edição, p. 248)

Música sacra – música celeste

A principal função da música sacra, como símbolo interpretativo da "música celeste", é desmaterializar a personalidade inferior, para eclodirem sentimentos definitivos do anjo criador. No seio de um templo religioso ou de qualquer instituição espiritualista, a música deve apurar a emotividade e adoçar a razão humana, fazendo vibrar os sentimentos mais pacíficos e generosos dos ouvintes. Se a música profana transmite o sentimento ou emotividade do seu autor, as músicas sacras trazem em suas harmonias a mensagem sonora dos anjos. É um cântico divino, em que o homem se despersonaliza buscando a Poesia, a Beleza e a Inspiração de Deus, como alimento à sua consciência espiritual. (Obra: *A Missão do Espiritismo*, 10ª edição, p. 85)

N

Nação brasileira – laboratório do Alto

A Nação brasileira há de ajustar-se social, econômica e politicamente, atendendo aos anseios materiais e psicológicos de todos os povos da Terra, porquanto ela significa um dos mais preciosos laboratórios de experimentações fraternas do Alto. Há de ser um clima sem violência, sem tiranismo ou extremismos ideológicos, com um padrão ético-político distante dos dogmas ou das imposições religiosas, embora intimamente inspirado pelo Evangelho de Jesus. (Obra: *Elucidações do Além*, 11ª edição, p. 17)

Nascimento do espírito – individualização

O nascimento, a formação ou definição do espírito individualizado do homem, não é apenas um fato simples, primário, ou consequente de súbito fenômeno ocorrido no seio do Psiquismo Cósmico. A centelha, ou partícula espiritual, quando assinala o seu primeiro apercebimento íntimo e consciência de existir, ou se diferencia do Todo Divino, já é a etapa final de um longo processo em gestação através de todas as múltiplas formas do Universo. Não se trata de um acontecimento miraculoso, a diferenciar um novo núcleo de consciência particularizada no seio de Deus. Mas essa individualização consciencial só ocorre após o descenso vibratório psíquico, desde a forma galaxial, constelar e planetária até ultimar a sua filtração pela intimidade dos reinos mineral, vegetal, animal e definir-se no homem, como produto mais precioso e avançado.

Ao se criar um novo espírito no seio de Deus, ele já possui em si mesmo, latente e microcosmicamente, o conhecimento e a realidade macrocósmica do Universo. Isso acontece porque a individualização espiritual do homem só ocorre depois que o Psiquismo Cósmico efetua o seu completo descenso vibratório, ou seja, a inversão do "macro" até o "microcosmo". (Obra: *O Evangelho à Luz do Cosmo*, 9ª edição, p. 88)

Nascimento e desencarnação – atos comuns na vida do espírito

O nascimento e a desencarnação do homem são apenas dois atos comuns e racionais na vida do espírito imortal; é a vestimenta do traje carnal para a jornada na matéria, e depois, a sua devolução ao "guarda-roupa" do cemitério. Sem dúvida, há diferença entre a criatura que, tendo sido digna e fraterna, desvencilha-se da carne qual um passarinho feliz, de outra que, de olhos esgazeados e antes de partir, já contempla os quadros expiatórios a que fará jus pela sua existência malfeitora. (Obra: *Mediunidade de Cura*, 12ª edição, p. 244)

Nascimentos miraculosos – lendas irreais

Em consequência dessa candidez de espírito, o que não farão os discípulos, os historiadores, quando resolverem biografar os seus ídolos religiosos? De acordo com a história sagrada do vosso orbe, a maioria dos legisladores religiosos sempre nasceu de virgens e por obra de forças extraterrenas, ou de misteriosos esponsalícios independente do mecanismo natural do sexo e da gestação. Os livros dos assírios, dos hindus, dos caldeus, dos chineses e dos árabes são unânimes em assinalar nascimentos provindos de virgens e sob condições miraculosas. A tradição masdeísta conta que um raio da glória divina penetrou na mãe de Zoroastro, o notável legislador persa. Krishna nasceu de uma virgem e também Lao-Tse; a mãe de Buda teve um sonho em que o elefante branco (símbolo do espírito puro) entrou em seu seio e ela concebeu o Salvador da Ásia; Salivahana, da escolástica hindu, também foi concebido por uma virgem, que o recebeu em seu seio como a encarnação divina. O próprio Gengis-Khan, turbulento invasor da China, também era tido por filho de um raio solar descido sobre uma virgem eleita pelo Senhor dos Mundos. Dentro de alguns anos é possível que Mahatma Gandhi, assassinado a tiros, na Índia, também termine glorificado por um nascimento misterioso, em que um raio do céu o tenha gerado no ventre imaculado de uma virgem. (Obra: *O Sublime Peregrino*, 17ª edição, p. 109)

Natureza – obreiros do Senhor

O homem desconhece ainda o trabalho de fórmulas e planos que se conjugam à heróica disciplina e à sabedoria sideral dos trabalhadores espirituais que operam nos bastidores dessa tão famosa e mecânica Natureza, considerada como espontaneamente criadora por alguns terrícolas. Em tudo que vedes, pensais ou sentis, há sempre um espírito diretor, em incessante atividade criadora, como divino sustentáculo das formas exteriores e transformáveis, do mundo provisório, permitindo que este cumpra a sua finalidade abençoada de modelar as configurações, que ativarão novas consciências individuais dos filhos de Deus.

Assim é que, por detrás do cisco que fertiliza a rosa, do monstrengo que será o fascinante beija-flor, do feio embrião que se transformará num Apolo ou, então, em sedutora mulher, sempre operam espíritos inteligentes, responsáveis e propulsores da vida exterior. No sussurro do vento, no pio do pássaro ou no balbuciar da criancinha permanece constante o espírito, vivificando e compondo essas manifestações na matéria. É por isso que notais um sentido inteligente e criador nessa tão delicada Natureza. (Obra: *A Sobrevivência do Espírito*, 8ª edição, pp. 181/182)

Negligência evolutiva e ventura angélica

O nosso principal objetivo ainda é o convite fraterno e insistente para que os encarnados despertem de sua negligência tão comum na peregrinação da estrada terrena e acelerem os passos, pois já bem próximo lhes acena a ventura eterna da vida angélica. Realmente, temos nos referido incessantemente à inconveniência de o espírito demorar-se atado à fogueira das paixões devoradoras e pecaminosas do mundo da carne; mas, em seguida, também enunciamos as perspectivas sublimes e o cenário paradisíaco que aguardam as almas sofredoras após a sua libertação do compromisso redentor da carne. Com muita razão deveríamos ser condenados à repulsa pública se, em detrimento das virtudes angélicas do espírito imortal, preferíssemos exaltar os vícios e as paixões pecaminosas que ainda fervilham sob o combustível alimentado pelas energias do instinto animal. (Obra: *Mediunismo*, 13ª edição, p. 17)

Nomes e formas dos espíritos – rótulos provisórios

Os espíritos esclarecidos e certos de que todas as criaturas provêm do mesmo Criador e jamais se distinguem por privilégios espirituais, não se preocupam com a fidelidade ou exatidão de suas fisionomias copiadas do mundo físico e que são retratadas pelos médiuns desenhistas. Sabei que o espírito, à medida que se reencarna, translada-se para outros planetas ou ascensiona para planos espirituais superiores, também modifica inexoravelmente a substância e a estética de sua vestimenta periespiritual.

Se fôssemos colecionar os diversos periespíritos que já modelamos desde o nosso primeiro contato espiritual com a matéria planetária, o certo é que terminaríamos confusos ante a variedade de aspectos e figuras que já envergamos nas vidas carnais, enquanto se manteve intacta a nossa individualidade espiritual responsável por tais manifestações no mundo de formas. Atualmente já temos consciência de que somos um singelo "número sideral" classificado nas fichas da contabilidade divina, por cujo motivo desinteressamo-nos dos nomes com que fomos conhecidos nas tabelas educativas do mundo físico e dos preconceitos ancestrais extintos na cova material. A personalidade humana, que muitos ainda defendem fanaticamente em sua hereditariedade biológica, para nós é o rótulo que nos marcou provisoriamente no aprendizado da escola física. (Obra: *Mediunismo*, 13ª edição, p. 149)

Nova Jerusalém – mundo de paz

Confirmando todas as revelações anteriores de outros videntes e profetas e, depois de aludir, em termos trágicos à peste, à fome, à morte e à destruição, João apregoa que o epílogo disso tudo será a existência de um mundo de completa paz! Na descrição simbólica da nova Jerusalém, a cidade santa, ele identifica a humanidade do terceiro milênio, em vias de completa cristificação, após a seleção do "joio e do trigo" e a emigração dos "esquerdistas" do Cristo para outros mundos inferiores, dizendo: "E vi um céu novo e uma terra nova, porque o primeiro céu e a primeira terra se foram, e o mar já não é" (Apocalipse, 21:1). Nessa visão descreve exatamente os continentes novos, que hão de formar-se após o deslocamento dos oceanos, em consequência da próxima elevação do eixo da Terra. Na expressão "o mar já não é", está claramente indicado que o mar desaparecerá, em certos pontos, sendo substituído por terras emergidas.

O caráter e a posição espiritual superior, da humanidade do terceiro milênio, estão implicitamente descritos, quando João prediz: "E as nações caminharão à sua luz (a luz do Cristo) e os reis da terra lhe trarão a sua glória e a sua honra" (Apocalipse, 21:24) (Obra: *Mensagens do Astral*, 17ª edição, p. 150)

Número 666 – diapasão vibratório

Sempre vos fazemos sentir que os profetas são visionários desprendidos do tempo e propensos ao exagero da realidade. Eles superexcitam-se pelas próprias visões e sofrem imensas dificuldades para enquadrá-las no cenário objetivo do mundo das formas. João Evangelista foi também um profeta altiloquente, e podereis identificar-lhe o tom épico na poesia dos seus relatos.

Extirpando-lhe os detalhes demasiadamente fantasistas, há no Apocalipse de João significativo conteúdo lógico e sensato. O número 666, atribuído à famosa Besta, na era do Anticristo, significa o desregramento geral em todas as esferas da vida humana; é uma identificação de ordem sideral, um diapasão vibratório, uma "relação esotérica" que identifica graficamente os acontecimentos em vias de realização por parte da direção superior. A grafia numeral 666 é apenas a figura visível, mais perfeita, para identificar um perigoso estado espiritual coletivo, no plano físico. É um sinal psicofísico na humanidade, em que o plano sidéreo assinala a maturidade de um desregramento nefasto à ordem geral.

O número 666 forma um binômio sidéreo; uma equação no cientificismo cósmico, que assinala o tempo em que o sentimento perigoso das paixões já atinge todo o gênero humano. (Obra: *Mensagens do Astral*, 17ª edição, p. 150)

Número 666 e manômetro sideral

Repetimos-vos: — O número 666 assinala o ritmo vibracional perigoso à sobrevivência do ambiente moral humano. Ele repercute no astral, em torno da Terra, como uma " notificação sideral" que anuncia o "clímax" de saturação magnética prejudicial ao campo consciencial humano. Usando de uma linguagem rudimentar, diremos que o número 666 registra no manômetro sideral a pressão máxima e perigosa da caldeira das paixões humanas; é uma agulha que indica que o "vapor" violento do psiquismo desregrado ameaça explodir a caldeira, ou seja, a linha de proteção à harmonia do conjunto planetário. (Obra: *Mensagens do Astral*, 17ª edição, p. 186)

Nutrição carnívora – deslize psíquico

A substância astral, inferior, que exsuda da carne do animal, penetra na aura dos seres humanos e lhes adensa a transparência natural, impedindo os altos vôos do espírito. Nunca havereis de solucionar problema tão importante com a doce ilusão de ignorar a realidade do equívoco da nutrição carnívora e, quiçá, tarde demais para a desejada solução.

Expomo-vos aquilo que deve ser meditado e avaliado com urgência, porque os tempos são chegados e não há subversão no mecanismo sideral. É mister que compreendais, com toda brevidade, que o veículo perispiritual é poderoso ímã que atrai e agrega as emanações deletérias do mundo inferior, quando persistís nas faixas vibratórias das paixões animais. É preciso que busqueis sempre o que se afina aos estados mais elevados do espírito, não vos esquecendo de que a nutrição moral também se harmoniza à estesia do paladar físico. Em verdade, enquanto os lúgubres veículos manchados de sangue percorrerem as vossas ruas citadinas, para despejar o seu conteúdo sangrento nos gélidos açougues e atender às filas irritadas à procura de carne, muitas reencarnações serão ainda precisas para que a vossa humanidade se livre do deslize psíquico, que sempre há de exigir a terapia das úlceras, cirroses hepáticas, nefrites, artritismo, enfartes, diabetes, tênias, amebas ou uremias! (Obra: *Fisiologia da Alma*, 15ª edição, p. 19)

Nutrição carnívora – vício de Mamon

É tempo de raciocinardes mais sensatamente no tocante ao verdadeiro sentido da espiritualidade, fazendo distinção, também, com mais clareza, entre os vícios mais próprios do reino de Mamon e os valores que promovem a cidadania para o mundo de Deus.

Malgrado as contestações que apresentais quanto à nutrição carnívora, alegando o condicionamento natural do pretérito, é tempo de compreenderdes que já soou a hora do definitivo despertamento espiritual. Em concomitância com a próxima verticalização do vosso orbe em seu eixo imaginário, há que também vos verticalizardes em espírito, libertando-vos, outrossim, da alimentação cruel e ignominiosa das vísceras animais. Não são poucas as vezes em que as vossas contradições chegam a assumir caráter de um insulto aos bens generosos que provêm da magnitude do Pai! (Obra: *Fisiologia da Alma*, 15ª edição, p. 47)

Nutrição por puro magnetismo

Nutris, na realidade, só os espaços vazios e magnéticos do corpo. Daí, a existência do metabolismo apurado dos marcianos, que inalam os princípios vitais através da respiração, na forma de elementos elétricos e magnéticos, hauridos do Sol e do meio ambiente, e de um oxigênio puro que seria insuficiente ao vosso sistema de respiração impura. À medida que evolverdes para as expressões espirituais mais afinadas, ireis desenvolvendo o mecanismo mais delicado e qualitativo da alimentação, e por esse motivo ainda sereis êmulos dos marcianos, satisfazendo-vos com a nutrição pura do magnetismo solar, a caminho do entendimento de que a verdadeira nutrição, alhures, é a que obtereis no próprio magnetismo do Amor Divino. (Obra: *A Vida no Planeta Marte e os Discos Voadores*, 14ª edição, p. 221)

O

Oásis no deserto da vida – o Evangelho

Os homens não se salvam substituindo sistemas políticos, mas exclusivamente pelo exercício incondicional do Amor!... No deserto da vida humana, só a doutrina de Jesus é o "oásis" capaz de dessedentar a sede do viandante mais desesperado e infeliz. É a fórmula inalterável em qualquer latitude geográfica do mundo, clima social, político ou religioso, como a mais avançada solução moral e espiritual das relações entre os homens! "Ama o próximo como a ti mesmo" e "Faze aos outros o que queres que te façam", não se refere especificamente a grupos de homens socialistas, fascistas, democratas, nazistas, capitalistas, comunistas ou socialistas, porém, ao gênero humano!

Os homens podem alegar que é difícil viver o Evangelho, tal qual o Mestre Jesus o viveu; mas nenhum homem do mundo poderá negar que, se tal Código Moral for praticado pela humanidade, extinguem-se todos os problemas econômicos, financeiros, políticos, morais, racistas, religiosos, e até recupera-se a saúde humana pela libertação dos vícios e das paixões mórbidas! (Obra: *A Vida Humana e o Espírito Imortal*, 11ª edição, pp. 192/193)

Objetivo da encarnação – integração angélica

O principal objetivo da experimentação humana, mesmo quando surgem os equívocos, é sempre o de desenvolver no espírito a capacidade de raciocínio e torná-lo conscientemente atilado e receptivo à evocação do Alto. Os espíritos estóicos enfrentam a existência humana com ânimo e boa vontade, porque reconhecem a necessidade de apurar o seu tom espiritual para a sua mais breve integração à humanidade angélica. Não nos consta, na história da vida de Jesus, que ele tenha invocado assiduamente os anjos para que lhe resolvessem os assuntos corriqueiros. A sua rogativa era sempre feita em favor dos deserdados da sorte e nunca em seu próprio benefício. (Obra: *Mediunismo*, 13ª edição, p. 243)

Objetivo do espiritismo – cura da alma

O espiritismo não tem como finalidade principal e urgente curar as doenças do corpo. Embora, sem alarde, coopere nesse setor de ordem humana, o seu objetivo relevante é ensinar, é orientar o espírito, no sentido de libertar-se de seus recalques ou instintos inferiores até alcançar a "saúde moral" da angelitude. Por conseguinte, não pretende competir deliberadamente com a medicina do mundo, conforme pressupõem alguns médiuns e neófitos espíritas.

Se esse objetivo fosse o essencial, então, os mentores que orientaram Allan Kardec na codificação da doutrina espírita certamente ter-lhe-iam indicado todos os recursos e métodos técnicos que assegurassem aos médiuns seguro êxito terapêutico no combate às doenças que afetam a humanidade. (Obra: *Mediunidade de Cura*, 12ª edição, p. 72)

Obra de Jesus e inspiração essênia

Todos os acontecimentos ocorridos em torno da vida do Mestre Jesus obedeceram a um plano eficiente. Assim, o Alto é que havia determinado a fundação da confraria dos Essênios 150 anos a. C., na época dos Macabeus, a fim de eles ampararem o Messias com a amizade espiritual necessária para vitalizar-lhe as energias em favor da causa redentora do Cristianismo. A prova de que os Essênios existiram com a precípua função de inspirar a obra de Jesus, é o fato de terem desaparecido logo depois da sua morte, um pouco antes de Tito destruir Jerusalém. Surgiram um século e pouco antes do

Mestre Nazareno e dispersaram-se meio século depois, assim como o aluno diligente, que depois de fazer a lição pedida pelo professor, então se retira da escola. Por que os Essênios não se situaram exclusivamente na Fenícia, na Índia, na Pérsia, na Arábia, na África ou no Egito, preferindo instalar sua confraria benfeitora justamente na Judéia e, por "coincidência", na Galiléia, terra onde nasceu e viveu Jesus? Que mistério ou feliz acidente reuniu a nata da espiritualidade benfazeja, culta e sábia, na composição daqueles conselhos de anciões essênios, onde Jesus encontrava o alento, a coragem, o estímulo e o carinho precisos para lograr o seu empreendimento tão prematuro para sua época? (Obra: *O Sublime Peregrino*, 17ª edição, p. 285)

Obsessão – círculo vicioso

Quase nada se pode fazer quando tanto os desencarnados como os próprios encarnados se enleiam perigosamente nas malhas de suas paixões denegridas, permanecendo durante séculos a se vingarem reciprocamente, manietados à mútua expiação obsessiva e atravessando existência por existência nessa dolorosa e execrável flagelação. E assim o detestável círculo vicioso prossegue; ora, os que assumem a figura de algozes e vingadores exploram suas vítimas, certos de sua desforra, ora, estas se compensam sugando até a última gota as forças vitais e psíquicas dos desafetos do passado. (Obra: *A Vida Além da Sepultura*, 9ª edição, p. 369)

Obsessão – clichê mental

O obsidiado, ignorante dos verdadeiros objetivos do obsessor, mas responsável pelo descontrole de suas emoções e pensamentos, é conduzido docilmente à criação de um "centro hipnótico" ou de fascinação, que pouco a pouco constitui sua atração psíquica, tornando-se um "clichê mental" ou a "idéia fixa". Logo isso se transforma em vigorosa força comandando-lhe a zona cerebral, onde se localiza a sua bagagem subconsciente e o controle dos instintos animais do pretérito; sorrateiramente os gênios das trevas impõem-se através daquela "distração" fixa, passando a comandar o sistema nervoso e a excitar cada vez mais as emoções e os desejos de sua vítima.

A criatura é obsidiada porque se distraiu com a sedução que constitui o seu "ponto hipnótico"; afrouxa então a vigilância em torno de sua habitação carnal, porque está voltada exclusivamente para um objeto que a domina emotivamente. Isto sucedido, os espíritos daninhos procuram favorecer os desejos da criatura e as suas realizações perigosas, prolongando o transe sedutor, com o que se firma cada vez mais o "ponto hipnótico", que lhes permitirá maior acesso ao equipo físico da vítima. (Obra: *A Vida Além da Sepultura*, 9ª edição, p. 391)

Obsessões e alienações

Uma das questões mais dolorosas e de difícil solução para os espíritos benfeitores é justamente a referente à obsessão, pois não há número suficiente de espíritos adestrados para solucionar completamente esse problema tão complexo. A humanidade terrícola, por vez, aumenta assustadoramente as oportunidades delituosas, o que ainda auxilia a execranda atividade obsessora das entidades trevosas, sobre a Crosta.

Não há exagero em se afirmar que a maior porcentagem de alienações, no mundo terreno, ainda é fruto das forças destrutivas e obsessoras, muitíssimo favorecidas pelo descaso evangélico do próprio homem. Afora os casos naturais, de lesões cerebrais, todas as alienações de ordem mental se originam diretamente do desequilíbrio da própria alma. Toda alma desequilibrada se torna um repasto fácil para os desencarnados viciosos e vingativos, que agem ardilosamente do Astral inferior. (Obra: *A Vida Além da Sepultura*, 9ª edição, p. 367)

O "cálice da amargura" – rito iniciático e ocultista

A recusa do cálice de amargura, que a tradição religiosa atribui a Jesus, trata-se apenas de um rito iniciático dos velhos ocultistas, com referência à vacilação ou ao temor de toda alma consciente, quando, no espaço, se prepara para envergar o fardo doloroso da vida carnal. O "cálice de amargura" representa o corpo com o sangue da vida humana; é a cruz de carne, que liberta o espírito de suas mazelas cármicas no calvário das existências planetárias, sob os cravos da maldade, do sarcasmo e do sofrimento.

Só a pobreza da imaginação humana poderia ajustar as angústias de um anjo, como Jesus, à versatilidade das emoções do mundo da carne. O espírito que já tem consciência de "ser" ou "existir" também está credenciado para decidir e optar quanto à sua descida à carne, podendo aceitar ou recusar o "cálice de amargura", ou seja, o vaso de carne humana. Quantas almas, depois de insistente preparo no mundo espiritual para encarnar-se na Terra, acordam à última hora e obrigam os técnicos siderais a tomar medidas urgentes, para não se perder o ensejo daquela encarnação? (Obra: *O Sublime Peregrino*, 17ª edição, pp. 342/343)

Ódio, amor, felicidade e subida evolutiva

O ódio, ciúme ou a inveja, são estados de espírito do homem produzidos pela frustração do amor próprio, por não obter o "melhor" que deseja só para si e nada para os outros! A vingança, que surge do ódio, é a infeliz e desesperadora solução adotada pelos incapazes de explorarem o próprio amor latente em suas almas, e que, desenvolvido, compensaria regiamente a falta dos tesouros transitórios do mundo material!

Portanto, a forma negativa e censurável do ódio ou ciúme só desaparece quando for desenvolvido o amor na sua forma positiva. Mas como libertar a cicuta do seu veneno, antes de a sublimarmos nos enxertos das espécies benfeitoras? A doçura, a lealdade e a devoção do cão para o homem, porventura, não é o mesmo ódio feroz do lobo selvagem depois de sublimado em amor pela domesticação? O ódio só existe enquanto não chega o amor! Por isso, ninguém se perde no seio de Deus, porque o amor indestrutível e criador precisa apenas ser desenvolvido para embeber o homem na Felicidade! É de Lei que Nero poderá sublimar-se e amar tanto quanto já amou Francisco de Assis; mas Jesus, o Amor em sua plenitude, jamais voltaria a odiar como Nero! (Obra: *A Vida Humana e o Espírito Imortal*, 11ª edição, p. 273)

Ódio – amor enfermo

O ódio é apenas o amor enfermiço, intoxicado, o desespero da animalidade sonhando com a angelitude! Mas, desobstruída a ganga superficial e transitória que sufoca a essência pura do amor, então ele eclode e espanca as sombras da inveja, cobiça, do ciúme, ódio e orgulho, assim como a luz benfeitora aumenta depois da limpeza da lâmpada! Por isso, os sacerdotes, líderes, mestres e preceptores espiritualistas esforçam-se para desenvolver o amor nos homens e ajudá-los a eliminar o ódio, o ciúme, a inveja e todos os resíduos animais, que ainda pesam na linhagem humana! Durante a edificação de majestoso edifício e até ao seu término, ninguém deve condenar os resíduos inferiores do serviço transitório, pois a sua beleza final só se verifica depois que os ornamentos, vidraças, assoalhos, pisos e paredes também são submetidos à limpeza geral.

O ódio, forma negativa da manifestação do amor não desenvolvido, após o asseio espiritual, transforma em almas santificadas os próprios seres que o cultuavam por ignorância e imaturidade. (Obra: *A Vida Humana e o Espírito Imortal*, 11ª edição, p. 273)

Ódio e reconciliação

Ninguém no seio da vida poderá viver isolado; e muito menos se isolará dentro do ódio contra qualquer outro ser a quem considere seu adversário, pois a Lei sempre se encarregará de aproximar novamente os que se odeiam, até que, através dos recursos kármicos eficientes, consiga fazê-los se unir e se amarem. Por mais demoníaco que seja o ódio entre aqueles que se detestam, a cura definitiva está implícita na recomendação indiscutível de Jesus: "Reconcilia-te com o teu adversário enquanto estás a caminho com ele, para que não suceda que ele te entregue ao meirinho, o meirinho te entregue ao juiz e sejas mandado para a cadeia, de onde não sairás enquanto não pagares o último ceitil".

Não há outra solução para o problema do ódio, pois é de lei sideral que tudo se afinize e se ame; que os astros se harmonizem pela coesão cósmica, que as substâncias se afinizem pela combinação simpática e que os seres se unam pela reciprocidade de afeto espiritual. (Obra: *Fisiologia da Alma*, 15ª edição, p. 216)

O Evangelho Segundo o Espiritismo – moral crística

Quando elaborou o *Evangelho Segundo o Espiritismo*, era sua intenção esclarecer os espíritas mais propriamente quanto à substância moral do Evangelho de Jesus e menos quanto a uma interpretação compungida ou de exagerado misticismo. Kardec expôs os ensinamentos do Divino Mestre como um "Código Moral" para ser vivido fora de discussões e interpretações pessoais baseadas na frialdade da letra. Acima dos sofismas, da dialética discutível, da cronologia dos acontecimentos e dos aspectos psicológicos de raça ou credo, ele preocupou-se fundamentalmente com a força positiva e moral que os ensinos de Jesus deveriam exercer no homem. Em vez de adotar o Evangelho como repositório de "fé" ou "mística" para uso exclusivamente religioso, preferiu-o para orientar o homem na vida profana. (Obra: *A Missão do Espiritismo*, 10ª edição, p. 65)

O homem é o que pensa

O homem é o que pensa; o seu espírito, quando escravo das manifestações desregradas, faz da mente apenas o instrumento de sua relação egoísta com o mundo inferior; e depois da morte submerge-se num mar de magnetismo viscoso e aderente. Mas eleva-se aos níveis angélicos sob a lei de que "os humildes serão exaltados", quem usa o poder mental para aniquilar as paixões do mundo animal, em vez de hostilizar o próximo! (Obra: *Magia de Redenção*, 12ª edição, p. 73)

"Olho por olho, dente por dente"

A própria criatura é que se coloca diante de sua obra, devendo auferir-lhe os benefícios ou sofrer os prejuízos conforme disponha de sua vontade no sentido do bem ou do mal. Mesmo considerando-se como severa e condenável a lei do "olho por olho e dente por dente", que citais, é bem de ver que o sentido exato dessa sentença punitiva só se entende com a responsabilidade da própria alma para consigo mesma pois, se o conceito é draconiano, nada mais estabelece senão que qualquer ação boa ou má, praticada pela alma, haja de produzir-lhe uma reação ou efeito perfeitamente correspondente à sua causa! Praticai, pois, só ações benéficas e, sem dúvida, será inócua para vós essa lei tão severa que, semelhante à de que "quem com ferro fere com ferro será ferido", também só diz respeito ao cuidado da alma para consigo mesma, e não para com o próximo. (Obra: *Fisiologia da Alma*, 15ª edição, p. 205)

O Messias e as almas afins

Quando o Messias manifestou-se à Terra, já estavam devidamente agrupadas, no plano material, todas as almas afins, que se congregariam para o bom êxito da missão crística. Embora vivendo sob os vários aspectos humanos, de raças, de crenças, de costumes, de posições sociais ou capacidades intelectuais, esses eletivos sentiam, em espírito, a aproximação do Divino Senhor. Desde a simplicidade dos futuros apóstolos, em suas vidas de pobreza, nas barcas de pescadores, até às inteligências poderosas dos reis magos, dos iniciados essênicos e de filósofos do quilate de Filon, a palavra de Jesus se fortaleceria, apoiada pelas, correntes afetivas, unidas para um mesmo ideal! Qual santificado exército, espadas em riste, para a sagrada batalha da Luz contra as Trevas, os devotados ao Messias apenas aguardavam o divino sinal para se moverem nas sombras do mundo e sucumbirem no sacrifício doloroso a favor da idéia crística. (Obra: *Mensagens do Astral*, 17ª edição, p. 97)

Onisciência e onipresença humanas

Como o nosso espírito é centelha emanando da Chama Viva do Cosmo, que vem a ser o próprio Deus eternamente presente na sua Criação, nós também participamos e vivemos da sua Onisciência e Onipresença, embora ainda não estejamos suficientemente capacitados para usufruir de todo o conhecimento e poder nele existentes. A nossa consciência espiritual, na verdade, mantém-se em contato com todos os demais planos da vida cósmica, embora ainda desconheçamos a natureza dos demais corpos ou energias que se responsabilizam por tal acontecimento, o que só verificaremos em futuro remoto.

Mas tanto o perispírito como o corpo físico não passam de verdadeiros interruptores da visão espiritual infinita, que reduzem a influência ilimitada da massa da consciência total do Criador. Eles "eliminam" o excesso da Onisciência, transferindo para o homem apenas o conhecimento menor e apropriado a consolidar a sua consciência individual. É através desse conhecimento menor, mas incessantemente renovado e em expansão, pelo intercâmbio educativo com os mundos transitórios da matéria, que o espírito vai compondo o seu campo consciencial e acumulando sua memória no seio da própria Consciência Cósmica de Deus. As consciências individuais, que se constituem nos espíritos destacados do próprio Espírito Infinito, ampliam-se sideralmente à medida que mais se lhes flui o conhecimento maior, fazendo-as progredir na percepção real do Sublime Princípio da Vida Imortal. (Obra: *A Sobrevivência do Espírito*, 8ª edição, p. 260/261)

Onisciência e onipresença humanas II

Ademais, no Cosmo, tudo já existe perfeito e eterno, pois Deus não retrograda nem progride, mas é o próprio Conhecimento, o Poder e a Vontade elevados ao máximo potencial e humanamente indescritível. Só Ele pode suportar o máximo e o infinito de "Ser" e "Existir", além e acima de qualquer outro limite ou definição conceptual por parte do homem.

Em consequência, o homem não é um produtor de idéias nem criador de acontecimentos inéditos, mesmo submetendo-os a incessante progresso; mas, como tudo já existe num estado de absoluta perfeição e imutabilidade, integrado no Conhecimento Total do Criador, o espírito humano é apenas um captador da quantidade de conhecimento cabível em sua mente finita, e que ele gradua conforme sua capacidade de suportação racional ou de apreensão da própria consciência forjada no simbolismo do tempo.

E então se justificam os tradicionais conceitos bíblicos, quando rezam que "o homem foi feito à imagem de Deus", ou que "o reino de Deus está dentro do homem". Mesmo Jesus, num momento de elevada inspiração, afirmou que "Ele e o Pai eram um", mostrando assim que no homem permanece latente o potencial da Onisciência e Onipresença, embora ajustado à capacidade receptiva da consciência do indivíduo, ainda em crescimento, sem se confundir com o conhecimento total, que é infinito e eterno. (Obra: *A Sobrevivência do Espírito*, 8ª edição, pp. 261/262)

"Operação angelitude" – sofrimento e dor

O sofrimento e a morte não são desdouros nem punições, nem mesmo o fundamento principal da evolução e aperfeiçoamento do espírito. Em verdade, ambos são apenas a resultante da vida, fruto da reação natural da técnica usual para a conscientização do espírito no seu atrito com as asperezas e imperfeições das formas físicas. Assim, enquanto o estudo, o labor e o serviço ao próximo é que realmente despertam e ativam o núcleo refulgente do espírito imortal, no seu contato educativo com a matéria, o processo da dor e do sofrimento desbastam e eliminam o residual inferior, funcionando no mesmo esquema ou "operação-angelitude". (Obra: *O Evangelho à Luz do Cosmo*, 9ª edição, p. 178)

Operação de magia negra – feitiço

Feitiço, sortilégio, bruxaria e enfeitiçamento significam operação de "magia negra" destinada a prejudicar alguém. Antigamente, a palavra feitiço ou sortilégio expressava tão-somente a operação de encantamento, ou no sentido benéfico de "acumular forças" em objetos, aves e animais e seres humanos. Daí, o feitiço significar, outrora, a confecção de amuletos, talismãs, escapulários e orações de "corpo fechado", cuja finalidade precípua era proteger o indivíduo.

O encantamento ou enfeitiçamento de objetos ou seres sempre implicava na presença de um mago, porque era um processo vinculado à velha magia. Mas em face de sua proverbial subversão e incitado pelo instinto animal inferior, o homem logo percebeu nessa acumulação de forças e dinamização do éter físico de objetos ou seres vivos, um ótimo ensejo para tirar o melhor proveito a seu favor. Logo surgiram os filtros mágicos e as beberagens misteriosas, para favorecer amores e casamentos, enquanto se faziam amuletos com irradiações nocivas, com finalidades vingativas. A palavra feitiço, que definia a arte de "encantar" a serviço do bem, então passou a indicar um processo destrutivo ou de magia negra! (Obra: *Magia de Redenção*, 12ª edição, p. 32)

Oportunidade de progresso – mediunidade

Nenhum espírito encarna-se na Terra com a tarefa obrigatória de ser médium psicógrafo, mecânico, incorporativo ou de efeitos físicos, mas, na verdade, cada um o faz por sua livre e espontânea vontade, pois solicitou do Alto o ensejo abençoado para redimir-se espiritualmente num serviço de benefício ao próximo, uma vez que no pretérito também usou e abusou dos seus poderes intelectuais ou aptidões psíquicas em detrimento alheio. (Obra: *Elucidações do Além*, 11ª edição, p. 198)

Oração – detonador psíquico

Figurai a prece como um detonador psíquico que movimenta as energias excelsas adormecidas na essência da alma humana, assim como a chave do comutador dá passagem, altera ou modifica as correntes das vossas instalações elétricas. Sem dúvida, a capacidade de aproveitamento do homem durante o despertamento dessas forças sublimes pelo impulso catalisador da oração depende tanto do seu grau espiritual como de suas intenções. Aliás, o espírito, ao liberar suas energias no ato da prece, ele melhora a sua frequência vibratória espiritual, higieniza a mente expurgando os maus pensamentos e libera maior cota de luz interior. (Obra: *Elucidações do Além*, 11ª edição, p. 104)

Oração e ascensão

A prece, em sua verdadeira essência, é um esforço que a alma empreende para elevar-se vibratoriamente às correntes superiores. Exercita-se momentaneamente, procurando ampliar a estatura do espírito; tenta a libertação transitória da forma, que a seduz e hipnotiza, no ciclo das vibrações letárgicas. A prece, proporcionando essa fuga momentânea, auxilia o espírito a imergir na essência divina que lhe caldeia a estrutura consciencial. O "orai e vigiai", na divina voz de Jesus, bem vos adverte da necessidade que ainda tendes do exercício da prece, que é ginástica moral, para desenvolver os "músculos" do espírito. A oração apressa a "ascensão"; acelera a vibração espiritual e isola a alma do contato asfixiante da forma. Habitua, pouco a pouco, o homem, para o futuro comportamento do anjo. O espírito apaziguase, enternece, o instinto recua, atemorizado, ante a fragrância da luminosidade que emerge do íntimo de quem ora com fé. (Obra: *A Vida no Planeta Marte e os Discos Voadores*, 14ª edição, pp. 524/525)

Oração – estado de "fuga vibratória"

Durante a prece sincera e fervorosa, o espírito libera-se com mais facilidade do corpo físico, pois vive em tal momento, num estado de "fuga vibratória", que lhe faz sentir algo de sua verdadeira vida além da matéria. Nesse instante de pausa espiritual, o organismo de carne quase que pulsa exclusivamente sob o comando da vida animal. Aliás, o conceito moderno de Ciência é de que a matéria é um aglomerado de "energia condensada" ou de "energia concentrada", a qual se libera e retorna à sua fonte primitiva depois da desintegração dos objetos ou da morte do corpo carnal. É óbvio, portanto, que a oração, como um processo dinamizador, beneficia o campo energético mental e astral do ser, facultando ao espírito maior liberdade de ação. (Obra: *Elucidações do Além*, 11ª edição, p. 109)

Oração fervorosa – recurso balsâmico

A prece em favor do enfermo ainda é o recurso balsâmico mais aconselhável e benfeitor, pois, além de envolvê-lo sob um manto de vibrações sedativas, ainda o ajuda a suportar, corajosamente, seu estado mórbido. É o socorro psíquico capaz de aquietar a alma em dolorosa agonia e prestes a abandonar o mundo físico, porque a oração fervorosa não só produz clareiras de luz no ambiente, como facilita a interferência auxiliadora dos bons espíritos. É um banho vibratório, refrescante, acalmando o espírito do doente e ajudando-o a partir em paz para o mundo astral; inclusive, proporciona o ensejo de vislumbrar mais cedo os familiares e amigos que o esperam nas portas do Além-túmulo.

Diante da morte do corpo carnal, ajuda o espírito eterno a libertar-se suavemente dos laços físicos. (Obra: *Sob a Luz do Espiritismo*, 3ª edição, p. 95)

Oratória de Jesus – fascinava multidões

Jesus fascinava as multidões pelo magnetismo inerente à sua elevada graduação angélica; as suas pregações eram fluentes, sem afetações e artificialismos tão próprios dos homens que pretendem ressaltar-se por uma oratória altiloquente. Ele não se preocupava em impressionar o auditório pela eloquência rebuscada e os rendilhados sofisticados, ou por palavras e gestos comoventes, como é tão comum entre os oradores do mundo profano. Era essencialmente comunicativo, e somente o preocupava o conteúdo, a essência espiritual do que transmitia entendível ao alcance de todos, mas sem impor a sua personalidade, o que resultava num clima de paz e fraternidade, de alegria e consolo a todos os ouvintes. Jamais sacrificava o ensinamento espiritual em favor da vestimenta profana dos vocábulos rebuscados; não prelecionava em altos brados; nem dramatizava quaisquer acontecimentos na intenção de valorizar a sua pessoa.

Jesus era exato e dispensava minúcias que exaurem os ouvintes; num punhado de vocábulos familiares, expunha o esquema de uma virtude ou a revelação de um estado de espírito angélico. A sua voz, de timbre musical e de atraente sonoridade, era enérgica e vigorosa, quando necessário, mas doce e afável nas explicações íntimas, como se estivesse no seio de um lar amigo. Ensinava naturalmente, penetrando nos ouvintes e ativando-lhes a efervescência espiritual, fazendo-os se entreabrir como os botões das flores sob o calor amigo do Sol. (Obra: *O Evangelho à Luz do Cosmo*, 9ª edição, p. 137)

Orbe terráqueo – missão cósmica

Oh! Por favor, não subestimeis tanto a obra do Pai! A Terra ainda é um planeta jovem, que mal se prepara para os admiráveis eventos do futuro, quando oferecerá as mesmas alegrias de Marte, de Júpiter e de Saturno, que atualmente são júbilos para suas humanidades! O "fim de mundo" profetizado refere-se tão-somente ao fim da humanidade anti-cristã; será uma seleção em que se destaquem os da "direita" e os da "esquerda" do Cristo. Trata-se de promoção da Terra e de sua humanidade; lembra um severo exame que, para os alunos relapsos e ociosos, representa terrível calamidade! Mas de modo algum a vossa morada planetária sairá do rodopio em torno do Sol, onde também constitui importante âncora do sistema. Após a operação cósmica, que lhe será de excelente benefício para a estrutura geofísica, deverá possuir maior equilíbrio, melhor circulação vital-energética na distribuição harmônica das correntes magnéticas, além de oferecer um ambiente psíquico já higienizado.

Mesmo depois que o vosso orbe já estiver desabitado e houver cumprido a sua missão educativa no Cosmo, ainda circulará em torno do Sol, qual nave cansada à espera do derradeiro piloto para conduzi-la ao porto final! Na figura de um esplêndido viveiro de "consciências espirituais", que em sua massa planetária se espalharam, vindas da consciência cósmica, a Terra vos doará as túnicas resplandecentes de futuros prepostos do Pai, destinados a cooperar na obra divina! Assim nos diz a pedagogia sideral, que há muito conhecemos. Os vossos destinos angélicos já estão sendo determinados no seio bondoso do orbe terráqueo! (Obra: *Mensagens do Astral*, 17ª edição, p. 35)

Orbes inferiores e depuração espiritual

A Terra não passa de um grão de areia solto no espaço, classificado nas tabelas siderais como um mundo de aprendizado espiritual primário. Mas o planeta terráqueo não é o único mundo destinado a se resolverem nele as situações odiosas dos espíritos rebeldes. A ascensão espiritual se processa através de vários orbes semelhantes, afins ou divergentes, que representam outros tantos estágios evolutivos e preparatórios para planos mais aperfeiçoados. Aquilo que não é possível concretizar num orbe físico pode muito bem lograr sucesso noutro mundo semelhante ou mesmo inferior.

Existe incontável número de mundos tanto acima como abaixo do vosso orbe de educação primária, e que atualmente também servem para a depuração dos espíritos que ainda não se ajustam às lições de afeto e tolerância. Os espíritos que ainda se odeiam, sem esperanças de acordo fraterno, são então enviados para mundos inferiores à Terra, e, através de nascimentos xifópagos ou deformações físicas, aprendem a suportar-se pela mútua presença e obrigatoriedade. (Obra: *Fisiologia da Alma*, 15ª edição, pp. 244/245)

Orbes – material escolar

O cenário de um orbe físico é equivalente ao de uma escola, pois mesmo os reinos mineral, vegetal e animal significam tanto para os espíritos encarnados, quanto o lápis, livro, quadro-negro ou a borracha para os alunos de uma escola. Assim como o aluno analfabeto não adquire o domínio sobre a linguagem escrita, caso despreze a escola e os seus objetos didáticos, nenhum espírito adquire consciência angélica e arquiangélica, caso também se recuse a aceitar as lições dos orbes físicos. (Obra: *O Evangelho à Luz do Cosmo*, 9ª edição, p. 166)

Organismo físico – tela cinematográfica

Quantas vezes inúmeras criaturas que não se embebedam e, além disso, são pacíficas, virtuosas ou tímidas, se desmentem completamente quando lhes ferem o amor próprio ou se lhes causam prejuízos morais! Isso bem demonstra que tanto as qualidades como os defeitos do espírito não se evidenciam à flor da pele, mas se revelam de acordo com as circunstâncias favoráveis ou desfavoráveis que lhe possam ocorrer no intercâmbio das relações humanas. Só espíritos da estirpe de um Francisco de Assis, Jesus de Nazaré ou Terezinha de Jesus é que realmente podem mostrar à flor da pele a realidade sincera e natural de suas almas; em geral, o indivíduo ainda é um grande dissimulador de sua realidade psíquica, e raríssimo é o homem que se conhece a si mesmo! Quando o espírito mergulha na carne, o seu psiquismo exacerba os impulsos ancestrais de sua formação animal inferior, do passado, enquanto o corpo físico se torna o revelador da estrutura oculta das paixões e dos vícios que se acumularam na bagagem psíquica conservada desde milênios passados. Em consequência, o sistema glandular e regulador do metabolismo físico sofre o contínuo açoite das almas demasiadamente impulsivas, irritáveis e presas de altas tensões psíquicas, dando lugar ao aparecimento dos tipos hipertireóidicos ou aos neuróticos, bastante prejudicados pelo descontrole do vagossimpático. O organismo físico é semelhante à tela da cinematografia, pois revela com riqueza de detalhes a vida oculta do psiquismo enfermo ou sadio, malgrado todo o cuidado que a alma exercer para evitar o ridículo e a censura alheia. (Obra: *Fisiologia da Alma*, 15ª edição, p. 134)

Organograma divino – o Evangelho

O Evangelho, no entanto, embora pareça na atualidade um conceito social demasiadamente prematuro para a vossa humanidade, a qual ainda vive sedenta de ambições, poderes e vãs riquezas é, no entanto, o organograma mais avançado na face da Terra. Imutável no tempo e no espaço, serviu há dois mil anos para plasmar os inimitáveis e inesquecíveis apóstolos e discípulos do Cristo na Judéia, assim como já santificou milhares de homens até a vossa época. Malgrado alguns pensadores e psicólogos modernos tacharem o Evangelho de contexto primário, ingênuo e impraticável no seio da humanidade terrena, considerada tão objetiva e cientista, nenhum filósofo ou moralista já conseguiu elaborar Código de Moral tão elevado, correto e ainda atual, capaz de aliviar e dirimir os complexos problemas da humanidade. (Obra: *O Evangelho à Luz do Cosmo*, 9ª edição, p. 120)

Oriente – celeiro de novos corpos (haréns)

Através dos seus costumes tradicionais, há muito tempo o Oriente coopera para o aumento de corpos exigível para as reencarnações, pois as suas leis estimulam e auxiliam a fertilidade através dos casamentos prematuros, como também permitem a existência de haréns, onde se valoriza a prodigalidade de descendentes. Os velhos sultões, rajás, mandarins e privilegiados, cujo politeísmo tem sido tolerado e mesmo resguardado sob a severidade de suas leis, tornam-se pródigos em atender à Lei quanto ao fornecimento de organismos físicos que, então, se tornam valiosas oportunidades para as almas sofredoras e desesperadas ingressarem na vida do mundo físico.

Os mentores espirituais aproveitam-se dessa prodigalidade de fertilidade humana, estranhável no Ocidente, mas tradicional no Oriente, para promover a recuperação do maior número possível de almas delinquentes, na tentativa de ainda prepará-las em tempo para que possam tentar a experimentação seletiva do "juízo final", que se aproxima rapidamente. (Obra: *A Vida Além da Sepultura*, 9ª edição, p. 421)

Otimismo e alegria – espíritos de luz

A verdade é que os espíritos felizes são alegres e absolutamente despreocupados das convenções e dos preconceitos humanos, e seu maior desejo é incentivar-vos o ânimo, desopilar-vos o fígado e preencher a vossa alma com o otimismo e a esperança num futuro feliz. E o espiritismo, como doutrina de socorro e esclarecimento para os "vivos", também nutre o salutar objetivo de confortar e orientar o homem vítima de angustioso pessimismo que lhe marca a vida física, pois só lhe resta a graça de um céu melancólico, dificílimo de alcançar, ou então a eternidade do inferno, quase impossível de evitar. (Obra: *Mediunismo*, 13ª edição, p. 195)

Otimismo e esperança – mensagem espírita

A doutrina Espírita é mensagem universalista endereçada a todos os homens religiosos, mas sem pretender misturar seitas que depreciam a sua substância doutrinária e que trariam confusão. É apelo de esperanças e alegrias futuras, honrando o amor universal do Cristo através do seu sublime Evangelho; e extinguindo o medo da morte e o terror das punições infernais. Mensagem otimista e ilimitada, respeitando credos e doutrinas alheias, conforta e estimula a prática do bem em todas as instituições do mundo. Ensina a evolução do ser pelo seu esforço e sacrifício, sem privilégios ou graças extemporâneas. O Amor é a arma inseparável do espírita e o Bem a sua máxima realização. O sofrimento e a dor reajustam e não castigam; purgam o espírito dos miasmas de suas próprias ações pecaminosas, no ensejo de abençoada recuperação espiritual pela reencarnação. A violência, a intolerância, a maldade, a desforra, o esbulho ou o crime, malgrado atribuídos na Bíblia à ordem Divina, jamais serão endossados pela doutrina Espírita.

Enfim, a velha divisa de que "fora da Igreja não há salvação", foi superada pela insígnia da doutrina Espírita, que diz "fora da Caridade, não há salvação!". (Obra: *A Missão do Espiritismo*, 10ª edição, p. 70)

Otimismo, pessimismo e doenças

Aliás, há criaturas tão resignadas e otimistas que, até ante os diagnósticos mais graves a respeito de sua doença, mantêm um nível mental de confiança no Criador, conseguindo superar enfermidades gravíssimas. Pressentem, no âmago da alma, a necessidade espiritual de submeterem-se a tais provas; então, a resignação e o bom ânimo suavizam-lhes o impacto mórbido.

Ao contrário, criaturas espiritualmente débeis agravam os sintomas enfermiços, pois inventam uma perigosa broncopneumonia, onde existe um ligeiro resfriado; transformam a verruga inofensiva em câncer e, na costumeira dispepsia, descobrem a úlcera gástrica. A mente pessimista é campo favorável às forças negativas, pois aumenta a atividade dos fluidos mórbidos. (Obra: *Sob a Luz do Espiritismo*, 3ª edição, p. 26)

Otimismo, pessimismo e doenças II

Jesus disse: "Bem-aventurados os que sofrem resignados, porque deles é o reino dos Céus". Realmente, o espírito, ao aceitar o seu sofrimento como oportunidade de purificação espiritual e ajustar-se à bem-aventurança da resignação, eleva o seu "quantum" de luz interior e vaporiza grande parte dos venenos aderidos ao perispírito. Expurga-os para o meio ambiente, num processo de sublimação psíquica, em vez de fluírem completamente pela carne mortificada. E evita o acréscimo de novos resíduos nocivos.

Todos os agentes enfermiços do mundo psíquico, tais como germens, bacilos, vírus, elementais ou tóxicos cruciantes, não resistem à força desintegradora da luz íntima ao se projetar do espírito elevado. É por isso que certas criaturas permanecem imunizadas, mesmo quando atuam no meio das enfermidades epidêmicas ou contagiosas, porque já eliminaram grande parte do morbo psíquico que lhes adensava o perispírito. (Obra: *Sob a Luz do Espiritismo*, 3ª edição, pp. 26/27)

P

"Pais de segredo" – "pais de mironga"

Desnecessário vos dizer que o instrumento mais poderoso e eficiente do espírito imortal é a Mente. Nada se faz ou se cria antes de o espírito operar no plano mental e ajustar-se à energia necessária para lograr o seu empreendimento no campo físico. O poder mental cria e destrói, redime ou infelicita; tanto pode ser exercido para o bem como para o mal. Os mundos físicos, na realidade, são os produtos materializados daquilo que Deus pensou em sua Mente Divina. Igualmente, o homem também é o produto de sua atividade mental, pois é o resultado exato do que pensou e praticou.

Assim, os espíritos de elevada categoria espiritual, poderosos no usufruto do seu poder mental, conseguem mentalizar suas antigas formas perispirituais de índios, pretos, caboclos e demais configurações primárias já vividas no passado. Então eles adaptam-se às características peculiares das falanges de umbanda, aceitando o sacrifício de envergarem as indumentárias grosseiras e primitivas, a fim de enfraquecerem as atividades dos magos-negros.

Os médiuns, cambonos e demais íntimos dos terreiros passam a conhecer esses espíritos superiores travestidos em "cascões" ou formas primárias, como "pais de segredo" ou "pais de mironga".
(Obra: *A Missão do Espiritismo*, 10ª edição, p. 186)

Paixão de Jesus – verdadeiro significado

A piedade e o amor excelsos de Jesus faziam-no sofrer mais pelo descaso dos homens em promover a sua própria felicidade, do que mesmo pela ingratidão deles. O seu verdadeiro sacrifício e sofrimento, enfim, foram decorrentes da penosa e indescritível operação milenar durante o descenso espiritual vibratório, para ajustar o seu psiquismo angélico à frequência material do homem terreno. A Lei exige a redução vibratória até para os espíritos menos credenciados no Espaço, cuja encarnação terrena, às vezes, se apresenta dificultosa nesse auto-esforço de ligar-se à carne. Mas Jesus, embora espírito de uma frequência sideral vibratória a longa distância da matéria, por amor ao homem, não hesitou em suportar as terríveis pressões magnéticas dos planos inferiores que deveria atravessar gradualmente em direção à crosta terráquea. (Obra: *O Sublime Peregrino*, 17ª edição, pp. 39/40)

Paixão de Jesus – verdadeiro significado II

Embora se tratasse de um anjo do Senhor, a Lei Sideral obrigava-o a dobrar suas asas resplandecentes e percorrer solitariamente o longo caminho da "via interna", até vibrar na face sombria do orbe terráqueo e entregar pessoalmente a sua Mensagem de Amor. O Sublime Peregrino descido dos céus lembra o mensageiro terreno que, após exaurir-se no tormento da caminhada de muitos quilômetros, deve entregar a "carta de libertação" a infelizes prisioneiros exilados de sua Pátria.

Assim, os 33 anos de vida física de Jesus significam apenas o momento em que ele faz a entrega da mensagem espiritual do Evangelho, pois o processo espinhoso e aflitivo até imergi-lo nos fluidos terráqueos durou um milênio do calendário humano. Essa operação indescritível de sua descida sacrificial em direção à Terra é, na realidade, sua verdadeira "Paixão", pois só os anjos, que o acompanhavam distanciando-se cada vez mais, por força da diferença vibratória, é que realmente podiam compreender a extensão do heroísmo e sofrimento de Jesus, quando deixou o seu mundo rutilante de luzes e prenhe de beleza, para então habitar um corpo de carne em benefício dos terrícolas. (Obra: *O Sublime Peregrino*, 17ª edição, p. 40)

Palavra – força oculta

Sendo a linguagem oral e a escrita os fatores principais que permitem às criaturas humanas manifestarem entre si a sua inteligente cultura, ciência e ideal, é evidente que, quanto mais elevado já lhes tenha sido o progresso, tanto maior coeficiente de forças esotéricas já terá eclodido em sua linguagem. Existe poderosa força oculta na palavra que, sabiamente falada, tanto pode construir como aniquilar; há nela, também, certa musicalidade que, acionada progressivamente, pode alcançar a intimidade atômica da matéria e alterar-lhe a coesão íntima. (Obra: *A Sobrevivência do Espírito*, 8ª edição, p. 208)

Palavra – manifestação do mundo oculto

Quando o espírito pensa, ele agita todos os campos de forças que baixaram vibratoriamente até atingirem o seu perispírito e o corpo físico; assim projeta em todas as direções energias benfeitoras ou malévolas, criadoras ou destrutivas, segundo a natureza dos seus pensamentos e sentimentos. A palavra, portanto, é a manifestação sonora, para o mundo exterior, do sentimento ou pensamento gerado no plano oculto do ser. Deste modo, além dela constituir força duradoura, ainda incorpora no seu trajeto as demais energias benéficas ou maléficas que, no seu curso, ativa e desperta nas criaturas interessadas no mesmo assunto. Aliás, é tão sutil e influente a palavra, que certas pessoas, devido a um sentido oculto, chegam a pressentir quando alguém fala mal delas, e as deixa alertas contra algum perigo iminente. (Obra: *Magia de Redenção*, 12ª edição, p. 51)

Pano de fundo das consciências – Deus

Deus cria seus filhos na forma de núcleos ou consciências individuais, que se aperfeiçoam através das vivências planetárias e se tornam miniaturas conscientes do Cosmo. Deus, enfim, é o "pano de fundo" de todas as consciências, divino mistério que o homem só poderá compreender depois de libertar-se, definitivamente, das formas escravizantes da matéria para viver nos mundos do conhecimento puro. À medida que a alma evolui, se despersonaliza, extingue a ilusão da separação e integra-se à Consciência Cósmica da Criação. (Obra: *Sob a Luz do Espiritismo*, 3ª edição, pp. 18/19)

Parábolas de Jesus – símbolos cósmicos

Através da parábola, Jesus fazia resumidas narrativas e oferecia admiráveis lições de moral superior, que eram entendíveis em qualquer época e em qualquer latitude da vida humana. Ele sabia modelar as frases e escoimá-las do trivial, do inócuo e do inexpressivo, transformando a mais singela pétala de flor no centro de um acontecimento de relevante fim espiritual. Nas parábolas, ele punha toda sua tática e inteligência, pois o mais insignificante fenômeno da Natureza transfundia-se na força de um símbolo cósmico. Os seus ensinamentos estão repletos de comparações singelas, mas sempre ligadas à vida em comum dos seres, que atravessaram os séculos e se transformaram em conceitos definitivos, constituindo-se num repositório de encantamento para a redenção humana. (Obra: *O Sublime Peregrino*, 17ª edição, p. 222)

Parábolas de Jesus – ensino eterno

O Mestre Jesus simpatizou de imediato com a graça e o encanto das parábolas, porque podia resumir narrativas e oferecer admiráveis lições de moral superior, entendíveis em qualquer recanto onde houvesse vida humana. Modelava as frases e as escoimava do trivial, inócuo e do inexpressivo; sabia transformar a mais singela pétala de flor no centro de um acontecimento de relevante fim espiritual. Do mais insignificante fenômeno da natureza ele fazia sentir a força das leis cósmicas. As parábolas, sob o quimismo espiritual do Amado Mestre e sob a brisa cariciosa do seu Amor, valiam por ensinamentos eternos e que penetravam fundo na alma dos homens. (Obra: *O Evangelho à Luz do Cosmo*, 9ª edição, p. 142)

Passes magnéticos – transfusões energéticas

Considerando-se que as enfermidades físicas, em geral, são provenientes da desarmonia psíquica, intoxicação ou debilidade magnética vital do perispírito, os passes magnéticos ou fluídicos são recursos que proporcionam verdadeiras transfusões de energia através do "duplo etérico", insuflando-as pelos plexos nervosos e ativando também o sistema glandular para proceder às devidas correções orgânicas. Em geral, já existe uma contínua vampirização do magnetismo humano entre os próprios encarnados quando, sob a regência da Lei dos vasos comunicantes, os mais débeis sorvem as energias magnéticas dos que são mais vigorosos ou gozam de mais saúde.

O passe é uma transfusão de fluidos espontâneos e benfeitores, sem dúvida tão eficientes e poderosos quanto o seja o potencial emitido pela vontade do seu agente. Pode mesmo ser considerado um elemento catalisador que, agindo no paciente, acelera-lhe as forças estagnadas e desperta o campo eletrônico do psiquismo diretor do organismo carnal. (Obra: *Fisiologia da Alma*, 15ª edição, p. 339)

"Pecado" – válvula perigosa

Os séculos têm se acumulado sobre si mesmos e, apesar disso, o homem ainda não se resolveu a obedecer à terrível objurgatória: "Conhece-te a ti mesmo!", apesar de já haver se apossado das forças mais perigosas da natureza. A sua preguiça de ascensão espiritual e a descrença quanto aos objetivos nobres da vida ainda o tornam um campo favorável e acessível às sugestões mefistofélicas das trevas, enquanto por outro lado se impermeabiliza cada vez mais ao socorro das intuições salvadoras dos seus protetores.

Daí a noção de "pecado" que conduz ao inferno e a de "virtude" que conduz ao céu. Mas não confundais "pecado" com ofensa ao Criador, que está acima de qualquer ofensa humana; o pecado é a "válvula" perigosa, que pode ser facilmente acionada pelos "demônios" da lenda ou espíritos malfeitores, que buscam escravos para dar vazão às suas sensações inferiores.(Obra: *A Vida Além da Sepultura*, 9ª edição, p. 472)

"Pecado" – ofensa a si mesmo

A Administração Sideral classifica como virtudes todos os pensamentos e atos dignos e nobres que o homem pratique; e como pecados, todos os seus pensamentos e atitudes opostas ou contrárias ao bem.

Considerando, então, que, todos os atos têm como causa ou matriz, o pensamento (do espírito), torna-se evidente que os pecadores são enfermos da alma. E, ao contrário do que estabelece a ética da maioria das religiões, as suas transgressões não ofendem a Deus; mas a eles próprios, exclusivamente. (Obra: *Mediunidade de Cura*, 12ª edição, p. 48)

"Pecados" do mundo – fases transitórias

À medida que se popularizam os conceitos iniciáticos do Oriente, e que o homem mais compreende o divino mistério do "Eu Sou" e da imanência do Criador em toda sua obra, ele melhor compreende que os pecados do mundo são as fases transitórias do incessante processo de angelização para todos os seres. Ninguém se perderá no seio do Cosmo, e todas as criaturas serão eternamente venturosas, pois não há privilégios ou deferências especiais na metamorfose angélica, mas apenas a destinação implacável de serem todas felizes. (Obra: *Mediunismo*, 13ª edição, p. 223)

"Pecados" e "virtudes" – combustível oculto

Em rude analogia, diríamos que os pecados exigem um combustível pesado, de odor desagradável e resíduo denso, algo semelhante ao óleo cru usado nos motores de explosão, enquanto as virtudes requerem apenas energia sublimada, de fácil volatilização, tal qual o motorzinho elétrico, que se move com a carga de 110 volts sem deixar vestígios residuais.

Isso também sucede de modo algo parecido com o residual fluídico inferior, que resulta dos pecados do homem, quando, depois de imantar-se à tessitura apurada do perispírito, precisa ser expurgado para a carne. No entanto, a energia dos fluidos ou vibrações emitidas pelas virtudes como o amor, a ternura, a alegria, a mansuetude, a humildade, o perdão, o altruísmo, a benevolência, a filantropia, a castidade e outras, não deixam no perispírito quaisquer resíduos que precisem ser drenados para o corpo, sob o processo doloroso das enfermidades. Já o fluido grosseiro e hostil, procedente dos instintos da vida animal, torna-se virulento; e depois, quando baixa para a carne, aloja-se na pele, causando chagas, afecções cutâneas ou eczemas; e se, no seu curso mórbido, depara com órgãos ou região orgânica mais debilitada, então se condensa e se aloja, seja no pulmão, no intestino, no pâncreas, no fígado, rins, estômago, no baço, nos ossos, ou mesmo no sistema linfático, endocrínico ou sanguíneo. (Obra: *Mediunidade de Cura*, 12ª edição, p. 54)

Pedagogia sideral e aprimoramento angélico

O principal objetivo da pedagogia espiritual é conduzir o homem ao seu aperfeiçoamento angélico, pois em sua intimidade permanece indestrutível a centelha espiritual, que é emanação do próprio Criador. A função do mundo físico, astral e mental, é proporcionar às almas a oportunidade de se tornarem conscientes de si mesmas, pois, embora elas existam aparentemente separadas, todas são oriundas da mesma fonte criadora.

Os caprichos, as teimosias, a preguiça, a negligência e os descasos espirituais, que significam os pecados dos seres, Deus os tolera porque representam as fases do processo evolutivo, em cuja luta heróica eles vão tomando conhecimento de si mesmos e desfazendo-se dos prejuízos e equívocos que retardam a ascese angélica. O homem deve decidir conscientemente sobre aquilo que já o satura na vida transitória material, pois a sua libertação das ilusões da carne deve ser efetuada sem violências ou imposições draconianas, que somente o empurram para a frente, mas não o esclarecem.

Os pecados, que são combatidos e esconjurados por todos os instrutores religiosos, são apenas os equívocos da alma titubeando na sua marcha pelas estradas planetárias. Assim como o jovem estudante reconhece mais tarde e lamenta os erros cometidos nas provas do seu exame colegial, apontados pelo professor, o espírito do homem lastima depois o tempo perdido nos seus equívocos espirituais, tudo fazendo para recuperar-se dos deslizes condenáveis. (Obra: *Mediunismo*, 13ª edição, pp. 202/203)

"Pedir" – decisão interna

O "pedir", na intenção de Jesus, não consiste simplesmente no ato primacial de a criatura solicitar algo. Mas, é sumamente importante que ela, primeiramente, se decida em consciência, quanto à natureza, contextura superior ou inferior do que pede. Quem não sabe o que pede, pode pedir insensatamente. É ilógico que o homem venha a querer o que não deseja, pedir o que não pretenda, solicitar o que não entende, ou, ainda, buscar o que não crê.

Ao pedir, em qualquer plano da vida mental, física ou espiritual, o homem expressa uma atitude compatível com o seu entendimento íntimo ou bom senso. (Obra: *Sob a Luz do Espiritismo*, 3ª edição, p. 227)

Pensamento e prana – intensidade

Há médiuns e ocultistas bem desenvolvidos ou clarividentes inatos, que podem ver os pensamentos; outros os sentem; e, no futuro, a ciência poderá pesar e identificar os pensamentos através de instrumentação de elevada precisão. O pensamento é tão real como o ar que nos rodeia a vida material. Comumente, a sua forma sutil, invisível e de aparência nebulosa, lembra um vapor de água, que varia na cor, densidade e na sua conformação característica, em perfeita sincronia com o temperamento e o poder do homem que pensa. Quando os pensamentos são emitidos com veemência e nutridos por aquela "fé que remove montanhas", da enunciação do Amado Mestre Jesus, eles então absorvem boa quantidade de prana ou fluido vital, que mais fortifica a contextura benéfica ou maléfica que lhes deu origem, multiplicando-lhes a ação em curso para determinado objetivo. (Obra: *Magia de Redenção*, 12ª edição, p. 80)

Pensamento – vibração da mente

O pensamento é uma vibração da mente; ainda é matéria, embora sutilíssima, que provoca a ruína de outrem, quando lançado sob o impacto tóxico da mente vingativa. É um fenômeno análogo ao da luz, pois se propaga em ondas, as quais vão-se enfraquecendo à medida que aumenta a distância que percorrem. Mas o pensamento é muitíssimo superior ao fenômeno da luz, porque ele é uma vibração de matéria mais quintessenciada e a sua produção exige múltiplos fenômenos fisiológicos do corpo humano. (Obra: *Magia de*

Redenção, 12ª edição, p. 71)
Pensamentos elevados e equilíbrio espiritual

No corpo físico, a temperatura sempre resulta do trabalho específico dos "centros térmicos", enquanto que no perispírito, embora sob outro processo sutilíssimo, esse metabolismo depende de maior ou menor nutrição de luz interior; esta, por sua vez, só aflui pela natureza dos pensamentos e das emoções elevadas do espírito. O equilíbrio espiritual, provindo dos pensamentos regrados, proporciona limpidez ao perispírito e o desafoga para maior filtração de luz, resultando a suavização da temperatura magnética, fragrância de perfumes e purificação das cores, enquanto que as trevas reduzem o metabolismo delicado da vestimenta perispiritual, assim como o inverno retarda o dinamismo da vida. (Obra: *A Sobrevivência do Espírito*, 8ª edição, p. 293)

Pensamentos sublimes – adubam a evolução

Os pensamentos sublimes e altruístas são de vibração muito rápida e sutil, alimentados por um combustível diáfano, que não deixa resíduos no perispírito. Quando atraídos por outras mentes afins, eles também ativam os sentimentos e as emoções superiores. Mas tratando-se de pensamentos mais raros, só influem em seres de boa estirpe sideral. As idéias, sugestões e criações mentais sobre o amor, a paz e o bem, em verdade, são energias extraordinárias e de qualidade incomum, que adubam o crescimento sadio do espírito humano. Há pensamentos científicos, religiosos e teosóficos, que influem preferencialmente em certo setor da atividade humana. (Obra: *Magia de Redenção*, 12ª edição, p. 72)

Percepção da realidade cósmica – a intuição

A intuição é, pois, o estágio mais elevado do espírito; é o corolário de sua escalonada desde o curso primitivo do instinto até à razão angélica. Evidentemente, enquanto o homem for mais dominado pela razão humana, também será mais governado pelas forças rígidas do intelecto, escravo do mundo de formas e submetido às leis coercivas da vida física. Só a intuição pura dá-lhe a percepção interior da realidade cósmica, ou então permite-lhe a concepção panorâmica do Universo. É, na verdade, a faculdade inconfundível que "religa" a criatura ao seu Criador. É a divina lente ampliando a visão humana para descortinar a sublimidade da vida imortal. (Obra: *Mediunismo*, 13ª edição, pp. 36/37)

Peregrinos do sacrifício

Considerais injustiça a voluntária descida de Jesus ao vosso mundo, a fim de salvar o homem terreno das algemas do instinto inferior? Esses espíritos eleitos, superiores às provas purificadoras do vosso mundo — muitos dos quais já operam em vossas instituições espiritualistas e se destacam como devotados servidores do próximo — pertencem à falange do Cordeiro e aceitaram, em sã consciência, a tarefa dolorosa de socorrerem o terrícola desesperado, na hora grave do seu doloroso exame espiritual. Eles estarão convosco nos instantes acerbos; estender-vos-ão os braços amigos e mitigarão a vossa angústia de esperança e de alívio. Esquecerão as suas próprias dores, como imperativo do meio a que se sacrificam, para apenas se preocuparem com as vossas aflições. No Espaço conhecemo-los comumente, sob a designação genérica de "Peregrinos do Sacrifício". São almas que ainda evocam na sua retina espiritual as terríveis angústias que também sofreram, alhures, em situações similares ao próximo julgamento final. (Obra: *Mensagens do Astral*, 17ª edição, p. 41)

Perfil do mestre Jesus

Jesus era um homem de estatura alta, porte majestoso, de um perfil clássico, hebraico, mas singularmente também possuía alguns traços imponentes de um fidalgo romano. Delicado nas formas físicas, porém, exsudava extraordinária energia à flor da pele, pois naquele organismo vibrátil as forças vivas da Natureza, aliadas a um potencial energético incomum do mundo etéreo-astral, denunciavam profunda atividade mental. A testa era ampla, suavemente alongada e seu rosto triangular, mas cheio de carne, sem rugas ou manchas até os dias da crucificação. Os lábios, bem feitos, com suave predominância do inferior, nem eram excessivamente carnudos, próprios dos homens sensuais, nem finíssimos e laminados, que lembram a avareza e a dissimulação. O nariz era reto e delicado, sem qualquer curvatura inferior que trai o homem de mau instinto; a barba espessa, um pouco mais escura do que os cabelos, caprichosamente separada ao meio e curta, tornando Jesus o perfil de um dos mais belos homens do mundo. (Obra: *O Sublime Peregrino*, 17ª edição, p. 152)

Perispírito – conjunto de corpos

Não nos referimos ao perispírito como sendo apenas um organismo singelo e semelhante a uma veste vaporosa, como ainda o crêem muitos espiritualistas, mas sim como a um avançado conjunto coletivo composto de todos os veículos de que o espírito necessita para atuar e se relacionar com os diversos planos da vida imortal, como sejam o etérico, o astral, o mental concreto, o mental abstrato etc. Sabemos que a sua real estrutura só agora está sendo conhecida entre os espíritas estudiosos, pois só era familiar aos teosofistas, esoteristas, rosa-cruzes, iogues, hermetistas e iniciados, que já conheciam a sua avançada fisiologia "etereoastral", através dos ensinos hermetistas e védicos. É o mais complexo aparelhamento jamais imaginado por um fisiologista ou anatomista humano, e o seu completo conhecimento no mundo físico ainda poderá exigir alguns milênios de estudos bem aplicados. (Obra: *A Sobrevivência do Espírito*, 8ª edição, p. 280)

Perispírito – descida vibratória

O perispírito é um conjunto de natureza vital poderosíssima e de intensa atividade no seu plano eletivo do Mundo Astral, sendo organização levíssima e de tão assombrosa elasticidade, que reage imediatamente à mais sutil cogitação mental do espírito, motivo por que é extraordinariamente influenciável pela natureza dos pensamentos bons ou maus das entidades desencarnadas. Durante a encarnação, o perispírito "desce" vibratoriamente, a fim de aglutinar a matéria carnal do mundo físico, mas sempre o faz com sua poderosa influência magnética e com o seu psiquismo elaborado nos milênios findos; a seguir, então, submete-se às leis da vida física e sofre a ação das tendências hereditárias do corpo de carne, malgrado os seus princípios milenários. O organismo físico, apesar dos seus ascendentes biológicos, que parecem dar-lhe uma autonomia toda especial e um valor exclusivo em sua linhagem hereditária carnal, é apenas o revelador objetivo da alma à luz do ambiente do mundo material.

No período de gestação do corpo carnal, o perispírito recapitula rapidamente todas as lições já vividas na escalonada animal, e que lhe foram proporcionados nos vários contatos anteriores com o mundo material para, em seguida, servindo-se da nova oportunidade da vida física, poder ampliar e consolidar as suas próprias realizações anteriores. (Obra: *A Vida Além da Sepultura*, 9ª edição, pp. 395/396)

Perispírito – identificador evolutivo

A comprovação de que a natureza evolutiva do espírito se revela nos fenômenos exteriores que identificam suas virtudes ou pecados é tão velha quanto a própria alma humana. A história e a lenda do vosso orbe sempre descreveram os santos e os anjos no seio de massas luminosas e cores celestiais, e os demônios envoltos pelo fogo, de aspectos sujos, grotescos e exalando o mau cheiro do enxofre, o que quer dizer que vós mesmos sabeis que a manifestação exterior da alma está em perfeito acordo com a sua qualidade interior.

Cada perispírito possui o seu odor, magnetismo, cor e temperatura, que constituem o fundo permanente da aura perispiritual e revelam o tom definitivo ou o sinal identificador do grau de evolução da entidade espiritual. É um verdadeiro livro completamente aberto, e exposto sem subterfúgios à visão dos mentores siderais; não há nele possibilidade de qualquer artificialismo ou esconderijo para se ocultarem as mazelas da alma. (Obra: *A Sobrevivência do Espírito*, 8ª edição, p. 288)

Perispírito – mecanismo de atrofias

O espasmo derradeiro do homem pendurado na forca repuxa e atrofia o tecido supermagnético do perispírito, formando o molde defeituoso para plasmar ou materializar um novo corpo na próxima encarnação. E quanto ao surdo-mudo, ele fere, com a bala suicida, os delicados neurônios etéreos do perispírito relativos à cerebração, matriz de todos os cérebros físicos usados nas diversas encarnações terrenas, dificultando a confecção perfeita dessa zona de transmissão da mente e da vontade para o organismo carnal.

O mesmo ocorre a qualquer outra anomalia praticada pelo espírito num momento de imprudência ou viciação, no decorrer de sua existência física, resultando efeitos semelhantes por se gerarem de causas semelhantes. (Obra: *Sob a Luz do Espiritismo*, 3ª edição, pp. 214/215)

Perispírito – revela a realidade do ser

Enquanto, na Terra, o corpo físico se constitui de conformidade com as experimentações a serem tentadas pelo espírito encarnado, no Mundo Astral o perispírito revela na sua substância quintessenciada exatamente aquilo que é no seu psiquismo. São muito comuns as terríveis decepções quando, após a morte do corpo físico, muitas criaturas vêem aflorar à superfície de si mesmas as expressões e os contornos mais aviltantes e monstruosos, depois de desligadas de corpos belos e atraentes. As falsas virtudes, o verniz da ética social ou as hipocrisias religiosas pulverizam-se sob miraculoso passe de magia quando o espírito desregrado se revela no cenário do Além, expondo a nudez de sua consciência e sofrendo a tremenda decepção de haver iludido a si mesmo. Enquanto o corpo físico pode ser agradável, apenas pela sua linhagem ancestral biológica, no Além o belo é realmente o cunho da alma bondosa e sábia, porque é a forma real e projetada de sua intimidade espiritual. Da mesma forma, as figuras teratológicas, que povoam o Astral inferior e desafiam o mais ousado Dante para descrevê-las, são produtos exatos da subversão espiritual e que muitas vezes se mascaravam na Terra sob o disfarce de um corpo formoso e tentador. Muitos homens afidalgados e mulheres sedutoras lançam-se ao Além-túmulo na figura de horrendos bruxos, que apavoram a si mesmos. (Obra: *A Vida Além da Sepultura*, 9ª edição, p. 440)

Perispírito – síntese evolutiva

O perispírito é patrimônio admirável e produto de indescritíveis labores e adaptações efetuadas na esteira do tempo, que o ritmo divino e criador desenvolveu desde o reino mineral até à forma ereta do homem, por cujo motivo guarda em sua intimidade gloriosa a síntese de todos os eventos da própria evolução da natureza. Servindo-se da substância energética e vital do magnetismo da Terra, pouco a pouco a Sabedoria Divina orientou-o sob inteligente automatismo para que pudesse organizar-se desde as escalas mais primitivas e transitórias, consolidando-se desde o impulso e irritabilidade, sensação e instinto, até à conquista da razão humana, a caminho da consciência angélica. Em consequência, é o mais valioso veículo que o homem tanto pode usar para o bem como para o mal, enquanto o corpo físico significa apenas o agente e o reagente, que o represa na carga e ação no ambiente físico, como um reflexo carnal provisório e não um anteparo absoluto. (Obra: *A Vida Além da Sepultura*, 9ª edição, p. 398)

Personalidade humana – casca/invólucro

Desde que Deus é o "pano de fundo" de toda consciência humana, não vemos razões para as criaturas se preocuparem com o tipo de personalidade humana que deveriam ter vivido outrora, uma vez que todos nós fomos agraciados com a mesma força divina, que tanto alimenta os grandes seres, quanto os pequeninos. A personalidade terrena que se recorta no mundo físico ainda é a casca, o invólucro exterior e que dispensa imitação, porquanto todos os homens podem revelar a mesma glória e o mesmo poder, que vêm do espírito e não da carne. Só a ingenuidade, a exaltação pessoal ou a contradição interior podem impor essa ansiedade da alma em ter sido alguém famoso no cenário terreno. Há muito "joão ninguém", que passa incógnito pelo mundo terreno, capaz de superar os mais famosos personagens de outrora, porque já abrange maior porção da Divindade e fez eclodir mais luz em sua consciência. (Obra: *Mediunismo*, 13ª edição, p. 222)

Piedade angélica e auxílio à retaguarda

É certo que, por força da mesma lei que Deus criou para

encaminhar os seus filhos à ventura eterna espiritual, todos os espíritos angélicos também já cursaram a escola terrena e, por força de sua ignorância, natural do início de sua consciência no seio do Cosmo, também laboraram nos mesmos equívocos e experimentaram as mesmas paixões e vícios que ainda são comuns à humanidade terrena.

Só depois de percorridas as etapas planetárias que lhes facultaram a libertação definitiva da carne, é que então desvestiram-se dos trajes de fluidos animalizados, e puderam integrar-se definitivamente no seio da comunidade angélica. Em suas memórias siderais, eles não esquecem suas próprias dores atávicas, padecidas na vida educativa da matéria, o que então os faz apiedarem-se dos seus irmãos encarnados, que ainda gemem à retaguarda, aproveitando todos os ensejos favoráveis para ajudá-los. (Obra: *Mediunismo*, 13ª edição, p. 77)

Piteiras vivas – tabaco

Se o indivíduo, em virtude de se submeter completamente ao jugo do vício do fumo, vier a enfraquecer a sua conduta moral, arricar-se-á a se transformar numa exótica e oportuna "piteira viva" para saciar o vício dos fumantes desencarnados do astral inferior, pois as almas desregradas e malfeitoras que, além disso, eram viciadíssimas na Terra com o uso do fumo, ficam presas ou chumbadas à crosta terráquea, vivendo momentos de angústia inenarráveis, em virtude de não poderem satisfazer o desejo de fumar, devido à falta do corpo carnal que deixaram na cova do cemitério. Só lhes resta então um recurso maquiavélico para poderem saciar o desejo veemente de fumar, qual seja o de se aproximarem de criaturas encarnadas que possam vibrar simpaticamente com suas auras enfermiças, e assim transmitir-lhes as sensações etéricas da queima do fumo.

Essas almas envidam esforços para ajustar os seus perispíritos aos perispíritos dos encarnados que, além de se igualarem a elas na conduta moral, ainda sejam escravos do vício do fumo; colam-se a eles como se fossem moldes invisíveis, procurando por todos os meios haurir desesperadamente as emanações desprendidas do cigarro. Isso acontece porque o fumo, além de sua característica volátil no mundo material, interpenetra as baixas camadas do mundo astral, devido a possuir, como tudo, a sua cópia fluídica, que então é absorvida avidamente pelos desencarnados que se conseguem afinizar à aura dos fumantes encarnados. Mas isso não os deixa completamente satisfeitos, porquanto é bastante reduzida a quota que podem absorver no eterismo do tabaco incinerado; então lançam mão do recurso de acicatar suas vítimas para que aumentem a sua ração diária de cigarros, donde se descobre a causa de muitos fumantes se dizerem dominados por estranha força oculta que os impede de se livrarem do vício e ainda os faz fumar cada vez mais. (Obra: *Fisiologia da Alma*, 15ª edição, pp. 92/93)

Planetas – leis de progresso

As épocas de "Juízo Final" têm também por função ajustar a substância planetária para se tornar melhor "habitat" e, consequentemente, requerem seleção de almas com melhor padrão, necessário para as sucessivas reencarnações em moradia aperfeiçoada. É um mecanismo previsto pela Suprema Lei e rigorosamente coordenado e dirigido pelos que são designados para criar em nome de Deus; ultrapassa o entendimento humano e a matemática das leis científicas. Conforme já vos explicamos, trata-se de planos elaborados pelos Construtores Siderais, em sintonia com o "Grande Plano" mentalizado pelo Criador. Como os planetas são corpos poderosos, ou seja, campos de energia concentrada que toma a forma material, obedecem tacitamente às leis de progresso energético, que lhes aprimora a substância, ajustando-os, paulatinamente, à evolução harmônica do sistema a que pertencem. As humanidades que lhes estão conjugadas — como gozam do livre arbítrio de realizar a sua felicidade quando bem lhes aprouver — é que raramente atingem a sua perfeita renovação dentro da perfeita conexão "espírito-matéria". Essa negligência da alma requer, então, dos Mentores do orbe, periódicas separações entre o "joio" e o "trigo", os bons e os maus, as "ovelhas e os lobos" ou, ainda, os da "direita" e os da "esquerda" do Cristo. (Obra: *Mensagens do Astral*, 17ª edição, p. 57)

Plano divino – redenção do "pecador"

O que interessa ao plano divino é a redenção do pecador e

não a sua punição e, mesmo depois da queda no vício degradante, ou no crime, ou da ambição, ou da vingança, o espírito delinquente ainda pode se redimir de seu erro, como Maria Madalena alcançou a sua salvação após conhecer o Mestre Amado. Há inúmeros casos de criaturas viciadas, perversas, subversivas e desonestas que se regeneram sob programas sociais salvacionistas, amparo religioso ou quando, entre as fibras do instinto animal inferior, bruxuleia-lhes a luz libertadora do sopro sagrado. (Obra: *Sob a Luz do Espiritismo*, 3ª edição, p. 214)

Plantas – magnetismo vitalizante

As delicadas plantas que, hodiernamente, enfeitam vossos lares e constituem miniaturas de jardins, nas áreas e entradas das moradias coletivas, já manifestam um sentido estético e decorativo mais ao gosto marciano. As flores e vegetais cultivados sem exageros devem participar da vossa vida íntima, pois são portadores de magnetismo vitalizante que ainda não sabeis absorver do ambiente. As espécies provindas de outros climas e latitudes geográficas trazem-vos um pouco do magnetismo de outros povos, formando elos de simpatia e fraternidade.

Através dos conhecimentos futuros, da "radiestesia", a vossa ciência saberá selecionar as espécies, psíquica e magneticamente apropriadas a cada região, assim como se processa em Marte. Igualmente, à medida que os vossos espíritos ascensionarem para expressões mais sublimes, demonstrareis em torno de vossos passos um senso de estesia superior nas realizações materiais; pois o teor moral do espírito reflete-se ou manifesta-se no mundo de formas, consoante o grau da sua evolução, podendo conjugar a emotividade das coisas mais simples à beleza superior das formas complexas. (Obra: *A Vida no Planeta Marte e os Discos Voadores*, 14ª edição, pp. 327/328)

Poder mental – modelar destinos

Poderemos mobilizar o fabuloso poder da mente, modelando os nossos destinos para objetivos venturosos, porque, em nossa intimidade espiritual, ele permanece indestrutível por ser o alento e a sabedoria do Pai. Muitos homens passaram pelo mundo produzindo fenômenos incomuns, que os classificaram de "magos" poderosos, pois, não só dominavam as leis da natureza, como processavam modificações no próprio organismo. Através do poder fabuloso da mente, eles levitavam, desmaterializavam objetos e chegavam a se transportar de um local para outro, além de exercerem toda sorte de interferência no seu organismo, conforme narra a história iniciática sobre os famosos iogues Babají, Lahiri Mahasaya e Nagendra Bhaduri. (Obra: *Sob a Luz do Espiritismo*, 3ª edição, p. 136)

Política e cristianização completa

Para nós, cujo esforço construtivo é orientado só em Cristo, despreocupa-nos a terminologia brilhante ou os exotismos utópicos dos vossos grupos políticos. Enquanto os vossos legisladores e sociólogos tentarem a recomposição moral da humanidade terrestre, mediante sistemas que agem "do exterior para o interior", através de grupos simpáticos, hão de fracassar todos os esforços de equilíbrio social. Os volumosos compêndios doutrinários, que justificam inúmeras estátuas dispersas nas praças públicas, são equivalentes ou semelhantes a esses rótulos brilhantes e coloridos, que disfarçam, nos vasilhames, a pobreza do vinho comum. Só a cristianização completa do vosso orbe, a submissão incondicional ao Evangelho de Jesus, numa prática cotidiana, vos dará a unidade salvadora há tantos milênios procurada. (Obra: *A Vida no Planeta Marte e os Discos Voadores*, 14ª edição, p. 412)

Ponte vital e degradação humana

E à medida que os encarnados mais se rebaixam pelos seus desatinos emotivos e desregramentos mentais, pondo-se em contato mais íntimo e perigoroso com as faixas vibratórias do Astral inferior, é óbvio que também aumenta o império das sombras sobre a Terra. Impedindo a sanidade psíquica, que limpa a aura humana e capta as vibrações das frequências e inspirações mais altas, a degradação humana transforma-se justamente em alimento que consolida a "ponte vital" repugnante e permite aos malfeitores desencarnados atuarem na margem da vida física e estimularem toda sorte de vilezas e preliminares para o trabalho

obsessivo. (Obra: *A Vida Além da Sepultura*, 9ª edição, p. 393)
Ponto de equilíbrio magnético e o passe espírita

O espírito, como um eletroímã poderoso, tanto atrai como repele energias que palpitam livres no seio da vida cósmica. Ele é sempre um centro de atração magnética, onde quer que esteja e atue; condensa, liberta, expande ou agrupa as correntes magnéticas ou energéticas, que o ajudam mais breve a nivelar-se às regiões paradisíacas; ou então pode baixar vibratoriamente sob a lei dos pesos específicos, estagnando em sintonia com a vida degradada dos mundos deletérios do astral inferior. Deste modo, o principal papel do passista é o de interferir no campo dessas energias poderosas e canalizá-las para os enfermos na quantidade e qualidade capazes de renovarem-lhe as células doentes ou cansadas, operando as transformações benéficas nas coletividades microbianas que recompõem os tecidos e órgãos físicos.

Atingido o ponto de equilíbrio magnético do corpo humano, é este mesmo que opera, defendendo-se da invasão dos germes e elementos mórbidos, extinguindo qualquer mazela ou excrescência que perturbem a sua harmonia. (Obra: *Fisiologia da Alma*, 15ª edição, p. 343)

Pontos cósmicos – chackras cósmicos

O indescritível conhecimento cósmico dos Engenheiros Siderais é fruto de suas próprias experimentações já realizadas em outros planetas extintos, que faziam parte da infinita escadaria da evolução humana. Eles se orientam, segura e logicamente, para a confecção dos projetos edificativos dos novos mundos, assim como o tirocínio comprovado do professor escolar esclarece-o quanto às futuras lições que deverá expor aos novos alunos. A sabedoria ilimitada — inconcebível no vosso entendimento — permite aos Construtores Siderais prever com exatidão a figura de cada cortejo solar que se balouça no Espaço e ajustá-los todos, astronomicamente, aos eventos sociais e às necessidades espirituais das humanidades. Enquanto assinalais nos vossos compêndios científicos os centros fixos, os eixos imaginários ou os necessários pontos de apoio, que atribuís aos sistemas solares e aos seus satélites, os mentores siderais fixam essas sustentações em "pontos cósmicos", intermediários, que se produzem pelo cruzamento de forças magnéticas turbilhonantes. Nesses cruzamentos, em que se chocam poderosos campos magnéticos "altos" e "baixos", formando "centros" ou "rodas" exuberantes de energias provindas de todas as regiões estelares e denominados "chakras cósmicos", estabelecem-se as bases das sustentações constelares ou planetárias. (Obra: *Mensagens do Astral*, 17ª edição, pp. 88/89)

Potencial cósmico da luz – vida fruto da luz

Quanto ao potencial cósmico da Luz, as lendas e os relatos religiosos do vosso orbe mencionam que a Luz tem sido considerada o atributo fundamental de todas as fases principais da Criação e da evolução espiritual do ser. Já no capítulo 1, vers. 3 ,4 e 5 do Gênesis, a Bíblia refere: "E disse Deus: 'Faça-se a Luz!' E foi feita a Luz. E viu Deus que a Luz era boa; e separou a Luz e as Trevas. E chamou à Luz, Dia; e às trevas, chamou Noite". Jesus também afirma: "Eu sou a Luz do Mundo; e o que me ama não anda em trevas, mas terá a Luz da vida eterna".

Em toda essa enunciação de aparência simbólica palpita a realidade cósmica de que a Vida, em suas múltiplas manifestações, é fruto da Luz; e a Alma, nos diversos estágios de sua ascensão moral e espiritual até à hierarquia dos arcanjos, absorve luz, inunda-se de luz, irradia luz porque ela é um reflexo direto da Luz Foco absoluto do Universo, ou seja, do próprio DEUS! (Obra: *Mediunidade de Cura*, 12ª edição, pp. 236/237)

Porta estreita e ascese espiritual

Como a ascese espiritual ou aprimoramento angélico é um problema de critério individual ou mesmo de interesse particular do espírito, pouco importa o prejuízo do homem na vida física, só porque se integra absolutamente aos postulados evangélicos que anulam a personalidade humana. Em verdade, dessa condição de absoluta renúncia franciscana, é que resulta o processo ou o único caminho esquematizado pelo Magistério Sideral, a fim de o espírito lograr a sua autêntica e definitiva libertação. O caminho é difícil e atroz, não resta a menor dúvida, e é veementemente criticado e subestimado pelos gozadores sensuais do mundo. Mas à angelitude só é possível o ingresso pela "porta estreita", inclusive a exigência de "entregar a camisa a quem lhe furtar a túnica" e, ainda, "caminhar mais uma milha, com quem o obriga a andar a primeira milha". (Obra: *O Evangelho à Luz Cosmo*, 9ª edição, p. 122)

Portal do templo – espiritismo

O Espiritismo, embora para alguns se afigure apenas um conjunto de princípios reduzidos, do mundo oculto, é realmente a porta entreaberta para as almas dotadas de ânimo, coragem e perseverança, decididas a encontrar a "pedra filosofal" da purificação interior e que, diante do umbral do Templo, repleto de sugestões equívocas e seduções perigosas, não temem em levantar completamente o decantado "Véu de Ísis", da tradição iniciática.

Mas, recordando as severas advertências do passado, dir-vos-emos que, se o Espiritismo significa a porta do Templo de Revelação Espiritual, é preciso que o seu adepto deixe as sandálias impregnadas da poeira do mundo ilusório, para então ali ingressar ao encontro da divina "voz sem som" do Cristo e conhecer a realidade do "Caminho, a Verdade e a Vida". (Obra: *A Sobrevivência do Espírito*, 8ª edição, p. 375)

"Pralayas" – raças raízes

Obedecem a modificações periódicas e se sucedem em perfeita correspondência com as mudanças de "raças raízes", que estabelecem padrões mentais e científicos nos planetas. São acontecimentos que os registros iniciáticos, do Oriente, denominam de "Pralayas", cujos eventos se sucedem dentro da "Ronda" de cada orbe. É por isso que, embora a ciência oficial queira afirmar a inalterabilidade do ângulo de obliquidade do eixo da Terra, podereis verificar naqueles registros orientais que esse eixo se modifica, em algumas épocas, produzindo consequências cientificamente imprevistas. São as variações decorrentes da inclinação do eixo terrestre que produzem os períodos chamados "Pralayas", que se registram sob o determinismo científico da Lei Kármica do orbe e dos seus moradores. (Obra: *Mensagens do Astral*, 17ª edição, p. 59)

Prana – causa, não efeito

Em suma, o prana age em equilíbrio com cada plano de vida e manifesta-se também em perfeita correspondência vibratória com a cor e a natureza vibratória desse plano. No plano físico ele constrói os minerais, as plantas, os animais e os homens, mas também está presente como energia vital da sensibilidade nervosa, na oxigenação, na excitabilidade muscular, na vibração sanguínea, e na pressão do empuxo cardíaco; na contração e dilatação dos brônquios, na diástole e sístole do coração; nos cinco sentidos, nas modificações atômicas ou fisiológicas, e, também, nos estímulos endocrínicos que fabricam os hormônios.

Sem o prana o perispírito também não poderia aglutinar os átomos e as moléculas do mundo físico, para materializar a sua forma fetal no útero materno, nem o duplo etérico conseguiria modelar-se em torno da figura humana em gestação. É o prana, enfim, a rede energética vital que interpenetra, afina e compõe a estrutura das coisas e dos seres em qualquer latitude ou longitude cósmica. Mas ele não é o éter, o oxigênio ou o azoto, tidos como fonte criadora de vida na intimidade dos seres vivos, pois, na realidade, estes elementos é que vivem do prana, o qual, em síntese, não é efeito, é causa. (Obra: *Elucidações do Além*, 11ª edição, p. 178)

Prana e o processo evolutivo

O espírito, ao "baixar" do seu mundo espiritual para formar sua individualidade consciente no mundo material, submete-se a um processo gradativo ou inerente a cada plano da vida, sendo um fenômeno uniforme em todo o Universo. No mineral, essa "consciência" em formação permanece estática e adormecida, mas depois evolui para a irritabilidade de "consciência" do vegetal ainda em "sonho"; em seguida, vivendo novos estágios de adaptações, ela alcança o estado de consciência instintiva animal; e, finalmente, atinge o raciocínio glorioso do homem. Entretanto, em todo esse modelamento progressivo e demorado, o prana, energia vital, é o fio dadivoso que une as contas de imenso colar de moléculas para plasmar as múltiplas formas da vida.

Recorrendo a rude exemplo, diríamos que assim como o cimento une os tijolos de um edifício, o prana é a liga, o elo vital, ou o elemento oculto, que associa os átomos, as moléculas e as células para compor o Universo. (Obra: *Elucidações do Além*, 11ª edição, pp. 171/172)

Prana – o "sopro da vida"

Aliás, prana é palavra de origem sânscrita e traduzida textualmente, quer dizer "sopro de vida", ou energia vital. Para os orientais e principalmente entre os hindus ela possui significação mais ampla, sendo considerada a manifestação centrífuga de um dos poderes cósmicos de Deus. Para a escolástica hindu só há uma vida, o prana, tido como a própria vida do Logos.

Prana é a vida manifestada em cada plano de atividade do espírito eterno; é o sopro vital de cada coisa e de cada ser. Na matéria ele é a energia que edifica e coordena as moléculas físicas, ajustando-as de modo a comporem as formas em todos os reinos, como o mineral, o vegetal, o animal e o hominal. Sem prana, sopro indispensável, não haveria coesão molecular nem a consequente formação de um todo definido, pois é ele que congrega todas as células independentes e as interliga em íntima relação sustentando as formas. A coesão celular formada pelo prana assegura a existência de uma consciência vital instintiva, garantindo uma unidade sensível e dominante, que atua em todos os demais planos internos da Vida. (Obra: *Elucidações do Além*, 11ª edição, p. 171)

Práticas "a luz do dia" e espiritismo

As práticas à "luz do dia" graduam os discípulos de modo imprevisto porque se exercem sob a espontaneidade da própria vida dos seres em comum. Aqui, o discípulo é experimentado na virtude da paciência pela demora dos caixeiros em servirem-no nas lojas de compras, ou pela reação colérica do cobrador de ônibus; ali, prova-se na tolerância pela descortesia do egoísta que fura a "fila" de espera, ou pela intransigência do fiscal de impostos ou de trânsito; acolá, pela renúncia e perdão depois de explorado pelo vendeiro, insultado pelo motorista irascível ou prejudicado no roubo da empregada.

Assim, no decorrer de nossa atividade humana, somos defrontados com as mais graves arguições no exame da paciência, bondade, tolerância, humildade, renúncia ou generosidade. Fere-nos a calúnia dos vizinhos, maltrata-nos a injustiça do patrão, magoa-nos a brutalidade dos desafetos, ou somos explorados pelo melhor amigo. É o espiritismo, portanto, com sua doutrina racional e eletiva à mentalidade moderna, que pode ensinar-nos a melhor compostura espiritual no momento dessas provas iniciáticas à "luz do dia", sem complexidades, mistérios ou segredos. (Obra: *A Missão do Espiritismo*, 10ª edição, pp. 25/26)

Prazo para ascese espiritual e grande plano

Há um prazo determinado para o espírito humano libertar-se espontaneamente do jugo ilusório da vida material e alçar-se aos mundos superiores! Quando ele persiste além desse prazo convencionado pela Lei Espiritual Evolutiva, e ainda se obstina como escravo das sensações animais da vida física retardando a sua ventura sideral, então desperta através de recursos compulsórios kármicos, pois como disse o Cristo Jesus: "Não se perderá uma só ovelha do rebanho do Senhor!"

Em cada "Grande Plano" ou conhecido "Manvantara" da escolástica hindu,[1] isto é, o período em que surgem e desaparecem os mundos físicos nos ciclos da "descida energética" até situar-se na forma de matéria, os espíritos destacados em Deus para adquirirem a sua consciência individual não podem ultrapassar o prazo previsto nessa simbólica fornada sideral no Cosmo! (Obra: *A Vida Humana e o Espírito Imortal*, 11ª edição, p. 118)

Prece – dinamiza potencial oculto

A prece dinamiza os anseios sublimes que, em estado latente, já existem na intimidade do espírito imortal. O homem, na verdade, como futuro anjo, quando se devota à oração, exercita-se num treino devocional que o põe em contato com os espíritos de

---

[1] Vide o capítulo "Os Engenheiros Siderais e o Plano da Criação" da obra *Mensagens do Astral*, e o capítulo "Considerações sobre o Grande Plano e o Calendário Sideral", da obra *O Sublime Peregrino*, ambas de Ramatís, editadas pela **EDITORA DO CONHECIMENTO**.

hierarquia angélica. Toda prece fervorosa e pura recebe do Alto a resposta benfeitora, a sugestão mais certa e, também, as energias psíquicas que sustentam o próprio corpo carnal.[2]

É um dos recursos eficientes que eleva e reorganiza a harmonia "cosmo-psíquica" do homem, pois abranda as manifestações animais instintivas, afasta os pensamentos opressivos, dissipa a melancolia, suaviza a angústia e alivia o sofrimento da alma. (Obra: *Elucidações do Além*, 11ª edição, p. 103)

Prece e o corpo carnal

A oração catalisa as reservas espirituais do homem, assim como o imuniza contra a interferência dos "maus" espíritos e dos pensamentos daninhos. Em consequência, a harmonia espiritual que é ensejada pela prece também proporciona ao corpo carnal melhores condições de equilíbrio nervoso e harmonia fisiológica. (Obra: *Elucidações do Além*, 11ª edição, p. 105)

Prece nas refeições

O êxito na manutenção da saúde muito se acentuaria se fosse feita uma prece antes das refeições, pois ela acalma os temperamentos excitados e, pelo fato de estabilizar o vagossimpático, afrouxa a vertência biliar e acerta os estímulos duodenais durante a digestão. A oração ajusta a uma mesma frequência vibratória os familiares e presentes à mesa, afastando as conversas contundentes ou os comentários impróprios à hora das refeições sobre crimes, desastres ou assuntos que mexem com o fígado, perturbam o fluxo biliar e intervêm até nos estímulos psíquicos do apetite. (Obra: *Fisiologia da Alma*, 15ª edição, p. 68)

Precursores do mestre Nazareno

Nem Jesus parafraseou esses instrutores religiosos, nem os

---

[2] "Cada prece, tanto quanto cada emissão de força, se caracteriza por determinado potencial de frequência e todos estamos cercados por Inteligências capazes de sintonizarem com o nosso apelo, à maneira de estações receptoras". Trecho extraído do capítulo "Em Torno da Prece", da obra *Entre a Terra e o Céu*, de André Luiz a Chico Xavier.

ensinos deles devem ser considerados originais. O certo é que a humanidade sempre foi visitada por Espíritos orientadores, assim que ela se revelava sensível e capaz de sentir-lhes as mensagens, embora ainda se mostrasse incapacitada para compreendê-los na profundeza espiritual do seu sentido. O Alto sempre transmitiu para a Terra, antes de Jesus, a mesma fórmula de esclarecimentos e de libertação espiritual dos homens. Assim, os conceitos predicados pelo Divino Amigo, recomendando-nos o "amai-vos uns aos outros" e "fazei aos outros o que quereis que vos façam", já haviam sido ensinados anteriormente na Lemúria, na Atlântida, na Caldéia, na Fenícia, no Egito, na Índia e na Grécia, através de missionários como Numu, Antúlio, Anfion, Rama, Hermes, Krishna, Buda, Confúcio, Zoroastro, Orfeu, Sócrates, Pitágoras e outros, enquanto, modernamente, essa mesma mensagem de Amor aos homens foi apregoada por instrutores como Ramakrishna, Maharishi, Gandhi e Kardec! (Obra: *O Sublime Peregrino*, 17ª edição, p. 232)

Prepostos de Deus e idioma universal

Como o terrícola só pode perceber pelos cinco sentidos o aspecto exterior das coisas fenomênicas da matéria, ainda crê que todo progresso humano seja simples "obra da Natureza", assim como a criação de um idioma deva ser fruto apenas do progresso dos encarnados. A vida e sua admirável metamorfose significa para ele apenas um produto disciplinado do "acaso", ou então o resultado de um toque mágico da "providência divina" que deve se encontrar sempre à disposição dos desejos humanos. Ele ignora que, no mundo invisível aos sentidos humanos, os prepostos de Deus operam devotadamente durante vários milênios, para só então conseguirem pequeninos êxitos que são então plasmados no cenário das formas terrenas.(Obra: *A Sobrevivência do Espírito*, 8ª edição, p. 180)

Presença do Cristo – permanente

Há que distinguir, também, que embora Jesus seja um espírito de considerável amplitude consciencial, capacitado para abranger psiquicamente um vasto campo de pensamento e intenções dos homens terrenos, é necessária uma presença permanente e insofismável, como é o Cristo, o Espírito Planetário, a interpenetrar integralmente todos os átomos físicos do vosso orbe e o campo psíquico de vossa humanidade. Então, o Cristo poderia afirmar pelos lábios de seu medianeiro Jesus, o seguinte: "Onde dois ou três estiverem reunidos em meu nome, lá estou no meio deles". Evidentemente, quando os seres vibram pela mente e pelo sentimento, sob a frequência superior do amor fraterno e puro, ali também vibra mais sensível e íntimo o Cristo, que é o Amor Incondicional. (Obra: *O Evangelho à Luz do Cosmo*, 9ª edição, pp. 174)

Pressa para evoluir – do homem não de Deus

A questão de pressa, ou demora para essa mais breve realização espiritual, é problema do homem e não de Deus; é coisa toda particular do próprio espírito interessado no assunto. Este é que decide se estuga o passo ascensional ou se o retarda; o problema é excepcionalmente íntimo. Deus, em sua Bondade, Sabedoria, Justiça e Amor, limita-se a conceder oportunidades para aqueles que preferem apressar-se, assim como favorece ambientes apropriados para os que preferem demorar na escalonada. A seleção do "Juízo Final", na separação do trigo e do joio, tem por precípuo objetivo criar mais decisivamente essas duas oportunidades: o apressamento para os direitistas e o recomeço ascensional para os esquerdistas. É uma indiscutível decisão pessoal deles, e que o Pai, magnânimo como sempre, respeita ao conceder os poderes do livre arbítrio aos seus filhos. (Obra: *Mensagens do Astral*, 17ª edição, p. 355)

Princípio espiritual x tendências inferiores

O exemplo da muda de uma laranjeira superior enxertada sobre o "cavalo-selvagem" vegetal, ou tronco nativo da espécie inferior, poderia servir de analogia para avaliarmos a natureza dos princípios espirituais superiores, quando em luta com as tendências hereditárias inferiores do organismo físico. Há laranjeiras de qualidade superior, que conseguem impor os seus frutos doces e gostosos, embora sejam nutridas pelo tronco selvagem onde são enxertadas. Outras, enfraquecidas, só produzem frutos agrestes e azedos, porque se deixam dominar pela base inferior primitiva. Tal seria a imagem simbólica da luta do princípio superior espiritual, contra as tendências inferiores da matéria plasmada pela força bruta do instinto animal. (Obra: *A Vida Humana e o Espírito Imortal*, 11ª edição, p. 24)

Problemas insolúveis – não há no Cosmo

Não há problema insolúvel no seio da Divindade, mas apenas etapas de experimentação e adaptação a novas condições, em que os espíritos submetem-se a fim de desenvolver o conhecimento de si mesmos. Podem falhar todos os recursos técnicos, científicos e educativos do mundo quanto à melhoria do ser humano; jamais falham as diretrizes do Cristo Jesus, que agem do interior da alma para a periferia do corpo. Quando tudo falha no ajuste e progresso da humanidade, Jesus, o Médico Divino, é o recurso decisivo e infalível, pois apesar da sua "perfeita justiça", jamais ele a exerce sem a "perfeita misericórdia!"

Algozes e vítimas, obsessores e obsediados, encontram no curso retificador da reencarnação os meios de liquidarem as suas próprias dívidas, quanto se desvestem das sombras tristes da escravidão animal, para envergarem a túnica nupcial e gozarem o direito de participar eternamente do banquete venturoso do Senhor! (Obra: *A Vida Humana e o Espírito Imortal*, 11ª edição, p. 261)

Processo ascensional planetário

O processo ascensional dos orbes é idêntico em qualquer latitude cósmica. Há muitos milênios, a atmosfera terráquea seria absolutamente funesta aos pulmões da vossa humanidade atual. Marte já possuiu teor atmosférico idêntico ao que tendes agora; e o grau já conseguido por Marte, na sua ascensão física e espiritual, também será alcançado pela Terra. Os planetas afastam-se, gradualmente, do Sol. À medida que perdem a sua densidade magnética, na pulsação de vida cósmica, refinam-se ou fluidificam-se pela esterilização ou escoamento de seus resíduos e impurezas radioativas. A purificação da área magnética dos planetas liberta-os, gradativamente, da influência magnética do campo solar. O Sol vê seus filhos, os satélites, emancipando-se gravitacional e magneticamente, por irem ganhando, cada vez, maior distância. É a lei de correspondência vibratória, atuando com absoluta equidade, tanto nos seres, como nas massas planetárias. À proporção que as humanidades se espiritualizam, os planetas que elas habitam também se purificam em sua "massa física", ou seja, a evolução espiritual de seus habitantes, implica e ativa a evolução cósmica de seu *habitat*. A rudeza fisiológica dos dinossauros antediluvianos estava em equilíbrio com a atmosfera de gases sufocantes da Terra naquela época. Consequentemente, a atmosfera tênue e rarefeita de Marte está em consonância com a sutilidade psíquica e espiritual dos marcianos; e o vosso mundo também é candidato ao teor magnético atual de Marte, evento que se realizará tão cedo quanto sejam os vossos esforços no sentido de evolução espiritual; e pela mesma lei, os marcianos estão "lutando" para se aproximarem dos maravilhosos desideratos espirituais dos habitantes de Saturno. (Obra: *A Vida no Planeta Marte e os Discos Voadores*, 14ª edição, p. 478)

Processo científico do karma

Para que se efetue o simples ato de fuga do homem aos deveres conjugais e paternos, movimenta-se um processo científico e gradativo desde a matriz do seu Espírito sediado no plano espiritual, cuja idéia "imoral" impregna-se de energia mental e no seu prosseguimento subdinâmico, para baixo, deve revestir-se da energia astralina e refletir-se no campo das emoções. Finalmente, já no limiar do mundo físico, a idéia do abandono censurável projetada pelo Espírito, dinamizada mental e astralmente, então se vitaliza pela energia "etereofísica" do plano intermediário, que liga o mundo oculto e o físico, até se reproduzir "materialmente" num ato censurável sob as leis e a moral do mundo físico.

Em tal caso, o homem faltoso incorreu num ato "pecaminoso", porque serviu-se maldosamente das forças criativas da vida correta e vinculada pelo amor, como são as energias mentais, astralinas e etéricas, para vivificar sob a supervisão divina a sua união a outros seres, traindo depois os vínculos de amparo e responsabilidade. Usou energias de todos esses planos para cometer um ato irregular ao trair votos conjugais; e a fim de praticar um ato "imoral", mobiliza científica e tecnicamente as forças criativas do próprio Cosmo. Em consequência, ficou culpado sob a lei cármica de todos esses planos, cabendo-lhe corrigir o desvio praticado no mau uso das forças arregimentadas num ato irregular no mundo físico, e que fará num processo retroativo de compensação energética.

As causas perturbadoras geradas pelo homem imoral nos diversos planos da vida oculta, que vinculam o espírito à matéria também hão de gerar-lhe efeitos idênticos e perturbadores, no momento de sua retificação cármica. (Obra: *O Evangelho à Luz do Cosmo*, 9ª edição, p. 218)

Processo de limpeza – a dor

A dor quebranta a rudeza e humilha o orgulho da personalidade humana; obriga o espírito a centralizar-se em si mesmo e a procurar compreender o sofrimento. Na introspecção dolorosa, pela ansiedade de solver o seu problema aflitivo, ele tem de reconhecer a precariedade, a presunção e a vaidade de sua figura transitória no mundo de formas.

Assim como o calor vaporiza as gorduras ou o fogo apura a fusão do ferro para a têmpera do aço, a dor é como a energia que aquece a intimidade do espírito e o ajuda a volatizar as aderências indesejáveis do seu perispírito ou da "túnica nupcial" da parábola do Mestre Jesus. É um processo caracteristicamente de "lavagem" ou "limpeza" no tanque das lágrimas, onde há a ação benfeitora e cáustica da dor. (Obra: *Sob a Luz do Espiritismo*, 3ª edição, p. 20)

Processo reencarnatório – programado por mentores

Portanto, todo o processo reencarnatório é estudado e programado pelos mentores espirituais, em todos os seus detalhes: progenitores, constituição física e mental, temperamentos.

São mobilizados todos os recursos possíveis para que o espírito, ao retornar à matéria, tenha êxito em seu projeto de vida; inclusive, com várias soluções secundárias. São programadas uma alternativa principal e outras secundárias, de modo a ser a vida material mais útil para o reencarnante. Mesmo os espíritos de consciência primária, que ainda são incapazes de traçar os programas de suas vivências na matéria, dominados pelos comportamentos decorrentes das forças coercitivas do instinto animal, são conduzidos à encarnação obedecendo a certo esquema "coletivo" e disciplinado pelos mestres da espiritualidade. Embora sejam, mais propriamente, "arrastados" pela lei gravitacional, em direção ao ventre da mulher terrena, os responsáveis por seus destinos na Terra vigiam-nos desde o seu nascimento, crescimento e até os derradeiros minutos de sua vida orgânica. (Obra: *Sob a Luz do Espiritismo*, 3ª edição, p. 99)

Procriação de filhos – fuga deliberada – efeitos

A reencarnação na Terra exige múltiplas tarefas dispendiosas a que se devotam afanosamente os planejadores, técnicos, orientadores, guias e almas. A fuga deliberada da procriação de filhos implica em menosprezar muitos trabalhos já realizados por eles para que outras almas possam renascer no mundo físico e que, na condição de filhos, são o cumprimento de promessas feitas, antes das reencarnações, por aqueles que devem ser pais. E os que faltam a esse compromisso, assumido antes de descerem à matéria, ver-se-ão agravados em suas reencarnações futuras, quando então a Lei os julgará sob a mesma medida que houver sido usada para com outros espíritos sacrificados pela limitação procriativa. Salvo condições excepcionais, de enfermidades ou de risco de dano à vida materna, há que se pensar muitíssimo antes de qualquer fuga aos deveres procriativos. (Obra: *A Vida Além da Sepultura*, 9ª edição, pp. 402/403)

Profecia e simbologia

O desconhecimento do mecanismo iniciático, principalmente entre os cientistas acadêmicos, é que desperta a desconfiança e acarreta descrédito quanto ao conteúdo real que se esconde no simbolismo da profecia. Embora o empirismo aparente produza certa desconfiança, a profecia é ciência de profundidade na esfera da Intuição, e exige imenso esforço do profeta para adaptá-la ao mundo das formas.

É ciência disciplinada por leis muito mais delicadas que as que regem a vossa ciência oficial; possui uma linguagem diferente e uma técnica especial que escapam ao vosso senso objetivo, e que só são entendíveis por alguns iniciados. Os equívocos proféticos não dependem tão-somente dos profetizadores, mas quase sempre dos interpretadores das profecias, que, submetendo-as a exames puramente objetivos, confundem a idéia com a sua vestidura e querem enquadrar esta, a viva força, nas leis experimentáveis em laboratórios!

A configuração exterior de um acontecimento profético é sempre alegórica; lembra a idéia de se representar a saudade na figura de vaporosa ninfa que baila em nostálgica paisagem, ou então a de invocar a figura do irrequieto Cupido para simbolizar o amor!
(Obra: *Mensagens do Astral*, 17ª edição, p. 109)

Profecia – mecanismos

Mesmo nos eventos proféticos, não há regra sem exceção. Para vossa melhor compreensão, distinguiremos duas ordens de profetas que se diferenciam no modo de operar: alguns, em transe, têm visões do futuro, porque penetram mais intimamente nos bastidores espirituais, onde os Mentores dos Orbes planejam a configuração dos mundos para o intercâmbio humano; outros percebem em si próprios os "clichês" ou as matrizes em que se delineiam os fenômenos futuros; parece-lhes que a consciência se desprende das fronteiras comuns do mundo material, perdendo a noção de espaço e tempo e sentindo os acontecimentos futuros no próprio presente. Os videntes de maior expansão consciencial vibram em frequência mais alta e captam os chamados "arquétipos" dos acontecimentos em sucessão.
(Obra: *Mensagens do Astral*, 17ª edição, p. 110)

Profecia – segredos do Cosmo

São ainda portadores do dom da profecia, pois a facilidade com que podem penetrar no imponderável, permite-lhes abranger fenômenos além do "tempo" e "espaço". Pressupondo-se que Deus contém em Si o passado e o futuro, sendo o Eterno Presente, à medida que a alma se expande consciencialmente, incorpora em si "maior volume" da consciência Divina, entrando em posse de maiores segredos do Cosmo. Aumenta a sua sensação de presença, alarga-se o horizonte em todos os sentidos, liberta da forma e das condições opressivas da memória temporal, e começa a participar, em maior amplitude, do campo existencial do Absoluto. O dom da profecia, em Marte, vai desde a forma rudimentar de prever acontecimentos pessoais até a capacidade dos mais distantes, alcançando até acontecimentos de ordem planetária. (Obra: *A Vida no Planeta Marte e os Discos Voadores*, 14ª edição, p. 442)

Profecias – chances de retificação

Duvidar das profecias consagradas nas tradições bíblicas seria atribuir a Jesus o título de embusteiro, pois ele ratificou as predições dos profetas e sempre as acatou e repetiu. João Evangelista, na ilha de Patmos, aos 96 anos de idade, quando do seu desterro determinado por Domiciano, ouvindo a voz que vinha da esfera do Cristo, registrou suas impressões e descreveu a "Besta do Apocalipse". Isso vos demonstra a fonte divina de suas profecias. Ainda mais: Isaías, Jeremias, Ezequiel, Daniel, Marcos e João Evangelista anotaram, com ricos detalhes, os eventos em questão. Mais tarde, ainda outros trouxeram novo cabedal e reforço para que a alma terrícola, descrente, se compenetrasse da realidade espiritual e retificasse o seu caminho tortuoso. Podeis destacar, entre eles, o monge Malaquias, Santa Odila, o Cura d'Ars, Catarina de Emmerick, o campônio Maximino, o profeta de Maiença, Frau Silbiger, Paracelsus, Mãe Shipton, bem assim lembrar-vos das profecias cientificamente comprováveis pelas medidas padronadas das pirâmides do Egito e nas ruínas dos templos astecas. (Obra: *Mensagens do Astral*, 17ª edição, pp. 66/67)

Profetas e chakras

O profeta é criatura normalmente dotada de um sistema admirável de "chakras" bem-desenvolvidos e fartamente luminosos, na figura de centros de forças distribuídos à periferia do corpo etérico, que é o intermediário entre o plano invisível e o físico. Uma vez que nos registros "akhásicos" do éter-cósmico se grava desde a queda de uma folha de árvore até o nascimento e a extinção de uma galáxia, inclusive os detalhes dos planos futuros elaborados pelos Arquitetos do Cosmo, os profetas se colocam em contacto com essas matrizes etéricas e trazem para o estado de vigília, graças aos seus "chakras" apuradíssimos, os eventos que ainda estão fora do conceito de espaço e tempo. (Obra: *Mensagens do Astral*, 17ª edição, p. 124)

Profetas israelitas

A competência de cada profeta só poderá ser conhecida pela exatidão com que se tenham realizado as suas predições anteriores. No caso de se tratar de primeira profecia, a sua fidelidade só será avaliada após realizar-se o acontecimento predito. Não podereis conhecer o valor do profeta, enquanto a sua predição estiver em vias de realização, pois, devido a essa circunstância, ainda se confundem os bons com os maus profetas. O que ocorre assemelha-se à pintura moderna, do vosso mundo, que tem algo de profético, porque parte de um amálgama de artistas e charlatões e, assim, dificilmente podereis distingui-los em suas verdadeiras habilidades, dado que o senso dessa pintura ainda pede mais tempo para sua definitiva exaltação artística. Os bons profetas, que revelaram maior capacidade e inspiraram confiança em suas predições sempre descenderam dos israelitas, que tinham o dom congênito de profetizar, graças ao sentido oculto espiritual que já haviam desenvolvido em planetas de Capela, de onde emigraram para formar a raça hebraica na Terra. Entre os hebreus, foi a tribo de Issacar — constituída de espíritos muito afins — a que produziu a melhor linhagem de profetas. Eram videntes que expunham com firmeza e segurança as suas visões, e os relatos bíblicos são unânimes em afirmar que eles eram "destros na ciência dos tempos, para ordenarem o que Israel devia fazer". É por isso que ainda hoje os melhores profetas da Terra têm os seus ascendentes biológicos na tribo de Issacar! (Obra: *Mensagens do Astral*, 17ª edição, pp. 108/109)

Profetas – valor espiritual

Todos os povos têm os seus profetas, porque estes são, na tradição, a "Voz de Deus", que anuncia e previne para que o homem tenha tempo de arrepender-se e modificar a sua conduta desregrada. O Criador, magnânimo e justo, além de conceder longos prazos para que seus filhos negligentes se convertam à realidade superior do espírito, ainda os adverte, pela profecia, dos acontecimentos trágicos já determinados e que pedem a renúncia às paixões perigosas para a felicidade espiritual.

João Evangelista, no Apocalipse, adverte: "E o tempo de serem julgados os mortos e de dar galardão aos profetas teus servos" (Apocalipse, 11:18), comprovando que, no fim dos tempos, os homens reconhecerão o valor dos profetas! (Obra: *Mensagens do Astral*, 17ª edição, p. 133)

Progresso – corpo físico e vegetarianismo

À medida que o corpo físico progride qualitativamente pela absorção de alimentos mais delicados e sadios, como frutas e vegetais, o homem também melhora a sua constituição "eletrobiológica" e afina a contextura do duplo-etérico aos estímulos superiores do perispírito. O duplo-etérico é um corpo ou veículo provisório, constituído pelo "éter-físico" do meio ambiente e figurando como o mediador plástico ou elemento de ligação entre o perispírito e o corpo físico. Ele incorpora em si toda a carga de éter-físico que o homem absorver através do alimento, respiração ou emanações telúricas do orbe. Em consequência, é mais afinado e sutil naqueles que são vegetarianos, porque os vegetais são portadores de um éter-físico mais energético e puro, em vez do que fornece o animal já degradado.

Sob a própria lei biológica de que a "função faz o órgão", o sistema digestivo no homem atrofia-se pela redução das substâncias grosseiras no seu trânsito intestinal. A gradativa substituição de alimentação "menos massa" por "mais energia" também o reduz na conformação anatômica e nos movimentos peristálticos, proporcionando uma sobra de energia "psicofísica" que o espírito diligente pode aplicar no metabolismo elevado e sensível do campo cerebral! (Obra: *A Vida Humana e o Espírito Imortal*, 11ª edição, pp. 106/107)

Progresso do médium e o guia espiritual

Na realidade, quem mais pode progredir no trato carnal é o

médium, desde que estude, experimente e apure sua conduta espiritual. O guia num sentido geral é mais o fruto da amizade espiritual pré-reencarnatória, da responsabilidade recíproca assumida em vidas anteriores, ou então consequente de determinação do Alto. Em consequência, variam as aptidões, o entendimento e o poder espiritual dos guias entre si. Alguns são muitíssimo semelhantes aos seus próprios pupilos encarnados, levando-lhes vantagem só porque estão em liberdade no Além e conhecem antecipadamente as necessidades, os objetivos e as probabilidades de êxito dos seus guiados. Eles assim visualizam com mais segurança a realidade espiritual que os encarnados percebem confusamente, pois estes, habitando a carne, perdem considerável parte de sua memória pregressa e visão do Além. (Obra: *Mediunismo*, 13ª edição, p. 233)

Progresso do médium – o mais importante

É mais importante para o bom "guia" o progresso intelectivo, o desembaraço e a integração evangélica do seu médium, do que mesmo o êxito brilhante de sua manifestação mediúnica. O mentor espiritual sábio e sensato muitas vezes protela as revelações extemporâneas do Além, pelo seu pupilo ansioso do seu próprio destaque pessoal, para que este em primeiro lugar se revele pela modéstia sensata do homem evangelizado. O médium, como uma criatura de responsabilidade pessoal para com a família e a sociedade, acima de tudo deverá aprender a caminhar pelos seus próprios pés, no tocante ao entendimento da vida imortal e procurar ser útil ao próximo. (Obra: *Mediunismo*, 13ª edição, p. 164)

Progresso espiritual e alimentação

O progresso espiritual se evidencia em todos os campos de ação em que o espírito atua, pelo qual — se realmente pretendeis alcançar o estado angélico — tereis também que procurar desenvolver um metabolismo mais delicado e escolhido, na alimentação do vosso corpo. A ascensão espiritual exige a contínua redução da bagagem de excessos do mundo animal. Seria ilógico que o anjo alçasse vôo definitivo para as regiões excelsas, saudoso ainda da ingestão de gordura dos seus irmãos inferiores! (Obra: *Fisiologia da Alma*, 15ª edição, p. 39)

Progresso sideral e médium intuitivo

A mediunidade evolui tanto quanto evolui o psiquismo do homem, pois ela é correlata com o seu progresso e a sua evolução espiritual. Mas é necessário distinguir que o padrão evolutivo da mediunidade não deve ser aferido pela produção mais ostensiva dos fenômenos incomuns do mundo material. Assim é que o médium de fenômenos físicos, embora possa produzir uma fenomenologia espetacular e surpreendente aos sentidos carnais, nem por isso sobrepõe-se ao médium altamente intuitivo, como fruto de elevado grau espiritual do homem. Enquanto os fenômenos físicos dependem fundamentalmente da maior ou menor cota de ectoplasma produzido pelo médium, a fim de permitir a materialização dos desencarnados no cenário físico, o médium intuitivo e de alto nível espiritual também é capaz de transmitir mensagens que ultrapassam a craveira comum da vida humana.

Embora não surpreenda nem satisfaça os sentidos físicos com suas comunicações de caráter puramente espiritual, ele pode traçar roteiros definitivos para o progresso sideral dos homens. (Obra: *Mediunismo*, 13ª edição, p. 41)

Propósitos benfeitores e expansão luminosa

Todos os propósitos espirituais benfeitores aceleram a dinâmica do perispírito e, por isso, facilitam a expansão de luz; entretanto, as intenções maléficas são letárgicas e favorecem a condensação das trevas. Desta forma, como a luz é na realidade o princípio basilar da vida espiritual e a essência mais pura conceptual de Deus, o espírito nimbado de luz também clareia, purifica e acelera continuamente o tom vibratório de todas as demais funções do seu perispírito. A luz indestrutível, que vem do núcleo íntimo de sua verdadeira consciência espiritual, é que também coordena a contextura do perispírito, clareando o seu trabalho fisiológico e iluminando toda a sua configuração anatômica. O aceleramento e a fluência de luz interior clarifica então as cores, eleva o tom vibratório dos odores astrais, refresca a sua termodinâmica e balsamiza a alma no contato mais feliz com a essência elevada das esferas angélicas. (Obra: *A Sobrevivência do Espírito*, 8ª edição, p. 293)

Próxima humanidade – direita do Cristo

A próxima humanidade será constituída dos escolhidos, colocados à direita do Cristo! As suas relações futuras se processarão, por isso, sob a mais absoluta sinceridade espiritual, e todos os esforços na esfera da arte, da ciência, da economia e do sentimento religioso serão disciplinados por acurado planejamento, onde a mais importante preocupação não será a de não se perder "tempo", que é valor precípuo atualmente, entre vós, mas sim a do que seja **melhor** e mais **cristão**. O Evangelho do Cristo será o Código protetor de tal civilização, como garantia moral e social; a lei da reencarnação constituirá o postulado principal a ser tido em vista por todos os direitistas, em relação aos interesses humanos, motivo pelo qual se enfraquecerá esse demasiado apego do homem atual aos valores materiais. Os "tesouros que a traça não rói e que a ferrugem não consome" dificilmente provocarão conflitos ou desinteligências entre os homens. Os prazeres da alma hão de predominar sobre as emoções instintivas do corpo, porque a sensibilidade espiritual não encontrará entusiasmo ou júbilo na gama instintiva da paixão violenta e inferior. Os intercâmbios festivos da amizade pura, e o cuidado fraterno recíproco entre todos, predominarão como prazeres altos, em lugar da ventura primitiva consistente na exposição de vestuários luxuosos, jóias, berloques e quinquilharias que formam os penduricalhos do atual corpo humano. Pouco a pouco, o que é efêmero, trivial e grosseiro deixará de ser coisa cobiçada, para ser devidamente substituída pelos bens morais. O conceito de felicidade será um ideal mais compatível com as conquistas duradouras do espírito; não se cultuará insaciavelmente a ânsia de ser feliz na aflição louca da almofada do automóvel luxuoso, na epicurística digestão do "caviar", na bebericagem corrosiva do uísque aristocrático ou na competição sexual animalizada. Os prazeres digestivos sobre a morbidez das vísceras animais serão relegados a plano inferior; o homem sentar-se-á à mesa para alimentar-se e não para efetuar truculento festival dos sentidos físicos. Consciente de sua realidade espiritual, que sobrevive à dissolução do corpo de carne, não sentirá prazer em compensar com as bagatelas do mundo físico e provisório aquilo que pode cultuar para a vida definitiva da alma! (Obra: *Mensagens do Astral*, 17ª edição, pp. 360/361)

Psicoorganismo evolutivo – o perispírito

Através do ventre feminino, o qual lembra uma verdadeira "câmara de materialização", o perispírito compõe a estrutura do seu corpo carnal, absorvendo, distribuindo e organizando a substância que recebe por via hereditária da nova família, disciplinada pelas conhecidas leis de genética humana. O perispírito, nos sucessivos ciclos encarnatórios, torna-se cada vez mais sutil, quer em face do sofrimento humano que sensibiliza e purifica, como através do próprio conhecimento da ação sublime criativa. As energias que "descem" do mundo angélico em filtragem pela contextura do perispírito do homem, entram em fusão com as forças agrestes que sobem da vida animal, e desse encontro vibratório decanta-se pouco a pouco o residual inferior em favor do princípio espiritual superior. Sob tal metabolismo criativo e simultaneamente seletivo, o perispírito do homem ajusta-se à frequência vibratória angélica, até libertar-se, definitivamente, do magnetismo gravitacional da faixa do magnetismo animal. (Obra: *O Evangelho à Luz do Cosmo*, 9ª edição, pp. 280/281)

Psicossomática e mundo oculto

Atualmente, a Medicina já não opõe dúvida ao fato de que as perturbações mentais, emotivas e sentimentais, também alteram profundamente o cosmo orgânico. O espírito encarnado pensa pelo mental, sente pelo astral e age pelo físico e, assim, carreia até à periferia do seu corpo toda a carga mental e emotiva que se origina na sua profundidade espiritual, produzindo as várias modificações de fundo nesse trajeto do mundo oculto para o objetivo.

Através da mente, circulam "de cima para baixo" os pensamentos de ódio, de inveja, sarcasmo, ciúme, vaidade, orgulho ou crueldade, incorporando-se, em sua passagem, com as emoções de choro, medo, alegria ou tristeza, que tanto podem modificar a ética dos sentimentos, como agir sobre o temperamento, perturbando a solidariedade celular do organismo físico. O cérebro é o principal campo de operações do espírito; é o produtor de ondas de forças, que descem pelo corpo e graduam-se conforme o seu campo energético. A onda de raiva, cólera ou irascibilidade é força que faz crispar até as extremidades dos dedos, enquanto que a onda emitida pela doçura, bondade ou perdão afrouxa os dedos num gesto de paz. (Obra: *Fisiologia da Alma*, 15ª edição, pp. 140/141)

Psiquismo diretor e alma-grupo

Cada psiquismo diretor é mais propriamente um "campo psíquico" total, que abrange, interpenetra, incentiva, inter-relaciona e aperfeiçoa os reinos mineral, vegetal e animal. Cada reino acima possui o seu "psiquismo diretor" responsável pelas criações e transformações ocorridas neste reino, bem como orienta a sua transposição para outro reino mais evoluído. O psiquismo do reino mineral determina a composição e a configuração de todos os minerais do orbe; o psiquismo diretor do reino vegetal plasmou as inumeráveis espécies pertencentes à flora; o psiquismo diretor do reino animal é o responsável global por todas as espécies zoológicas viventes na terra, no mar e no ar.

No entanto, a alma-grupo é já um comando mais pessoal, mais particularizado, que governa cada espécie. No reino mineral, por exemplo, existe uma alma-grupo para cada tipo de minério; no reino vegetal o psiquismo atua por diversos subcomandos psíquicos, conhecidos por almas-grupos, que regem a espécie pinheiro, pitangueira, orquídeas, carvalho, palmeira, mostarda, repolho ou cedro; e, finalmente, no reino animal, governam as almas-grupos das águias, serpentes, pombas, elefantes, lobos e peixes. (Obra: *O Evangelho à Luz do Cosmo*, 9ª edição, pp. 98/99)

Psiquismo do brasileiro – as três raças

O brasileiro ainda conserva desde o berço de sua raça a tendência fraterna e afetiva das três raças que cimentam a formação do seu temperamento e constituição psicológica.

Do negro, ele herdou a resignação, a ingenuidade e a paciência; do silvícola, o senso de independência, intrepidez e a boa fé; do português, a simplicidade comunicativa e alvissareira. Nele imprimiu-se um tipo humano de sangue quente e versátil, no qual circulam tanto as virtudes excepcionais, quanto os pecados extremos, mas, louvavelmente, em curso para a predominância de um caráter de espírito superior. E esse caldeamento heterogêneo ou mistura, que poderia sacrificar a qualidade dos seus caracteres originais, terminou por avivar o psiquismo do brasileiro, despertando-lhe uma agudeza espiritual incomum e em condição de sintonizá-lo facilmente à vida do mundo oculto. Consolida-se, então, uma raça possuidora de diversos valores étnicos de natureza espiritual benfeitora. (Obra: *Elucidações do Além*, 11ª edição, pp. 12/13)

Purgatório – benefício evolutivo

O corpo carnal — que é plasmado pelas energias primárias do mundo terreno — durante a materialização de suas sensações prazenteiras fortemente animais, exige que a mente empregue o combustível energético adequado e capaz de agir na mesma frequência vibratória inferior. Os resíduos desse combustível astralino derivado da escória animal e que são produtos energéticos das faixas vibratórias muito baixas, onde a mente precisa atuar, agregam-se e condensam-se depois no tecido delicado do perispírito, reduzindo-lhe o padrão magnético específico. Com o tempo, esses tóxicos ou resíduos perniciosos do submundo astral, ainda aderidos ao perispírito, tendem a petrificar-se e assim impedir as relações normais do espírito com o meio ambiente. Então devem ser desagregados com toda brevidade possível, para que a luz fulgurante da intimidade da alma possa fluir como divina profilaxia sideral, asseando a delicada vestimenta perispiritual.

Durante a decantação desses resíduos deletérios, que se efetua nos charcos do astral inferior, ou quando se transferem para o corpo carnal, é que então se produz a dor e o sofrimento desagradáveis, mas sempre de salutar benefício para a alma. Eis a razão por que certas religiões ensinam que a alma só alcança o céu depois que passa pelo purgatório, devendo expurgar de si as crostas perniciosas, que o perispírito obscurecido pelo pecado adquire em seus desequilíbrios psíquicos. Só depois de muita decantação astralina no Além, ou de encarnações de expurgo na matéria, é que os espíritos se livram da carga tóxica milenária, e que existência por existência se transmite num fenômeno de verdadeira hereditariedade psíquica. (Obra: *Fisiologia da Alma*, 15ª edição, pp. 247/248)

Purgatório e espiritismo

O espiritismo também admite a idéia do purgatório, porém, num ensejo de as almas expelirem suas impurezas perispirituais durante a vida física ou nos pântanos e charcos do astral inferior. Os espíritos pecadores expurgam a escória do seu perispírito para a carne, através de existências sucessivas; mas o saldo deletério restante só pode ser drenado, em definitivo, nas regiões do lamaçal das regiões umbralinas. (Obra: *A Missão do Espiritismo*, 10ª edição, p. 71)

Purificação cromosófica – auras

Não há melhoria espiritual sob coação ou intervenção exterior. Nem o Cristo, que é Caminho, Verdade e Vida, poderá purificar-vos por processo "ex-abrupto", sem que antes tenhais sido digno pelo esforço e livre-arbítrio. Ele é o roteiro, a influência benéfica, o elo divino entre Deus e vós, para que modifiqueis a vossa conduta e purifiqueis os veículos que servem ao vosso espírito na forma física, a fim de despertardes para a consciência definitiva do "EU SOU". — Nunca podereis atingir o desiderato supremo de sentirdes, em vós, o esplendor da Luz Cósmica da Realidade Incriada, enquanto não seguirdes o caminho silencioso do "meu reino não é deste mundo". Cresceis, da consciência individual que atua subjugada pelos invólucros de vários planos vibratórios, para o ajuste definitivo à consciência cósmica de Deus, a fim de recuperardes a Verdade perdida na "descida angélica".

— Sois centros microcósmicos de consciência macrocósmica, funcionando através de escotilhas vivas, abertas para os mundos astrais e físicos, na incessante e gradual procura do Todo Eterno. Os pensamentos dominantes nesses veículos em que agis, criam e modificam as cores áuricas, clareando-as ou escurecendo-as, conforme os raios mentais que se prismam pelo corpo "etérico-astral".

Que vos adiantariam as intervenções exteriores, na terapêutica de exterminar ou purificar as cores inferiores e dominantes, geradas pelo vosso orgulho, maldade, luxúria ou sensualidade, se depois as criaríeis novamente, sob os mesmos impulsos degradantes? Aquele que recebe o seu traje branco, lavado, tê-lo-á sujo, outra vez, assim que descer ao plano inferior das minas de carvão. (Obra: *A Vida no Planeta Marte e os Discos Voadores*, 14ª edição, p. 152)

Purificação das humanidades

Os construtores siderais, que criam os mundos sob a direção técnica da suprema lei, conhecem e prevêem, perfeitamente, as épocas psicológicas em que devem ocorrer os desregramentos periódicos de cada agrupamento espiritual reencarnado. Em consequência, as modificações físicas dos planetas se ajustam, hermeticamente, às purificações e retificações de suas humanidades, quando elas tendem para a insânia coletiva. Esse genial ajuste, previsto com incontável antecedência, tanto beneficia o orbe, que assim melhora o seu coeficiente físico e a sua posição planetária, como favorece aos seus moradores, que são então selecionados para uma existência mais harmônica. Lembra uma casa comercial às portas da falência, quando a lei jurídica intervém, para evitar maiores prejuízos ao patrimônio coletivo. (Obra: *Mensagens do Astral*, 17ª edição, pp. 30/31)

Q

Quadros de vidas pregressas – hipersensibilização

A hipersensibilização do perispírito, através da técnica ocultista, pode muito bem favorecer a focalização de alguns quadros das vidas pregressas, sem que por isso se comprove a existência de atributos angélicos na criatura interessada. É bem possível que, de posse de tais poderes extemporâneos, em vez do júbilo próprio do reino de Cristo, o homem ainda venha a provocar maior exaltação de sua personalidade humana, glorificando-se apenas pelo uso dessas energias agressivas do psiquismo inferior.

Qualquer homem pode exercitar-se no uso desses poderes excepcionais, pois que para isso existem técnicas e roteiros esotéricos eficientes, que dependem mais da tenacidade e da vontade disciplinada dos interessados, do que mesmo da sua purificação espiritual, que é muito mais dificultosa porque, de início, exige a renúncia completa como condição primordial do êxito. Quanto, porém, aos objetivos com que forem aplicados tais poderes, isso já é problema de foro íntimo e de responsabilidade pessoal no curso da colheita kármica. (Obra: *A Sobrevivência do Espírito*, 8ª edição, p. 273)

Quatro reinos da natureza – elementais

Os iniciados sabem que os mundos físicos e astrais são vestes de tecidos vivos, confeccionadas com as energias e potenciais atuantes nos quatro reinos da Natureza. Tradicionalmente, essas forças são conhecidas, no reino do fogo, como as salamandras; no reino das águas, como as nereidas ou ondinas; no reino da terra, como os gnomos, as fadas, e, no ar, como as sílfides e as fadinhas. Essas forças vivas, policrômicas, e que possuem configurações visíveis, são muito familiares aos clarividentes "positivos", isto é, àqueles que comandam realmente a sua faculdade e vêem o que desejam ver, diferindo dos clarividentes "passivos", que só vêem o que as entidades invisíveis determinam que vejam. (Obra: *Mensagens do Astral*, 17ª edição, p. 343)

Quebranto – anemia etérica

A projeção do mau-olhado nas crianças causa o quebranto, uma "prostração, fraqueza ou suposto resultado mórbido", conforme diz o dicionário comum. O povo pressente que se trata de uma carga fluídica, pois quando uma pessoa boceja é costume dizer-se que ela está com quebranto. Em nossa esfera espiritual o quebranto é conhecido por "anemia etérica", pois o duplo etérico, o veículo intermediário entre o perispírito e o corpo físico, é que recebe o impacto fluídico do mau-olhado ou do enfeitiçamento, sofrendo a desvitalização local.

Há criaturas que produzem o quebranto devido a inveja, ciúme ou frustração pela criança alheia, a qual é mais robusta, inteligente ou esperta do que seus filhos. Devido à sua inconformação e infelicidade, mães e pais de crianças aleijadas ou retardadas podem produzir e lançar fluidos mórbidos contra os filhos alheios sadios. (Obra: *Magia de Redenção*, 12ª edição, p. 170)

Quebranto e benzimento – ciência transcendental

Embora a medicina e os cientistas terrenos considerem o "quebranto" uma velha e tola superstição, o certo é que ele exerce-se disciplinado por leis tão lógicas como as que também coordenam o curso e a estabilidade das órbitas eletrônicas no seio dos átomos. Os fluidos etéricos e malfazejos projetados pelas criaturas invejosas, ciumentas ou despeitadas podem acumular-se no perispírito indefeso das crianças e chicotear-lhes o duplo etérico, perturbando o funcionamento normal dos "chacras" ou centros de forças etéricas.[1]

O "chakra esplênico", situado à altura do baço, no duplo etérico, responsável pela vitalização e pureza sanguínea, é o centro etérico que mais sofre e se perturba sob os impactos ofensivos dos maus fluidos, pois reduz a entrada do fluxo prânico,[2] e afetando a saúde da criança, ela perde a euforia de viver, ficando triste e melancólica. Restringindo o tom energético do metabolismo etéreo ou magnético vital, o perispírito também é afetado no seu intercâmbio com a carne na sua defensiva natural. O fenômeno do "quebranto" lembra o que acontece com certas flores tenras e sensíveis, que murcham prematuramente sob as emanações mefíticas dos pântanos. E o benzimento é o processo benfeitor que expurga ou dissolve essa carga fluídica gerada pelo "mau-olhado" sobre a criança, ou mesmo exalada de certas pessoas inconscientes de sua atuação enfermiça sobre os seres e cousas. O benzedor do quebranto também bombardeia e desintegra a massa de fluidos perniciosos estagnada sobre a criança ou seres afetados desse mal, desimpedindo-lhes a circulação etérica. Embora os sentidos físicos do homem não possam registrar objetivamente o processo terapêutico de eliminação do quebranto, a criança logo se recupera. (Obra: *Mediunidade de Cura*, 12ª edição, pp. 181/182)

Queda angélica e evolução espiritual

Quando encarnados, mobilizam seu talento incomum para demolir as instituições e os movimentos que exaltem as virtudes da alma e fortaleçam o comando angélico; quando desencarnados, filiam-se a qualquer empreitada inferior do mundo astral, desde que

---

[1] Nota do médium – Existe em nossa família um caso algo singular nesse gênero comentado por Ramatís. Uma de nossas sobrinhas, menina robusta e atraente, foi vitoriosa num concurso de beleza e robustez infantil, aqui em Curitiba; e, no dia seguinte, amanheceu triste, apática e sonolenta.
Recusou alimentos, rejeitou brinquedos e guloseimas, mostrando-se indiferente aos próprios afagos dos pais. Enfim, uma senhora idosa, nossa vizinha, achou que era "quebranto" de inveja e despeito alheio, pela vitória da menina no concurso infantil. O fato é que ela benzeu a doentinha. Então a tristeza, sonolência e apatia sumiram-se como por encanto.
[2] Fluxo prânico ou "prana" é a soma total da energia cósmica; as forças vitais do corpo, principalmente as energias recebidas pela função respiratória e através do "chakra esplênico". É palavra sânscrita que significa sopro, hálito de vida, combinando-se o prana com as próprias energias ocultas do Sol, na Terra, e provindas de outras fontes siderais próximas.

tenha por objetivo combater as hostes do Cristo. Aviltam-se pela obstinação furiosa contra os poderes angélicos e se endurecem no sentimento ante a recusa de aceitar o processo cármico redentor através do sofrimento ou da humildade. Em verdade, eles se envergonham de aderir à ternura, à tolerância e ao amor pregados por Jesus.

Mas depois de exilados para os orbes inferiores, submetidos ao tradicional processo seletivo de "Fim de Tempos" ou "Juízo Final", esses "anjos" decaídos terminam cedendo em sua estrutura pessoal orgulhosa, quer enfraquecidos pelos vícios incontroláveis, como destroçados pelas paixões devoradoras. Destruído o paredão granítico de sua vaidade e orgulho, então lhe reponta a fulgência da luz angélica que palpita no âmago de toda criatura. Sem dúvida, essa emigração de anjos decaídos ou de espíritos rebeldes, de um orbe superior para outro inferior, evita o perigo da saturação satânica no ambiente astralino das humanidades, porque a carga nociva alijada faz desafogar a vida espiritual superior, tal qual as flores repontam mais vivas e belas nos jardins que se livram das ervas malignas.

Em consequência, tem fundamento a lenda bíblica da "queda dos anjos", embora, às vezes, alguns a confundam com o processo da "descida angélica", o que é bem diferente e refere-se a quando Deus cria os mundos planetários e se manifesta exteriormente, no ciclo de um novo Grande Plano criador.[3] (Obra: *O Sublime Peregrino*, 17ª edição, p. 50)

Queda e descida angélica

É necessário, porém, que compreendais a grande diferença que há entre queda e descida. A queda, como já vos dissemos há pouco,

---

3 Parece-nos que o consagrado Prof. Pietro Ubaldi, autor da *Grande Síntese*, confundiu a queda angélica com a descida angélica, em sua obra *Deus e o Universo* (Cap. V. pág. 64, 1ª edição). Conforme diz Ramatís, na descida angélica, "Deus desce até a fase matéria e cria o Universo exterior das formas; porém, na queda angélica, os espíritos reprovados na seleção espiritual dos seus mundos eletivos, precisam repetir as mesmas lições noutros orbes inferiores, para onde são exilados". Acreditamos que o conhecimento espiritista da reencarnação seria suficiente para Pietro Ubaldi ajustar a sua tese. Aconselhamos os leitores a examinarem os excelentes artigos de Henrique Rodrigues, na *Revista Internacional do Espiritismo*, números 7 a 10, de 15 de julho e 15 de novembro de 1956, assim como a análise de Edgard Armond, inserido no *O Semeador*, n° 140, de junho de 1956, órgão da Federação Espírita de São Paulo, que abordam o assunto da queda dos anjos, na obra *Deus e o Universo*, de Pietro Ubaldi.

é a precipitação dos rebeldes — que certas religiões chamam de anjos que se transformam em diabos — porque sufocam a sua própria origem angélica e se escravizam voluntariamente ao instinto animal, enquanto que a descida é a do princípio angélico, que se faz no ciclo do "Manvantara" planetário, quando o Criador expira ou cria no "Dia de Brama" e aspira ou desintegra na "Noite de Brama", no divino metabolismo em que a criação se distingue no seio do Criador. A queda é apenas o processo corriqueiro de reencarnação interplanetária; a descida, uma operação que abrange todo o Cosmo, absolutamente incompreensível ao homem, e impossível de se explicar sob qualquer alegoria. A queda é uma providência destinada a retificar e corrigir os agrupamentos de espíritos rebeldes que não podem acompanhar o progresso dos próprios mundos que habitam, mas que são almas já provindas da grande descida angélica, em que o Supremo Criador fez a criação emanar de si. Isso não implica em uma consequência depreciativa do seu Sistema Cósmico, pois os precipitados de outros planetas vão submeter-se às retificações compulsórias, enquanto que o Criador "desce" para criar novas consciências dentro de sua própria Consciência Cósmica. (Obra: *Mensagens do Astral*, 17ª edição, p. 197)

Queima de pólvora – limpeza etéreo-astral

Nos trabalhos mediúnicos sob o comando de pretos-velhos, índios e caboclos experimentados na técnica de física transcendental, as pessoas cujo perispírito sobrecarregado de fluidos perniciosos mostra-se com sinais de paralisia, são submetidas à "roda-de-fogo", ou queima de pólvora, cuja descarga de ação violenta no mundo etereoastral desintegra as escórias perispirituais e saneia a aura humana.[4] O mesmo salitre, que os entendidos usam para dissolver a aura enfermiça dos objetos enfeitiçados, depois de misturado ao enxofre e carvão, constitui a pólvora, que ao explodir

---
[4] Vide o capítulo X, "O Fogo Purificador", da obra *Obreiros da Vida Eterna*, de André Luiz, da FEB, do qual destacamos os seguintes trechos em corroboração ao referido acima, por Ramatís: "Como você não ignora, as descargas elétricas do átomo etérico, em nossa esfera de ação, fornecem ensejo a realizações quase inconcebíveis à mente humana". — "O trabalho dos desintegradores etéricos, invisíveis para nós, tal a densidade ambiente, evita a eclosão das tempestades magnéticas que surgem, sempre, quando os resíduos inferiores de matéria mental se amontoam excessivamente no plano".

compõe um ovo áurico no mundo etéreo-astral, muito semelhante ao cogumelo da bomba atômica, desagregando miasmas, bacilos, vibriões e microrganismos psíquicos atraídos pelo serviço de bruxaria e obsessão. (Obra: *Magia de Redenção*, 12ª edição, p. 216)

"Queimar" karma – limpeza perispiritual

É uma definição pitoresca, muito usada no Oriente, do que acontece ao espírito que, através do sofrimento e das vicissitudes humanas, consegue reduzir o fardo de suas obrigações kármicas do passado. Quando a dor, a humilhação e as decepções pungem os vossos espíritos através da carne sofredora, é certo que isso promove a queima imponderável do visco pernicioso que ainda está aderido ao perispírito como produto gerado pelo psiquismo invigilante. O sofrimento acerbo é como o fogo purificador a queimar os resíduos kármicos do perispírito. Muitos espíritos que, em seguida à sua desencarnação, caem especificamente nos charcos de purgação do astral inferior, chegam muitas vezes a se convencer de que estão envolvidos pelas chamas avassaladoras do inferno! Ante a natureza absorvente e cáustica dos fluidos desses charcos, eles funcionam como implacáveis desintegradores dos miasmas e viscos deletérios incrustados na vestimenta perispiritual.

Desde muito cedo o espírito do homem é condicionado gradativamente para o sofrimento, que vai purgando as impurezas do seu perispírito, e a isso a tradição oriental chama "queimar" o Carma, isto é, pagar uma ou mais prestações de uma grande dívida que contraiu. Quando o espírito se resigna à ação kármica retificadora, ajusta-se à Lei e esta desenvolve-lhe a vontade e orienta-lhe o sentimento para a futura configuração angélica. (Obra: *Fisiologia da Alma*, 15ª edição, pp. 225/226)

Química, botânica – luz vegetal

A luz, em qualquer expressão ou plano de vida, é sempre um reflexo ou mensagem de manifestação da alma, subordinada, porém, à sua evolução espiritual. Quando o vosso planeta, por efeito da cristianização de seus habitantes, tiver seu magnetismo mais purificado, também sua aura etérica será mais visível e tornar-se-á veículo favorável às conquistas da química e da botânica no campo da luz vegetal. Em todas as manifestações materiais, físicas e morais do mundo terreno a luz, em sua essência criadora e prodigiosa, vibra oculta, aguardando o momento de ser descoberta pelos que "têm olhos" de vê-la. (Obra: *A Vida no Planeta Marte e os Discos Voadores*, 14ª edição, p. 314)

Química espiritual de Jesus

"A cada um conforme suas obras" ou então, "Buscai e achareis", são as fórmulas da "química" espiritual deixadas por Jesus, a fim de que o homem necessitado do socorro angélico mobilize suas próprias energias ocultas e sublimes, em vez de recorrer a outrem. (Obra: *Mediunidade de Cura*, 12ª edição, p. 219)

"Quimiofluídica" perispiritual e efeitos enfermiços

Conforme a natureza mais ou menos grave desses pecados, o homem também usa maior ou menor cota de energias provindas das regiões ocultas da vida animal; disso resultam-lhe, também, alterações correspondentes na sua saúde corporal, produzindo-se os surtos enfermiços, agudos ou crônicos. Aquele que ofende a sua própria integridade espiritual, também deve suportar os efeitos indesejáveis do expurgo dos resíduos deletérios provindos de sua infração pecaminosa, assim como o embriagado há de sofrer os efeitos molestos dos venenos alcoólicos que ingere durante a sua imprudência. Em suma: quando o homem peca, ele aciona pensamentos ou emoções de baixa frequência vibratória e impregnados do magnetismo denso e agressivo das subcamadas do mundo oculto. Depois que tal energia inferior filtra-se pela mente alterada ou flui pelo corpo astral perturbado, ela assume um aspecto mórbido ou constitui-se numa combinação "quimiofluídica" tóxica e ofensiva ao perispírito do homem. (Obra: *Mediunidade de Cura*, 12ª edição, p. 53)

Quirólogos em Marte

É o que estuda as formas anatômicas, o tecido epidérmico, os sulcos, sinais, movimentos e flexibilidade característicos das mãos das crianças, a fim de conhecer-lhes as emoções e os pensamentos instintivos. As suas conclusões são absolutamente lógicas, respeitadas pelas tradições e confirmadas pelas provas experimentais, sempre em correspondência com o evento de outras ciências. Os prognósticos psicológicos também podem variar, conforme a capacidade individual de análise, de raciocínio e observação do médico quirólogo, quanto à época do acontecimento ou à riqueza de detalhes, mas os fundamentos são puramente científicos. (Obra: *A Vida no Planeta Marte e os Discos Voadores*, 14ª edição, p. 141)

R

Raças e povos – ensejo educativo

As raças, os povos e os homens são apenas ensejos educativos e transitórios, que revelam à luz do mundo material as aquisições feitas pelo espírito imortal. Poder-se-ia dizer que a face dos planetas serve para o espírito verificar e comprovar a sua consciência, o que ele já realizou em si mesmo. Deste modo, ele extrai ilações pessoais de sua capacidade, resistência, renúncia, individualidade e do seu talento espiritual. Apura o espírito e passa a cultuar as manifestações que mais se enquadram nos códigos morais dos mundos superiores. Esforça-se depois para anular ou mesmo evitar os ascendentes que lhe retardam a paz e a ventura definitivas.
(Obra: *O Sublime Peregrino*, 17ª edição, p. 182)

Realidade absoluta – Deus

Jamais a criatura humana conseguirá definir ou identificar, racionalmente, a Realidade Absoluta do Criador, embora ela seja também uma partícula divina. Caso o homem lograsse tal solução, então, ele também seria outro Deus para ser descoberto, descrito e identificado. Assim como as folhas não podem sentir ou representar o arvoredo, e as gotas de água não conseguem descrever a natureza imensurável do oceano, a parte também não pode definir o Todo, nem o criado o seu Criador. As células do homem jamais de pátria, raça e religiões, que servem de combustível às guerras fratricidas. A mediunidade, portanto, é recurso de emergência, espécie de "óleo canforado" para erguer a vitalidade espiritual do terrícola e mantê-lo desperto para a severa arguição do Juízo Final. Não importa se os ensinamentos e segredos das confrarias iniciáticas foram vulgarizados pelo espiritismo e traído o sigilo dos templos, mas a verdade é que o Alto assim proporciona os recursos de salvação a todos os homens. Então, salve-se quem quiser, mas o Senhor tudo fez para "não se perder uma só ovelha". (Obra: *A Missão do Espiritismo*, 10ª edição, p. 119)

Recurso terapêutico – a prece

A prece é excelente recurso terapêutico para o homem, porque a sua dinâmica liberta o espírito das contingências materiais, proporcionando momentos de paz e de agradável alívio corporal. O ser não só se reanima em espírito como estabelece melhores condições para a atividade fisiológica corporal nessa louvável vivência angélica. Deste modo, indiretamente, a oração também é útil ao corpo físico porque lhe concentra valiosas forças espirituais e o defende contra as vibrações inferiores projetadas por outras mentes mal-intencionadas. A oração é uma espécie de sentinela vigilante contra as influências espirituais nocivas porque pecaminosas, pois a prece aquieta os impulsos inferiores e evita as explosões de ódio, orgulho, ciúme, ira ou inveja. (Obra: *Elucidações do Além*, 11ª edição, p. 110)

Recursos patológicos – canais drenadores

O sofrimento, funcionando como processo compulsório de purificação humana, nos mundos físicos, serve apenas para os espíritos distantes da consciência espiritual. Os recursos patológicos são canais drenadores das "toxinas psíquicas", que ainda se incrustam nos veículos sutis da alma, como sejam as impurezas produzidas pelo ódio, ciúmes, desatinos, luxúria e outros desvios morais tão comuns nas existências humanas desarmonizadas. As chagas, tumores, neuroses, hipertrofias, úlceras, cânceres etc., resultam da causticidade que o veneno psíquico produz na intimidade extramaterial do corpo astral. A cura se processa na "descida", na "congelação" dessa carga peçonhenta, drenando-a para o campo material, que é o seu verdadeiro correspondente vibratório. A matéria funciona como "fio-terra" e absorve, na manifestação patológica, o quimismo cruciante que ainda oprime e afogueia o espírito aflito. (Obra: *A Vida no Planeta Marte e os Discos Voadores*, 14ª edição, p. 116)

Redução do linguajar – evolução

Os iogues e os mestres orientais, que já conseguem dominar as formas do mundo da matéria e são capazes de vibrar com a "Consciência Cósmica" do Criador porque já venceram o "Maya",[1] são parcimoniosos no seu falar e não criaturas gritadeiras e pródigas em palavras. Tanto são avaros de palavras como de gestos, pois vivem sob periódicos votos de silêncio, em cujo estado de serenidade mental despertam as poderosas forças internas do espírito, para mais tarde se tornarem os sublimes condutores de homens e guias de discípulos à procura da Verdade. Falam por monossílabos e melhor são compreendidos através do olhar límpido e expressivo; recordam-nos Jesus, que fitava serenamente os seus contraditores e algozes, enquanto que os seus mais sublimes e eternos ensinamentos legados à humanidade se resumiam em meia dúzia de palavras, como as da divina máxima do "Ama ao próximo como a ti mesmo". Essas mentes orientais avançadas comprovam-nos, em seu augusto silêncio, que, à medida que o espírito evolui para estados superiores, reduz o seu excessivo linguajar, pois, adotando o "exato pensar", também se dedica ao "exato falar". (Obra: *A Sobrevivência do Espírito*, 8ª edição, pp. 198/199)

Reencarnação – lei de renovação cósmica

Em face da impossibilidade de o espírito primário do homem lograr a sua gloriosa angelitude numa só existência humana, e não podendo de imediato aperceber-se do "reino de Deus", ele, então, precisa de muitas vidas físicas ou encarnações em vários planetas das mais diferentes graduações. Lenta, sensata e conscientemente,

---
[1] "Maya", Grande Ilusão.

o espírito, então, se gradua para a integração angélica, através das sucessivas existências físicas de aprendizado e educação espiritual. Eis por que Jesus enunciou, categoricamente, que "ninguém poderá ver o reino de Deus, se não nascer de novo", pois é de Lei que tanto quanto o espírito submete-se às lições educativas das formas físicas ele também afina e sublima o próprio perispírito.

Há um sentido de "renovação" ou "ressurreição" incessante, em todas as latitudes do Universo, e quando o espírito renasce em múltiplas existências na Terra, ele comprova no cenário do microcosmo humano a similitude de uma regra ou de um princípio, que atua em perfeita decorrência com a própria Lei de Renovação do Universo. (Obra: *O Evangelho à Luz do Cosmo*, 9ª edição, pp. 257/258)

Reencarnações – necessidade

Se retornais a novas reencarnações para repetirdes as mesmas experiências, tantas vezes vividas, é porque não executais com firmeza e diligência as tarefas que vos são dadas para o vosso eterno Bem Espiritual. E como não realizais os vossos labores espirituais com o devido respeito e correção às leis do Cosmo, mas os substituís pelos valores transitórios dos mundos de formas, haveis de repeti-los até exaurir-se a sedução por paixões inferiores. (Obra: *A Vida no Planeta Marte e os Discos Voadores*, 14ª edição, p. 130)

Reencarnante – ligação com o pai biológico

Após o espírito reduzir no mundo espiritual o seu perispírito até atingir a forma fetal e depois ajustar-se ao ventre materno para o preenchimento físico, ele também socorre-se das energias do campo magnético perispiritual do progenitor carnal, a fim de facilitar o processo reencarnatório.

Os clarividentes podem explicar que durante os nove meses de gestação, tanto o espírito encarnante como os seus progenitores carnais mostram-se perfeitamente entrelaçados entre os seus perispíritos. Através dessa simbiose fluídica, ou espécie de casulo protetor, são absorvidas rapidamente todas as emanações viciosas, prejudiciais e tóxicas do ambiente, assim como se atenuam os impactos de cargas mal-intencionadas, que possam ferir o espírito indefeso no seu processo encarnatório.

O próprio espermatozóide doado pelo homem ainda continua por certo tempo ligado a ele pelos laços ocultos do éter-físico. (Obra: *A Vida Humana e o Espírito Imortal*, 11ª edição, p. 57)

Reforma íntima e desobsessão

É prematura qualquer intervenção compulsória no mecanismo da obsessão, sem que haja sido iniciada a reforma íntima e espiritual, ou do obsessor ou do obsidiado, pois isso seria o mesmo que tentar afastar as moscas de um prato com mel que está ao seu alcance. A retirada obrigatória do espírito obsessor, de junto de sua vítima, não resolve problemas obscuros, cujas raízes podem estar fixadas há muitos séculos, num passado repleto de tropelias e crueldades recíprocas. Esse processo mais se assemelha ao efeito da injeção calmante no corpo físico, que pode contemporizar o efeito doloroso, mas não soluciona a causa oculta da enfermidade. Em todas as comunidades do Além, que se dedicam às tarefas benfeitoras de cura e tratamento desobsessivo, só se emprega uma "técnica espiritual": o despertamento incondicional do Amor.

Seguindo os passos e o exemplo de Jesus, que se entregou até em holocausto na cruz torturante, também cuidamos de curar todos os sofrimentos cruciantes das almas embrutecidas aplicando-lhes a mesma terapêutica do amor incondicional, que é capaz de conquistar os corações mais empedernidos. O amor não se impõe pelo palavreado rebuscado nem pelo gesto compungido; para ser profundo, há de ser sentido e ofertado vivamente pela angústia de servir, pois não sendo assim desintegra-se na crosta dos corações duros. (Obra: *A Vida Além da Sepultura*, 9ª edição, pp. 370/371)

Regiões de miséria e procriação intensa

Qual o motivo, aparentemente absurdo, por que a procriação é mais intensa justamente nas regiões onde a miséria grassa mais assustadoramente? Para a visão dos encarnados, tudo isso parece insensatez; no entanto, tais acontecimentos são perfeitamente controlados pelo Além, pois, enquanto existirem países em condições angustiosas e de miséria, provocadas pelo próprio homem, também serão aproveitadas todas as oportunidades para aí se reencarnar o maior número possível de carrascos, malfeitores, avarentos, potentados orgulhosos, mandatários cruéis, administradores corruptos, exploradores da miséria humana e arruinadores de lares, todos necessitados urgentemente de corpos físicos para a mais breve renovação do espírito.

Essas regiões que o vosso sentimentalismo condena são verdadeiros laboratórios de ensaios de química espiritual, onde os Técnicos do Senhor apuram as credenciais angélicas ainda adormecidas nas almas atrabiliárias. São um purgatório onde se purificam os seres, se ajustam as coletividades e se desinfeccionam famílias inteiras que, após a vida faustosa no luxo do mundo, à custa da miséria do próximo, retornam para substituir o veludo pelo estame, a carruagem pelo bordão, as pedras preciosas pelos remendos e as insígnias douradas pelas chagas do corpo. (Obra: *A Vida Além da Sepultura*, 9ª edição, pp. 419/420)

Regiões de miséria e quitações kármicas

A limitação de filhos não solucionaria de modo algum o problema angustioso dos párias e esfomeados da Ásia ou de qualquer outra região do vosso orbe. Entretanto, a prodigalidade de organismos físicos bem mais cedo poderia auxiliar a solução do problema dos espíritos enfermos, que vagam no Além por falta de oportunidades redentoras na matéria. Se eles pudessem se ajustar novamente à vida física e cumprir as condições kármicas requeridas para a sua cura espiritual, mais rapidamente poderiam saldar seus débitos e, então, a própria direção espiritual do orbe providenciaria em seguida a melhoria das regiões deserdadas, que no momento ainda significam o "caldo de cultura" da retiticação espiritual dos delitos dos seus próprios responsáveis. (Obra: *A Vida Além da Sepultura*, 9ª edição, pp. 418/419)

Reinado de Satanás e da Besta

A distinção, no Apocalipse, é claríssima. O reinado de Satanás, embora compreenda o desregramento humano, corresponde mais diretamente à rebeldia do espírito às diretrizes superiores; é um estado de resistência fria, com um profundo sentimento de impiedade, de gelidez, e um feroz egocentrismo para o fim de sobrevivência pessoal. O reinado da Besta, alicerçado também sobre o desregramento coletivo da massa irresponsável, evidencia-se mais claramente pelo gozo dos sentidos; é uma sujeição espontânea à volúpia e à devassidão. No reinado satânico há mais personalismo, aliado a certa vigilância pessoal dos próprios indivíduos, que não se deixam apanhar em suas artimanhas e usam de toda astúcia para obter o melhor; o da Besta representa mais o desregramento geral, a perda de vontade própria, o abandono à lubricidade e a adesão espontânea dos indivíduos a um único estado de corrupção. O satanismo é individualmente excitante, ao passo que a devoção à Besta é a degradação do indivíduo, como acontece com o viciado em ópio, que se funde com o próprio vício. A massa satanizada difere da massa que adora a Besta, porque desperta um sentimento mau que estabelece contágio de indivíduo para indivíduo; é fortalecida pela simpatia à mesma índole perversa e rebelde, ao passo que a massa bestializada pouco se importa com a sobrevivência pessoal; o que lhe interessa é a sensação do momento e o desejo mórbido, que mata o raciocínio! (Obra: *Mensagens do Astral*, 17ª edição, p. 164)

Reino de Deus – reino definitivo

O reino de Deus significa a vivência liberta do espírito imortal, em que tudo é definitivo, certo e venturoso, cujos seres felizes jamais se turbam pelo medo, angústia e aflições próprias dos mundos transitórios, onde o homem se desgasta no uso indiscriminado dos cinco sentidos físicos e, ainda, sofre a influência extra-sensória do mundo oculto, que é condizente com o mundo físico criado pelo próprio homem.

O homem que busca o "reino de Deus" e enseja a sua libertação dos ciclos encarnatórios só consegue livrar-se do jugo carnal, após exterminar qualquer interesse ou paixão pela matéria. Enquanto existir o mínimo desejo sobre os valores e prazeres físicos, malgrado os esforços de ascese sideral, o espírito lembra a águia que, ao sulcar a amplidão dos céus, ainda se aflige pela necessidade de mitigar a sede e matar a fome no solo físico. Essa libertação há de ser cruciante, mas definitiva, um rompimento implacável dos valores e bens do mundo material, assim como fizeram os grandes luminares da espiritualidade. (Obra: *O Evangelho à Luz do Cosmo*, 9ª edição, p. 221)

Reino do Senhor e seu Cristo

A sua afirmação é clara de que "não haveria mais tempo no mundo" (Apocalipse, 10:6), isto é, que os períodos proféticos de "fim de tempo", de "tempos chegados" ou de "juízos ou julgamentos finais" deixariam de ocorrer, por desnecessários, em face da renovação humana.

Eis o epílogo perfeito dos acontecimentos apocalípticos, descrito por João — "E o sétimo anjo tocou a trombeta e ouviram-se no céu grandes vozes que diziam: O reino deste mundo passou a ser de Nosso Senhor e do seu Cristo, e ele reinará por séculos de séculos. Amém" (Apocalipse, 11:15). Para os exegetas esotéricos e os espiritualistas estudiosos, está plenamente provada, nesse versículo do Apocalipse, a idéia do Cristo planetário, quando o profeta fala de modo claríssimo, destacando perfeitamente da figura do Espírito do Cristo a figura de Jesus de Nazaré, através da qual o divino Rabi foi o instrumento fiel do Cristo planetário, transfundindo para o vosso orbe a Luz Crística do Amor, que ultrapassa a configuração do vosso sistema solar! Eis o que o Evangelista afirma: — "O reino deste mundo passou a ser de Nosso Senhor e do seu Cristo!". (Obra: *Mensagens do Astral*, 17ª edição, p. 162)

Reis magos – avançados astrólogos

Precisais saber, primeiramente, que os reis magos eram avançados astrólogos, testamenteiros da sabedoria dos sacerdotes lemurianos, atlantes, sumerianos, babilônicos, caldeus, egípcios e outros. Muitos documentos comprobativos do que acima ficou dito — que virão à luz no momento oportuno e que provam a sabedoria dos reis magos, foram salvos pelos profetas brancos, após o grande dilúvio atlante, e levados por eles para as regiões próximas da atual Arábia, da Judéia e do Egito. Certa parte desses documentos foi depois encaminhada aos santuários secretos do Himalaia. Devido à sua longa experiência e ao conhecimento da tradição na esfera astrológica, os reis magos sabiam que a poderosa conjunção de Saturno, Júpiter e Marte, no campo astronômico da Terra, facilitaria a manifestação, em vosso mundo, de Alta Entidade, vinda dos planos excelsos. Compulsando os livros sagrados de todos os povos, verificaram, emocionados, que a época por que passavam coincidia, perfeitamente, com a do advento do esperado Messias, o Sublime Príncipe da Paz, aguardado pela fé dos homens aflitos. Sabiam que angélica entidade, cuja aura envolvia o orbe terráqueo, deixar-se-ia oprimir, em angustiosa descida, para se submeter ao "sacrifício cósmico", e sua refulgência íntima poder aflorar com êxito à superfície da crosta onde atuava o homem-carne. E a soberba conjunção, a mais poderosa e eficaz de todos os tempos, forneceria o "quantum" magnético desejado, para que o Sublime Anjo, através de fluidos astrais já balsamizados, pudesse atravessar com êxito a aura da Terra, obscurecida pela densa cortina das paixões inferiores. (Obra: *Mensagens do Astral*, 17ª edição, pp. 94/95)

Reis magos – chegada do Avatar Divino

Melchior, Gaspar e Baltazar — como se chamavam — sábios e poderosos magos brancos, cujos conhecimentos já os notabilizara em reencarnações anteriores na Atlântida, previram com exatidão a chegada do Avatar Divino, cuja Luz Salvadora se transfundiria, através da carne, na pessoa de Jesus de Nazareth, filho de José e de Maria. A humanidade terrícola, escrava ainda das forças primárias animalizadas, que estruturam o corpo físico, poderia — graças ao sublime esponsalício do Cristo Planetário com a humanidade terrena — receber o tão esperado socorro divino e apressar a sua libertação por meio desse elo mais eletivo do Criador. Impelidos pela força de sua convicção iniciática, alicerçada na ciência astrológica, os três reis magos se puseram a caminho, decididamente, para o local em que a divina criança desabrochara para o holocausto salvador do homem!

Eis o que diz o Evangelho de Mateus: — "Tendo pois nascido Jesus em Belém de Judá, em tempo do rei Herodes, eis que vieram do Oriente uns magos a Jerusalém, dizendo: "Onde está aquele que é nascido rei dos judeus? Viemos adorá-lo, pois vimos a sua estrela no Oriente" (Mateus, 2:1,2). (Obra: *Mensagens do Astral*, 17ª edição, p. 95)

Reis magos e suas obras

Melchior descendia de linhagem principesca, de velhos reis árabes, que dominavam faustosos agrupamentos na Arábia e, em sua mocidade, fizera profundo voto de renúncia ao mundo profano. Fundou magnífica instituição iniciática de conhecimentos do Cosmo, situada no monte Horeb, espécie de templo e escola ao mesmo tempo, sob cujo teto algumas dezenas de discípulos elevaram as suas vibrações mentais até às esferas eletivas de Jesus. Junto ao rio Indo, nos montes Zuleiman, o mago Gaspar, conhecido como o príncipe de Bombay, dirigia outra avançada instituição de aprimoramento espiritual, ensinando como desenvolver esforços heróicos para se vencer o "Maya", a ilusão da matéria, em troca do conhecimento da Verdade Eterna. Os ensinamentos ministrados por Gaspar também entravam em sintonia com as vibrações do Avatar Jesus. Os adeptos cultuavam a meditação contemplativa e a busca do "Eu Sou", enquanto perpassavam as suaves brisas impregnadas do misterioso perfume do "lotus" imaculado, que desabrochava nos pequeninos lagos incrustados nos tapetes de vegetação aveludada da região que habitavam. Finalmente, Baltazar, o mais velho dos reis magos, era o guia experimentado de um punhado de homens solitários, habitantes da Pérsia, estudiosos dos mistérios iniciáticos das tradições de Zoroastro e do culto firmado no Zend Avesta. Junto ao golfo Pérsico, ante o quadro poético dos regatos que desciam das colinas de Sagros, eles criavam poderosas fontes de energias espirituais, que em divina sublimação se casavam com a vibração do campo magnético em que o Cristo haveria de descer, para o grande momento sacrificial!
(Obra: *Mensagens do Astral*, 17ª edição, pp. 98/99)

Relações espírito-matéria

Os magos antigos, quando ensinavam aos seus discípulos as relações do espírito com a matéria, empregavam o símbolo corriqueiro de uma viatura puxada por um cavalo sob a direção de um cocheiro. O cocheiro representava o espírito, a inteligência, o princípio diretor; a viatura, o corpo — o princípio movimentado — e o cavalo a força intermediária, o princípio motor, ou seja, o conjunto que hoje o espiritismo denomina de "perispírito". O cavalo, por ter de puxar a viatura e ser mais forte que o cocheiro, precisa de ser controlado por meio das rédeas, que lhe tolhem o desejo de disparar; a princípio, exige contínua atenção para com a sua indocilidade, mas, quando já completamente domesticado, dispensa excessivos cuidados nesse sentido. O cavalo desembestado faz tombar a sua viatura com os choques desordenados, enquanto que o animal dócil é garantia de longa vida para o seu veículo! O perispírito humano, como princípio motor, pode ser comparado, também, a um cavalo pleno de energias, que fica atrelado entre o princípio diretor do espírito e o princípio a ser movimentado nas ações individuais. É um molde preexistente ao corpo carnal e sobrevivente à desencarnação física; é a sede das forças combinadas do mundo material e do mundo astral. Nesse invólucro etereoastral casam-se as energias que ascendem do mundo inferior animal e as que descem do mundo angélico superior; é a fronteira exata do encontro dessas duas expressões energéticas, que ali se digladiam, em violenta efervescência e luta heróica para o domínio exclusivo! O ser humano assemelha-se, então, a uma coluna de mercúrio, pois que fica também colocado entre dois climas adversos, que se defrontam, para a glória do espírito ou para a vitória das paixões inferiores.

O perispírito (ou o cavalo alegórico dos magos antigos), quando negligenciado o seu comando por parte do espírito, indisciplina-se ao contacto com as forças selvagens alimentadas pelo mundo inferior, e então o "sangue" sobe até chegar aos freios do animal! Portanto, aquele que perde o domínio psíquico e se deixa vencer pelas paixões bestiais, da cólera, da luxúria ou da devassidão, está implicitamente incluído na afirmação apocalíptica de que o sangue lhe subiu até chegar aos freios do cavalo! (Obra: *Mensagens do Astral*, 17ª edição, pp. 166/167)

"Religare" e o Esperanto

É de senso-comum que o termo "religião" provém do verbo "religare", ou no sentido de religar a criatura aos princípios criadores divinos! O Esperanto, inegavelmente, reflete no seu patrimônio verbal essa disposição terna e esperançosa, pois os seus vocábulos possuem algo de todos os povos, como princípios éticos que induzem o homem à confraternização universal! A sua religiosidade expressa algo do Amor imanente em todos os seres, porque procura ajustar e unir a variedade de pensamentos e sentimentos da humanidade numa só expressão gráfica e verbal. É uma só expressão de sonoridade, grafia e verbalismo em qualquer latitude geográfica do globo! Elimina as barreiras emotivas produzidas pela diferença de diversos idiomas pátrios, que, na sua feição caracteristicamente nacionalista, repelem as expressões idiomáticas de outros povos! (Obra: *A Vida Humana e o Espírito Imortal*, 11ª edição, p. 171)

"Religare" e o espiritismo

O espiritismo não é mais uma seita que se particularize entre os diversos tipos de associações religiosas do mundo. Contudo, é "Religião", na acepção do vocábulo "religare", processo ou meio de religar o espírito do homem à Consciência Cósmica de Deus. Sua função é dinamizar o "quantum" energético da centelha espiritual que domina em sua intimidade, fazendo-a aflorar cada vez mais à superfície da transitória personalidade humana; e assim consolidando a individualidade eterna do ser consciente de existir no Universo. Não é movimento destinado a reunir homens e incentivá-los à adoração de Deus sob um aspecto particularizado; nem se distingue por cerimônias em templos, dogmas, compromissos ou posturas peculiares a estatutos religiosos. É norma de vida do Espírito encarnado, induzindo-o a libertar-se, o mais cedo possível, da animalidade que o prende aos ciclos encarnatórios nos mundos planetários. (Obra: *A Missão do Espiritismo*, 10ª edição, p. 50)

Religião – ampliação e divinização da consciência

O verdadeiro sentido do vocábulo "Religião",[2] na acepção panorâmica da idéia, significa, na verdade, a "religação" da criatura ao seu Criador. Todo o esforço que o homem efetua no sentido de aproximar-se ou assemelhar-se com Deus, é sempre um ato religioso porque o transforma e o eleva, isto é, o "religa" com seu Autor. Religião não é somente a idéia de um culto ou dever sagrado para com a Divindade, mas a mobilização dos recursos sublimes do pró-

---
2 Religião, do verbo latino "religare".

prio ser, para, então, gozar de maior intimidade com o seu Criador. O espírito do homem encontra-se "ligado" eternamente com Deus, em cuja fonte ele se originou e se alimenta. No entanto, apesar dessa "ligação" íntima e indestrutível, que o torna a miniatura portadora dos mesmos atributos da divindade, ele deve "reunir-se" ou "religar-se" com o Pai, ampliando e divinizando a sua consciência pelo entendimento completo da vida e pelo sentimento crístico incondicional.

Religião, enfim, identifica um estado de espírito superior do homem, quando ele procura realmente maior aproximação com a "verdadeira" natureza de Deus. (Obra: *Elucidações do Além*, 11ª edição, pp. 81/82)

Religião – evolução do entendimento da Divindade

Sabe-se que os homens e suas religiões evoluem de modo paralelo. Conforme o povo se faz cada vez mais civilizado, a sua religião também progride tanto em seus aspectos quanto na sua prática. À medida que a humanidade assimila e cultua ideais mais elevados, esforçando-se para uma realização moral mais sadia, também o seu culto e o seu entendimento da Divindade manifestam-se sob melhor compreensão e bom-senso. Assim, enquanto as religiões primitivas condizem com os povos atrasados, o homem civilizado do século XX requer uma doutrina religiosa compatível com o progresso atual.

Os estudiosos ateístas acham que a religião nunca teve uma origem além do entendimento e dos costumes do próprio homem; mas o homem não é exclusivamente um organismo carnal, porém, um espírito atuando do mundo oculto na composição provisória desse corpo denso. Em consequência, o sentimento religioso é inato no homem e o precede mesmo na sua adaptação ao mundo material, como o provam os selvagens na sua busca de Deus, adorando o vento, o sol e outros fenômenos da natureza. O homem civilizado e inteligente difere nessa mesma procura deísta, porque a sua devoção sublima-se em aspectos mais delicados, como a Luz, Energia, Divindade ou Absoluto.

Eis por que ainda há lugar para qualquer espécie de religião e doutrina religiosa no vosso mundo, uma vez que existem na humanidade tipos adequados aos mais exóticos e excêntricos movimentos de "procura" e "relação" com o mundo oculto. (Obra: *O Sublime Peregrino*, 17ª edição, p. 210/211)

Religião – objetivo evolutivo

O esforço da criatura em "religar-se" o mais cedo possível com o Pai deve ser espontâneo ou voluntário. Jamais obrigatoriamente, pois isso lhe tiraria o mérito da ação. As cerimônias, os ritos, os símbolos, as distinções hierárquicas, que tanto impressionam os sentidos humanos, são recursos ou exterioridades, que podem identificar conjuntos de crentes praticando cultos religiosos simpáticos entre si, mas não provam estar presente o verdadeiro sentido da Religião. Em consequência, Religião é o esforço que a criatura empreende no sentido de maior sintonia com Deus, o que é perfeitamente compatível com o espiritismo, doutrina que não pretende competir com as seitas religiosas do mundo, mas apenas esclarecer os homens independentemente de quaisquer compromissos devocionais. A verdadeira religião não possui barreiras, não tem cor local ou limitações doutrinárias, pois abrange todas as criaturas que vivem dentro de uma norma ou esquema semelhante de entendimento espiritual. É uma atividade legitimamente espiritual, que universaliza o Espírito, aprimora a mente e sensibiliza o coração através de maior compreensão das Leis da Vida e de Deus. (Obra: *A Missão do Espiritismo*, 10ª edição, pp. 50/51)

Religiosidade – sentimento inato

Os homens são espíritos encarnados e neles já existe inato o sentimento religioso como um vínculo divino entre a criatura e o Criador. O sentimento religioso, portanto, é comum a todos os seres e raças humanas. Embora varie na sua expressão rudimentar, tem sido assinalado até entre os povos mais selvagens. Nunca desapareceu por completo; permanece como manifestação espontânea, inerente à criatura humana e independente de qualquer fórmula ou organização exterior. Existiu sempre a inata tendência de o homem se voltar para o sobrenatural, num processo de relações vitais entre si e Deus. A necessidade de intercâmbio com uma divindade superior foi sempre objeto de cogitações dos seres humanos. É manifestação universal do sentimento divino, que vivifica e liga a criatura ao Onipotente. (Obra: *A Vida Humana e o Espírito Imortal*, 11ª edição, p. 262)

Reparação kármica

A reparação recíproca, imposta pelos preceitos kármicos, e obrigatória ao espírito, tem por fim evitar que se perturbem a ordem e a harmonia do mecanismo da evolução, e ocorra o desleixo na linha moral do aperfeiçoamento da alma. Desde que os próprios adversários resolvam desatar os grilhões que os escravizam mutuamente às vinganças, eles mesmos terão conseguido os efeitos benfeitores para as suas futuras reencarnações, cada vez mais reduzidas como situações de amarguras e mais amplas quanto ao sentido de oportunidade educativa. (Obra: *A Vida Além da Sepultura*, 9ª edição, p. 436)

Repastos vivos

O que desejamos patentear à vossa compreensão humana, é que os homens escravos de quaisquer vícios ou paixões perigosas são mais visados pelos espíritos das sombras, que os têm como possíveis candidatos à triste condição de "repasto vivo" para suas satisfações viciosas, ao passo que aqueles que não se enfraquecem pelos vícios se tornam mais refratários aos objetivos das sombras. Para eles é muito mais difícil despertar o vício da embriaguez no homem abstêmio, o vício do fumo no inimigo do cigarro ou o vício do jogo no adversário do cassino e dos ambientes de jogatina. (Obra: *A Vida Além da Sepultura*, 9ª edição, pp. 461/462)

Ressureição cósmica – *manvantara*

Sem dúvida, o Mestre Jesus referia-se à Lei da Reencarnação, ou seja, ao princípio equivalente à própria Lei de Renovação do Universo. O vocábulo "reencarnação", no seu restrito uso de "ressurreição na carne", é um acontecimento plausível no mundo humano, mas algo semelhante ao que também ocorre de modo renovador no próprio Cosmo.

Através dos campos de manifestação, há a diminuição de frequência vibratória da energia original para ajustar-se, coerentemente, às transformações e características da vida física. Em virtude de sua natureza transitória e limitada, a matéria, ou "energia condensada" em suas transformações, passa por várias etapas conhecidas como "nascer, envelhecer e morrer". A mesma energia condensada, que promove a configuração dos mundos materiais, é novamente "desmaterializada" na fase conhecida de "Noite de Brahma" e recomposta outra vez no "Dia de Brahma", em que se constitui um "Manvantara" ou "Grande Plano".[3] (Obra: *O Evangelho à Luz do Cosmo*, 9ª edição, p. 256)

Ressureição cósmica – *manvantara* II

Assim sucede-se, periodicamente, uma verdadeira ressurreição no Cosmo, ou seja, o advento de novos aspectos materiais pela incessante criação e, também, o "desfazimento" dos universos físicos, no eterno metabolismo Divino. Há um processo incessante de "materialização" de universos, em cada etapa do "Dia de Brahma" e, posteriormente, a desmaterialização da energia ali condensada nas fases denominadas de "Noite de Brahma". É, na realidade, uma "ressurreição morfológica", que se sucede em cada "Manvantara", ou "Grande Plano", abrangendo todos os setores astronômicos e todas as latitudes cósmicas. Assim, o fenômeno conhecido como "reencarnação" ou "ressurreição" na carne, enunciado por Jesus, e o renascimento do espírito em novos corpos físicos, reflete, também, na vivência humana algo equivalente da mesma Lei de Renovação do Universo, ou de "Renascimento Cósmico". Num sentido mais amplo, é a chama espiritual ressurgindo límpida da animalidade humana. (Obra: *O Evangelho à Luz do Cosmo*, 9ª edição, p. 257)

Retificações no Espaço e idéia de Inferno

Deus não criou nenhum inferno destinado especialmente para castigar seus filhos pecadores, pois isso seria incompatível com

---

[3] "Manvantara", da escolástica oriental, ou "Grande Plano", no entendimento do Ocidente, corresponde ao total de 4.320.000.000 de anos do calendário terrícola. Abrange duas fases, em que Brahma, ou Deus, expira, no chamado "Dia de Brahma", quando cria o Universo físico; e quando inspira na "Noite de Brahma", em que há o desfazimento da matéria até a sua forma original de energia. Assim, um "Manvantara", ou "Respiração Cósmica" de Deus, divide-se na etapa criativa de 2.160.000.000 de anos, e noutra idêntica, quando ocorre a desmaterialização do Universo físico. O que ainda nos parece uma concepção fantasiosa, é hoje uma teoria científica, qual seja a do Universo oscilante de Gamow.

a magnanimidade e sabedoria divinas. Mas a idéia foi gerada no cérebro humano por força do sofrimento do próprio espírito, nas suas romagens de retificação espiritual pelo Espaço. O inferno teológico das velhas oleogravuras hebraicas é um produto lendário e tradicional criado pela fantasia dos homens. Obedecendo ao próprio condicionamento da vida humana, os sacerdotes criaram o céu para estimular as virtudes; e o inferno para reduzir os pecados. Toda beleza, bondade e pureza humanas serviram para compor a figura atraente do anjo; e toda maldade, perfídia, sadismo e feiúra humanas formaram os atributos da figura atemorizante de Satanás. O anjo é o produto do **melhor** imaginado pelo homem, e o diabo o **pior**. (Obra: *A Missão do Espiritismo*, 10ª edição, pp. 72/73)

Retrogradação do espírito – impossibilidade

A idéia da retrogradação do espírito, vós a confundis com as modificações que ocorrem nos veículos intermediários de sua ação, nos vários planos de aprendizado sideral. O espírito palpita integralmente atrás de todas as consciências humanas; é o próprio Criador, o Eterno Existir e que não retrograda, porque o perfeito não evolui! O homem é uma consciência à parte, mas acumula no tempo aquilo que o próprio Pai possui no seu Eterno Existir. Jesus mesmo faz diversas observações a esse respeito, quando afirma: "Eu e meu Pai somos um só" e, adiante: "O Reino de Deus está em vós". Esta verdade também se comprova no Gênesis, quando conceitua que "o homem foi feito à imagem de Deus".

Comumente o espírito humano guarda um potencial maligno que, exposto à luz do dia, parece representar retrogradação. (Obra: *Mensagens do Astral*, 17ª edição, pp. 300/301)

Revelação gradativa e compatível

Deus sempre se manifestou ao homem através de seus prepostos e anjos, mas de um modo gradativo e compatível com a formação mental das consciências humanas. É por isso que as revelações são feitas de períodos em períodos, por instrutores que cada vez mais se aproximam da realidade divina. Desde Numu,

Juno, Anfion, Antúlio, Crisna, Zoroastro, Rama, Moisés, Buda, Jesus, Maomé e Kardec até aos reveladores mais modernos, como Helena Blavatsky, Ramacrisna, Maharishi, Krisnamurti e outros, a Verdade vos tem sido revelada gradativamente, sem violentar o entendimento humano, ainda imaturo. Quando um revelador está findando a sua missão e prestes a partir do vosso mundo, outro já se agita no berço da vida física, para que a revelação prossiga sem interrupção e seja compreensível ao homem. Aproxima-se o terceiro milênio, considerado o milênio do Mentalismo, no qual o compungimento sentimentalista do homem deverá dar lugar a uma poderosa atitude positiva e criadora; menos karma e, mais Criação; menos Fatalismo e mais Vontade; menos Compungimento e mais Otimismo! Há muito tempo os novos reveladores já estão operando no vosso orbe, distribuídos em várias latitudes geográficas, a fim de que se firmem as bases desse mentalismo futuro. (Obra: *Mensagens do Astral*, 17ª edição, p. 140)

Revelações espirituais e a Bíblia

A Bíblia, desbastada das alegorias que tanto desfiguram o entendimento exato da revelação dos espíritos ocultos sob o "Voz de Jeová", apresenta mensagem igual a todos os redutos espiritualistas do mundo. A "Verdade" transmitida do Alto é uma só e não diverge no decorrer dos tempos; porém, à medida que o homem se esclarece e progride, ele também identifica no âmago de todas as religiões e comunidades espiritualistas a mesma revelação. Rama, Crisna, Hermes, Zoroastro, Confúcio, Moisés, Maomé, Lao-Tsé, Orfeu, Buda e Jesus revelam na essência dos seus sentimentos a mesma idéia de Deus e da Vida Imortal. No entanto, cada mensagem foi revestida do invólucro simpático e adequado a costumes, temperamento, moral, capacidade e objetivo de cada raça ou povo, pois há muita diferença entre a revelação eivada de poesia e aforismos do povo chinês, com a idéia máscula de Allah inspirando a índole agressiva, vitalizante e apaixonada do árabe tostado pelo sol causticante do deserto. Buda velou os seus ensinamentos sob a casca fina dos aforismos e preceitos ou obrigações; Jesus usou das parábolas para esclarecer os ocidentais. (Obra: *A Missão do Espiritismo*, 10ª edição, p. 224)

Riqueza, pobreza e desenvolvimento espiritual

Não é a riqueza ou a pobreza o que, realmente, distingue a graduação moral do espírito. Aliás, as almas mais esclarecidas, ao se encarnarem, preferem a pobreza e as vicissitudes do mundo material para solucionarem as suas provas kármicas e acelerarem o seu aperfeiçoamento espiritual. A riqueza, quase sempre, proporciona mais facilidades perigosas para o espírito enfraquecido. A renúncia, a paciência, a resignação e a humildade são virtudes que melhor florescem nos ambientes pobres e ajudam o espírito a libertar-se mais cedo dos ciclos dolorosos e expiativos da carne. A riqueza, comumente, tonteia as criaturas e facilita-lhes a prática dos mais censuráveis caprichos e lúbricos desejos. Sob o manto roto da pobreza, plasmaram-se as figuras sublimes e incomuns de Francisco de Assis, Paulo de Tarso, Vicente de Paulo, Buda, Ramana Maharishi, Gandhi e principalmente, Jesus! As dificuldades, dores e sofrimentos morais proporcionaram ao mundo personalidades como Edison, Van Gogh, Gauguin, Mozart, Allan Poe, Sócrates, Chopin, Schumann, Balzac, Beethoven, Cervantes, Milton, Dostoiewsky, Aleijadinho, Gandhi e outros. (Obra: *A Vida Humana e o Espírito Imortal*, 11ª edição, pp. 28/29)

Riqueza, pobreza e serviço ao próximo

Não há mérito no fato de um homem vestir trapos, nutrir-se com as mãos sujas ou deixar crescer os cabelos e a barba para identificar-se com os objetivos da vida espiritual. Quem, deliberadamente, é pobre e sujo vale menos que o rico escanhoado e limpo que emprega em suas fábricas ou escritórios outras criaturas que vestem, alimentam e proporcionam o conforto no lar aos seus familiares. Não é o desprezo pela riqueza do mundo o que caracteriza o espírito superior, pois este se revela na aplicação benfeitora e no serviço útil prestado ao próximo que está em pior situação econômica. Se Deus alimentasse qualquer prevenção contra a riqueza, determinando que o padrão angélico seria a pobreza franciscana, sem dúvida não teria favorecido o homem para deixar a caverna "pré-histórica" e perder os pêlos no contato com a civilização. (Obra: *Elucidações do Além*, 11ª edição, p. 130)

Ritmo setenário e ciclos criadores

Deus coordena os seus ciclos criadores pela manifestação setenária; seja o movimento atômico através dos sete ciclos cósmicos ou seja um movimento planetário, em suas sete cadeias planetárias. Desde a expressão mais sutil de onda, até macrocosmos, ou deste para o microcosmo, no íntimo da essência divina, patenteia-se perpetuamente o ritmo setenário como base criadora de Harmonia e Evolução. A cor ou a música, em qualquer latitude cósmica, também se subordinam a essa diretriz setenária, apresentando os sete raios coloridos, fundamentais, que são prismados do "raio branco". Essas cores secundárias se combinam, adelgaçam ou formam novos matizes e tons claros ou escuros, na conformidade das disposições vibratórias do "éter". (Obra: *A Vida no Planeta Marte e os Discos Voadores*, 14ª edição, p. 302)

Rituais – exaltação da vontade

O principal objetivo da prática de rituais no mundo terreno é exaltar a vontade humana pela sua focalização em símbolos e recursos sugestivos que impressionem a mente, a fim de se produzir um estado de "fé" ou de confiança incomuns, capaz de acelerar o energismo espiritual do ser, a fim de se conseguirem realizações psíquicas excepcionais. (Obra: *Mediunidade de Cura*, 12ª edição, p. 105)

Ritual de enfeitiçamento e desmanche

O ritual, no enfeitiçamento, é apenas um processo dinâmico que disciplina o desdobramento da operação contra a vítima. Alicia as forças selváticas do mundo astral inferior e ativa as reações em cadeia magnética, no objeto preparado para funcionar como um detonador contínuo no mundo fluídico. Aliás, o desmancho ou processo inverso do enfeitiçamento, também exige determinado rito, para depois inverter os pólos anteriormente firmados pela concentração de fluidos coercitivos. Alguns feiticeiros costumam usar fluidos tão agrestes nos enfeitiçamentos mais tenebrosos, que o "desmancho" também exige a mobilização de energias semelhantes para a sua solução.³ Mas o ritual, em sua noção específica, é um processo disciplinador da própria vida! (Obra: *Magia de Redenção*, 12ª edição, pp. 36/37)

Rompimento das algemas da matéria – dor

A criatura que se entrega definitivamente ao exercício dos postulados salvadores do Cristo, decidida a conhecer sincera e devotadamente o processo kármico que retifica os desvios do espírito e a oportunidade abençoada da reencarnação, que é ensejo de recuperação do tempo perdido, há de ser naturalmente despreocupada da doença e da morte. Desde que o sofrimento purifica e a morte liberta o espírito da carne, não há razões, para ela, para a tortura do medo ou a angústia pelos dramas da vida humana transitória.

Embora o homem tenha o direito de procurar o alívio da dor e a cura da sua doença, quando ele conhece o objetivo venturoso da vida humana, criada por Deus, há de considerar a dor, a enfermidade ou o câncer como fases do processo abençoado que, através das várias reencarnações retificadoras, rompe as algemas do espírito preso à matéria. (Obra: *Fisiologia da Alma*, 15ª edição, p. 345)

S

Saga do espírito imortal

Como não há privilégios, preferências religiosas ou injustiças da Lei, nenhum espírito ou filho de Deus passará incólume da animalidade para o estado humano, e de homem para anjo, sem passar por problemas, insuficiências, defeitos, pecados e vícios de toda a humanidade. Alhures, já vos dissemos que o próprio Jesus não evoluiu em "linha reta", porém, fez o curso integral da vida física como qualquer outro homem já o fez ou terá de fazê-lo. Distingue-se Jesus de Nazaré dos demais homens atuais porque, tendo alcançado o clímax de sua evolução planetária, sacrificado na cruz, e sepultado, ressuscitou pela emancipação espiritual na figura do "Irmão Maior" e é, na atualidade, o "Caminho, a Verdade e a Vida", pois, quem não praticar os seus ensinamentos, adquiridos em suas vidas, em incontáveis milênios de aperfeiçoamento, não alcançará o reino dos Céus. (Obra: *Sob a Luz do Espiritismo*, 3ª edição, p. 196)

"Salvação" e o Evangelho

O seu Evangelho, como um "Código Moral" dos costumes e das regras da vida angélica, proporciona a "salvação" do espírito do homem, libertando-o dos grilhões do instinto animal e das ilusões da vida material. Essa "salvação", no entanto, ainda se amplia noutro sentido, porque os redimidos ou "salvos" dos seus próprios pecados também ficam livres da emigração compulsória para um planeta inferior, cujo acontecimento já se processa na vossa época, simbolizado pelo "Fim dos Tempos" ou "Juízo Final". (Obra: *O Sublime Peregrino*, 17ª edição, pp. 19/20)

Samadhi ou êxtase

Há momentos em nossa vida, quando imergimos na profundidade religiosa, alimentados por pensamentos sublimes; quando nos enternecemos ante maravilhoso poema, ou nos empolga a misteriosa beleza da alvorada. Então, sentimos o vislumbre da nossa origem Divina. É, na realidade, o apercebimento fugaz, num ápice de segundo, o início da Iluminação, o prenúncio da Consciência Espiritual.

Independente de crença religiosa do homem e de suas realizações intelectivas no mundo, à medida que a Mente Espiritual estende o seu domínio no ser, libertando-o, gradualmente, dos grilhões da animalidade inferior também se amplia a sua área de conexão com o Espírito de Deus. Diríamos que aumenta a tensão Divina e interna, na criatura; esse impulso de transbordamento das formas e do intelecto humano parece só aguardar um instante apropriado para exercer a sua predominância sublime. É a luz do Senhor, pronta a iluminar a criatura, ante o primeiro descuido da consciência em vigília, ou personalidade, formada na romagem obscura da linhagem animal. Através do elo do Espírito, Deus, então, se revela ao homem e dá-lhe alguns vislumbres de Sua existência Real.

Sem dúvida, é um acontecimento que varia materialmente, conforme o temperamento, a sabedoria e o sentimento individual, mas, depois de sucedido, deixa uma sensação de segurança, de imaterialidade e de confiança em toda a experiência vivencial. É o espírito principiando a fazer valer os seus direitos divinos, através dos rasgões da personalidade humana, a caminho da desagregação no mundo de formas. (Obra: *Sob a Luz do Espiritismo*, 3ª edição, pp. 161/162)

Samadhi ou êxtase II

É um estado estranho e incomum, em que o ser se sente fora do seu estado normal, trasnportado para um plano de consciência mais elevado, tendo se enriquecido de mais bens e conhecimentos; não o podendo explicar claramente na consciência física, depois de passado o maravilhoso momento de desprendimento das formas. É um ingresso súbito, um vislumbre ou prenúncio do espírito imortal, fugaz demonstração da Realidade Eterna. É o "samadhi", tradicionalmente presente na vida dos grandes iluminados do Oriente, ou o "êxtase", do conhecimento ocidental.[1]

Como a própria natureza espiritual do ser não dá saltos, esses vislumbres, êxtases ou iluminações súbitas podem aumentar em sua frequência, na mesma existência, à medida que logram maior domínio sobre a consciência em vigília. É o treino sublime do Espírito Eterno, iniciando o desvestimento dos trajes transitórios da personalidade humana, em atividade nas superfícies planetárias, até manifestar-se em toda a sua refulgência e beleza sideral. Então, chegará o tempo no qual esses vislumbres e êxtases de Iluminação serão tão frequentes, que se transformarão na plenitude da Consciência Espiritual para toda a Eternidade. É o fim das reencarnações de dores e sofrimentos. (Obra: *Sob a Luz do Espiritismo*, 3ª edição, pp. 162/163)

"Sangue vital" – o prana

O prana não é um efeito da vida, como ainda supõem alguns espiritualistas do ocidente, pois o mineral, o vegetal, o animal e o homem é que são, realmente, seus produtos ou elementos resultantes, visto absorverem em sua intimidade o "quantum" dessa energia vital indispensável para se manifestarem no mundo. O prana está presente e atuante em todas as expressões de vida no Universo, porque ele é a essência vital que alimenta desde o "combustível" mental necessário ao homem para compor os seus pensamentos e idéias, assim como também vivifica a substância astralina que fotografa e manifesta todos os sentimentos das emoções do Espírito.

É "sangue vital" de incrível poder e amplitude cósmica, que se manifesta em todos os planos da vida, pois sua falta implicaria na desintegração e no desaparecimento instantâneo do Universo exterior, que é visível e sensível à consciência humana. (Obra: *Elucidações do Além*, 11ª edição, p. 172)

---
[1] "Samadhi" ou Êxtase – "Espécie de arrebatamento espiritual que pode ser provocado de diversos modos. Êxtase é uma espécie de suspensão dos sentidos, pela absorção da mente na contemplação divina. Nesse estado, o indivíduo não sente qualquer ação a que seu corpo possa ser submetido. Enlevo, deslumbramento inexplicável pelo mecanismo do intelecto".

Sanidade definitiva – terapêutica da alma

A nossa mensagem se endereça a toda criatura viva, principalmente aos enfermos e cancerosos, fazendo-os ver a necessidade urgente de compreenderem que a saúde verdadeira é patrimônio indiscutível do espírito equilibrado. Há 2500 anos, os gregos já esposavam o conceito de que "alma sã em corpo são" era a solução ideal para a felicidade da vida humana, porquanto na alma se encontra realmente a origem da saúde e da enfermidade. Sem desmerecermos o valioso e abençoado esforço médico, frisamos, no entanto, que o êxito completo da saúde humana há de ser concretizado quando o médico, além de prescrever os medicamentos da farmacologia terrena, preceituar o cumprimento integral dos postulados do Cristo!

É muito justo e bastante louvável o trabalho de pesquisas, experimentações e técnicas modernas no campo cirúrgico; o domínio das energias terapêuticas dinamizadas pela eletricidade e o progresso químico, destinados à cura do corpo físico e ao socorro do homem, para não tombar prematuramente na sua romagem terrena. Mas a sanidade humana definitiva há de se efetivar tanto mais cedo quanto o medico conjugar os seus esforços terapêuticos em favor da alma enfermiça! (Obra: *Fisiologia da Alma*, 15ª edição, p. 352)

Sanidade espiritual coletiva – recursos purificadores

Em virtude da tradicional versatilidade humana, que se deixa seduzir pelo mundo das formas, dificilmente poderíeis conseguir a sanidade espiritual coletiva, sem os recursos purificadores das seleções proféticas. Materializa-se pouco a pouco o vaticínio tenebroso quanto à "Besta do Apocalipse", cujo corpo e alma estão sendo alimentados pelos crimes, aberrações, guerras, ciúmes, impiedades, avareza e apego à idolatria sedutora da forma! A fermentação vigorosa das paixões inferiores, aliada à ingestão de vísceras sangrentas da nutrição zoofágica, não favorece a escultura do cidadão crístico do milênio futuro! A aura do vosso orbe está saturada de magnetismo coercitivo, sensual e estimulante das inferioridades do instinto animal. (Obra: *Mensagens do Astral*, 17ª edição, p. 67)

"Santíssima trindade" – três aspectos de Deus

O dogma da "Santíssima Trindade", adotado e cultuado pelos católicos, equivale ao dogma da "Trinamurti", admitido e proclamado pelos hindus, e por outros povos asiáticos, nessa tentativa de expor de modo compreensível os três principais aspectos da manifestação divina. Sem dúvida, muitas religiões exageram materializando em demasia o que é apenas simbólico, embora esse culto aos aspectos trifásicos de Deus não lhe modifique a identidade da Suprema Lei ou Princípio único.

Sob o invólucro místico e religioso das principais religiões de todos os povos, se proclama os "três aspectos" de Deus, porém derivados e não divididos da mesma Unidade. Os hindus devotam a trindade Brahma, Siva e Vishnu; o Budismo menciona Anútaba, Avalokiteshavara e Naudjousri; os germanos, Vota, Friga e Dinar; os egípcios, Osíris, Ísis e Hórus; os persas, Orsmud, Arimã e Mitra. A Igreja Católica refere-se ao Pai, Filho e Espírito Santo, cujo aspecto trifásico também poderia ser admitido pela Ciência do mundo nos aspectos de Espírito, Energia e Matéria, ou ainda, Pensamento, Vontade e Ação, correspondendo, portanto, à Lei de equilíbrio, movimento e forma. (Obra: *O Evangelho à Luz do Cosmo*, 9ª edição, pp. 73/74)

"Santo" de hoje – "diabo" de ontem

Cada espírito possui uma idade sideral correspondente ao seu tempo de "conscientização" no Cosmo. Assim, o selvagem que mal ultrapassa a linhagem animal organizando os primeiros sons da palavra humana, ainda é um ser primaríssimo e brutal, comparado à figura de um homem comum civilizado. Todo espírito virgem e ignorante de sua própria origem cósmica e divina, num certo dia, inicia a sua própria conscientização de existir e, dali por diante, prossegue incessantemente desenvolvendo e aperfeiçoando a personificação espiritual. Embora qualquer espírito, quando adquire noção de existir ao se individualizar no seio da Energia Divina, parta de um momento dado, iniciando a diferenciação de sua consciência, daí por diante ele jamais será destruído ou desintegrado por toda a eternidade. Frisamos, pois, que todo espírito um dia "nasce" no seio do Cosmo, passando a vibrar como um ser distinto e com noção de sua própria existência pessoal. Em face de ser criado da essência de Deus, que é eterna, jamais desaparecerá depois de iniciar a sua própria individualidade. Sob rude exemplo, diríamos que o espírito de cada homem é como a gota do oceano, mas que um dia começou a ter noção pessoal de ser uma gota, embora sem desvincular-se do imenso oceano em que vive.

O processo de nascimento, desenvolvimento e emancipação consciencial é absolutamente único e, por esse motivo, o santo de hoje já foi o diabo de ontem. (Obra: *O Evangelho à Luz do Cosmo*, 9ª edição, p. 168)

Santo devocional – "Pau para toda obra"

Sob qualquer hipótese, toda criatura humana possui a entidade amiga que envida todos os esforços para livrá-la da infelicidade espiritual, mas é preciso não chegar à insânia de se crer que um santo é "pau para toda obra", como diz o vulgo... Em algumas criaturas ainda persiste a crença antiga do "corpo fechado", pela qual determinadas orações mântricas têm o poder de imunizar até o facínora ou o aventureiro criminoso contra as perseguições da lei terrena. Confundia-se antigamente — como ainda hoje se confunde — certas entidades diabólicas das trevas, que costumam socorrer imediatamente os seus pupilos subvertidos na vida material, com a presença do espírito superior, que só inspira a humildade, a tolerância, a paciência e a renúncia, pois é mediador do céu e não advogado do inferno... Daí a perigosa convicção de muitas criaturas imprudentes que, vivendo no mundo só à cata de prazeres, benefícios fáceis e gloríolas mundanas, acreditam que o seu "guia" espiritual ou o seu "santo" devocional tem por obrigação atendê-las em todas as suas emoções descontroladas, caprichos tolos e apetites ridículos. (Obra: *A Sobrevivência do Espírito*, 8ª edição, pp. 331/332)

Satã, inferno – pavor nos desencarnados

Em virtude de serem raras as almas que partem da Terra em condições felizes, a maioria sente-se apavorada ao emergir das sombras do túmulo, presas de suas próprias criações mentais e certas de um sofrimento eterno nas chamas do inferno e nas garras de Satanás. É um desespero inimaginável e que impossibilita o próprio desencarnado de coordenar suas forças mentais e imunizar-se na oração socorrista. Jamais podereis avaliar essa convicção íntima do castigo eterno e sem qualquer esperança de salvação, enquanto na maioria ainda palpitam as imagens do lar amigo que deixou na Terra. Isso causa pavores e desesperos tão intensos, que chegam a criar obstáculos intransponíveis aos próprios espíritos benfeitores encarregados de atenuar o vigor dos clichês mórbidos, profundamente gravados no campo mental dessas almas perturbadas. A eternidade do inferno com o seu histórico Satã plastifica nos seus fiéis os quadros tenebrosos e doentios, que adquirem forte vitalidade mental e torturam a alma desesperada depois da morte corporal. (Obra: *A Missão do Espiritismo*, 10ª edição, p. 74)

Satanás e Deus

Satanás, como entidade eterna, é uma lenda, um mito infantil, pois teria sido criado por Deus, que é o único Criador, e que, como Pai, de suprema justiça e amor, não poderia gerar de sua própria essência angélica uma entidade como essa. Se Satanás fosse gerado por outrem ou nascido por si mesmo, isso comprovaria a existência de um outro Deus! E teríamos, então, dois poderes opostos, a se digladiarem em contínua reação, com o grave perigo de que um dia Satanás pudesse dominar os mundos criados pelo Onipotente! Se Deus, por vingança, houvesse transformado em diabo o anjo que ele criara para a felicidade eterna, o fato representaria terrível desdouro à sua infinita sabedoria, ante o equívoco de criar um ser perfeito, que termina degenerado. Se Deus não pode dominar Satanás ou evitar que ele cause a derrocada da obra divina através da tentação das almas em aperfeiçoamento, quer isso dizer que não é infinitamente poderoso, pois nem ao menos consegue anular o resultado de sua própria incapacidade divina. Se Deus é poderoso mas não impede que Satanás, com sua malignidade, seduza os homens, então não é infinitamente bom, porque é indiferente ao sofrimento dos seus filhos. (Obra: *Mensagens do Astral*, 17ª edição, p. 194)

Satanás e o Arcanjo Miguel

O quadro que apresenta Satanás acovardado diante da luz do Arcanjo Miguel não passa também de um símbolo que significa a cessação da resistência espiritual a que nenhuma alma pode furtar-se na sua ascensão angélica, pois o poder satânico nada mais é senão o egoísmo feroz da personalidade humana, que se apega tenazmente ao mundo das formas; é a rebeldia completa e a indiferença deliberada para com os planos dos prepostos do Cristo. Satanás simboliza as almas que em conjunto se entregam propositadamente à maldade e à revolta; as que não avaliam as consequências funestas de seus atos nem se atemorizam diante de feitos os mais brutais; almas que se encontram no limiar exato de uma posição em que um passo atrás garante a sua continuidade personalística na carne e um passo adiante o seu enfraquecimento em relação ao Todo. Satanás é o grito desesperado da falange humana que não quer ajustar-se à consciência coletiva do Criador; é a resistência implacável para subsistir isoladamente em selvagem egocentrismo. (Obra: *Mensagens do Astral*, 17ª edição, pp. 195/196)

Satanás – misto de divindade e animalidade

Na figura dos chifres, o esoterista pode aperceber-se muito bem da fúria impulsiva e indomável do touro, que se traduz pela agressividade humana; os pés caprinos são a lascívia; as asas, ora de morcego, ora de pássaros, representam a procura de ascensão, ou o vampirismo; o corpo semi-humano é o homem, espírito e matéria; as garras de abutre ainda podem lembrar a avareza e a peculiar agiotagem humana; os cascos de cavalo, a violência... e, assim cada teólogo diabólico criou o seu diabo, feito à sua imagem e semelhança anímica.

Satanás, em suma, é a figura representativa do próprio homem — as paixões, a lubricidade, a avareza, a violência, a brutalidade e as ambições desmedidas; juntamente com o amor, a meiguice, o altruísmo e todos os valores inatos e adormecidos nas fímbrias do espírito imortal. Satanás é como o homem; misto de divindade e animalidade. (Obra: *Sob a Luz do Espiritismo*, 3ª edição, p. 58)

Satanismo e regeneração

À medida que a alma desenvolve a sua consciência, nas lides dos mundos físicos — mesmo quando sufoca os impulsos angélicos inatos — essa luz interior age com veemência e termina rompendo a crosta endurecida do personalismo inferior. Os espíritos satanizados também se desesperam; fatigam-se ante a contínua decepção que sofrem à procura de um ideal que, por fim, não lhes satisfaz o desejo pervertido, pois que perde logo o sabor dos primeiros momentos de ilusão!

Ante a realidade maravilhosa de que todos os filhos de Deus são flores destinadas a enfeitar eternamente o jardim do Cosmo, que importa deplorar a existência de alguns milênios de satanismo entre o sofrimento acerbo e um domínio precário, se após a regeneração se desenrola a eternidade de uma vida de felicidade! (Obra: *Mensagens do Astral*, 17ª edição, p. 200)

Satanismo – formação da consciência

No seio do Cosmo, como já vos dissemos, tudo é previsto e submetido a planos antecipadamente estabelecidos. A hierarquia angélica domina, por isso, toda a Criação. Satanás — alegoria que abrange todas as almas temporariamente rebeldes aos princípios da angelitude — é figura secundária; o seu reino e sua ação maligna são coisas transitórias no espírito humano, pois que se extinguem, alhures, na própria luz crística que permanece latente no âmago dos seres. Em consequência de não poderdes avaliar satisfatoriamente o que seja a eternidade, os milênios que as almas satanizadas consomem na sua ignorância e rebeldia parecem-vos acontecimentos eternos; no entanto, correspondem apenas ao período de formação natural da consciência, quando o espírito começa a sentir que existe e que é diferente na criação, a qual faz com que ele ame a si mesmo, primeiramente, a fim de desenvolver-lhe o amor consciente. Embora se deplore o egoísmo, considerando-o como coisa satânica, ele é a base do amor puro, que os chegados à condição de anjos manifestam depois, incondicionalmente, para com todos os seres do universo. Embora nos cause repugnância o monturo fétido dos jardins, é com a sua substância asquerosa que os cravos e as rosas elaboram o seu delicioso perfume! A Lei Suprema, ao dar início ao progresso evolucionário do espírito, desenvolve-lhe primeiramente a fase do egocentrismo, que favorece o despertamento da alma em si mesma, dentro do Todo, a fim de se constituir em célula consciente. Começando por amar-se a si mesmo, com egoísmo, o espírito procura a sua origem em seu próprio âmago, no qual Deus está imanente, embora ainda encoberto pelo cascão provisório da personalidade humana. O altruísmo incondicional, do anjo, forma-se nas bases do egoísmo satânico, de quando a consciência estava em crescimento. A alma faz primeiramente a colheita; a seguir, centraliza-se no acúmulo egocêntrico e avaro; depois, torna-se a fonte doadora, o celeiro de dádivas celestes!

Esse o processo; essa a lei; mas ambos são lógicos e garantem-vos a formação consciencial a caminho da angelitude. (Obra: *Mensagens do Astral*, 17ª edição, p. 205)

Saturação fluídica – objetos

Desde que o objeto esteja "abrasado" ou saturado de fluidos maléficos, e o seu novo possuidor vibre em consonância, ele sentirá alvoroçarem-se os seus recalques afins, pela sintonia psicomagnética que tende a fechar em circuito as duas faixas. O fenômeno obedece à lei cósmica que estabelece: "os semelhantes se atraem e tendem à fusão em unidade". No futuro, quando a vossa ciência houver adquirido conhecimentos profundos a respeito da poderosa influência dessas reações imponderáveis sobre a matéria inerte e sobre o corpo humano, então, os cuidados de vossos departamentos de profilaxia sanitária não serão confinados apenas à defesa da saúde física, pois atenderão também à saúde psíquica do povo. E nesse caso, não mais existirá esse comércio de casas vendedoras de roupas usadas, pois, a sua lavagem, por mais esterilizante, jamais conseguirá expurgá-las do "suor mental" de que as mesmas estejam impregnadas; e que tanto pode ser o da roupa que já embrulhou e absorveu a saturação psíquica de um homem de bem, como a do magnetismo tóxico de um sicário e profissional de crimes hediondos. (Obra: *A Vida no Planeta Marte e os Discos Voadores*, 14ª edição, pp. 433/434)

Saúde do espírito e essência perfeita

O espírito do homem, em sua essência fundamental divina, é perfeitamente sadio, porque, sendo uma centelha de luz proveniente de Deus, jamais poderia tornar-se enfermiça. No seio de Deus, o espírito do homem é a fagulha virgem, que num dia ou em certo tempo, principia a vibrar interiormente e desperta, pouco a pouco, a sua individualidade pela consciência de existir. Ele, então, desenvolve a sensibilidade e a noção de "saber", tanto quanto mais participa e se relaciona com o curso educativo da vida material. Lembra algo do aparelho fotográfico, que aumenta o seu acervo pela gravação das cenas fotografadas do mundo no filme negativo e virgem. Entretanto, nesse curso de conscientização para conhecer o Universo e, simultaneamente, a si mesmo, o espírito comete muitos enganos próprios da imaturidade de sua consciência espiritual. Mas em face do conceito da própria Lei Divina, de que não se "perderá uma só ovelha do aprisco do Senhor", todo espírito equivocado sofre o seu reajuste e a corrigenda no tempo certo, até vibrar com a Harmonia Perfeita e ajustar-se, definitivamente, à linhagem angélica. (Obra: *O Evangelho à Luz do Cosmo*, 9ª edição, p. 268)

Saúde e doença – harmonia ou desarmonia da alma

A saúde e a enfermidade são o produto da harmonização ou desarmonização do indivíduo para com as leis espirituais que do mundo oculto atuam sobre o plano físico; as moléstias, portanto, em sua manifestação orgânica, identificam que no mundo psíquico e invisível aos sentidos da carne, a alma está enferma! O volume de cólera, inveja, luxúria, cobiça, ciúme, ódio ou hipocrisia que porventura o espírito tenha imprudentemente acumulado no presente ou nas existências físicas anteriores forma um patrimônio "morbo-psíquico", uma carga insidiosa e tóxica que, em obediência à lei da Harmonia Espiritual, deve ser expurgada da delicada intimidade do perispírito. O mecanismo ajustador da vida atua drasticamente sobre o espírito faltoso, ao mesmo tempo que o fardo dos seus fluidos nocivos e doentios vai-se difundindo depois pelo seu corpo físico.

Durante o período gestativo da nova encarnação, esses resíduos psíquicos venenosos, provenientes de energias gastas morbidamente, vão-se condensando gradativamente no corpo físico à medida que este cresce e, por fim, lesam as regiões orgânicas que por hereditariedade sejam mais vulneráveis. (Obra: *Fisiologia da Alma*, 15ª edição, p. 139)

Saúde moral e médicos do futuro

Infelizmente, devido à sua sistemática obstinação ou ignorância, o homem terreno ainda é o principal culpado de sofrer certas hostilidades do reino mineral ou vegetal, pois ele subestima demais a ação poderosa das forças ocultas, que constituem a base da vida do orbe e da própria contextura da carne humana. Quando o médico, no futuro, conhecer essas realidades íntimas da vida, ele compreenderá que, tanto a saúde como a enfermidade do homem são estados em equivalência com as boas ou más atitudes e expressões morais do próprio espírito.

Atualmente, a cura das enfermidades do corpo físico exigem o estudo de complexos tratados de fisiologia e patologia, mas aproxima-se a época em que a ciência médica fixará como base fundamental da sua terapêutica a saúde moral do espírito ou alma. Então, a técnica mais eficiente, que orientará os médicos, para curarem seus doentes, será a das fórmulas ou "receitas" contidas no sublime compêndio que se chama o Evangelho de Jesus! (Obra: *Mediunidade de Cura*, 12ª edição, p. 198)

Seara espírita e reabilitação da alma

O Alto sempre nos proporciona a oportunidade de acelerarmos o nosso progresso espiritual, desde que estejamos também preocupados em solver os problemas angustiosos e difíceis dos nossos irmãos. E a seara espírita é um desses ótimos ensejos para a reabilitação da alma, e seu programa de trabalho educativo e redentor é uma segurança para o espírito bem-intencionado. O adepto do espiritismo, quando estudioso e prudente, é como o general em véspera de batalha: ele esquematiza o seu próprio combate para vencer as paixões e os vícios nocivos inerentes à sua natureza animal.

O espiritismo, além do objetivo importante de ajudar o homem a descobrir sua própria imortalidade e significação no

Cosmo, através do serviço mediúnico benfeitor, também rompe mais cedo os grilhões do karma humano pregresso. É evidente que todas as horas empregadas pelo homem nas tarefas espirituais, tanto o afastam do contacto prejudicial com as paixões inferiores como o livram das ligações perigosas com os espíritos das sombras. (Obra: *Mediunidade de Cura*, 12ª edição, p. 118)

Sede da enfermidade – o psiquismo

Não nos preocupamos em destacar a superioridade desta ou daquela terapêutica terrena, pois sempre representam abençoado esforço para atender às necessidades do espírito encarnado, conforme o seu progresso científico, entendimento moral e merecimento espiritual. Para nós, desencarnados, que bem sabemos que a cura definitiva do espírito só será alcançado sob a terapêutica sublime e certa dos princípios vividos por Jesus, interessa-nos destacar particularmente os métodos que permitem operar mais profundamente no psiquismo, onde em verdade se encontra a sede real de toda enfermidade. (Obra: *Fisiologia da Alma*, 15ª edição, p. 167)

Segredo para a felicidade – ajuda ao próximo

A atitude mais certa perante Deus ainda é a de "Amar o próximo como a si mesmo", quer mereça ou não. Em qualquer circunstância da vida terrena a indiferença diante da dor e do sofrimento alheio é sinal de crueldade, mesmo quando temos convicção de que o próximo se submete ao processo kármico de sua própria redenção espiritual. A caridade não é resultado de um programa aprovado em discussões onde primeiramente se julga do merecimento do necessitado ou do melhor aproveitamento espiritual dos seus próprios idealizadores. Na verdade, é fruto de sentimento tão espontâneo quanto o da flor oferecendo o seu perfume sem qualquer interesse oculto. Quando Jesus afirmou que "Só pelo amor será salvo o homem", ele extinguiu definitivamente qualquer dúvida quanto à nossa verdadeira atitude diante do sofrimento alheio.

A sua recomendação dispensa comentários e elimina indecisões, pois revela o segredo de o homem alcançar mais breve a sua própria felicidade. O Mestre não fez exceções nem destacou privilégios, mas recomendou-nos um amor incondicional, desinteressado e puro! Eis por que os espíritos desencarnados, que realmente confiam nos ensinamentos do Cristo, curvam-se humildes e devotam-se ao bem alheio sem quaisquer julgamentos prematuros ou pretensões egoístas. (Obra: *Mediunidade de Cura*, 12ª edição, pp. 172/173)

Seguidores de Jesus e suas "vestes nupciais"

Os apóstolos, discípulos e seguidores de Jesus, ao servi-lo para o êxito de sua sublime missão, também buscaram sua própria renovação espiritual e imolaram-se para a florescência de um ideal superior, liquidando velhas contas cármicas assumidas no pretérito. O sangue cristão, derramado para alimentar os fundamentos do Cristianismo, também lavou as vestes perispirituais dos seus próprios mártires. Pedro foi crucificado, Estêvão lapidado, João foi torturado e Paulo degolado; tudo em favor da abençoada idéia de libertação espiritual, cujos destinos cármicos foram acertados sob a bússola de Jesus, resplandecendo no holocausto messiânico da Era Cristã.

No entanto, Jesus, o aluno menos necessitado do banco escolar terreno, foi justamente o mais sacrificado, pois ele descera à matéria esperançado de melhorar o padrão espiritual dos seus queridos pupilos. (Obra: *O Sublime Peregrino*, 17ª edição, p. 37)

Segunda vinda do Cristo – caminho da dor

Primeiramente, o sublime Jesus de Nazaré vos fez o convite pela mansuetude, pelo amor e renúncia; viveu essas virtudes na plenitude humana a fim de que não desconfiásseis de suas realidades; presentemente, em face da rebeldia e da recusa à subida pela paz e renúncia, o vosso canal planetário já não pode ser condicionado para Deus mediante novo "sacrifício alheio" que tanto desprezastes. Vós mesmos sereis os sacrificados e vivereis as dores necessárias, para o encontro à "segunda vinda" do Cristo. Antes, Ele fez-se vibrátil no vosso mundo, mas na hora atual vós O sentireis através do vosso próprio holocausto. A Lei Suprema que é justa, sábia e magnânima, funciona perfeitamente equânime e disciplinadora em todas as latitudes cósmicas e longitudes vibratórias. A recusa ao Bem pelo Bem, implica no reajuste do Bem pela Dor! ... Afastastes-vos do Cristo, na primeira vinda pelo Amor; então O encontrareis, na segunda vinda, por meio da Dor!... (Obra: *A Vida no Planeta Marte e os Discos Voadores*, 14ª edição, p. 534)

Segunda vinda do Cristo – via interna

Desde que Jesus não foi o Cristo, mas tão-somente o seu medianeiro encarnado no orbe terreno, é evidente que a "primeira vinda" do Cristo se fez indiretamente pelo corpo físico de um missionário sacrificado na cruz. Obviamente, a "segunda vinda" do Cristo também deverá ser através de novos homens ou intermediários encarnados.

Mas, conforme diz certo adágio terreno, "o trinco do coração só se abre por dentro" e, por esse motivo, a "segunda vinda" do Cristo há de ser exclusivamente através da intimidade oculta do coração de cada homem. Assim que tiver assimilado os ensinos evangélicos transmitidos por intermédio do sacrifício de Jesus, e vibrar no estado de amor puro, é evidente que a criatura receberá o Cristo em "si mesma", transformando-se num médium potencialmente aprimorado para a "segunda vinda". (Obra: *O Evangelho à Luz do Cosmo*, 9ª edição, p. 172)

Segunda vinda do Cristo – via interna II

Quando chega a época de "Fim de Tempo", ou de limpeza astralina de um orbe, então emigram os espíritos trevosos e rebeldes que lhes infestam a aura e reduzem a frequência vibratória da luz crística provinda do interior. Depois de afastados da aura do orbe higienizado, é óbvio que este também se mostra menos denso na sua contextura astralina e por isso aflora maior quantidade de Luz do seu Cristo planetário ao ambiente selecionado. Essa operação de técnica sideral, João enuncia no Apocalipse, ao dizer que "o poder do seu Cristo foi restabelecido após a expulsão de Satanás". Usando de exemplo rudimentar, diríamos que a simples providência de se espanar uma lâmpada obscurecida pelo pó, permite-lhe maior projeção de sua luz em torno. É por isso que a "Segunda vinda do Cristo" será exclusivamente pela via interna do espírito do homem, e não conforme descreve a mitologia religiosa, pois quanto mais se sensibiliza o ser, mais ele poderá absorver a luz espiritual do seu Cristo. (Obra: *O Sublime Peregrino*, 17ª edição, p. 72)

Segunda vinda do Cristo – refinamento vibratório

Graças ao advento de Jesus, a "Luz Divina" pôde ser atada nas entranhas energéticas do vosso mundo. Fez-se o caminho, a estrada vibratória exata e inconfundível para o "Alto"; e tanto quanto o espírito humano se purifica na renúncia às vibrações grosseiras, maior será, também, a sua incorporação à Verdade Espiritual. Através de Jesus, o Sublime Enviado, os sentidos humanos puderam comprovar a configuração exigida, na forma, para que a alma encontrasse o "caminho, a verdade e a vida". No entanto, a segunda vinda do Cristo será empreendida pelo "encontro interior"; o espírito humano há que refinar-se vibratoriamente e subir até Ele para senti-lo e achá-lo em si próprio. (Obra: *A Vida no Planeta Marte e os Discos Voadores*, 14ª edição, p. 533)

Segurança e harmonia cósmica – karma

Há uma lei indesviável, uma Lei Kármica reguladora da causa e do efeito, que tanto transforma a bolota em carvalho, a lagarta em libélula, como o celerado no ungido do Pai! Na verdade, uma Vontade Diretora espraia-se por tudo e sobre todos, como um imperativo de segurança e harmonia cósmica, tendo por único fim a Beleza e a Perfeição. O Carma, como um ritmo submisso dessa vontade superior, é a própria pulsação do Criador atuando em ciclos disciplinadores, desde as órbitas dos elétrons até às órbitas dos sistemas solares. É por isso que, em face do equilíbrio e da ordem absoluta na manifestação criadora do Universo, o conhecimento iniciático desde os tempos pré-históricos afiança que "o que está em cima também está embaixo", e "o que está no átomo também está no Universo". (Obra: *Fisiologia da Alma*, 15ª edição, p. 209)

Segurança mediúnica – Evangelho

Nenhuma entidade irresponsável ou má, mesmo que poderosa, intervém nos trabalhos mediúnicos onde dominam os princípios evangélicos do Cristo, aliados aos desejos sinceros de ascensão espiritual dos seus componentes. Isso só acontece quando os encarnados pretendem transformar os espíritos comunicantes em seus "corretores" dos interesses humanos. Moisés, conforme relata a *Bíblia*, já em época tão recuada viu-se obrigado a proibir o intercâmbio mediúnico dos hebreus com os desencarnados, tal era o índice vulgar das relações de ambos, que só cuidavam das satisfações do corpo físico e matavam os estímulos ascensionais da alma.

Os gênios das sombras, portanto, só alcançam êxito entre os encarnados avessos à sua própria reforma espiritual, e que da vida física nada mais pretendem do que usufruir o "melhor" possível através dos sentidos físicos. (Obra: *Mediunismo*, 13ª edição, p. 142)

Segurança mediúnica – O Livro dos Médiuns

Assim como seria absurdo pretender alguém candidatar-se a um curso acadêmico, mas negando-se a alfabetizar-se em primeiro lugar e tentando alcançar o seu objetivo superior por meio de tentativas empíricas e experimentações confusas, também é absurdidade que o candidato necessitado do desenvolvimento mediúnico espiritista, despreze as regras e as normas fundamentais do *Livro dos Médiuns*, nas quais Allan Kardec cimentou definitivamente a prática sensata da mediunidade.

Assim como não confiais na criatura que se afirma portadora de um diploma acadêmico, mas sem nunca ter feito os estudos primários, é claro que também não podeis confiar na capacidade, na segurança e no entendimento de qualquer médium que ignore os princípios mais rudimentares sobre a mediunidade, expostos no *Livro dos Médiuns*. Muito mais importante e perigosa do que as relações e as profissões no mundo material são ainda as relações entre os vivos e os mortos, por cujo motivo o médium não pode prescindir de um roteiro certo e seguro em seu desenvolvimento, tal como Allan Kardec o estabeleceu em suas obras fundamentais. (Obra: *Mediunismo*, 13ª edição, pp. 20/21)

Selvagem – projeto do Arcanjo

Guardamos a esperança da afirmação de Jesus, de que o reino de Deus está no homem, o que nos demonstra que a insignificante gotícula espiritual humana é projeto definitivo de um oceano de luz e de sabedoria sideral! Assim como o secular carvalho existe potencialmente na bolota e o gigantesco pinheiro no modesto pinhão, o Arcanjo Planetário está potencialmente vivo na rudimentar centelha que forma a consciência bruta do selvagem. A bolota insignificante se transforma em frondoso carvalho, despertando as suas forças latentes e ampliando a sua consciência vegetal para dominar o meio ambiente; à medida que a semente dá vazão às suas energias internas, abrange maior zona de consciência vegetal e apodera-se, também, de maior área de ação. Cresce em consciência e em poderio vegetal; serve-se, então, das energias ambientais em conexão com as energias que lhe atuam na intimidade, para despertar a configuração da árvore benfeitora, cujo molde etérico já estava resumido no átomo-semente.

Assim como, para a centelha humana atingir a configuração planetária, existe um caminho, que é o Cristo, ou seja, o Amor em sua plenitude cósmica, a bolota só alcança a plenitude do carvalho através da "afinidade" química, que é o amor vegetal. (Obra: *Mensagens do Astral*, 17ª edição, p. 355)

Semeadores do bem – alegria de evangelizar

Os que aceitam a palavra do Cristo, sem qualquer reserva ou premeditação, cujo coração se impregna do entusiasmo de proporcionar ao próximo a mesma alegria que sentem em si, não somente devem viver integralmente o ensino sublime do Evangelho, como divulgá-lo à guisa de um novo semeador do bem e da ventura alheia. A tarefa do discípulo esclarecido e bem-aventurado pela assimilação da realidade crística é a de evangelizar, a tempo e fora do tempo, sem se preocupar com a condição ou o tipo do terreno humano onde semeia. Deixe ao Senhor, quanto à deliberação de julgar do mérito e do aproveitamento dos demais filhos. Quem semeia a palavra do Cristo é um lavrador abençoado operando na lavoura do Bem e do Amor. Além de esclarecer, quanto à verdadeira conduta inerente ao cidadão angélico, ainda o liberta dos liames enfermiços das reencarnações corretivas e mortificantes. (Obra: *O Evangelho à Luz do Cosmo*, 9ª edição, p. 155)

Sensações da matéria e morte física

Há equívoco por parte de muitos reencarnacionistas, e mesmo de alguns espíritas, em julgarem que as sensações da matéria, tais como a fome, a sede, o desejo de ingerir bebidas alcoólicas ou de fumar, desaparecem com o corpo físico, na terra. Doutrinadores há que insistem junto às entidades infelizes e viciadas, que se comunicam em seus trabalhos mediúnicos, para que deixem de pensar no fumo, no álcool, na sede ou na fome, porque tudo isso é apenas ilusão trazida da vida carnal já extinta. Ignoram essas pessoas que o "desejo" reside no corpo astral e não no corpo carnal, motivo pelo qual os infelizes que partem da Terra ainda escravizados às paixões perniciosas e aos vícios perigosos, embora deixem de pensar nos mesmos, são perseguidos pelo desejo vicioso e violento, porque partiram para o Espaço sobrecarregados de resíduos tóxicos, que lhes acicatam acerbamente o corpo astral. Só depois de os drenarem para fora de sua indumentária perispiritual, é que se poderão livrar dos desejos desregrados. (Obra: *Fisiologia da Alma*, 15ª edição, pp. 93/94)

Sensibilidade intuitiva

Aquele que pressente e prediz, sob um raciocínio aquecido pela sensibilidade intuitiva, legando ao futuro vaticínios que se comprovam pela própria ciência, leva a palma da vitória sobre os cérebros mais argutos do puro academismo do mundo! Há mais genialidade em se predizer a figura do carvalho, pela simples visão da bolota, do que em fotografá-lo depois de crescido! No primeiro caso, a alma revela a consciência dinâmica que conceitua antes da negativa; no segundo, acorda do seu torpor sistemático e apenas redescobre oficialmente aquilo que já havia sido descoberto sob o empirismo mental daqueles que abrangem o porvir! (Obra: *Mensagens do Astral*, 17ª edição, p. 127)

Sentimento de religiosidade – ansiedade por Deus

É tão forte e vibrante o sentimento de religiosidade no íntimo das criaturas, independente de qualquer compromisso doutrinário ou sectarista, que muitos pecadores transformaram-se e converteram-se ao Bem ou "religaram-se" ao Criador, depois da leitura de um livro comovente, da intuição do seu anjo da guarda ou da ternura benfeitora do próximo. Na profundidade de suas almas vibrou a ansiedade de aproximação ao Pai, e não o "medo" do castigo ou o dever sagrado de adorar a divindade. Entediados ou desesperados por uma existência falaz e tola, eis que um gesto, um olhar ou um convite os modificou completamente. (Obra: *Elucidações do Além*, 11ª edição, p. 83)

Ser Arcanjo – determinismo divino

Quem hoje é um pecador ou diabo, no futuro será anjo ou santo. Assim, Nero ainda será um Jesus, porque Jesus, alhures, pode ter sido um Nero, tanto quanto Hitler ainda será um Gandhi, porque Gandhi, também, poderia ter sido um Hitler. Ante o determinismo do processo evolutivo, que é justo, equânime e sem privilégios para os filhos de Deus, a centelha espiritual mais ínfima do Cosmo um dia há de ser um Logos Solar,[2] embora essa maturidade sideral só ocorra após a criação e a destruição de alguns universos físicos.

Ainda sob o invólucro de um Tamerlão, ou Gêngis Khan, Deus serve-se dos atributos divinos ali existentes, e modela a criatura à sua imagem. Lenta e inexoravelmente, no residual da própria animalidade, gesta-se a consciência radiosa de um anjo e o comportamento sublime de um santo, tanto quanto no próprio lodo malcheiroso, também brota o lírio ou jasmim perfumados. (Obra: *O Evangelho à Luz do Cosmo*, 9ª edição, pp. 82/83)

Ser crístico – adepto do Amor Universal

Assim, como o cristão só admite o cristianismo ou o Evangelho de Jesus, o crístico vibra sob o Amor latente em todos os códigos espirituais divulgados pelos demais instrutores de Cristo, seja o "Bhagavad-Gita" dos hindus, o "Ching Chang Ching" ou "Clássico da Pureza" dos chineses, o "Torah" dos judeus, o "Livro dos Mortos" dos egípcios, a teologia de Orfeu dos gregos, o Yasna de Zoroastro ou o "Al-Koran" dos adeptos de Maomé. O homem crístico não se vincula com exclusividade a qualquer religião ou doutrina espiritualista; ele

---

2 Logos Solar, Espírito Planetário do Sol, Consciência Espiritual que centraliza o progresso dos orbes, que formam cada constelação solar.

vibra com todos os homens nos seus movimentos de ascese espiritual, pois é o adepto incondicional de uma só doutrina ou religião — o Amor Universal! Ele vive descondicionado em qualquer latitude geográfica, sem algemar-se aos preceitos religiosos particularistas, na mais pura efusão amorosa a todos os seres! É avesso aos rótulos religiosos do mundo, alérgico às determinações separatistas e para ele só existe uma religião latente na alma — o Amor! (Obra: *A Vida Humana e o Espírito Imortal*, 11ª edição, p. 286)

Serviço mediúnico e evolução do medianeiro

Depois de certo tempo de contato superior, o cérebro perispiritual do médium habitua-se às advertências e aos ensinamentos elevados, que os espíritos benfeitores transmitem para os encarnados, e assim fica mais treinado para orientar a sua própria existência física. Mesmo as comunicações tormentosas dos espíritos sofredores ou rebeldes, de que o médium participa por força do seu desenvolvimento mediúnico, servem de exemplos vivos para ajudá-lo a modificar a sua conduta moral e livrar-se de muitos padecimentos no Além-Túmulo.

Embora o desempenho da mediunidade semeie certas desilusões e dúvidas no médium ainda incipiente, pouco a pouco ela se transforma num dos melhores ensejos de reflexões para o melhoramento espiritual do seu portador. De acordo com o conceito de que "a função faz o órgão", à medida que o médium se renova em espírito e afeiçoa-se ao estudo superior, ele também se torna o medianeiro das entidades cada vez mais elevadas, de cujo intercâmbio lhe resulta desde a preferência pelos pensamentos construtivos e atitudes benfeitoras, até à modificação louvável de sua linguagem grosseira para um nível respeitoso e sadio.

O serviço mediúnico sob o comando superior converte o seu medianeiro no instrumento útil, dócil e valioso, que por lei de assimilação o torna o arauto das idéias sublimes. (Obra: *Mediunismo*, 13ª edição, pp. 125/126)

Sessão espírita – 24 horas

Quanto ao objetivo moral de esclarecer os espíritos "que se encontram perturbados", torna-se oportuno lembrar-vos, além das vossas sessões espíritas programadas sob dias e horários certos, há uma outra verdadeira sessão espírita, aliás, de grande amplitude e mérito em seus objetivos redentores e que não deve ser relegada ao esquecimento.

A "sessão espírita" a que nos referimos, deveis iniciá-la logo que vos levantais do leito, pela manhã, encerrando-a à noite quando vos deitais para o sono reparador.

Consiste a mesma nos múltiplos ensejos que, durante o dia, proporcionam aos presidentes das vossas sessões habituais, aos médiuns e a todos os adeptos, doutrinarem e esclarecerem alguns dos irmãos "vivos" (pois também são espíritos), que surjam no seu caminho, igualmente perturbados, seja pelas deficiências da sua ignorância ou pelos recalques deprimentes do seu caráter. (Obra: *Elucidações do Além*, 11ª edição, p. 35)

Sete – número sagrado

Pitágoras já vos disse que sete é o número sagrado e perfeito. Sete é o número das idéias benéficas ou maléficas, tradição que se conceituou desde os povos Árias. O setenário, presente em todas as manifestações principais, tanto no vosso mundo como no Cosmo, é o número perfeito que sela um remate supremo à perfeição criadora do Pai! Corresponde, também, ao número dos planetas astrológicos, que têm suas esferas "etereoastrais" em contínuo intercâmbio e influência com a aura astral da Terra, produzindo as combinações fluídicas do campo astronômico do vosso orbe e as disposições descritas na pitoresca linguagem da Astrologia. (Obra: *Mensagens do Astral*, 17ª edição, p. 156)

Sexo – evolução da concepção

O sexo, malgrado distinguir na estrutura do corpo físico a característica masculina ou feminina, é apenas sinalética provisória em cada encarnação, assinalando a espécie de experiência que compete ao espírito encarnado. Sob o esquema espiritual, o sexo masculino identifica a alma que se encontra em operação de comando e "mais ativa", enquanto o sexo feminino indica a entidade em submissão, e "mais passiva" na sua atuação carnal. Em consequência, a nomenclatura de sexo é de feição mais animal, classificando operação ativa na experiência masculina e operação passiva na atividade feminina. Mas à medida que o espírito ascensiona do primarismo de "homem-animal" para a diafanização do perispírito sublimado, a própria concepção de sexo evolui para o intercâmbio sublime do Amor puro! Há posse e volúpia no transitório orgasmo genésico através da atração carnal na vida física, mas no âmago desse ato exercita-se no ser o processo da afinidade espiritual, que imanta os seres na vida angélica![3] (Obra: *A Vida Humana e o Espírito Imortal*, 11ª edição, p. 54)

Sexo – função técnica importantíssima

É de senso comum que Deus não estatuiu o ato sexual como uma prática deprimente e capaz de rebaixar o ser humano quando precisa cumprir os seus deveres procriativos. É função técnica importantíssima para a continuidade da vida física nos orbes planetários, ensejando o acasalamento das forças criadoras do mundo espiritual com as energias instintivas do mundo da carne. Não é função impura ou censurável, quando desempenhada com esse objetivo nobre. Constitui-se, pois, no processo prodigioso que materializa e plasma na face do planeta a vida em todas as suas manifestações animais, ensejando a instrumentação de que o espírito necessita para apurar o seu raciocínio e entendimento espiritual. (Obra: *Mediunismo*, 13ª edição, p. 209)

"Sexos" – estados íntimos da alma

Os "sexos", na face dos mundos físicos, são representações disciplinadas dos estados íntimos das almas, conforme suas expe-

---

[3] Nota do médium – Ainda existem criaturas que acham impossível o espírito encarnar homem numa existência e mulher noutra vida, crentes de que isso é desairoso e absurdo para a tradicional masculinidade humana. No entanto, os jornais anunciam, frequentemente, as mudanças de sexo, quando certas mulheres depois de operadas convenientemente transformam-se em homens, enquanto inúmeros rapazes depois de submetidos à intervenção cirúrgica adequada, também mudam para o sexo feminino, a ponto de casarem e até procriarem. Evidentemente, se o espírito pode mudar de sexo na mesma existência física, então lhe será bem mais fácil fazê-lo antes de se encarnar.

riências milenárias ou suas necessidades de desenvolver melhor esse ou aquele ângulo psicológico. O sentimento melhor se desenvolve na "intimidade feminina", assim como a energia criadora se faz mais vigorosa ao intelecto, na "natividade masculina". Daí, o sexo masculino ou feminino representarem, sinaleticamente, estados espirituais, em vez de propiciarem a separação nas funções do mundo exterior. Desejando-vos comprovar que o "sexo" não é, realmente, condição fundamental em sua expressão diferenciadora, Deus permite que se reencarnem, no vosso mundo, criaturas com certa configuração anatômica duvidosa, quando sob hábil cirurgia, homens transformam-se em mulheres e estas em homens. Esta é a prova evidente de que o "sexo" é pura representação de condições íntimas espirituais. Conhecemos, neste lado, poderosos intelectos que dominaram a ciência, a filosofia e a arte, no vosso mundo, e depois escolheram algumas existências sob o imperativo do "sexo feminino", para adquirirem a ternura, a mansuetude e o espírito de renúncia, que só é conseguido na figura de "médium da vida", como é a condição materna. Não há desdouro para a alma operar num organismo feminino ou masculino, porque a realidade espiritual não se caracteriza pelas noções de "sexo", à base da nomenclatura física; é a maior percentagem "ativa" ou "passiva", criadora ou de sentimento, que se completa entre os seres afins, que logra o êxito da Felicidade Eterna nos mundos superiores. (Obra: *A Vida no Planeta Marte e os Discos Voadores*, 14ª edição, pp. 413/414)

Signo de Aquário – Nova Era

Atualmente, o Sol ainda se encontra dentro do signo de Pisces, completando quase 2.160 anos, em vésperas de passar para Aquário, signo de extrema significação para os dois próximos milênios; um verdadeiro consolidador das fermentações espirituais que se forjaram como essência fundamental do Cristianismo nascente no vosso orbe. Na pitoresca linguagem astrológica, Aquário, na técnica dos astros, preside aos seus tutelados e lhes desenvolve o senso para as artes, a elevação espiritual constante, a firmeza em suas sublimes afeições e a perseverança no amor altruísta, por excelência; desenvolve, outrossim, o caráter decidido, persistente e sumamente paciente; o gosto pronunciado pelo conhecimento extrafísico e grande capacidade de apreensão mental do conjunto. Essas qualidades inspiradas por Aquário, e que já se revelam fortemente em criaturas em vias de completa cristificação, serão as características do governo filósofo, científico, religioso e social do terceiro milênio, como remates e complementos que são das admiráveis virtudes desenvolvidas pelo signo de Pisces — o grande inspirador do Cristianismo. (Obra: *Mensagens do Astral*, 17ª edição, p. 90)

Signo de Peixes – características

Como um signo dura 2.160 anos e o advento de Jesus se fez há 2.000 anos, isto é, depois de ter-se iniciado o signo de Pisces, então a humanidade do Terceiro Milênio há de viver sob a influência de outro signo, o próximo, que é Aquário. Sob este signo os homens tendem a desenvolver a mente e a consolidar, em definitivo, as qualidades despertas e cultivadas sob o signo de Pisces. A linguagem poética da Astrologia assim se refere sobre os homens nascidos sob o signo de Pisces: "São profundamente emotivos, irradiando simpatia, mesmo quando rudes ou fracos; inquietos, interessam-se pela sua vida psíquica; são receptivos às mensagens elevadas, hospitaleiros e desinteressados; são românticos, sonhadores e conhecidos por médiuns; sofrem e se amarguram quando ofendem ou prejudicam alguém; podem falhar na primeira investida ao ideal superior, mas corrigem sua indecisão, e às vezes o fazem com o sacrifício da própria vida."

Embora considerando-se que tais qualidades já devem existir enraizadas nos indivíduos, mesmo antes da influência de um signo astrológico, como Pisces, o certo é que tanto os Essênios, como os cristãos, ajustam-se perfeitamente a essa definição. O signo de Pisces ou de Peixes, deixou sua marca inconfundível nos empreendimentos de Jesus. O próprio Mestre ficou conhecido como o "Pescador de Almas" e os seus primeiros discípulos foram pescadores; a senha que usavam entre si era a figura de dois peixes entrelaçados; a própria Igreja ainda conserva nas mitras dos seus bispos a forma exata de uma cabeça de peixe; e na Quaresma proíbe a carne, mas não o peixe! Os cristãos consideravam a figura do peixe como símbolo da pureza genética, pelo seu modo de procriar, independente de contato direto entre macho e fêmea, e pela sua vida no seio da água, fonte principal da vida e da qual o "homem terá de renascer", na linguagem de Jesus.

Diante de Pedro, Jesus convidou-o para ser um "pescador de homens", e Francisco de Assis, seu admirável discípulo, fazia preleções aos peixes!... (Obra: *O Sublime Peregrino*, 17ª edição, p. 65)

Simpatia – movimentação energética

A simpatia feita à distância ou através de atitudes e obrigações excêntricas funciona pelo éter-físico e através do duplo etérico dos seres e das coisas. É tudo uma questão de movimentação de ondas, raios, vibrações e frequências energéticas que, no futuro, a ciência explicará de modo satisfatório, malgrado o seu atual empirismo.

À medida que a ciência penetra na fonte criadora das energias do mundo oculto, ela também poderá explicar cientificamente o mecanismo da simpatia, provando que ali não existe superstição ou crendice, mas poderoso radar de "controle-remoto" através do éter-físico da Terra. (Obra: *Magia de Redenção*, 12ª edição, pp. 193/194)

Síntese da Lei Divina – o Evangelho

A revelação espiritual não se faz de chofre; ela é gradativa e prodigalizada conforme o entendimento e o progresso mental dos homens. Assim, em épocas adequadas, baixaram à Terra instrutores espirituais como Antúlio, Numu, Orfeu, Hermes, Krishna, Fo-Hi, Lao-Tse, Confúcio, Buda, Maharishi, Ramakrishna, Kardec e Gandhi, atendendo particularmente às características e aos imperativos morais e sociais do seu povo. Jesus, finalmente, sintetizou todos os conhecimentos cultuados pelos seus precursores, e até por aqueles que vieram depois dele. O seu Evangelho, portanto, é uma súmula de regras e de leis do "Código Espiritual", estatuído pelo Alto, com a finalidade de promover o homem à sua definitiva cidadania angélica. (Obra: *O Sublime Peregrino*, 17ª edição, p. 21)

Sintonia com comando angélico – médium natural

Conforme já frisamos anteriormente, há grande distinção entre a mediunidade de "prova" e a mediunidade "natural", em que esta última é faculdade espontânea e intrínseca do espírito já sublimado, isto é, uma decorrência ou corolário do seu próprio grau espiritual. Aquele que usufrui da Intuição Pura, como percepção angélica, fruto abençoado dos milênios de sacrifícios, renúncia e renovação moral na escalonada espiritual, põe-se facilmente em contato com a consciência crística do Criador, pois já vive em sua intimidade o estado de Paz e euforia das almas santificadas.

Não pode ele sofrer alterações que o contradigam espiritualmente na sua faixa vibratória já alcançada; é imune às influências menos dignas, pois não vibra com as modulações inferiores dos vícios, das paixões ou das seduções da matéria. Ele não se dissintoniza com o comando angélico do orbe. Sua alma filtra os pensamentos e as revelações angélicas, assim como a lâmina diamantífera fulge à luz suave do Sol, sem se ofuscar o seu brilho natural. (Obra: *Mediunismo*, 13ª edição, p. 85)

Socorro às criaturas e despertamento angélico

O Mestre exaltou a dor como função purificadora do espírito enfermo, tendo esclarecido, depois, que o "reino dos céus" é semelhante a um "banquete divino", no qual só podem comungar aqueles que já vestiram a "túnica nupcial"![4] Indubitavelmente, só o perispírito diafanizado pelo expurgo das toxinas vertidas pela alma doente pode significar a "túnica nupcial" porquanto é ele, realmente, o envoltório do espírito eterno. Contudo, apesar dos louvores enunciados por Jesus, quando exaltou a ação redentora do sofrimento, Ele não aconselhou a indiferença diante da desventura alheia. A necessidade do amparo mútuo em nossos sofrimentos foi exemplificado pelo Mestre Divino ao aceitar a ajuda de Simão Cireneu para carregar-lhe a cruz na subida do Calvário. O socorro à criatura humana durante o seu padecimento é sempre oportunidade benfeitora, em que o homem pode exercitar os seus bons sentimentos e despertar a sua natureza angélica. (Obra: *Mediunidade de Cura*, 12ª edição, p. 172)

Sofrimento e dor – sublimação angélica

Mas a dor e o sofrimento indesejáveis, embora estigmatizados

---
[4] Vide capítulo XVIII, "Parábola do Festim de Bodas", obra *O Evangelho Segundo o Espiritismo*, de Allan Kardec, edição da **EDITORA DO CONHECIMENTO**.

pelo homem, são manifestações implacáveis que sublimam todos os produtos ou seres criados por Deus para ascensionar a estados e níveis siderais superiores. Sofre o ferro na fundição, a fim de lograr a qualidade superior do aço; sofrem os grãos de trigo e de uva no torturante esmagamento, que depois os transforma na farinha para confeccionar o pão nutritivo e o vinho generoso das mesas humanas. Sofre, ainda, o animal na muda, gestação e na competição agressiva pela sobrevivência no meio hostil, a fim de ajustar-se à melhor espécie; sofre o homem na sua "dor humana", desde o seu renascer na matéria e temperar-se no curso doloroso das moléstias infantis, a fim de adquirir a resistência para superar as enfermidades na fase adulta e despertar a sensibilidade do nível da Vida Espiritual para, então, predominar o Amor por toda a eternidade. (Obra: *O Evangelho à Luz do Cosmo*, 9ª edição, p. 36)

Sonhos e perispírito

O perispírito não é apenas um organismo estruturado com a substância do mundo astral invisível, mas ainda é interpenetrado pela essência mais sutil do plano mental, que também impregna profundamente toda a intimidade do orbe terráqueo e o põe em contato direto com a Mente Constelar, que é a responsável pelo progresso e sustentação cósmica do sistema em que viveis. Quando durante os sonhos o perispírito fica em liberdade, a sua visão depende muitíssimo da intensidade e da natureza da carga energética que ele já conseguiu movimentar e assimilar em sua própria contextura, e que o coloca mais vivamente em contato com os acontecimentos no mundo astral. As imagens astrais que, através do fenômeno da repercussão vibratória, depois se transmitem do cérebro perispiritual para o cérebro físico, serão evocadas com tanta clareza ou obscuridade quanto tenha sido o êxito de sua focalização pelo próprio perispírito fora do corpo carnal. (Obra: *A Sobrevivência do Espírito*, 8ª edição, pp. 246/247)

Sonhos – recordações em vigília

A maior ou menor porcentagem de clareza na recordação dos sonhos depende muito da maturidade espiritual do indivíduo e da tessitura do seu perispírito, assim como se favorece pelas experimentações esotéricas ou iniciáticas que porventura já tenha ele cultivado com êxito nesta ou noutras vidas pregressas. A Lei Espiritual determina, com justiça, que a cada um seja dado conforme sua obra, e não faz concessões ou dá privilégios extemporâneos a quem quer que seja. Aqueles que conseguem lembrar com precisão dos acontecimentos vividos à noite, à distância de seu corpo físico, não usufruem de qualquer direito espiritual imerecido ou prematuro, mas servem-se de sua própria faculdade psíquica desenvolvida alhures. (Obra: *A Sobrevivência do Espírito*, 8ª edição, p. 246)

Sono em palestras e trabalhos espirituais

Cremos que só em casos excepcionais os espíritos de responsabilidade extraem fluidos de pessoas sonolentas nas sessões espíritas para atender enfermos à distância, pois eles não costumam violentar ou vampirizar as criaturas que dormem displicentemente e que não estão participando em vigília dos fenômenos caritativos. Não agrada a tais espíritos fazer a caridade sem o consentimento do dono dos fluidos, que é o menos interessado no caso. O motor que produz fluidos benfeitores ao próximo deve ser movido pela vontade daquele que deseja servir. A caridade só é plausível quando o seu agente também oferta algo de si, consciente e espontaneamente, impregnando a sua ação com o calor do seu coração, porquanto o céu não se conquista através de procuração alheia e nem comodamente adormecido. Sem dúvida, a extração indébita de fluidos daqueles que dormem nos ambientes espíritas, na verdade, não passaria de censurável vampirismo, embora praticada pelos espíritos benfeitores e destinada a fins úteis. (Obra: *Mediunismo*, 13ª edição, p. 248)

Subconsciente – porão da individualidade

Sem dúvida, o subconsciente é o "porão" dos desejos, impulsos, emoções ou estímulos, que ali são guardados após o "confere" do consciente. É uma espécie de "guarda-roupa" da memória instintiva em que o espírito costuma arquivar tudo aquilo que o impressiona e domina. A herança dos instintos animais também se fixa nesse "porão" da individualidade humana, agindo na forma de automatismos que podem operar mesmo sem a aprovação da consciência. O homem ainda nutre e repara os prejuízos do seu edifício celular sem necessidade de cogitar disso conscientemente, porque o seu subconsciente trata do assunto de modo satisfatório, esclarecido pela experiência milenária. (Obra: *A Missão do Espiritismo*, 10ª edição, p. 134)

Sublime peregrinação – forja de Arcanjos

O Cosmo, eliminada a idéia de tempo e espaço, é apenas uma "Noite Feérica" numa infinita festa de beleza policrômica, decorrendo sob a visão dos Espíritos Reveladores da Vontade e da Mente Criadora Espiritual Divina.

O Universo, portanto, é a sucessão consecutiva de "Manvantaras" ou "Grandes Planos", a se substituírem uns aos outros, nos quais se forjam as consciências individuais, que, nascidas absolutamente virgens e ignorantes, são lançadas na corrente evolutiva das cadeias planetárias. Em seguida, despertam, crescem, expandem-se e absorvem a noção relativa do "bem" e do "mal", do "belo" e do "feio", do "sadio" e do "enfermiço", conforme as zonas e latitudes geográficas onde estagiam, até lograrem a consciência do seu próprio destino e alçarem-se às faixas superiores da angelitude. Sucessivamente, os espíritos já angelizados ainda galgam níveis cada vez mais sublimes para atingir as frequências arcangélicas, através de outros "Grandes Planos" ou "Manvantaras", assumindo as responsabilidades de comandos planetários e até constelares. Arcanjos emancipados e liberados de quaisquer condições opressivas e restritivas do Universo, eles passam a orientar e guiar as novas humanidades planetárias, almas infantis, que vão surgindo e conquistando também a sua ventura pelo despertamento da consciência nessa sucessão de diástoles e sístoles cósmicas. (Obra: *O Evangelho à Luz do Cosmo*, 9ª edição, pp. 75/76)

Sucesso mediúnico – mediunidade com Cristo

Eis por que motivo o grande sucesso de todo médium fenomênico ou intuitivo ainda se fundamenta num único compromisso incondicional — cultivar sua mediunidade com o Cristo e tornar-se um trabalhador ativo na seara do Mestre. Não basta ver, ouvir e sentir espíritos em seu plano invisível, pois o médium, em qualquer hipótese, deve ser o homem que, além de contribuir para a divulgação da imortalidade do espírito na Terra, é cidadão comprometido pelos deveres comuns junto à sua coletividade encarnada, onde só a bondade, o amor, o afeto, a renúncia e o perdão incessante podem livrá-lo das algemas do astral inferior. (Obra: *Mediunismo*, 13ª edição, p. 62)

Suicidas – reeducação kármica (deficientes)

Em virtude de a alma ficar impedida de aniquilar o seu corpo carnal em nova tentativa de rebeldia — pois que o seu psiquismo se encontra oprimido pela força da animalidade, que é toda instinto de sobrevivência — pouco a pouco acostuma-se à existência de que pouco participa, à qual a Lei do Karma o habitua, como um exercício recuperador da vontade que se encontra subvertida. Desse modo, o inveterado suicida, que era vezeiro em destruir os seus corpos físicos nas vidas anteriores, passa novamente pelo mundo, porém traumatizado pela mesma Lei que violentou, impossibilitado de viver a sua própria existência ou vontade psíquica perigosa. É obrigado a viver apenas a vontade instintiva do corpo atrofiado ou imbecil, que então lhe cerceia o espírito e o obriga a permanecer impotente, no seio da mesma vida animal que desprezou outrora.

Em face de ter sido sempre um espírito viciado ao suicídio, com desprezo pela vida humana, eis que a Lei o coloca exatamente no limiar dessa mesma vida que tanto subestimou, impedindo-o de agir e intervir contra ela a seu talante. Diante da vida em eterno progresso e responsável pela angelitude de todos os filhos de Deus, os suicidas rebeldes estacionam nas fronteiras perigosas de suas próprias insânias, mas novamente se reeducam, sob a paradoxal terapêutica de desenvolver a vontade de viver, pelo próprio impedimento da vida. (Obra: *A Sobrevivência do Espírito*, 8ª edição, pp. 310/311)

Suicídio – atraso evolutivo

Não podemos esquecer que a sementeira é livre, porém, a colheita obrigatória. Portanto, o suicídio pode ser interpretado ora como patológico, ora como desespero por causa da perda de bens materiais, ora como resultado de paixões insatisfeitas e, ora como punição a alguém. Em qualquer dos casos, continua sendo crime doloso e, consequentemente, sujeito às penalidades legais, começando por ter o suicida de encarnar novamente para completar o ciclo vivencial interrompido e, depois, outra reencarnação de risco para colher a sementeira de joio, saldando seu débito na contabilidade sideral, perdendo tempo e energia na sua evolução espiritual.

O suicida é um trânsfuga das responsabilidades por ele criadas. Fugindo do dever cármico, não só prolonga sua aspiração libertadora, como aumenta seu saldo negativo diante da Lei de Ação e Reação. (Obra: *Sob a Luz do Espiritismo*, 3ª edição, p. 70)

Suicídio – perturba o progresso

Nem todas as situações caóticas do corpo físico, ou perturbações psíquicas dos seres humanos, são exclusivamente provenientes de suicídios provocados em existências anteriores, mas a verdade é que grande parte dessas condições enfermas provém, realmente, dessa condenável precipitação do homem em destruir o seu corpo terreno. Se os suicidas em potencial, do vosso mundo, pudessem entrever, num segundo, o panorama e a situação pavorosa que os aguarda no Além, após a fuga covarde da vida humana, extinguir-se-ia neles definitivamente qualquer laivo de rebeldia ao sentido educativo da vida.

O suicida é um rebelde que violenta o seu próprio destino, após haver escolhido, em sã consciência, o corpo que considerou o melhor para a sua futura existência. Além de perturbar terrivelmente o curso natural do seu progresso espiritual e a ventura mais breve, desmente a sua própria inteligência e a aquisição psíquica já consolidada no pretérito. (Obra: *A Sobrevivência do Espírito*, 8ª edição, p. 346)

Super homem – o evangelizado

A renovação da vida terrestre está programada no próprio espírito do homem, sob o esquema da vida superior divina. O tipo biológico terrícola do super-homem só é evidente sob a metamorfose disciplinada do Evangelho, do qual o Cristo-Jesus é o mais original representante.

Todos os períodos evolutivos do mundo já estão previstos no Evangelho, porque é o Código Moral definitivo e imodificável e, portanto, o esquema antropológico do super-homem, que também é a meta da própria ciência. Assim, quaisquer eventos superiores, esforços técnicos, sucessos psicológicos, estudos filosóficos ou aprimoramentos humanos, quando eles atingem um nível superior e incomum, só retratam as incomparáveis previsões que se esquematizam antecipadamente no Evangelho. (Obra: *O Evangelho à Luz do Cosmo*, 9ª edição, p. 130)

Super homem – o evangelizado II

Sob a eclosão da ciência evangélica, o "super-homem" há de ser aquele que se livrou da imantação atrativa dos fluidos gravitacionais do instinto das coisas e dos objetos ilusórios do campo material. Que vale um "super-homem" apegado ao cenário do mundo transitório das formas, sucesso biológico entre o berço e o túmulo físico, mas superado pelo primeiro mendigo integrado no Evangelho do Cristo? O super-homem, realmente indestrutível, é aquele cuja ação é o resultado dos conteúdos essenciais da vida espiritual eterna. Que vale intensificar o poder, a capacidade e a astúcia do homem, se isso também amplifica os próprios conflitos humanos?

Assim, o verdadeiro super-homem não é o espécime transitório do incentivo e da disciplina biológica, capaz de dominar as formas em incessante transmutação, mas o cidadão liberto das injunções externas, isto é, expressão viva e imutável do espírito absolutamente vencedor da matéria. (Obra: *O Evangelho à Luz do Cosmo*, 9ª edição, p. 133)

Supremo arquiteto – seu amor por nós

É necessário não esquecerdes de que o Supremo Arquiteto não criou um só grão de areia que não fosse visando a consciência espiritual de seus filhos. Os seus propósitos inteligentes disciplinam rigorosas medidas que controlam as despesas na economia do Cosmo; os orbes, os sistemas, as constelações e galáxias são celeiros de formas vivas, sob as mais variadas expressões, sem se distanciarem um mícron da direção íntima espiritual, que cuida e plasma as consciências individuais através dos seus obreiros espirituais. Não é necessário vos afastardes da Terra para comprovardes que por toda parte existem condições de vida sob aspectos os mais extremistas e contraditórios! (Obra: *Mensagens do Astral*, 17ª edição, p. 253)

T

Tabagismo – delito contra si

O vício de fumar não significa nenhuma ofensa à magnanimidade de Deus, pois o Criador não é atingido pelas estultícias e ignorâncias humanas. Os resultados maus do vício do fumo não são consequentes de sanções divinas ou de punições corretivas à parte, mas sim de exclusiva responsabilidade do homem viciado. Sem dúvida, o uso do fumo é um delito que a criatura pratica para consigo mesma, motivo porque deve sofrer-lhe as consequências nefastas, tanto na saúde física como no perispírito, devido à quebra das leis naturais do mundo terreno e também à das que regem o mundo astral, cujos efeitos terá de sentir após a sua desencarnação. (Obra: *Fisiologia da Alma*, 15ª edição, p. 75)

Talismã milagroso – Evangelho

Assim como o modesto veio d'água, nascido e vertido da encosta do Peru, depois de sulcar prodigamente o extenso solo ressequido por onde passa e contornar obstáculos imensos, transforma-se no caudaloso Amazonas, o médium também precisa transpor e vencer as pedras que surgem no caminho do seu aprendizado e aperfeiçoamento mediúnico. No entanto, se quiser vencer mais facilmente as decepções, os desânimos na sua caminhada evolutiva sobre a face do planeta, o talismã milagroso para conseguir esse objetivo é integrar-

-se, de alma e coração, no roteiro luminoso do Evangelho de JESUS! (Obra: *Mediunidade de Cura*, 12ª edição, pp. 45/46)

Tara alcoólica e hereditariedade

Nenhum espírito regrado e que tenha sido inimigo do álcool na vida física anterior há de renascer na linhagem carnal com a tara do alcoolismo. Tara alcoólica não se herda sem razão pois, como bem dizeis, os filhos não pagam pelos pecados dos pais. Se o indivíduo é propenso ao alcoolismo ou se nasceu no seio de uma família de alcoólatras, o culpado é ele mesmo porque, ou se entregou ao vício do álcool nesta encarnação, ou foi levado, por afinidade de gostos ou por determinação superior, a se encarnar no seio dessa família.

Há que considerar que, de conformidade com a lei de Causa e Efeito, aquele que cria o estigma do alcoolismo em qualquer linhagem humana terá que retornar à mesma descendência que degenerou, para colher o resultado daquilo que semeou devido à sua invigilância espiritual. Há de se tornar, pois, um "mata-borrão" vivo a enxugar os venenos com a própria carne. Assim é que muitas vezes o avô ou o bisavô alcoólatra retorna ao vosso mundo como seu próprio neto ou bisneto, para expurgar em si mesmo a tara que, devido à sua imprudência, transmitiu à família. (Obra: *Fisiologia da Alma*, 15ª edição, p. 132)

Tatismo magnético

O magnetismo ou o fluido vital do corpo humano que, por efeito de reações mentais, pode ser dinamizado para o bem ou para o mal, também existe condensado nos objetos, vegetais, frutos, flores, minerais, e, consequentemente, nos animais; pois existe uma aura radiante, magnética, imponderável aos vossos sentidos, em torno de todas as coisas do mundo material. Há homens sensíveis que, de olhos vendados, são capazes de reconhecer a atmosfera dum matadouro ou o ambiente de uma igreja. Naquele a aura em volitação é saturada de emanações mórbidas, repletas de angústia e do horror próprios da matança impiedosa dos animais; na igreja, local de orações, louvores e graças, música e incenso, impõe-se o magnetismo suave que se evola do estado espiritual dos presentes. Essa faculdade de "tatismo magnético", dos marcianos, é um fenômeno decorrente de sua hipersensibilidade psíquica, captadora do eterismo do meio planetário em que atuam. Vossos sentidos mais grosseiros e a atmosfera mais densa do vosso mundo vos impedem de sentir as sensações delicadíssimas que ocorrem no campo sensorial do homem de Marte. (Obra: *A Vida no Planeta Marte e os Discos Voadores*, 14ª edição, p. 427)

Técnica curadora do mestre Jesus

Quando Jesus assinalava a confiança nos olhos súplices dos enfermos, envolvia-os com as ondas do seu mais profundo amor, ativando-lhes a germinação de forças magnéticas através das próprias palavras e gestos com que os atendia e, à semelhança de misterioso turbilhão, fazia eclodir poderosos fluidos no mundo interior dos infelizes enfermos. Sob os gritos de júbilo desatavam-se os músculos rígidos ou se ativavam nervos flácidos; desentorpeciam-se membros enregelados, enquanto as correntes vitais purificadoras regeneravam todo o sistema orgânico, restituindo a vista a cegos, saturando as cordas vocais nos mudos, sensibilizando sistemas auditivos, desatrofiando tímpanos, curando surdos. A influência excitante e criadora que o olhar do faquir exerce sobre a semente enterrada no solo para obrigá-la a dinamizar suas energias ocultas e crescer apressadamente, Jesus também a exercia, através do poder assombroso e dinamizador do seu olhar. Um corpo chagado tornava-se limpo no prazo de alguns minutos, sob o energismo incomum que o Mestre projetava na alma e no organismo dos enfermos. (Obra: *O Sublime Peregrino*, 17ª edição, p. 238)

Técnica evolutiva e homeopatia

O progresso e a purificação da vossa humanidade são acontecimentos já previstos num grande plano espiritual, mediante o qual é supervisionada a vida terrena, enquadrando-se todos os seus acontecimentos em uma disciplina superior, a fim de que cada coisa possa se enquadrar no seu ciclo exato, em benefício da evolução geral. A técnica evolutiva da vida do homem determina que, à medida que certa coisa se consolide, outra já deve estar pronta para substituí-la no futuro.

Quando a medicina alopática mal consolidava ainda os seus princípios fundamentais, organizando o seu corpo doutrinário e disciplinando a formação médica pelo curso acadêmico, a lei progressiva já orientava também os primeiros estudos e experimentações, ainda indecisos, na esfera da homeopatia.

Samuel Hahnemann e os seus devotados discípulos, como espíritos missionários a serviço do bem da humanidade, descobriam então as primeiras leis e estabeleciam as regras fundamentais de um novo sistema terapêutico que, mais tarde, deveria impor-se ao velho método de curar e tornar-se preciosa contribuição à Medicina terrena. (Obra: *Fisiologia da Alma*, 15ª edição, pp. 144/145)

Técnica sideral para evolução

A técnica sideral e tradicional da evolução das humanidades reencarnadas é uma só; reduzir sempre o magnetismo corrompido, quando satura o meio ambiente físico, a fim de que o estado de saturação não extermine as condições apropriadas para o intercâmbio com a consciência angélica invisível. Obviamente, em seguida à remoção do fluido nocivo do meio, há que remover, também, os seus agentes, que a tradição evangélica situa como os lobos, o joio, os maus ou esquerdistas do Cristo. (Obra: *Mensagens do Astral*, 17ª edição, p. 296)

Telepatia no Astral – conquista

O entendimento exclusivamente telepático e capaz de dispensar o mecanismo verbal só desperta no Além para os desencarnados que já são donos de uma vontade positiva e forte, bastante experimentada no trato do mundo carnal. O milagre ainda é condição desconhecida no seio do Cosmo; qualquer faculdade psíquica, quer conquistada na Terra ou nos mundos espirituais, ainda é o produto de um grande esforço de auto-realização, e não um privilégio extemporâneo. (Obra: *A Sobrevivência do Espírito*, 8ª edição, p. 230)

Temor da morte e espiritismo

Pela facilidade intuitiva com que os povos asiáticos admitem a sobrevivência da alma e a reencarnação, atribuem pouco valor à vida corporal e quase não temem a morte. Daí a existência do haraquiri, suicídio muito comum no Oriente e dependente da psicologia desse povo, que mais o pratica como um desagravo de tradição secular do que mesmo como ato de rebeldia para com a vida física. A convicção da imortalidade e da reencarnação do espírito enfraquece o tradicional pavor da morte, como sucede com os espíritos estudiosos, que já não pranteiam tão escandalosamente a desencarnação da sua parentela, o que ainda é muito comum entre os religiosos dogmáticos e assustados pelas proibições infantis do sacerdócio sentencioso. A doutrina espírita muito contribui para um conhecimento mais valioso da criatura a respeito do valor da vida, e as estatísticas já comprovam que é inexistente a prática do suicídio por parte do espírita conscientemente convicto de sua realidade imortal. (Obra: *A Sobrevivência do Espírito*, 8ª edição, p. 334)

Templos – funções iniciáticas

É evidente que os homens frequentam igrejas católicas, templos protestantes, sinagogas judaicas, mesquitas muçulmanas, pagodes chineses, santuários hindus, centros espíritas, "tatwas" esotéricos, lojas teosóficas, fraternidades rosa-cruzes ou terreiros de umbanda, buscando o conhecimento e o conforto espiritual para suas almas enfraquecidas. Mas o seu aperfeiçoamento não se processa exclusivamente pela adoração a ídolos, meditações esotéricas, interpretações iniciáticas, reuniões doutrinárias ou cerimoniais fatigantes. Em tais momentos, os fiéis, crentes, adeptos, discípulos ou simpatizantes só aprendem as regras e composturas que terão de comprovar diariamente no mundo profano. Os templos religiosos, as lojas teosóficas, confrarias iniciáticas, instituições espíritas ou tendas de umbanda guardam certa semelhança com as agências de informações, que fornecem o programa das atividades espirituais recomendadas pelo Alto e conforme a preferência de determinado grupo humano. (Obra: *A Missão do Espiritismo*, 10ª edição, p. 25)

Tempos chegados

Trata-se de ciclos periódicos, previstos pelos mentores siderais, bilhões de anos antes do vosso calendário, reguladores de modificações planetárias que se sucederão em concomitância com alterações que também deverão ocorrer com os habitantes do vosso orbe. São "fins de tempos" que, além das seleções previstas para as humanidades físicas ou para os desencarnados adjacentes aos respectivos orbes, requerem, também, a limpeza psíquica do ambiente, a fim de que seja neles eliminado o conteúdo mental denegrido das paixões descontroladas. (Obra: *Mensagens do Astral*, 17ª edição, p. 29)

Tensão orgânica e medo

O mecanismo da mente sobre o sistema nervoso e endocrínico, do ser humano, é muitíssimo delicado; e o medo é um estado mental que superexcita e eleva a tensão orgânica, motivo porque, à perspectiva de choques violentos sob tal condição, o organismo protege-se interferindo nos centros térmicos e até na composição dos hormônios. Daí as quedas de temperatura, a palidez mortal e até o eriçamento dos cabelos na criatura, quando é vítima de sustos e terrores inesperados.

O "medo de morrer" e o "medo de ficar doente" terminam, paradoxalmente, por afetar o equilíbrio das próprias energias psíquicas que mantêm a harmonia celular do corpo físico, predispondo a criatura para os sofrimentos ou vicissitudes prematuras. É por isso que o temor gerado pelas preocupações excessivas perturba visivelmente o funcionamento do sistema vagossimpático, alterando o compasso e o ritmo energético das funções digestivas. (Obra: *Fisiologia da Alma*, 15ª edição, p. 320)

Teosofia – conhecimento da verdade

A teosofia, como a rosa-cruz e o espiritismo, prega a necessidade de o homem livrar-se, o mais cedo possível, dos grilhões da matéria ou das ilusões da vida humana. E, consequentemente, apela para o conhecimento, educação e domínio do espírito sobre a carne, esclarecendo sobre a nocividade dos vícios, paixões e hábitos, que mais algemam o ser à vida física. É o conhecimento da Verdade, a iluminação pela meditação ou pelo raciocínio desenvolvido sob a vontade sadia e disciplinada. A teosofia não se ajusta à idéia de um Deus pessoal; e prega a fraternidade entre todos os homens como um recurso de amparo e proteção ao próprio indivíduo.[1] (Obra: *A Missão do Espiritismo*, 10ª edição, p. 108)

Teosofia e evolução anímica

Os teosofistas encaram a morte como um fato comuníssimo. É a extinção lógica de uma vida que proporciona ao homem os meios de ele acumular, concentrar e dinamizar as energias que depois lhe são preciosas nos mundos etéreos. Consideram a morte à guisa do indivíduo que despe o sobretudo protetor num ambiente frígido e depois enverga o traje tropical para manifestar-se num clima suave. Assim como os espíritas, os teosofistas também consideram o berço e o túmulo um rápido período, em que a alma do homem comparece a uma audiência na crosta física para reajustar suas complicações e imprudências pretéritas. A teosofia ensina, também, quanto à existência do Anjo ou do Homem Perfeito, que depois ingressa na Hierarquia Sideral Superior e se torna um Mestre dos "adeptos menores", que ainda marcham à retaguarda avançando para a redenção espiritual.[2]

O homem deve superar, consecutivamente, os diversos veículos de que ele se utiliza na sua encadernação na carne; evolui desde o tipo selvático até o organismo eletivo do santo, desenvolvendo a inteligência, a vontade e o discernimento espiritual através das suas diversas reencarnações. (Obra: *A Missão do Espiritismo*, 10ª edição, p. 109)

Terapêutica do câncer e evolução humana

Não nos cabe censurar os processos químicos, as mutilações cirúrgicas, as cauterizações ou a radioterapia no tratamento do câncer, porquanto se trata de recursos que ainda muito se afini-

---

[1] As principais obras para o conhecimento mais profundo da teosofia são: *Compêndio de Teosofia*, de Leadbeater, *Budismo Esotérico*, de Sinnet, *A Sabedoria Antiga*, de Annie Besant, *Conferências Teosóficas* e *Fundamentos da Teosofia*, de Jinarajadasa.
[2] Vide a obra *No Recinto Externo*, de Annie Besant, cujo conteúdo é excelente e precioso programa informativo dessa concepção teosofista.

zam às necessidade de retificação kármica dos terrícolas. Assim que a humanidade houver expurgado da contextura delicada do seu perispírito as toxinas e as impurezas astralinas que ali aderiram devido às anomalias e desregramentos psíquicos pregressos, a terapêutica do câncer também será exercida de modo mais suave e com maior êxito médico.

O câncer pode ainda se tornar mais virulento e irritado quando o represam ou desviam-no do curso de sua manifestação natural para a carne, desde que não se efetue em concomitância com a modificação espiritual do doente. O seu represamento através dos recursos científicos do mundo material termina por espraiá-lo na forma de novos surtos patogênicos futuros, devendo retornar posteriormente sob a vestimenta mórbida de outros flagelos, que a Medicina moderna terá que classificar sob nova rotulagem patológica. As velhas moléstias que foram curadas só à periferia da carne, não atingindo a profundidade da alma, desapareceram momentaneamente, para ressurgir mais tarde embuçadas por nova terminologia médica! (Obra: *Fisiologia da Alma*, 15ª edição, p. 313)

Terapêutica espírita e verdadeira cura

Os espíritos protetores não têm por função específica afastar os seus pupilos da dor que os redime e os estorva de se comprometerem com novos delitos espirituais, mas acima de tudo o seu dever é acordá-los para a realidade da vida imortal. Nem todos os homens podem ser curados pela terapêutica mediúnica da doutrina espírita, mesmo quando são atendidos por médiuns eficientes e espíritos elevados, pois a saúde do corpo físico é menos importante do que o equilíbrio espiritual da alma eterna.

A verdadeira saúde provém do culto incondicional do espírito aos ensinamentos evangélicos e às virtudes propagadas há milênios pelos líderes espirituais da Terra, quando de sua peregrinação messiânica entre todos os povos. (Obra: *Mediunidade de Cura*, 12ª edição, p. 121)

Terapêutica homeopática – de dentro para fora

Os que se tratam pela homeopatia ficam geralmente vacinados contra vários tipos de surtos epidêmicos e contagiosos, assim como não sofrem o perigo da saturação medicamentosa. A homeopatia reeduca o organismo para manter ativa a sua defesa e proporcionar-lhe energias que serão controladas pelo próprio espírito, e que mais prontamente devem atender ao equilíbrio psicofísico. As altas doses higienizam a aura vital e a tornam mais lúcida, pois não só favorecem a circulação desafogada das energias que vitalizam todo este sistema, como ainda estabelecem o ritmo do trabalho harmonioso e coeso dos "chakras" sobre "o duplo etérico", que é o corpo intermediário entre as relações do perispírito e o organismo carnal.

É certo que a purificação do espírito se deve processar de dentro para fora, através da evangelização consciente e de uma vida digna à luz do dia; mas, assim como a absorção de fluidos animais inferiores ofusca ou obscurece o campo áurico do perispírito, este também se aviva e clareia quando a prescrição homeopática é acertada.

Por isso, a terapêutica homeopática é a grande auxiliar da terapêutica do próprio espírito. (Obra: *Fisiologia da Alma*, 15ª edição, p. 154)

Terapêutica severa – decorrência psicomagnética

O tratamento médico do mundo terreno ainda é bastante contraditório, sendo exercido à base de substâncias indesejáveis, da mutilação cirúrgica, das cauterizações cruciantes e perfurações nos músculos ou nas veias pelas agulhas hipodérmicas porque os terrícolas ainda são criaturas cujo primarismo espiritual as torna passíveis de uma terapêutica severa e aflitiva. A medicina terrena não é culpada pela sua impotência em não curar todos os pacientes, ou pela impossibilidade de exercer a sua missão de modo suave, indolor e infalível.

Tais contingências são uma decorrência psicomagnética oriunda dos recalques morais que residem no perispírito dos terrícolas, pois o corpo dos orgulhosos, egoístas, avarentos, vingativos, vaidosos, ciumentos, cruéis, hipócritas, maledicentes e lascivos ainda precisa sentir reações violentas e dolorosas, que repercutam no seu próprio espírito, de modo a condicioná-lo a uma reforma interior, que os sensibilize, no sentido de lhes despertar os sentimentos superiores, que são fundamentais para a sua evolução espiritual. (Obra: *Mediunidade de Cura*, 12ª edição, p. 83)

Terapia da reencarnação

A Técnica Sideral não dispõe de outro processo de reajustamento dos endividados para consigo mesmos, pelo qual motivo eles terão que implacavelmente regressar ao mesmo ambiente detestável que criaram pelo seu despotismo passado, envergando as vestes esfarrapadas de suas vítimas. E a terapia mais lógica indica que o medicamento mais eficiente, e de urgência, deve ser o renascimento na carne, que os fará recapitular as lições perdidas. As suas provas dolorosas, da fome, da miséria e do desabrigo requerem ambiente adequado e esse ambiente é o das regiões deserdadas.

Quando os potentados do mundo resolverem aplicar-se à liquidação dos flagelos da fome e da nudez humana e a construir abrigos para todos os miseráveis, também estarão aliviando suas próprias situações futuras, pois terminarão melhorando o próprio ambiente em que também terão de viver mais tarde. (Obra: *A Vida Além da Sepultura*, 9ª edição, p. 418)

Terceiro Milênio – contínuo labor

O terceiro milênio é o ensejo repleto de melhores esperanças para a vossa humanidade, porque é exatamente o período que se sucede aos mais importantes acontecimentos do vosso mundo. A Terra não se verticalizará apressadamente para o advento de um terceiro milênio dourado; isso é apenas modesto detalhe, quase imperceptível, relacionado com o Grande Plano. Não se trata de proceder à edificação de súbito viveiro de anjos vencedores de um concurso celestial denominado "Fim do Mundo", mas sim de oferecer melhor oportunidade para a felicidade humana. Os colocados à direita do Cristo, que se reencarnarão sucessivamente na Terra, nem por isso ficarão isentos de contínuo labor para a sua definitiva alforria espiritual. Terão que desenvolver, também, as qualidades latentes que dormitam na sua intimidade, assim como a semente se desenvolve melhor em terreno mais fertilizado. É óbvio que o ambiente higienizado, da comunidade seleta do terceiro milênio, exigirá também mais responsabilidade espiritual aos seus componentes. (Obra: *Mensagens do Astral*, 17ª edição, pp. 356/357)

Terceiro Milênio e cristianização

Não somos nós que atribuímos ao terceiro milênio as prerrogativas de trazer a cristianização da humanidade terrícola; é a milenária voz da profecia que assim o diz.

O terceiro milênio está implicitamente configurado nas seguintes passagensdo livro do Apocalipse de João Evangelista: "E eu, João, vi a cidade santa, a Jerusalém nova que da parte de Deus descia do céu, adornada como uma esposa ataviada para o seu esposo" (Apocalipse, 21:2). "E não entrará nela coisa alguma contaminada, nem quem cometa abominação ou mentira, mas somente aqueles que estão escritos no livro da vida e do Cordeiro" (Apocalipse, 21:27). "E não haverá ali mais noite, nem eles terão necessidade de luz do Sol, porque o Senhor Deus os alumiará, e reinarão por séculos e séculos" (Apocalipse, 22:5).

O apóstolo evidencia a natureza do mundo do próximo milênio: a Jerusalém nova, como símbolo da civilização constituída pelas almas selecionadas, ou seja, a nova humanidade, distante da abominação, da mentira ou de qualquer coisa, contaminada, e composta daqueles que, definitivamente evangelizados, estão escritos no livro do Cordeiro, o símbolo da renúncia, do amor e do sacrifício exemplificados por Jesus. (Obra: *Mensagens do Astral*, 17ª edição, p. 353)

Terceiro Milênio – esforço heróico

O anjo não é um autômato guiado por fios invisíveis, mas o produto do esforço próprio, sem que se anule, portanto, o estímulo ascensional ante qualquer intervenção extranatural do Alto. O fenômeno da sucção incessante e gradativa, por parte do astro, não elimina "ex-abrupto" o ensejo das renovações, as quais ainda pertencem à responsabilidade pessoal dos próprios escolhidos para a direita do Cristo. Os que reencarnarem na Terra, no terceiro milênio, como candidatos a planos celestiais, não ficarão metamorfoseados em "anjos imaculados", apenas porque seja higienizada certa porcentagem magnética do ambiente em que terão de viver. Eles serão escolhidos e agrupados pelas tendências simpáticas ao Cristo, mas terão que buscar a sua completa purificação sob as disciplinas costumeiras das vicissitudes naturais do mundo físico e também de conformidade com o restante dos seus débitos kármicos. Cumpre-lhes o esforço heróico e pessoal para vencerem definitivamente o gosto pela vida da carne e merecerem a verdadeira vida, que é a consciência do espírito no mundo crístico. (Obra: *Mensagens do Astral*, 17ª edição, p. 237)

Terra – consolidação biológica

É necessário refletirdes que ainda participais de um mundo instável e de forças primitivas, como o é a Terra, cujas energias primárias estão em contínua ebulição. A Natureza ainda não terminou todas as suas experimentações nem consolidou todas as formas biológicas, mesmo quanto à própria figura humana, que ainda deve alcançar aspectos bem mais aperfeiçoados no futuro. Acresce que, à medida que o imenso e genial laboratório terrícola consolida as suas formas ou as espécies cada vez mais delicadas e agradáveis, também diminuem as surpresas e formações teratológicas, assim como já estão desaparecendo os últimos remanescentes pré-históricos. (Obra: *Fisiologia da Alma*, 15ª edição, p. 219)

Terra – edificação da nova escola

Os novos habitantes da Terra hão de aplicar o conhecimento anterior na edificação da nova escola, sem abandoná-la antes do entendimento completo. Tereis que conhecer profundamente os mínimos detalhes do mundo das formas: ele não foi constituído para que o curseis apressadamente, olvidando a profundidade criativa dos reinos da Natureza, que são viveiros assombrosos de energia e de vida! É preciso não esquecerdes de que Jesus, antes de receber o galardão de Entidade Governadora no Cosmo, aprendeu rigorosamente a sua lição sideral no mundo, quando de suas anteriores romagens planetárias, procedendo como o aluno criterioso, que só abandona a escola depois que incorpora com exatidão todo o conteúdo do aprendizado! O espírito deve desenvolver a sua capacidade de criar, para poder cumprir as diretrizes do Alto; que poderá ele edificar se se mantiver febrilmente na ansiedade de libertar-se, antes de saber? (Obra: *Mensagens do Astral*, 17ª edição, p. 292)

Terra – mãe extremosa

A Terra, pela primeira vez na sua história sideral, encontra-se no limiar de sua promoção para a condição de academia espiritual! Sob o manto de fluidos densos do magnetismo deletério que esvoaça em sua atmosfera psicofísica, o vosso orbe é como a escola primária no fim do ano letivo. Na mente do engenheiro responsável pelo seu destino, já se delineou o projeto para a edificação compatível com as novas funções a que tem direito no futuro. Evocando o seu passado como um corpo planetário, constituído pelos quatro elementos da magia hermética, água, terra, fogo e ar, o globo terráqueo representa a mãe extremosa, em cujo regaço fermentaram cortejos de almas na gestação para as divinas esferas da angelitude! Na figura de abençoado cadinho de energias telúricas e viveiro incessante de espíritos em ebulição para a glória de "conhecerem-se a si mesmos", dificilmente a alma humana compreenderá quanto deve ao seu planeta, responsável pela consciência de ser e existir. Muitos anjos que planam as suas asas de Amor e Sabedoria sobre a vossa humanidade, curvam-se, comovidos, rendendo hosanas à Terra, como a matriz materna de suas consciências espirituais. (Obra: *Mensagens do Astral*, 17ª edição, p. 361)

Terra – magneto condensador

A Terra é um gigantesco corpo vital, com vida própria, espécie de poderoso magneto condensador, que recepciona não só as correntes vitais do Sol como as que se refletem no campo etéreo da Lua. Os fluxos de energias solares são positivos; passam pelo Norte, em direção ao Oriente-Ocidente; as correntes lunares são negativas e seguem do Ocidente para o Oriente, fazendo a sua passagem pelo Sul. Neste gigantesco intercâmbio de forças cósmicas, o vosso planeta fica no turbilhão, no vórtice desse cruzamento vital, e os seus reinos e seres sofrem as ações radiativas e astrais, que interpenetram e influenciam especificamente cada tipo de mineral, planta, flor, animal, ave ou ser humano. O papel do astrólogo estudioso e íntegro deve ser o de encontrar a relação entre as forças que provêm do Sol e da Lua, como, também, de outros astros, constituindo uma espécie de coquetel astrológico. Todos os acontecimentos que se reproduzem no campo material representam apenas os efeitos das causas internas e dos impulsos fundamentais, que primeiramente se reproduzem na "alma-vital" dos astros, das coisas e dos seres. (Obra: *Mensagens do Astral*, 17ª edição, pp. 82/83)

Terra – Marte – Júpiter – Saturno

A Terra é uma escola de educação espiritual primária, enquanto Marte significa o ginásio, Júpiter um curso de aperfeiçoamento artístico e Saturno uma instituição acadêmica superior. Assim, enquanto na Terra a principal motivação de vida é o trabalho; em Marte é a tecnologia; em Júpiter, a arte, e em Saturno a filosofia!

No entanto, em qualquer condição de vida física, o espírito encarnado sempre usufrui a oportunidade de desenvolver a sua consciência e promover-se espiritualmente à cidadania angélica. (Obra: *A Vida Humana e o Espírito Imortal*, 11ª edição, p. 70)

Terra – nova raça

Cada modificação do eixo da Terra influi profundamente na conformação geológica e na estrutura da raça em efusão. Já podeis verificar, no momento, os profundos sinais reveladores dessa mudança na evolução humana. Há no vosso mundo um novo tipo de consciência, em formação, que difere do tipo tradicional, embora só a possais encontrar entre os verdadeiros "eleitos", no seio da massa comum. Após a modificação do eixo e a consequente higienização do vosso "habitat", essa consciência — que revela as credenciais do espírito da nova raça — é que terá de comandar a civilização do terceiro milênio. (Obra: *Mensagens do Astral*, 17ª edição, p. 64)

Tiranos e fazedores de guerras

Os tiranos, os fazedores de guerras e os exterminadores de povos, depois da morte física enfrentam, por longo tempo, problemas terríficos e cruciantes de acordo com a extensão dos seus crimes e segundo a soma exata de todos os minutos que empregaram nos atos de perversidade, vandalismo e prejuízo à humanidade. No entanto, depois de submetidos aos processos de retificação espiritual, mediante reencarnações sucessivas, que se processam através dos séculos, eles também logram a sua melhor graduação para os ensejos angélicos do futuro. (Obra: *Elucidações do Além*, 11ª edição, p. 25)

Tom específico humano e mediunidade

A mediunidade não é fruto da carne transitória, nem provém de qualquer sensibilidade ou anomalia do sistema nervoso. Repetimos: é manifestação característica do espírito imortal. É percepção espiritual ou sensibilidade psíquica, cuja totalidade varia de indivíduo para indivíduo, pois, em essência, ela depende também do tipo psíquico ou do grau espiritual do ser. Embora os homens se originem da mesma fonte criadora, que é Deus, eles se diferenciam entre si, porque são consciências individualizadas no Cosmo, mas conservando as características particulares, que variam conforme a sua maior ou menor idade sideral. Há um tom espiritual próprio e específico em cada alma, e que se manifesta por uma tonalidade particular durante a manifestação mediúnica. É como a flor, que revela o seu perfume característico, ou então a lâmpada, que expõe a sua luz particular. (Obra: *Mediunismo*, 13ª edição, p. 30)

Trabalho – ativar potencial divino

A concepção de trabalho como "obrigação incômoda" que fazeis, na Terra, é bem distinta de "trabalho-missão", conforme o aceitam os marcianos. A idéia a que vos condicionais desde a infância, de que o trabalho é uma necessidade para a sobrevivência humana, ou recurso positivo para a libertação econômica, criam-vos a noção falsa de que deveis lutar, furiosa e ardentemente, para mais breve vos livrardes do trabalho. No entanto, o labor humano, sob qualquer expressão humilde ou rude, em qualquer situação planetária do Cosmo, é sempre uma operação dinâmica, que desenvolve no espírito as suas reais qualidades de futuro "anjo criador". Tem por função precípua, o trabalho do homem, ativar o potencial divino que está adormecido na sua intimidade espiritual.

É um exercício gradativo, ou preparo certo e eficaz, para que a alma incipiente hoje, saiba, amanhã, operar com êxito e segurança nos mundos "extramateriais". (Obra: *A Vida no Planeta Marte e os Discos Voadores*, 14ª edição, p. 342)

Trabalho – despertamento angélico

O trabalho é operação que desperta o dinamismo angélico da alma e amplia a consciência espiritual para abranger maior área de manifestação do Macrocosmo. Quando Jesus afirmou que a "fé como um grão de mostarda poderia remover montanhas", refere-se, principalmente, à ação perseverante e criadora do trabalho, tal qual ocorre no seio da semente laboriosa, também desperta no psiquismo do homem os poderes sobre as coisas e os seres. A semente da mostarda, malgrado sua imobilidade no fundo da terra, põe-se a trabalhar ininterruptamente até se transformar na planta benfeitora, sob o recurso dos próprios elementos hostis do ambiente. Ela opera em condições sacrificiais, mas rompe, desabrocha e aflora à superfície do solo numa configuração inconcebível, quando comparada à sua pequenez original. Mas tudo isso acontece sob ação transformativa do trabalho e sem a rebeldia às leis do crescimento vegetal. (Obra: *A Vida Humana e o Espírito Imortal*, 11ª edição, p. 148)

Trabalho – edificação do anjo

O industrial que dirige portentosa empresa de responsabilidade coletiva é um projeto de "futuro anjo", em trabalho de crescimento nos mundos planetários, assim como o servente, no fundo da vala, juntando pedras e argamassa de cimento, também edifica em si mesmo o arcabouço valioso de outra alma angélica. O trabalho, em qualquer situação, por mais rude e humilhante, exaustivo e compulsório, aquece as energias divinas que jazem latentes no fundo de toda alma humana, apressando a concretização das figuras de novos satélites criadores, a serviço do Pai. (Obra: *A Vida no Planeta Marte e os Discos Voadores*, 14ª edição, p. 344)

Trabalho – "espírito grupo"

Pouco a pouco, do espírito grupal, fragmenta-se a centelha, que vai compondo sua própria consciência; que se distingue, centraliza-se; contempla e pensa, compara e reage. Desprende-se, adquire sensibilidade psíquica à parte; destaca-se em atos mais pessoais e mais distantes da psicologia geral do "espírito-grupo". É já o vislumbre da consciência psíquica-indivíduo, que delineia os primeiros traços do seu destino e ausculta em si mesma as tendências inatas criadoras. Num movimento centrípeto, forjando, crescendo e emancipando-se, esse novo conteúdo consciencial encorpa-se e expande-se aceleradamente, até descobrir o divino mistério do "ser", a magia de "sentir mas saber". A operação é laboriosa na incorporação ainda vacilante e nas conclusões dos fenômenos externos; mas é o caminho certo e definitivo. O novo microcosmo se absorve em feroz egocentrismo, a fim de constituir-se em um "centro específico de consciência individual"; ajusta-se e expande-se em direção à consciência macrocósmica que é o Absoluto. No entanto, qual é o processo único, exato, poderoso que acelera o pequenino "eu sou" para o grande "Eu Sou"? Qual o meio que ativa a fragmentação do espírito-grupo para formar um novo ser à parte? Não tenhais dúvida: é o trabalho, como processo dinâmico, que opera gradualmente e vai desenvolvendo maior elasticidade mental e espiritual. Considerais como uma posição tediosa, enervante ou aflitiva a disciplina do trabalho, porque ignorais a sua ação na sutileza formativa da própria consciência. (Obra: *A Vida no Planeta Marte e os Discos Voadores*, 14ª edição, pp. 521/522)

Trabalho – espiritualidade criadora

É óbvio que se Deus fosse a "espiritualidade estática", apenas um estado de inércia, não veríeis os colares de esferas rodopiantes na tela astronômica do Cosmo. Só a "espiritualidade criadora" é que poderia edificar a maravilhosa maquinaria que demonstram as realizações planetárias. Desde os elétrons em torno dos núcleos atômicos, no microcosmo, até os astros em torno dos sóis, no macrocosmo, tudo demonstra que o "trabalho" é função básica dessa futura consciência espiritualizada, mas profundamente criadora. Deus pensa e cria o Cosmo; o anjo trabalha e cria o microcosmo. Os santos, os artistas, os gênios e os condutores de multidões, são produtos de um labor íntimo, iniciático, de um "ritualismo" interno, divino, que lhes disciplinou os movimentos num curso que deveis aceitar como "trabalho".

A exaustiva constância de um organismo em contínuo "trabalho" sobre o piano, deu-vos um gigante chamado Beethoven; a persistência no manejo das tintas e na rigidez das pedras, fixou no mundo das formas o admirável Miguel Ângelo; a caminhada fatigante, o movimento contínuo em favor do desgraçado, estereotiparam a figura santificada de Francisco de Assis.

No seio da bolota está a gigantesca árvore do carvalho; mas é o trabalho exaustivo, a renúncia absoluta, a abdicação de qualquer provento extemporâneo, que fazem essa bolota crescer no fundo da terra e atingir a magnitude de árvore que se transforma em fonte criadora de sombra, lenho, calor e utilidades. O minúsculo fio de regato, que desce das encostas distantes, só adquire as prerrogativas de majestoso rio depois que se entregou ao espontâneo labor de desenvolver e acumular as suas próprias energias latentes, misteriosamente adormecidas naquele primeiro impulso de simples gotas de água. (Obra: *A Vida no Planeta Marte e os Discos Voadores*, 14ª edição, pp. 342/343)

Trabalho evolutivo

A capacidade do espírito tanto se desenvolve na meticulosidade do relojoeiro, como na administração de um império industrial, onde o homem copia a figura de um deusinho operando na forma. Num extremo afina-se o espírito manejando o cinzel de Benevenuto Cellini; noutro, um chinês escreve o "padre-nosso" num grão de arroz; e mais além, modificam-se os seus lances criadores, envergando o traje carnal de um Rockfeller, Henry Ford ou Da Vinci. Fundamentalmente, é o "trabalho" que atua, na forma de ação, dinamismo, que exercita o espírito e desperta os recursos do futuro anjo criador.

A matéria é simples "ponto de apoio", meio plástico de que se serve o espírito para materializar a sua ação laboriosa, ascensional e de experimentação dinâmica. Até na morte, que é dissolução, é ainda o trabalho evolutivo. (Obra: *A Vida no Planeta Marte e os Discos Voadores*, 14ª edição, p. 522)

Trabalho – expansão consciencial

Seria incompatível com a sabedoria divina que Deus houvesse constituído a Ventura Eterna, numa espécie de cinematógrafo, destinado à sua platéia de anjos ociosos, que de asas abertas, no Espaço, vivessem eternamente contemplando a projeção dos mundos rodopiantes na tela do Cosmo. E nessa postura de inércia contemplativa através do tempo infinito, se resumiria a felicidade celestial. Ora, "O reino de Deus está em vós", "Eu e meu Pai somos um só", "O homem foi feito à imagem de Deus", são conceitos que exprimem com bastante clareza o mistério oculto da verdadeira vida do espírito. O trabalho é, pois, o fundamento, a lei através da qual se apura, refina e expande a consciência do espírito; movimento, ação e dinamismo com sentido construtivo em todos os planos do Universo, *eis a vida*. (Obra: *A Vida no Planeta Marte e os Discos Voadores*, 14ª edição, p. 520)

Trabalho – meio de desenvolvimento

O trabalho, na Terra, é uma lei de biologia inerente ao tipo do orbe educativo. Constitui-se no meio de o homem desenvolver as suas energias primárias e preparar-se para viver futuramente em esferas superiores até libertar-se das exigências dos mundos físicos e desenvolver a sua consciência para tornar-se um espírito eminentemente criador. Mas não basta ao homem viver na Terra apenas acumulando bens e objetos, como um proprietário de quinquilharias que, ao morrer fisicamente, tem de renunciar aos seus bens por não poder transportá-los para o Além-Túmulo. Todos os acontecimentos e fenômenos da vida terrena compõem o curso letivo da alfabetização do espírito para, no futuro, manusear a língua sublime das humanidades siderais. (Obra: *A Vida Humana e o Espírito Imortal*, 11ª edição, p. 139)

Trabalho – missão educativa

A humanidade terrena anseia pela libertação do sofrimento e do trabalho obrigatório, que ainda tanto necessita, a fim de desenvolver as faculdades criadoras do futuro anjo. Como ainda não aceita voluntariamente a disciplina da Lei Ascensional, há de sofrer o processo compulsório de sua purificação pela dor. A coletividade marciana, no entanto, ajustada aos preceitos de vida equilibrada e consciente de todas as obrigações evolucionárias, dispensa a pedagogia do sofrimento e aceita o trabalho na forma de missão educativa. O seu ideal, pois, é desenvolver as faculdades criadoras do espírito, a fim de usufruir a divina missão de procurador do Pai. Aquilo que o terrícola ainda considera um sonho venturoso, o marciano já usufrui na sua existência de Paz e Alegria. A humanidade terráquea, infelizmente, hostilizando a função dinâmica do trabalho, que opera na intimidade do espírito a sua estrutura angélica, realiza, no mundo físico, apenas um terço de sua verdadeira missão. Considerando, erroneamente, que o labor é tarefa incômoda e o prazer é felicidade, olvida que o anjo é ação, movimento e eterna faculdade criadora. (Obra: *A Vida no Planeta Marte e os Discos Voadores*, 14ª edição, p. 519)

Trabalho no bem e mediunidade

Nenhum ser, indistintamente, foi jamais deserdado por Deus em matéria de suas elevadas qualidades espirituais inatas, pois todos serão chamados, na hora oportuna, para colaborar no serviço sublime da redenção humana dos mais infelizes. Assim, a tarefa mediúnica que exerce o nosso sensitivo é trabalho comum a todo aquele que aceita o serviço sacrificial para o seu próprio bem e em favor da vida imortal. Mas no exercício da mediunidade proveitosa e sã, o médium não pode servir a Deus e a Manon, ao mesmo tempo, ou seja reunir o útil do serviço mediúnico ao agradável do prazer transitório do mundo carnal. Assim como o bom adubo desenvolve mais vigorosa e rapidamente a flor tenra, o trabalho mediúnico incessante, no serviço do bem, também desperta e desenvolve as qualidades latentes e sublimes de todos os médiuns. (Obra: *Mediunismo*, 13ª edição, p. 114)

Trajeto do espírito até a carne e irradiações ocultas

Mas é Lei Sideral, que o espírito, ao encarnar-se, tem de suportar as características e influências do ambiente físico onde passa a viver. Parte de sua vida, no orbe terráqueo, desenvolve-se em permanente defesa contra as energias magnéticas ou fluidos ocultos, que interferem durante a materialização do seu corpo de carne. O homem "espírito imortal" baixa de sua moradia eletiva, que é o mundo espiritual, e, sem desligar-se dela, corporifica--se na carne, formando a figura do "homem-físico", transitório. Considerando-se que, de acordo com Einstein, a matéria é apenas energia condensada ou "força oculta" estagnada em nível inferior, o corpo físico do homem é o instrumento ou veículo para que o espírito imortal possa descer à Terra e ajustar-se às diversas contingências do seu ambiente.

Durante o trajeto que o espírito percorre, baixando do mundo espiritual até surgir no cenário do orbe, ele incorpora os mais estranhos e heterogêneos fluidos que se irradiam ou exalam das esferas ocultas, asteróides e astros, em combinação com o fluxo magnético terráqueo. Inúmeras vezes o ser humano acredita agir exclusivamente pelas decisões de sua própria mente ou emoção, ignorando que sofre a influenciação das forças astrofísicas atuando-lhe no próprio temperamento psíquico. Muitos homens, havendo cometido certos atos sob impulsos estranhos, depois, em meditação espiritual, não conseguem compreender os motivos de suas fraquezas. (Obra: *Mediunidade de Cura*, 12ª edição, p. 200)

Transe angélico – artista

O excelso artista marciano que atinge a maravilhosa função de "médium" puro da beleza sonora dos mundos superiores, atingiu um grau de sensibilidade impossível na vossa concepção. A melodia torna-o como um canal vivo e pousa, exata, no instrumento superorquestral que serve para os grandes momentos sinfônicos. A sua alma tem a transparência do cristal perfeito e abdicou de qualquer emoção pessoal. Vive, única e exclusivamente, para esses momentos santificados de beleza cósmica; é uma existência de absoluto franciscanismo à Harmonia Paradisíaca. Hipersensível, plástico, cristalino e puro, consegue sintonizar-se com a Mente Divina, perdendo o contato físico da forma, diluindo-se na mensagem etérea de sons, para revelar, em absoluto "transe" angélico, a mensagem excelsa das esferas superiores. (Obra: *A Vida no Planeta Marte e os Discos Voadores*, 14ª edição, p. 263)

Transe etílico – emersão no passado

Sob a embriaguez também pode-se acentuar a memória psíquica do passado, pois o organismo carnal fica submetido a um verdadeiro transe etílico, facilitando a emersão da lembrança de acontecimentos trágicos, que a luz da consciência perturbava. Comumente, os elos consanguíneos que constituem a família, na figura de pais, filhos, irmãos ou irmãs, não passam de ajuntamento de velhos adversários que assim foram reunidos para o ajuste kármico. São os algozes e as vítimas, que ainda se podem odiar em espírito, mas que não se reconhecem por estarem disfarçados sob os novos corpos físicos. No entanto, durante o desregramento alcoólico entre membros da mesma parentela, seus espíritos podem ser avivados em sua memória psíquica, porque o perispírito flutua parcialmente no corpo embriagado, aumentando a sua percepção no meio astral. Assim, embora os membros da família não se reconheçam entre si como os antigos adversários, eles se "sentem", sob a influência do mesmo ódio e culpas recíprocas do passado. Em tais ocasiões, é possível que se registrem crimes e tragédias terríveis em certas famílias, quando se matam irmãos, pais, filhos, esposos ou até amigos íntimos, completamente descontrolados sob a ação perigosa do álcool. (Obra: *Fisiologia da Alma*, 15ª edição, p. 135)

Transformação moral – morte e espiritismo

Sem dúvida é muito importante para os espíritas comprovarem a sua sobrevivência após a morte física; mas ainda é mais valiosa a transformação moral e libertação dos instintos animais, que livram o ser da roda indesejável das encarnações expiatórias. Indubitavelmente, é grande tolice o homem saber da existência do Paraíso e nada fazer para habitá-lo. O fenômeno psíquico demonstra características da revelação, mas não é processo fundamental para melhorar a evolução da alma.

O espiritismo afina-se bastante com o Cristianismo, principalmente, pela mesma finalidade doutrinária de transformar o homem animalizado em cidadão angélico. Os fenômenos espetaculares, embora impressionem, não transformam sentimentos maus em virtudes sublimes, nem as paixões violentas em afagos da alma.

Isso só é possível através da renovação moral no santuário silencioso do ser. (Obra: *A Missão do Espiritismo*, 10ª edição, p. 49)

Transformadores siderais e Psiquismo Cósmico

O centro de consciência humana, que se organiza individualmente no seio do Psiquismo Cósmico, constitui-se num campo íntimo, ou na miniatura psíquica do próprio macrocosmo, assim justificando o aforismo de que "o homem foi feito à imagem de Deus". A consciência individual, ainda virgem e ignorante, mas excitada pelo dinamismo centrífugo, promove a sua ascese espiritual desde a transformação do átomo em molécula, da molécula em célula, da célula ao organismo, do organismo animal ao tipo humano e, depois, a metamorfose do homem até a configuração do arcanjo constelar.

Os atributos divinos miniaturizados no espírito do homem despertam e se amplificam à medida que ele desenvolve a sua consciência humana na experiência de mais vida, sabedoria e poder. O homem ainda vive sob os impulsos e as excitações da energia criativa do instinto animal, a qual lhe organiza a vestimenta de carne na face dos orbes físicos. Mas, depois que supera a animalidade, ele se converte num transformador sideral, capaz de absorver certo impacto energético do Psiquismo Cósmico, a fim de também distribuí-lo, gradativamente, na voltagem psíquica adequada à vida dos seres menos evoluídos. (Obra: *O Evangelho à Luz do Cosmo*, 9ª edição, p. 87)

Transfusão de amor – desobsessão

O problema secular ou milenário da enfermidade espiritual há de continuar a desafiar esses recursos, uma vez que, apenas contemporiza, mas não se soluciona a situação. A aplicação de choques consegue proporcionar alguns momentos de razão ao obsidiado ou protelar a crise fatal, pelo despertamento súbito das células cerebrais e pela trepidação do sistema nervoso, que então se desoprime da ação obsessiva do perseguidor oculto nas sombras do Além. Mas isso não conseguirá impedir que, logo depois, ou ainda mesmo em futura encarnação, o espírito enfermo passe a reproduzir novamente os mesmos sintomas ou efeitos mórbidos. O asilo de doidos, na Terra, ainda desconhece que, acima da terapêutica química ou técnica do mundo material, há um tratamento mais eficiente e miraculoso, que é a transfusão do amor.

Por isso, nos cursos de cura de obsessões, que funcionam nas comunidades astrais, embora os alunos se devotem a avançado conhecimento psicológico espiritual e cientificamente transcendental, primeiramente cuidam de todos os anelos superiores do sentimento do espírito imortal, para que o êxito da cura das enfermidades psíquicas seja melhor conseguida pela terapia elevada do Amor. (Obra: *A Vida Além da Sepultura*, 9ª edição, pp. 372/373)

Tratado cósmico – o Evangelho

O Evangelho não é simplesmente um repositório de máximas e advertências morais, nem somente código de preceitos exclusivos de qualquer instituição humana religiosa, devidamente credenciada para representar Deus na Terra. Em verdade, o Evangelho relatando a experiência vivida integralmente por Jesus, em 33 anos de sua vida física, é para demonstrar a todos as leis que governam e disciplinam o Universo. Os conceitos do Mestre Jesus, paralelamente à sua conduta e ação incomum, podem ser aceitos como um compêndio humano a expor os objetivos de Deus na Sua Criação. Enfim, repetimos: o Evangelho não é um Código Moral adequado a um certo tipo de humanidade, mas um tratado perfeito de bem viver, que pode orientar em qualquer época qualquer tipo humano, em qualquer longitude terrestre ou astronômica. Proporciona uma transmutação consciente evangélica, onde o homem termina vivendo a sua melhor experiência para Deus. (Obra: *O Evangelho à Luz do Cosmo*, 9ª edição, p. 111)

Tratado de saúde cósmica – o Evangelho

Por isso, o Evangelho do Cristo é, especificamente, um tratado da saúde da alma, porque modificando o campo moral do ser, muda, também, a frequência vibratória do espírito e o ajusta cientificamente à pulsação harmoniosa e eterna do próprio Cosmo. Em consequência, o Evangelho, além de Código Moral é, também, um tratado profundamente científico das leis cósmicas, que operam na intimidade de cada ser, conforme a sua frequência vibratória e graduação espiritual. (Obra: *O Evangelho à Luz do Cosmo*, 9ª edição, p. 185)

Treinamento do amor – Mamon

Mamon, ou o mundo material, além de proporcionar ao espírito encarnado o ensejo para ele despertar e desenvolver a sua natureza criadora, ainda serve de cenário para o homem treinar o amor através das lutas e vicissitudes nas próprias competições humanas.

Uma vez que Deus é Amor, Ele intenta despertar e aprimorar o amor nas criaturas, porque é a essência da própria vida. Todos os seres, como produtos criados pelo Amor de Deus, possuem, latente e indestrutível, o fundamento perfeito do amor em sua própria intimidade. O espírito, quando inconsciente de sua fidalguia sideral, então, persiste no culto à matéria por ignorar a sua maravilhosa realidade imortal. Mas assim que ele vibra no limiar da conscientização angélica, e descobre os valores preciosos da vida imortal, se desliga naturalmente das algemas físicas. É o cidadão aposentado, que encerra os seus negócios no mundo planetário, mas decidido a fixar-se definitivamente no cenário das atividades venturosas do reino divino. (Obra: *O Evangelho à Luz do Cosmo*, 9ª edição, pp. 205/206)

Treino mediúnico e confiança dos "guias"

O treino mediúnico e o aprendizado imprevisto da doutrina, no intercâmbio com o Além, habilitam o médium a explanar em vigília, e com clareza, os assuntos doutrinários sobre os quais for arguido, sem temer as indagações sérias ou mesmo as perquirições capciosas dos adversários. As idéias depois multiplicam-se e os conceitos felizes dominam-lhe a mente treinada, graças às situações imprevistas e aos hiatos que se vê obrigado a preencher sozinho durante suas comunicações mediúnicas. E assim, cresce a confiança do seu guia e de outros espíritos de alta estirpe espiritual, que pouco a pouco o credenciam com maior responsabilidade no exercício de sua mediunidade. No entanto — convém frisar — os espíritos mentores desinteressam-se completamente de aplicar este método de ensino espiritual aos médiuns levianos, iletrados ou preguiçosos. (Obra: *Mediunismo*, 13ª edição, p. 169)

Treino para o homem espírito – jejum

A palidez e a figura dos jejuadores são uma imagem inofensiva e de aspecto transcendental, cujos olhos tranquilos são desprovidos do desejo animal violento ante a própria fraqueza do corpo! O costume secular de algumas seitas religiosas, trapistas, nazarênicas, apostólicas ou iogues jejuarem sob férrea disciplina, trata-se de um excelente treino para o "homem-espírito", aplacando assim a própria força instintiva e sensual do "homem-carne"!

Aliás, seria um sarcasmo à própria "Lei de Afinidade Espiritual" o anjo alimentado a carne de porco, ou o santo chupando os dedos engordurados pelas vísceras sangrentas de seus irmãos inferiores![3] (Obra: *A Vida Humana e o Espírito Imortal*, 11ª edição, p. 106)

Três princípios cósmicos – emanações do Absoluto

Referindo-nos aos três princípios cósmicos, às três emanações distintas do mesmo Ser único e Absoluto, aludimos às fases conhecidas como "involução", "descida vibratória" ou "descenso angélico", quando o espírito atinge o estado substancial distinguível pelos sentidos humanos. Em sentido inverso, o processo denomina-se "evolução", "aceleração vibratória" ou "subida angélica" em direção à origem iniciática do princípio original.

Essas operações, assim classificadas e algo humanizadas, para o melhor entendimento possível à precariedade da vossa mente, sucedem-se dentro da ocorrência completa de cada Grande Plano, fazendo-se a descida em o Dia de Brama, quando Deus gera e daí

---

[3] Conforme explicam as escolas ocultistas do Oriente, o cérebro do homem se aperfeiçoa qualitativamente pelo uso das próprias energias que forem poupadas na continência sexual e na redução digestiva. A alimentação frugal torna o homem mais capacitado para pensar, porque sobejam energias poupadas pela menor produção de saliva, sucos gástricos, fermentos pancreáticos, bílis e o trabalho de drenação renal e ação intestinal excretora. É de senso-comum que os glutões ou homens excessivamente gordos, além de pesados e arfantes pelo consumo demasiado de energias nas operações incessantes de comer e digerir, ainda sentem dificuldades no pensar e são pouco propensos para qualquer tarefa de ordem artística ou mental.

resulta o princípio criante, que produz então o princípio criado, para que se cumpra o que é planeado no Pensamento Cósmico Gerante. A Noite de Brama, ou a "desmaterialização" do panorama objetivo do Cosmo e a libertação do espírito para o seu estado original completam, então, o Grande Plano ou o Manvantara atuante nos sete mundos. (Obra: *Mensagens do Astral*, 17ª edição, p. 328)

Três revelações divinas

Moisés trouxe-vos a primeira revelação — a Lei da Justiça; Jesus trouxe-vos a segunda revelação — a Lei do Amor; Allan Kardec trouxe-vos a terceira revelação — a Lei do Dever. Na primeira, o homem ficou atemorizado diante do Jeová feroz, sanguinário, que o atiraria eternamente no inferno fumegante, sem esperanças de fuga ou de perdão; na segunda, Jesus transformou o irascível Jeová no Pai Magnânimo, um doador de graças e de misericórdias divinas aos que sofrem e amam; na terceira, Kardec revelou o Consolador prometido e as diretrizes fundamentais do dever do espírito para consigo mesmo. A primeira revelação foi um imperativo para o céu, através do temor e da ameaça; a segunda revelação, um convite celestial, sob a insígnia da renúncia e do amor; a terceira revelação, o despertamento mental para que o homem alcance o "éden", na construção do seu destino! (Obra: *Mensagens do Astral*, 17a edição, p. 411)

Três revelações – ligação do passado com o futuro

Três revelações fundamentais ocorreram em épocas diferentes e de acordo com o entendimento intelectivo e psicológico dos povos. Mas os preceitos "não furtarás", "não matarás" e "honra pai e mãe", extraídos dos Dez Mandamentos de Moisés; os conceitos de "amarás ao próximo como a ti mesmo" ou "faz aos outros o que queres que te façam", de Jesus, e "fora do amor e da caridade não há salvação", de Allan Kardec, são, realmente, ensinos de natureza universalista, porque além de compreensíveis a todos os homens, doutrinam no mesmo sentido moral e independente de raças, credo ou costumes.

Embora também sejam mensagens espirituais algo semelhantes às de outros instrutores como Buda, Crisna ou Confúcio, elas aplicam-se a todo o gênero humano por estarem despidas de alegorias, tradições, regras ou costumes peculiares a certo povo. Ligam o passado ao futuro, em três etapas distintas, embora de acordo com a compreensão espiritual na época de suas revelações. Estão identificadas pelo mesmo conteúdo espiritual da humanidade, sem exclusivismos racistas ou simbologia de iniciados. (Obra: *A Missão do Espiritismo*, 10ª edição, p. 33)

"Trevas exteriores" e senda interna

Qualquer discípulo de filosofia espiritualista, baseado no pensamento oriental, sabe que, ao buscar o "reino dos Céus", o candidato deve trilhar a "senda interna" do espírito, apurar a sua sensibilidade psíquica e aperceber-se do que é divino. Deste modo, as "trevas exteriores", mencionadas por Jesus, nada mais são do que o "caminho exterior", transitado pela alma encarnada, através do seu invólucro físico. Em consequência, os espíritos que negligenciarem o seu aprimoramento espiritual, desprezando a "senda interna", deverão recuperar o tempo perdido e recapitular suas lições ao longo do "caminho externo", numa vida física ainda mais dificultosa e mais dolorosa, porque se trata de uma verdadeira restauração para o nível do qual decaíram na Terra. (Obra: *O Evangelho à Luz do Cosmo*, 9ª edição, p. 338)

Túnica nupcial e a dor

A túnica nupcial, que a alma deve envergar para tomar parte no banquete do Rei, citado na parábola contada por Jesus (Mateus 22-1 a 14; Lucas 14: 16 a 24), em verdade significa o resultado da lavagem dolorosa do perispírito no tanque das lágrimas purificadoras do mundo carnal, de onde ele sai com as suas vestes limpas. A dor aquebranta a rudeza e humilha o orgulho da personalidade humana; obriga o espírito a centralizar-se em si mesmo e a procurar compreender o sofrimento. Na introspecção dolorosa pela ansiedade de solver o seu problema aflitivo, ele tem de reconhecer a precariedade, a presunção e a vaidade de sua figura transitória no mundo das formas. (Obra: *Fisiologia da Alma*, 15ª edição, p. 249)

Túnica nupcial – perispírito purificado

O perispírito não é exclusivamente um organismo produto da composição de forças vivas e sublimadas, que se fundem sob a vontade e o pensamento do espírito imortal. Além de ser a vestimenta que envolve, configura e identifica a chama espiritual, esta ainda o interpenetra onda por onda, vibração por vibração. Através de sucessivas materializações nas faces dos orbes físicos, o perispírito, sob a ação detergente da dor e do sacrifício, do estudo e da experiência da vida física, deixa os resíduos e aderências durante o intercâmbio íntimo e o exterior. Finalmente, quando purifica-se até a diafanização e condição de maravilhosa figura alada, liberta de quaisquer influências inferiores e desimantada da atração animal, então retrata a imagem fascinante da "túnica nupcial", tão bem descrita por Jesus na parábola do "Festim de Bodas". (Obra: *O Evangelho à Luz do Cosmo*, 9ª edição, p. 273)

"Tutores" das sombras

A principal culpa dessa situação lamentável ainda cabe aos próprios encarnados, que se transformam em consulentes levianos no seu ingresso à seara espírita, passando a considerá-la simples agência de informações e assistência à lei do menor esforço. E assim não tardam a aparecer os "gentis" professores e tutores das sombras, que não hesitam em minar as reservas sublimes do espírito encarnado, desabituando-o de qualquer reflexão mental ou experimentação educativa. No campo da espiritualidade, eles transformam os seus simpatizantes em inúteis "robôs" que, em seguida à morte do corpo, comparecem ao "lado de cá" à semelhança do bugre ignorante lançado no turbilhão das metrópoles. (Obra: *Mediunismo*, 13ª edição, p. 140)

U

UFOs – contato com a humanidade da Terra

O contato será feito após eles efetuarem o levantamento topográfico da Terra, assinalando suas bases militares, fontes de produção bélica, instituições de produção atômica, e, também, núcleos de vida pacífica. Como não ignoram o espírito belicoso do terrícola e suas contradições emotivas, é necessário que o primeiro intercâmbio e trocas afetivas sejam realizados sob um ambiente de profunda compreensão de vossa parte e completo desinteresse da posse prematura de suas conquistas mais altas. De modo algum, os marcianos animam-se de ser responsáveis pelo mau emprego que fizerdes dos seus engenhos pacíficos. (Obra: *A Vida no Planeta Marte e os Discos Voadores*, 14ª edição, p. 473)

UFOs – contato com a humanidade da Terra II

O "Conselho Interplanetário de Marte" não deliberou invadir a Terra. Aliás, um caso dessa natureza seria tão importante para eles como uma invasão que vós decidísseis contra a Groenlândia ou as aldeias zulus. No entanto, quando melhorarem os estados de ânimo e as disposições amistosas de vossa humanidade, cremos que eles farão contato mais direto com a Terra. Mas não deveis considerar esse problema "ipsis litteris", pois, se os mentores marcianos têm esse desejo naturalmente, os condutores espirituais do vosso planeta ainda consideram prematuras essas relações ou intercâmbio convosco, pelos tristes acontecimentos que tendes provocado com o advento dos aviões. (Obra: *A Vida no Planeta Marte e os Discos Voadores*, 14ª edição, p. 473)

Última chance – o juízo

Ó infelizes alienados da vida, artífices dos maus destinos da humanidade, por que estais erigindo outro mundo infernal para viverdes o "ranger de dentes", se podeis vos ajustar à moradia em que habitais? Por que negligenciais da mansuetude e da renúncia pedida no apelo do Cristo, preferindo vos tornar convivas dos banquetes de impiedade selvagem que vos esperam noutro mundo correcional mais tormentoso do que esse em que estais? Penitenciai-vos, recuai enquanto é tempo; deixai que vos arranquem os olhos, que vos cortem as mãos e que vos decepem a língua, mas preferi que a luz do vosso olhar não marque o "alvo" para a metralha, que as vossas mãos não acionem as alavancas, os botões dos mecanismos mortíferos. Silenciai, rogai ao PAI que vos faça mudos para não proferirdes a ordem ao crime e a palavra ao ódio que atiça e não perdoa. Enfim: que vos matem o corpo, se preciso for, mas santifiquem o vosso espírito, recusando ferir, odiar ou destruir, porque sereis lançados nas "trevas da iniquidade e como "lobos", separados das "ovelhas" nesta hora profética do "juízo final" que se aproxima...

Colocai-vos, incondicionalmente, às ordens absolutas do DIVINO MARECHAL da PAZ!... (Obra: *A Vida no Planeta Marte e os Discos Voadores*, 14ª edição, p. 538)

União conjugal e ascensão

Na regra diretora de segurança econômica de vosso mundo em que, dando, empobrecemos, e recebendo, enriquecemos, o casamento também raramente vai além de um mútuo negócio, onde as paixões significam a mercadoria em trânsito. Quase sempre, a procura recíproca é mais de equilíbrio fisiológico, do que amparo espiritual e entendimento divino. Em Marte, no entanto, os moços têm a pura noção do verdadeiro amor, que provém da realidade espiritual e da responsabilidade de que a atmosfera do lar é exercício de universalização. A constituição do lar doméstico desperta-lhes imensos cuidados, mais fundamentalmente quanto ao êxito de "ascensão" espiritual, do que às possibilidades de "sensação" advinda do acerto conjugal. Esse noivado é fase de sincera confissão espiritual e exercício preliminar para o melhor encontro na intimidade do coração, muito antes de preparação às relações de necessidade biológica no campo genético. (Obra: *A Vida no Planeta Marte e os Discos Voadores*, 14ª edição, pp. 73/74)

União conjugal e prévia combinação

Sem dúvida, qualquer união conjugal programada no Espaço, mas frustrada na Terra, seja por culpa dos seus responsáveis ou por circunstâncias imprevistas, altera o roteiro kármico de outras almas vinculadas ao mesmo esquema de ascendentes biológicos! O esponsalício terreno, malgrado os terrícolas o considerarem um acontecimento comum, ainda é fruto de prévia combinação no Espaço. Significa o ensejo em que dois espíritos aceitam a condição recíproca de esposo e esposa para viverem no mesmo lar, a fim de acertarem os débitos pregressos e gerarem corpos para outras almas. (Obra: *A Vida Humana e o Espírito Imortal*, 11ª edição, p. 50)

Único sistema criativo para os filhos de Deus

A observação e a lógica demonstram a existência de um único Sistema criativo dos espíritos individualizados no seio de Deus. A centelha espiritual surge simples e ignorante em todas as latitudes do Cosmo e, lentamente, através de incontáveis passagens e vivências ela irá evoluindo gradativamente, até onde a nossa mente humana é incapaz de vislumbrar ainda nos primeiros degraus de sua individualização.

O esquema evolutivo determinado por Deus é um só: a sensação do animal, a emoção do homem, a sabedoria e o amor do anjo e a criação plena do arcanjo. São condições inerentes a todos os espíritos, porquanto Deus não modifica o processo de sua criação fora do tempo e do espaço. Não existem duas espécies de processos evolutivos, em que uma parte dos espíritos progride exclusivamente no "mundo interno" e a outra inicia-se pelo "mundo externo".

A matéria, conforme prova a ciência moderna, é apenas "energia condensada"; em consequência, não há mérito para o ser evoluir apenas no seio da "energia livre" ou qualquer demérito em submeter-se aos grilhões da "energia condensada". (Obra: *O Evangelho à Luz do Cosmo*, 9ª edição, pp. 162/163)

Unidade e consciência humana

Deus nunca teve princípio nem terá fim, enquanto que o homem teve princípio e não terá fim. O espírito do homem é imortal, porque foi gerado no Espírito Imortal do Pai; só pelo desaparecimento deste poderia também desaparecer o espírito do homem, porque Deus, na realidade, pode ser considerado o "pano de fundo" da consciência humana. A consciência do homem forja-se sempre num Grande Plano, através da descida da Massa Espírito até à fase da matéria, quando, então, a Consciência Total emite prolongamentos nas várias consciências menores, sem fragmentar-se na sua Realidade Eterna e Infinita. Na profundidade espiritual de qualquer consciência humana persiste sempre a unidade, o fundo imortal, que é o Espírito Divino único, assim como atrás dos raios individualizados do Sol persiste a unidade do núcleo gerador da Luz!

É por isso que a separatividade é uma grande ilusão e ocorre apenas na periferia humana. Se todas as consciências dos homens retornassem à sua origem, verificariam, com espanto, que constituem, em profundidade, uma só consciência, na mais soberba fusão de Luz Imortal, revelando o augusto mistério daquela frase pronunciada por Jesus: "Eu sou"! E todos comprovariam, então, que um único sonho e um mesmo ideal acalenta todas as ansiedades expressas sob diversos modos e formas!

É ainda Jesus, novamente, quem nos adverte dessa verdade, lembrando que as múltiplas consciências humanas são apenas prolongamentos da Consciência Cósmica do Pai, quando nos afirma "Eu e meu Pai somos um"!

A consciência do homem é imortal e indestrutível, no seio de Deus, porque só o próprio Deus que a criou é que a poderia destruir, mas isso não seria possível ante a impossibilidade de o Onipotente destruir em si mesmo aquilo que não pode eliminar para outro local fora de si mesmo! (Obra: *Mensagens do Astral*,

17ª edição, pp. 340/341)
Universalidade dos ensinamentos dos espíritos

Os espíritos benfeitores e respeitosos, embora se comuniquem no seio de povos ou raças mais exóticas, são unânimes em explicar que não existe o inferno, o purgatório e o céu teológicos pintados nas velhas oleogravuras hebraicas; que os "mortos" sentem no seu perispírito ou "invólucro" *post-mortem*, as emoções e sensações ainda dominantes da vida física; que o homem sofre nas vidas sucessivas, na carne, os efeitos das causas que gerou em existências pregressas; que os espíritos nascem simples e ignorantes, e são lançados na senda evolutiva dos mundos planetários, para adquirir a consciência de si mesmos e elevar-se até a angelitude. Ainda proclamam a pluralidade dos mundos, pois "há muitas moradas na casa de meu pai", a sobrevivência de todos os homens e a ventura de todos os seres. (Obra: *A Missão do Espiritismo*, 10ª edição, p. 45)

Universalismo – conquista paulatina

Os primeiros bruxuleios de consciência espiritual liquidam as nossas tolas críticas contra os nossos irmãos de outras seitas. Em primeiro lugar, verificamos que não existe qualquer "equívoco" na criação de Deus, e, secundariamente, já não temos absoluta certeza de que cultuamos a "melhor" Verdade. Ademais, todas as coisas são exercidas e conhecidas no tempo certo do grau de maturidade espiritual de cada ser, porque o Espírito de Deus permanece inalterável no seio das criaturas e as orienta sempre para objetivos superiores. As lições que o homem recebe continuamente, acima do seu próprio grau espiritual, significam a "nova posição evolutiva", que ele depois deverá assumir, quando terminar a sua experiência religiosa em curso. (Obra: *A Missão do Espiritismo*, 10ª edição, pp. 138/139)

Universalismo e Esperanto

A língua Esperanto é a preferida e cultivada por aqueles que já ensaiam os primeiros passos de confraternização mundial e aproximação espiritual. Ela se afina principalmente com os homens que, religiosos ou não-religiosos, são desapegados de racismos, nacionalismos e patriotismos isolacionistas. É que o caráter neutro do Esperanto, e a ausência nele de princípios racistas ou nacionalistas, fazem com que não ofenda os sentimentos patrióticos de nenhum povo, pois, em lugar de ser uma língua internacional excêntrica e confeccionada com vocábulos selecionados dos principais idiomas predominantes, ela se firma nas raízes idiomáticas que justamente deram origem a todas as línguas do mundo. As principais raízes do Esperanto vêm do tronco indo-europeu, que é o berço pródigo de todas as línguas expressivas, constituindo-se, então, na fonte idiomática ou bases primitivas que servem ao Esperanto. (Obra: *A Sobrevivência do Espírito*, 8ª edição, p. 188)

Universalismo e espiritismo

Indubitavelmente, o espiritismo é doutrina universalista porque o principal motivo de sua atuação e existência são os acontecimentos e problemas derivados do Espírito, isto é, da entidade universal. Seu motivo fundamental é o Espírito imortal, seja luz, energia, chama, centelha ou ser imponderável e indescritível ao nosso entendimento humano, mas sempre o "élan" de nossa consciência com o Absoluto, o alimentador da Vida e do Universo. (Obra: *A Missão do Espiritismo*, 10ª edição, pp. 28/29)

Universalismo e espiritismo II

O espiritismo é uma doutrina universalista, porque se coloca acima dos conflitos e das contradições religiosas, julgando as atividades humanas de modo global e benfeitor.

Ademais, expõe o conhecimento oculto de todos os povos, sem atavios, em linguajar simples e sem enigmas alegóricos; o seu texto moral e filosófico pode ser facilmente compreendido por todos os seres e sem ferir os postulados alheios. Então comprova o seu sentido universalista por servir e compreender todas as criaturas em todas as latitudes geográficas. Pelo fato de não incorporar no seu conteúdo revelações ou conceitos de outras fontes espiritualistas, isso não desnatura o seu conceito de universalismo. Em verdade, evita-se o sincretismo religioso ou doutrinário, para não tornar fatigante e complexo o que já foi dito de modo tão simples. (Obra: *A*

Missão do Espiritismo, 10ª edição, p. 30)
Universalista – crístico – cristão

Naturalmente, tudo é questão de palavras, porque o homem crístico já é uma pulsação humana divinizada pelo Cristo do seu orbe, sem fronteiras e sem peias religiosas, sem premeditações ou códigos espiritualistas; mas uma realização viva e incessante do próprio Amor Cósmico, manifesto na face do planeta. Sem dúvida, é de índole universalista, porque não se particulariza nem se submete a quaisquer lideranças doutrinárias. Nada poderá diferenciá-lo numa crença à parte, uma vez que seita é realmente uma verruga no corpo do Cristo, o qual é manifestação de um só Amor.

O homem crístico ama e respeita, serve e ampara todos os credos, movimentos espiritualistas e igrejas religiosas, porque entende que os demais homens também buscam o verdadeiro Amor de Deus e que ele, venturosamente, sente em si. É um amor tão sublime e inesgotável, como a fonte de água pura, que mais se purifica, tanto quanto mais lhe tiram o líquido do depósito. Em consequência, o sacerdote católico, pastor protestante, líder espírita ou chefe de umbanda são cristãos, porque o fundamento de suas doutrinas é o cristianismo, e suas fontes inspiradas na vida de Jesus. Mas eles só serão crísticos quando puderem viver a manifestação absoluta do Cristo, que se plasmou através do seu médium Jesus, e não apenas o fundamento de suas doutrinas religiosas. (Obra: *O Evangelho à Luz do Cosmo*, 9ª edição, pp. 328/329)

Universo – macrocosmo x microcosmo

Assim como o Espírito cósmico de Deus é o regente absoluto de todas as atividades do Universo, revelando-se através de leis inteligentes e imutáveis, o homem é o microcosmo divino que evolui no comando das ações e reações das atividades educativas do mundo físico. Além da conceituação moral dos ensinamentos do Mestre Jesus, há, também, o fundamento derivado das próprias leis do Universo. Jesus não foi apenas um instrutor espiritual, sociólogo ou expositor de um "Código Moral", mas, acima de tudo, um avançado espírito, que já tinha sintetizado num único conceito os demais conceitos de filosofia, ciência e religião, num processo incomum no cenário do vosso orbe. Sob a vestimenta das parábolas evangélicas, transparecem nos seus ensinos os princípios científicos de bem viver, como base da libertação do espírito encarnado. (Obra: *O Evangelho à Luz do Cosmo*, 9ª edição, p. 211)

Universo – oceano de prana

O Universo é um oceano infinito de Prana ou Fluido Vital, que através do Éter flui e dissemina-se por todas as formas e seres, nutrindo, dinamizando e aperfeiçoando as diversas manifestações de vida. O Éter Cósmico, a substância virgem e transmissível do Prana, exsuda-se, depois, através dos orbes e da natureza mineral, vegetal e animal, na forma de éter-físico e atendendo às necessidades conforme o progresso no momento. Através desse éter-físico, que funciona hermeticamente entre o mundo material e o mundo espiritual, o homem vem conhecendo as diversas manifestações da Energia Cósmica original, como o som, a luz, o calor, o magnetismo, a eletricidade, e ultimamente já ausculta o próprio éter na sua função intermediária cósmica. A verdade é que ele só descobre novas modalidades energéticas ou frequências vibratórias mais sutis e afins a cada plano de vida, à medida que também desenvolve a mente e melhora a técnica da experiência humana. (Obra: *Magia de Redenção*, 12ª edição, pp. 113/114)

Universo – produto da Inteligência Criadora

Detrás de toda fenomenologia do mundo, permanece intensa e viva a vontade e o poder da consciência imortal operando na letargia das formas. O Universo é produto da materialização da Inteligência Criadora; e os homens são os prepostos menores, a auxiliarem na criação incessante. Cada espírito é um deusinho em miniatura, dotado de poderes excepcionais, podendo exercitá-los e aplicá-los conforme o seu amadurecimento e desenvolvimento espiritual. A matéria, como energia condensada nas formas do mundo, sob o impulso vigoroso do ser imortal também poderá retornar à sua forma primitiva de liberdade e modelar novos mundos. (Obra: *Sob a Luz do Espiritismo*, 9ª edição, p. 41)

Uno e inconfundível – o espírito imortal

Desde que o espírito pudesse reconhecer-se instantaneamente como uma consciência global ou completa, marcando a sua verdadeira posição e distinção no seio de Deus, sem passar por um processo ou aprendizado espiritual gradativo, então os mundos planetários que compõem as escolas educativas jamais teriam razão de existir. No entanto, as almas dos homens são "entidades espirituais" virgens e diferenciadas no seio da própria Consciência Cósmica, que depois desenvolvem a sua consciência física e individual pelo acúmulo de fatos e das imagens vividas nas existências carnais ou nos intervalos de sua permanência no mundo astralino. A sua memória, no entanto, cresce e se amplia no infinito do tempo e do espaço, até consolidar-se num apercebimento consciente do ser-indivíduo, que dali por diante sente-se uno e inconfundível no seio do próprio Criador. (Obra: *Elucidações do Além*, 11ª edição, pp. 81/82)

Urgência evolutiva e laboratórios planetários

Embora a vida física seja escola meritória, que proporciona ao espírito mergulhado na carne transitória o desenvolvimento de sua consciência, o certo é que as fortíssimas raízes lançadas pelo instinto animal retardam o homem por muito tempo sob o guante do sofrimento redentor. A dor, na vida material, é quase sempre o corolário imediato dos prazeres descontrolados.

Eis por que, embora devamos reconhecer a importância indiscutível do curso experimental da vida terrena, significando a valiosa oportunidade que auxilia o despertamento da centelha sideral emanada do Criador e situada na carne humana, temos sempre insistido quanto à necessidade de o homem aprender a sua lição espiritual com a maior urgência, a fim de se libertar o mais cedo possível das formas escravizantes da matéria. Malgrado esse benefício prestado pela carne, à alma, no seu aprendizado angélico, é implacável a sua ação atávica e bastante difícil desatar suas algemas milenárias. Desde que a angelitude é a condição definitiva que Deus instituiu para todos os seus filhos criados de sua própria Consciência Cósmica, é justo que o espírito se sirva eficientemente dos laboratórios planetários que lhe facultam as provas redentoras; mas deve ser sensato e trabalhar tanto quanto possível para lograr essa ventura, a que têm direito indiscutível. (Obra: *Mediunismo*, 13ª edição, p. 16)

Usina criadora – o ser humano

O ser humano absorve e esparge energias radiantes em todas as faixas vibratórias do Cosmo; no plano físico, em forma de calor ou eletricidade animal; no etérico, na espécie de forças imponderáveis vitalizantes impregnadas de éter-físico e químico, projetadas pelo duplo etérico. O pensamento propaga ondas mentais, que agem e reagem noutros seres, afetando-lhes o caráter da vontade e do temperamento. Funcionando como usina criadora de forças em todos os campos da vida oculta, o homem também é um receptor e transformador energético absorvendo e transformando a carga que recebe de fora, devolvendo-a depois conforme a sua mentalidade moral e emotiva. Há uma interpenetração incessante entre todas as criaturas, que se processa através de suas expressões mentais, etéricas e elétricas. Nada existe completamente separado, pois tudo é interligado por imensurável rede de vibrações, que pulsam conforme as influências e reações recíprocas entre os homens. (Obra: *Magia de Redenção*, 12ª edição, p. 141)

Usina de força – mente humana e o câncer

A mente humana é usina de força, cuja voltagem fica sob o controle e o equilíbrio do espírito; essa força tanto pode ativar as células do organismo e nutri-las sob um estado de salutar harmonia e construtividade, como também desorganizá-la em sua simbiose energética, devido à incessante atuação mórbida do medo e da angústia. Sendo certo que um pesar longo ou um fracasso amoroso tem força suficiente para perturbar as faculdades mentais de certas criaturas mais débeis, é óbvio que isso é fruto do pensamento mórbido e incessante atuando na base eletrônica de coesão e crescimento das células cerebrais. Assim como essa força mental morbosa projetada sobre o cérebro causa a "loucura das células cerebrais", é evidente que o medo, a angústia ou a idéia fixa do câncer também podem intervir desordenadamente na aglutinação celular de algum órgão ou região orgânica vulnerável, colimando, realmente, por manifestar a doença tão temida! Que é o câncer senão o produto do veneno psíquico produzido pelo espírito nas suas desarmonias mentais e emotivas? (Obra: *Mediunismo*, 15ª edição, pp. 318/319)

Usina viva – benzimentos e passes

Deus serve-se das criaturas humildes e benfeitoras para, através da terapêutica exótica do benzimento, do exorcismo, do passe ou da simpatia, auxiliar os encarnados a expurgar de sua intimidade os miasmas e as toxinas perispirituais geradas pelo pecado. Os benzedores ou passistas desempenham a função de verdadeiros desintegradores vivos, cujas mãos, em ritmo e movimentos adequados, projetam a energia terapêutica sobre os núcleos dos átomos etereoastralinos, destruindo a virulência do atomismo físico.

O homem, em verdade, é uma usina viva que pode exercer função terapêutica em si mesmo ou no próximo, conforme as expressões da sua própria vontade, conhecimento e treino. Então, ele produz estados vibratórios semelhantes às ondulações dos modernos aparelhos de radioterapia ou eletroterapia da vossa ciência médica, que projetam raios de ultra-som, infravermelho ou ultravioleta. A mente ajusta e controla o comprimento de ondas, enquanto o coração age como fonte de energia curadora, cujo potencial é tão intenso quanto seja o grau amoroso e a pureza espiritual do seu doador. (Obra: *Mediunidade de Cura*, 12ª edição, pp. 192/193

V

Vaidade – cegueira espiritual

Em verdade, essas criaturas deixam-se iludir pela presunção de serem almas de alta estirpe espiritual, incapazes de se equivocarem e permanentemente atuadas pelas hierarquias superiores; isso, em breve, torna-se excelente fator para aflorar a sua vaidade e o potencial de orgulho adormecido no recôndito do ser, com a inevitável convergência para um "centro de fascinação", ideal para a operação das sombras. Muitas vezes a vaidade grita tão alto a essas criaturas, que elas tomam o maquiavelismo dos obsessores como sendo grandes surtos de revelação espiritual. Então, não tardam em pregar o ridículo à conta de sabedoria, os lugares comuns como preceitos doutrinários, e transformam a irascibilidade ou os envaidecimentos íntimos em posturas messiânicas; "distraem-se" com suas próprias fascinações, enquanto do invisível lhes guiam os pensamentos e as emoções. Enquanto cultivam fanaticamente o seu "desejo central" e se desorientam refesteladas no trono de sua vaidade presunçosa, são como fortalezas inexpugnáveis e hostis a qualquer advertência benfeitora; a cegueira hipnótica leva-as gradativamente ao ridículo, à decepção e ao equívoco, maquiavelicamente planejados pelas trevas. (Obra: *A Vida Além da Sepultura*, 9ª edição, p. 392)

Válvulas de segurança psíquica

Quando falham todos os recursos no campo mental da inspiração superior, e o pupilo periclita na sua integridade espiritual, em geral os seus guias se socorrem do recurso eficiente da enfermidade ou mesmo de vicissitudes morais ou econômicas, através das quais possam neutralizar em tempo as causas principais dos desatinos e imprudências. Quase todos os seres humanos são portadores de verdadeiras válvulas de segurança psíquica, embora se trate de deficiências kármicas provenientes das mazelas passadas, e servindo-se das quais os guias intervêm para cercear os desvios perigosos. (Obra: *Fisiologia da Alma*, 15ª edição, pp. 234/235)

Vanguardeiros cósmicos

Em qualquer situação da vida espiritual, seja nos mundos planetários ou nas esferas celestiais, há sempre almas que se distinguem nas coletividades. O nivelamento absoluto nas expressões da vida humana seria aniquilamento aos estímulos e ansiedades que se sobrepõem à rotina comum. As mesmas faculdades, possuídas por todos, liquidariam o esforço de alguns vanguardeiros que traçam os caminhos do futuro. (Obra: *A Vida no Planeta Marte e os Discos Voadores*, 14ª edição, p. 276)

Variação da nutrição e evolução

A preferência pela alimentação vegetariana, no Oriente, fundamenta-se na perfeita convicção de que, à medida que a alma progride, é necessário, também, que o vestuário de carne se lhe harmonize ao progresso espiritual já alcançado. Mesmo nos reinos inferiores, a nutrição varia conforme a delicadeza e sensibilidade das espécies. Enquanto o verme disforme se alimenta no subsolo, a poética figura alada do beija-flor sustenta-se com o néctar das flores. Os iniciados hindus sabem que os despojos sangrentos da alimentação carnívora fazem recrudescer o atavismo psíquico das paixões animais, e que os princípios superiores da alma devem sobrepujar sempre as injunções da matéria. Raras criaturas conseguem libertar-se da opressão vigorosa das tendências hereditárias do animal, que se fazem sentir através da sua carne. (Obra: *Fisiologia da Alma*, 15ª edição, p. 15)

Vencedor da morte – desperto para a vida imortal

A morte é um processo liberatório que faculta ao espírito imortal o seu retorno à pátria verdadeira, ampliando-lhe, também, a área de sua compreensão espiritual da vida além da morte física. Quando isto for compreendido em toda sua plenitude, desaparecerão os choros, os desesperos e as revoltas junto dos esquifes funéreos do mundo, dando lugar ao sentimento de amor pelos que partem, mas que voltarão a encontrar-se pela certeza de que eles são imortais! – E o espírita tem por obrigação precípua aprofundar-se no estudo de sua própria imortalidade, libertando-se das muletas das opiniões alheias condicionadas aos temperamentos indecisos, ociosos e demasiadamente ortodoxos. Quando o homem se descobre a si mesmo, ele é o vencedor da morte, pois desperta para a vida imortal do espírito. (Obra: *Mediunidade de Cura*, 12ª edição, p. 246)

Ventura espiritual – exilados

Não existem providências de caráter punitivo nas leis estabelecidas por Deus. Os meios drásticos empregados pelos Mentores Siderais não só reabilitam os delinquentes, como ainda os aproximam mais rapidamente do verdadeiro objetivo da vida, que é Ventura Espiritual, a eles reservada desde o primeiro bruxuleio de consciência. No Cosmo, tudo é educação e cooperação; os planos mais altos trabalham devotadamente para que as esferas inferiores se sublimem na contínua ascensão para a Sabedoria e o Poder! Os exilados se retificam compulsoriamente no comando dos corpos vigorosos dos homens das cavernas, porque ficam privados dos impulsos viciosos, sob o guante da carne primitiva, que lhes imprime uma direção consciencial deliberada em outro sentido. Sob o instinto vigoroso do cosmo celular selvático, eles reaprendem as lições; através do intercâmbio entre o psiquismo mais alto e o campo psíquico em formação, os homens das cavernas recebem os impulsos para as aquisições dos germes da filosofia, da ciência, da arte e do senso religioso. (Obra: *Mensagens do Astral*, 17ª edição, p. 243)

Verdadeira felicidade – mundos superiores

A verdadeira felicidade do espírito está nos mundos espirituais superiores e o seu anseio é atingir os mundos das "causas", nos quais poderá agir, criar e gozar eternamente, sem as vicissitudes da forma, que são apenas recurso educativo. O marciano desenvolvido, consciente de suas necessidades espirituais, tem pressa de voltar ao mundo físico, para "aprender"; e, consequentemente, para "libertar-se". São espíritos práticos, que costumam solucionar seus problemas sem delongas; o que deve ser feito, fazem-no logo. Desde que a verdadeira felicidade é nos mundos espirituais e sabendo que o escopo principal da vida física é visar essa felicidade, apressam o aprendizado o mais urgente possível. (Obra: *A Vida no Planeta Marte e os Discos Voadores*, 14ª edição, pp. 445, 446)

Verticalização do eixo da Terra

O que vos parece prosaísmo sideral é apenas um detalhe do cientificismo cósmico disciplinando os recursos necessários para a mais breve angelitude da vossa humanidade. A verticalização do eixo da Terra, em lugar de imprevisto conserto de ordem sideral, é extraordinária bênção que só os seus futuros habitantes poderão avaliar. Os orbes habitados verticalizados ou inclinados em seus eixos, ou variando subitamente em suas rotas, podeis considerá-los como embarcações planetárias transportando carga espiritual sob a disciplina da palmatória ou tão espiritualizada que já dispensa o corretivo compulsório.

De conformidade com a distância do seu núcleo solar, sua velocidade, rotação e inclinação, cada orbe sofre periódicas metamorfoses, que têm por objetivo oferecer condições tão melhores quanto seja também a modificação espiritual e o progresso de sua humanidade. (Obra: *Mensagens do Astral*, 17ª edição, pp. 274/275)

Verticalização do espírito e o meio

É inegável que o ambiente pior ou melhor é sempre um ensejo oportuno para que se revele a índole psicológica e espiritual do homem, mas a verticalização do espírito há de ser conseguida essencialmente sob a influência magnética do sublime Evangelho do Cristo, e não através da verticalização da Terra ou da melhoria do ambiente físico. Entretanto — como a cada um será dado conforme as suas obras — embora o indivíduo não se modifique completamente sob a ação do ambiente exterior, é indiscutível a influência que sobre ele exerce o meio em que vive, criando-lhe certos estados íntimos à parte.

Ante essa relação entre o indivíduo e o seu exterior, não seria lógico que Nero ou Calígula — dois malfeitores — merecessem o mesmo clima esposado por Jesus. Do mesmo modo, não se justificaria a moradia de Francisco de Assis nos charcos dos mundos primitivos. É possível que Nero e Calígula não se transformem instantaneamente sob o céu do Cristo, assim como o abismo pantanoso e mefítico não perverteria Francisco de Assis; no entanto, ambos seriam afetados pelo meio; no primeiro caso, seria um favorecimento e, no segundo caso, uma situação nauseante e ofensiva à psicologia delicada do espírito santificado! (Obra: *Mensagens do Astral*, 17ª edição, p. 281)

Veste indestrutível – o perispírito

É evidente que já haveis compreendido, através dos estudos espirituais, que o corpo físico é o "efeito" e não a "causa" da vida psíquica; em rude exemplo, podeis compará-lo a um encorpado "mata-borrão", capaz de absorver todas as substâncias exaladas pelo psiquismo do espírito encarnado. Do mesmo modo, a natureza das manifestações do corpo carnal depende fundamentalmente das funções do perispírito, pois este é realmente o verdadeiro molde ou o plasmador da configuração do organismo físico.

Em verdade, o perispírito suporta simultaneamente a carga da vida humana em dois planos diferentes: o físico e o Astral, embora ambos estejam profundamente interpenetrados, tanto em sua origem como na produção de seus fenômenos. É veículo preexistente ao nascimento e que pelo fato de sobreviver à morte do corpo físico, é dotado de um energismo e produção vital muito intensos, que se disciplinam sob o seu inteligente automatismo milenário. É o equipo mais completo e valioso do ser humano, significando a sua veste indestrutível e o seu arquivo inalterável, onde se conserva toda a memória da alma, acumulada no pretérito. (Obra: *A Vida Além da Sepultura*, 9ª edição, pp. 376/377)

Vibrações dos lares – construção familiar

Não vos deve ser desconhecida a impressão agradável que certas vezes vos atinge ao penetrardes numa residência modesta ou rica, ao sentirdes no ambiente a vibração suave de paz ou de otimismo que paira no ar. Doutra feita, ingressando em vivenda nobre e suntuosa, ornamentada com móveis luxuosos, decorações deslumbrantes e finos tapetes, eis que um fluido pesado e estranho se reflete, de modo opressivo, no vosso espírito. No primeiro caso, tendes o lar tranquilo e afetuoso, onde a família, afeita aos ensinamentos do Cristo-Jesus, intercambia sentimentos cristãos e vive em harmonia fraterna; no segundo, as contendas violentas, as amarguras, a revolta e o ódio entre os seus componentes geram os resíduos e os miasmas detestáveis que flutuam na atmosfera doméstica e causam mal-estar nos visitantes. (Obra: *Elucidações do Além*, 11ª edição, p. 70)

Vício do álcool e vampirismo

São poucos os encarnados que sabem do terrível perigo que se esconde por detrás do vício do álcool, pois a embriaguez é sempre uma das situações mais visadas pelos espíritos viciados que procuram a desejada "ponte viva" para satisfação de seus desejos no mundo da matéria. Os espíritos desencarnados e ainda escravos das paixões e vícios da carne — em virtude da falta do corpo físico — são tomados de terrível angústia ante o desejo de ingerir o álcool com o qual se viciaram desbragadamente no mundo físico. Devido à fácil excitabilidade natural do corpo astral, esse desejo se centuplica, na feição de uma ansiedade insuportável e desesperadora, como acontece com os morfinômanos, que só se acalmam com a morfina! É um desejo furioso, esmagador e sádico; a vítima alucina-se vivendo as visões mais pavorosas e aniquilantes! E quando isso acontece com espíritos sem escrúpulos, eles são capazes de todas as infâmias e torpezas contra os encarnados, para mitigarem a sede de álcool, assemelhando-se aos mais desesperados escravos do vício dos entorpecentes.

Os neófitos sem corpo físico, que aportam ao Além ardendo sob o desejo alcoólico, logo aprendem com os veteranos desencarnados qual seja a melhor maneira de mitigarem em parte a sede alcoólica. Como já temos dito por diversas vezes, depois de desencarnadas as almas se buscam e se afinizam atraídas pelos mesmos vícios, idéias, sentimentos, hábitos e intenções. Em consequência dessa lei, os encarnados que se viciam com bebidas alcoólicas passam também a ser acompanhados de espíritos de alcoólatras já desencarnados, ainda escravos do mesmo vício aviltante, que tudo fazem para transformar suas vítimas em "canecos vivos", para saciarem seus desejos. (Obra: *Fisiologia da Alma*, 15ª edição, p. 104)

Vícios e libertação

Visto que o objetivo fundamental da evolução do espírito é a libertação de todas as paixões, mazelas e desejos próprios dos mundos físicos, deve a alma exercitar-se para a sua mais breve alforria espiritual e desligação definitiva dos vícios que podem prendê-la cada vez mais aos ciclos tristes das encarnações retificadoras. E o cigarro, embora vos pareça um vício sem importância, é exigente senhor que, ainda depois da desencarnação, obriga o espírito a render-lhe a homenagem do desejo veemente e insatisfeito. (Obra: *Fisiologia da Alma*, 15ª edição, p. 94)

Vida animal – marcha consciencial

Atualmente, não se ignora que o homem procede da linhagem animal e herdou-lhe as características instintivas, que asseguram o alicerce para a alma encarnar-se em sua atividade educativa no mundo físico. Assim como a muda da laranjeira de boa qualidade precisa do "cavalo-selvagem", para ali desenvolver-se sob o potencial da seiva agreste e através da enxertia, o psiquismo do homem futuro também necessitou da base animal, para despertar e desenvolver o sentimento e a razão.

Em consequência, se o homem mata prematuramente e devora o animal, ele também elimina no mundo físico a possibilidade de outras almas virginais iniciarem a sua marcha consciencial sob os estímulos instintivos, mas criadores, do psiquismo inferior. Destrói, portanto, o material educativo que apura e modela a forma do ser lançado na corrente evolutiva a caminho da escultura humana! Não importa se o boi, cavalo, porco, carneiro e cabrito podem ficar velhos, cegos, doentes e maltratados pelos companheiros mais jovens, mas é obrigação do homem proteger e ajudar o animal na sua escalonada evolutiva, antes de transformá-lo em matéria-prima para a sua glutonice insaciável. A Administração Divina determina o prazo de vida física para cada espécie animal, não cabendo ao homem o direito de decidir sobre as vidas que ele aproveita, mas não criou! (Obra: *Magia de Redenção*, 12ª edição, p. 264)

Vida física – correções na contextura espiritual

De qualquer condição da vida humana sempre resultam benefícios para o vosso espírito! Não há retrogradação do grau já consolidado pelo espírito em sua trajetória evolutiva; o que pode ocorrer é a sua estagnação por teimosia ou rebeldia se se deixar prender por sentimentos de ódio, orgulho ou crueldade, em lugar de se inclinar ao perdão fraterno àqueles que o hostilizam. Por mais celerado ou indigno que tenha sido o espírito quando encarnado, em última hipótese ele há de retornar para o plano que lhe é comum, no mundo astral, com as qualidades com que partiu dali para se reencarnar.

O espírito só poderá revelar-se na matéria exatamente na conformidade do que já consolidou conscienciosamente; poderá ser melhor, mas nunca pior. Há de manifestar na carne aquilo que já possuía potencialmente em sua intimidade como natureza exata do seu grau espiritual, mas nunca inferior à que já havia atingido na sua escalonada sideral. No entanto, sob qualquer hipótese, o espírito sempre sai beneficiado da vida física, mesmo sendo de natureza rebelde ou má, pois cada encarnação termina por deixar sempre a sua marca corretiva na contextura perispiritual. (Obra: *Fisiologia da Alma*, 15ª edição, pp. 226/227)

Vida em outro orbes

O defeito proverbial da ciência terrena é conceituar situações da vida noutros orbes, exclusivamente baseada no "modus vivendi" dos terrícolas. Entretanto, podemos afirmar que em inúmeros planos de vida há organismos humanos, à base de silício, alumínio, ferro e outros elementos, embora sob constituição "fisioquímica" distante de vossas compreensões. Mundos há, de ordem física, em que a predominância de hidrogênio e hélio, nos seres, cria-lhes admirável "luz áurica" transparente e visível à menor obscuridade, lembrando os noctívagos vaga-lumes. Não podeis firmar conceitos basilares, atendo-vos ao ambiente cósmico e restrito de vossa morada planetária, julgando "ex-abrupto" a constituição dos outros orbes que se encontram espalhados pelo Infinito. (Obra: *A Vida no Planeta Marte e os Discos Voadores*, 14ª edição, pp. 43/44)

Vida na carne – ativar amor e sabedoria

A vida no campo denso da matéria, inegavelmente, é um gravoso palco de lutas fatigantes de experimentações dificultosas, onde o espírito do homem é ativado pelas energias que se atritam, requintam-se e sublimam-se no sentido de ele superar o instinto animal, que o protege, mas também o escraviza desairosamente às vibrações inferiores. O homem luta até uma certa frequência sob o impulso energético das forças primárias da animalidade, tal qual a semente se rompe no seio do solo espicaçada pelas energias telúricas do meio onde é plantada. Em seguida, ela germina, desabrocha, cresce e emancipa-se compondo flores e frutos no triunfo de uma escalonada superior. Sob a energia telúrica, que eclode da espécie animal instintiva e implacável, o espírito do homem, como a muda vegetal superior enxertada no cavalo-selvagem, deve opor-se veementemente à força bruta da selva agreste e gerar os frutos sazonados na imposição definitiva dos princípios superiores espirituais. O corpo carnal é o cavalo-selvagem, em que o espírito se engasta sob a disciplina das regras e das tendências da vida física, mas deve sobrepor-se à vigorosa tirania do instinto animal que ajuda, mas escraviza. O espírito do homem surge à periferia do solo da vida humana para ativar e desenvolver o amor e a sabedoria, que são os princípios fundamentais do futuro anjo. (Obra: *O Evangelho à Luz do Cosmo*, 9ª edição, p. 63)

Vida na carne – polir arestas

Não havendo dores injustas nem imposições draconianas por parte de Deus, a vida da alma na carne serve para ajudá-la a polir suas arestas animais e elevar-se para as regiões superiores, onde não atuam as leis severas que regem a matéria. O espírito, quando encarnado, não deve entregar-se à queixa ou à censura contra o mundo físico que habita, mas aceitá-lo como o seu melhor ensejo de aperfeiçoamento espiritual. Não convém esquecer de que ainda poderá habitá-lo novamente, em futuras encarnações, bem assim que lhe compete fazer todo o possível para torná-lo melhor, pois outras almas necessitadas seguem à sua retaguarda, como candidatos às mesmas lições planetárias. (Obra: *Fisiologia da Alma*, 15ª edição, p. 276)

Vida pura e energias de alto teor

Desde que através de vida pura, de alimentação higienizada e mente evangélica, absorveis tão-somente a energia de alto teor, que transcende os estados inferiores e desregrados, o vosso perispírito será invólucro adequado à reencarnação em orbes de elite espiritual. Ao contrário, a alimentação à base de detritos e despojos inferiores adensa esse perispírito e o inferioriza vibratoriamente, deixando-o subjugado pelas energias agressivas do mundo que deixais. Na lei de correspondência vibratória do Cosmo, quer habitando um corpo físico, quer desencarnados, estareis sempre vibrando em uníssono com as faixas ao nível das energias astrais que movimentardes. A desencarnação não vos liberta, "ex-abrupto", das contingências do mundo físico, assim como o pássaro, no vôo alto, não está isento do combustível de sua nutrição. (Obra: *A Vida no Planeta Marte e os Discos Voadores*, 14ª edição, pp. 232/233)

Vidro colorido – médium intuitivo

O médium intuitivo é algo semelhante a um vidro colorido, pois dá a sua cor própria à luz que transmite. Tal qual o pintor experiente e devotado, o nosso médium usa das "tintas" do mundo material para reproduzir os quadros que projetamos em sua mente perispiritual. Aliás, muitos médiuns de bom quilate espiritual estiolam suas faculdades pelo temor de serem mistificados ou recuam diante do serviço muito antes de alcançarem o domínio completo da sua capacidade mediúnica. Entretanto, o caminho seguro para o médium intuitivo desenvolver essa faculdade é a perseverança, o estudo e o anseio de querer ser útil na evangelização da humanidade. Aguardar o "milagre" da perfeição mediúnica, obtendo-a de um jato, isto não é possível, pois a subida dos degraus da evolução exige esforços próprios. (Obra: *Mediunidade de Cura*, 12ª edição, p. 47)

Vingança Além-túmulo e amor do Alto

Não é propriamente a interferência dos espíritos protetores que pode impedir a ação nefasta das entidades obsessivas, a fim de solucionar o complexo problema da vingança, no Além-túmulo. Sob qualquer hipótese, todo o metabolismo de "vítima" e "algoz" rege-se disciplinadamente pela Lei do Carma, predispondo aos acontecimentos educativos e corretivos. Na intimidade de todos os seres santificados ou demoníacos, há uma só essência, malgrado o tratamento diferente de ambos, em cada extremo da escala espiritual. Toda a empreitada do Alto é sempre providenciada no sentido de o animal se transformar em homem, e de o homem metamorfosear-se em anjo. (Obra: *Sob a Luz do Espiritismo*, 3ª edição, p. 130)

"Virtudes", "pecados" e karma

A fim de facilitar a conscientização do espírito para distinguir os valores "positivos" ou evolutivos para o progresso dos valores "negativos" ou contrários ao progresso, a Administração Sideral da Terra, então, convencionou a classificação dos primeiros como "virtudes", e dos segundos como "pecados". Assim, todas as ações criativas e de favorecimento espiritual são as virtudes, porque aceleram a ascese angélica do homem, enquanto o lastro inferior da animalidade simboliza os pecados, que devem ser superados. Pecado, portanto, é um estado de desequilíbrio, defasagem com a Lei Suprema, enquanto a virtude significa a vibração na mesma fase para a metamorfose sideral, tendo por meta o progresso.

Quando o espírito ultrapassa o limite do bom senso, pela prática de atos nocivos, ele causa o retardamento indesejável na sua própria ascese espiritual. Mas, à medida que o homem sabe "donde vem e para onde vai", submisso e confiante à voz interna que lhe intui quanto à senda espiritual correta, ele também acelera a sua caminhada para a sua mais breve ventura eterna. Quando o espírito cursa, sensata e proveitosamente, a estrada educativa da vida física, ele, então, gera um carma de efeito tranquilo, o qual lhe proporciona no futuro uma vida pacífica e proveitosa. Mas, se negligencia ou se rebela contra a Lei de Segurança Espiritual, precisa sofrer a retificação compulsória, que lhe tolhe os movimentos perigosos e "pecaminosos", até aprender a controlar as paixões e os vícios que o imantam à matéria e lhe impedem a feliz vivência angélica. (Obra: *O Evangelho à Luz do Cosmo*, 9ª edição, pp. 268/269)

Virtudes – terapêutica para a cura da alma

Sem dúvida, as virtudes, como estados de espírito opostos aos que produzem o vício, são produtoras de fluidos sadios, que beneficiam a pessoa humana. Constituem a mais eficiente terapêutica para a cura da alma, pois a sua alta frequência vibratória vaporiza os fluidos mórbidos localizados no perispírito, consequentes às transgressões da Lei.

Daí, a sabedoria de Jesus, o Médico das Almas, quando exaltava a resignação, a humildade, o pacifismo e a renúncia como estados de espírito que conduzem à bem-aventurança eterna. O cultivo das virtudes evangélicas é garantia de saúde, pois a mente tranquila e satisfeita com os bens da vida é como o céu azulado iluminando a harmonia sublime da natureza. Ao contrário, a mente bombardeada pela cólera, pelo ódio, pela ira ou pela cobiça, lembra a noite tempestuosa crivada de relâmpagos e trovões, semeando a desordem e o pavor. (Obra: *Sob a Luz do Espiritismo*, 3ª edição, p. 28)

Vitória do espírito e o sangue do "Cordeiro"

O profeta no-la explica: "E eles o venceram pelo sangue do Cordeiro e pela palavra do seu testemunho, e não amaram as suas vidas até à morte" (Apocalipse, 12:11).

Deveis saber que a renúncia à vida física implica em que se ame a vida para além da morte, ou seja, a vida eterna do espírito. Tanto a Besta quanto o satanismo, como já vos explicamos antes, serão vencidos pela abdicação completa dos bens do mundo material, em troca dos bens do reino do Cristo, que não é deste mundo. O sangue do Cordeiro é o sangue do sacrifício, e os que derem testemunho dele não hesitarão em derramá-lo, à semelhança dos que o fizeram na arena dos circos romanos, crucificados ou decapitados, mas repletos de fé e de amor! Conheceis as sublimes e heróicas atitudes dos primeiros cristãos, que "não amaram suas vidas até à morte", porque amavam a vida para lá da morte! A presença do Cordeiro à luz do vosso mundo, com a vossa integração em seu Evangelho e em contínuo testemunho de alta espiritualidade, é que realmente vos dará a vitória do espírito sobre o reinado da Besta ou de Satanás.

Assim como a presença de Jesus, na carne do vosso mundo, chegou — através do seu divino magnetismo — a serenar a ferocidade de Roma e a fazê-la preferir a paz com os outros povos, desenvolver as artes, as ciências e o trabalho pacífico, também a contínua evocação do seu espírito há de trazer completa modificação sobre o instinto humano. (Obra: *Mensagens do Astral*, 17ª edição, pp. 168/169)

Viver por um ideal x Morrer por um ideal

Deus não exige a morte dos seus filhos que não aceitam a Verdade, pois quase sempre essa obstinação é fruto da ignorância ou de concepções opostas, condicionadas também a alcançar o céu. João Batista foi degolado porque se precipitou em assomos rudes de reformar instantaneamente um tipo de homens cúpidos, instintivos e egoístas, cujos pecados eram consequentes da sua graduação espiritual e não por motivo de qualquer deliberação consciente. Era tão prematuro querer-lhes uma renovação moral súbita, assim como exigir que a semente se transforme imediatamente em fruto sazonado. Muitos cristãos foram massacrados em Roma, mas isso teria sido evitado se, em vez de desafiarem os anticristãos, tivessem vivido os seus princípios de humildade e amor à luz do dia. Não basta morrer por um ideal, mas é preciso viver em favor do adversário. A censura agressiva aos pecados alheios acirra o amor próprio do próximo. Ao passo que a advertência paternal, o conselho fraterno de bondade e amor é ouvido até com gratidão. (Obra: *O Sublime Peregrino*, 17ª edição, p. 288)

Voar nas asas da prece

A prece desafoga o ser nas horas cruciantes e perturbadoras, renovando-lhe o ânimo pelo energismo superior e consolando-lhe a alma pela certeza de breve libertação dos sofrimentos redentores na carne. Jesus, Francisco de Assis, Dom Bosco, Teresinha de Jesus, Vicente de Paula e outras criaturas de elevado porte espiritual, que sobrepunham a Vida Eterna à transitoriedade do mundo material, voavam nas asas da prece até as esferas angélicas e comungavam, felizes, com o reino celestial do Senhor. (Obra: *Elucidações do Além*, 11ª edição, p. 113)

Voz de Deus

Vós sois almas imanentes na mesma essência que é o Criador, pois Ele vibra e palpita na vossa intuição psíquica. Cada alma é uma pulsação da Alma Total e Deus está, pois, permanentemente vibrátil na sensação dessa alma. Na vossa consciência sentis Deus; a Sua Voz imaterial e silenciosa cresce, uníssona, tanto quanto vos libertais das contingências ou recalques grosseiros dos mundos de formas. O auscultamento interior vos aumenta a sensação do Eterno na consciência; abrange-vos e transborda; arrasta-vos para o mistério, para o ignoto, mas pressentis que esse é o verdadeiro caminho para sentirdes o Divino. Se não fora a hipnose sedutora da matéria, sentiríeis facilmente a plenitude da voz do "Eu Sou". E Deus vos seria mais compreensível, independente das fórmulas dos credos, seitas, doutrinas ou filosofias que tentam explicá-Lo por configurações exteriores. (Obra: *A Vida no Planeta Marte e os Discos Voadores*, 14ª edição, p. 527)

Voz silenciosa – sem som

Os estudantes orientais entregam-se ao "êxtase" sem premeditação, e procuram ouvir a "Voz sem Som" do Espírito Cósmico que está em todos nós. Eles não opõem barreiras humanas construídas, compiladas ou repetidas por sábios, cientistas, filósofos ou instrutores, que são outros homens criados por Deus e não podem saber mais do que a própria "Voz de Deus" soando no interior da alma! E nessa captação da Fonte Pura de todo o conhecimento, sem objeção e sem desconfiança, sem premeditações ou apartes, flui-lhes, então, a melhor solução das coisas da Vida. E, como não podem explicar aquilo que sentem no "samadhi", ou no êxtase, quando o "Eu sou" está acima do pensamento humano, limitam-se a sorrir, tolerantes, quando os ocidentalistas lhes fazem indagações obscuras ou intoxicadas pelo excessivo intelectualismo das milenárias repetições dos homens! Não podendo transmitir a experiência que também teria que ser vivida pelos seus opositores acadêmicos, científicos ou filosóficos, o recurso é aguardarem o despertamento dos outros. Paradoxalmente, quando esses outros efetuarem a mesma experiência, eles também sentirão a mesma Realidade que os primeiros sentiram; por isso dispensarão as explicações intelectivas, mas também não poderão explicar a própria experiência! (Obra: *Mensagens do Astral*, 17ª edição, p. 346)

Vulnerabilidade obsessiva – tema fundamental

No psiquismo do ser humano, há quase sempre um "tema fundamental" predominante e que, sendo vulnerável às sugestões mefistofélicas do Além, pode servir de motivo básico para se formar esse "centro" ou "ponto hipnótico" necessário ao êxito da obsessão. É por isso que comumente se diz que os nossos maiores adversários estão no seio de nossa alma e devem ser combatidos em nossa própria intimidade, pois, na verdade, as nossas mazelas e vícios são os alicerces perigosos em que os malfeitores desencarnados se firmam para impor-nos o comando obsessivo. Desde muitíssimos anos, a voz amiga do Além adverte o homem de que o segredo de sua segurança espiritual ainda provém do "conhece-te a ti mesmo".

Os obsessores se dedicam maquiavelicamente a explorar esse "desejo central" predominante, quase sempre ignorado do seu portador e, se a vítima não tiver consciência exata de sua situação, ou desprezar a fiel observância do Evangelho de Cristo, é certo que não tardará a se submeter ao comando e aos desejos torpes do Astral inferior. (Obra: *A Vida Além da Sepultura*, 9ª edição, p. 390)

X

Xifopagia – recurso compulsório

Os médicos que praticarem a eutanásia, ou os pais que com ela concordarem, porque se deixem tomar de horror ou repulsa diante da figura extravagante dos filhos xifópagos ou aleijados, estarão retardando a ventura daqueles aos quais deveriam ajudar a viver, pois que tentam o seu reajustamento espiritual "baixando" à carne para correção das insânias do pretérito. Acresce que os pais de xifópagos quase sempre foram no passado os responsáveis diretos pelos surtos de ódio que ainda dominam esses filhos. A xifopagia, como recurso compulsório que obriga as almas à mútua convivência pela ligação dos seus corpos físicos, serve para suavizar as arestas vivas do orgulho, egoísmo, vaidade e amor-próprio, que podem ter sido no passado as causas fundamentais da hostilidade insolúvel. O desconhecimento das causas que provocam uma vida teratológica não é motivo para que seja cortada; há sempre um desígnio superior em tal acontecimento, que não pode ficar sob a dependência das impressões desagradáveis que possam causar aos encarnados que se deixam dominar por excessivo sentimentalismo. (Obra: *Fisiologia da Alma*, 15ª edição, p. 222)

Xifópagos – produto de ódio mútuo

Em sua maioria, os xifópagos são portadores de um karma doloroso visto que se trata de duas almas que de longo tempo vêm-

-se odiando, na esteira dos séculos, sem quaisquer possibilidades de reconciliação amistosa. Então a lei sábia do progresso espiritual lança mão de recursos corretivos extremos, e as reencarna na mesma família, porém ligando-lhes os corpos físicos, a fim de que, submetidas às mesmas necessidades e devendo lutar pela sobrevivência recíproca, terminem por se afeiçoar mutuamente. Espíritos inimigos e odiosos, tendo-se destruído mutuamente quando viviam em corpos separados, depois que são submetidos às algemas da xifopagia e enlaçados pelos mesmos interesses, vêem-se obrigados à solidariedade, para sobreviver. E assim, através da suportação compulsória e da forçada tolerância mútua, torna-se mais curto o caminho para a definitiva simpatia e futura afeição espiritual.

A "dupla" de almas encarnadas em dois corpos ligados indissoluvelmente, que a Medicina classifica de "acontecimento teratológico", cumpre a dolorosa terapêutica de estímulo e contemporização para o necessário acordo espiritual e a cessação do ódio milenar. (Obra: *Fisiologia da Alma*, 15ª edição, p. 221)

Y

Yogues e a Intuição

Assim como a razão auxilia o homem a compreender e avaliar a expressão fenomênica das formas do mundo material, a Intuição lhe permite "sentir" todas as leis ocultas e "saber" qual a natureza original do Espírito Criador do Cosmo. Referindo-nos à Intuição, como o ensejo divino de elevação à Consciência Cósmica do Seu Autor Eterno, diz a linguagem poética dos yogas: "Antes que a Alma possa ver, deve ser conseguida a harmonia interior e os olhos da carne tornados cegos a toda ilusão. Antes que a Alma possa ouvir, a imagem (o homem) tem de se tornar surda aos rugidos como aos segredos, aos gritos dos elefantes em fúria, como ao sussurro prateado do pirilampo de ouro. Antes que a Alma possa compreender e recordar, deve ela primeiro unir-se ao Falador Silencioso, como a forma que é dada ao barro se uniu primeiro ao espírito do escultor. Porque então a Alma ouvirá e poderá recordar-se. E então ao ouvido interior falará a Voz do Silêncio".[1] (Obra: *Mediunismo*, 13ª edição, p. 37)

---

[1] Nota do médium – Ramatís solicitou-nos que transcrevêssemos o trecho acima da obra *A Voz do Silêncio*, edição da Livraria Clássica Editora — Porto, Portugal.

Z

Zamenhof e o Esperanto

Como se tratava de um espírito assaz evoluído, Zamenhof não cogitou de instituir um idioma neutro apenas para a Lituânia, que era sua pátria, dividida pelo linguajar dos judeus, polacos, russos e lituanos, e ainda algemada pelas suas contradições religiosas, que acirravam ódios irremovíveis entre todos. Mas ele, reconhecendo que a sua pátria tão contraditória era apenas a miniatura do próprio mundo onde viera reencarnar, refletia em que, se todos os homens pudessem compreender-se sob um mesmo idioma, ainda que se tratasse de uma língua nova, não seria difícil uma aproximação e confraternização afetuosa entre eles. Graças, pois, à tenacidade e ao sacrifício, aliados à pureza de intenção e ao ideal que sempre lhe inspirara os atos, o jovem estudante Zamenhof conseguiu desempenhar a contento, na Terra, a sua grandiosa missão. (Obra: *A Sobrevivência do Espírito*, 8ª edição, p. 234)

Zoantropia – deformação perispiritual

O perispírito é um corpo plástico, que assume facilmente a configuração idealizada pela mente espiritual, desde que se trate de espírito de capacidade criativa e poder de comando. Mas, os estados pecaminosos negativos da alma também formam na contextura perispiritual certos estigmas, que chegam a caracterizar "facies" animais, como a fisionomia equina, bovina, leonina, simiesca e mesmo os aspectos ofídicos. A face do homem, semelhante a uma tela cinematográfica, reflete a projeção do filme que transita na sua mente, retratando os estados de alma sublimes, configurando as linhas de forças sutis, que lhe modelam aspectos atraentes, ou as tendências animais que podem estigmatizá-lo pelo mundo como "cara de cavalo", "olhos de abutre" ou "fisionomia de macaco". Em verdade, essa elasticidade, que sob as linhas de forças da intimidade espiritual produzem tais estigmas na face humana, é tão somente a materialização exata do que é já uma estratificação perispiritual. (Obra: *O Evangelho à Luz do Cosmo*, 9ª edição, p. 281)

Zonas infernais – lembranças

As consciências primárias desencarnadas, e ainda algo inconscientes, quase sempre caem, "especificamente", nas regiões trevosas e muito densas do mundo astral. Nessas zonas, demasiadamente compactas em sua especificidade magnética, predomina uma vida quase física, que é liderada por espíritos brutalizados e excessivamente vitalizados pela animalidade, falsos diabos, perversos, despóticos e escravos indomáveis do sexo, entidades que não guardam qualquer escrúpulo para a sua satisfação ignominiosa, assim que escravizam as almas mais débeis e desguarnecidas pelos seus próprios pecados.

Trata-se de lembranças que todas as almas trazem gravadas em sua intimidade psíquica, desde o mundo astral "trevoso" ou "infernal" e, assim, traduzem, na tela embaçada da memória mental atual, as impressões de um passado impreciso. E, como Satã é cópia deformada do homem, a sua contextura peculiar também pode variar, conforme seja a psicologia e o temperamento de cada povo ou raça. (Obra: *Sob a Luz do Espiritismo*, 3ª edição, p. 59)

A ASCENSÃO DO ESPÍRITO DE A A Z
foi confeccionado em impressão digital, em março de 2025
Conhecimento Editorial Ltda
(19) 3451-5440 — conhecimento@edconhecimento.com.br
Impresso em Luxcream70g. – StoraEnso